Langenscheidts
Handbuch und Lexikon
der japanischen Schrift

W0194418

Langenscheidts

Handbuch und Lexikon der japanischen Schrift

Kanji und Kana 2
Wörterbuch

Von
Wolfgang Hadamitzky

LANGENSCHEIDT

BERLIN · MÜNCHEN · WIEN · ZÜRICH · NEW YORK

Unterstützt wurde der Autor von Frau Seiko Harada und Herrn Rainer Weihs,
die auch die Aufbereitung der Daten in einer Datenbank
und die Herstellung des Satzes übernommen haben.
Ihnen möchte der Autor für die geleistete Hilfestellung an dieser Stelle herzlich danken.

| Auflage: | 5. | 4. | 3. | 2. | 1. | | Letzte Zahlen |
| Jahr: | 2001 | 2000 | 1999 | 98 | 97 | | maßgeblich |

INHALTSVERZEICHNIS

Hinweise zur Benutzung

Der vorliegende Band 2 von *Kanji & Kana* verzeichnet den Wortschatz aus dem Hauptteil von Band 1 in alphabetischer Reihenfolge, und zwar in einem japanisch-deutschen und einem deutsch-japanischen Wörterverzeichnis.

In den beiden Verzeichnissen finden Sie folgende Angaben:

Wörterverzeichnis Japanisch-Deutsch
Die japanischen Stichwörter in Lateinumschrift und mit Kanji; dahinter die deutsche Bedeutung und die laufenden Nummern, unter denen die im jeweiligen Stichwort enthaltenen Kanji im *Handbuch Kanji und Kana 1* aufgeführt sind.

Dieses Verzeichnis wird immer dann von Nutzen sein, wenn man die Aussprache eines Wortes kennt und rasch dessen Schreibweise und/oder Bedeutung nachschlagen will.

Wörterverzeichnis Deutsch-Japanisch
Die deutschen Stichwörter mit ihrer japanischen Entsprechung in Originalschreibweise und Umschrift; dahinter die laufenden Nummern, unter denen die im jeweiligen Stichwort enthaltenen Kanji im *Handbuch Kanji und Kana 1* aufgeführt sind.

Dieses Verzeichnis dient zum Nachschlagen der Aussprache und Schreibweise japanischer Wörter, von denen man eine deutsche Bedeutung kennt. Man kann es darüber hinaus auch zum Wiederholen und Lernen verwenden, da zu den japanischen Übersetzungen erklärende Zusätze zur Bedeutung gegeben werden. So findet man unter dem Stichwort „Vertrag" den Hinweis, daß es für dieses Wort im Japanischen zwei verschiedene, nicht austauschbare Begriffe gibt: *jōyaku* für zwischenstaatliche Verträge und *keiyaku* für privatrechtliche Verträge.

In beiden Verzeichnissen sind zur raschen Orientierung jeweils das erste und letzte Wort einer Seite am äußeren Rand der Kopfzeile aufgeführt.

Beide Listen gehen in mehrfacher Hinsicht über ein einfaches Wörterverzeichnis hinaus:
• Außer selbständig verwendeten japanischen Wörtern sind auch *On*-Lesungen (gekennzeichnet durch Großbuchstaben) einzelner Kanji aufgeführt, da sie als Wortbildungselemente in Komposita von großer Bedeutung sind.

6

- Der Wortschatz beschränkt sich nicht auf einzelne Wörter, sondern verzeichnet auch Begriffe und Wendungen, die aus mehreren Wörtern bestehen.
- Stichwörter mit mehreren Bedeutungen sind insbesondere im deutsch-japanischen Teil mit kurzen Hinweisen auf ihre jeweilige Bedeutung versehen.

Im Teil Japanisch-Deutsch kommt es häufig vor, daß es zu einer *On*-Lesung mehrere Kanji-Einträge gibt. In diesem Fall werden zuerst solche Kanji aufgeführt, die einen oder mehrere gemeinsame Bestandteile (Grapheme) haben. Diese Gruppen mit gemeinsamen Graphemen werden durch eine waagerechte Linie nach dem jeweils letzten Kanji voneinander abgegrenzt.

Gibt es im Teil Deutsch-Japanisch mehrere japanische Entsprechungen für ein deutsches Stichwort, so sind diese nach ansteigender Nummer der darin enthaltenen Kanji geordnet. Dadurch stoßen Sie in der Regel zuerst auf die häufiger vorkommenden Wörter, denn in Band 1 sind die Kanji überwiegend nach ihrer Häufigkeit angeordnet. Wenn Sie trotz der zusätzlichen Bedeutungshinweise nicht sicher sind, welche von zwei oder mehreren japanischen Entsprechungen die von Ihnen gesuchte ist, nehmen Sie im Zweifelsfall die zuerst genannte. In vielen Fällen gibt auch ein Blick in den Eintrag in Band 1 Aufschluß über die Bedeutung. Beachten Sie dabei, daß Komposita immer unter dem Kanji mit der höchsten Nummer eingeordnet sind.

Kommt ein deutsches Stichwort mehr als einmal vor, gilt folgende Reihenfolge: Stichwort allein, Stichwort mit Erläuterung in Klammern, Stichwort an erster Stelle in einer aus mehreren Wörtern bestehenden Wortkette, Stichwort an zweiter oder späterer Stelle in einer Wortkette. Steht ein Stichwort mehrmals an erster Stelle, wird es nur beim erstenmal ausgeschrieben und danach durch eine Einrückung ersetzt. Steht ein Stichwort an anderer als an erster Stelle, wird es durch eine Tilde ersetzt.

Die Nummern der Kanji am Ende jedes Eintrags ermöglichen ein Nachschlagen der Schreibweise (Strichfolge) sowie der Lesungen und Bedeutungen jedes einzelnen Zeichens in Band 1. Auch Komposita lassen sich über die höchste Nummer der darin enthaltenen Kanji nachschlagen.

Liste der Abkürzungen

Abk.	Abkürzung
Abk.f.	Abkürzung für
allg.	allgemein
buddh.	buddhistisch
ca.	zirka
e.	ein
e-e	eine
e-n	einen
e-r	einer
e-s	eines
etw.	etwas
I.M.	Ihre Majestät
i.ü.S.	im übertragenen Sinn
itr.	intransitiv
j.	japanisch
j-m	jemandem
j-n	jemanden
j-s	jemandes
relig.	religiös
S.M.	Seine Majestät
tr.	transitiv
u.	und
u.a.	und andere(s)
usw.	und so weiter
z.B.	zum Beispiel

Wörter, die auf -lich, -risch , -sisch *oder* -tisch *enden, sind gelegentlich nach dem* l , r, s *oder* t *abgekürzt:*

chines.	chinesisch
elektr.	elektrisch
gesetzl.	gesetzlich
humorist.	humoristisch
kaiserl.	kaiserlich
klass.	klassisch
körperl.	körperlich
literar.	literarisch
militär.	militärisch
polit.	politisch
räuml.	räumlich
satir.	satirisch
schriftl.	schriftlich
staatl.	staatlich
vertragl.	vertraglich
weibl.	weiblich
wissenschaftl.	wissenschaftlich
wörtl.	wörtlich
zeitl.	zeitlich

Wörterverzeichnis
Japanisch-Deutsch

– A –

A 亜 untergeordnet, Unter-, Neben-; Asien 1616

aba(ku) 暴 (Geheimnis) verraten; enthüllen, bloßlegen 1014

aba(reru) 暴 wüten, gewalttätig sein 1014

abikyōkan あ鼻叫喚 2 buddh. Höllen; vollkommenes Durcheinander 813, 1252, 1587

a(biru) 浴 baden 1128

a(biseru) 浴 übergießen, überschütten 1128

abu(nai) 危 gefährlich 534

abura 油 Öl 364
脂 (tierisches) Fett 1042

aburae 油絵 Ölgemälde 364, 345

aburakkoi 脂っ濃い fett, fettig, schwer 1042, 957

aburami 脂身 fetter Teil des Fleisches 1042, 59

aburamushi 油虫 Küchenschabe, Kakerlak; Blattlaus; Schmarotzer 364, 873

aen 亜鉛 Zink 1616, 1606

a(garu) 挙 festgenommen werden 801
揚 emporsteigen 631
上 steigen 32

a(geru) 挙 nennen, geben, zählen; festnehmen 801
揚 (er)heben; braten 631
上 (er)heben, (empor)heben, erhöhen 32

AI 愛 Liebe 259
哀 Mitleid 1675

~ no kesshō 愛の結晶 Frucht der Liebe, Kind 259, 485, 1645

ai- 相 gegenseitig, zusammen 146

aibō 相棒 Partner; Komplice 146, 1543

aibyō 愛猫 Lieblingskatze 259, 1470

aida 間 (Zwischen)Raum, Zeit(raum) 43

nagai ~ 長い間 lange (Zeit) 95, 43

aidagara 間柄 Verhältnis, Beziehung 43, 985

aidoku 愛読 gern lesen 259, 244

aijō 愛情 Liebe 259, 209
愛嬢 geliebte Tochter 259, 1836

aika 哀歌 Elegie, Klagelied 1675, 392

aiken 愛犬 Lieblingshund 259, 280

aikokushin 愛国心 Vaterlandsliebe, Patriotismus 259, 40, 97

aishō 愛称 Kosename 259, 978

aishū 哀愁 Trauer, Wehmut 1675, 1601

aisō 愛想 Liebenswürdigkeit 259, 147

aite 相手 Partner, Gegner 146, 57

aitō 哀悼 Beileid, Trauer 1675, 1680

aitomonau 相伴う begleiten 146, 1027

aitsugu 相次ぐ aufeinanderfolgen 146, 384

aiwa 哀話 traurige Geschichte 1675, 238

aizō 愛憎 Liebe u. Haß, Parteilichkeit 259, 1365

aizu 合図 Signal, Zeichen, Wink 159, 339

aji 味 Geschmack 307

otsu na ~ 乙な味 ausgefallener/delikater Geschmack 983, 307

aji(wau) 味 kosten; genießen; würdigen 307

aka 赤 rot 207

akabō 赤帽 Gepäckträger 207, 1105

akachan 赤ちゃん Baby 207

aka(i) 赤 rot 207

akaji 赤字 rote Zahlen, Defizit 207, 110

akanbō 赤ん坊 Säugling, Baby 207, 1858

aka(rameru) 赤 erröten 207

aka(ramu) 明 hell werden 18
赤 rot werden, erröten 207

a(kari) 明 Licht, Helligkeit 18

aka(rui) 明 hell 18

aka(rumu) 明 hell werden 18

Akasaka 赤坂 (Stadtteil in Tōkyō) 207, 443

a(kasu) 明 (die Nacht) verbringen; anvertrauen; beweisen 18
飽 übersättigen; (j-n) langweilen 1763

akatsuki 暁 Tagesanbruch, Morgendämmerung 1658

~ niwa 暁には im Falle; bei 1658

a(keru) 明 hell werden 18
空 frei machen, frei werden 140
開 öffnen 396

aki 秋 Herbst 462

akibare 秋晴れ klares Herbstwetter 462, 662

akibin 空き瓶 leere Flasche 140, 1161

akikan 空き缶 leere Büchse 140, 1649

akikaze 秋風 Herbstwind 462, 29

akimatsuri 秋祭り Herbstfest 462, 617

akina(u) 商 Handel treiben 412

aki(raka) 明 hell 18

a(kiru) 飽 (e-r Sache) überdrüssig werden 1763

akisu(nerai) 空き巣(ねらい) Einbrecher 140, 1538

Akiyoshi-dō 秋吉洞 (gößte Höhle in Japan) 462, 1141, 1301
akka 悪化 Verschlechterung 304, 254
akkan 悪漢 Schurke 304, 556
akkō 悪口 Verleumdung, üble Nachrede 304, 54
AKU 悪 schlecht, schlimm, böse 304
握 (er)greifen, (er)fassen; ballen 1714
a(ku) 明 offen sein 18
空 frei machen, frei werden 140
開 s. öffnen 396
akueki 悪疫 Seuche, Pest, Epidemie 304, 1319
akugi 悪戯 Streich, Unfug 304, 1573
akuheki 悪癖 schlechte (An)Gewohnheit 304, 1490
akuji 悪事 böse Tat, Vergehen 304, 80
akujunkan 悪循環 Teufelskreis 304, 1479, 865
akuma 悪魔 Teufel, Satan 304, 1528
akumu 悪夢 schlechter Traum, Alptraum 304, 811
a(kuru) 明 nächst, folgend 18
akuru hi 明くる日 der nächste/folgende Tag 18, 5
akusei 悪性 bösartig, gefährlich 304, 98
akusen 悪銭 unredlich erworbenes Geld 304, 648
akushitsu 悪疾 bösartige Krankheit 304, 1812
akushu 握手 Händedruck 1714, 57
akushū 悪臭 übler Geruch, Gestank 304, 1244
ama 雨 Regen 30
天 Himmel 141
尼 Nonne 1620
亜麻 Flachs, Lein(pflanze) 1616, 1529
amadare 雨垂れ Regentropfen 30, 1070
amadera 尼寺 Nonnenkloster 1620, 41
amado 雨戸 Holzschiebetür, Fensterladen 30, 152
ama(eru) 甘 schmeicheln 1492
amagasa 雨傘 Regenschirm 30, 790
amagumo 雨雲 Regenwolke 30, 636
ama(i) 甘 süß; ungenügend gesalzen; (zu) nachsichtig; oberflächlich; optimistisch 1492
amamizu 雨水 Regenwasser 30, 21
amamori 雨漏り Leck im Dach 30, 1806

amanogawa 天の川 Milchstraße 141, 33
ama(ru) 余 übrig sein, überschreiten 1063
ama(su) 余 übriglassen 1063
amatsubu 雨粒 Regentropfen 30, 1700
ama(yakasu) 甘 verwöhnen, verziehen 1492
amazu 甘酢 süßer Essig 1492, 1867
ame 雨 Regen 30
天 Himmel 141
Amerika Gasshūkoku アメリカ合衆国 USA 159, 792, 40
ami 網 Netz 1612
amibukuro 網袋 (Einkaufs)Netz 1612, 1329
amimono 編み物 Stricken, Häkeln, Strick-/Häkelarbeit 682, 79
a(mu) 編 stricken, häkeln; zusammenstellen, herausgeben 682
AN 安 Friede, Ruhe 105
案 Plan, Vorschlag, Antrag 106
行 gehen, fahren 68
暗 dunkel 348
ana 穴 Loch, Höhle 899
~ akeki 穴あけ器 Locher 899, 527
anado(ru) 侮 verachten 1736
anago 穴子 Seeaal 899, 103
ane 姉 ältere Schwester 407
anettai 亜熱帯 subtropische Zone, Subtropen 1616, 645, 963
angai 案外 wider Erwarten 106, 83
angō 暗号 Geheimzeichen, Chiffre 348, 266
ani 兄 älterer Bruder 406
anji 暗示 Suggestion, Andeutung 348, 615
anjū 安住 ruhiges/friedliches Leben 105, 156
ankan 安閑 Muße, Untätigkeit 105, 1532
anken 案件 Sache, Angelegenheit 106, 732
anki 暗記 auswendig lernen 348, 371
ankoku 暗黒 Dunkelheit, Finsternis 348, 206
anma あん摩 Masseur 1530
anmin 安眠 guter/gesunder Schlaf 105, 849
annai 案内 Auskunft, Führung 106, 84
annaijo 案内所 Auskunft, Information 106, 84, 153
annei 安寧 öffentl. Friede/Ruhe 105, 1412
annei-chitsujo 安寧秩序 Ruhe u. Ordnung 105, 1412, 1508, 770
ano hito あの人 er, sie 1
anpi 安否 Befinden, Gesundheit(szustand) 105, 1248

anpu 暗譜 Auswendiglernen von Noten 348, 1167
anrakushi 安楽死 Euthanasie, Sterbehilfe 105, 358, 85
ansatsu 暗殺 Attentat 348, 576
ansei 安静 Ruhe, Stille 105, 663
anshin 安心 sich beruhigen, erleichtert sein 105, 97
anshitsu 暗室 Dunkelkammer 348, 166
anshō 暗礁 verborgenes Riff 348, 1768
anshutsu 案出 sich ausdenken, erfinden 106, 53
antai 安泰 Ruhe, Sicherheit 105, 1545
antei 安定 Stabilisierung, Gleichgewicht 105, 355
an'un 暗雲 dunkle Wolken 348, 636
an'yaku 暗躍 Manövrieren hinter den Kulissen 348, 1560
anzan 暗算 Kopfrechnen 348, 747
anzen 安全 Sicherheit 105, 89
ao 青 grün, blau; unreif 208
aoba 青葉 grünes Laub 208, 253
aobukure 青膨れ blaue/grüne Schwellung, blau angelaufen 208, 1145
ao(gu) 仰 nach oben sehen, emporblicken; achten, verehren; bitten 1056
ao(i) 青 grün, blau; unreif 208
aomono 青物 Grünzeug, Gemüse 208, 79
aomuke 仰向け Rückenlage 1056, 199
aozora 青空 blauer Himmel 208, 140
~ ichiba 青空市場 Markt im Freien 208, 140, 181, 154
appaku 圧迫 Druck, Unterdrückung 1342, 1175
ara(i) 粗 grob (Struktur, Material, Arbeit), rauh (Oberfläche) 1084
荒 rauh, roh, grob, wild 1377
araitateru 洗い立てる herumstöbern, (nach)forschen 692, 121
arashigoto 荒仕事 schwere/harte Arbeit 1377, 333, 80
araso(u) 争 (s.) streiten, kämpfen (um) 302
a(rasu) 荒 verwüsten, verheeren 1377
ara(ta) 新 neu 174
arata(maru) 改 erneuert werden 514
arata(meru) 改 ändern, reformieren 514
ara(u) 洗 waschen 692

arawa(reru) 表 (s.) ausdrücken 272
現 erscheinen 298
arawa(su) 表 (s.) ausdrücken 272
現 zeigen 298
著 schreiben, verfassen, veröffentlichen 859
arekuruu 荒れ狂う wüten, rasen, toben 1377, 883
areno 荒野 Wüste, Öde, Wildnis 1377, 236
a(reru) 荒 stürmisch/wild/verwüstet werden/ sein 1377
arizuka あり塚 Ameisenhaufen 1751
a(ru) 有 sein, s. befinden; haben 265
在 sein, existieren 268
aru(ku) 歩 (zu Fuß) gehen 431
aryū 亜流 Epigone 1616, 247
asa 朝 Morgen 469
麻 Hanf 1529
asaban 朝晩 morgens u. abends 469, 736
asagiri 朝霧 Morgennebel 469, 950
asaguroi 浅黒い dunkelfarbig, bräunlich 649, 206
asahi 朝日 Morgensonne 469, 5
asa(i) 浅 seicht, flach 649
asaito 麻糸 Hanfgarn 1529, 242
asanebō 朝寝坊 spät aufstehen 469, 1079, 1858
asase 浅瀬 Untiefe, Sandbank, Furt 649, 1513
asatsuyu 朝露 Morgentau 469, 951
ase 汗 Schweiß 1188
ase(ru) 焦 s. be/übereilen, ungeduldig werden 999
ashi 足 Fuß, Bein 58
脚 Bein 1784
ashiato 足跡 Fußspur 58, 1569
ashibumi 足踏み auf der Stelle treten 58, 1559
ashidome 足止め Hausarrest, Einsperrung 58, 477
ashidori 足取り Gang, Schritt 58, 65
ashimoto ni 足下に zu Füßen 58, 31
ashioto 足音 Schritte 58, 347
Ashizuri-misaki 足ずり岬 (Südspitze Shikokus) 58, 1363
asobiaite 遊び相手 Spielkamerad, Mitspieler 1003, 146, 57
aso(bu) 遊 spielen, s. unterhalten, faul sein 1003

assaku 圧搾 Druck, Kompression 1342, 1497
assakuki 圧搾器 Kompressor 1342, 1497, 527
assen あっ旋 Hilfe, Vermittlung 1005
asu 明日 morgen 18, 5
ata(eru) 与 geben 539
atai 価 Preis, Wert 421
　値 Wert, Preis 425
atama 頭 Kopf, Haupt, Meister 276
atara(shii) 新 neu 174
ata(ri) 辺 Umgebung, Gegend, Nähe 775
a(taru) 当 treffen, zutreffen 77
atata(ka) 温 warm 634
　暖 warm 635
atata(kai) 温 warm 634
　暖 warm 635
atata(maru) 温 s. erwärmen 634
　暖 warm werden, s. erwärmen 635
atata(meru) 温 (er/auf)wärmen 634
　暖 (er/auf)wärmen 635
ateji 当て字 nach s-m Lautwert verwendetes
　Kanji 77, 110
a(teru) 当 treffen, zutreffen 77
　充 zuweisen, verwenden 828
ato 後 nach, später, hinter, zurück 48
　跡 Spur, Reste, Ruine 1569
~ no matsuri 後の祭り Zu spät! 48, 617
atooshi 後押し schieben, helfen, unterstützen
　48, 986
atotsugi 跡継ぎ Nachfolger; Erbe 1569, 1025
ATSU 圧 Druck 1342
atsugami 厚紙 Pappe 639, 180
atsu(i) 暑 heiß (Lufttemperatur) 638
　厚 dick; herzlich 639
　熱 heiß 645
atsuka(u) 扱 behandeln 1258
atsukurushii 暑苦しい drückend/unerträg-
　lich heiß 638, 545
atsu(maru) 集 s. versammeln 436
atsu(meru) 集 sammeln 436
atsuryoku 圧力 Druck 1342, 100
attōteki 圧倒的 überwältigend 1342, 905, 210
a(u) 会 treffen 158
　合 passen 159
　遭 treffen, stoßen auf, geraten (in) 1643
　sainan ni ~ 災難に遭う verunglücken
　1335, 557, 1643
awa 泡 Blase, Schaum 1765

~ o kuu 泡を食う verwirrt sein, den Kopf
　verlieren 1765, 322
awadatsu 泡立つ schäumen, brodeln 1765,
　121
awa(i) 淡 hell, schwach, matt, flüchtig 1337
awa(re) 哀 Mitleid 1675
awa(remu) 哀 Mitleid haben 1675
awa(seru) 併 annektieren, verbinden,
　vereinigen 1162
a(waseru) 合 anpassen 159
a(wasu) 合 anpassen 159
awa(tadashii) 慌 überstürzt, übereilt; verwirrt
　1378
awatemono 慌て者 Übereiliger;
　Geistesabwesender 1378, 164
awa(teru) 慌 s. überstürzen/übereilen;
　verwirrt/verlegen werden 1378
awayuki 淡雪 leichter/feiner Schnee 1337,
　949
ayama(chi) 過 Fehler 413
ayama(ru) 謝 s. entschuldigen 901
　誤 s. irren, e-n Fehler machen 906
ayama(tsu) 過 irren 413
aya(shii) 怪 zweifelhaft, fragwürdig,
　bedenklich, verdächtig, seltsam, sonderbar,
　schlecht 1476
aya(shimu) 怪 (be)zweifeln, verdächtigen,
　mißtrauen, staunen, für seltsam halten 1476
ayatsu(ru) 操 handhaben, lenken, führen
　1655
aya(ui) 危 gefährlich 534
ayu(mu) 歩 (zu Fuß) gehen 431
aza 字 Weiler, Gemeindeteil 110
azamu(ku) 欺 betrügen, täuschen 1499
aza(yaka) 鮮 frisch, klar, hell, lebendig 701
azukarijo/sho 預かり所 Aufbewahrungs-
　stelle 394, 153
　tenimotsu ichiji ~ 手荷物一時預かり(所)
　Handgepäckaufbewahrung(sstelle) 57, 391,
　79, 2, 42, 394, 153
azu(karu) 預 aufbewahren 394
azu(keru) 預 anvertrauen 394
azuki 小豆 kleine rote Bohne 27, 958

– B –

BA 馬 Pferd 283
　婆 alte Frau 1931

ba 場 Platz, Stelle, Ort 154
baai, bawai 場合 Fall 154, 159
BACHI 罰 (Gottes)Strafe 886
bachiatari 罰当たり verdammt, verflucht, gottlos 886, 77
BAI 倍 doppelt, zweifach, mal, (Suffix:) -mal, -fach 87
陪 folgen, begleiten, zugegen sein 1943
培 ziehen, (an)bauen, kultivieren 1828
賠 entschädigen 1829
売 verkaufen 239
買 kaufen 241
媒 dazwischenliegend 1496
梅 Pflaumenbaum, Pflaume 1734
bai ni suru 倍にする verdoppeln 87
baibai 売買 Kauf u. Verkauf, Handel 239, 241
baika 倍加 Verdoppelung 87, 709
baikai 媒介 Vermittlung; Heiratsvermittlung 1496, 453
baikaibutsu 媒介物 Medium, Vermittler 1496, 453, 79
baikokudo 売国奴 Landesverräter 239, 40, 1933
baikyaku 売却 Verkauf, Abstoß 239, 1783
bairitsu 倍率 Vergrößerung 87, 788
baiseki 陪席 (Gerichts)Beisitzer; Teilnahme 1943, 379
baishaku 媒酌 Heiratsvermittlung 1496, 1863
baishakunin 媒酌人 Heiratsvermittler 1496, 1863, 1
baishin 陪審 Jury, Schwurgericht; Geschworener 1943, 1383
baishō 賠償 Entschädigung, Reparation 1829, 971
  songai ~ 損害賠償 Schadenersatz, Entschädigung 350, 518, 1829, 971
baishōkin 賠償金 Schadenersatz, Reparation 1829, 971, 23
baishoku 陪食 Teilnahme an e-m Essen mit Hochgestellten 1943, 322
baishun 売春 Prostitution 239, 460
baiten 売店 Verkaufsstand, Kiosk 239, 168
baiu 梅雨 Regenzeit 1734, 30
baiyō 培養 Anbau, Pflanzung, Zucht; Kultur 1828, 402

junsui ~ 純粋培養 Reinkultur 965, 1708, 1828, 402
baiyōeki 培養液 Nährflüssigkeit 1828, 402, 472
bajutsu 馬術 Reitkunst, Dressurreiten 283, 187
ba(kasu) 化 behexen 254
bakemono 化け物 Gespenst, Geist 254, 79
ba(keru) 化 s. verwandeln 254
bakkin 罰金 Bußgeld, Geldstrafe 886, 23
BAKU 漠 vage, dunkel; wüst; weit 1427
幕 Shōgunat 1432
博 ausgedehnt, weit, breit; viel 601
縛 (an)binden, befestigen; in Anspruch nehmen 1448
暴 (Geheimnis) verraten; enthüllen, bloßlegen 1014
爆 explodieren 1015
麦 Weizen, Gerste, Roggen, Hafer 270
bakudan 爆弾 Bombe 1015, 1539
Bakufu 幕府 Shōgunatsregierung 1432, 504
bakuga 麦芽 Malz 270, 1455
bakugeki 爆撃 Bombardierung, Bombenangriff 1015, 1016
bakuhatsu 爆発 Explosion 1015, 96
bakuhatsuteki 爆発的 explosionsartig 1015, 96, 210
bakuro 暴露 Enthüllung, Aufdeckung 1014, 951
bakuyaku 爆薬 Sprengstoff 1015, 359
bakuzen 漠然 vage, unbestimmt 1427, 651
BAN 伴 begleiten, mit j-m gehen; mit s. bringen, begleitet sein (von) 1027
判 (Papier)Format 1026
万 viele, alle 16
番 Wache, Aufsicht, Dienst; Reihe; Nummer 185
晩 Abend, Nacht 736
板 (Holz-)Brett 1047
盤 (Spiel)Brett, Tafel, Platte, Becken 1098
蛮 barbarisch 1879
banbutsu no reichō 万物の霊長 die Krone der Schöpfung, Mensch 16, 79, 1168, 95
banchi 番地 Hausnummer 185, 118
bangō 番号 Nummer 185, 266
bangumi 番組 Programm (TV, Radio) 185, 418

goraku ~ 娯楽番組 Unterhaltungsprogramm 1437, 358, 185, 418

banjin 蛮人 Barbar 1879, 1

banken 番犬 Wachhund 185, 280

bankō 蛮行 Barbarei, Brutalität 1879, 68

bankoku 万国 alle Länder, Welt 16, 40

bannen 晩年 Lebensabend, letzte Jahre 736, 45

banpaku 万博 Weltausstellung (Abk. f. 万国
博覧会 bankoku hakurankai) 16, 601

banpū 蛮風 Barbarei, barbarische Sitten 1879, 29

banshaku 晩酌 Abendtrunk 736, 1863

banshō 晩鐘 Abendglocke 736, 1821

bansō 伴奏 Begleitung 1027, 1544

ban'yū 蛮勇 Tollkühnheit, Gewalt 1879, 1386

banzai 万歳 Hurra! Er lebe hoch! 16, 479

banzen 万全 absolut sicher, perfekt 16, 89

bariki 馬力 PS, Pferdestärken 283, 100

basha 馬車 Pferdewagen 283, 133

basho 場所 Platz, Stelle, Ort 154, 153

bassai 伐採 Holzfällen, Abholzen 1509, 933

BATSU 伐 angreifen, niederhauen 1509
閥 Clique, Clan, Partei 1510
末 Ende 305
罰 Strafe, Bestrafung 886
抜 herausziehen; beseitigen; aus/weglassen;
überholen; erobern 1713

batsugun 抜群 hervorragend, ausgezeichnet 1713, 794

bawai, baai 場合 Fall 154, 159

-be 辺 Umgebung, Gegend, Nähe 775

BEI 米 Reis; (Abk. f.) Amerika 224
Nichi-Bei 日米 Japan u. Amerika/USA,
japan.-amerik. 5, 224
Ō-Bei 欧米 Europa u. Amerika/USA 1022,
224

beika 米価 Reispreis 224, 421

bekkan 別館 Nebengebäude, Annex 267, 327

bekkyo 別居 Trennung, getrennt leben 267,
171

BEN 便 Bequemlichkeit; Exkremente 330
弁 Dialekt; Unterscheidung; Blatt 711
勉 Anstrengung, harte Arbeit 735
Kansai-ben 関西弁 Kansai-Dialekt 398,
72, 711

bengaku 勉学 Studium, Lernen 735, 109

bengi 便宜 Bequemlichkeit, Zweckmäßigkeit 330, 1086

bengijō 便宜上 der Bequemlichkeit wegen 330, 1086, 32

bengoshi 弁護士 Rechtsanwalt 711, 1312, 572

beni 紅 karmesinrot; Rouge 820

benjo 便所 Toilette 330, 153

benkai 弁解 Erklärung, Rechtfertigung,
Ausrede 711, 474

benkyō 勉強 Studium, Lernen; Preisnachlaß 735, 217

benkyōka 勉強家 fleißiger Mensch 735, 217, 165

benpi 便秘 (Stuhl)Verstopfung 330, 807

benri 便利 bequem, praktisch 330, 329

benshō 弁償 Entschädigung,
Wiedergutmachung 711, 971

bentō 弁当 Imbiß zum Mitnehmen (Schule,
Arbeit, Reise) 711, 77

benzetsu 弁舌 Reden, Sprechen,
Beredsamkeit 711, 1259

bessatsu 別冊 Sonderband,
Supplement(band) 267, 1158

bessō 別荘 Wochenendhaus, Ferienhaus 267, 1327

BETSU 別 Unterschied; Trennung; anders,
besonders 267

betsubin 別便 getrennte Post, Extrapost 267,
330

betsujin 別人 ein anderer Mensch 267, 1

betsumune 別棟 getrenntes Gebäude,
Nebengebäude 267, 1406

BI 美 schön 401
備 einrichten, ausrüsten 768
鼻 Nase 813
微 winzig, geringfügig, leicht 1419
尾 Schwanz 1868

bichiku 備蓄 Vorratshaltung (für den Notfall) 768, 1224

bigaku 美学 Ästhetik 401, 109

bijin 美人 schöne Frau 401, 1

biji-reiku 美辞麗句 schöne Worte, Rhetorik 401, 688, 1630, 337

bijutsukan 美術館 Kunstmuseum, Galerie 401, 187, 327

bika 美化 Verschönerung 401, 254

bikō 備考 Anmerkung 768, 541

鼻孔 Nasenloch 813, 940

尾行 (j-n) beschatten 1868, 68

bimyō 微妙 fein, zart 1419, 1154

BIN 便 Gelegenheit; Post 330

貧 arm 753

瓶 Flasche 1161

敏 beweglich, flink, behend 1735

binbō 貧乏 arm 753, 754

binetsu 微熱 leichtes Fieber 1419, 645

binkan 敏感 empfindlich, sensibel 1735, 262

binsoku 敏速 Schnelligkeit, Behendigkeit 1735, 502

binwan 敏腕 tüchtig, geschickt 1735, 1299

binzume 瓶詰 in Flaschen gefüllt 1161, 1142

bion 鼻音 Nasallaut 813, 347

birei 美麗 schön, hübsch 401, 1630

bīru roppon ビール六本 6 Flaschen Bier 8, 25

bīrubin ビール瓶 Bierflasche 1161

biseibutsu 微生物 Mikrobe 1419, 44, 79

bishō 微笑 Lächeln 1419, 1235

bishū 美醜 schön oder häßlich; Aussehen 401, 1527

biten 美点 Vorzug, Tugend, Stärke 401, 169

bitō 尾灯 Schlußlicht, Rücklicht 1868, 1333

kenjō no **bitoku** 美徳, 謙譲の Tugend der Bescheidenheit 1687, 1013, 401, 1038

biyōin 美容院 Frisier-/Schönheitssalon 401, 654, 614

BO 募 (an)werben, aufbringen; heftiger werden 1430

墓 Grab 1429

暮 dunkel werden, versinken, zu Ende gehen 1428

慕 s. sehnen, s. hingezogen fühlen 1431

模 nachahmen, imitieren; Modell 1425

母 Mutter 112

簿 Notizbuch, Eintragungsbuch, Register 1450

BO' 坊 Wohnung e-s Priesters; (buddh.) Priester; Junge 1858

BŌ 防 verteidigen, (be)schützen, verhüten 513

坊 Wohnung e-s Priesters; (buddh.) Priester; Junge 1858

妨 stören, hindern 1182

肪 (tierisches) Fett 1857

房 Raum; Quaste, Troddel 1237

紡 spinnen 1859

傍 Seite 1183

亡 sterben, umkommen 672

妄 sinnlos, willkürlich 1376

忘 vergessen 1374

忙 beschäftigt 1373

望 hoffen, wünschen; überblicken 673

某 ein gewisser 1494

謀 planen, ersinnen; betrügen 1495

冒 wagen, riskieren; befallen, schaden 1104

帽 Mütze, Hut, Kopfbedeckung 1105

乏 unzureichend, knapp 754

貿 Handel, Austausch 760

暴 wüten, toben, rasen, gewalttätig sein 1014

膨 (an)schwellen, s. aufblähen, aufgehen (Teig), s. ausbreiten; ärgerlich/mürrisch werden 1145

棒 Stock, Stange 1543

剖 (zer)teilen 1830

bōanki 棒暗記 stur auswendig lernen 1543, 348, 371

bochi 墓地 Friedhof 1429, 118

bōchō 傍聴 Zuhören, Anhören 1183, 1039

膨脹 Ausdehnung, Expansion 1145, 1922

bōdachi 棒立ち (vor Schreck) erstarren 1543, 121

bōdai 膨大 Anschwellen, Schwellung 1145, 26

bōei 防衛 Abwehr, Verteidigung, Schutz 513, 815

bōeki 貿易 Außenhandel, Handel 760, 759

防疫 Vorbeugung gegen Epidemien 513, 1319

~ shūshi 貿易収支 Handelsbilanz 760, 759, 757, 318

jiyū ~ 自由貿易 Freihandel 62, 363, 760, 759

Nichi-Bei ~ 日米貿易 Handel zwischen Japan und den USA 5, 224, 760, 759

bōeki-gaisha 貿易会社 Handelshaus 760, 759, 158, 308

bōenkyō 望遠鏡 Fernrohr, Teleskop 673, 446, 863

bōfu 亡父 der verstorbene Vater 672, 113

亡夫 der verstorbene Ehemann 672, 315

暴風 heftiger Wind, Sturm 1014, 29

bōgai 妨害 Verhinderung, Störung 1182, 518

bōgyaku 暴虐 tyrannisch, grausam 1014, 1574

bōhan 防犯 Verhütung/Bekämpfung von Verbrechen 513, 882

bōhatei 防波堤 Wellenbrecher, Mole 513, 666, 1592

bōheki 防壁 Schutzwand/wall 513, 1489

bohi 墓碑 Grabstein, Grabmal 1429, 1522

bohyō 墓標 Grabmarkierung, Grabpfosten 1429, 923

boin 母音 Vokal 112, 347

bōjitsu 某日 an einem Tag 1494, 5

bojō 慕情 Verlangen, Sehnsucht 1431, 209

bōju 傍受 auffangen, empfangen; abhören, mithören 1183, 260

bōka 防火 Brandschutz 513, 20

bōkan 傍観 Zuschauen, Zusehen 1183, 604

bōkei 傍系 Seitenlinie (Genealogie) 1183, 908

bōken 冒険 Abenteuer 1104, 533

~ shōsetsu 冒険小説 Abenteuerroman 1104, 533, 27, 400

boketsu 墓穴 Grab, Gruft 1429, 899

boki 簿記 Buchführung, Buchhaltung 1450, 371

bokin 募金 Geldsammlung 1430, 23

bokkōshō 没交渉 unbeteiligt, unabhängig 935, 114, 432

bokō 母校 j-s alte Schule, Alma Mater 112, 115

bōkoku 某国 ein gewisses Land 1494, 40

bokokugo 母国語 Muttersprache 112, 40, 67

BOKU 木 Baum; Holz 22

朴 einfach, schlicht 1466

僕 ich (Männersprache); Diener 1888

撲 schlagen 1889

目 Auge 55

牧 Weide 731

墨 Tusche, schwarze Tinte, Tuschstein 1705

bokuchikugyō 牧畜業 Viehzucht 731, 1223, 279

bokuchoku 朴直 schlicht, einfach, aufrichtig 1466, 423

bokujō 牧場 Weide, Wiese 731, 154

bokujū 墨汁 Tusche 1705, 1794

bokumetsu 撲滅 Vernichtung, Ausrottung

1889, 1338

bokura 僕ら wir (Männersprache) 1888

bokuseki 木石 Bäume und Steine, unbelebte Natur 22, 78

bokushi 牧師 Pfarrer, Pastor 731, 409

bokushu 墨守 Festhalten (an der Tradition) 1705, 490

bokusōchi 牧草地 Wiese 731, 249, 118

bokutotsu 朴とつ einfach, schlicht; wortkarg, ungesellig 1466

bokuyōsha 牧羊者 Schafzüchter, Schäfer 731, 288, 164

bōkyaku 忘却 vergessen 1374, 1783

bōkyō no nen 望郷の念 Heimweh 673, 855, 579

bōmei 亡命 Emigration, Exil 672, 578

BON 盆 buddh. Totenfest (im Juli); Tablett 1099

凡 normal, gewöhnlich 1102

煩 sorgen (für), besorgt sein (um) 1849

Bon odori 盆踊り Bon-Tanz 1099, 1558

bonchi 盆地 Becken, Mulde 1099, 118

bōnenkai 忘年会 Jahresabschlußfeier 1374, 45, 158

bonjin 凡人 Durchschnittsmensch, gewöhnlicher Sterblicher 1102, 1

bonkei 盆景 Miniaturlandschaft auf e-m Tablett 1099, 853

bonnō 煩悩 irdische Wünsche; sinnliche Begierde 1849, 1279

bonsai 凡才 mittelmäßig begabt 1102, 551

盆栽 Miniaturbaum (Topfpflanze), Bonsai 1099, 1125

bon'yō 凡庸 mittelmäßig, gewöhnlich 1102, 1696

bonyū 母乳 Muttermilch 112, 939

bōon 忘恩 Undank(barkeit) 1374, 555

bōrei 亡霊 Seele/Geist e-s Verstorbenen; Gespenst 672, 1168

bōryaku 謀略 List, Trick 1495, 841

bōryokudan 暴力団 Bande, Gangster-syndikat, Gangster 1014, 100, 491

bōsatsu sareru 忙殺される sehr beschäftigt sein 1373, 576

boseki 墓石 Grabstein 1429, 78

bōseki 紡績 Spinnen 1859, 1117

~ kōjō 紡績工場 Spinnerei 1859, 1117, 139, 154

boshi 母子 Mutter u. Kind 112, 103
bōshi 防止 Vorbeugung, Verhütung 513, 477
帽子 Hut, Mütze 1105, 103
某氏 ein gewisser Herr; er, sie 1494, 566
bōshin 妄信 blinder Glaube 1376, 157
bōsho 某所 ein gewisser/bestimmter Ort 1494, 153
bōshō 帽章 Abzeichen an der (Dienst)Mütze 1105, 857
傍証 (weitere) Bestätigung, Indiz 1183, 484
bōshoku 紡織 Spinnen u. Weben 1859, 680
boshū 募集 Personaleinstellung, Anwerbung; Einladung 1430, 436
bosshū 没収 Beschlagnahme, Konfiskation 935, 757
bōsui 防水 wasserdicht, wasserfest 513, 21
紡錘 Spindel 1859, 1904
botai 母胎 Mutterleib 112, 1296
botchan 坊ちゃん (Ihr, sein, ihr) Sohn; junger Herr 1858
bōtō 冒頭 Anfang, Eröffnung 1104, 276
暴騰 plötzliche Steigerung 1014, 1780
bōtoku 冒とく Gotteslästerung, Blasphemie, Schändung 1104
BOTSU 没 sinken, untergehen 935
botsunyū 没入 untertauchen, sich versenken (in) 935, 52
botsuraku 没落 Untergang, Verfall, Ruin 935, 839
bōzu 坊主 (buddh.) Priester, Bonze 1858, 155
BU 分 Teil, Prozent 38
部 Teil, Abteilung; Exemplar (e-r Veröffentlichung) 86
無 nicht sein, (Präfix:) un- 93
不 (Präfix:) un- 94
歩 (zu Fuß) gehen 431
舞 tanzen, flattern 810
武 Militär 1031
奉 darbringen, opfern, verehren 1541
侮 verachten 1736
buai 歩合 Verhältnis, Prozentsatz; Kommission; Diskontsatz 431, 159
bubetsu 侮べつ Verachtung 1736
bubun 部分 Teil 86, 38
buchō 部長 Hauptabteilungsleiter 86, 95
budō 武道 Kriegskünste 1031, 149
budōshu ぶどう酒 Wein (aus Trauben) 517

bugaku 舞楽 altjapan. Hofmusik mit Tanz 810, 358
bugen 侮言 Beleidigung 1736, 66
buhin 部品 (Ersatz/Zubehör)Teile 86, 230
buji 無事 sicher, wohlbehalten, heil 93, 80
heion-buji 平穏無事 Ruhe u. Frieden 202, 869, 93, 80
bujoku 侮辱 Beleidigung 1736, 1738
buki 武器 Waffe 1031, 527
bukimi 不気味 unheimlich, gräßlich 94, 134, 307
bukiyō 無器用 ungeschickt 93, 527, 107
不器用 ungeschickt 94, 527, 107
bukka 物価 Preise 79, 421
~ tōki 物価騰貴 Preissteigerung 79, 421, 1780, 1171
oroshiuri ~ 卸し売り物価 Großhandelspreis 707, 239, 79, 421
bukkyō 仏教 Buddhismus 583, 245
bumon 部門 Abteilung, Gruppe, Klasse, Gebiet, Zweig, Fach 86, 161
BUN 分 Teil 38
聞 hören, zuhören, befolgen; fragen 64
文 Literatur, Text, Satz 111
bunbōgu 文房具 Schreibwaren 111, 1237, 420
bundan 文壇 literarische Kreise 111, 1839
bungaku 文学 Literatur 111, 109
hikaku ~ 比較文学 vergleichende Literaturwissenschaft 798, 1453, 111, 109
taishū ~ 大衆文学 Unterhaltungsliteratur 26, 792, 111, 109
tsūzoku ~ 通俗文学 Unterhaltungsliteratur 150, 1126, 111, 109
~ shi 文学史 Literaturgeschichte 111, 109, 332
bungaku-shō 文学賞 Literaturpreis 111, 109, 500
bungei 文芸 (schöne) Literatur, Kunst u. Literatur 111, 435
~ hihyō 文芸批評 Literaturkritik 111, 435, 1029, 1028
bungo 文語 Schriftsprache, Altjapanisch 111, 67
bunka 文化 Kultur 111, 254
bunkasai 文化祭 Kulturfest (an Universitäten) 111, 254, 617
bunkatsu 分割 Teilung, Einteilung 38, 519

bunkatsubarai 分割払い Teilzahlung,
Ratenzahlung 38, 519, 582
bunkazai 文化財 Kulturgut, Kulturdenkmal
111, 254, 553
bunken 文献 Literatur; Dokumente 111, 1355
bunki 分岐 Abzweigung, Gabelung 38, 872
bunkiten 分岐点 Abzweigung;
Anschlußbahnhof 38, 872, 169
bunkobon 文庫本 kleines u. billiges
Taschenbuch 111, 825, 25
bunmei 文明 Zivilisation 111, 18
  kikai ~ 機械文明 technische Zivilisation
  528, 529, 111, 18
bunmyaku 文脈 Kontext, Zusammenhang,
Gedankengang 111, 913
bunnaguru ぶん殴る hauen, verprügeln
1940
bunpi 分泌 Sekretion, Absonderung 38, 1870
bunpibutsu 分泌物 Sekret 38, 1870, 79
bunpitsu 文筆 Schriftstellerei 111, 130
  分泌 Sekretion, Absonderung 38, 1870
bunpō 文法 Grammatik 111, 123
bunpu 分布 Ver-/Ausbreitung 38, 675
bunraku 文楽 j. Puppenspiel 111, 358
bunretsu 分裂 Spaltung 38, 1330
bunri 分離 Trennung, Teilung 38, 1281
bunrui 分類 Einteilung, Klassifizierung 38,
226
bunryō 分量 Quantität, Menge, Dosis 38, 411
bunsatsu 分冊 Einzelband, Lieferung 38,
1158
bunseki 分析 Analyse 38, 1393
~ kagaku 分析化学 analytische Chemie 38,
1393, 254, 109
  shijō ~ 市場分析 Marktanalyse 181, 154,
  38, 1393
bunshi 分子 Molekül; Element; Zähler 38,
103
bunshitsu 分室 Zweigstelle 38, 166
bunsho 文書 Schriftstück, Dokument 111,
131
bunshō 文相 Kultusminister 111, 146
  文章 Satz, Aufsatz 111, 857
buntsū 文通 Schriftverkehr, Briefwechsel,
Korrespondenz 111, 150
bun'ya 分野 Bereich, Gebiet 38, 236
buraku 部落 kleines Dorf, Siedlung 86, 839

burei 無礼 Unhöflichkeit, Frechheit,
Beleidigung 93, 620
buryoku 武力 Waffengewalt 1031, 100
bushi 武士 Samurai, Krieger, Ritter 1031, 572
busho 部署 (Dienst)Posten 86, 860
bushō 無精 Trägheit, Faulheit 93, 659
  不精 Trägheit, Faulheit 94, 659
bushu 部首 Radikal (e-s Kanji) 86, 148
busō 武装 (Kriegs)Rüstung, Bewaffnung
1031, 1328
busshi 物資 Güter, Waren, (Roh)Material
79, 750
  intoku ~ 隠匿物資 versteckte Güter 868,
  1771, 79, 750
busshitsu 物質 Stoff, Materie, Substanz 79,
176
buta 豚 Schwein 796
butabako 豚箱 Polizeizelle, Knast 796, 1091
butagoya 豚小屋 Schweinestall 796, 27, 167
butai 部隊 (milit.) Einheit, Truppe 86, 795
  舞台 Bühne 810, 492
butaniku 豚肉 Schweinefleisch 796, 223
butōkai 舞踏会 Ball, Tanzveranstaltung
810, 1559, 158
BUTSU 物 Ding, Sache, Gegenstand 79
  仏 Buddha 583
butsuzō 仏像 Buddhastatue/bild 583, 740
buyō 舞踊 Tanzen, Tanz 810, 1558
buyū 武勇 Tapferkeit, Mut 1031, 1386
buzoku 部族 Stamm, Sippe, Geschlecht 86,
221
BYAKU 白 weiß 205
BYŌ 苗 Sämling, Setzling, aus Samen
gezogene Pflanze 1468
  描 malen, skizzieren, beschreiben 1469
  猫 Katze 1470
  平 eben, flach 202
  病 krank sein/werden 380
  秒 Sekunde 1152
byōdō 平等 Gleichheit 202, 569
byōin 病院 Krankenhaus 380, 614
byōki 病気 Krankheit 380, 134
byōku 病苦 Schmerzen/Qualen e-r Krankheit
380, 545
byōnin 病人 Kranker 380, 1
byōsha 描写 Schilderung, Beschreibung
1469, 540

shinri ~ 心理描写 psycholog. Schilderung
97, 143, 1469, 540
byōshin 秒針 Sekundenzeiger 1152, 341
byōshō 病床 Krankenbett/lager 380, 826
病症 Natur e-r Krankheit 380, 1318
byōsō 病巣 Krankheit 380, 1538
enshō ~ 炎症病巣 Entzündungsherd 1336,
1318, 380, 1538
byōsoku gomētoru 秒速5メートル 5 m/
Sek. 1152, 502
byōtō 病棟 Station/Gebäude (e-s
Krankenhauses) 380, 1406
byōyomi 秒読み Countdown 1152, 244

– C –

CHA 茶 Tee 251
~ no ma 茶の間 Wohnzimmer 251, 43
~ no yu 茶の湯 Teezeremonie 251, 632
chabatake 茶畑 Teepflanzung 251, 36
chadō 茶道 Teezeremonie 251, 149
chairo 茶色 braun 251, 204
chaka 茶菓 Tee u. Kuchen; Erfrischungen
251, 1535
chakasshoku 茶褐色 braun, kastanienbraun
251, 1623, 204
CHAKU 着 Ankunft; Kleidung 657
嫡 legitim (Frau, Kind, Erbe) 1932
chakufuku 着服 Unterschlagung 657, 683
chakunan 嫡男 Stammhalter, ältester Sohn
1932, 101
chakuriku 着陸 Landung 657, 647
chakuryū 嫡流 (direkte) Abstammung 1932,
247
chakushi 嫡子 legitimes/eheliches Kind
1932, 103
嫡嗣 legitimer Erbe 1932, 1917
chakushutsushi 嫡出子 legitimes/eheliches
Kind 1932, 53, 103
chakuson 嫡孫 legitimer Enkel (Kind des
ältesten Sohnes) 1932, 910
chashitsu 茶室 Teezimmer (für
Teezeremonie) 251, 166
chatsumi 茶摘み Teepflücken 251, 1447
CHI 知 wissen, kennen 214
痴 dumm, töricht 1813
値 Wert, Preis 425
置 setzen, legen; lassen; errichten 426

池 Teich 119
地 Erde, Land 118
質 Pfand 176
治 Friede; Regierung; Heilung 493
遅 spät, verspätet; langsam 702
致 tun, machen; erreichen 903
稚 Kind 1230
恥 Scham, Schande 1690
chi 千 tausend 15
血 Blut 789
乳 Muttermilch; Brust 939
Chiba 千葉 (Präfektur östlich von Tōkyō)
15, 253
chichi 父 Vater 113
乳 Muttermilch; Brust 939
Chichibu 秩父 Ausflugsgebiet nordwestl.
von Tōkyō 1508, 113
chichihaha 父母 Vater u. Mutter 113, 112
chichikata 父方 väterlicherseits 113, 70
chichikubi 乳首 Brustwarze 939, 148
chichiue 父上 Herr Vater 113, 32
chie 知恵 Weisheit, Vernunft, Einsicht 214,
1219
chien 遅延 Verspätung, Verzögerung 702,
1115
chiesha 知恵者 weiser Mensch, kluger Kopf
214, 1219, 164
chiga(eru) 違 ändern 814
chiga(u) 違 verschieden sein; s. irren 814
chigi 千木 Kreuzbalken auf dem Dach e-s
Shintō-Schreins 15, 22
chigi(ru) 契 schwören, geloben, versprechen
565
chigo 稚児 Kind; Kinder im Festzug 1230,
1217
chihai 遅配 Aufschub, Verzögerung,
Verspätung (e-r Lieferung) 702, 515
chiheisen 地平線 Horizont 118, 202, 299
chihō 地方 Gegend, Region, Provinz 118, 70
chii 地位 Stellung, Rang 118, 122
chiiki 地域 Zone, Gebiet, Bezirk 118, 970
chii(sai) 小 klein 27
chiji 知事 Gouverneur (e-r Präfektur) 214, 80
chijiku 地軸 Erdachse 118, 988
chiji(maru) 縮 schrumpfen 1110
chiji(meru) 縮 (ver)kürzen 1110
chiji(mu) 縮 schrumpfen 1110

chijin 知人 Bekannte(r) 214, 1
chiji(rasu) 縮 kräuseln 1110
chiji(reru) 縮 sich kräuseln 1110
chijō 痴情 närrische Leidenschaft, blinde Liebe 1813, 209
chijoku 恥辱 Schande, Schmach 1690, 1738
chika 地下 unterirdisch 118, 31
chikagai 地下街 unterirdische Ladenstraße 118, 31, 186
chika(i) 近 nahe 445
chikakei 地下茎 unterirdischer Stiel; Wurzelstück 118, 31, 1474
chikaku 地殻 Erdrinde, Erdkruste 118, 1728
~ hendō 地殻変動 Bewegung der Erdkruste 118, 1728, 257, 231
chikamichi 近道 Abkürzung 445, 149
chikan 痴漢 Belästiger von Frauen, Busengrabscher 1813, 556
chikara 力 Kraft 100
chikarazoe 力添え bedienen, begleiten 100, 1433
chikatetsu 地下鉄 U-Bahn 118, 31, 312
chika(u) 誓 schwören, geloben 1395
chiki 知己 Bekannter, Bekanntschaft 214, 370
稚気 kindliches Wesen, Naivität 1230, 134
CHIKU 竹 Bambus 129
築 bauen, errichten 1603
畜 Tierzucht; Haustiere 1223
蓄 sparen, speichern 1224
逐 vertreiben, (ver)folgen 1134
chiku 地区 Distrikt, Gebiet 118, 183
fūchi ~ 風致地区 Naturschutzgebiet 29, 903, 118, 183
chikuba 竹馬 Stelzen 129, 283
chikubi 乳首 Brustwarze 939, 148
chikuden 逐電 durchbrennen, sich aus dem Staub machen 1134, 108
chikudenchi 蓄電池 Akkumulator 1224, 108, 119
chikugoyaku 逐語訳 wörtliche Übersetzung 1134, 67, 594
chikuichi 逐一 genau, ausführlich, im einzelnen 1134, 2
chikuji 逐次 eins nach dem anderen, nacheinander 1134, 384
chikurin 竹林 Bambushain 129, 127
chikusan 畜産 Viehzucht 1223, 278

chikuseki 蓄積 Ansammlung, Akkumulation 1224, 656
chikusha 畜舎 Viehstall 1223, 791
chikushō 畜生 Tier, Vieh, Bestie; Du Schwein! 1223, 44
chikyū 地球 Erde, Globus 118, 726
chikyūgi 地球儀 Globus 118, 726, 727
chimei 地名 Ortsname 118, 82
chimeishō 致命傷 tödliche Wunde/ Verletzung 903, 578, 633
chimō 恥毛 Schamhaar 1690, 287
CHIN 賃 Lohn, Gehalt; Gebühr 751
沈 (ver)sinken 936
珍 selten, ungewöhnlich 1215
陳 (aus)sagen; zeigen; alt 1405
鎮 beruhigen 1786
朕 Wir (der Kaiser) 1921
Chin omou ni 朕思うに Wir, der Kaiser, meinen: 1921, 99
chin'age 賃上げ Lohn-/Gehaltserhöhung 751, 32
chin'atsu 鎮圧 Unterdrückung, Unterwerfung 1786, 1342
chinbotsu 沈没 Untergang 936, 935
chinchaku 沈着 gelassen, geistesgegenwärtig 936, 657
chinchō 珍重 (hoch)schätzen, zu schätzen wissen 1215, 227
chindan 珍談 lustige/komische Geschichte 1215, 593
chingari 賃借り Miete, Pacht 751, 766, 751, 766
chingin 賃金 Lohn, Lohn- 751, 23
chinjō 陳情 Bittschrift, Petition 1405, 209
chinju 鎮守 Schutzgott (e-s Ortes) 1786, 490
chinjutsu 陳述 Erklärung, Aussage 1405, 968
chinka 沈下 Sinken, Senkung 936, 31
chinkonka 鎮魂歌 Requiem 1786, 1525, 392
chinkonkyoku 鎮魂曲 Requiem 1786, 1525, 366
chinkyaku 珍客 seltener/langerwarteter/ willkommener Gast 1215, 641
chinmi 珍味 Delikatesse 1215, 307
chinmoku 沈黙 Schweigen 936, 1578
chinpin 珍品 Seltenheit, Rarität 1215, 230
chinretsu 陳列 ausstellen 1405, 611
chinsei 沈静 Ruhe, Stille, Flauheit 936, 663

chinseizai 鎮静剤 Beruhigungsmittel, Sedativum 1786, 663, 550

chinsha 陳謝 Entschuldigung, Abbitte 1405, 901

chinshaku 賃借 Miete, Pacht 751, 766, 751, 766

chinshi 沈思 tiefes Nachdenken/Nachsinnen, Meditation 936, 99

chintai 沈滞 Flaute, Stagnation 936, 964

chintsūzai 鎮痛剤 schmerzstillendes Mittel 1786, 1320, 550

chi(rakaru) 散 s. zerstreuen, in Unordnung geraten 767

chi(rakasu) 散 zerstreuen, in Unordnung bringen 767

chi(rasu) 散 zertreuen, vertreuen; ablenken 767

chiri 地理 Geografie 118, 143

chirigaku 地理学 Geografie 118, 143, 109

chi(ru) 散 fallen, abfallen, s. auflösen 767

chiryō 治療 ärztliche Behandlung, Therapie 493, 1322

chisetsu 稚拙 naiv, kindlich, kunstlos 1230, 1801

chishi 地誌 Topografie, Ortskunde 118, 574

chishiki 知識 Wissen, Kenntnis 214, 681

  gaihaku na ~ 該博な知識 umfassende Kenntnisse 1213, 601, 214, 681

  kiso ~ 基礎知識 Grundkenntnisse 450, 1515, 214, 681

chishiryō 致死量 lethale Dosis 903, 85, 411

chiso 地租 Grundsteuer 118, 1083

chisso 窒素 Stickstoff, Nitrogen 1716, 271

chissoku 窒息 Erstickung, ersticken 1716, 1242

chissokushi 窒息死 Erstickungstod 1716, 1242, 85

chitai 地帯 Zone, Gebiet 118, 963

  遅滞 Verzögerung, Aufschub 702, 964

  kanshō ~ 緩衝地帯 Pufferzone 1089, 1772, 118, 963

  kyūryō ~ 丘陵地帯 hügelige Gegend 1357, 1844, 118, 963

CHITSU 秩 Ordnung, Reihenfolge, Abfolge, Folge 1508

  窒 blockieren, versperren; Stickstoff 1716

chitsujo 秩序 Ordnung 1508, 770

annei-chitsujo 安寧秩序 Ruhe u. Ordnung 105, 1412, 1508, 770

chiyu 治癒 Heilung, Genesung 493, 1600

chizu 地図 Landkarte, Plan 118, 339

CHO 著 schreiben, verfassen, veröffentlichen 859

緒 Beginn 862

貯 Lagerung 762

CHŌ 丁 gerade Zahl; Blatt (Papier); Stück; Häuserblock 184

庁 Behörde, Verwaltungsamt 763

町 Stadt, Viertel 182

頂 Gipfel, Spitze 1440

兆 (Vor/An)Zeichen; Billion 1562

挑 herausfordern, provozieren 1564

眺 (an)sehen 1565

跳 springen, hüpfen 1563

長 lang; Leiter, Direktor 95

帳 Notizbuch; Register; Vorhang 1107

張 aufspannen, ausbreiten, bedecken 1106

脹 (an)schwellen 1922

彫 (aus)hauen/meißeln, schnitzen 1149

調 untersuchen, prüfen 342

徴 sammeln, (auf)fordern; (Vor/An)Zeichen 1420

懲 züchtigen, (be)strafen 1421

朝 Morgen; Dynastie 469

潮 Ebbe u. Flut, Gezeiten; Salzwasser; Gelegenheit 468

重 schwer 227

腸 Gedärme, Eingeweide, Darm 1270

鳥 Vogel 285

超 Über-, Super-; überschreiten 1000

聴 (zu)hören 1039

澄 klar werden, s. aufklären/hellen 1334

弔 (be)trauern, sein Beileid bezeigen 1796

釣 angeln; verleiten, verführen 1862

chōbatsu 懲罰 (Disziplinar)Strafe 1421, 886

chōbo 帳簿 Geschäftsbuch, Rechnungsbuch 1107, 1450

chōbō 眺望 Aussicht, Ausblick 1565, 673

chochiku 貯蓄 Sparen, Ersparnisse 762, 1224

chōda no retsu 長蛇の列 lange (Menschen)Schlange 95, 1875, 611

chōden 弔電 Beileidstelegramm 1796, 108

chōeki 懲役 Zuchthausstrafe 1421, 375

chōetsu 超越 Transzendenz 1000, 1001

chōfuku 重複 Verdoppelung,
Überschneidung 227, 916
chōhatsu 挑発 erregen, provozieren 1564, 96
chōhatsuteki 挑発的 provokativ,
herausfordernd; schlüpfrig 1564, 96, 210
chōhei 徴兵 Einberufung; Militärdienst;
Eingezogener 1420, 784
chōheisoku 腸閉そく Darmverschluß 1270,
397
chōi 弔意 Beileid, Kondolenz 1796, 132
chōin 調印 Unterzeichnung 342, 1043
chōja 長者 Millionär 95, 164
　okuman ~ 億万長者 Millionär, Multimillionär, Milliardär 382, 16, 95, 164
chōji 弔辞 Beileidsworte, Beileidsbrief;
Grabrede 1796, 688
chōjikan 長時間 lange Zeit, viele Stunden
95, 42, 43
chōjo 長女 älteste Tochter 95, 102
chōjō 頂上 Gipfel, Spitze 1440, 32
chōju 長寿 langes Leben 95, 1550
chōjū hogo kuiki 鳥獣保護区域
Tierschutzgebiet 285, 1582, 489, 1312, 183, 970
chojutsuka 著述家 Schriftsteller 859, 968,
165
chōka 超過 Überschuß, Überschreitung
1000, 413
chōkaku 聴覚 Gehör, Gehörsinn 1039, 605
chōkeshi 帳消し Ausgleich e-r Rechnung,
Streichung 1107, 845
chōki shakkan 長期借款 langfristige
Anleihe 95, 449, 766, 1727
chokin 貯金 Spargeld, Ersparnisse 762, 23
chokin tsūchō 貯金通帳 Sparbuch 762, 23,
150, 1107
chōkin 彫金 Ziselieren, Gravieren (in Metall)
1149, 23
chokinbako 貯金箱 Sparbüchse 762, 23, 1091
chokkaku 直角 rechter Winkel 423, 473
　直覚 Intuition, Anschauung 423, 605
chokkatsu 直轄 direkte Oberaufsicht/
Kontrolle 423, 1186
chokkei 直系 direkte Abstammung 423, 908
　直径 Durchmesser 423, 1475
chōkō 聴講 Besuch e-r Vorlesung/e-s
Vortrags 1039, 783
　徴候 Symptom, (An/Vor)Zeichen 1420, 944

兆候 (An/Vor)Zeichen, Symptom 1562, 944
chōkoku 彫刻 Bildhauerei, Schnitzerei;
Skulptur 1149, 1211
CHOKU 直 ehrlich, offen, direkt 423
　勅 kaiserliches Dekret 1886
chokugo 直後 kurz nach 423, 48
　勅語 kaiserl. Botschaft; Thronrede 1886, 67
chokujō keikō 直情径行 geradeheraus,
impulsiv 423, 209, 1475, 68
chokumei 勅命 kaiserlicher Befehl/Auftrag
1886, 578
chokusen 直線 gerade Linie, Gerade 423, 299
chokusetsu 直接 direkt 423, 486
chokushi 勅使 Abgesandter/Bote des Kaisers
1886, 331
chokuzen 直前 kurz vor 423, 47
chōkyori 長距離 lange Strecke, große
Entfernung 95, 1294, 1281
chōkyū 長久 lange Dauer, Ewigkeit 95, 1210
chōman'in 超満員 überfüllt 1000, 201, 163
chomei 著名 berühmt, wohlbekannt 859, 82
chōmen 帳面 Heft, Rechnungsbuch,
Kontobuch 1107, 274
chōmin 町民 Städter, Stadtbewohner 182, 177
chōmon 弔問 Beileidsbesuch 1796, 162
chōnai 町内 Stadt, Nachbarschaft 182, 84
chōnan 長男 ältester Sohn 95, 101
chōnenten 腸ねん転 Darmverschlingung
1270, 433
chōnin 町人 Kaufmann, Bürger 182, 1
chōonsoku 超音速
Überschallgeschwindigkeit 1000, 347, 502
chōrō 長老 Ältester, Senior 95, 543
choron 緒論 Einleitung, Einführung 862, 293
chōryū 潮流 Meeresströmung; geistige
Strömung, Trend 468, 247
chōsa 調査 Untersuchung, Nachforschung
342, 624
chōsei 調整 Regulierung, Ausgleich 342, 503
　長征 Feldzug; Der lange Marsch (China,
1934–36) 95, 1114
chosen 緒戦 Kriegsbeginn; das erste Spiel
862, 301
Chōsen 朝鮮 Korea 469, 701
chōsen 挑戦 Herausforderung 1564, 301
chōsensha 挑戦者 Herausforderer 1564, 301,
164

chōsetsu 調節 Regulierung, Anpassung 342, 464

chosha 著者 Verfasser, Autor 859, 164

chōshi 調子 Ton, Klang; Stimmung; Zustand 342, 103

chōshin 長針 der große Zeiger, Minutenzeiger 95, 341

chosho 著書 (literarisches) Werk, Buch, Schrift 859, 131

chōsho 長所 Vorzug, Stärke 95, 153

chōshoku 朝食 Frühstück 469, 322

chōshu 聴取 Zuhören 1039, 65

chōshū 聴衆 Zuhörer(schaft), Publikum 1039, 792

chōso 彫塑 Bildhauerei; Tonfigur 1149, 1838

chosuichi 貯水池 Wasserbecken/behälter 762, 21, 119

chōtaikoku 超大国 Supermacht 1000, 26, 40

chōtan 長短 Länge; Vor- u. Nachteile 95, 215

chōtei 調停 Vermittlung, Schlichtung 342, 1185

chōten 頂点 Höhepunkt, Gipfel, Spitze 1440, 169

chōyaku 跳躍 Sprung, Satz 1563, 1560

chōzai 調剤 Herstellung/Mischung von Medizin 342, 550

chōzei 徴税 Steuererhebung, Steuereinnahme 1420, 399

chozō 貯蔵 Speichern, Lagern 762, 1286

chōzō 彫像 Statue, Standbild 1149, 740

CHŪ 中 Mitte; ganz; (Abk. f.) China 28
仲 Verhältnis, persönliche Beziehungen 1347
沖 hohe/offene See 1346
忠 Treue, Loyalität 1348
虫 Insekt 873
注 Notiz, Anmerkung 357
柱 Pfeiler 598
駐 halten; wohnen, ansässig sein 599
抽 (heraus)ziehen 987
宙 Himmel, (Welt)Raum 991
昼 Tag, Mittag 470
鋳 (Metall) gießen 1551
衷 Herz, Seele, Innerstes 1677

chūbū 中風 Lähmung (nach Schlaganfall) 28, 29

chūdoku 中毒 Vergiftung 28, 522

chūfū 中風 Lähmung (nach Schlaganfall) 28, 29

chūgaeri 宙返り Salto, Überschlag, Looping 991, 442

chūgakkō 中学校 Mittelschule 28, 109, 115

chūgi 忠義 Loyalität, (Untertanen)Treue 1348, 291

Chūgoku 中国 China; (j. Provinz) 28, 40

chūi 注意 Aufmerksamkeit, Vorsicht, Warnung 357, 132
中尉 Oberleutnant 28, 1617
toriatsukai ~ 取(り)扱(い)注意 Vorsicht, zerbrechlich! 65, 1258, 357, 132

chūji 中耳 Mittelohr 28, 56

chūjien 中耳炎 Mittelohrentzündung 28, 56, 1336

chūjitsu 忠実 treu, aufrichtig, ehrlich 1348, 203

chūjō 衷情 die innersten Gefühle 1677, 209

chūjun 中旬 Mitte des Monats 28, 338

Chūka jinmin kyōwakoku 中華人民共和国 VR China 28, 1074, 1, 177, 196, 124, 40

chūka ryōri 中華料理 chines. Gericht/Küche 28, 1074, 319, 143

chūkai 仲介 Vermittlung 1347, 453

chūkan 中間 Mitte, Zwischen- 28, 43
中巻 Band 2 28, 507

chūkei 中継 (Radio/TV)Übertragung 28, 1025

chūken 中堅 Hauptmacht, Stütze 28, 1289

chūkoku 忠告 Rat(schlag), Ermahnung 1348, 690

chūkyori kyōsō 中距離競走 Mittel-streckenlauf 28, 1294, 1281, 852, 302

chūmoku 注目 Aufmerksamkeit, Beachtung 357, 55

chūmon 注文 Bestellung, Auftrag 357, 111

chūnichi 駐日 in Japan ansässig 599, 5

chūnyū 注入 Injektion; einflößen 357, 52

chūō 中央 Zentrum 28, 351

chūōbu 中央部 Zentrum, Mitte 28, 351, 86

chūōguchi 中央口 Hauptausgang, mittlerer Ausgang 28, 351, 54

Chūō-ku 中央区 (Verwaltungsbezirk in Tōkyō) 28, 351, 183

Chūō-sen 中央線 Chūō-Linie (Bahnlinie) 28, 351, 299

chūritsu 中立 neutral, parteilos 28, 121

chūsai 仲裁 Vermittlung, Beilegung, Versöhnung 1347, 1123

chūsei 中性 Neutrum 28, 98
中世 Mittelalter 28, 252
忠誠 Treue, Loyalität 1348, 718

~ shi 中世史 Geschichte des Mittelalters 28, 252, 332

chūsekiki 沖積期 Alluvium (Erdzeitalter) 1346, 656, 449

chūsekisei 沖積世 Alluvium (Erdzeitalter) 1346, 656, 252

chūsen 抽せん Lotterie 987

chūsenken 抽せん券 Los 987, 506

chūsha 注射 Injektion, Spritze 357, 900

chūshajō 駐車場 Parkplatz 599, 133, 154

chūshaku 注釈 Anmerkung, Kommentar 357, 595

chūshin 中心 Zentrum, Mittelpunkt 28, 97
衷心 Herzensgrund, Innere der Herzens 1677, 97

jiko ~ 自己中心 egozentrisch 62, 370, 28, 97

Chūshingura 忠臣蔵 (Geschichte e-r Blutrache) 1348, 835, 1286

chūshō 中小 mittler und klein 28, 27
抽象 Abstraktion 987, 739

~ kigyō 中小企業 mittlere u. kleine Unternehmen 28, 27, 481, 279

chūshoku 昼食 Mittagessen 470, 322

chūshōteki 抽象的 abstrakt 987, 739, 210

chūshutsu 抽出 Extraktion 987, 53

chūsū 中枢 Zentrum 28, 1023

chūsui 虫垂 Appendix, Blinddarm 873, 1070

chūtetsu 鋳鉄 Gußeisen 1551, 312

Chūtō 中東 der Nahe Osten (wörtl.: Mittlerer Osten) 28, 71

chūton 駐屯 Stationierung 599, 1936

chūtonchi 駐屯地 Garnison 599, 1936, 118

chūya 昼夜 Tag und Nacht 470, 471

chūyō 中庸 mittlerer Weg, goldene Mitte 28, 1696

chūzai 駐在 Aufenthalt, Standort 599, 268

chūzō 鋳造 Gießen; Prägen 1551, 691

– D –

DA 堕 fallen 1742

惰 faul, untätig 1743

妥 Friede, Zufriedenheit 930

打 schlagen, hauen 1020

蛇 Schlange 1875

駄 (ein Pferd) beladen; Schuhwerk; von minderer Qualität 1880

dabokushō 打撲傷 Schlagwunde 1020, 1889, 633

dachin 駄賃 Belohnung, Trinkgeld 1880, 751

daeki だ液 Speichel 472

dagakki 打楽器 Schlaginstrument 1020, 358, 527

dagashi 駄菓子 billiges Konfekt 1880, 1535, 103

daho だ捕 kapern, aufbringen 890

DAI 弟 jüngerer Bruder 405
第 (Präfix bei Ordnungszahlen); Grad 404
大 groß 26
内 Innenseite, drinnen 84
代 Generation, Zeitalter, Preis 256
題 Gegenstand, Thema, Titel 354
台 Gestell, Ständer; Sockel, Basis, Plateau 492

daibubun 大部分 der größte Teil 26, 86, 38

daibutsu 大仏 große Buddhastatue 26, 583

daichō 大腸 Dickdarm 26, 1270

daidokoro 台所 Küche 492, 153

daigae 代替 Ersatz 256, 744

daigaku 大学 Universität 26, 109

tanki ~ 短期大学 zweijähr. Hochschule 215, 449, 26, 109

daigakuin 大学院 Doktoranden-/ Forschungskurs 26, 109, 614

daigishi 代議士 Abgeordneter, Parlamentarier 256, 292, 572

daihon 台本 Textbuch, Libretto, Drehbuch 492, 25

daihyōteki 代表的 repräsentativ 256, 272, 210

dai-ichi 第一 Nr.1, erster, bester; Haupt- 404, 2

dai-ichijō 第一条 Artikel 1 (e-s Vertrags/ Gesetzestexts) 404, 2, 564

dai-ikka 第一課 Lektion 1 404, 2, 488

dai-ikkan 第一巻 Band 1 404, 2, 507

daiji 大事 wichtige Angelegenheit 26, 80

daijin 大臣 Minister 26, 835

sōri ~ 総理大臣 Ministerpräsident,
Premierminister 697, 143, 26, 835

daikirai 大嫌い starke Abneigung, großer
Widerwille/Haß 26, 1688

daikokubashira 大黒柱 Hauptpfeiler, Stütze
26, 206, 598

daikon 大根 Rettich 26, 314

daiku 大工 Zimmermann 26, 139

daimyō 大名 (japanischer) Feudalherr 26, 82

dai-ni doyōbi 第二土曜日 jeden zweiten
Samstag 116, 17, 404, 3, 24, 19, 5

dairi 代理 Vertretung 256, 143

dai-san gakushō 第三楽章 3. Satz 404, 4,
358, 857

daisansha 第三者 dritte Person, Dritter 404,
4, 164

dai-sanshō 第三章 Kapitel 3 404, 4, 857

daishō 大小 groß und klein; Größe 26, 27

daisuki 大好き sehr gern haben 26, 104

daitai 大体 Hauptpunkt, das Wesentliche;
etwa 26, 61
代替 Ersatz 256, 744

daitan 大胆 kühn, tapfer, beherzt 26, 1273

daitasū 大多数 die überwiegende Mehrheit
26, 229, 225

daitōryō 大統領 Präsident (e-s Staates) 26,
830, 834

daitoshi 大都市 Großstadt 26, 188, 181

daiuchū 大宇宙 Makrokosmos, Universum
26, 990, 991

daizai 題材 Gegenstand, Stoff, Thema 354, 552

daizu 大豆 Sojabohne 26, 958

dakai 打開 Durchbruch, Lösung 1020, 396

daketsu 妥結 Vereinbarung,
Kompromißlösung 930, 485

daki 惰気 Trägheit, Langeweile 1743, 134

dakiau 抱き合う sich/einander umarmen
1285, 159

dakkai 奪回 Rückeroberung 1310, 90

dakkan 奪還 Rückeroberung 1310, 866

dakkokuki 脱穀機 Dreschmaschine 1370,
1729, 528

dakō 蛇行 gewunden, mäandrig 1875, 68

DAKU 濁 s. trüben 1625
諾 zustimmen, einwilligen 1770

da(ku) 抱 umarmen, auf den Armen tragen
1285

dakuhi 諾否 Ja oder Nein; Zu- oder Absage
1770, 1248

dakuon 濁音 stimmhafter Laut; schwacher
Herzton 1625, 347

dakuryū 濁流 schlammiger Fluß, trübe
Strömung 1625, 247

dakyō 妥協 Kompromiß 930, 234

dakyōan 妥協案 Kompromißvorschlag 930,
234, 106

dama(ru) 黙 schweigen, verstummen 1578

damin 惰眠 Dahindösen, Trägheit 1743, 849

DAN 男 Mann 101
段 Stufe, Treppe, Grad; Spalte, Kolumne 362
団 Gruppe, Kreis 491
談 Gespräch, Unterhaltung 593
暖 warm 635
断 Entscheidung 1024
弾 Kugel, Geschoß 1539
壇 Podium, erhöhter Platz, (Redner)Tribüne
1839

danbō 暖房 Heizung 635, 1237

danchi 団地 Wohnsiedlung 491, 118

danchō no omoi 断腸の思い
herzzerreißender Schmerz 1024, 1270, 99

dandanbatake 段々畑 terrassenförmige
Felder 362, 36

dandori 段取り Programm, Plan,
Vorbereitung 362, 65

dangai 弾劾 Anklage 1539, 1939

dangan 弾丸 Kugel, Geschoß 1539, 644

danjo 男女 Männer u. Frauen 101, 102

danka 檀家 buddh. Gemeinde 2128, 165

dankai 段階 Stufe, Stadium 362, 588

danketsu 団結 Vereinigung, Zusammenhalt,
Solidarität 491, 485

dannen 断念 Verzicht, Entsagung 1024, 579

danpen 断片 Fragment, Bruchstück 1024,
1045

danro 暖炉 Ofen, Kamin 635, 1790

danryoku 弾力 Elastizität 1539, 100

danryū 暖流 warme Meeresströmung 635, 247

dansei 男性 Mann, das männliche Geschlecht
101, 98

danshaku 男爵 Baron 101, 1923

danshi 男子 Junge, Mann 101, 103

danshiyō 男子用 für Männer, Herren- 101,
103, 107

danshō 談笑 Geplauder, ungezwungene Unterhaltung 593, 1235

danson-johi 男尊女卑 Diskriminierung der Frauen 101, 704, 102, 1521

dantai 団体 Gruppe 491, 61

~ ryokō 団体旅行 Gruppenreise 491, 61, 222, 68

　gaikaku ~ 外郭団体 Hilfsorgan, angegliederter Verband 83, 1673, 491, 61

dantō 暖冬 warmer/milder Winter 635, 459

danwa 談話 Gespräch, Unterhaltung 593, 238

dan'yaku 弾薬 Munition 1539, 359

daraku 堕落 heruntergekommen, degeneriert 1742, 839

daruma 達磨 Bodhidharma; Stehauf-männchen; Prostituierte 448, 1531

dasaku 駄作 schlechte/wertlose Arbeit, Mist 1880, 360

dasanteki 打算的 berechnend 1020, 747, 210

dasei 惰性 Trägheit, (Macht der) Gewohnheit 1743, 98

dashin 打診 Perkussion, Beklopfen, Sondieren 1020, 1214

dasoku 蛇足 überflüssig, unnötig 1875, 58

dassen 脱線 Entgleisung; Abweichung 1370, 299

da(su) 出 herausnehmen; abschicken 53

datai 堕胎 Abtreibung 1742, 1296

datō 妥当 angemessen, geeignet 930, 77

DATSU 奪 entreißen, rauben, plündern; fesseln; entzücken 1310

脱 weg/auslassen, (s.) entfernen 1370

datsuijo/sho 脱衣所 Umkleideraum 1370, 677, 153

datsurō 脱漏 Auslassung, Lücke 1370, 1806

datsuzei 脱税 Steuerhinterziehung 1370, 399

DE 弟 jüngerer Bruder 405

deau 出会う (zufällig) treffen/begegnen 53, 158

deguchi 出口 Ausgang 53, 54

Dehai(sen) デ杯(戦) Davis-Pokal(wettbewerb) 1155, 301

DEI 泥 Schlamm, Kot, Schmutz, Dreck 1621

deiri 出入り Ein- und Ausgehen, Verkehr 53, 52

deisui 泥酔 stark betrunken, stark alkoholisiert 1621, 1709

deitan 泥炭 Torf 1621, 1344

dekasegi 出稼ぎ außerhalb arbeiten 53, 1750

dekigoto 出来事 Ereignis 53, 69, 80

demise 出店 Zweiggeschäft, Filiale 53, 168

demukae 出迎え Abholen, Empfang, Begrüßung 53, 1055

DEN 田 Reisfeld 35

電 Elektrizität 108

伝 übermitteln, überliefern 434

殿 Halle, Palast; Herr 1130

denchi 電池 Batterie 108, 119

denchū 電柱 Telegrafenmast 108, 598

dendō 伝道 Mission, Bekehrung 434, 231

denjishaku 電磁石 Elektromagnet 108, 1548, 78

denka 殿下 Seine/Eure Hoheit 1130, 31

denki 電気 Elektrizität 108, 134

伝記 Biografie, Lebensbeschreibung 434, 371

denkō 電光 Blitz(strahl); elektrisches Licht 108, 138

denkyū 電球 Glühbirne 108, 726

denpa 電波 elektrische Welle 108, 666

denpō 電報 Telegramm 108, 685

denpyō 伝票 Lieferschein, Beleg 434, 922

denrei 電鈴 (elektrische) Klingel 108, 1822

denryoku 電力 elektrische Kraft/Energie 108, 100

densenbyō 伝染病 Infektionskrankheit 434, 779, 380

densetsu 伝説 Sage, Legende, Überlieferung 434, 400

densha 電車 (elektr.) Zug, (Eisen/Straßen)Bahn 108, 133

　kaisoku ~ 快速電車 Schnellzug 1409, 502, 108, 133

denshachin 電車賃 Fahrgeld 108, 133, 751

denshi 電子 Elektron 108, 103

denshō 伝承 Überlieferung 434, 942

dentaku 電卓 Taschenrechner 108, 1679

dentō 伝統 Tradition 434, 830

電灯 elektrisches Licht, Lampe 108, 1333

　kaichū ~ 懐中電灯 Taschenlampe 1408, 28, 108, 1333

denwa 電話 Telefon 108, 238

　kōshū ~ 公衆電話 öffentl. Telefon 126, 792, 108, 238

denwachō 電話帳 Telefonbuch 108, 238, 1107

de(ru) 出 hinausgehen, herauskommen 53
deshi 弟子 Lehrling, Schüler, Jünger 405, 103
DO 奴 Diener, Sklave; Kerl 1933
　努 s. anstrengen, s. große Mühe geben 1595
　怒 zornig/ärgerlich werden 1596
　土 Erde, Boden, Grund 24
　度 Grad, Maß, Grenze; Mal 377
DŌ 同 gleich 198
　洞 Höhle 1301
　胴 Rumpf, Leib 1300
　銅 Kupfer 1605
　動 sich bewegen 231
　働 arbeiten 232
　道 Straße, Weg, Pfad; Tao 149
　導 führen, leiten 703
　童 Kind 410
　堂 Tempel, Halle, Saal 496
　Akiyoshi-dō 秋吉洞 (gößte Höhle in Japan) 462, 1141, 1301
dōage 胴上げ j-n auf den Schultern tragen 1300, 32
　胴揚げ j-n auf den Schultern tragen 1300, 631
dobei 土塀 Lehmmauer 24, 1805
doboku 土木 Bau 24, 22
dōbutsu 動物 Tier 231, 79
dōbutsuen 動物園 Tierpark, Zoo 231, 79, 447
dōfū 同封 beilegen (bei Briefen) 198, 1463
dōgan 童顔 Kindergesicht 410, 277
dōgigo 同義語 Synonym 198, 291, 67
dogō 怒号 wütendes Gebrüll 1596, 266
dōgu 道具 Werkzeug, Gerät 149, 420
dōhan 同伴 Begleitung, Geleit 198, 1027
dōhanga 銅版画 Kupferstich 1605, 1046, 343
dohatsu ten o tsuku 怒髪天を突く vor Wut kochen 1596, 1148, 141, 898
dōhō 同胞 Geschwister; Brüder; Landsleute 198, 1284
dohyō 土俵 Sandsack; (Sumō)Ring 24, 1890
dōi 同意 Einwilligung, Zustimmung 198, 132
dōin 動員 mobilisieren 231, 163
Doitsu 独逸 Deutschland 219, 734
Doitsujin ドイツ人 Deutsche(r) 1
dōji ni 同時に gleichzeitig 198, 42
dojin 土人 Eingeborener, Ureinwohner 24, 1
dojō 土壌 Erde, Boden 24, 1912
dōjō 同情 Mitgefühl, Teilnahme 198, 209
dokai 土塊 Erdscholle, Erdklumpen 24, 1524

dōkasen 導火線 Zündschnur; Anlaß 703, 20, 299
dōkei 憧憬 Sehnsucht 2077, –
dōketsu 洞穴 Höhle, Grotte 1301, 899
doki 怒気 Zorn, Ärger 1596, 134
DOKU 独 allein; (Abk. f.) Deutschland 219
　読 lesen 244
　毒 Gift 522
　Nichi-Doku 日独 Japan und Deutschland, japanisch-deutsch 5, 219
　Wa-Doku 和独 Japanisch-Deutsch (Wörterbuch) 124, 219
dokubō 独房 Einzelzelle 219, 1237
dokuen 独演 Solo(vortrag) 219, 344
dokugaku 独学 Selbststudium 219, 109
dokugin 独吟 Sologesang/vortrag 219, 1250
dokuritsu 独立 Unabhängigkeit, Selbständigkeit 219, 121
~ sengen 独立宣言 Unabhängigkeits-erklärung 219, 1, 625, 66
dokusai 独裁 Diktatur 219, 1123
dokusatsu 毒殺 Giftmord 522, 576
dokusen 独占 Monopol 219, 1706
dokusha 読者 Leser 244, 164
dokushaku 独酌 allein trinken 219, 1863
dokushasō 読者層 Leserschicht 244, 164, 1367
dokushin 独身 unverheiratet, ledig 219, 59
dokushinryō 独身寮 Wohnheim für Junggesellen/junge Mädchen 219, 59, 1323
dokusho 読書 Lesen, Lektüre 244, 131
dokushō 独唱 Solo(Gesang) 219, 1646
dokushū 独習 Selbststudium 219, 591
dokusō 毒草 giftige Pflanze 522, 249
　独創 Erfindung, Originalität, Ursprünglichkeit 219, 1308
　独奏 Solo 219, 1544
dokutoku 独特 eigenartig, originell, individuell 219, 282
dōkutsu 洞くつ Höhle, Grotte 1301
dokuyaku 毒薬 Gift 522, 359
dokuzetsu 毒舌 giftige/böse Zunge 522, 1259
dokyō 度胸 mutig, kühn 377, 1283
dōkyo 同居 Zusammenleben 198, 171
dōkyūsei 同級生 Klassenkamerad, Mitschüler 198, 568, 44
dōmawari 胴回り Taille(nweite) 1300, 90

dōmedaru 銅メダル Bronzemedaille 1605
dōmei 同盟 Bund, Bündnis, Allianz 198, 717
dōmyaku 動脈 Schlagader, Arterie 231, 913
DON 曇 sich bewölken, sich trüben 637
　鈍 stumpf, träge, dumpf, trübe 966
dōnenpai no hito 同年輩の人 Gleichaltriger,
　Altersgenosse 198, 45, 1037, 1
donjū 鈍重 träge, schwerfällig 966, 227
donkaku 鈍角 stumpfer Winkel 966, 473
donkan 鈍感 gefühllos, stumpf 966, 262
donki 鈍器 stumpfer (als Waffe benutzter)
　Gegenstand 966, 527
-dono 殿 Herrn ... 1130
donō 土のう Sandsack 24
donten 曇天 bewölkter Himmel 637, 141
dōnyū 導入 Einführung 703, 52
dorei 奴隷 Sklave 1933, 1934
doro 泥 Schlamm, Kot, Schmutz, Dreck
　1621
dōro 道路 Straße, Weg 149, 151
　hosō ~ 舗装道路 gepflasterte Straße;
　Straßenpflaster 1443, 1328, 149, 151
　kōsoku ~ 高速道路 Schnellstraße 190, 502,
　149, 151
dorobō 泥棒 Dieb; Räuber, Einbrecher;
　Diebstahl; Raub; Einbruch 1621, 1543
doronuma 泥沼 Sumpf, Morast 1621, 996
dōryō 同僚 Kollege, Mitarbeiter 198, 1324
doryōkō 度量衡 Maße u. Gewichte 377, 411,
　1585
doryoku 努力 Bemühung, Anstrengung
　1595, 100
dōryoku 動力 Triebkraft, (elektrische)
　Energie 231, 100
doryokuka 努力家 harter Arbeiter, fleißiger
　Mensch 1595, 100, 165
dōsatsu 洞察 Einsicht, Einblick 1301, 619
dōsei 同姓 derselbe Familienname;
　Namensvetter 198, 1746
doshaburi 土砂降り Regenguß, Platzregen
　24, 1151, 947
doshakuzure 土砂崩れ Erdrutsch 24, 1151,
　1122
dōshi 同氏 der Betreffende, er 198, 566
　同志 gleiche Gesinnung, Gleichgesinnter
　198, 573
　動詞 Verb 231, 843

ningen ~ 人間同士 Mitmensch,
　menschliches Geschöpf 1, 43, 198, 572
dōshin 童心 die Gefühle e-s Kindes 410, 97
dōshokubutsu 動植物 Tiere u. Pflanzen
　231, 424, 79
dōsōsei 同窓生 Mitschüler, Kommilitone
　198, 698, 44
dōtai 胴体 Rumpf, Körper 1300, 61
dotanba 土壇場 Schafott; letzter/
　entscheidender Moment 24, 1839, 154
dōtō 同等 Gleichheit, gleicher Rang 198, 569
dōtoku 道徳 Moral 149, 1038
dōwa 童話 Märchen 410, 238
dowasure 度忘れ momentan vergessen 377,
　1374
dōwasure 胴忘れ momentan vergessen
　1300, 1374
dōyō 同様 gleich, identisch 198, 403
　童謡 Kinderlied 410, 1647
　動揺 Schwanken; Unruhe, Aufregung 231,
　1648
doyō(bi) 土曜(日) Samstag 24, 19, 5
dōzan 銅山 Kupfermine, Kupferbergwerk
　1605, 34
dōzō 銅像 Bronzestatue 1605, 740

– E –

E 会 treffen 158
　絵 Bild 345
　回 Mal, Wiederkehr; Weitergabe 90
　依 abhängig sein, beruhen auf; bitten 678
　恵 segnen; Almosen spenden 1219
　Yamato-e 大和絵 Bild in altjapan. Stil 26,
　124, 345
e 江 Bucht, Bai 821
　柄 (Hand)Griff, Stiel 985
-e 重 -fach 227
eda 枝 Zweig 870
edaha 枝葉 Zweige u. Blätter; Nebensache
　870, 253
edakiri 枝切り Beschneiden/Stutzen
　(Bäume/Sträucher) 870, 39
edamame 枝豆 grüne Sojabohne 870, 958
edatsugi 枝接ぎ Veredelung, (Auf)Pfropfen
　870, 486
Edo 江戸 (alte Bezeichnung für Tōkyō) 821,
　152

Edokko 江戸っ子 waschechter Tōkyōer
821, 152, 103
ega(ku) 描 malen, skizzieren, schildern,
beschreiben 1469
egao 笑顔 lächelndes/fröhliches Gesicht
1235, 277
ehagaki 絵葉書 Ansichtskarte 345, 253, 131
ehon 絵本 Bilderbuch 345, 25
EI 永 lange (Zeit) 1207
泳 schwimmen 1208
詠 (Gedicht/Lied) verfassen/komponieren/
singen 1209
英 glänzend, brilliant, begabt; (Abk. f.) England 353
映 (sich) spiegeln, projizieren 352
栄 Ruhm, Ehre, Glanz 723
営 (religöse Feier) abhalten; (Geschäft)
betreiben 722
衛 verteidigen, beschützen 815
影 Licht; Schatten, Silhouette; Gestalt; Spur
854
鋭 scharf 1371
Wa-Ei 和英 japan.-engl. (Wörterbuch,
Übersetzung) 124, 353
eibin 鋭敏 scharf, scharfsinnig, fein,
empfindlich 1371, 1735
eien 永遠 Ewigkeit 1207, 446
eiga 映画 Film 352, 343
Eigo 英語 Englisch, engl. Sprache 353, 67
eigyō 営業 Geschäft, Gewerbe 722, 279
eihō 泳法 Schwimmstil 1208, 123
eijū 永住 fester Wohnsitz 1207, 156
eika 詠歌 Verfassen e-s Gedichts; (buddh.)
Lobgesang 1209, 392
Ei-kaiwa 英会話 englische Konversation
353, 158, 238
eikaku 鋭角 spitzer Winkel 1371, 473
eikan 栄冠 Sieger-/Lorbeerkranz 723, 1615
eiki 英気 (geistige) Stärke, Energie 353, 134
鋭気 Lebhaftigkeit, Energie, Mut 1371, 134
eiko 栄枯 Wechselfälle/Auf u. Ab des Lebens
723, 974
eikō 栄光 Glorie, Glanz, Ruhm 723, 138
eikyō 影響 Einfluß 854, 856
eikyū 永久 Ewigkeit 1207, 1210
eimin 永眠 ewige Ruhe; entschlafen 1207, 849
eiri 営利 Gewinn, Erwerb 722, 329

鋭利 scharf 1371, 329
eisei 衛生 Hygiene 815, 44
衛星 Satellit 815, 730
eishaki 映写機 Projektor 352, 540, 528
eisō 詠草 Gedichtentwurf 1209, 249
eiyaku 英訳 englische Übersetzung 353, 594
eiyo 栄誉 Ehre, Ruhm 723, 802
eiyō 栄養 Ernährung 723, 402
eiyū 英雄 Held, großer Mann 353, 1387
eizen 営繕 Bauen u. Reparieren 722, 1140
eizō 影像 Schatten(bild), Silhouette 854, 740
eizoku 永続 Fortdauer, Beständigkeit,
Unvergänglichkeit 1207, 243
ekaki 絵描き Kunstmaler 345, 1469
EKI 役 Schlacht; Dienst 375
疫 epidemisch 1319
駅 Bahnhof 284
液 Flüssigkeit 472
益 Vorteil, Nutzen 716
易 Weissagung 759
renraku-eki 連絡駅 Anschlußbahnhof
440, 840, 284
ekiben 駅弁 auf Bahnhöfen erhältlicher
Imbiß zum Mitnehmen 284, 711
ekibyō 疫病 Epidemie, Seuche 1319, 380
ekichō 駅長 Bahnhofsvorsteher 284, 95
益鳥 nützlicher Vogel 716, 285
ekichū 益虫 nützliches Insekt 716, 873
ekiin 駅員 Bahnhofsbeamter 284, 163
ekika 液化 Verflüssigung 472, 254
ekimae 駅前 vor dem Bahnhof 284, 47
ekiri 疫痢 Kinderruhr 1319, 1811
ekisha 易者 Wahrsager 759, 164
ekitai 液体 Flüssigkeit 472, 61
ekken 謁見 Audienz, Empfang 1920, 63
ekkyō 越境 Grenzüberschreitung,
Grenzverletzung 1001, 864
emaki 絵巻 Bilderrolle 345, 507
emakimono 絵巻物 Bilderrolle 345, 507, 79
emono 獲物 (Jagd/Kriegs)Beute, Fang 1313,
79
e(mu) 笑 lächeln 1235
EN 遠 weit, fern, entfernt 446
猿 Affe 1584
園 Garten 447
沿 entlanglaufen, an ... stehen 1607
鉛 Blei 1606

円　Kreis; Yen　13
演　Aufführung, Vorstellung, Spiel　344
宴　Festmahl, Bankett　640
煙　Rauch　919
援　Hilfe　1088
塩　Salz　1101
延　verlängern, ver-/aufschieben　1115
縁　Verwandtschaft; Heirat; Beziehung,
　　Verhältnis; Schicksal; Veranda　1131
炎　Flamme　1336
happyaku ~　八百円　800 Yen　10, 14, 13
ichi ~　一円　ein Yen　2, 13
ichiman ~　一万円　10.000 Yen　2, 16, 13
issenman ~　一千万円　10 Millionen Yen　2,
　15, 16, 13
jū ~　十円　10 Yen　12, 13
kin ichiman ~　金壱万円　(Betrag von)
　10.000 Yen　23, 1730, 16, 13
(kin) jūman ~　(金)拾万円　(Betrag in Höhe
　von)100.000 Yen　23, 1445, 16, 13
ni ~　二円　zwei Yen　3, 13
ni-sanman ~　二, 三万円　20–30.000 Yen
　3, 4, 16, 13
san ~　三円　drei Yen　4, 13
sen ~　千円　1.000 Yen　15, 13
tō ~　十円　10 Yen　12, 13
yo ~　四円　vier Yen　6, 13
enban　円盤　runde Scheibe, Diskus　13, 1098
　鉛版　Stereotype, Druckplatte　1606, 1046
soratobu ~　空飛ぶ円盤　fliegende
　Untertasse　140, 530, 13, 1098
enbun　塩分　Salzgehalt　1101, 38
enchō　延長　Verlängerung　1115, 95
enchū　円柱　Säule　13, 598
endan　演壇　Tribüne, Rednerpult　344, 1839
endoku　鉛毒　Bleivergiftung　1606, 522
en'ei　遠泳　Langstreckenschwimmen　446,
　1208
engan　沿岸　Küste, Gestade　1607, 586
engawa　縁側　Veranda, Balkon　1131, 609
engei　演芸　Aufführung, Vorstellung,
　Unterhaltung　344, 435
engeki　演劇　Schauspielkunst; (Theater)Stück
　344, 797
engi　演技　Aufführung, Spiel　344, 871
engo　援護　Unterstützung, Beistand; Schutz
　1088, 1312

engun　援軍　Hilfstruppen, Verstärkung　1088,
　438
enjo　援助　Unterstützung, Hilfe　1088, 623
enjuku　円熟　Reife, Vollendung　13, 687
enkai　宴会　Festmahl, Bankett　640, 158
　沿海　Küste, Küstengewässer　1607, 117
enkaku　遠隔　entlegen, entfernt　446, 1589
　沿革　Geschichte, Entwicklung　1607, 1075
~ sōsa　遠隔操作　Fernsteuerung　446, 1589,
　1655, 360
enkatsu　円滑　glatt, harmonisch　13, 1267
enkei　円形　Kreisform, runde Form　13, 395
enki　延期　Aufschub, Verzögerung,
　Verlängerung　1115, 449
enkinhō　遠近法　Perspektive　446, 445, 123
enko　円弧　Kreisbogen　13, 1481
enkyori　遠距離　lange Strecke, große
　Entfernung　446, 1294, 1281
enman　円満　harmonisch, friedlich　13, 201
Enoshima　江ノ島　(Insel bei Kamakura)
　821, 286
enpitsu　鉛筆　Bleistift　1606, 130
enpitsu-kezuri　鉛筆削り　Bleistiftspitzer
　1606, 130, 1611
enpō　遠方　Ferne, große Entfernung　446, 70
enryo　遠慮　Weitsicht; Zurückhaltung, Re-
　serve　446, 1384
ensan　塩酸　Salzsäure　1101, 516
ensei　遠征　Feldzug; Expedition; Besuch
　(Sport)　446, 1114
enseki　宴席　Festmahl, Bankett　640, 379
ensen　沿線　entlang der (Eisen)Bahn(Strecke)
　1607, 299
enshinryoku　遠心力　Zentrifugalkraft　446,
　97, 100
enshō　炎症　Entzündung　1336, 1318
~ byōsō　炎症病巣　Entzündungsherd　1336,
　1318, 380, 1538
enshū　円周　Kreisumfang　13, 91
enshutsu　演出　Inszenierung, Regie　344, 53
ensōkai　演奏会　Konzert　344, 1544, 158
ensoku　遠足　Ausflug　446, 58
entō　円筒　Zylinder (in der Technik)　13, 1472
entōkei　円筒形　Zylinderform　13, 1472, 395
entotsu　煙突　Schornstein　919, 898
enzetsu　演説　Rede, Ansprache　344, 400
era(bu)　選　wählen　800

era(i) 偉 groß, bedeutend, berühmt 1053
eri 襟 Hals, Nacken; Kragen, Umschlag 1537
erikubi 襟首 Genick 1537, 148
erimaki 襟巻き Schal, Halstuch 1537, 507
erimoto 襟元 Hals 1537, 137
e(ru) 得 gewinnen, erwerben 374
獲 gewinnen, bekommen, erlangen 1313
essuru 謁する (in Audienz) empfangen
werden 1920
ETSU 悦 s. freuen 1368
閲 inspizieren, untersuchen 1369
越 überschreiten, übertreffen 1001
謁 Audienz 1920
Go-Etsu 呉越 (zwei rivalisierende Staaten
im alten China) 1436, 1001
etsu ni iru 悦に入る s. freuen (über) 1368, 52
etsuraku 悦楽 Freude, Vergnügen 1368, 358
etsuran 閲覧 sorgfältig durchlesen/-sehen
1369, 1291
etsuranshitsu 閲覧室 Lesezimmer 1369,
1291, 166
etsureki 閲歴 Lebenslauf, Karriere,
Vergangenheit 1369, 480

– F –

FU 付 haften, dazugehören 192
附 befestigen, begleiten (s.a. 192) 1843
府 Lager; Behörde; Hauptstadt 504
符 Zeichen, Markierung; Amulett 505
腐 verfaulen, verwesen, verrosten 1245
夫 Ehemann, Mann 315
扶 helfen 1721
普 allgemein, universal 1166
譜 Tafel, Register, Noten, Stammbaum 1167
布 ausbreiten; Tuch 675
怖 fürchterlich, schrecklich, unheimlich 1814
風 Wind; Aussehen, Mode, Stil 29
不 (Präfix:) un- 94
父 Vater 113
婦 Frau 316
歩 (zu Fuß) gehen 431
負 unterliegen, verlieren; Rabatt geben 510
富 Reichtum 713
浮 schwimmen, auftauchen, s. zeigen 938
膚 Haut 1269
敷 ausbreiten, auslegen, belegen 1451
赴 gehen (nach); s. begeben; werden 1465

賦 Tribut, Zahlung; Prosa-Gedicht 1808
Kyōto-fu 京都府 Präfektur Kyōto 189,
188, 504
FŪ 風 Wind; Aussehen, Mode, Stil 29
夫 Ehemann, Mann 315
富 Reichtum 713
封 Siegel 1463
jun Nihon-fū 純日本風 klass./rein j. Stil
965, 5, 25, 29
fuan 不安 Unruhe, Sorge, Angst 94, 105
~ no tane 不安の種 Grund der Besorgnis
94, 105, 228
fuben 不便 unbequem, unpraktisch 94, 330
fubo 父母 Vater u. Mutter 113, 112
fubuki 吹雪 Schneesturm 1255, 949
fūbun 風聞 Hörensagen, Gerücht 29, 64
fubunritsu 不文律 ungeschriebenes Gesetz
94, 111, 667
fuchi 縁 Rand, Kante, Einfassung 1131
扶持 den Samurai zugeteilte Reisration; Sold
1721, 451
fūchi chiku 風致地区 Naturschutzgebiet 29,
903, 118, 183
fuchō 婦長 Oberschwester 316, 95
fūchō 風潮 Strömung, Tendenz 29, 468
fuda 札 Zettel, Etikett, Schild 1157
fudan 普段 gewöhnlich, alltäglich 1166, 362
fude 筆 Pinsel 130
fudesaki 筆先 Spitze des Pinsels 130, 50
fūdo 風土 geografische Eigenart, Klima 29, 24
fudōsan 不動産 Immobilien, Grundstück
94, 231, 278
fue 笛 Flöte, Pfeife 1471
fueki 不易 Unveränderlichkeit,
Unwandelbarkeit 94, 759
賦役 Frondienst, Fronarbeit 1808, 375
fu(eru) 増 zunehmen 712
殖 zunehmen, s. vermehren 1506
fūfu 夫婦 Mann u. Frau, Ehepaar 315, 316
fūga 風雅 Eleganz, Feinheit, (guter)
Geschmack 29, 1456
fugō 符合 Zusammentreffen, Entsprechung,
Übereinstimmung 505, 159
符号 Zeichen, Marke, Symbol 505, 266
富豪 Multimillionär 713, 1671
fugu 不具 Mißbildung, Verkrüppelung 94,
420

fuhai 腐敗 Fäulnis, Verwesung; Verderbnis 1245, 511

fuhei 不平 Unzufriedenheit, Klagen 94, 202

fuhen 不変 Unveränderlichkeit, Beständigkeit 94, 257

~ (futō) 不偏(不党) unparteiisch, neutral 94, 1159, 94, 495

fuhenteki 普遍的 allgemein 1166, 1160, 210

fui 不意 plötzlich, überraschend 94, 132

fujimi 不死身 unverwundbar, unverletzlich 94, 85, 59

fujin 夫人 (verheiratete) Frau, Frau ... 315, 1
婦人 Frau, Dame 316, 1

Fuji-san 富士山 der Fuji 713, 572, 34

fujiyū 不自由 Unannehmlichkeit, Mangel, Armut 94, 62, 363

fujo 婦女 Frau, Weib 316, 102
扶助 Hilfe, Unterstützung 1721, 623

fujō 不浄 Unreinlichkeit, Schmutz 94, 664

fujoshi 婦女子 Frau, Weib 316, 102, 103

fujūbun 不十分 ungenügend, unzulänglich 94, 12, 38

fuka 賦課 (Steuern) auferlegen 1808, 488

fukabun 不可分 unteilbar 94, 388, 38

fukahi 不可避 unvermeidlich 94, 388, 1491

fuka(i) 深 tief 536

fukakachi-zei 付加価値税 Mehrwertsteuer 192, 709, 421, 425, 399

fukaketsu 不可欠 unerläßlich 94, 388, 383

fuka(maru) 深 tiefer werden 536

fuka(meru) 深 vertiefen, stärken 536

fukanō 不可能 unmöglich 94, 388, 386

fukashin jōyaku 不可侵条約
Nichtangriffspakt 94, 388, 1077, 564, 211

fu(kasu) 更 lange aufbleiben 1008

fukei 父兄 Eltern (u. Brüder), Beschützer 113, 406

fūkei 風景 Landschaft 29, 853

fukeiki 不景気 schwere Zeiten, Rezession, wirtschaftliche Flaute 94, 853, 134

fukenkō 不健康 nicht gesund; ungesund 94, 893, 894

fu(keru) 老 alt werden, altern 543
更 spät werden 1008

fuketsu 不潔 unrein, schmutzig 94, 1241

fūki 風紀 Disziplin, öffentliche Ordnung 29, 372

富貴 Reichtum u. Ehre; reich u. vornehm 713, 1171

fukidemono 吹き出物 Ausschlag, Akne 1255, 53, 79

fukikomu 吹き込む hineinwehen; einspielen (CD); j-m etwas einreden 1255, 776

fukin 付近 Nähe, Nachbarschaft, Umgebung 192, 445
附近 Nähe, Umgebung 1843, 445

fūkin 風琴 Harmonium 29, 1251

fukitobu 吹き飛ぶ weggeweht/-getrieben werden 1255, 530

fukitsu 不吉 schlechtes Vorzeichen 94, 1141

fukkatsu 復活 Auferstehung; Restauration, Wiederaufleben 917, 237

fukkō 復興 Wiederaufbau, Wiederaufleben 917, 368

fukkyū 復旧 Wiederherstellung, Restauration 917, 1216

fukō 不幸 Unglück 94, 684

fūkō-zekka 風光絶佳 landschaftl. Schönheit 29, 138, 742, 1462

FUKU 復 zurückkehren; wiederholen 917
腹 Bauch, Inneres, Herz 1271
複 doppelt, vielfach, zusammengesetzt; wieder(um) 916
覆 bedecken, verbergen 1634
副 Assistent, Begleitung, Ergänzung, Neben- 714
幅 Breite, Weite; Einfluß 1380
福 Glück, Segen, Wohlstand 1379
服 Kleid, Kleidung; Dosis 683
伏 s. verbeugen, s. niederwerfen; s. verstecken 1356

fu(ku) 吹 blasen, wehen 1255
噴 ausstoßen, (aus)speien, herausschleudern 1660

fukubiki 福引き Lotterie, Tombola 1379, 216

fukudai 副題 Untertitel 714, 354

fukueki 服役 Zuchthausstrafe; Militärdienst 683, 375

fukugō 複合 zusammengesetzt, komplex 916, 159

fukugyō 副業 Nebengeschäft, Nebenbeschäftigung 714, 279

fukuhei 伏兵 Hinterhalt 1356, 784

fukuin 福音 Evangelium; frohe Botschaft 1379, 347

fukujū 服従 Gehorsam, Unterwürfigkeit 683, 1482

fukumakuen 腹膜炎 Bauchfellentzündung 1271, 1426, 1336

fukumen 覆面 Maske, Schleier, Vermummung 1634, 274

fuku(meru) 含 einschließen; Anweisungen erteilen 1249

fuku(mu) 含 in den Mund nehmen; (Gefühle) hegen; enthalten, einschließen, umfassen 1249

fuku(ramu) 膨 (an)schwellen, sich aufblähen, aufgehen (Teig), sich ausbreiten; ärgerlich/mürrisch werden 1145

fuku(reru) 膨 (an)schwellen, s. aufblähen, aufgehen (Teig), s. ausbreiten; ärgerlich/mürrisch werden 1145

fukurettsura 膨れっ面 saures Gesicht, saure Miene 1145, 274

fukuro 袋 Sack, Beutel, Tüte 1329

fukurokōji 袋小路 Sackgasse 1329, 27, 151

fukusanbutsu 副産物 Nebenprodukt 714, 278, 79

fukusayō 副作用 Nebenwirkung 714, 360, 107

fukusei 複製 Reproduktion, Nachdruck 916, 428

fukusen 伏線 Vorbereitung 1356, 299

fukushachō 副社長 stellvertretender Direktor (e-r Firma) 714, 308, 95

fukushi 福祉 Wohlfahrt 1379, 1390

~ kokka 福祉国家 Wohlfahrtsstaat 1379, 1390, 40, 165

  shakai ~ 社会福祉 soziale/öffentliche Wohlfahrt 308, 158, 1379, 1390

fukushū 復習 Wiederholung 917, 591

fukusō 服装 Kleidung 683, 1328

fukusōhin 副葬品 Grabbeigaben 714, 812, 230

fukusū 複数 Plural, Mehrzahl 916, 225

fukusui bon ni kaerazu 覆水盆に返らず Geschehen ist geschehen. 1634, 21, 1099, 442

fukutsu 不屈 unbeugsam, unerschütterlich 94, 1802

fukuzatsu 複雑 kompliziert 916, 575

fukyō 富強 Reichtum u. Macht 713, 217
不況 Rezession, wirtschaftl. Flaute 94, 850

fukyū 普及 (sich) verbreiten/ausbreiten 1166, 1257
不朽 unvergänglich, unsterblich 94, 1628
腐朽 verfaulen, verwesen 1245, 1628

~ no meisaku 不朽の名作 unvergängliches Meisterwerk 94, 1628, 82, 360

fu(maeru) 踏 stehen auf, basieren auf 1559

fuman 不満 Unzufriedenheit 94, 201

fumen 譜面 Noten(heft/blatt) 1167, 274

fumi 文 Brief 111

fumikiri 踏切 Bahnübergang; Absprung(stelle) 1559, 39

fumin 不眠 Schlaflosigkeit 94, 849

fuminshō 不眠症 Schlaflosigkeit 94, 849, 1318

fumō 不毛 unfruchtbar, steril, öde 94, 287

fu(mu) 踏 treten 1559

FUN 分 Minute 38
紛 verwechselt werden, schwer zu unterscheiden sein; abgelenkt werden 1702
粉 Mehl; Pulver 1701
霧 Nebel 1824
墳 Grabhügel, Tumulus 1662
噴 ausstoßen, (aus)speien, herausschleudern 1660
憤 ärgerlich/indigniert sein, s. entrüsten 1661
奮 kraftvoll/lebhaft/lebendig sein 1309

zenpō-kōen ~ 前方後円墳 alte Grabstätte für j. Kaiser 47, 70, 48, 13, 1662

funa 船 Schiff 376
舟 Boot 1094

funaasobi 舟遊び Kahnfahrt, Rudern 1094, 1003

funatabi 船旅 Schiffsreise, Seefahrt 376, 222

funauta 舟歌 Seemannslied 1094, 392

funayoi 船酔い Seekrankheit 376, 1709

funbetsu 分別 Einsicht, Vernunft 38, 267

funbo 墳墓 Grab, Grabstätte 1662, 1429

fune 船 Schiff 376
舟 Boot 1094

  sūseki (no ~) 数隻(の船) mehrere (Schiffe) 225, 1311, 376

funensei 不燃性 nichtbrennbar, feuerfest 94, 652, 98

fungai 憤慨 Entrüstung, Zorn 1661, 1460

fun'iki 雰囲気 Atmosphäre, Stimmung 1824, 1194, 134

funin 不妊 unfruchtbar, steril 94, 955
赴任 e-e neue Stelle antreten 1465, 334
funinchi 赴任地 neue/künftige
(Arbeits)Stelle 1465, 334, 118
funinsaki 赴任先 neuer Arbeitsplatz, neue
Wirkungsstätte 1465, 334, 50
funjin 奮迅 heftig, hitzig, grimmig 1309, 1798
funka 噴火 Vulkanausbruch 1660, 20
funki 奮起 s. zusammenreißen; s. anregen
lassen 1309, 373
funkotsu-saishin 粉骨砕身 s. aufs äußerte
anstrengen 1701, 1266, 1710, 59
funkyū 紛糾 Verwirrung, Verwicklung
1702, 1703
funmatsu 粉末 Pulver, Mehl, Staub 1701, 305
funmuki 噴霧器 Zerstäuber, Spray 1660,
950, 527
funpatsu 奮発 Anstrengung, Bemühung,
Eifer 1309, 96
funsai 粉砕 zerschmettern, zertrümmern,
vernichten 1701, 1710
funsha 噴射 Herausströmen, Ausstoßen
1660, 900
funshin 分針 der große Zeiger, Minutenzeiger 38, 341
funshitsu 紛失 Verlust 1702, 311
funshoku 粉飾 Schminken; Ausschmücken,
Verschönerung 1701, 979
funshutsu 噴出 (Vulkan)Ausbruch, Eruption,
Ausströmen 1660, 53
funsō 紛争 Streitigkeit, Konflikt 1702, 302
funsui 噴水 Springbrunnen, Fontäne 1660, 21
funtō 奮闘 heftiger Kampf; gewaltige
Anstrengung 1309, 1511
fūnyū 封入 beilegen (bei Briefen) 1463, 52
funzen to 憤然と aufgebracht, entrüstet,
zornig 1661, 651
fu(reru) 触 berühren 874
furikae 振り替え Überweisung 954, 744
furikaeru 振り返る s. umdrehen/umsehen,
zurückblicken 954, 442
furin 不倫 unsittlich, unmoralisch 94, 1163
fūrin 風鈴 Windglocke 29, 1822
furō 浮浪 Landstreicherei, Vagabundieren
938, 1753
furoku 付/附録 Anhang, Nachtrag, Beilage
192, 1843, 538

fu(ru) 降 regnen, schneien 947
振 schwingen, schütteln 954
furu(eru) 震 zittern, beben 953
furuhon 古本 antiquarisches Buch 172, 25
furu(i) 古 alt 172
furukusai 古臭い alt(modisch), abgenutzt
172, 1244
furushinbun 古新聞 alte Zeitungen 172, 174,
64
furusu 古巣 altes Nest, altes Heim 172, 1538
furu(su) 古 abnutzen 172
furutte 奮って energisch, emsig, eifrig 1309
furu(u) 震 zittern, beben 953
奮 kraftvoll/lebhaft/lebendig sein 1309
fu(ruu) 振 schwingen; gedeihen 954
furyō 不良 schlecht 94, 321
furyoku 富力 Reichtum, Vermögen 713, 100
fūryoku 風力 Windstärke 29, 100
fusa 房 Quaste, Franse, Büschel 1237
fūsa 封鎖 Blockade 1463, 1819
fusai 夫妻 Mann u. Frau; Herr u. Frau …
315, 671
負債 Schulden 510, 1118
fuse(gu) 防 verteidigen, (be)schützen,
verhüten 513
fusei 不正 Unrecht, Ungerechtigkeit 94, 275
fusen 普選 allgemeine Wahlen 1166, 800
fu(seru) 伏 (den Blick) senken; umkehren;
geheimhalten 1356
fusetsu 敷設 (An/Ver)Legen, Bau 1451, 577
fusha 富者 Reicher, Wohlhabender 713, 164
fūsha 富者 Reicher, Wohlhabender 713, 164
fushi 節 Gelenk; Melodie; Punkt 464
父子 Vater u. Kind, Vater u. Sohn 113, 103
fūshi 風刺 Satire 29, 881
fushigi 不思議 Wunder, Mysterium,
Geheimnis 94, 99, 292
fushin 不信 Mißtrauen; Unglaube 94, 157
不振 Flauheit, Stillstand, Stagnation 94, 954
普請 Bauen, Bau 1166, 661
腐心 s. um etwas bemühen 1245, 97
不審 Zweifel; Verdacht 94, 1383
fushō 負傷 Wunde, Verletzung 510, 633
不肖 unähnlich/unwürdig (s-m/s Vater(s));
ich, meine Wenigkeit 94, 844
不詳 unbekannt; nicht identifiziert 94, 1577
fūsho 封書 versiegeltes Schreiben 1463, 131

fushōji 不祥事 Skandal 94, 1576, 80
fushoku 腐食 Korrosion, Erosion 1245, 322
fusoku 不足 Mangel 94, 58
fu(su) 伏 s. verbeugen, s. niederwerfen; s. verstecken 1356
futa 双 ein Paar, beide 1594
futa- 二 zwei 3
futae 二重 zweifach, doppelt 3, 227
futago 双子 Zwillinge 1594, 103
fūtai 風体 Aussehen 29, 61
futaketa 二けた zweistellig 3
futan 負担 Last, Bürde 510, 1274
futari 二人 zwei Personen 3, 1
futarimae 二人前 für 2 Personen, 2 Portionen 3, 1, 47
futaritomo 二人とも beide 3, 1
futarizutsu 二人ずつ je 2 (Personen) 3, 1
futata(bi) 再 noch einmal, wieder 782
futa(tsu) 二 zwei 3
futatsu mittsu 二つ三つ zwei oder/bis drei 3, 4
futei 不貞 Unkeuschheit, Untreue 94, 1681
fūtei 風体 Aussehen 29, 61
futeki 不敵 furchtlos, verwegen 94, 416
futō 不当 ungerecht, nicht richtig 94, 77
fūtō 封筒 (Brief)Umschlag 1463, 1472
futo(i) 太 groß, dick 629
futoji 太字 fettgedrucktes Schriftzeichen 629, 110
futokoro 懐 Busen; Brusttasche 1408
futoku 不徳 mangelnde Tugend 94, 1038
futoppara 太っ腹 großmütig, großherzig; kühn 629, 1271
futo(ru) 太 dick/fett werden 629
FUTSU 払 bezahlen; wegfegen 582
仏 (Abk. f.) Frankreich 583
沸 kochen, sieden 1792
Nichi-Futsu 日仏 japan.-französ. 5, 583
futsū 普通 normal, gewöhnlich 1166, 150
~ senkyo 普通選挙 allgemeine Wahlen 1166, 150, 800, 801
futsuka 二日 zwei Tage; 2. (Tag e-s Monats) 3, 5
futtei 払底 Knappheit, Mangel 582, 562
futten 沸点 Siedepunkt 1792, 169
futtō 沸騰 Sieden, Kochen; Erregung 1792, 1780

futtōten 沸騰点 Siedepunkt 1792, 1780, 169
fūu 風雨 Wind und Regen 29, 30
fuun 不運 Unglück 94, 439
fūun 風雲 Wind u. Wolken; Situation 29, 636
fuwa 不和 Zwietracht, Feindschaft 94, 124
fu(yasu) 増 vermehren 712
殖 vermehren 1506
fuyō 扶養 Unterhalt, Unterstützung (e-r Familie) 1721, 402
芙蓉 Mandeleibisch 2211, 2226
~ gimu 扶養義務 Unterhaltspflicht 1721, 402, 291, 235
fuyōryō 扶養料 Alimente 1721, 402, 319
fuyu 冬 Winter 459
fuyū 富裕 Reichtum, Wohlstand 713, 1391
fuyukai 不愉快 unangenehm 94, 1598, 1409
fuyumono 冬物 Winterkleidung 459, 79
fuyumuki 冬向き für den Winter (geeignet/ bestimmt) 459, 199
fuyuzora 冬空 Winterhimmel 459, 140
fuzai 不在 Abwesenheit 94, 268
fuzei 賦税 Besteuerung 1808, 399
fuzoku 付属 zugehörig, Neben- 192, 1637
附属 zugehörig, angeschlossen 1843, 1637
fūzoku 風俗 Sitte, Gewohnheit 29, 1126
fuzui 附随 begleiten, folgen, nach sich ziehen 1843, 1741
fuzui genshō 付随現象 Begleiterscheinung 192, 1741, 298, 739

– G –

GA 我 ich, selbst, mein, unser 1302
餓 hungern 1303
芽 Knospe, Keim, Sproß 1455
雅 Eleganz, Anmut 1456
画 Bild 343
賀 Gratulation, Glückwunsch 756
GA' 合 passen 159
gagaku 雅楽 altjapan. Hofmusik 1456, 358
gahaku 画伯 (großer) Maler, Künstler 343, 1176
GAI 劾 (ein Verbrechen) untersuchen; Anklage erheben 1939
該 (Präfix:) der betreffende 1213
涯 Ufer, Wasserrand; Ende, Begrenzung 1461
街 Straße 186
概 allgemein, ungefähr 1459

慨 bedauern, (be)klagen 1460

外 Außenseite, draußen 83

害 Schaden 518

gaichū 害虫 schädliches Insekt 518, 873

gaiden 外電 Auslandstelegramm 83, 108

gaihaku na chishiki 該博な知識
umfassende Kenntnisse 1213, 601, 214, 681

gaijin 外人 Ausländer 83, 1

gaijinmuke 外人向け für Ausländer 83, 1, 199

gaijū-naigō 外柔内剛 freundlich aber
bestimmt 83, 774, 84, 1610

gaika 外貨 ausländische Güter/Währung 83,
752

gaikai 外界 Außenwelt 83, 454

gaikaku 外郭 äußere Mauer (e-r Burg);
Umriß 83, 1673

~ **dantai** 外郭団体 Hilfsorgan, angegliederter
Verband 83, 1673, 491, 61

gaikan 外観 Aussehen, Äußeres, Anschein
83, 604

gaikatsu 概括 Zusammenfassung, Übersicht
1459, 1260

gaikō 外交 Außenpolitik, Diplomatie 83, 114

gaikōkan 外交官 Diplomat 83, 114, 326

gaikokujin 外国人 Ausländer 83, 40, 1

gaikyō 概況 allgemeine Lage, Ausblick
1459, 850

gaimai 外米 ausländischer/importierter Reis
83, 224

Gaimushō 外務省 Außenministerium 83,
235, 145

gainen 概念 Begriff 1459, 579

gairaigo 外来語 Fremdwort 83, 69, 67

gairo 街路 Straße 186, 151

gairyaku 概略 Überblick, kurze
Zusammenfassung 1459, 841

gaisan 概算 (ungefährer) Überschlag 1459, 747

gaishō 外相 Außenminister 83, 146
shushō ken ~ 首相兼外相 Premier- u.
(zugl.) Außenminister 148, 146, 1081, 83, 146

gaishutsu 外出 ausgehen 83, 53

gaitan 慨嘆 Bedauern, Beklagen 1460, 1246

gaitō 該当 relevant sein, zutreffen 1213, 77
街灯 Straßenlaterne/beleuchtung 186, 1333

gajō 賀状 Gratulations-/Glückwunsch-
schreiben 756, 626

gaka 画家 Maler 343, 165

keishū ~ けい秀画家 (hervorragende)
Malerin 1683, 343, 165

gaki 餓鬼 Hungergestalt; kleiner Schelm
1303, 1523

gakkai 学会 wissenschaftl. Gesellschaft 109,
158
学界 Gelehrtenwelt, akademische Kreise
109, 454

Sōka ~ 創価学会 (buddh. Sekte) 1308,
421, 109, 158

gakki 学期 Semester, Trimester 109, 449
楽器 Musikinstrument 358, 527

gakkō 学校 Schule 109, 115
kōtō ~ 高等学校 Oberschule, Gymnasium
190, 569, 109, 115

gakkyū 学級 Schulklasse 109, 568
学究 Gelehrter, Wissenschaftler 109, 895

GAKU 学 Wissenschaft, Studium 109
楽 Musik 358
額 Summe, Menge; gerahmtes Bild 838
岳 Berg, Bergspitze ⊦358

gakubu 学部 Fakultät, Fachbereich 109, 86

gakubuchi 額縁 Bilderrahmen 838, 1131

gakudō 学童 Schulkind 109, 410

gakuen 学園 Lehranstalt 109, 447

gakufu 楽譜 Noten, Partitur 358, 1167
岳父 Schwiegervater 1358, 113

gakui 学位 akademischer Grad 109, 122

gakujutsu 学術 Wissenschaft 109, 187
~ **yōgo** 学術用語 Fachausdruck 109, 187,
107, 67

gakumen 額面 Nennwert, pari 838, 274

gakumon 学問 Wissenschaft 109, 162

gakurei 学齢 schulpflichtiges Alter 109, 833

gakureki 学歴 Studiengang, akademische
Laufbahn 109, 480

gakusei 学生 Student, Schüler 109, 44

gakuseiryō 学生寮 Studentenwohnheim
109, 44, 1323

gakusha 学者 Gelehrter, Wissenschaftler
109, 164

gakushi 学士 Akademiker,
Universitätsabsolvent 109, 572

gakushiki 学識 Gelehrsamkeit 109, 681

gakushū 学習 Lernen, Studium 109, 591

gakushūjuku 学習塾 private
Nachhilfeschule 109, 591, 1674

gakutai 楽隊 Kapelle, Musikkorps 358, 795
gakuyū 学友 Schulfreund, Kommilitone 109, 264
gaman 我慢 Geduld; Toleranz; Selbstbeherrschung 1302, 1410
gamen 画面 Bildfläche, Bildoberfläche, Bildschirm 343, 274
GAN 元 Grund, Ursache 137
頑 eigensinnig, hartnäckig, entschlossen 1848
願 bitten, beten, wünschen 581
顔 Gesicht 277
岸 Ufer, Küste 586
岩 Fels(en) 1345
丸 (kugel)rund 644
眼 Auge 848
含 in den Mund nehmen; (Gefühle) hegen; enthalten, einschließen, umfassen 1249
ganbaru 頑張る weitermachen, nicht aufgeben 1848, 1106
ganchiku 含蓄 Inhalt, Gehalt, Bedeutung, Sinn 1249, 1224
gan'en 岩塩 Steinsalz 1345, 1101
ganjitsu 元日 Neujahrstag, 1. Januar 137, 5
gankai 眼科医 Augenarzt 848, 320, 220
ganken 頑健 stark, kerngesund 1848, 893
gankin 元金 Kapital 137, 23
ganko 頑固 hartnäckig, starrsinnig, eigensinnig 1848, 972
gankyō 眼鏡 Brille 848, 863
頑強 hartnäckig, unbeugsam 1848, 217
ganmei 頑迷 starrsinnig, eigensinnig 1848, 967
ganmen 顔面 Gesicht 277, 274
ganpeki 岩壁 Felswand 1345, 1489
ganseki 岩石 Gestein, Felsbrocken 1345, 78
ganshiki 眼識 Scharfblick, Einsicht 848, 681
gansho 願書 schriftliches Gesuch 581, 131
ganshō 岩礁 Felsenriff, Klippe 1345, 1768
ganso 元祖 (Stamm)Vater, Urheber, Erfinder 137, 622
gantan 元旦 Neujahrstag 137, 2085
gan'yaku 丸薬 Pille 644, 359
gan'yū 含有 enthalten 1249, 265
gappei 合併 Zusammenschluß, Fusion 159, 1162
gara 柄 Muster; Typus; Charakter 985
garan 伽藍 Tempelhalle 2014, 2232

gari 我利 Eigennutz, Selbstsucht 1302, 329
garō 画廊 Bildergalerie 343, 981
gashi 賀詞 Gratulation, Glückwunsch 756, 843
餓死 verhungern 1303, 85
gashō 賀正 Neujahrsgruß/wunsch 756, 275
gashu 雅趣 Eleganz, feiner Geschmack 1456, 1002
gasshō 合掌 die Hände (zum Gebet) falten 159, 499
gasshō(dan) 合唱(団) Chor 159, 1646, 491
gasshuku 合宿 gemeinsame Unterkunft 159, 179
gasusen ガス栓 Gashahn 1842
gatchi 合致 Übereinstimmung 159, 903
gaten 合点 (Ein)Verständnis 159, 169
GATSU 月 Monat 17
gatten 合点 (Ein)Verständnis 159, 169
gayōshi 画用紙 Zeichenpapier 343, 107, 180
GE 下 unten, Grund 31
外 Außenseite, draußen 83
夏 Sommer 461
解 (auf)lösen 474
gedokuzai 解毒剤 Gegenmittel, Gegengift 474, 522, 550
gehin 下品 gemein, niedrig, vulgär 31, 230
GEI 芸 Kunst, Kunstfertigkeit 435
鯨 Wal 700
迎 entgegengehen, empfangen, einladen 1055
geigō 迎合 Schmeichelei 1055, 159
geihinkan 迎賓館 Empfangshalle; Gästehaus 1055, 1852, 327
geiin 鯨飲 saufen, zechen 700, 323
geijutsu 芸術 Kunst 435, 187
geiniku 鯨肉 Walfleisch 700, 223
geisha 芸者 Geisha 435, 164
geiyu 鯨油 Waltran, Walöl 700, 364
gejun 下旬 das letzte Drittel e-s Monats 31, 338
geka 外科 Chirurgie 83, 320
  seikei ~ 整形外科 plastische Chirurgie 503, 395, 83, 320
gekai 下界 die irdische Welt 31, 454
gekan 下巻 Band 2 (e-s zweibändigen Werkes), Band 3 (e-s dreibändigen Werkes) 31, 507
GEKI 劇 Schauspiel, Drama 797

撃 angreifen, bekämpfen; abfeuern, schießen 1016

激 heftig, scharf, stark, ungestüm 1017

gekichin 撃沈 (feindliches Schiff) versenken 1016, 936

gekido 激怒 heftiger Zorn, (große) Wut 1017, 1596

gekidō 激動 heftige Bewegung, Erschütterung 1017, 231

gekijin 激甚 heftig, stark, scharf 1017, 1501

gekijō 劇場 Theater, Schauspielhaus 797, 154

激情 Leidenschaft, Affekt 1017, 209

gekirei 激励 Aufmunterung, Ermutigung 1017, 1340

gekiryū 激流 reißender Strom 1017, 247

gekiteki 劇的 dramatisch 797, 210

gekitsui 撃墜 (Flugzeug) abschießen 1016, 1132

gekiyaku 劇薬 starke/gefährliche Arznei 797, 359

gekkō 月光 Mondschein 17, 138

gekkyū 月給 Monatsgehalt 17, 346

geko 下戸 Nichttrinker 31, 152

GEN 幻 Trugbild, Phantom, Vision 1227

玄 dunkel, obskur 1225

弦 Saite; Bogensehne 1226

限 begrenzen 847

眼 Auge 848

原 ursprünglich, original, Grund- 136

源 Quelle, Ursprung, Anfang 580

言 Wort 66

元 Yüan (China) 137

現 gegenwärtig 298

験 wohltätige Wirkung 532

減 abnehmen 715

厳 streng, hart, ernst 822

嫌 nicht mögen, verabscheuen, hassen 1688

gen'an 原案 der ursprüngliche Plan/Entwurf 136, 106

genbaku 原爆 Atombombe (Abk. f. 原子力爆弾 genshiryoku bakudan) 136, 1015

genbatsu 厳罰 strenge/harte Strafe 822, 886

genbun 原文 Text, Original 136, 111

gendai 現代 Gegenwart, modern 298, 256

gendo 限度 Grenze, Maß 847, 377

gen'ei 幻影 Phantom, Vision 1227, 854

gengakki 弦楽器 Saiteninstrument 1226, 358, 527

gengo 言語 Sprache 66, 67

gen'in 原因 Ursache 136, 554

Genji Monogatari 源氏物語 (Romantitel) 580, 566, 79, 67

genjō 現状 gegenwärtiger Zustand 298, 626

genjū 厳重 streng, scharf, hart 822, 227

genjūmin 原住民 Ureinwohner 136, 156, 177

genkai 厳戒 strenge Warnung 822, 876

genkaku 厳格 streng, hart, ernst 822, 643

幻覚 Halluzination, Sinnestäuschung 1227, 605

genkan 玄関 Hauseingang, Flur 1225, 398

genkanban 玄関番 Türwächter, Pförtner, Portier 1225, 398, 185

genkei 原型 Urbild, Prototyp 136, 888

genki 元気 gesund, munter 137, 134

genkin 現金 Bargeld 298, 23

厳禁 strenges/striktes Verbot 822, 482

~ **seika** 現金正価 Barpreis 298, 23, 275, 421

genkinbarai 現金払い Barzahlung 298, 23, 582

genkō 原稿 Manuskript 136, 1120

~ **yōshi** 原稿用紙 Manuskriptpapier 136, 1120, 107, 180

genkōhan de 現行犯で auf frischer Tat 298, 68, 882

genkyō 現況 gegenwärtige Lage 298, 850

genkyū 言及 hinweisen, erwähnen 66, 1257

genmai 玄米 unpolierter Reis 1225, 224

genmei 言明 Erklärung, Aussage 66, 18

genmetsu 幻滅 Desillusion, Enttäuschung 1227, 1338

genmō 原毛 Rohwolle 136, 287

Gen-Pei 源平 Minamoto u. Taira, Genji u. Heike 580, 202

genpō 減法 Subtraktion 715, 123

減俸 Gehaltskürzung 715, 1542

genrō 元老 alter kaiserl. Berater, alter beratender Staatsmann 137, 543

genryō 原料 Rohstoff, Material 136, 319

genseirin 原生林 Urwald 136, 44, 127

gensen 源泉 Quelle 580, 1192

genshi 原子 Atom 136, 103

genshikaku 原子核 Atomkern 136, 103, 1212

genshiro 原子炉 Atomreaktor 136, 103, 1790

genshiryoku hatsudensho 原子力発電所
　Atomkraftwerk 136, 103, 100, 96, 108, 153
genshiteki 原始的 primitiv, original 136,
　494, 210
gensho 原書 Original(text) 136, 131
genshō 減少 Verminderung, Abnahme 715,
　144
　現象 Erscheinung, Phänomen 298, 739
　fuzui ~ 付随現象 Begleiterscheinung 192,
　　1741, 298, 739
genshoku 原色 Grundfarbe, farbig 136, 204
　現職 jetziger Arbeitsplatz 298, 385
genshu 元首 Staatsoberhaupt 137, 148
genshuku 厳粛 Ernst, Feierlichkeit 822, 1695
genso 元素 Element, Urstoff 137, 271
gensō 幻想 Illusion, Vision 1227, 147
gensoku 原則 Grundsatz, Prinzip 136, 608
gensui 元帥 (General)Feldmarschall,
　(Groß)Admiral 137, 1935
genten 原点 Ausgangspunkt 136, 169
gen'yu 原油 Rohöl 136, 364
genzai 現在 Gegenwart; Präsens 298, 268
genzō 現像 (fotograf.) Entwicklung 298, 740
geppu 月賦 Monatsrate 17, 1808
geri 下痢 Diarrhöe, Durchfall 31, 1811
gesha 下車 Aussteigen 31, 133
geshi 夏至 Sommersonnenwende 461, 902
geshuku 下宿 Pension, Logis 31, 179
gessha 月謝 monatl. Schulgeld/Unterrichts-
　gebühr 17, 901
ges-sui-kin 月・水・金 Mo, Mi, Fr 17, 21, 23
gesui 下水 Abwasser, Kanalisation 31, 21
gesuikō 下水溝 Abflußrohr, Kanal,
　Kanalisation 31, 21, 1012
geta 下駄 (j.) Holzsandale 31, 1880
GETSU 月 Mond; Monat 17
getsumatsu 月末 Ende des Monats,
　Monatsende 17, 305
getsurei 月齢 Mondalter 17, 833
getsuyō(bi) 月曜(日) Montag 17, 19, 5
gezai 下剤 Abführmittel 31, 550
gezan 下山 Abstieg (von e-m Berg) 31, 34
GI 義 Gerechtigkeit, Ehre; Sinn; Schwieger-;
　künstlich 291
　儀 Regel; Zeremonie; Angelegenheit 727
　犠 Opfer 728
　議 Beratung, Debatte 292

疑 (be)zweifeln, Verdacht hegen, mißtrauen
　1516
擬 nachahmen 1517
—
技 Technik; Fähigkeit; Kunstgriff 871
宜 gut, richtig 1086
偽 lügen, (ver)fälschen; heucheln,
　s. verstellen; betrügen 1485
欺 betrügen, täuschen 1499
戯 spielen, scherzen, flirten 1573
gidai 議題 Diskussionsthema, Tagesordnung
　292, 354
gifun 義憤 gerechter Zorn 291, 1661
giga 戯画 Karikatur 1573, 343
gigoku 疑獄 Skandal 1516, 884
giin 議員 Abgeordneter 292, 163
gijin 擬人 personifizieren 1517, 1
gijutsu 技術 Technik 871, 187
gikai 議会 Parlament 292, 158
gikei 義兄 Schwager 291, 406
giketsu 議決 (Parlaments)Beschluß 292, 356
gikō 技巧 Kunst(fertigkeit); Technik; Finesse
　871, 1627
gikyoku 戯曲 Schauspiel, Drama 1573, 366
gimai 義妹 Schwägerin 291, 408
gimon 疑問 Frage, Zweifel 1516, 162
gimu 義務 Pflicht, Verpflichtung 291, 235
　fuyō ~ 扶養義務 Unterhaltspflicht 1721,
　　402, 291, 235
GIN 銀 Silber 313
　吟 singen, rezitieren 1250
gin'ei 吟詠 singen, rezitieren; ein Gedicht
　schreiben 1250, 1209
ginga 銀河 Milchstraße 313, 389
gin'iro 銀色 silbern 313, 204
ginka 銀貨 Silbermünze 313, 752
ginkō 銀行 Bank 313, 68
ginmedaru 銀メダル Silbermedaille 313
ginmi 吟味 Untersuchung, Prüfung, Verhör
　1250, 307
ginō 技能 Geschicklichkeit, Fähigkeit 871, 386
ginpai 銀杯 Silberbecher 313, 1155
Ginza 銀座 (Stadtviertel im Zentrum Tōkyōs)
　313, 786
gion 擬音 nachgeahmter Laut;
　Lautnachahmung 1517, 347
giri 義理 Verpflichtung, Pflicht(gefühl) 291,
　143

gisei 犠牲 Opfer, Opfergabe 728, 729
giseisha 犠牲者 Opfer 728, 729, 164
giseki 議席 (Parlaments)Sitz 292, 379
gishi 義姉 Schwägerin 291, 407
義歯 künstl. Zahn, (Zahn)Prothese 291, 478
技師 Ingenieur 871, 409
gishiki 儀式 Zeremonie, Ritual 727, 525
gishō 偽証 Meineid 1485, 484
gitei 義弟 Schwager 291, 405
gitenchō 儀典長 Protokollchef 727, 367, 95
giwaku 疑惑 Zweifel, Verdacht 1516, 969
gizō 偽造 Fälschung, Nachahmung 1485, 691
GO 五 fünf 7
悟 verstehen, einsehen, erleuchtet werden 1438
語 Wort, Sprache 67
呉 (Name e-s Landes im alten China) 1436
娯 Genuß, Vergnügen 1437
誤 s. irren, e-n Fehler machen 906
午 Mittag 49
御 (Höflichkeitspräfix) 708
期 Zeit, Periode 449
碁 Go (Brettspiel) 1834
後 danach, später 48
互 gegenseitig, einander 907
護 verteidigen, beschützen 1312
GŌ 合 passen 159
号 Nummer; Pseudonym 266
豪 Stärke, Macht; Glanz, Pracht 1671
強 stark 217
業 Karma 279
郷 ländliche Gegend 855
剛 stark; hart 1610
拷 schlagen, quälen 1720
gō o niyasu 業を煮やす vor Wut kochen, sich schwarz ärgern 279, 1795
goban 碁盤 Go-Brett 1834, 1098
~ no me 碁盤の目 Feld(er) (auf dem Go-Brett) 1834, 1098, 55
gōban 合板 Sperrholzplatte 159, 1047
godaishū 五大州 die fünf Erdteile 7, 26, 195
gōdatsu 強奪 Plünderung, Raub 217, 1310
gōdō 合同 Vereinigung, Fusion 159, 198
goei 護衛 Leibwache/garde, Eskorte 1312, 815
Go-Etsu 呉越 (zwei rivalisierende Staaten im alten China) 1436, 1001

gofu 護符 Talisman, Amulett 1312, 505
gofuku 呉服 Kimono-Stoff 1436, 683
gofukuya 呉服屋 Kimono-Geschäft 1436, 683, 167
gōgai 号外 Sondernummer, Extrablatt 266, 83
gogaku 語学 Sprachwissenschaft, Linguistik; Fremdsprache 67, 109
gogo 午後 Nachmittag 49, 48
~ mo, gozen mo 午後も, 午前も vormittags u. nachmittags 49, 47, 49, 48
~ yoji 午後四時 4 Uhr nachmittags 49, 48, 6, 42
go-go, san-san 五々, 三々 in kleinen Gruppen (zu zweit u. dritt) 4, 7
gohan ご飯 gekochter Reis, Mahlzeit 325
御飯 gekochter Reis; Mahlzeit 708, 325
gōhan 合板 Sperrholzplatte 159, 1047
gohō 誤報 Falschmeldung 906, 685
gōhō 号俸 Gehaltsstufe 266, 1542
gōi 合意 Übereinstimmung, Einigung 159, 132
gōin ni 強引に mit Gewalt 217, 216
goishi 碁石 Go-Steine 1834, 78
gojo 互助 gegenseitige Hilfe 907, 623
gojō 互譲 gegenseitiges Zugeständnis 907, 1013
gōjō 強情 Hartnäckigkeit, Starrsinn 217, 209
gojū no tō 五重の塔 fünfstöckige Pagode 7, 227, 1840
gojun 語順 Wortfolge 67, 769
gojū-on jun 五十音順 (Abfolge d. 50 japan. Silbenlaute) 7, 12, 347, 769
gōka 豪華 Pracht, Prunk, Luxus 1671, 1074
gokai 誤解 Mißverständnis 906, 474
gokaijo/sho 碁会所 Go-Spielkasino 1834, 158, 153
gōkaku 合格 (Prüfung) bestehen 159, 643
gokan 五感 die fünf Sinne 7, 262
語幹 Wortstamm 67, 1189
gokei 互恵 gegenseitige Begünstigung 907, 1219
gōkei 合計 Gesamtsumme/betrag 159, 340
gōken 剛健 stark, männlich 1610, 893
gōketsu 豪傑 Held, großer Mann 1671, 1731
~ warai 豪傑笑い schallendes Gelächter 1671, 1731, 1235

gokkan 極寒 strenge Kälte 336, 457
gokoku 五穀 die fünf Getreidearten; Getreide 7, 1729
GOKU 極 sehr, äußerst 336
   獄 Gefängnis 884
goku 語句 Wort, Ausdruck 67, 337
gokuhi 極秘 streng geheim 336, 807
gokusha 獄舎 Gefängnis(gebäude) 884, 791
gokushi 獄死 im Gefängnis sterben 884, 85
gōkyū 号泣 laut weinen, heulen 266, 1236
gomen 御免 Entschuldigung, Vergebung; Ablehnung 708, 733
gōmon 拷問 Folter 1720, 162
gōmongu 拷問具 Folterinstrument 1720, 162, 420
GON 言 Wort 66
   権 Gewicht, Autorität, Macht, Recht 335
   勤 angestellt sein 559
   厳 streng, hart, ernst 822
gonenkan 五年間 5 Jahre (lang) 7, 45, 43
gonin 五人 5 Personen 7, 1
goraku 娯楽 Vergnügung, Unterhaltung 1437, 358
~ bangumi 娯楽番組 Unterhaltungsprogramm 1437, 358, 185, 418
gōrei 号令 Kommando, Befehl 266, 831
(go)reijō (御)令嬢 (Ihre) Tochter; junge Dame 708, 831, 1836
gōrika 合理化 Rationalisierung 159, 143, 254
gori-muchū 五里霧中 ratlos, hilflos 7, 142, 950, 28
gorin (taikai) 五輪(大会) Olympische Spiele 7, 1164, 26, 158
go-rokunichi 五, 六日 5 oder/bis 6 Tage 7, 8, 5
go-rokunin 五, 六人 5 oder/bis 6 Personen 7, 8, 1
goryō 御陵 Grab(mal) des Kaisers/der Kaiserin 708, 1844
gosai 後妻 zweite Frau 48, 671
gosan 誤算 Rechenfehler 906, 747
gōsei sen'i 合成繊維 Kunstfaser 159, 261, 1571, 1231
gosen 互選 sich gegenseitig wählen 907, 800
gosho 御所 der kaiserliche Palast 708, 153
goshoku 誤植 Druckfehler 906, 424
goshūshō-sama ご愁傷様 Mein herzliches Beileid 1601, 633, 403

gōsō 豪壮 großartig, herrlich 1671, 1326
gosui 午睡 Mittagsschlaf 49, 1071
gotai 五体 der ganze Körper 7, 61
goten 御殿 Palast, Schloß 708, 1130
gōtō 強盗 Einbrecher, Räuber; Einbruch, Raub 217, 1100
gōu 豪雨 starker Regen, Regenguß 1671, 30
goyō no kata 御用の方 Kunde, Gast 708, 107, 70
gōyū 剛勇 heldenmütig 1610, 1386
gozen 午前 Vormittag 49, 47
~ mo gogo mo 午前も午後も vormittags u. nachmittags 49, 47, 49, 48
gozenchū 午前中 den ganzen Vormittag 49, 47, 28
gōzoku 豪族 mächtige/einflußreiche Familie 1671, 221
GU 具 Werkzeug 420
   愚 Dummheit, Einfalt 1642
GŪ 偶 (Ehe)Paar; Puppe; Zufall 1639
   隅 Winkel, Ecke 1640
   遇 Behandlung, Aufnahme; Treffen 1641
   宮 Schrein; Palast; Prinz 721
guchi 愚痴 (sinnloses) Klagen 1642, 1813
gudon 愚鈍 Dummheit, Einfalt, Stumpfsinn 1642, 966
gūhatsu 偶発 zufällige Entstehung 1639, 96
gumon 愚問 dumme Frage 1642, 162
GUN 郡 Landkreis, Verwaltungsbezirk 193
   群 Herde, Gruppe 794
   軍 Armee, Heer; Krieg 438
gunbatsu 軍閥 Militärclique 438, 1510
gunbi 軍備 (militärische) Rüstung/ Bereitschaft 438, 768
gunbu 郡部 ländlicher Bezirk 193, 86
gunji 軍事 Militärangelegenheit, Militär-, Kriegs- 438, 80
gunjin 軍人 Soldat, Militär 438, 1
gunjuhin 軍需品 Kriegsmaterial, Munition 438, 1416, 230
gunkan 軍艦 Kriegsschiff 438, 1665
gunken 郡県 Landkreise u. Präfekturen 193, 194
gunkō 軍港 Kriegshafen 438, 669
gunkoku shugi 軍国主義 Militarismus 438, 40, 155, 291
gunshū 群集 Gruppe, Masse 794, 436

群衆 Menge, Masse, Gedränge 794, 792

gunshuku 軍縮 Abrüstung 438, 1110

guntai 軍隊 Truppen, Armee, Militär 438, 795

guntō 群島 Inselgruppe 794, 286

gunzō 群像 Gruppe von Menschen (in Malerei, Skulptur) 794, 740

gurentai 愚連隊 (Bande von) Rowdys 1642, 440, 795

guretsu 愚劣 Torheit, Dummheit 1642, 1150

gushōteki 具象的 konkret, körperlich 420, 739, 210

gūsū 偶数 gerade Zahl 1639, 225

gutaisaku 具体策 konkrete Maßnahme 420, 61, 880

gutaiteki 具体的 konkret 420, 61, 210

gūzen 偶然 Zufall 1639, 651

gūzō 偶像 (Ab)Bild; Idol; Götze 1639, 740

GYAKU 逆 umgekehrt, verkehrt, entgegengesetzt; Verrat 444

虐 mißhandeln 1574

gyakumodori 逆戻り rückläufige Bewegung, Rückfall 444, 1238

gyakusatsu 虐殺 Massaker 1574, 576

gyakusetsu 逆説 Paradoxon 444, 400

gyakutai 虐待 mißhandeln, schlecht behandeln 1574, 452

gyakuten 逆転 Umkehrung, Wendung (ins Gegenteil) 444, 433

GYO 魚 Fisch 290

漁 Fischfang 699

御 (Höflichkeitspräfix) 708

GYŌ 行 Zeile; durchführen 68

業 Beruf, Geschäft, Unternehmen 279

形 Form, Gestalt 395

仰 nach oben sehen, emporblicken; achten, verehren; bitten 1056

凝 steif werden; s. begeistern, gänzlich aufgehen (in); anspruchsvoll sein 1518

暁 Tagesanbruch, Morgendämmerung 1658

gyogun 魚群 Schwarm von Fischen 290, 794

gyogyō 漁業 Fischerei, Fischfang 699, 279

gyoji 御璽 kaiserl. Siegel 708, 1887

gyojō 漁場 Fanggrund, Fischgründe 699, 154

gyokai 魚介 Fische u. Muscheln, Meeresprodukte 290, 453

gyokaku 漁獲 Fischfang 699, 1313

gyōkan 行間 Zeilenabstand 68, 43

gyōketsu 凝結 Gerinnen, Gefrieren 1518, 485

gyōko 凝固 Erstarrung, Festwerden, Gefrieren 1518, 972

GYOKU 玉 Juwel; Kugel, Ball 295

gyokuji 玉璽 kaiserl. Siegel 295, 1887

gyokusai 玉砕 ehrenvoller Tod, sein Leben opfern (für) 295, 1710

gyokuseki 玉石 Spreu u. Weizen, Gut u. Schlecht 295, 78

gyomō 漁網 Fisch(er)netz 699, 1612

gyoniku 魚肉 Fisch(fleisch) 290, 223

gyorai 魚雷 Torpedo 290, 952

gyōretsu 行列 Zug, Prozession, Schlange 68, 611

gyorui 魚類 Fischarten 290, 226

gyōsei 行政 Verwaltung 68, 483

暁星 Morgenstern 1658, 730

gyōseki 業績 Arbeit, Leistung 279, 1117

gyosen 漁船 (Fisch)Kutter 699, 376

gyōshi 仰視 nach oben blicken 1056, 606

凝視 anstarren, starr anblicken 1518, 606

gyoson 漁村 Fischerdorf 699, 191

gyōten 仰天 Erstaunen, Überraschung, Bestürzung 1056, 141

暁天 Morgendämmerung 1658, 141

GYŪ 牛 Rind, Kuh 281

gyūniku 牛肉 Rindfleisch 281, 223

gyūnyū 牛乳 Milch 281, 939

– H –

HA 波 Welle 666

破 zerreißen 665

派 Sekte, Schule, Partei, Gruppe 912

覇 Vorherrschaft, Hegemonie 1633

把 nehmen, ergreifen; Bündel 1724

HA' 法 Gesetz 123

ha 葉 Blatt, Laub 253

歯 Zahn 478

羽 Feder; Flügel 590

刃 Schneide 1413

端 Rand, Kante 1418

ko no ~ 木の葉 Blätter (der Bäume), Laub 22, 253

haaku 把握 ergreifen, erfassen 1724, 1714

haba 幅 Breite, Weite; Einfluß 1380

~ ga kiku 幅が利く (großen) Einfluß haben 1380, 329

~ no hiroi 幅の広い breit 1380, 694
haba(mu) 阻 (ver)hindern 1085
habatsu 派閥 Clique 912, 1510
habu(ku) 省 weglassen, auslassen 145
HACHI 八 acht 10
   鉢 Schüssel, Topf; Gehirnschale 1820
~ guramu 八グラム 8 g 10
~ miri 八ミリ 8 mm 10
Hachijō-jima 八丈島 (Insel südlich von
   Tōkyō) 10, 1325, 286
hachimaki 鉢巻き Stirnband 1820, 507
hachinin 八人 8 Personen 10, 1
hachō 波長 Wellenlänge 666, 95
hada 肌 Haut; Neigung; Temperament 1306
hadagi 肌着 Unterwäsche 1306, 657
hadairo 肌色 fleischfarben 1306, 204
hadaka 裸 nackt 1536
hadaka-ikkan 裸一貫 vollkommen mittellos
   1536, 2, 914
hadakauma 裸馬 ungesatteltes Pferd 1536, 283
hadasamui 肌寒い (unangenehm) kalt 1306,
   457
hadazawari 肌触り sich (weich, rauh,
   angenehm) anfühlen 1306, 874
ha(e) 栄 Ruhm, Ehre, Glanz 723
ha(eru) 生 wachsen (lassen) 44
   映 glänzen, scheinen 352
   栄 glänzen 723
hagaki 葉書 Postkarte 253, 131
   henshin'yō ~ 返信用葉書 Antwortkarte
   442, 157, 107, 253, 131
hagane 鋼 Stahl 1608
hage(masu) 励 ermuntern, anspornen 1340
hage(mu) 励 mit Eifer betreiben, sich
   anstrengen 1340
hage(shii) 激 heftig, scharf, stark 1017
hagoromo 羽衣 Kleid aus Federn 590, 677
haguki 歯茎 Zahnfleisch 478, 1474
haguruma 歯車 Zahnrad 478, 133
haha 母 Mutter 112
hahakata 母方 mütterlicherseits 112, 70
hahaoya 母親 Mutter 112, 175
hahen 破片 Splitter, Bruchstück 665, 1045
HAI 俳 Schauspieler 1035
   排 ablehnen; ableiten, ausstoßen 1036
   輩 Kollege, Genosse 1037
   背 Rücken; (Körper)Größe 1265

肺 Lunge 1277
敗 besiegt werden, keinen Erfolg haben 511
配 verteilen 515
廃 außer Gebrauch/Mode kommen, veralten;
   abgeschafft werden; verfallen 961
杯 Trinkschale (für Reiswein) 1155
拝 anbeten, verehren 1201
hai 灰 Asche 1343
haiboku 敗北 Niederlage 511, 73
haibyō 肺病 Lungenkrankheit 1277, 380
haichi 配置 Anordnung, Arrangement,
   Verteilung 515, 426
haieki 排液 Abfluß, Drainage (in der
   Chirurgie) 1036, 472
haien 肺炎 Lungenentzündung 1277, 1336
haietsu 拝謁 Audienz 1201, 1920
haifu 配布 weite Verbreitung 515, 675
haigan 肺がん Lungenkrebs 1277
haigeki 排撃 verwerfen, ablehnen 1036, 1016
haigūsha 配偶者 Gatte, Gattin, Ehepartner
   515, 1639, 164
haigyō 廃業 Geschäftsaufgabe 961, 279
haihan-chiken 廃藩置県 Abschaffung des
   Feudalsystems und Errichtung der
   Präfekturen 961, 1382, 426, 194
haiiro 灰色 (asch)grau; unklar,
   dazwischenliegend 1343, 204
haijin 廃人 Invalide, Krüppel 961, 1
   俳人 Haiku-Dichter 1035, 1
haikan 肺肝 Lunge u. Leber; Herzensgrund
   1277, 1272
haikatsuryō 肺活量 Lungenkapazität 1277,
   237, 411
haikei 背景 Hintergrund 1265, 853
   拝啓 (höfliche Anrede in Briefen) 1201, 1398
haikekkaku 肺結核 (Lungen)Tuberkulose
   1277, 485, 1212
haiken 拝見 (an)sehen (bescheiden) 1201, 63
haikibutsu 廃棄物 Abfall, Müll 961, 962, 79
haikigasu 排気ガス Abgas(e) 1036, 134
haikō 廃坑 abgebaute/stillgelegte Grube
   961, 1613
haiku 俳句 Haiku (17silbiges j. Gedicht)
   1035, 337
hai-Nichi 排日 antijapanish 1036, 5
hainyō 排尿 Urinieren 1036, 1869
hai(ru) 入 hineingehen, eintreten 52

hairyo 配慮 Rücksicht, Aufmerksamkeit 515, 1384

haiseki 排斥 Ablehnung, Ausschließung, Boykott 1036, 1401

~ undō 排斥運動 Vertreibungskampagne 1036, 1401, 439, 231

haisen 敗戦 verlorener Krieg, Niederlage 511, 301

haisha 歯医者 Zahnarzt, Dentist 478, 220, 164
敗者 Verlierer, Besiegter 511, 164

haishaku 拝借 leihen, borgen 1201, 766

haishi 廃止 Abschaffung, Aufhebung 961, 477

haishin 背信 Vertrauensbruch, Verrat, Untreue 1265, 157

haishitsu 廃疾 Dienstunfähigkeit, Invalidität 961, 1812

haishutsu 輩出 (Talente) hervorbringen, aufeinander folgen 1037, 53

haiso 敗訴 e-n Prozeß verlieren 511, 1402

haitateki 排他的 exklusiv 1036, 120, 210

haitatsu 配達 verteilen, austragen, abliefern 515, 448

haiyū 俳優 Schauspieler 1035, 1033

haizara 灰皿 Aschenbecher 1343, 1097

haizō 肺臓 Lunge 1277, 1287

haji 恥 Scham, Schande 1690
把持 (fest)halten, (er)greifen 1724, 451

haji(maru) 始 (intr.) anfangen, beginnen 494

haji(me) 初 Anfang 679

haji(meru) 始 (tr.) anfangen, beginnen 494

haji(mete) 初 das erste Mal 679

ha(jirau) 恥 schüchtern sein 1690

ha(jiru) 恥 sich schämen 1690

hajishirazu 恥知らず schamlose Person 1690, 214

haka 墓 Grab 1429

hakai 破壊 Zerstörung, Vernichtung, Vandalismus 665, 1407

hakamairi 墓参り Besuch e-s Grabes 1429, 710

haka(rau) 計 verfahren, vorgehen 340

haka(ru) 図 planen 339
計 messen, rechnen 340
量 messen, wiegen 411
測 messen 610
謀 planen, ersinnen; betrügen 1495
諮 s. beraten, j-n zu Rate ziehen 1769

hakase 博士 Doktor, Doktorgrad 601, 572

haken 派遣 entsenden, abordnen 912, 1173
覇権 Hegemonie, (Vor)Herrschaft 1633, 335

haki 破棄 (Vertrag) brechen; (früheres Urteil) aufheben 665, 962
覇気 Ehrgeiz 1633, 134

hakidasu 吐き出す sich übergeben; ausspucken 1253, 53

hakifurushi 履き古し abgetragene Schuhe/ Socken 1635, 172

hakike 吐き気 Brechreiz, Übelkeit, Ekel 1253, 134

hakimono 履き物 Fußbekleidung, Schuhwerk 1635, 79

hakkan 発汗 schwitzen 96, 1188

hakken 発見 Entdeckung 96, 63

hakki 発揮 entfalten, zeigen, zur Geltung bringen 96, 1652

hakkin 発禁 Verkaufsverbot 96, 482

hakkō 発行 herausgeben; publizieren 96, 68
発光 Leucht-, leuchten 96, 138
発酵 Gärung 96, 1866

hakkutsu 発掘 Ausgrabung 96, 1803

hakkyō 発狂 Verrücktheit, Wahnsinn 96, 883

hako 箱 Kasten, Kiste, Schachtel 1091

hako(bu) 運 tragen, befördern 439

Hakone 箱根 (Erholungsgebiet am Fuji) 1091, 314

HAKU 白 weiß 205
伯 ältester Bruder; Graf 1176
迫 nötigen, pressen, drängen; auf den Pelz rücken, nahen, bevorstehen 1175
泊 übernachten 1177
拍 (rythmisch) schlagen 1178
舶 Schiff 1095
博 ausgedehnt, weit, breit; viel 601
薄 dünn; schwach, leicht; hell(farbig) 1449

ha(ku) 掃 fegen, kehren 1080
吐 ausspucken, s. erbrechen/übergeben, von s. geben 1253
履 (Schuhe, Socken) anziehen/(an)haben 1635

hakuai 博愛 Menschenliebe 601, 259

hakuboku 白墨 Kreide 205, 1705

hakubutsukan 博物館 Museum 601, 79, 327

hakuchi 白痴 Idiotie; Idiot 205, 1813

hakuchō 白鳥 Schwan 205, 285

hakuchū 伯仲 ebenbürtig/gewachsen sein 1176, 1347

~ ni 白昼に am hellichten Tage 205, 470

hakugai 迫害 Verfolgung, Unterdrückung 1175, 518

hakugaku 博学 Gelehrsamkeit, umfassende Bildung 601, 109

Hakugei 白鯨 Moby Dick, der weiße Wal (Melville) 205, 700

hakuhatsu 白髪 weißes/graues Haar 205, 1148

hakujaku 薄弱 Schwachheit, Schwäche 1449, 218

hakujin 白人 Weißer 205, 1
白刃 blankes Schwert, blanke Waffe 205, 1413

hakujō 白状 Geständnis 205, 626
薄情 gefühllos, herzlos 1449, 209

hakumai 白米 polierter Reis 205, 224

hakumei 薄明 Dämmerung, Zwielicht 1449, 18

hakurai 舶来 eingeführt, importiert 1095, 69

hakuraihin 舶来品 Einfuhrartikel, Importware 1095, 69, 230

hakurankai 博覧会 Ausstellung 601, 1291, 158

hakuryoku 迫力 Kraft, Wirkung 1175, 100

hakusha 拍車 Sporn, Sporen (beim Reiten) 1178, 133

hakushaku 伯爵 Graf 1176, 1923

hakushi 白紙 weißes/unbeschriebenes Papier 205, 180
博士 Doktor, Doktorgrad 601, 572

hakusho 白書 Weißbuch 205, 131

hakushu 拍手 Beifall, Applaus 1178, 57

hakyoku 破局 Katastrophe 665, 170

hama 浜 Strand 785

hamabe 浜辺 (Meeres)Strand, Küste 785, 775

Hamada 浜田 (Familienname) 785, 35

hamaki 葉巻 Zigarre 253, 507

hametsu 破滅 Untergang, Zusammenbruch, Ruin 665, 1338

hamigaki 歯磨き Zahnpasta 478, 1531

hamon 波紋 Wasserring; Wellen 666, 1454

hamono 刃物 Schneidewerkzeug, Schneidewaren 1413, 79

HAN 反 anti- 324
坂 Abhang, Steigung, Hügel 443

版 Druckform; Druck, Auflage 1046

板 (Holz-)Brett 1047

販 Verkauf 1048

飯 gekochter Reis; Mahlzeit 325

半 Hälfte, Mitte 88

伴 begleiten; mit s. bringen 1027

判 Stempel, Siegel 1026

畔 (Feld)Rain 1945

般 tragen; alles, allgemein 1096

搬 tragen, transportieren 1722

凡 normal, gewöhnlich 1102

帆 Segel 1103

犯 begehen, verüben; verletzen 882

範 Beispiel, Modell, Muster; Grenze 1092

煩 sorgen (für), besorgt sein (um) 1849

頒 teilen, verteilen 1850

繁 (Über)Fülle, Luxus, Häufigkeit 1292

班 Trupp, Gruppe 1381

藩 feudaler Clan, Feudalherr 1382

hana 花 Blume, Blüte 255

鼻 Nase 813

華 Blume, Blüte, Zierde 1074

kiku no ~ 菊の花 Chrysantheme 475, 255

hanabi 花火 Feuerwerk 255, 20

hanagoyomi 花暦 Blumenkalender 255, 1534

hanagumori 花曇り leicht bewölkter Himmel während der Kirschblütenzeit 255, 637

hanagusuri 鼻薬 Schmiergeld 813, 359

hanaha(da/dashii) 甚 höchst, äußerst, außerordentlich, ungemein, ungewöhnlich 1501

hanaji 鼻血 Nasenbluten 813, 789

hanami 花見 Besichtigung der Kirschblüten 255, 63

hanamuko 花婿 Bräutigam 255, 1745

hanao 鼻緒 Riemen an Geta/Sandalen 813, 862

hana(reru) 放 sich befreien 512
離 sich trennen 1281

hanasaki 鼻先 Nasenspitze 813, 50

hanashi 話 Gespräch, Geschichte 238

hanashiau 話し合う besprechen, sich unterhalten 238, 159

hanashite 話し手 Sprecher 238, 57

hana(su) 話 sprechen 238
放 loslassen, freilassen 512
離 trennen, entfernen 1281

hanataba 花束 (Blumen)Strauß 255, 501

hana(tsu) 放 los/freilassen; abfeuern;
   ausstrahlen 512
hanaya 花屋 Blumenladen 255, 167
hanayome 花嫁 Braut 255, 1749
hanazakari 花盛り Blütezeit 255, 719
hanba 飯場 Baubaracke 325, 154
hanbai 販売 Verkauf 1048, 239
~ nedan 販売値段 Verkaufspreis 1048, 239,
   425, 362
hanbatsu 藩閥 Clan 1382, 1510
hanbō 繁忙 (sehr) beschäftigt 1292, 1373
   煩忙 sehr beschäftigt 1849, 1373
hanbun 半分 Hälfte, halb 88, 38
   yaku ~ 約半分 etwa die Hälfte 211, 88, 38
hanchō 班長 Trupp-/Gruppenführer 1381, 95
handan 判断 Urteil 1026, 1024
handanryoku 判断力 Urteilskraft 1026,
   1024, 100
handōtai 半導体 Halbleiter 88, 703, 61
hane 羽 Feder; Flügel 590
haneagaru 跳ね上がる aufspringen 1563, 32
Haneda 羽田 (Flughafen in Tōkyō) 590, 35
han'ei 反映 Reflexion 324, 352
   繁栄 Gedeihen, Wohlergehen 1292, 723
ha(neru) 跳 springen, hüpfen 1563
hanetsuki 羽根突き Federball(spiel) 590,
   314, 898
hanga 版画 Holzschnitt 1046, 343
hangaku 半額 halber Betrag/Preis 88, 838
   藩学 Schule für Kinder e-s Samurai-Clans
   (Edo-Zeit) 1382, 109
hangeki 反撃 Gegenangriff 324, 1016
hangen 半減 Reduzierung auf die Hälfte 88,
   715
hangō 飯ごう Kochgeschirr 325
hangyaku 反逆 Landes-/Hochverrat 324, 444
han'i 範囲 Bereich, Gebiet, Wirkungskreis
   1092, 1194
hanji 判事 Richter 1026, 80
hanjō 繁盛 Blühen, Wohlstand 1292, 719
hanjuku 半熟 halbgar, weichgekocht (Ei);
   halbreif 88, 687
hankagai 繁華街 belebte Geschäftsstraße
   1292, 1074, 186
hankan-hanmin 半官半民 halbstaatlich 88,
   326, 88, 177
hankei 半径 Halbmesser, Radius 88, 1475

hanken 版権 Urheberrecht 1046, 335
hanketsu 判決 Urteil(sspruch), Entscheidung
   1026, 356
hanki 半旗 Halbmast 88, 1006
hankō 反抗 Widerstand, Auflehnung 324,
   824
   犯行 Verbrechen, Vergehen, Delikt 882, 68
hankyō 反響 Echo, Resonanz 324, 856
hanmei 判明 klar werden, sich herausstellen
   1026, 18
hanmen 反面 andere Seite 324, 274
hanmo 繁茂 üppiges Wachstum 1292, 1467
han-Nichi 反日 antijapanisch 324, 5
hannin 犯人 Verbrecher, Täter 882, 1
hannō 反応 Reaktion 324, 827
   rensa ~ 連鎖反応 Kettenreaktion 440, 1819,
   324, 827
hannyū 搬入 hereintragen; einliefern 1722, 52
hanpatsu 反発 Rückstoß; Widerstand 324, 96
hanpu 頒布 austeilen, verteilen 1850, 675
hanpuku 反復 Wiederholung 324, 917
hanran 反乱 Rebellion, Aufstand 324, 689
hanrei 範例 Musterbeispiel 1092, 612
   凡例 Vorbemerkung 1102, 612
hanro 販路 Absatzgebiet, Markt 1048, 151
hanryo 伴りょ Begleiter, Gefährte 1027
hansei 反省 Reflexion, Nachdenken 324, 145
hansen 帆船 Segelschiff, Segelboot 1103, 376
hansha 反射 Reflexion; Reflex 324, 900
hanshō 反証 Gegenbeweis 324, 484
   半鐘 Feuerglocke 88, 1821
hanshoku 繁殖 Fortpflanzung, Vermehrung
   1292, 1506
hanshu 藩主 Haupt e-s Clans 1382, 155
hanshū 半周 Halbkreis, halbe Runde 88, 91
hanshutsu 搬出 (hin)austragen; ausliefern
   1722, 53
hansō 帆走 segeln 1103, 429
   搬送 befördern, transportieren 1722, 441
hantai 反対 Gegenteil, Gegensatz;
   Widerstand 324, 365
hantaigawa 反対側 die entgegengesetzte
   Seite 324, 365, 609
hantaihyō 反対票 Gegenstimme(n) 324,
   365, 922
hanten 班点 Fleck, Tupfer 1381, 169
hantō 半島 Halbinsel 88, 286

Tsugaru ~ 津軽半島 Tsugaru-Halbinsel 668, 547, 88, 286

hantoshi 半年 ein halbes Jahr 88, 45

hanzai 犯罪 Verbrechen 882, 885

hanzatsu 煩雑 Verwicklung, Kompliziertheit 1849, 575

haori 羽織 japanischer Überwurf 590, 680

haoto 羽音 Flügelschlag 590, 347

happō 八方 alle Richtungen/Seiten 10, 70
発泡 schäumen 96, 1765

happun 発憤 angeregt/inspiriert sein; sich aufraffen 96, 1661

happyō 発表 öffentl. Bekanntmachung, Veröffentlichung 96, 272

hara 原 Feld, Wildnis 136
腹 Bauch, Inneres, Herz 1271

~ o sueru 腹を据える s. (fest) entschließen 1271, 1832

haraikomu 払い込む einzahlen 582, 776

haraimodosu 払い戻す zurückzahlen 582, 1238

haramaki 腹巻き Leibbinde 1271, 507

ha(rasu) 晴 (auf)klären 662

hara(u) 払 bezahlen; wegfegen 582

harenchi 破廉恥 unverschämt, frech 665, 1689, 1690

ha(reru) 晴 sich aufklären 662

haretsu 破裂 platzen, explodieren 665, 1330

hari 針 Nadel 341

harigane 針金 Draht 341, 23

harō 波浪 Wellen, Wogen, hoher Wellengang 666, 1753

haru 春 Frühling, Frühjahr 460

ha(ru) 張 aufspannen, ausbreiten, bedecken, (an)spannen 1106

hasaki 刃先 Schneide, Klinge 1413, 50

hasa(maru) 挟 eingeklemmt werden 1354

hasamiageru 挟み上げる (mit Eßstäbchen) (auf)nehmen 1354, 32

hasamikomu 挟み込む einklemmen, einfügen 1354, 776

hasamiuchi 挟み撃ち Zangenbewegung/ angriff 1354, 1016

hasa(mu) 挟 stecken (zwischen), klemmen (in/zwischen), fassen/halten (mit/zwischen) 1354

hasan 破産 Bankrott, Konkurs 665, 278

Hasegawa 長谷川 (Familienname) 95, 653, 33

hasha 覇者 Herrscher; Sieger, Meister 1633, 164

hashi 橋 Brücke 597
端 Ende, Rand, Kante 1418

hashira 柱 Pfeiler 598

hashirigaki 走り書き fließende/flüchtige Schrift 429, 131

hashirimawaru 走り回る herumlaufen, umherlaufen 429, 90

hashiri-takatobi 走り高跳び Hochsprung 429, 190, 1563

hashi(ru) 走 laufen 429

hashoru 端折る aufkrempeln; weglassen, abkürzen 1418, 1394

hashutsujo 派出所 Zweigstelle; Polizeiwache 912, 53, 153

hassha 発車 Abfahrt 96, 133
発射 abfeuern, abdrücken 96, 900

hasshō 発祥 Entstehung, Herkunft 96, 1576

hasshōchi 発祥地 Entstehungsort, Wiege 96, 1576, 118

hassoku 発足 Beginn, Eröffnung 96, 58

hata 畑 Feld 36
機 Webstuhl 528
旗 Flagge, Fahne 1006
端 Seite, Nähe, Rand 1418

hatachi 二十歳 20 Jahre (alt) 3, 12, 479

hatairo 旗色 Kriegslage, Lage, Situation, Aussicht 1006, 204

hatake 畑 Feld 36

hataraki 働き Arbeit, Funktion, Wirkung, Fähigkeit 232

hatarakiguchi 働き口 Stelle, Position 232, 54

hatarakimono 働き者 harter Arbeiter, tüchtiger Mann 232, 164

hatarakite 働き手 Arbeiter, Ernährer 232, 57

hatara(ku) 働 arbeiten 232

ha(tasu) 果 vollenden 487

hatchū 発注 Bestellung, Auftrag 96, 357

ha(te) 果 Ende; Grenze; Ergebnis 487

ha(teru) 果 enden 487

hatoba 波止場 Kai 666, 477, 154

HATSU 発 entstehen, beginnen, verlassen 96
髪 Haar 1148
鉢 Schüssel, Topf; Gehirnschale 1820

hatsu- 初 erste 679

hatsuden 発電 Stromerzeugung 96, 108

hatsuen 発煙 Rauchbildung, Rauchentwicklung 96, 919

hatsuentō 発煙筒 Räucherkerze, Räucherstäbchen 96, 919, 1472

hatsuga 発芽 keimen, aufgehen 96, 1455

hatsugansei 発がん性 krebserregend 96, 98

hatsuiku 発育 Wachstum, Entwicklung 96, 246

hatsuka 二十日 20 Tage; 20. (e-s Monats) 3, 12, 5

hatsukoi 初恋 erste Liebe 679, 258

hatsumei 発明 Erfindung 96, 18

hatsuon 発音 Aussprache 96, 347

hatsurei 発令 amtl. Bekanntmachung 96, 831

hatsuyuki 初雪 der erste Schnee (der Saison) 679, 949

hattatsu 発達 Entwicklung 96, 448

hatten tojōkoku 発展途上国 Entwicklungsland 96, 1129, 1072, 32, 40

haya(i) 早 früh; schnell 248
速 schnell 502

hayaku 破約 Wort-/Vertragsbruch 665, 211

haya(maru) 早 voreilig sein, s. übereilen 248

hayame ni 早目に früher (als sonst), rechtzeitig 248, 55

haya(meru) 早 beschleunigen 248
速 beschleunigen 502

hayamimi 早耳 feinhörig 248, 56

hayaoki 早起き früh aufstehen 248, 373

hayase 早瀬 Stromschnelle 248, 1513

ha(yasu) 生 wachsen (lassen) 44

ha(zukashii) 恥 schüchtern 1690

hazukashi(meru) 辱 entehren, beleidigen 1738

hazu(mu) 弾 zurückprallen; angeregt/ freigebig sein 1539

hazu(reru) 外 (sich) lösen; verfehlen 83

hazu(su) 外 (sich) lösen; verfehlen 83

hebi 蛇 Schlange 1875

heda(taru) 隔 entfernt sein, sich entfremden 1589

heda(teru) 隔 dazwischenlegen; (ab)teilen/ trennen; entfremden 1589

HEI 丙 C, (Nr.) 3 (in e-r Reihe) 984
柄 Muster, Design; Typus; Charakter 985

病 krank sein/werden 380

併 annektieren, verbinden, vereinigen 1162

塀 Mauer, Zaun 1805

幣 Shintō-Opfer; Geld 1781

弊 übel, schlecht; mißbrauchen; unser (bescheidenes Präfix) 1782

平 eben, flach 202

閉 schließen, zuschließen 397

陛 Stufen (des Throns) 589

兵 Soldat 784

並 in e-r Reihe stehen 1165

kō-otsu-hei 甲乙丙 A, B, C; (Nr.) 1, 2, 3 982, 983, 984

Heianchō 平安朝 Heian-Zeit (794–1185) 202, 105, 469

heibon 平凡 alltäglich, mittelmäßig 202, 1102

heieki 兵役 Militärdienst, Wehrdienst 784, 375

heigai 弊害 Übel, Schaden; schlechter Einfluß 1782, 518

heigō 併合 Annexion; Vereinigung, Fusion 1162, 159

heihatsu 併発 Zusammentreffen, Komplikation 1162, 96

heikai 閉会 Schluß/Schließung e-r Versammlung/Sitzung 397, 158

Heike 平家 (anderer Name für die Familie der Taira) 202, 165

heiki 兵器 Waffe 784, 527
併記 auf die gleiche Seite/daneben schreiben 1162, 371

heikin 平均 Durchschnitt 202, 805

heikō 平行 parallel 202, 68
閉口 sprachlos sein 397, 54
並行 parallel 1165, 68
平衡 Gleichgewicht 202, 1585

~ kankaku 平衡感覚 Gleichgewichtssinn 202, 1585, 262, 605

heinennami 平年並み wie in jedem Jahr 202, 45, 1165

heion 平穏 Ruhe, Stille, Frieden 202, 869

heion-buji 平穏無事 Ruhe u. Frieden 202, 869, 93, 80

heiretsu 並列 in e-r Reihe stehen 1165, 611

heisa 閉鎖 Schließung, Sperrung 397, 1819

Heisei 平成 Heisei (Ära, 1989 –) 202, 261

heisei 平静 Ruhe, Gelassenheit, Fassung 202, 663

幣制 Geld-/Währungssystem 1781, 427
heisha 兵舎 Kaserne 784, 791
弊社 unsere Firma, wir 1782, 308
heishi 兵士 Soldat 784, 572
heisotsu 兵卒 einfacher Soldat 784, 787
heitai 兵隊 Soldat; Truppen 784, 795
heiten 閉店 Geschäftsschluß 397, 168
heiwa 平和 Friede 202, 124
heiya 平野 Ebene, Flachland 202, 236
heiyō 併用 gemeinsam benutzen 1162, 107
heiyu 平癒 Genesung 202, 1600
HEKI 壁 Wand, Mauer 1489
癖 (An)Gewohnheit, Hang, Eigenart 1490
hekiga 壁画 Wandbild/malerei 1489, 343
HEN 偏 sich neigen, /parteiisch sein 1159
遍 weit, ausgedehnt, allgemein 1160
編 stricken, häkeln; herausgeben 682
変 sich (ver)ändern 257
返 zurückgeben; noch einmal tun 442
辺 Umgebung, Gegend, Nähe 775
片 Teil 1045
henchi 辺地 abgelegene Gegend 775, 118
hendō 変動 Schwankung 257, 231
  chikaku ~ 地殻変動 Bewegung der
    Erdkruste 118, 1728, 257, 231
henji 返事 Antwort 442, 80
henjin 変人 Sonderling, Eigenbrötler 257, 1
henka 変化 Veränderung, Wechsel 257, 254
henkaku 変革 Reform 257, 1075
henkan 返還 Rückgabe 442, 866
変換 Umwandlung; Änderung 257, 1586
henken 偏見 Vorurteil 1159, 63
henkō 変更 Veränderung, Änderung 257, 1008
偏向 Hang, Neigung, Tendenz 1159, 199
henkyaku 返却 zurückgeben 442, 1783
henkyō 偏狭 engherzig, borniert 1159, 1353
henreki 遍歴 Pilger-/Wallfahrt 1160, 480
henro 遍路 Pilger 1160, 151
hensa 偏差 Abweichung 1159, 658
hensai 返済 Rückzahlung 442, 549
hensei 編成 zusammen-/aufstellen 682, 261
hensen 変遷 wechseln, s. verändern 257, 921
henshin'yō hagaki 返信用葉書
  Antwortkarte 442, 157, 107, 253, 131
henshoku 偏食 einseitige Ernährung 1159,
  322
henshu 変種 Abart, Spielart 257, 228

henshū 編集 Redaktion 682, 436
hensō 変装 Verkleidung, Maskierung 257,
  1328
hensoku 変則 Ausnahme 257, 608
hentai 変態 Anomalie 257, 387
he(rasu) 減 verringern, kürzen 715
he(ru) 経 vergehen, passieren 548
減 abnehmen 715
heta 下手 ungeschickt, schlecht 31, 57
heya 部屋 Zimmer 86, 167
HI 皮 Haut, Fell, Pelz, Leder, Rinde 975
披 (er)öffnen 1712
彼 er, jener 977
被 erleiden; erhalten 976
疲 müde/erschöpft werden 1321
非 Fehler; (Präfix:) un-, nicht- 498
悲 traurig 1034
扉 Tür; Titelblatt 1556
泌 (aus)fließen, absondern 1870
秘 geheimhalten 807
卑 verachten, herabblicken 1521
碑 Grabmal, Denkmal 1522
比 Vergleich; (Abk. f.) Philippinen 798
批 Kritik 1029
飛 fliegen 530
費 (Geld) ausgeben; aufwenden 749
否 nein 1248
避 (ver)meiden, ausweichen 1491
肥 Dünger, Dung, Mist 1723
妃 (verheiratete) Prinzessin 1756
罷 beenden; zurückziehen 1861
Hi no Maru 日の丸 die (j.) Flagge der
  aufgehenden Sonne 5, 644
hi 火 Feuer 20
灯 Licht, Lampe 1333
日 Tag; Sonne; (Abk. f.) Japan 5
氷 Eis 1206
~ no de 日の出 Sonnenaufgang 5, 53
~ no iri 日の入り Sonnenuntergang 5, 52
  akuru ~ 明くる日 der nächste/folgende
    Tag 18, 5
  shūbun no ~ 秋分の日 Herbst-
    Tagundnachtgleiche 462, 38, 5
  shunbun no ~ 春分の日 Frühlings-
    Tagundnachtgleiche 460, 38, 5
hiai 悲哀 Trauer, Schmerz 1034, 1675
hibachi 火鉢 altjapan. Kohlebecken 20, 1820

hibakusha 被爆者 Bombenopfer, Opfer e-s Luftangriffs 976, 1015, 164

hibi no kate 日々の糧 das tägliche Brot 5, 1704

hibikiwataru 響き渡る widerhallen, ertönen 856, 378

hibi(ku) 響 schallen; wirken 856

hibun 碑文 Inschrift, Grabschrift 1522, 111

hidai 肥大 Beleibtheit, Korpulenz 1723, 26

hidari 左 links 75

　migi kara ~ e 右から左へ von rechts nach links; sogleich 76, 75

　migi to ieba ~ 右と言えば左 (ständig) widersprechen 76, 66, 75

hidariashi 左足 der linke Fuß 75, 58

hidarigawa 左側 linke Seite 75, 609

hidarikiki 左利き Linkshänder 75, 329

hidarime 左目 das linke Auge 75, 55

hidarite 左手 die linke Hand; linkerhand 75, 57

hidariue 左上 links oben 75, 32

hidenka 妃殿下 Ihre Kaiserliche Hoheit 1756, 1130, 31

hidori 日取り (festgesetzter) Tag 5, 65

hi(eru) 冷 kalt werden 832

hifu 皮膚 Haut 975, 1269

~ ishoku 皮膚移植 Hauttransplantation 975, 1269, 1121, 424

hifubyō 皮膚病 Hautkrankheit 975, 1269, 380

hifuku 被服 Bekleidung, Kleidung 976, 683

higaeri 日帰り Tagesausflug 5, 317

higai mōsō 被害妄想 Verfolgungswahn 976, 518, 1376, 147

higaisha 被害者 Opfer, Geschädigter 976, 518, 164

higan 彼岸 Tagundnachtgleiche; (Lebens)Ziel 977, 586

higasa 日傘 Sonnenschirm 5, 790

higashi 東 Osten 71

Higashi-Ajia 東アジア Ostasien 71

Higashi-Yōroppa 東ヨーロッパ Osteuropa 71

higata 干潟 trockener Strand, Strand bei Ebbe 584, 1626

higeki 悲劇 Trauerspiel, Tragödie 1034, 797

higo 卑語 vulgärer Ausdruck, Slang 1521, 67

higōhō 非合法 ungesetzlich, illegal 498, 159, 123

higyō 罷業 Streik 1861, 279

hihan 批判 Kritik 1029, 1026

　Jissen Risei ~ 実践理性批判 Kritik der praktischen Vernunft (Kant) 203, 1568, 143, 98, 1029, 1026

hihanteki 批判的 kritisch 1029, 1026, 210

hihei 疲弊 Auszehrung 1321, 1782

hihyō 批評 Kritik, Rezension 1029, 1028

　bungei ~ 文芸批評 Literaturkritik 111, 435, 1029, 1028

hihyōgan 批評眼 kritisches Auge 1029, 1028, 848

hii(deru) 秀 hervorragen, übertreffen 1683

hijō jitai 非常事態 Notstand, Ausnahmezustand 498, 497, 80, 387

hijōguchi 非常口 Notausgang 498, 497, 54

hijū 比重 spezifisches Gewicht 798, 227

hijun 批准 ratifizieren 1029, 1232

hika shibō 皮下脂肪 Fett unter der Haut 975, 31, 1042, 1857

hikaeme 控え目 Zurückhaltung 1718, 55

hika(eru) 控 s. zurückhalten; notieren; warten 1718

hikaeshitsu 控え室 Warteraum, Vorzimmer 1718, 166

hikage 日陰 Schatten 5, 867

hikaku 皮革 Leder 975, 1075

　比較 Vergleich 798, 1453

~ bungaku 比較文学 vergleichende Literaturwissenschaft 798, 1453, 111, 109

hikakukyū 比較級 Komparativ 798, 1453, 568

hikakuteki 比較的 vergleichsweise, relativ 798, 1453, 210

hikan 悲観 Pessimismus 1034, 604

hikari 光 Licht 138

hikarikagayaku 光り輝く glänzen, leuchten, strahlen 138, 1653

hika(ru) 光 scheinen 138

hiken 比肩 Ebenbürtigkeit 798, 1264

　披見 (in die Hand nehmen u.) lesen 1712, 63

hi(keru) 引 schließen; billiger machen 216

hiketsu 否決 Ablehnung 1248, 356

hiki 匹 (Zählwort für Tiere und Stoffrollen) 1500

hikiage 引き上げ Erhöhung 216, 32
　引き揚げ Zurückziehen, Räumung 216, 631
hikidashi 引き出し Schublade/fach 216, 53
hiki(iru) 率 (an)führen 788
hikinobasu 引き延ばす verlängern;
　vergrößern (Foto) 216, 1115
hikitsuzuite 引き続いて fortgesetzt,
　anhaltend 216, 243
hikkei 必携 Handbuch, Vademekum;
　unentbehrlich 520, 1686
hikkosu 引っ越す umziehen 216, 1001
hikō 飛行 Flug, Fliegen, Luftfahrt 530, 68
hikōjō 飛行場 Flugplatz 530, 68, 154
hikōkai 非公開 privat, nicht öffentlich 498,
　126, 396
hikōki 飛行機 Flugzeug 530, 68, 528
hikoku(nin) 被告(人) Angeklagter 976, 690, 1
hi(ku) 引 (an)ziehen 216
　弾 (ein Saiteninstrument) spielen 1539
hiku(i) 低 niedrig 561
hiku(maru) 低 niedrig werden 561
hiku(meru) 低 niedrig machen 561
hikutsu 卑屈 Sklavengeist, Kriecherei 1521,
　1802
hima 暇 (freie) Zeit, Muße, Urlaub 1064
~ na toki 暇な時 in der Freizeit 1064, 42
himadoru 暇取る Zeit kosten; lange dauern
　1064, 65
himago ひ孫 Urenkel 910
himan 肥満 Fettheit, Beleibtheit 1723, 201
himatsubushi 暇つぶし Zeitvertreib, die
　Zeit totschlagen 1064
hime 姫 Prinzessin 1757
himegimi 姫君 Prinzessin 1757, 793
himei 悲鳴 Aufschrei, Notschrei 1034, 925
　碑銘 Inschrift, Grabschrift 1522, 1552
Himeji 姫路 (Stadt mit berühmtem Schloß,
　westl. von Ōsaka) 1757, 151
himen 罷免 Entlassung, Absetzung 1861, 733
hi(meru) 秘 geheimhalten 807
himitsu 秘密 Geheimnis 807, 806
HIN 貧 arm 753
　賓 Gast 1852
　頻 wiederholt vorkommen 1847
　品 Würde, Feinheit; Artikel 230
　浜 Strand 785
hinan 非難 Tadel, Vorwurf 498, 557

避難 Flucht, Zuflucht 1491, 557
hindo 頻度 Häufigkeit, Frequenz 1847, 377
hiniku 皮肉 Ironie 975, 223
hinin 否認 Verleugnung; Veto 1248, 738
　避妊 Empfängnisverhütung 1491, 955
hiningenteki 非人間的 unmenschlich 498,
　1, 43, 210
hinjaku 貧弱 arm, dürftig 753, 218
hinkaku 賓客 Ehrengast, Gast 1852, 641
hinkon 貧困 Armut, Not 753, 558
hinkyaku 賓客 Ehrengast, Gast 1852, 641
hinoeuma 丙午 für Frauen unglückbringen-
　des Geburtsjahr 984, 49
hinpan 頻繁 Häufigkeit, rasche Folge 1847,
　1292
hinpatsu 頻発 Häufigkeit, häufiges Vor-
　kommen 1847, 96
hinpin to 頻々と häufig, sehr oft, in kurzen
　Abständen 1847
hinpu 貧富 arm und reich 753, 713
hinshi 品詞 Wortart 230, 843
hinshitsu 品質 Qualität, Güte 230, 176
hinsō 貧相 arm aussehend, armselig 753, 146
hinyōki 泌尿器 Harnorgan 1870, 1869, 527
hinyōkika 泌尿器科 urologische Abteilung
　1870, 1869, 527, 320
hipparu 引っ張る ziehen 216, 1106
hippu 匹夫 ein Mann; einfacher/ungebildeter
　Mann 1500, 315
hira 平 eben, flach 202
hiraishin 避雷針 Blitzableiter 1491, 952, 341
Hiraizumi 平泉 (Ort in Tōhoku) 202, 1192
hira(keru) 開 sich entwickeln 396
hira(ku) 開 (er)öffnen 396
Hirano 平野 (Familienname) 202, 236
hiraoyogi 平泳ぎ Brustschwimmen 202, 1208
hiraya 平家 einstöckiges Haus 202, 165
hirei 非礼 Unhöflichkeit 498, 620
　比例 Verhältnis, Proportion 798, 612
hireki 披歴 (seine Meinung) ausdrücken
　1712, 480
hiren 悲恋 unglückliche Liebe 1034, 258
hiretsukan 卑劣漢 gemeiner Kerl, Schurke
　1521, 1150, 556
hiritsu 比率 Verhältnis, Proportion 798, 788
hirō 疲労 Ermüdung, Müdigkeit,
　Erschöpfung 1321, 233

披露 Bekanntmachung, Anzeige 1712, 951

hiroba 広場 (großer) Platz (im Freien), öffentlicher Platz 694, 154

hiro(garu) 広 sich ausdehnen 694

hiro(geru) 広 ausdehnen, erweitern 694

hiro(i) 広 breit, weit 694

  haba no ~ 幅の広い breit 1380, 694

  katami ga ~ 肩身が広い sich stolz fühlen 1264, 59, 694

hiroimono 拾い物 Fund; günstiger Kauf 1445, 79

hiro(maru) 広 s. ver/ausbreiten, bekannt werden 694

hiro(meru) 広 verbreiten 694

hiro(u) 拾 aufheben, finden 1445

hiru 昼 Tag, Mittag 470

hi(ru) 干 trocken werden 584

hirugae(ru) 翻 sich wenden; flattern 596

hirugae(su) 翻 (etwas) umkehren; (Meinung) ändern; (Fahne) flattern lassen 596

hiruma 昼間 Tag 470, 43

hirumeshi 昼飯 Mittagessen 470, 325

hirune 昼寝 Mittagsschlaf 470, 1079

hiruyasumi 昼休み Mittagspause 470, 60

hiryō 肥料 Dünger, Düngemittel 1723, 319

hiryū 飛竜 fliegender Drache 530, 1758

hisan 悲惨 Elend, Not, Jammer 1034, 1725

hisashiburi 久し振り lange (Zeit), seit/nach langer Zeit 1210, 954

hisa(shii) 久 lange (Zeit) 1210

hisenkyo shikaku 被選挙資格 passives Wahlrecht 976, 800, 801, 750, 643

hisho 秘書 Sekretärin 807, 131

hisō 皮相 Oberflächlichkeit 975, 146

  悲壮 tragisch, ergreifend 1034, 1326

hiso(mu) 潜 sich verbergen 937

hissha 筆者 Schreiber, Verfasser 130, 164

hisshi 必死 der sichere Tod; Verzweiflung 520, 85

  必至 notwendig, unvermeidlich 520, 902

hisshō 必勝 der sichere Sieg 520, 509

hisui 翡翠 Jade –, 2201

hitai 額 Stirn 838

hitan 悲嘆 Trauer, Klage 1034, 1246

hita(ru) 浸 eintauchen, s. widmen 1078

hita(su) 浸 eintauchen, in e-e Flüssigkeit legen, einweichen, tränken 1078

hitei 否定 Verneinung, Verleugnung; Ablehnung 1248, 355

hito 人 Mensch 1

hito- 一 eins 2

  ano ~ あの人 er, sie 1

  dōnenpai no ~ 同年輩の人 Gleichaltriger, Altersgenosse 198, 45, 1037, 1

  konketsu no ~ 混血の人 Mischling 799, 789, 1

  onna no ~ 女の人 Frau 102, 1

  otoko no ~ 男の人 Mann 101, 1

hitoashi 一足 ein Schritt 2, 58

hitoban 一晩 eine/die ganze Nacht 2, 736

hitobito 人々, 人びと, 人人 Menschen, Leute 1

hitode 人出 (Menschen)Menge 1, 53

hitogara 人柄 Charakter 1, 985

hitogoroshi 人殺し Mord 1, 576

hitojichi 人質 Geisel 1, 176

hitokage 人影 Schatten e-s Menschen, Menschengestalt 1, 854

hitokire 一切れ eine Scheibe, ein Stück 2, 39

hitokoto 一言 ein Wort 2, 66

~ futakoto 一言二言 ein paar Worte 2, 66, 3

hitomae (de) 人前(で) vor anderen Leuten 1, 47

hitome 人目 Öffentlichkeit 1, 55

  一目 ein Blick 2, 55

hitonigiri 一握り eine Handvoll 2, 1714

hitori 一人 eine Person, eine(r), allein 2, 1

~ futari 一人二人 1 oder 2 Personen 2, 1, 3

~ hitori 一人一人 einer nach dem andern 2, 1, 2, 1

hito(ri) 独 allein 219

hitoriatari 一人当たり pro Kopf/Pers. 2, 1, 77

hitorigurashi 一人暮らし alleine leben 2, 1, 1428

hitosashiyubi 人さし指 Zeigefinger 1, 1041

hito(shii) 等 gleich 569

hitotaba 一束 ein Bündel 2, 501

hitotoki 一時 e-e Weile, e-n Moment 2, 42

hito(tsu) 一 eins 2

  ringo ~ りんご一つ ein Apfel 2

hitotsu hitotsu 一つ一つ jedes einzeln 2, 2

hitotsuki 一月 ein Monat 2, 17

hitoyasumi 一休み kurze (Verschnauf)Pause 2, 60

HITSU 必　gewiß, sicher, ohne Zweifel 520
泌　(aus)fließen, absondern 1870
筆　Pinsel 130
匹　vergleichen; allein 1500
hitsudoku 必読　Pflichtlektüre 520, 244
hitsuji 羊　Schaf 288
hitsujikai 羊飼い　Schäfer 288, 1762
hitsujuhin 必需品　notwendige Artikel 520,
　1416, 230
hitsumei 筆名　Schriftstellername 130, 82
hitsuyō 必要　notwendig 520, 419
hitsuzen 必然　Unvermeidlichkeit,
　Notwendigkeit 520, 651
hitteki 匹敵　ebenbürtig sein 1500, 416
hittō 筆答　schriftliche Antwort 130, 160
hi(ya) 冷　kaltes Wasser; kalter Sake 832
hi(yakasu) 冷　mit j-m s-n Spaß treiben 832
hiyake 日焼け　Sonnenbrand, Sonnenbräune
　5, 920
hiyaku 飛躍　Sprung, Schwung 530, 1560
hi(yasu) 冷　kühlen 832
hiyō 費用　(Un)Kosten, Ausgaben 749, 107
　soshō ~ 訴訟費用　Prozeß-/Gerichtskosten
　1402, 1403, 749, 107
hiyoku no tori 比翼の鳥　glückliches
　Ehepaar 798, 1062, 285
hizoku 卑俗　vulgär, gemein 1521, 1126
hizuke 日付け　Datum 5, 192
HO 浦　Bucht, Küste 1442
捕　fangen, fassen 890
補　ergänzen, ersetzen, entschädigen 889
舗　Geschäft, Laden; Pflasterung 1443
歩　(zu Fuß) gehen 431
保　halten, behalten, bewahren 489
HO' 法　Gesetz 123
ho 火　Feuer 20
帆　Segel 1103
穂　Ähre 1221
HŌ 包　einwickeln, verpacken 804
泡　Blase, Schaum 1765
抱　umarmen, auf den Armen tragen 1285
胞　Schutzhülle; Scheide; Beutel;
　Mutterkuchen, Plazenta 1284
砲　Gewehr; Kanone 1764
飽　(e-r Sache) überdrüssig werden 1763
方　Richtung; Seite 70
芳　Duft; (Höflichkeitspräfix) 1775

放　los/freilassen; abfeuern; ausstrahlen 512
倣　nachahmen, folgen, s. richten nach 1776
訪　besuchen 1181
奉　darbringen, opfern, verehren 1541
俸　Gehalt, Besoldung 1542
峰　Gipfel 1350
縫　nähen 1349
法　Gesetz 123
宝　Schatz 296
報　Nachricht; Belohnung 685
褒　loben 803
邦　Land; Japan 808
豊　viel, reichlich 959
崩　zusammenbrechen, zerfallen 1122
封　Lehen, Lehngut 1463
tokkyo-hō 特許法　Patentgesetz/recht 282,
　737, 123
hōan 法案　Gesetzentwurf 123, 106
hobaku 捕縛　Verhaftung 890, 1448
hobashira 帆柱　Mast(baum) 1103, 598
hōbi 褒美　Belohnung 803, 401
hōboku 放牧　Weiden, Grasen 512, 731
hobune 帆船　Segelschiff/boot 1103, 376
hōchi 放置　liegen lassen, dem Zufall
　überlassen 512, 426
報知　Nachricht, Bericht, Mitteilung 685, 214
hōchiku 放逐　Vertreibung, Verbannung,
　Aus-/Verweisung 512, 1134
hochō 歩調　Schritt, Tritt 431, 342
hōchō 包丁　Küchenmesser 804, 184
hodo 程　Maß, Ausmaß, Grad 417
hodō 歩道　Fußweg, Bürgersteig 431, 149
舗道　gepflasterte Straße 1443, 149
hōdō kikan 報道機関　Presse, Medien 685,
　149, 528, 398
hodoko(su) 施　Almosen geben, schenken,
　spenden; durchführen, ausüben 1004
hodōkyō 歩道橋　Fußgängerbrücke 431, 149,
　597
hōetsu 法悦　religiöse Ekstase; Ekstase,
　Begeisterung 123, 1368
hōfu 豊富　Reichtum, Fülle, Menge 959, 713
抱負　Trachten, Streben, Ehrgeiz 1285, 510
hōfuku sochi 報復措置　Vergeltungs-/
　Gegenmaßnahmen 685, 917, 1200, 426
hōgan 包含　enthalten, umfassen 804, 1249
hoga(raka) 朗　heiter, klar, hell 1754

hogei 捕鯨 Walfang 890, 700
hogeisen 捕鯨船 Walfangboot 890, 700, 376
hōgeki 砲撃 Bombardierung, Feuerüberfall 1764, 1016
hōgen 方言 Dialekt 70, 66
hogo 保護 Schutz, Erhaltung 489, 1312
  chōjū ~ kuiki 鳥獣保護区域 Tierschutzgebiet 285, 1582, 489, 1312, 183, 970
hōgō 縫合 Nähen (e-r Wunde); (Wund)Naht 1349, 159
hōgyo 崩御 Tod des Kaisers 1122, 708
hōgyoku 宝玉 Edelstein, Juwel 296, 295
hohei 歩兵 Infanterie; Infanterist 431, 784
hōhei 砲兵 Artillerie; Kanonier 1764, 784
hōhō 方法 Methode, Art u. Weise 70, 123
hōi 法衣 Priestergewand, Mönchskutte 123, 677
  包囲 Ein-/Umschließung, Belagerung 804, 1194
hoikujo 保育所 Kinderheim 489, 246, 153
hoikusho 保育所 Kinderheim 489, 246, 153
hōitsu 放逸 Zügellosigkeit 512, 734
hōji shinbun 邦字新聞 japanische Zeitung 808, 110, 174, 64
hōjin 邦人 Landsleute; (im Ausland lebende) Japaner 268, 224, 808, 1
  zaibei ~ 在米邦人 in Amerika lebende Japaner 268, 224, 808, 1
hojo 補助 Unterstützung, Hilfe 889, 623
hojū 補充 Ergänzung, Ersatz 889, 828
hōjū 放縦 Sichgehenlassen 512, 1483
hoka 外 ein anderer, ein weiterer 83
  koto no ~ 殊の外 übermäßig, äußerst, ungewöhnlich 1505, 83
hōka 放火 Brandstiftung 512, 20
  砲火 (Geschütz)Feuer, Beschuß 1764, 20
  (jūji) ~ (十字)砲火 (Kreuz)Feuer 12, 110, 1764, 20
hōkai 崩壊 Zusammenbruch 1122, 1407
hokaku 捕獲 Fang; Kapern 890, 1313
hōkatsuteki 包括的 umfassend, einschließend 804, 1260, 210
hoken 保険 Versicherung 489, 533
  保健 Gesundheitspflege, Hygiene 489, 893
  seimei ~ 生命保険 Lebensversicherung 44, 578, 489, 533
  tōnan ~ 盗難保険 Diebstahlversicherung 1100, 557, 489, 533

hōken 奉献 (e-m Schrein) widmen/darbringen 1541, 1355
~ seido 封建制度 Feudalsystem 1463, 892, 427, 377
hōki 法規 Gesetze u. Verordnungen, Gesetzgebung 123, 607
  放棄 Aufgabe, Verzicht 512, 962
  芳紀 Alter (e-s jungen Mädchens) 1775, 372
hokinsha 保菌者 Träger von Krankheitserregern 489, 1222, 164
Hokkaidō 北海道 (nördlichste der 4 japan. Hauptinseln) 73, 117, 149
hokkyoku 北極 Nordpol 73, 336
hokkyokuken 北極圏 nördl. Polarkreis 73, 336, 508
hoko 矛 Hellebarde, Spieß 773
hōkō 方向 Richtung 70, 199
  奉公 Lehre, Dienst; Staatsdienst 1541, 126
  芳香 Wohlgeruch, Duft; Parfüm 1775, 1682
hōkoku 報告 Bericht(erstattung) 685, 690
hoko(ru) 誇 stolz sein, prahlen 1629
hokosaki 矛先 Speerspitze; Ziel eines Angriffs 773, 50
hokōsha 歩行者 Fußgänger 431, 68, 164
HOKU 北 Norden 73
hokubu 北部 der nördliche Teil 73, 86
hokufū 北風 Nordwind 73, 29
hokuhokutō 北北東 Nordnordost 73, 73, 71
hokui 北緯 nördliche Breite 73, 1054
hokuō shokoku 北欧諸国 die nordischen (skandinav.) Länder 73, 1022, 861, 40
hokutō 北東 Nordosten 73, 71
hokutosei 北斗星 der Große Bär 73, 1899, 730
hokutoshichisei 北斗七星 der Große Bär 73, 1899, 9, 730
hōkyaku 訪客 Besucher, Gast 1181, 641
hokyū 補給 Ergänzung, Versorgung 889, 346
hōkyū 俸給 Gehalt 1542, 346
hōman 豊満 üppig, voll, dick 959, 201
homa(re) 誉 Ruhm, Ehre 802
homeageru 褒め上げる sehr loben, lobpreisen 803, 32
hōmei 芳名 guter Name/Ruf; Ihr (werter) Name 1775, 82
hōmeiroku 芳名録 Gästebuch 1775, 82, 538
  raikyaku ~ 来客芳名録 Gästebuch 69, 641, 1775, 82, 538

hōmen 方面 Richtung, Seite 70, 274
ho(meru) 褒 loben 803
hometateru 褒め立てる sehr loben, lobpreisen 803, 121
hōmon 訪問 Besuch 1181, 162
hōmotsu 宝物 Schatz, Kostbarkeit 296, 79
hōmu(ru) 葬 begraben 812
Hōmushō 法務省 Justizministerium 123, 235, 145
HON 本 Buch; Ursprung; Haupt-; dieser; (Zählwort für zylinderförmige Gegenstände) 25
  反 anti- 324
  翻 (etwas) umkehren; (Meinung) ändern; (Fahne) flattern lassen 596
  奔 laufen 1659
honami 穂波 Wellen im Kornfeld 1221, 666
hon'an 翻案 Bearbeitung 596, 106
honba 奔馬 durchgehendes Pferd 1659, 283
honbako 本箱 Bücherkiste, Bücherschrank, Bücherregal 25, 1091
honbu 本部 Zentrale, (Haupt)Sitz 25, 86
  sōsa ~ 捜査本部 zuständige Kriminalabteilung 989, 624, 25, 86
honbun 本文 Text, Wortlaut 25, 111
Honda 本田 (Familienname) 25, 35
hondana 本棚 Bücherregal/brett 25, 1908
hondō 本堂 Haupttempel 25, 496
hone 骨 Knochen 1266
hōnen 豊年 fruchtbares Jahr 959, 45
honenuki 骨抜き entgrätet; kastriert; kraftlos, ohne Energie 1266, 1713
honeoshimi 骨惜しみ Mühe scheuen, sich schonen 1266, 765
hongoshi 本腰 ernsthaft, wirklich 25, 1298
hon'i 本位 Währung; Maßstab 25, 122
  翻意 s-e Meinung/Gesinnung ändern 596, 132
hōnichi 訪日 Besuch in Japan 1181, 5
honjitsu 本日 heute 25, 5
honkan 本館 Hauptgebäude 25, 327
honki 本気 Ernsthaftigkeit 25, 134
honmono 本物 Original, echt 25, 79
honne 本音 wahre Absicht, eigentliches Motiv 25, 347
honnin 本人 er/sie selbst, der/die Betreffende 25, 1
honnō 本能 Trieb, Instinkt 25, 386

honō 炎 Flamme 1336
hōnō 奉納 Opferung, Weihung 1541, 758
honpō 奔放 wild, frei, ungehemmt 1659, 512
honrai 本来 ursprünglich, eigentlich 25, 69
honrō 翻ろう sein Spiel treiben (mit); j-n zum besten haben 596
honruida 本塁打 home run (beim Baseball) 25, 1694, 1020
honsei 本性 der wahre Charakter, 25, 98
honseki 本籍 Hauptwohnsitz 25, 1198
honsha 本社 unsere Firma; Hauptsitz 25, 308
honshi 本旨 Hauptzweck, Ziel 25, 1040
honshin 本心 im Herzen, wahre Absicht 25, 97
honshitsu 本質 Wesen, Substanz 25, 176
honshō 本性 der wahre Charakter 25, 98
Honshū 本州 (größte der 4 japan. Hauptinseln) 25, 195
honsō 奔走 hin- u. herlaufen, s. bemühen 1659, 429
honten 本店 Hauptgeschäft 25, 168
hontō 本当 Wahrheit, wirklich 25, 77
hon'yaku 翻訳 Übersetzung 596, 594
honzon 本尊 Buddha; Idol; er/sie selbst 25, 704
hōō 法王 Papst 123, 294
hoppō 北方 Norden 73, 70
hora 洞 Höhle 1301
horaana 洞穴 Höhle, Grotte 1301, 899
horagai ほら貝 Trompetenmuschel 240
hori 堀 Graben 1804
horidashimono 掘り出し物 guter Fund, guter Kauf, Schnäppchen 1803, 53, 79
horie 堀江 Kanal 1804, 821
horikaesu 掘り返す umgraben, wühlen 1803, 442
horikawa 堀川 Kanal 1804, 33
horinuku 掘り抜く durchgraben, bohren 1803, 1713
hōritsu 法律 Gesetz, Recht 123, 667
horiwari 堀割 Kanal, Graben 1804, 519
horo(biru) 滅 zugrunde-/untergehen, zerstört/ vernichtet werden 1338
horo(bosu) 滅 zugrunde richten 1338
ho(ru) 彫 (aus)hauen, (aus)meißeln, schnitzen, schneiden 1149

掘 graben 1803

horyo 捕虜 Kriegsgefangener 890, 1385

~ **shūyōjo** 捕虜収容所 Gefangenenlager (für Kriegsgefangene) 890, 1385, 757, 654, 153

hōryō 豊漁 guter Fischfang 959, 699

Hōryūji 法隆寺 (berühmter Tempel in Nara) 123, 946, 41

hosa 補佐 Hilfe, Beistand; Assistent; Ratgeber 889, 1744

hosaki 穂先 Spitze der Ähre; Speer-/Messer-/ Pinselspitze 1221, 50

hōsaku 豊作 gute/reiche Ernte 959, 360

hosei 補正 Verbesserung, Berichtigung 889, 275

hōseki 宝石 Edelstein, Juwel 296, 78

hoshaku 保釈 Freilassung gegen Kaution 489, 595

hōshanō 放射能 Radioaktivität 512, 900, 386

hoshi 星 Stern 730

hōshi 法師 buddhistischer Priester 123, 409

胞子 Spore 1284, 103

奉仕 Dienst, Aufwartung 1541, 333

奉伺 Aufwartung 1541, 1761

ho(shii) 欲 wünschen, begehren 1127

hōshiki 方式 Formel, Form; Methode, System 70, 525

hōshin 方針 Kurs, Richtung, Politik 70, 341

hoshiuranai 星占い Astrologie; Horoskop 730, 1706

hoshizora 星空 Sternenhimmel 730, 140

hoshō 保証 Bürgschaft, Garantie 489, 484

保障 Bürgschaft, Garantie 489, 858

補償 Entschädigung, Ersatz 889, 971

hōshō 褒賞 Preis 803, 500

報償 Vergütung, Entschädigung 685, 971

hōshoku 飽食 Sättigung 1763, 322

hoshōnin 保証人 Bürge 489, 484, 1

hoshū kyōiku 補習教育 Fortbildung 889, 591, 245, 246

hōshū 報酬 Honorar, Lohn 685, 1864

hoshuteki 保守的 konservativ 489, 490, 210

hosō dōro 舗装道路 gepflasterte/asphaltierte Straße 1443, 1328, 149, 151

hosō 舗装 (Straße) pflastern 1443, 1328

hōsō 放送 (Radio/Fernseh)Sendung 512, 441

法曹 Juristenstand; Jurist 123, 1929

hoso(i) 細 dünn, schmal 695

hōsōkai 法曹界 juristische Kreise 123, 1929, 454

hōsoku 法則 Gesetz 123, 608

hosonagai 細長い schlank, dünn und lang 695, 95

hoso(ru) 細 dünner werden 695

hossoku 発足 Beginn, Eröffnung 96, 58

hos(suru) 欲 wünschen, begehren 1127

ho(su) 干 trocknen; austrinken 584

hōtai 包帯 Verband, Binde 804, 963

hotaru 蛍 Glühwürmchen 1878

hotarugari 蛍狩り Jagd auf Glühwürmchen 1878, 1581

hōtei 法廷 Gericht(shof) 123, 1111

hōten 法典 Gesetzbuch, Kodex 123, 367

hotoke 仏 Buddha 583

HOTSU 発 entstehen, beginnen, verlassen 96

hōwa 飽和 Sättigung, Saturation 1763, 124

hōyō 抱擁 umarmen 1285, 1715

hoyōjo 保養所 Erholungsheim 489, 402, 153

hōyōryoku 包容力 Kapazität; Toleranz, Großmut 804, 654, 100

hoyōsho 保養所 Erholungsheim 489, 402, 153

hozon 保存 Erhaltung, Bewahrung 489, 269

hyakka jiten 百科事典 Enzyklopädie, Lexikon 14, 320, 80, 367

hyakkaten 百貨店 Kaufhaus 14, 752, 168

HYAKU 百 hundert 14

hyakuman 百万 eine Million 14, 16

hyakunensai 百年祭 Hundertjahrfeier 14, 45, 617

hyakunin 百人 100 Personen 14, 1

hyakushō 百姓 Bauer 14, 1746

hyakushūnen 百周年 100jährige Wiederkehr 14, 91, 45

HYŌ 票 Zettel, Stimmzettel, Stimme 922

漂 (dahin/umher)treiben, schweben 924

標 Zeichen, Markierung 923

表 Tafel, Karte; Oberfläche; Ausdruck 272

俵 Strohsack 1890

兵 Soldat 784

評 kritisieren, kommentieren 1028

拍 (rythmisch) schlagen 1178

氷 Eis 1206

hyōban 評判 (guter) Ruf; Gerücht, Gerede 1028, 1026

hyōchaku 漂着 an Land treiben/getrieben werden, stranden 924, 657
hyōdai 表題 Titel, Überschrift 272, 354
hyōga 氷河 Gletscher 1206, 389
hyōgen 表現 Ausdruck 272, 298
hyōgo 標語 Wahlspruch, Motto 923, 67
hyōhaku 漂泊 wandern, durchstreifen 924, 1177
hyōhakuzai 漂白剤 Bleichmittel 924, 205, 550
hyōhon 標本 Exemplar, Muster 923, 25
hyōhyō 漂々 leicht, schwebend, heiter 924
hyōjiban 表示板 Anzeigetafel 272, 615, 1047
hyōjō 表情 Gesichtsausdruck 272, 209
hyōjungo 標準語 Standardsprache, Hochsprache 923, 778, 67
hyōka 評価 Veranschlagung, Schätzung, Würdigung 1028, 421
hyōketsu 氷結 gefrieren, zufrieren 1206, 485
hyōmen 表面 Oberfläche, Außenseite 272, 274
hyōon moji 表音文字 Lautzeichen, Lautschrift 272, 347, 111, 110
hyōri 表裏 Außen- u. Innenseite 272, 273
hyōrō 兵糧 Proviant 784, 1704
hyōron 評論 Kritik, Rezension 1028, 293
hyōryū 漂流 (auf dem Meer) treiben, getrieben werden 924, 247
hyōsatsu 標/表札 Namen-/Türschild 923, 1157, 272, 1157
hyōsetsu ひょう窃 Plagiat 1717
hyōshi 拍子 Takt, Tempo; (passende) Gelegenheit 1178, 103
hyōshigi 拍子木 Paar von Schlaghölzern 1178, 103, 22
hyōshō 表彰 öffentl. Anerkennung/ Auszeichnung/Ehrung 272, 1827
hyōshōjō 表彰状 Ehrenurkunde, Belobigungsschreiben 272, 1827, 626
hyōten 氷点 Gefrierpunkt 1206, 169
hyōtenka 氷点下 unter dem Gefrierpunkt 1206, 169, 31
hyōzan 氷山 Eisberg 1206, 34
hyōzen 漂然 ziellos; plötzlich 924, 651

– I –

I 偉 groß, bedeutend, berühmt 1053
違 verschieden sein; sich irren 814

緯 waagerechter Faden (beim Weben); Breitengrad 1054
唯 allein, nur 1234
維 Band, Seil 1231
胃 Magen 1268
異 s. unterscheiden, anders sein 1061
衣 Kleid, Kleidung, Gewand 677
依 abhängig sein, beruhen auf; bitten 678
尉 Offizier 1617
慰 trösten, ablenken, unterhalten 1618
以 (Präfix) 46
位 Rang, Stellung 122
意 Wille, Herz, Gedanke; Sinn 132
医 Medizin, Heilkunde 220
委 anvertrauen 466
易 leicht 759
移 umziehen, wechseln; s. anstecken 1121
遺 hinterlassen, überliefern 1172
囲 einschließen, umgeben, belagern 1194
威 Autorität, Würde; (Be)Drohung 1339
為 tun, machen 1484
i 井 Brunnen 1193
ian 慰安 Trost; Unterhaltung 1618, 105
iawaseru 居合わせる zufällig anwesend sein 171, 159
ibukuro 胃袋 Magen 1268, 1329
ibyō 胃病 Magenkrankheit 1268, 380
ICHI 一 eins 2
壱 eins (in Dokumenten) 1730
ichi 市 Markt 181
位置 Lage, Stelle, Stellung 122, 426
~ en 一円 ein Yen 2, 13
~ pēji 一ページ eine Seite; Seite 1 2
jūbun no ~ 十分の一 ein Zehntel, 10% 12, 38, 2
ichiba 市場 Markt, Marktplatz 181, 154
aozora ~ 青空市場 Markt im Freien 208, 140, 181, 154
ichibai 一倍 noch einmal so viel 2, 87
ichiban 一番 der erste, am meisten 2, 185
ichibu 一部 1 Teil (von); ein Exemplar (e-r Veröffentlichung) 2, 86
ichidan 一段 eine Stufe; erster Grad 2, 362
ichido 一度 einmal; ein Grad 2, 377
ichigatsu 一月 Januar 2, 17
~ yōka 1月8日 8. Januar 17, 5
ichigon 一言 ein Wort 2, 66

ichigū 一隅 eine Ecke, ein Winkel 2, 1640

ichigyō 一行 eine Zeile 2, 68

ichiji 一時 eine Weile; 1 Uhr 2, 42

tenimotsu ~ azukari(sho/jo) 手荷物一時預かり(所) Handgepäckaufbewahrung(sstelle) 57, 391, 79, 2, 42, 394, 153

ichijiru(shii) 著 merklich, auffallend 859

ichijiteki 一時的 vorübergehend 2, 42, 210

ichijitsu 一日 ein Tag 2, 5

ichijō 一錠 eine Tablette 2, 1818

ichiman en 一万円 10.000 Yen 2, 16, 13

ichimatsu 一抹 Anflug, Hauch 2, 1914

ichimoku 一目 ein Blick 2, 55

ichinen inai ni 一年以内に innerhalb e-s Jahres 2, 45, 46, 84

ichinichi 一日 ein Tag 2, 5

ichinichijū 一日中 den ganzen Tag 2, 5, 28

ichinichioki 一日置き jeden zweiten Tag 2, 5, 426

ichioku 一億 100 Millionen 2, 382

ichiranhyō 一覧表 tabellarische Übersicht, Tafel 2, 1291, 272

ichirizuka 一里塚 Meilenstein 2, 142, 1751

ichiryū 一流 erstklassig 2, 247

ichiwa 一羽 ein (Vogel/Hase) 2, 590
一把 ein Bündel 2, 1724

ichizoku 一族 die ganze Familie/ Verwandtschaft 2, 221

ichō 胃腸 Magen u. Darm 1268, 1270

idai 偉大 groß, mächtig, gewaltig 1053, 26

ida(ku) 抱 umarmen; (Gefühle) hegen 1285

iden 遺伝 Erblichkeit, Vererbung 1172, 434

ido 緯度 Breitengrad 1054, 377
井戸 Brunnen 1193, 152

idō 移動 Ortswechsel, Wanderung 1121, 231

ido(mu) 挑 herausfordern, provozieren 1564

ie 家 Haus, Heim 165

ifuku 衣服 Kleidung 677, 683

igai 以外 außer, ausgenommen 46, 83
意外 unerwartet, unvorhergesehen 132, 83

igaku 医学 Medizin 220, 109

~ yōgo 医学用語 medizinischer Fach-ausdruck 220, 109, 107, 67

igakubu 医学部 mediz. Fakultät 220, 109, 86

igan 胃がん Magenkrebs 1268

igata 鋳型 Gußform 1551, 888

igen 威厳 Würde 1339, 822

igi 異議 Einwand, Einspruch 1061, 292

igo 以後 von nun an, seitdem, danach 46, 48
囲碁 Go-Spiel 1194, 1834

igyō 偉業 bedeutende/hervorragende Leistung/Tat 1053, 279

ihan 違反 Verstoß, Übertretung 814, 324

ihatsu 衣鉢 Priestergewand u. Schüssel; buddh. Geheimlehre 677, 1820

ihō 違法 ungesetzlich, illegal 814, 123

iiarasou 言い争う (s.) streiten/zanken 66, 302

iibun 言い分 Meinung; Einwand 66, 38

iimawashi 言い回し Ausdruck, Redewendung 66, 90

iin 委員 Ausschuß-/Komiteemitglied 466, 163

jōnin ~ 常任委員 Mitglied des ständigen Ausschusses 497, 334, 466, 163

iinkai 委員会 Ausschuß, Komitee 466, 163, 158

iioyobu 言い及ぶ (Thema) berühren, erwähnen 66, 1257

iiwake 言い訳 Entschuldigung, Ausrede 66, 594

ijaku 胃弱 Magenschwäche 1268, 218

iji 維持 Erhaltung, Bewahrung 1231, 451

ijihi 維持費 Instandhaltungs-/Unterhalts-kosten 1231, 451, 749

ijin 偉人 großer Mann/Geist 1053, 1

ijō 以上 über, mehr als; obenerwähnt; Ende 46, 32
異常 ungewöhnlich, unnormal 1061, 497

san jikan ~ 三時間以上 über 3 Stunden 4, 42, 43, 46, 32

sanbai ~ 三倍以上 mehr als dreimal soviel 4, 87, 46, 32

ijōfu 偉丈夫 großer Mann/Geist 1053, 1325, 315

ijūmin 移住民 Aus-/Einwanderer 1121, 156, 177

ika 以下 unter, weniger als; wie folgt 46, 31

mittsu ~ 三つ以下 drei oder weniger 4, 46, 31

ikaga 如何 wie 1747, 390

ikaku 威嚇 drohen, warnen 1339, 1918

ikan 偉観 herrlicher/großartiger Anblick 1053, 604
尉官 Offizier unter dem Rang des Majors 1617, 326

遺憾 Bedauern 1172, 1815

ika(ru) 怒 zornig/ärgerlich werden 1596

i(kasu) 生 (wieder)beleben 44

ikasui 胃下垂 Magensenkung 1268, 31, 1070

ike 池 Teich 119

ikebana 生け花 Blumenstecken 44, 255

Ikeda 池田 (Familienname) 119, 35

ikedori 生け捕り lebend fangen (Tier, Mensch) 44, 890

ikegaki 生け垣 Hecke 44, 1276

iken 意見 Meinung, Ansicht 132, 63

違憲 Verfassungsbruch, verfassungswidrig 814, 521

i(keru) 生 leben, lebendig sein 44

IKI 域 Gebiet, Region 970

iki 息 Atem(zug), Hauch 1242

ikidō(ru) 憤 sich entrüsten 1661

ikigire 息切れ Atemnot 1242, 39

ikinokoru 生き残る überleben 44, 650

ikio(i) 勢 Kraft, Macht, Energie, Vitalität; Trend 646

i(kiru) 生 leben, lebendig sein 44

ikisaki 行き先 (Reise)Ziel; Zukunft 68, 50

ikiyōyō 意気揚々 triumphierend, jauchzend 132, 134, 631

ikkagetsu 一か月 ein Monat 2, 17

ikkai no 一介の nur, einfach, nichts als 2, 453

ikkan 一環 Glied in e-r Kette 2, 865

一貫 Folgerichtigkeit, Konsequenz 2, 914

  hadaka-ikkan 裸一貫 vollkommen mittellos 1536, 2, 914

ikkanen 一箇年 ein Jahr 2, 1473, 45

ikkatsu 一括 zusammenbinden; (kurz) zusammenfassen 2, 1260

ikken 一見 ein (flüchtiger) Blick 2, 63

一軒 ein Haus 2, 1187

ikki-ichiyū 一喜一憂 bald froh, bald traurig 2, 1143, 2, 1032

ikkin 一斤 1 Kin 2, 1897

ikkiuchi 一騎打ち Einzelkampf 2, 1881, 1020

ikko 一個 eins, ein Stück 2, 973

ikkō 一行 (Reise)Gruppe, Begleitung, Gefolge 2, 68

ikkoku 一刻 Moment, Augenblick; starrsinnig 2, 1211

ikō 意向 Absicht, Gesinnung 132, 199

以降 seit, von … an 46, 947

iko(i) 憩 Rast 1243

ikoku 異国 Ausland, Fremde 1061, 40

ikon 遺恨 (alter) Groll, Haß, Feindschaft 1172, 1755

iko(u) 憩 rasten, sich ausruhen 1243

IKU 育 (auf)wachsen 246

iku 幾 wieviel, wie viele; einige 877

i(ku) 行 gehen, fahren 68

ikubun 幾分 etwas, ein Teil, mehr oder weniger 877, 38

ikujien 育児園 Säuglingsheim 246, 1217, 447

ikun 偉勲 große/hervorragende Verdienste 1053, 1773

ikunichi 幾日 wieviele Tage; der wievielte 877, 5

ikura 幾ら wieviel; wie lange; wie teuer 877

ikusa 戦 Krieg, Schlacht 301

ikutsu 幾つ wieviel, wie viele, wie alt 877

ikyō 異教 Heidentum, Irrglaube 1061, 245

ima 今 jetzt 51

居間 Wohnzimmer 171, 43

imagoro 今ごろ um diese Zeit 51

imashi(meru) 戒 ermahnen, warnen 876

i(mawashii) 忌 abscheulich, widerwärtig; verdammt, verflucht; verhängnisvoll 1797

imi 意味 Bedeutung, Sinn 132, 307

imikotoba 忌み言葉 Tabu-Wort 1797, 66, 253

imin 移民 Aus-/Einwanderer 1121, 177

imo 芋 Kartoffel 1909

imohori 芋掘り Kartoffeln ausgraben 1909, 1803

imon 慰問 Trost, Beileid 1618, 162

imono 鋳物 Gußware; Gießen 1551, 79

imōto 妹 jüngere Schwester 408

i(mu) 忌 verabscheuen; (ver)meiden 1797

IN 員 Mitglied 163

韻 Reim 349

音 Ton, Laut 347

因 Ursache 554

姻 Heirat 1748

引 (an)ziehen 216

飲 trinken 323

院 Anstalt, Institut 614

陰 negativ, verborgen; Schatten, Geheimnis 867

隠 s. verstecken/zurückziehen 868

印 Siegel, Stempel 1043

ina 否 nein 1248
ina- 稲 Reispflanze 1220
inaho 稲穂 Reisähre 1220, 1221
inaka 田舎 Land, Provinz 35, 791
inaka-musume 田舎娘 Mädchen vom Lande 35, 791, 1752
Inari 稲荷 Erntegott; Fuchs-Gottheit 1220, 391
inasaku 稲作 Reisbau, (gute) Reisernte 1220, 360
inbō 陰謀 Intrige, Verschwörung 867, 1495
inbun 韻文 Verse, Poesie 349, 111
ine 稲 Reispflanze 1220
inekari 稲刈り Reismähen/ernte 1220, 1282
inemuri 居眠り Nickerchen, Schläfchen (im Sitzen), Einnicken 171, 849
inga 因果 Ursache u. Wirkung 554, 487
ingo 韻語 Reimwort 349, 67
隠語 Geheim-/Gaunersprache 868, 67
inin 委任 Auftrag, Mandat, Bevollmächtigung 466, 334
inja 隠者 Einsiedler 868, 164
inkan 印鑑 Siegel, Siegelabdruck 1043, 1664
inkei 陰茎 Penis, Phallus 867, 1474
inki 陰気 Dunkelheit, Trübsinn 867, 134
inkyo 隠居 Rückzug auf das Altenteil; alter Mensch im Ruhestand 868, 171
innen 因縁 Kausalität, Schicksal 554, 1131
inochi 命 Leben 578
inochigake 命懸け auf Leben u. Tod, lebensgefährlich 578, 911
inori 祈り Gebet 621
  shu no ~ 主の祈り Vaterunser 155, 621
ino(ru) 祈 beten 621
inritsu 韻律 Rhythmus, Metrum 349, 667
inryō 飲料 Getränk 323, 319
  seiryō ~ 清涼飲料 Erfrischung, Erfrischungsgetränk 660, 1204, 323, 319
inryoku 引力 Anziehungskraft 216, 100
inryōsui 飲料水 Trinkwasser 323, 319, 21
insatsu 印刷 Drucken, Druck 1043, 1044
  toppan ~ 凸版印刷 Reliefdruck 1892, 1046, 1043, 1044
insatsubutsu 印刷物 Drucksache 1043, 1044, 79
insei 陰性 negativ; verborgen, latent 867, 98
inseki 引責 die Verantwortung übernehmen 216, 655

inshi 印紙 Stempel-/Wertmarke 1043, 180
inshō 印象 Eindruck 1043, 739
inshoku 飲食 Essen u. Trinken 323, 322
inshū 因襲 alte Sitte, Konvention 554, 1575
intai 引退 Rückzug (aus dem öffentl. Leben), Ruhestand 216, 846
intoku 隠匿 verbergen, verstecken 868, 1771
  ~ busshi 隠匿物資 versteckte Güter 868, 1771, 79, 750
intokusha 隠匿者 Hehler 868, 1771, 164
inu 犬 Hund 280
  ~ ippiki 犬一匹 ein Hund 280, 2, 1500
inugoya 犬小屋 Hundehütte 280, 27, 167
in'yō 引用 Anführung, Zitat 216, 107
陰陽 Yin u. Yang, das Positive u. Negative 867, 630
in'yōku 引用句 Zitat 216, 107, 337
inzei 印税 Autorenhonorar 1043, 399
inzoku 姻族 angeheiratete Verwandte 1748, 221
iō 硫黄 Schwefel 1856, 780
ippai 一杯 ein Glas; ein Trunk; voll 2, 1155
ippaku 一泊 eine Übernachtung 2, 1177
ippanka 一般化 Verallgemeinerung 2, 1096, 254
ippanteki 一般的 allgemein 2, 1096, 210
ippen 一遍 einmal 2, 1160
ippin 逸品 vortrefflicher Artikel, Meisterwerk 734, 230
ippo 一歩 ein Schritt 2, 431
ippō 一方 eine Seite; einerseits, andererseits; nur 2, 70
ippun nijūbyō 1分20秒 1 Minute u. 20 Sekunden 38, 1152
ippyō 一票 eine Stimme 2, 922
一俵 ein Sack 2, 1890
irai 以来 seit, seitdem 46, 69
依頼 Bitte, Gesuch; Auftrag; Abhängigkeit 678, 1512
ireisai 慰霊祭 Gedenkfeier 1618, 1168, 617
i(reru) 入 hineinstecken; einlassen 52
irezumi 入れ墨 Tätowierung 52, 1705
irie 入り江 Bucht, Bai, Meeresarm 52, 821
iriguchi 入(り)口 Eingang 52, 54
irihi 入り日 die untergehende Sonne 52, 5
iro 色 Farbe; Liebe, sinnliche Lust 204
irodo(ru) 彩 färben 932

irogami 色紙 farbiges Papier, Buntpapier 204, 180

iroka 色香 Farbe u. Duft; Zauber 204, 1682

irōnaku 遺漏なく ohne Auslassung, vollständig 1172, 1806

i(ru) 入 hineingehen, eintreten 52
居 (anwesend) sein, wohnen 171
要 brauchen, nötig sein 419
射 schießen 900
鋳 (Metall) gießen 1551
  etsu ni ~ 悦に入る s. freuen (über) 1368, 52

irui 衣類 Kleidung, Kleider 677, 226

iryō 医療 ärztliche Behandlung 220, 1322

isagiyo(i) 潔 tapfer, mutig; rein 1241

isai 委細 Einzelheiten 466, 695
偉才 großer Mann, großes Talent 1053, 551

isamiashi 勇み足 Übereifer 1386, 58

isa(mu) 勇 lebendig/lebhaft/ermutigt/ frohgemut sein 1386

isan 遺産 Erbe, Hinterlassenschaft 1172, 278
胃酸 Magensäure 1268, 516

isei 威勢 Macht, Einfluß; gute Stimmung 1339, 646

iseisha 為政者 Staatsmann 1484, 483, 164

iseki 遺跡 Überreste; Ruinen 1172, 1569

isen 緯線 Parallele zum Breitengrad 1054, 299

isha 医者 Arzt 220, 164

isharyō 慰謝料 Schmerzensgeld 1618, 901, 319

ishi 石 Stein 78
医師 Arzt 220, 409
意志 Wille 132, 573
~ no sotsū 意志の疎通 Verständigung 132, 573, 1514, 150
  tsukemono-ishi 漬物石 Druckstein (auf Eingelegtem) 1793, 79, 78

ishibashi 石橋 Steinbrücke 78, 597

Ishibe Kinkichi 石部金吉 langweiliger Tugendbold 78, 86, 23, 1141

ishibei 石塀 Steinmauer 78, 1805

ishidan 石段 Steintreppe 78, 362

ishigaki 石垣 Steinmauer, Steinwall 78, 1276

ishiki 意識 Bewußtsein 132, 681

ishikiri 石切り Steinbruch 78, 39

ishin 威信 Ansehen, Prestige 1339, 157

ishitsu 異質 Heterogenität 1061, 176

ishizue 礎 Fundament, Grundstein 1515

ishō 意匠 Muster, Entwurf 132, 1359

ishoku 移植 Transplantation 1121, 424
委嘱 Auftrag, Bitte 466, 1638
  hifu ~ 皮膚移植 Hauttransplantation 975, 1269, 1121, 424

ishokujū 衣食住 Kleidung, Nahrung u. Wohnung 677, 322, 156

isoga(shii) 忙 beschäftigt 1373

iso(gu) 急 eilen 303

isōrō 居候 Schmarotzer, Parasit 171, 944

issakujitsu 一昨日 vorgestern 2, 361, 5

issakunen 一昨年 vorletztes Jahr 2, 361, 45

issei ni 一斉に gleichzeitig, auf einmal, einstimmig 2, 1477

isseki 一夕 ein Abend, eines Abends 2, 81

issekigan 一隻眼 scharfes/kritisches Auge 2, 1311, 848

isseki-nichō 一石二鳥 zwei Fliegen mit e-r Klappe 2, 78, 3, 285

issen 一千 eintausend 2, 15

issenman en 一千万円 10 Millionen Yen 2, 15, 16, 13

isshi matowanu 一糸まとわぬ splitternackt 2, 242

isshin 一心 von ganzem Herzen, eifrig 2, 97
一新 Erneuerung, Reform 2, 174

isshō 一生 das ganze Leben 2, 44
一升 1 Shō 2, 1898

isshōbin 一升瓶 1,8-Liter-Flasche 2, 1898, 1161

isshōgai 一生涯 das ganze Leben (hindurch/ lang) 2, 44, 1461

isshōkenmei 一生懸命 äußerste Anstrengung 2, 44, 911, 578

isshu 一種 eine Art 2, 228

isshū 一周 eine Runde, ein Umlauf 2, 91

isshun 一瞬 ein Augenblick/Moment 2, 1732

issō 一掃 wegfegen, ausrotten 2, 1080

issoku 一足 1 Paar (Schuhe/Strümpfe) 2, 58
一束 ein Bündel 2, 501
  kutsu ~ 靴一足 1 Paar Schuhe 1076, 2, 58

ita 板 (Holz-)Brett 1047

itabei 板塀 Bretterzaun 1047, 1805

itadaki 頂 Gipfel, Spitze 1440

itada(ku) 頂 bekommen, erhalten 1440

itade 痛手 schwere Wunde; harter Schlag 1320, 57

itai 遺体 Leiche, sterbliche Hülle 1172, 61
ita(i) 痛 schmerzhaft 1320
itaku 委託 Auftrag, Kommission 466, 1636
ita(meru) 傷 verletzen 633
痛 beschädigen, verletzen; quälen 1320
ita(mu) 傷 schmerzen 633
痛 Schmerzen haben, wehtun; verderben 1320
悼 (be)trauern, (be)klagen, jammern 1680
itan 異端 Ketzerei, Irrlehre 1061, 1418
ita(ru) 至 ankommen, führen (zu) 902
~ **tokoro** 至る所 überall 902, 153
~ **Tōkyō** 至東京 nach Tōkyō (auf Landkarten)
902, 71, 189
ita(su) 致 tun, machen; erreichen 903
itazura 悪戯 Streich, Unfug 304, 1573
itchi 一致 Übereinstimmung 2, 903
itchōme 一丁目 Block 1 2, 184, 55
itchōra 一張羅 das einzige gute
Kleidungsstück 2, 1106, 1860
iten 移転 Umzug 1121, 433
ito 糸 Faden 242
意図 Absicht, Vorsatz, Vorhaben 132, 339
itoguchi 糸口 Ende e-s Fadens; Anfang,
Ausgangspunkt 242, 54
itoguruma 糸車 Spinnrad 242, 133
itome 糸目 feine Linie 242, 55
itona(mu) 営 (religiöse Feier) abhalten;
(Geschäft) betreiben 722
ITSU 一 eins 2
逸 Muße; abweichen; übertreffen 734
itsu- 五 fünf 7
itsuka 五日 5 Tage; 5. (e-s Monats) 7, 5
itsuku(shimu) 慈 lieben, liebevoll behandeln
1547
itsu(tsu) 五 fünf 7
itsuwa 逸話 Anekdote 734, 238
itsuwa(ru) 偽 lügen, (ver)fälschen; heucheln,
sich verstellen; betrügen 1485
itto 一斗 1 To 2, 1899
ittō 一等 erste Klasse, erster Grad 2, 569
 kun ~ 勲一等 Orden 1. Klasse 1773, 2, 569
ittoki 一時 eine Weile, einen Moment 2, 42
i(u) 言 sagen 66
iwa 岩 Fels(en) 1345
iwanobori 岩登り Felsklettern 1345, 960
iwa(u) 祝 feiern, gratulieren 851
iwaya 岩屋 Felsenhöhle 1345, 167

iya(shii) 卑 einfach, bescheiden; niedrig;
vulgär, roh 1521
iya(shimeru) 卑 verachten, herabblicken 1521
iya(shimu) 卑 verachten, herabblicken 1521
izen 以前 früher, vor 46, 47
~ **toshite** 依然として wie immer/früher 678,
651
izoku 遺族 die Hinterbliebenen 1172, 221
izon 依存 Abhängigkeit 678, 269
izondo 依存度 Abhängigkeitsgrad 678, 269,
377
izumi 泉 Quelle 1192
Izumo Taisha 出雲大社 Izumo-Tempel (in
der Präfektur Shimane) 53, 636, 26, 308

– J –

JA 邪 übel, schlecht 1457
蛇 Schlange 1875
jabara 蛇腹 Balg (Kamera); Gesims
(Gebäude) 1875, 1271
jadō 邪道 Irrweg, Irrglaube 1457, 149
jagaimo じゃが芋 Kartoffel 1909
jakkan 若干 einige, mehrere, etwas 544, 584
弱冠 20 Jahre (alt); jugendl. Alter 218, 1615
JAKU 弱 schwach 218
若 jung 544
着 Ankunft; Kleidung 657
寂 einsam, öde, verlassen 1669
jakunen 寂然 einsam und verlassen 1669, 651
jakutai 弱体 schwach 218, 61
jakuten 弱点 Schwäche, schwacher Punkt
218, 169
jakyō 邪教 Ketzerei, Häresie 1457, 245
jama 邪魔 Hindernis; Störung 1457, 1528
janome 蛇の目 Ringmuster 1875, 55
jari 砂利 Kies, Schotter 1151, 329
jashū 邪宗 Ketzerei, Irrlehre 1457, 616
jasui 邪推 unbegründeter Argwohn,
Mißtrauen 1457, 1233
JI 寺 Tempel 41
侍 Samurai 571
持 haben, besitzen, halten 451
時 Zeit; Stunde 42
滋 üppig 1549
慈 lieben, liebevoll behandeln 1547
磁 Magnet; Porzellan 1548
耳 Ohr 56

自 selbst 62
事 Sache, Angelegenheit 80
字 Buchstabe 110
地 Erde, Land 118
仕 dienen, bedienen 333
次 nächst 384
治 Friede; Regierung; Heilung 493
示 zeigen 615
辞 Wort; Rücktritt 688
除 beseitigen, ausschließen 1065
児 Kleinkind, Säugling 1217
似 ähnlich sein, ähneln 1486
璽 kaiserl. Siegel 1887
-ji 路 Straße, Weg 151
jiai 慈愛 Zuneigung, Liebe 1547, 259
jiba 磁場 Magnetfeld 1548, 154
jibiinkō senmon'i 耳鼻いんこう専門医
 HNO-Arzt 56, 813, 600, 161, 220
jibun 自分 selbst 62, 38
jichi 自治 Selbstverwaltung 62, 493
jidai 時代 Zeitalter, Ära, Zeit 42, 256
 Kan ~ 漢時代 Han-Dynastie (202 v.u.Z.–
 220 n.u.Z.) 556, 42, 256
 Meiji ~ 明治時代 Meiji-Zeit (1868–1912)
 18, 493, 42, 256
 Momoyama ~ 桃山時代 (Ära, 1583–1602)
 1567, 34, 42, 256
jidan 示談 außergerichtl. Vergleich 615, 593
jidō 児童 Kind 1217, 410
~ hanbaiki 自動販売機 Verkaufsautomat
 62, 231, 1048, 239, 528
jidōsha 自動車 Auto, Wagen 62, 231, 133
Jieitai 自衛隊 Selbstverteidigungsstreitkräfte
 (in Japan) 62, 815, 795
jifu 自負 Stolz, (übertriebenes) Selbstbewußtsein 62, 510
jiga 自我 das Ich, das Selbst 62, 1302
jigazō 自画像 Selbstbildnis 62, 343, 740
jigi 時宜 die rechte Zeit/Gelegenheit 42, 1086
jigo 事後 nachträglich 80, 47, 48
jigoku 地獄 Hölle 118, 884
 juken ~ 受験地獄 Examenshölle 260, 532,
 118, 884
 shōnetsu ~ 焦熱地獄 (brennende) Hölle
 999, 645, 118, 884
jigyakuteki 自虐的 selbstquälerisch,
 sadistisch 62, 1574, 210

jigyō 事業 Unternehmen, Betrieb 80, 279
jihada 地肌 Haut; Erdoberfläche 118, 1306
jihaku 自白 Geständnis 62, 205
jihatsuteki 自発的 freiwillig, spontan 62,
 96, 210
jiheishō 自閉症 Autismus 62, 397, 1318
jihi 慈悲 Barmherzigkeit, Mitleid 1547, 1034
jihitsu 自筆 eigene Handschrift, Autogramm
 62, 130
jihyō 辞表 Entlassungsgesuch 688, 272
jii 侍医 Leibarzt, Hofarzt 571, 220
jijitsu 事実 Tatsache, Tatbestand 80, 203
 kisei (no) ~ 既成(の)事実 vollendete
 Tatsache 1458, 261, 80, 203
jijo 侍女 Kammermädchen/frau 571, 102
jijō 事情 Umstände, Verhältnisse 80, 209
 磁場 Magnetfeld 1548, 154
jijoden 自叙伝 Autobiografie 62, 1067, 434
jijō-jibaku ni ochiiru 自縄自縛に陥る sich
 im eigenen Netz verstricken 62, 1760, 62,
 1448, 1218
jikan 時間 Zeit; Stunde 42, 43
 次官 Vizeminister 384, 326
 ~ kasegi 時間稼ぎ (Zeit) überbrücken;
 hinhalten 42, 43, 1750
 ~ to kūkan 時間と空間 Zeit und Raum 42,
 43, 140, 43
 jitsudō ~ 実働時間 reine Arbeitszeit 203,
 232, 42, 43
 kyūkei ~ 休憩時間 Erholungspause 60,
 1243, 42, 43
 rōdō ~ 労働時間 Arbeitszeit 233, 232, 42,
 43
 shūgyō ~ 就業時間 Arbeitszeit 934, 279,
 42, 43
 sōkō ~ 走行時間 Fahrzeit 429, 68, 42, 43
jikanhyō 時間表 Stundenplan, Zeitplan 42,
 43, 272
jikei 慈恵 Mildtätigkeit 1547, 1219
jiken 事件 Ereignis, Vorfall, Affäre 80, 732
JIKI 食 Essen 322
 直 ehrlich, offen, direkt 423
jiki 自棄 Selbstaufgabe 62, 962
 磁気 Magnetismus 1548, 134
 磁器 Porzellan 1548, 527
jiki-shōsō 時機尚早 vorzeitig, verfrüht 42,
 528, 1853, 248

jikkai 十回 zehnmal 12, 90

十戒 die Zehn Gebote 12, 876

jikkei 実兄 der leibliche ältere Bruder 203, 406

jikken 実験 (wissenschaftl.) Versuch, Experiment 203, 532

jikkō 実行 verwirklichen, in die Tat umsetzen 203, 68

Jikkoku Tōge 十国峠 (Paß in Hakone) 12, 40, 1351

jikkyō 実況 wirkliche Lage, Schauplatz 203, 850

jiko 事故 Unfall, Vorfall 80, 173

自己 Selbst- 62, 370

~ chūshin 自己中心 egozentrisch 62, 370, 28, 97

~ shōkai 自己紹介 sich selbst vorstellen 62, 370, 456, 453

  kōnai ~ 坑内事故 Grubenunglück 1613, 84, 80, 173

jikō 時効 Verjährung 42, 816

事項 Sache, Angelegenheit; Artikel 80, 1439

~ sakuin 事項索引 Sachregister 80, 1439, 1059, 216

jikoku 自国 das eigene Land 62, 40

時刻 Zeit; Stunde 42, 1211

JIKU 軸 Achse; (Bilder)Rolle 988

jikyō 自供 Geständnis 62, 197

jikyoku 時局 Lage, Situation 42, 170

jikyū 持久 Ausdauer 451, 1210

jiman 自慢 Prahlerei, Eigenlob 62, 1410

jimi 地味 schlicht, einfach 118, 307

jimoku 耳目 Auge u. Ohr, Aufmerksamkeit (der Öffentlichkeit) 56, 55

jimoto 地元 lokal, Orts- 118, 137

jimusho 事務所 Büro 80, 235, 153

jimuzukue 事務机 Schreibtisch 80, 235, 1305

JIN 人 Mensch 1

仁 Wohltätigkeit, Güte, Menschenliebe 1619

神 Gott 310

臣 Gefolgsmann, Untertan 835

尋 suchen, fragen, s. erkundigen 1082

陣 Feldlager, Stellung 1404

刃 Schneide 1413

甚 höchst, äußerst, außerordentlich 1501

尽 aufbrauchen; sich bemühen 1726

迅 schnell 1798

jin'ai 仁愛 Menschenliebe 1619, 259

jinan 次男 der zweitälteste Sohn 384, 101

jinbutsu 人物 Mensch, Persönlichkeit 1, 79

  tōgai ~ 当該人物 die betreffende Person 77, 1213, 1, 79

jinchi 陣地 (militärische) Stellung 1404, 118

jindai 甚大 sehr groß, enorm 1501, 26

jin'ei 人影 Schatten e-s Menschen, Menschengestalt 1, 854

陣営 Lager 1404, 722

jingi 仁義 Humanität u. Gerechtigkeit 1619, 291

jingū 神宮 großer Shintō-Schrein, Hauptschrein 310, 721

jin'in 人員 Personal, Mannschaft 1, 163

jin'iteki 人為的 künstlich 1, 1484, 210

jinja 神社 Shintō-Schrein 310, 308

jinji 人事 Personalangelegenheit(en) 1, 80

jinjifusei 人事不省 Bewußtlosigkeit, Ohnmacht 1, 80, 94, 145

jinjika 人事課 Personalabteilung 1, 80, 488

jinjō 尋常 normal, gewöhnlich 1082, 497

jinjutsu 仁術 gute Tat; Heilkunst 1619, 187

jinkaku 人格 Persönlichkeit, Charakter 1, 643

jinken 人権 Menschenrechte 1, 335

人絹 Kunstseide 1, 1261

jinkō 人口 Bevölkerung, Einwohnerzahl 1, 54

人工 Menschenwerk, Künstlichkeit 1, 139

~ mitsudo 人口密度 Bevölkerungsdichte 1, 54, 806, 377

~ shiba 人工芝 künstlicher Rasen 1, 139, 250

jinmei 人名 Personenname 1, 82

jinmin 人民 Volk, Bürger 1, 177

  Chūka ~ kyōwakoku 中華人民共和国 VR China 28, 1074, 1, 177, 196, 124, 40

jinmon 尋問 Verhör, Befragung 1082, 162

jinrai 迅雷 Donnerschlag 1798, 952

jinrikisha 人力車 Rikscha 1, 100, 133

jinrin 人倫 Sittlichkeit, Humanität 1, 1163

jinroku 甚六 Einfaltspinsel 1501, 8

jinrui 人類 Menschheit 1, 226

jinryoku 尽力 Anstrengung, Mühe; Hilfe 1726, 100

jinsei 人生 das (menschliche) Leben 1, 44

jinshu 人種 (menschliche) Rasse 1, 228

jinsoku 迅速 rasch, schnell 1798, 502

jintai 人体 der menschliche Körper 1, 61

jintoku 人徳 persönliche Tugend 1, 1038
仁徳 Güte, Tugend 1619, 1038
jintsū 陣痛 (Geburts)Wehen 1404, 1320
jinushi 地主 Grundbesitzer 118, 155
jin'yō 陣容 Schlachtordnung 1404, 654
jinzō 人造 künstlich, Kunst- 1, 691
jippa 十把 zehn Bündel 12, 1724
jippun 十分 10 Minuten 12, 38
jirai 地雷 Mine 118, 952
jiritsu 自立 selbständig, unabhängig 62, 121
~ **shinkei** 自律神経 vegetatives
Nervensystem 62, 667, 310, 548
Jirō 二郎 (männlicher Vorname) 3, 980
次郎 (männlicher Vorname) 384, 980
jisa 時差 Zeitunterschied 42, 658
jisatsu 自殺 Selbstmord 62, 576
~ **misui** 自殺未遂 Selbstmordversuch 62,
576, 306, 1133
jisei 自省 Selbstbesinnung, Reflexion 62,
145
jiseki 自責 Gewissensbisse 62, 655
jisen 自薦 Selbstempfehlung 62, 1631
jisetsu 時節 Jahreszeit, Saison, Zeit 42, 464
jisha 侍者 Diener, Begleiter 571, 164
jishaku 磁石 Magnet 1548, 78
jishin 自身 selbst 62, 59
自信 Selbstvertrauen 62, 157
地震 Erdbeben 118, 953
watakushi ~ 私自身 ich persönlich 125,
62, 59
jisho 辞書 Wörterbuch 688, 131
璽書 Schriftstück mit kaiserl. Siegel 1887, 131
jishoku 辞職 Rücktritt 688, 385
jishu 自主 Selbständigkeit, Unabhängigkeit
62, 155
jishuku 自粛 Selbstzucht, Selbstbeschränkung 62, 1695
jison 自尊 Selbstachtung 62, 704
jisonshin 自尊心 Selbstachtung 62, 704, 97
jissai 実際 Tatsache, Wirklichkeit 203, 618
jisseki 実績 wirkliche Erfolge/Leistungen
203, 1117
jissen 実践 Praxis 203, 1568
Jissen Risei Hihan 実践理性批判 Kritik der
praktischen Vernunft (Kant) 203, 1568, 143,
98, 1029, 1026
jissenteki 実践的 praktisch 203, 1568, 210

jisshi 実施 ausführen, durchführen, in Kraft
setzen 203, 1004
jisui 自炊 selbst kochen 62, 1791
jita 自他 selbst u. andere, alle, allgemein 62,
120
jitai 自体 der eigene Körper, selbst 62, 61
字体 Schriftart, Type 110, 61
事態 Sachlage, Situation, Tatbestand 80, 387
hijō ~ 非常事態 Notstand, Ausnahmezustand 498, 497, 80, 387
jitaku 自宅 eigenes Haus, Privatwohnung
62, 178
jiten 辞典 Wörterbuch 688, 367
hyakka ~ 百科事典 Enzyklopädie, Lexikon
14, 320, 80, 367
jitenjiku 自転軸 Rotationsachse 62, 433, 988
jitensha 自転車 Fahrrad 62, 433, 133
JITSU 日 Tag; Sonne 5
実 Wahrheit, Wirklichkeit 203
jitsudō jikan 実働時間 reine Arbeitszeit
203, 232, 42, 43
jitsugen 実現 verwirklichen 203, 298
jitsugyōka 実業家 Geschäftsmann 203, 279,
165
jitsujō 実情 wirkliche Sachlage, wahrer
Sachverhalt 203, 209
jitsuryoku 実力 wirkliche Fähigkeit(en),
Leistung 203, 100
jitsuyō 実用 praktischer Gebrauch/Nutzen
203, 107
jittai 実態 wirklicher Stand der Dinge 203,
387
jiu 慈雨 wohltuender/willkommener Regen
1547, 30
jiyō 滋養 Ernährung 1549, 402
jiyōbun 滋養分 Nährstoff 1549, 402, 38
jiyū 自由 Freiheit 62, 363
事由 Grund, Ursache 80, 363
~ **bōeki** 自由貿易 Freihandel 62, 363, 760,
759
jizen 事前 vorher 80, 47, 48
慈善 Nächstenliebe, Philantropie 1547, 1139
jizoku 持続 Fortdauer, Fortführung,
Aufrechterhaltung 451, 243
JO 除 beseitigen, ausschließen 1065
叙 erzählen, beschreiben 1067
徐 langsam 1066

女 Frau 102
如 gleich, ähnlich, (so) wie, als ob 1747
助 helfen, retten 623
序 Anfang; Vorwort; Ordnung 770
JŌ 壌 Erde, Boden 1912
嬢 Tochter, junge Dame 1836
譲 abtreten, überlassen; nachgeben 1013
醸 brauen; erregen, verursachen 1837
浄 rein 664
静 still, ruhig, leise, sanft 663
情 Mitleid, Mitgefühl, Sympathie 209
成 werden, bestehen (aus) 261
城 Schloß, Burg 720
盛 lebhaft, gedeihend, blühend 719
乗 (ein)steigen, reiten, fahren 523
剰 Überschuß 1068
定 festsetzen, entscheiden 355
錠 Schloß; Tablette 1818
上 oben 32
場 Platz, Stelle, Ort 154
常 normal, gewöhnlich, wiederholt 497
条 Artikel, Paragraph; Linie, Strich 564
状 Zustand, Lage; Form; Brief 626
蒸 dämpfen; schwül sein 943
畳 Tatami 1087
丈 (Längenmaß, ca. 3 m) 1325
冗 überflüssig 1614
縄 Seil, Tau, Strick, Leine 1760
jōbu 丈夫 gesund, kräftig; haltbar, dauerhaft 1325, 315
jobun 序文 Vorwort 770, 111
jōbun 条文 Text, Wortlaut (e-s Gesetzes), Gesetzestext 564, 111
jōcho 情緒 Stimmung, Gemüt 209, 862
jōchō 冗長 langweilig 1614, 95
jochū 女中 Dienst-/Zimmermädchen 102, 28
jōdan 冗談 Scherz, Spaß 1614, 593
Jōdoshū 浄土宗 (buddhist.) Jōdo-Sekte 664, 24, 616
jōei 上映 Aufführung 32, 352
jōen 上演 Aufführung 32, 344
jogai 除外 ausnehmen/schließen 1065, 83
jōge 上下 oben und unten, Schwanken; [Band] 1.2 32, 31
jogen 助言 Rat, Ratschlag 623, 66
jōgen 上弦 das erste Mondviertel 32, 1226
jōgi 定規 Lineal; Norm 355, 607

jōgo 冗語 überflüssige Worte 1614, 67
jōhatsu 蒸発 verdampfen/dunsten 943, 96
jōhin 上品 fein, vornehm, elegant 32, 230
joho 徐歩 langsam gehen, (umher)schlendern 1066, 431
jōho 譲歩 Zugeständnis 1013, 431
jōhō 情報 Information, Nachricht 209, 685
joi 女医 Ärztin 102, 220
jōi 上位 Vorrang 32, 122
jōin 剰員 überzähliges Personal 1068, 163
冗員 überflüssiger Beamter 1614, 163
jojishi 叙事詩 erzählende Dichtung, Epos 1067, 80, 570
jojo ni 徐々に langsam, nach u. nach, allmählich 1066
jojōshi 叙情詩 lyrisches Gedicht, Lyrik 1067, 209, 570
jōju 成就 durchführen, erreichen 261, 934
jōjun 上旬 die ersten 10 Tage e-s Monats 32, 338
jojutsu 叙述 Schilderung 1067, 968
jōjutsu 上述 obengenannt 32, 968
jōka 浄化 Reinigung, Läuterung 664, 254
jōkaku 城郭 Burg; Burgmauer; Scheidewand 720, 1673
jōkamachi 城下町 Stadt mit Burg 720, 31, 182
jōkan 上巻 Band 1 32, 507
jokei 叙景 Landschaftsbeschreibung, Naturschilderung 1067, 853
jōken 条件 Bedingung 564, 732
jōki 蒸気 Dampf 943, 134
常軌 der rechte/normale Weg 497, 1787
jokō 女工 Fabrikarbeiterin 102, 139
徐行 langsam fahren 1066, 68
jōkō 条項 Klausel, Artikel 564, 1439
JOKU 辱 entehren, beleidigen 1738
jōkyaku 乗客 Passagier, Fahrgast 523, 641
jōkyō 上京 nach Tōkyō fahren 32, 189
情況 Zustand, Sachlage 209, 850
状況 Zustand, Sachlage 626, 850
jokyoku 序曲 Vorspiel, Ouvertüre 770, 366
jōkyū 上級 ober, höher 32, 568
jōmae 錠前 (Vorhänge)Schloß 1818, 47
jomaku 序幕 Vorspiel, Prolog 770, 1432
除幕 Enthüllung (e-s Denkmals) 1065, 1432
jōman 冗漫 langweilig 1614, 1411
jomei 除名 ausschließen, ausstoßen 1065, 82

jōmon 城門 Schloß-/Burgtor 720, 161
縄文 (altjapan.) Strohseil-Muster 1760, 111
jōmu 常務 tägliche Arbeit, Routinearbeit 497, 235
jōmyaku 静脈 Ader, Vene 663, 913
jōnetsu 情熱 Leidenschaft 209, 645
jōnin iin 常任委員 Mitglied des ständigen Ausschusses 497, 334, 466, 163
joō 女王 Königin 102, 294
~ heika 女王陛下 I. M. die Königin 102, 294, 589, 31
jōrei 条例 Satzung, (Ver)Ordnung 564, 612
jōri 条理 Vernunft, Logik 564, 143
jōriku 上陸 Landung, Landen 32, 647
joron 序論 Einleitung, Einführung 770, 293
Jōruri 浄瑠璃 Begleitgesang für Bunraku 664, 2165, 2166
joryoku 助力 Hilfe 623, 100
josei 女性 Frau, das weibl. Geschlecht 102, 98
jōsei 情勢 Lage der Dinge, Situation 209, 646
醸成 brauen; verursachen 1837, 261
joseki 除籍 aus dem Familienregister streichen 1065, 1198
josetsu 序説 Einleitung, Einführung 770, 400
jōshaken 乗車券 Fahrkarte 523, 133, 506
joshi 女子 Mädchen, Frau 102, 103
女史 Frau … 102, 332
jōshi 上司 vorgesetzte Behörde; Vorgesetzter 32, 842
上肢 die oberen Gliedmaßen, Arme 32, 1146
jōshiki 常識 gesunder Menschenverstand 497, 681
jōshin 上申 Bericht (an vorgesetzte Behörde) 32, 309
上唇 Oberlippe 32, 1737
jōsho 情緒 Gefühl, Emotion 209, 862
jōshō 上昇 Anstieg, Aufwärtstrend 32, 1777
joshu 助手 Assistent 623, 57
joshū 女囚 weiblicher Gefangener/Häftling 102, 1195
jōshu 城主 Schloß-/Burgherr 720, 155
情趣 Stimmung; künstlerischer Effekt/ Geschmack 209, 1002
jōshū 常習 Gewohnheit, Brauch 497, 591
jōsō 上層 obere Schicht; obere Stockwerke 32, 1367
jōtai 状態 Zustand, Verhältnisse 626, 387

konsui ~ こん睡状態 Schlafsucht, Lethargie 1071, 626, 387
jōtatsu 上達 Fortschritt(e) 32, 448
jōtōshiki 上棟式 Richtfest 32, 1406, 525
jōyaku 条約 Vertrag 564, 211
~ no teiketsu 条約の締結 Vertragsabschluß 564, 211, 1180, 485
fukashin ~ 不可侵条約 Nichtangriffspakt 94, 388, 1077, 564, 211
jōyo(kin) 剰余(金) Überschuß 1068, 1063, 23
jōyōsha 乗用車 (Personenkraft)Wagen, PKW 523, 107, 133
joyū 女優 Schauspielerin 102, 1033
jōzai 錠剤 Tablette, Pille 1818, 550
jōzōsho 醸造所 Brauerei 1837, 691, 153
jōzu 上手 geschickt, gut 32, 57
JU 受 bekommen, erhalten 260
授 geben; lehren 602
需 anfordern, benötigen 1416
儒 Konfuzianismus 1417
就 (e-n Platz) einnehmen, 934
樹 Baum 1144
従 folgen, gehorchen, s. unterwerfen 1482
寿 Glückwunsch; langes Leben 1550
JŪ 十 zehn 12
汁 Saft, Suppe, Brühe 1794
充 füllen 828
銃 Gewehr 829
従 folgen, gehorchen, s. unterwerfen 1482
縦 Länge, Höhe; senkrecht 1483
住 wohnen, leben 156
重 schwer 227
柔 weich, sanft 774
拾 zehn (in Dokumenten) 1445
獣 Tier, Bestie 1582
渋 herb; schlicht; geschmackvoll 1693
jū en 十円 10 Yen 12, 13
jūbako 重箱 aufeinandersetzbare Lackschachteln 227, 1091
jūboku 従僕 Diener, Begleiter 1482, 1888
jūbun 十分 ausreichend, genügend 12, 38
充分 genug, ausreichend 828, 38
~ no ichi 十分の一 ein Zehntel, 10% 12, 38, 2
jūbyō 重病 schwere Krankheit 227, 380
jūdai 重大 wichtig, bedeutend, schwer 227, 26
judaku 受諾 (Angebot/Bedingungen) annehmen 260, 1770

jūdan 縦断 Längsschnitt; das Land durchqueren 1483, 1024

judō 受動 Passiv 260, 231

jūdō 柔道 Jūdō 774, 149

jūendama 十円玉 10-Yen-Stück/Münze 12, 13, 295

jūfuku 重複 Verdoppelung, Überschneidung 227, 916

jugaku 儒学 Konfuzianismus 1417, 109

jugakusha 儒学者 konfuzianischer Gelehrter 1417, 109, 164

jugyō 授業 Unterricht 602, 279

jūgyōin 従業員 Angestellter, Arbeiter 1482, 279, 163

jūhassai 十八才 18 Jahre (alt) 12, 10, 551

juhi 樹皮 (Baum)Rinde 1144, 975

jūi 獣医 Tierarzt 1582, 220

jūji 十字 Kreuz 12, 110

~ hōka 十字砲火 (Kreuz)Feuer 12, 110, 1764, 20

~ kazō 十字架像 Kruzifix 12, 110, 755, 740

jūjiro 十字路 Kreuzweg 12, 110, 151

jūjitsu 充実 Fülle, Gehalt 828, 203

juju 授受 Geben u. Nehmen; Austausch 602, 260

jūjutsu 柔術 Jiu-Jitsu 774, 187

juka 儒家 konfuzian. Gelehrter 1417, 165

juken 受験 Examen machen, Prüfung ablegen 260, 532

~ jigoku 受験地獄 Examenshölle 260, 532, 118, 884

jūketsu shita me 充血した目 blutunterlaufene Augen 828, 789, 55

jūki 銃器 Feuerwaffe 829, 527

jukkai 述懐 (Äußerung von) Gedanken u. Erinnerungen 968, 1408

JUKU 熟 reifen 687
塾 Privatschule 1674

jukugo 熟語 zusammengesetztes Wort; Redensart 687, 67

jukuren 熟練 Geschicklichkeit, Fertigkeit, Meisterschaft 687, 743

jukusei 塾生 Schüler e-r Nachhilfeschule 1674, 44

jukusui 熟睡 fester/tiefer/gesunder Schlaf 687, 1071

jukyō 儒教 Konfuzianismus 1417, 245

jūkyo 住居 Wohnung 156, 171

jukyū 需給 Nachfrage u. Angebot 1416, 346

jūman 充満 Fülle, Überfluß 828, 201

(kin) ~ en (金)拾万円 (Betrag in Höhe von) 100.000 Yen 23, 1445, 16, 13

jūmen 渋面 schiefes Gesicht, Grimasse 1693, 274

jūmin 住民 Einwohner 156, 177

jumoku 樹木 Baum, Gehölz 1144, 22

jumyō 寿命 (natürliche) Lebensdauer; (kurzes/langes) Leben 1550, 578

JUN 旬 Zeitraum von 10 Tagen 338
殉 in den Tod folgen 1799
准 anwenden; nachahmen 1232
準 Halb-, Semi-; Niveau; Entsprechung 778
盾 (der) Schild 772
循 sich im Kreis bewegen; folgen 1479
順 Reihe, Folge, Reihenfolge 769
巡 herumreisen, herumfahren 777
純 rein 965
潤 naß/feucht machen; nützen 1203
遵 (be)folgen, gehorchen 1938

jun Nihon-fū 純日本風 klassischer/rein j. Stil 965, 5, 25, 29

gojū-on ~ 五十音順 (Abfolge der 50 japan. Silbenlaute) 7, 12, 347, 769

jūnan 柔軟 weich, elastisch 774, 1788

junban 順番 Reihenfolge, Reihe 769, 185

junbi 準備 Vorbereitung 778, 768

junbungaku 純文学 schöne Literatur, Belletristik 965, 111, 109

junchō 順調 günstig, gut, glatt 769, 342

jun'eki 純益 Reingewinn 965, 716

jungyō 巡業 Tournee 777, 279

jun'i 順位 Rangordnung 769, 122
准尉 Oberfeldwebel 1232, 1617

jūnin 十人 10 Personen 12, 1
住人 Bewohner, Einwohner 156, 1

junjo 順序 Reihenfolge, Ordnung 769, 770

junkai 巡回 Runde, Tour, Wander- 777, 90

junkan 循環 Kreislauf, Zirkulation 1479, 865

ketsueki ~ 血液循環 Blutkreislauf 789, 472, 1479, 865

junkatsuyu 潤滑油 Schmieröl 1203, 1267, 364

junkesshō 準決勝 Halbfinale 778, 356, 509

junketsu 純潔 rein, keusch 965, 1241

junkō 巡航 Kreuzfahrt 777, 823

junkoku 殉国 für das Vaterland sterben 1799, 40

junkyo 準拠 sich richten (nach), sich gründen (auf) 778, 1138

junkyōsha 殉教者 Märtyrer 1799, 245, 164

junmō 純毛 reine Wolle 965, 287

junnan 殉難 Märtyrertum, Passion 1799, 557

junnō 順応 Anpassung 769, 827

junpō 遵法 Befolgung des Gesetzes; Dienst nach Vorschrift 1938, 123
遵奉 befolgen, beachten 1938, 1541

junrei 巡礼 Pilger/Wallfahrt; Pilger 777, 620

junsa 巡査 Schutzmann, Polizist 777, 624

junshi 巡視 Patrouille 777, 606
殉死 s-m Herrn in den Tod folgen 1799, 85

junshitei 巡視艇 Patrouillenboot 777, 606, 1666

junshoku 潤色 Verschönerung; Ausschmückung (in der Literatur) 1203, 204
潤飾 Verschönerung; Ausschmückung (in der Literatur) 1203, 979
殉職 im Dienst sterben 1799, 385

junshu 遵守 befolgen, s. halten an 1938, 490

junsui 純粋 Reinheit, Echtheit 965, 1708

~ baiyō 純粋培養 Reinkultur 965, 1708, 1828, 402

jūō 縦横 Länge u. Breite 1483, 781

jūrai 従来 bisherig, üblich 1482, 69

juri 受理 Annahme 260, 143

juritsu 樹立 errichten, gründen 1144, 121

jūryō 重量 Gewicht 227, 411

jūryoku 重力 Schwerkraft 227, 100

jūsatsu 銃殺 erschießen 829, 576

jūseki 重責 schwere Verantwortung 227, 655

jūsen 縦線 senkrechte Linie 1483, 299

jushaku 授爵 in den Adelsstand erheben 602, 1923

jushi 樹脂 Harz 1144, 1042

jūshi 重視 für wichtig halten 227, 606

jushō 授賞 Preisverleihung 602, 500

jūsho 住所 Wohnort, Adresse 156, 153

jūshō 重傷 schwere Verletzung 227, 633

jushōsha 受賞者 Preisträger 260, 500, 164

jūsoku 充足 Hinlänglichkeit, Genüge 828, 58

jussaku 術策 List, Kunstgriff, Intrige 187, 880

jutai 受胎 Empfängnis 260, 1296

jūtai 渋滞 Stockung, Verzögerung 1693, 964

jūtaku 住宅 Wohnung, Wohnhaus 156, 178

JUTSU 術 Kunst, Technik, Zauberei 187
述 feststellen, sagen, erwähnen, erklären 968

jutsugo 術語 Fachausdruck 187, 67

juyo 授与 Verleihung, Überreichung 602, 539

juyō 需要 Nachfrage 1416, 419

~ kyōkyū 需要供給 Nachfrage u. Angebot 1416, 419, 197, 346

jūyō 重要 wichtig, Haupt- 227, 419

jūyokka 十四日 14 Tage; 14. (e-s Monats) 12, 6, 5

juzōki 受像機 Fernsehapparat 260, 740, 528

jūzoku 従属 Unterordnung 1482, 1637

juzu 数珠 Rosenkranz 225, 1504

– K –

KA 可 gut; möglich; Zustimmung 388
何 was, welcher, wieviele 390
河 Fluß 389
荷 Last, Fracht, Gepäck 391
歌 Gedicht, Lied 392
化 sich verwandeln 254
花 Blume, Blüte 255
貨 Güter; Geld 752
靴 Schuhe 1076
果 Frucht, Ergebnis 487
菓 Kuchen; Frucht 1535
課 Lektion; Abteilung 488
家 Haus, Heim 165
嫁 (e-n Mann) heiraten; beschuldigen 1749
稼 arbeiten, (s-n Unterhalt) verdienen 1750
過 vorübergehen, vergehen; übertreiben 413
渦 Wirbel, Strudel 1810
禍 Unglück, Unheil, Verderben 1809
加 addieren, hinzufügen; beitreten 709
架 bauen, aufhängen 755
火 Feuer 20
下 unten, Grund 31
科 Lehrfach, Abteilung, Fakultät 320
価 Preis, Wert 421
夏 Sommer 461
仮 vorläufig, provisorisch, probeweise 1049
暇 (freie) Zeit, Muße, Urlaub 1064
華 Blume, Blüte, Zierde 1074
佳 gut, schön 1462
箇 (Einzel)Gegenstand, (Zählwort für unbelebte Gegenstände und Abstrakta) 1473
寡 allein, verwitwet; wenige, gering 1851

ka 香 Duft 1682

蚊 Mücke, Moskito 1876

-ka 日 Tag; Sonne 5

kabashira 蚊柱 Mückenschwarm 1876, 598

kabe 壁 Wand, Mauer 1489

kabegami 壁紙 Tapete 1489, 180

kabi 華美 Pracht, Glanz, Pomp 1074, 401

kabikusai かび臭い schimmelig, moderig 1244

kabin 花瓶 (Blumen)Vase 255, 1161

kaboku 家僕 Diener 165, 1888

kabu 株 Aktie; (Baum)Stumpf 741

kabuken 株券 Aktie 741, 506

kabuki 歌舞伎 Kabuki 392, 810, 2012

kabun 寡聞 schlecht informiert 1851, 64

kabunushi 株主 Aktionär 741, 155

~sōkai 株主総会 Aktionärsversammlung 741, 155, 697, 158

kabushiki-gaisha 株式会社 Aktiengesellschaft 741, 525, 158, 308

kachi 価値 Wert 421, 425

kahei ~ 貨幣価値 Geldwert 752, 1781, 421, 425

kishō ~ 希少価値 Seltenheitswert 676, 144, 421, 425

kachihokoru 勝ち誇る triumphieren, siegestrunken sein 509, 1629

kachikoshi 勝ち越し Punkt(e)vorsprung (im Sport) 509, 1001

kachiku 家畜 Vieh; Haustier 165, 1223

kachitōsu 勝ち通す hintereinander gewinnen 509, 150

kachō 花鳥 Blumen u. Vögel 255, 285

課長 Abteilungsleiter 488, 95

kachū 渦中 Strudel, Sog, Wirbel 1810, 28

kadan 花壇 Blumenbeet 255, 1839

kado 門 Tor 161

角 Ecke, Winkel 473

過度 übermäßig, übertrieben 413, 377

kadō 華道 Ikebana 1074, 149

稼働 Arbeit 1750, 232

kadoguchi 門口 Tor, Eingang 161, 54

kadomatsu 門松 Neujahrskiefern 161, 696

kaenbin 火炎瓶 Molotowcocktail, Brandsatz (in e-r Flasche) 20, 1336, 1161

kaeri(miru) 省 über s. selbst nachdenken 145

顧 zurückblicken; berücksichtigen 1554

kaerizaki 返り咲き Wiederaufblühen; Comeback 442, 927

kae(ru) 帰 zurückkehren 317

返 zurückkehren (zu früherem Zustand) 442

ka(eru) 代 ersetzen 256

変 (ver)ändern 257

替 umtauschen 744

換 (um)tauschen 1586

kae(su) 帰 nach Hause schicken 317

返 zurückgeben; noch einmal tun 442

kafu 寡婦 Witwe 1851, 316

kafuku 禍福 Glück u. Unglück 1809, 1379

kagaku 化学 Chemie 254, 109

科学 Wissenschaft 320, 109

bunseki ~ 分析化学 analytische Chemie 38, 1393, 254, 109

kagami 鏡 Spiegel 863

kagan 河岸 Flußufer 389, 586

kagayakashii 輝かしい hell (Zukunft); glänzend (Leistung) 1653

kagaya(ku) 輝 leuchten, strahlen 1653

kage 影 Licht; Schatten, Silhouette; Gestalt; Spur 854

陰 Schatten; Rückseite 867

kagebōshi 影法師 Schatten e-r Person 854, 123, 409

kagee 影絵 Schattenbild, Silhouette 854, 345

kageki 歌劇 Oper 392, 797

kagekiha 過激派 die Radikalen, der radikale Flügel 413, 1017, 912

kagen 加減 Addition u. Subtraktion; Befinden 709, 715

下弦 das letzte Mondviertel 31, 1226

kage(ru) 陰 dunkel/bewölkt werden 867

kagi(ru) 限 begrenzen 847

kagu 家具 Möbel 165, 420

kagyō 稼業 Beruf, Geschäft 1750, 279

kahan 河畔 Flußufer 389, 1945

kahansū 過半数 Mehrheit 413, 88, 225

kahei 貨幣 Münze, Geld 752, 1781

~kachi 貨幣価値 Geldwert 752, 1781, 421, 425

kahō 家宝 Haus-/Familienschatz, Erbstück 165, 296

過褒 unverdientes/übertriebenes Lob 413, 803

nenkō ~ 年功加俸 Alterszulage 45, 818, 709, 1542

KAI 海 Meer, See 117

悔 bereuen, bedauern 1733

皆 alles, alle 587

階 Stockwerk, Etage, Ebene 588

介 Muschel; dazwischen sein, vermitteln 453

界 Welt 454

会 Zusammenkunft, Gesellschaft 158

絵 Bild 345

戒 ermahnen, warnen 876

械 Fesseln; Maschine 529

壊 zerbrechen 1407

懐 Tasche; Nostalgie 1408

回 Mal, Wiederkehr; Weitergabe 90

街 Straße 186

開 Öffnung, Entwicklung 396

解 (auf)lösen 474

改 ändern, reformieren 514

灰 Asche 1343

快 angenehm, erfreulich 1409

怪 zweifelhaft, fragwürdig, bedenklich, verdächtig, seltsam, sonderbar, schlecht 1476

塊 Klumpen, Masse, Haufen 1524

拐 entführen 1916

kai 貝 Muschel 240

  shōni-kai 小児科医 Kinderarzt 27, 1217, 320, 220

kaibō 解剖 Obduktion, Autopsie 474, 1830

  seitai ~ 生体解剖 Vivisektion 44, 61, 474, 1830

kaibōgaku 解剖学 Anatomie 474, 1830, 109

kaibotan 貝ボタン Perlmutterknopf 240

kaibutsu 怪物 Ungeheuer, Mostrum; rätselhafter Mensch 1476, 79

kaichiku 改築 Umbau 514, 1603

kaichū 改鋳 Umprägung; Umguß 514, 1551

  ~ dentō 懐中電灯 Taschenlampe 1408, 28, 108, 1333

kaidan 階段 Treppe, Stufe, Leiter 588, 362

  会談 Gespräch, Besprechung 158, 593

  shunō ~ 首脳会談 Gipfelkonferenz 148, 1278, 158, 593

kaidō 街道 Landstraße 186, 149

kaifū 開封 (e-n Brief) öffnen 396, 1463

kaifuku 回復 Wiederherstellung, Genesung 90, 917

kaiga 絵画 Malerei, Gemälde, Bild 345, 343

kaigai 海外 Übersee, Ausland 117, 83

kaigan 海岸 Meeresküste 117, 586

kaigara 貝殻 Muschelschale 240, 1728

kaigi 会議 Konferenz, Sitzung 158, 292

kaigo 悔悟 Reue 1733, 1438

kaigun 海軍 (Kriegs)Marine 117, 438

kaihatsu 開発 Entwicklung 396, 96

  ~ tojōkoku 開発途上国 Entwicklungsland 396, 96, 1072, 32, 40

kaihei 開閉 Öffnen u. Schließen 396, 397

kaihi 回避 Ausweichen, Umgehen 90, 1491

  開扉 Öffnen der Tür 396, 1556

kaihin 海浜 Küste, Strand, Gestade 117, 785

kaihō 解放 Befreiung, Emanzipation 474, 512

  介抱 Pflege, Wartung 453, 1285

kaihyō 開票 Stimmenzählung 396, 922

kaiin 海員 Seemann 117, 163

  会員 Mitglied (e-s Vereins) 158, 163

  ~ meibo 会員名簿 Mitgliederverzeichnis 158, 163, 82, 1450

kaiinu 飼い犬 Haushund 1762, 280

kaiireru 買い入れる einkaufen 241, 52

kaijin 灰じん Asche 1343

kaijo 解除 Aufhebung, Auflösung 474, 1065

kaijō 海上 See-, Meer(es)- 117, 32

  開城 Übergabe, Kapitulation 396, 720

  塊状 massiv 1524, 626

kaijū 怪獣 Monstrum, Ungeheuer 1476, 1582

kaikai 開会 Eröffnung e-r Versammlung/ Sitzung 396, 158

kaikaku 改革 Erneuerung, Reform 514, 1075

kaikan 会館 Klubhaus, Halle 158, 327

kaikatsu 快活 heiter, fröhlich 1409, 237

kaikei 会計 Rechnung 158, 340

kaiken 会見 Interview 158, 63

  改憲 Verfassungsänderung 514, 521

kaiketsu 解決 Lösung (e-s Problems) 474, 356

kaiketsubyō 壊血病 Skorbut 1407, 789, 380

kaikin 解禁 Aufhebung e-s Verbots 474, 482

  皆勤 keinen Tag fehlen (bei der Arbeit) 587, 559

  ~ shatsu 開襟シャツ Hemd mit offenem Kragen 396, 1537

kaiko 解雇 (j-n) entlassen 474, 1553

  回顧 Rückblick 90, 1554

  蚕 Seidenraupe 1877

kaikō 海溝 Tiefseegraben 117, 1012
Nihon/Nippon ~ 日本海溝 der
Japangraben 5, 25, 117, 1012
kaikon 開墾 Urbarmachung 396, 1136
塊根 Knollenwurzel 1524, 314
悔恨 Gewissensbisse, Reue 1733, 1755
kaikonchi 開墾地 bebautes/urbar gemachtes
Land 396, 1136, 118
kaikoroku 回顧録 Memoiren 90, 1554, 538
kaikyō 回教 Islam 90, 245
海峡 Meerenge 117, 1352
kaikyū 階級 (soziale) Klasse 588, 568
kaimaku 開幕 Beginn e-r Vorstellung 396,
1432
kaimamiru 垣間見る neugierig/heimlich
blicken 1276, 43, 63
kaimei 改名 Namensänderung 514, 82
kaimen 海綿 Schwamm 117, 1191
kaimetsu 壊滅 Zerstörung, Vernichtung
1407, 1338
kaimoku 皆目 vollkommen; nicht im
geringsten 587, 55
kaimono 買い物 Einkauf, Besorgung 241, 79
kaimu 皆無 nichts, kein 587, 93
kainan 海難 Schiffbruch 117, 557
kainin 解任 Entlassung 474, 334
kainushi 買い主 Käufer 241, 155
飼い主 Besitzer (e-s Tieres) 1762, 155
kainyū 介入 Einmischung 453, 52
kairan 回覧 Zirkulation, Umlauf 90, 1291
kairi 海里 Seemeile 117, 142
kairitsu 戒律 buddhistische Gebote 876, 667
kairo 海路 Seeweg 117, 151
kairō 回廊 Korridor, Galerie 90, 981
kairui 貝類 Muscheln 240, 226
kairyō 改良 Verbesserung, Reform 514, 321
kairyū 海流 Meeresströmung 117, 247
kaisai 皆済 vollständige Bezahlung 587, 549
開催 veranstalten, abhalten 396, 1317
kaisan 解散 Auflösung (e-r Versammlung/
Firma) 474, 767
kaisatsuguchi 改札口 (Bahnhofs)Sperre
514, 1157, 54
kaisei 改正 Änderung, Revision 514, 275
快晴 schönes/klares Wetter 1409, 662
改姓 den Familiennamen ändern 514, 1746
kaiseki 解析 Analyse 474, 1393

kaisen 改選 Neuwahl 514, 800
kaisetsu 解説 Erklärung, Kommentar 474,
400
kaisha 会社 Gesellschaft, Firma 158, 308
kaishaku 解釈 Interpretation 474, 595
kaishi 開始 Beginn, Eröffnung 396, 494
kaishime 買い占め (spekulativer) Aufkauf
241, 1706
kaishin 改新 Erneuerung, Reform 514, 174
kaishū 改宗 Bekehrung 514, 616
kaisō 回想 (Rück)Erinnerung 90, 147
回送 Beförderung, Versendung 90, 441
改葬 Umbettung (e-s Toten) 514, 812
階層 Gesellschaftsschicht 588, 1367
海藻 Algen, Seegras 117, 1657
kaisoku 会則 Vereinssatzungen 158, 608
~ densha 快速電車 Schnellzug 1409, 502,
108, 133
kaisui yokujō 海水浴場 Badestrand 117, 21,
1128, 154
kaisūken 回数券 Sammelfahrkarte 90, 225,
506
kaitai 拐帯 mit unterschlagenen Geldern
verschwinden 1916, 963
kaitaku 開拓 Urbarmachung 396, 1833
kaitakusha 開拓者 Siedler 396, 1833, 164
kaite 買い手 Käufer 241, 57
kaitei 海底 Meeresgrund 117, 562
改訂 Revision, Umarbeitung 514, 1019
開廷 Eröffnung e-r Gerichtssitzung 396,
1111
kaiteiban 改訂版 rev. Auflage 514, 1019, 1046
kaiteki 快適 bequem, behaglich; angenehm,
erfreulich 1409, 415
kaiten 回転 Drehung, Rotation 90, 433
kaitō 回答 Antwort, Erwiderung 90, 160
kaiwa 会話 Unterhaltung, Gespräch 158, 238
Ei-kaiwa 英会話 engl. Konversation 353,
158, 238
kaizai 介在 liegen/stehen/kommen zwischen
453, 268
kaizen 改善 Verbesserung, Reform 514, 1139
kaizoku 海賊 Seeräuber 117, 1807
kaizuka 貝塚 Muschelhaufen 240, 1751
kaji 火事 Feuer, Brand 20, 80
家事 Familienangelegenheiten, Hausarbeit,
Haushalt 165, 80

kajin 佳人 schöne Frau 1462, 1
kajitsu 果実 Frucht 487, 203
kajō 過剰 Überschuß 413, 1068
   箇条 Artikel, Paragraph, Punkt 1473, 564
   shussei ~ 出生過剰 Geburtenüberschuß 53, 44, 413, 1068
kajōgaki 箇条書き Punkt für Punkt (schriftlich) aufführen 1473, 564, 131
kaju 果樹 Obstbaum 487, 1144
kajū 果汁 Fruchtsaft 487, 1794
   tennen ~ 天然果汁 Naturfruchtsaft 141, 651, 487, 1794
kaka(eru) 抱 in den Armen tragen; (Kinder/ Familienangehörige) haben; (j-n) an/ einstellen 1285
kaka(geru) 掲 (Flagge) hissen, aushängen; veröffentlichen 1624
kakaku 価格 Wert, Preis 421, 643
   mēkā kibō ~ メーカー希望価格 Richtpreis, Listenpreis 676, 673, 421, 643
kakan 果敢 entschlossen, kühn 487, 1691
kakari 係 Amt; Pflicht; verantwortliche/ zuständige Person 909
   掛 Kosten; Steuern; Beziehung 1464
kakariin 係員 Zuständiger 909, 163
kaka(ru) 係 betreffen, angehen 909
ka(karu) 架 stehen, hängen 755
   懸 hängen 911
   掛 hängen; kosten 1464
kakeashi 駆け足 Laufen, Galopp 1882, 58
kakebuton 掛け布団 Bettdecke 1464, 675, 491
kakei 家計 Hauswirtschaft 165, 340
kakeibo 家計簿 Haushaltungsbuch 165, 340, 1450
kakejiku 掛け軸 Rollbild 1464, 988
kakemawaru 駆け回る umherlaufen 1882, 90
ka(keru) 欠 (ab)brechen; fehlen 383
   架 bauen, aufhängen 755
   懸 geben 911
   掛 (auf)hängen; verwenden; multiplizieren 1464
   駆 rennen, galoppieren 1882
kaketsu 可決 bewilligen, annehmen 388, 356
kaki 夏期 Sommer(zeit) 461, 449
   垣 Zaun, Hecke, Mauer 1276
kakimono-zukue 書き物机 Schreibtisch 131, 79, 1305

kakinaosu 書き直す noch einmal schreiben, umschreiben 131, 423
kakine 垣根 Zaun, Hecke 1276, 314
kakitome 書留 Einschreiben 131, 761
kakitori 書き取り Diktat 131, 65
kakka 閣下 Eure/Seine Exzellenz 837, 31
kakko 括弧 (runde) Klammern 1260, 1481
kakkō 郭公 Kuckuck 1673, 126
kakkoku 各国 jedes Land, alle Länder 642, 40
kako 過去 Vergangenheit 413, 414
kakō 河口 (Fluß)Mündung 389, 54
   加工 Bearbeitung, Verarbeitung 709, 139
kakōko 火口湖 Kratersee 20, 54, 467
kako(mu) 囲 einschließen, belagern 1194
kakon 禍根 Wurzel des Übels 1809, 314
kako(u) 囲 einschließen, belagern 1194
KAKU 各 jeder, jedes 642
   客 Gast, Kunde 641
   格 Status, Rang; Richtmaß, Regel; Fall 643
   閣 Turm; Palast; (Regierungs)Kabinett 837
   獲 gewinnen, bekommen, erlangen 1313
   穫 Ernte 1314
   画 Strich (e-s Schriftzeichens) 343
   角 Winkel; Viereck 473
   確 sicher 603
   覚 s. errinnern, s. merken; lernen; fühlen 605
   革 Reform 1075
   拡 verbreiten, ausdehnen 1113
   核 Kern 1212
   較 vergleichen 1453
   隔 dazwischenlegen; entfremden 1589
   郭 (abgeschlossener) Bezirk 1673
   殻 Hülse, Hülle, Schale 1728
   嚇 Drohung, Einschüchterung 1918
kaku hannōro 核反応炉 Atomreaktor, Kernreaktor 1212, 324, 827, 1790
ka(ku) 書 schreiben 131
   欠 fehlen, nicht da sein 383
kakū 架空 oberirdisch; erdichtet 755, 140
kakuchi 各地 jeder Ort, jede Gegend; verschiedene Gegenden 642, 118
kakuchō 拡張 Erweiterung 1113, 1106
kakudai 拡大 Vergrößerung, Erweiterung 1113, 26
kakudo 角度 Winkel 473, 377
kakueki teisha 各駅停車 Nahverkehrszug 642, 284, 1185, 133

kakugi 閣議 Kabinettssitzung 837, 292
kakugo 覚悟 Gefaßtheit, Bereitschaft;
 Entschluß 605, 1438
kakuheiki 核兵器 Kern-/Atomwaffen 1212,
 784, 527
kakuji 各自 (ein) jeder, jedermann 642, 62
kakujin 各人 (ein) jeder, jedermann 642, 1
kakujitsu 確実 Gewißheit, Sicherheit 603,
 203
kakujū 拡充 Erweiterung 1113, 828
kakumaku 角膜 Hornhaut (des Auges) 473,
 1426
kakumei 革命 Revolution 1075, 578
kakunenryō 核燃料 atomarer Brennstoff
 1212, 652, 319
kakunin 確認 Bestätigung 603, 738
kaku(reru) 隠 sich verstecken 868
kakuri 隔離 Isolierung 1589, 1281
kakuritsu 確立 Feststellung, Festsetzung
 603, 121
kakuryō 閣僚 Minister 837, 1324
kakusan 拡散 Diffusion 1113, 767
kakuseiki 拡声器/機 Lautsprecher 1113,
 746, 527, 528
kakushigei 隠し芸 verstecktes Talent;
 Kunststück 868, 435
kakushin 確信 Überzeugung 603, 157
 革新 Reform 1075, 174
 核心 Kern 1212, 97
kakushu 各種 jede Art, verschiedene Sorten
 642, 228
kaku(su) 隠 verstecken 868
kakutei 確定 Festsetzung, Entscheidung
 603, 355
kakutō 格闘 Rauferei 643, 1511
kakutoku 獲得 Erwerbung 1313, 374
kakyō 架橋 Brückenbau 755, 597
 佳境 interessanter Teil/Höhepunkt (e-r
 Geschichte) 1462, 864
kama 窯 (Brenn)Ofen 1789
kama(eru) 構 (auf)bauen, errichten, eine
 Haltung/Stellung annehmen 1010
kamamoto 窯元 Töpferwerkstatt 1789, 137
kama(u) 構 sich kümmern (um) 1010
kamei 加盟 Beitritt 709, 717
 仮名 Pseudonym 1049, 82
kamen 仮面 Maske, Larve 1049, 274

kami 上 der obere Teil 32
 紙 Papier 180
 神 Gott 310
 髪 Haar 1148
~ ichimai 紙一枚 ein Blatt Papier 180, 2, 1156
kamibukuro 紙袋 Papiertüte 180, 1329
kamigata 紙型 (Papier)Matrize, Gußform
 180, 888
kamikaze 神風 göttlicher Wind, Kamikaze
 310, 29
Kamikōchi 上高地 (Ausflugsort in den
 japan. Alpen) 32, 190, 118
kaminari 雷 Donner, Gewitter 952
kamisama 神様 Gott 310, 403
kamizutsumi 紙包み in Papier
 eingewickeltes Paket 180, 804
kamoku 課目 (Unterrichts)Fach 488, 55
 寡黙 Schweigsamkeit 1851, 1578
sentaku ~ 選択科目 Wahlfach 800, 993,
 320, 55
kamo(su) 醸 brauen; verursachen 1837
kamotsu 貨物 Güter, Waren, Fracht, Last
 752, 79
KAN 干 trocken werden 584
 刊 publizieren, veröffentlichen 585
 汗 Schweiß 1188
 肝 Leber; Geist 1272
 幹 Hauptteil 1189
 乾 trocknen 1190
 官 Regierung, Behörde, Amt 326
 棺 Sarg 1825
 管 Rohr; Blasinstrument; Kontrolle 328
 館 (großes) Gebäude, Halle 327
 閑 Muße 1532
 間 (Zwischen)Raum, Zeit(raum) 43
 関 Barriere 398
 簡 einfach, kurz 1533
 監 bewachen, überwachen 1663
 艦 Kriegsschiff 1665
 鑑 Norm, Muster; Spiegel 1664
 勧 empfehlen, ermutigen, anbieten 1051
 歓 Vergnügen, Freude 1052
 観 Sicht 604
 完 Vollendung 613
 冠 Krone 1615
 感 Gefühl, Empfindung 262
 憾 bedauern 1815

勘 Wahrnehmung, Intuition 1502
堪 aushalten 1913

貫 durchstechen, durchdringen 914
慣 sich gewöhnen 915

換 (um)tauschen 1586
喚 rufen 1587

還 Rückkehr, Wiederkehr 866
環 Ring; umgeben 865

寛 großzügig, liberal 1050
看 sehen 1316

寒 kälteste Jahreszeit; Kälte 457
巻 Rolle, Band 507
漢 Han(-Dynastie); China; Mann, Kerl 556
甲 hohe Stimme 982
緩 lose/locker werden; nachlassen 1089
陥 fallen 1218
患 krank sein, leiden 1315
甘 süß 1492
缶 Büchse 1649
敢 wagemutig, kühn 1691
款 Artikel; guter Wille 1727
Kan jidai 漢時代 Han-Dynastie 556, 42, 256
kan 神 Gott 310
kana 金 Metall 23
kanaami 金網 Drahtnetz 23, 1612
kana(deru) 奏 (ein Musikinstrument) spielen 1544
kanagu 金具 Beschlag 23, 420
kanai 家内 meine Frau 165, 84
kanara(zu) 必 gewiß, sicher 520
kanarazu shimo ... nai 必ずしも…ない nicht immer, nicht unbedingt 520
kanashibari 金縛り gefesselt; ohne finanziellen Spielraum 23, 1448
kana(shii) 悲 traurig 1034
kana(shimu) 悲 (be)trauern, klagen, bedauern 1034
Kanazawa 金沢 (Hauptstadt der Präfektur Ishikawa) 23, 994
kanban 看板 (Reklame/Firmen)Schild 1316, 1047
kanba(shii) 芳 duftend, schön 1775
kanben 勘弁 verzeihen 1502, 711
堪弁 Vergebung, Verzeihung 1913, 711
kanbetsu 鑑別 Unterscheidung 1664, 267
kanbi 甘美 süß, reif 1492, 401
kanbō 感冒 Erkältung 262, 1104

kanbōchō(kan) 官房長(官) Kanzleidirektor 326, 1237, 95, 326
kanbotsu 陥没 Sinken, Einsturz 1218, 935
kanbu 幹部 Vorstand, Direktion 1189, 86
患部 betroffener/kranker Teil 1315, 86
kanbun 漢文 chines. Text, chines. (klass.) Literatur 556, 111
kanbutsu 乾物 (nicht verderbliche) Lebensmittel 1190, 79
kanbyō 看病 Krankenpflege 1316, 380
kanchigai 勘違い Mißverständnis, Irrtum 1502, 814
kanchō 干潮 Ebbe 584, 468
官庁 Behörde, Amt 326, 763
    kankatsu ~ 管轄官庁 zuständige Behörde 328, 1186, 326, 763
    tōgai ~ 当該官庁 betr./zuständige Behörde 77, 1213, 326, 763
kanchū 寒中 kälteste Zeit des Jahres 457, 28
kandai 寛大 Großmut, Nachsicht 1050, 26
kandakai 甲高い gellend, schrill 982, 190
kandan 歓談 angenehme/vergnügliche Unterhaltung 1052, 593
kandankei 寒暖計 Thermometer 457, 635, 340
kandenchi 乾電池 Trockenbatterie 1190, 108, 119
kandō 勘当 verstoßen, enterben 1502, 77
kane 金 Geld 23
鐘 Glocke 1821
kaneire 金入れ Geldbeutel/kasten 23, 52
kanemochi 金持ち Reicher, Wohlhabender 23, 451
kanemōke 金もうけ Gelderwerb 23
kanensei 可燃性 brennbar 388, 652, 98
ka(neru) 兼 (in sich) vereinigen, (Suffix:) nicht können 1081
kangaekata 考え方 Denkweise 541, 70
kanga(eru) 考 denken, meinen, glauben 541
kangai 感慨 tiefe Gemütsbewegung, Rührung 262, 1460
kangai-muryō 感慨無量 tiefe Gemütsbewegung 262, 1460, 93, 411
kangan 汗顔 beschämt 1188, 277
kangei 歓迎 Willkommen, Begrüßung 1052, 1055
kangeki 感激 (tief) gerührt 262, 1017

kangen 還元 Rückgabe; Reduktion 866, 137
寛厳 Milde u. Strenge 1050, 822
甘言 Schmeichelei, Süßholzraspeln 1492, 66
kangengaku(dan) 管弦楽(団) Orchester
328, 1226, 358, 491
kangofu 看護婦 Krankenschwester 1316,
1312, 316
kangoku 監獄 Gefängnis, Kerker 1663, 884
kangyō 勧業 Förderung der Industrie 1051, 279
kan'ippatsu 間一髪 um ein Haar 43, 2, 1148
kanja 患者 Patient 1315, 164
kanjaku 閑寂 Stille, Ruhe 1532, 1669
kanji 漢字 Kanji, 556, 110
kanjichō 幹事長 Hauptgeschäftsführer (e-r
Partei) 1189, 80, 95
kanjin 勧進 (Beiträge) für religiöse Zwecke
sammeln 1051, 437
肝心 wesentlich, wichtig 1272, 97
kanjō 感情 Gefühl 262, 209
環状 ringförmig 865, 626
勘定 Rechnung 1502, 355
kanjusei 感受性 Empfänglichkeit,
Sensibilität 262, 260, 98
kankaku 感覚 Empfindung, Sinn, Gefühl
262, 605
間隔 Zwischenraum, Abstand 43, 1589
heikō ~ 平衡感覚 Gleichgewichtssinn 202,
1585, 262, 605
kankatsu 管轄 Zuständigkeit, Verwaltung
328, 1186
~ kanchō 管轄官庁 zuständige Behörde
328, 1186, 326, 763
kankei 関係 Beziehung, Verhältnis;
Teilnahme 398, 909
kanken 官憲 Behörde, Obrigkeit; Beamte
326, 521
kanketsu 完結 Vollendung 613, 485
簡潔 kurz, bündig, lakonisch 1533, 1241
kanki 寒気 Kälte, Frost 457, 134
歓喜 Freude, Wonne, Jubel 1052, 1143
乾季 Trockenperiode 1190, 465
喚起 Aufmerksamkeit erregen, Interesse
wecken 1587, 373
kankin 監禁 einsperren 1663, 482
kankiri 缶切り Büchsenöffner 1649, 39
kankō 観光 Besichtigung von
Sehenswürdigkeiten, Tourismus 604, 138

寛厚 großmütig 1050, 639
敢行 entschlossen handeln; wagen;
durchführen 1691, 68
kankōhen 肝硬変 Leberzirrhose 1272, 1009,
257
kankoku 勧告 Rat(schlag), Empfehlung
1051, 690
kankyō 環境 Umwelt, Umgebung, Milieu
865, 864
kankyū 緩急 schnelle u. langsame
Bewegung; Notfall 1089, 303
感泣 zu Tränen gerührt werden 262, 1236
kanman 緩慢 langsam, träge 1089, 1410
(shio no) ~ (潮の)干満 Ebbe u. Flut,
Gezeiten 468, 584, 201
kanmei 感銘 tiefer Eindruck 262, 1552
kanmiryō 甘味料 Süßstoff 1492, 307, 319
kanmon 関門 Tor, Hindernis 398, 161
(shōnin) ~ (証人)喚問 (Zeugen)Vorladung
484, 1, 1587, 162
kanmuri 冠 Krone 1615
kusa-kanmuri 草冠 (Bezeichnung für das
Radikal 140 / 3k ⁺⁺) 249, 1615
kannai 管内 (Verwaltungs)Bezirk 328, 84
kannen 観念 Idee; Sinn 604, 579
kannin 堪忍 Geduld; Verzeihen 1913, 1414
kano 彼 jener 977
kanō 可能 Möglichkeit 388, 386
kanojo 彼女 sie (Fem. Sing.) 977, 102
kan'oke 棺おけ Sarg 1825
kanōsei 可能性 Möglichkeit 388, 386, 98
kanpa 看破 durchschauen 1316, 665
kanpai 完敗 vollständige Niederlage 613, 511
乾杯 Trinkspruch; Prost! 1190, 1155
kanpan 甲板 (Schiffs)Deck 982, 1047
kanpu-naki made 完膚なきまで gründlich,
vollständig 613, 1269
kanraku 陥落 Sturz, Fall 1218, 839
kanrakugai 歓楽街 Vergnügungsviertel
1052, 358, 186
kanran 観覧 Besichtigung 604, 1291
kanrei 慣例 Sitte, Brauch 915, 612
kanreki 還暦 60. Geburtstag 866, 1534
kanri 管理 Verwaltung, Aufsicht 328, 143
官吏 Beamter 326, 1007
kanrui 感涙 Tränen der Rührung 262, 1239
kanryaku 簡略 einfach, kurz 1533, 841

kanryō 完了 Vollendung; Perfekt 613, 941
官僚 Bürokrat 326, 1324
~ **shugi** 官僚主義 Bürokratie 326, 1324, 155, 291
kanryū 貫流 durchfließen 914, 247
kansa 監査 Inspektion 1663, 624
Kansai 関西 (Gebiet um Kyōto u. Ōsaka) 398, 72
Kansai-ben 関西弁 Kansai-Dialekt 398, 72, 711
kansan 閑散 Muße; Geschäftsstille 1532, 767
換算 Umrechnung (bei Währungen) 1586, 747
kansanritsu 換算率 Umrechnungskurs 1586, 747, 788
kansatsu 観察 Beobachtung 604, 619
kansei 管制 Kontrolle 328, 427
完成 Vollendung, Fertigstellung 613, 261
歓声 Freudenruf, Jubel 1052, 746
陥せい Falle, Schlinge 1218
閑静 Stille, Ruhe 1532, 663
kanseitō 管制塔 Kontrollturm 328, 427, 1840
kansen 感染 Ansteckung, Infektion 262, 779
kansetsu 間接 indirekt 43, 486
kansha 感謝 Dank 262, 901
kanshi 漢詩 chines. Gedicht/Poesie 556, 570
監視 Aufsicht, Wache 1663, 606
kanshin 感心 bewundern 262, 97
関心 Interesse 398, 97
~ **o kau** 歓心を買う sich bei j-m einschmeicheln 1052, 97, 241
kanshitō 監視塔 Wachturm 1663, 606, 1840
kanshitsuzō 乾漆像 lackierte Buddha-Statue (aus Holz) 1190, 1546, 740
kansho 寒暑 Kälte u. Hitze 457, 638
kanshō 干渉 sich einmischen 584, 432
勧奨 Ermunterung, Förderung 1051, 1332
鑑賞 Würdigung, Genuß 1664, 500
環礁 Atoll 865, 1768
~ **chitai** 緩衝地帯 Pufferzone 1089, 1772, 118, 963
kanshoku 感触 Gefühl, Anfühlen 262, 874
kanshu 看守 Gefängniswärter 1316, 490
kanshū 慣習 Gewohnheit, Brauch 915, 591
kanso 簡素 einfach, schlicht 1533, 271
kansō 感想 Gedanken, Eindrücke 262, 147
乾燥 (aus)trocknen 1190, 1656
mumi-kansō 無味乾燥 trocken, prosaisch, fade 93, 307, 1190, 1656

kansōki 乾燥器 Trockenapparat 1190, 1656, 527
kansoku 観測 Beobachtung 604, 610
kanson 寒村 armes/einsames Dorf 457, 191
kansui 完遂 Durchführung 613, 1133
kantai 歓待 freundl./herzl. Aufnahme/ Empfang, Gastfreundschaft 1052, 452
艦隊 Flotte, Geschwader 1665, 795
kantaku 干拓 Landgewinnung (aus dem Meer) 584, 1833
kantan 感嘆 Bewunderung 262, 1246
簡単 einfach; kurz 1533, 300
kantei 官邸 Residenz 326, 563
鑑定 Gutachten, Beurteilung 1664, 355
艦艇 Kriegsschiffe 1665, 1666
kantetsu 貫徹 durchsetzen 914, 1422
Kantō 関東 (Ebene um Tōkyō) 398, 71
kantō 敢闘 tapfer kämpfen 1691, 1511
kantoku 監督 Aufsicht, Kontrolle; Trainer; (Film-)Regisseur 1663, 1670
kantsū 貫通 durchbohren 914, 150
kanwa 緩和 mildern, lindern 1089, 124
kan'yo 関与 Beteiligung 398, 539
kan'yō 寛容 Toleranz 1050, 654
肝要 wichtig, wesentlich 1272, 419
kan'yu 肝油 Lebertran 1272, 364
kanyū 加入 Beitritt 709, 52
勧誘 Werbung, Zureden 1051, 1684
kanzei 関税 Zoll 398, 399
kanzen 完全 vollkommen 613, 89
敢然 mutig, kühn 1691, 651
kanzen-chōaku 勧善懲悪 Sieg des Guten 1051, 1139, 1421, 304
kanzō 肝臓 Leber 1272, 1287
kanzume 缶詰 Konservenbüchse/dose, Konserve 1649, 1142
kao 顔 Gesicht 277
ukanu ~ 浮かぬ顔 langes/enttäuschtes Gesicht 938, 277
kaoiro 顔色 Gesichtsfarbe 277, 204
kaoku 家屋 Haus, Gebäude 165, 167
kao(ri) 香 Duft 1682
kao(ru) 香 duften 1682
薫 duften 1774
kaze ~ gogatsu 風薫る五月 Wonnemonat Mai 29, 1774, 7, 17
kappa 喝破 laut schelten; aufhellen, erklären 1919, 665

kappatsu 活発 lebhaft, aktiv 237, 96
Kara 唐 China 1697
kara 空 leer 140
殻 Hülse, Hülle, Schale 1728
tamago no ~ 卵の殻 Eierschale 1058, 1728
karada 体 Körper 61
kara(i) 辛 scharf, beißend, stark (gewürzt), bitter, hart 1487
kara(maru) 絡 umranken, s. verwickeln 840
karami 辛味 scharfer Geschmack; Würze 1487, 307
karamiau 絡み合う sich verschlingen/verwickeln 840, 159
karamitsuku 絡み付く sich winden um, sich klammern an 840, 192
kara(mu) 絡 umranken, sich verwickeln 840
ka(rasu) 枯 trocknen (lassen) 974
karate 空手 Karate 140, 57
karayō 唐様 chinesischer Stil 1697, 403
kare 彼 er 977
kareha 枯れ葉 dürre/welke Blätter 974, 253
karei 華麗 Pracht, Prunk, Glanz 1074, 1630
kareki 枯れ木 dürrer/toter Baum 974, 22
karera 彼ら sie (Mask. Pl.) 977
ka(reru) 枯 (ver)welken 974
kareshi 彼氏 er, der Geliebte 977, 566
kari 仮 vorläufig, probeweise 1049
ka(ri) 狩 Jagd 1581
Kariforunia-shū カリフォルニア州 (der Bundesstaat) Kalifornien 195
karigoya 狩り小屋 Jagdhütte 1581, 27, 167
kariire 刈り入れ Ernte 1282, 52
karikomu 刈り込む (be)schneiden, stutzen 1282, 776
karinui 仮縫い Anprobe 1049, 1349
ka(riru) 借 (ent)leihen, mieten 766
karitoru 刈り取る (ab)mähen, (ab)ernten 1282, 65
karo(yaka) 軽 leicht 547
ka(ru) 刈 (ab)schneiden, mähen 1282
狩 jagen 1581
駆 fahren, (an)treiben 1882
Kāru Taitei カール大帝 (Kaiser) Karl der Große 26, 1179
karu(i) 軽 leicht 547
Karuizawa 軽井沢 (Touristenort nordwestl. von Tōkyō) 547, 1193, 994

karyū 渦流 Strudel 1810, 247
karyūdo 狩人 Jäger 1581, 1
karyūkai 花柳界 Halbwelt; Freudenviertel 255, 1871, 454
kasa 傘 Schirm 790
kasai 火災 Feuer(sbrunst) 20, 1335
kasaku 佳作 gutes Stück/Werk, ausgezeichnete Arbeit 1462, 360
kasa(naru) 重 übereinanderliegen 227
kasa(neru) 重 aufeinanderlegen 227
kasatate 傘立て Schirmständer 790, 121
kasegite 稼ぎ手 Ernährer 1750, 57
kase(gu) 稼 arbeiten, (s-n Unterhalt) verdienen 1750
kasei 家政 Haushalt/wirtschaft 165, 483
火星 Mars 20, 730
kaseigan 火成岩 Vulkangestein 20, 261, 1345
kasen 河川 Flüsse 389, 33
化繊 Kunstfaser 254, 1571
寡占 Preiskontrolle (durch Verkäufer), Oligopol 1851, 1706
kasetsu 架設 Verlegen/Installieren (von Leitungen/Kabeln), Bau 755, 577
仮説 Hypothese, Annahme 1049, 400
kashi 歌詞 Liedertext 392, 843
下肢 Beine 31, 1146
菓子 Konditorwaren; Konfekt 1535, 103
下賜 kaiserl. Schenkung 31, 1831
kashibōto 貸しボート Bootsverleih 748
kashidasu 貸し出す (aus/ver)leihen 748, 53
kashikiri 貸し切り Reservierung 748, 39
kashiko(i) 賢 weise, klug, bedachtsam 1288
kashin 下唇 Unterlippe 31, 1737
kashira 頭 Kopf, Haupt, Meister 276
kashiya 貸し家 Miethaus, Mietwohnung 748, 165
菓子屋 Konditor, Konditorei 1535, 103, 167
kasho 箇所 Stelle, Ort, Teil 1473, 153
kashu 歌手 Sänger 392, 57
kasō 火葬 Feuerbestattung 20, 812
kasosei 可塑性 Formbarkeit 388, 1838, 98
kassen 合戦 Schlacht, Kampf 159, 301
kasshoku 褐色 braun 1623, 204
kassōro 滑走路 Roll-/Landebahn 1267, 429, 151
kassui 渇水 Wassermangel 1622, 21
ka(su) 貸 (ver)leihen, vermieten 748

kata 方 Richtung; Person; Art u. Weise 70
  形 Form, Gestalt 395
  型 Modell, Form 888
  肩 Schulter 1264
  潟 Strand, Lagune, Bucht 1626
  goyō no ~ 御用の方 Kunde, Gast 708, 107, 70
kata- 片 eins (von beiden) 1045
katachi 形 Form, Gestalt 395
katagaki 肩書き (akadem.) Titel 1264, 131
katagawari 肩代わり Übernahme, Transfer 1264, 256
kata(i) 難 schwierig 557
  固 hart 972
  硬 hart, fest 1009
  堅 fest, hart, solide 1289
kataki 敵 Feind, Gegner, Konkurrent 416
kataku 家宅 Haus 165, 178
~ sōsa 家宅捜査 Haussuchung 165, 178, 989, 624
~ sōsaku 家宅捜索 Haussuchung 165, 178, 989, 1059
katamari 塊 Klumpen, Masse, Haufen 1524
kata(maru) 固 hart werden 972
katame 片目 ein Auge, das eine Auge 1045, 55
kata(meru) 固 hart machen, härten 972
katami ga hiroi 肩身が広い sich stolz fühlen 1264, 59, 694
katamichi 片道 ein Weg, Hinweg, Rückweg 1045, 149
katamu(keru) 傾 neigen 1441
katamu(ku) 傾 sich neigen 1441
katana 刀 Schwert, Messer 37
kata(rau) 語 sich (mit j-m) unterhalten 67
katarite 語り手 Erzähler, Sprecher 67, 57
kata(ru) 語 sprechen, erzählen 67
katasumi 片隅 die e-e Ecke, der e-e Winkel 1045, 1640
katawa(ra) 傍 Seite 1183
katayo(ru) 偏 sich neigen, einseitig/parteiisch sein 1159
kate 糧 Proviant, Speise, Nahrung 1704
  hibi no ~ 日々の糧 das tägliche Brot 5, 1704
  kokoro no ~ 心の糧 geistige Nahrung 97, 1704

katei 過程 Verlauf, Prozeß 413, 417
  課程 Kursus, Lehrgang 488, 417
  河底 Grund e-s Flusses, Flußbett 389, 562
  仮定 Annahme, Hypothese 1049, 355
  家庭 (das eigene) Haus; Familie 165, 1112
kateiran 家庭欄 Familienteil 165, 1112, 1202
katoki 過渡期 Übergangszeit 413, 378, 449
katoku sōzoku 家督相続 Erbfolge 165, 1670, 146, 243
katori senkō 蚊取り線香 Räucherstäbchen gegen Moskitos 1876, 65, 299, 1682
KATSU 渇 durstig sein 1622
  喝 schelten 1919
  褐 wollenes/wattiertes Kleidungsstück 1623
  活 Leben, Aktivität 237
  括 zusammenbinden, befestigen 1260
  割 teilen, trennen, spalten 519
  轄 (Brems)Keil; Kontrolle 1186
  滑 gleiten, ausrutschen 1267
ka(tsu) 勝 gewinnen, siegen 509
  且 und, außerdem 1926
katsubō 渇望 heftiges Verlangen, Durst 1622, 673
  活動 Tätigkeit, Aktivität 237, 231
katsu(gu) 担 auf den Schultern tragen; (j-n) wählen; (j-n) reinlegen 1274
katsuji 活字 Druckbuchstabe, Type 237, 110
katsujō 割譲 (Territorium) aufgeben 519, 1013
katsumata 且つ又 außerdem 1926, 1593
katsuyaku 活躍 Tätigkeit, Aktivität 237, 1560
katsuyō 活用 (Nutz)Anwendung 237, 107
ka(u) 交 verkehren (mit) 114
  買 kaufen 241
  飼 halten, züchten 1762
  kanshin o ~ 歓心を買う sich bei j-m einschmeicheln 1052, 97, 241
kawa 川 Fluß 33
  河 Fluß 389
  側 Seite 609
  皮 Haut, Fell, Pelz, Leder, Rinde, Schale 975
  革 Leder 1075
kawagishi 川岸 Flußufer 33, 586
  河岸 Flußufer 389, 586
kawaguchi 川口 (Fluß)Mündung 33, 54
  河口 (Fluß)Mündung 389, 54
kawagutsu 革靴 Lederschuhe 1075, 1076
kawakami 川上 Oberlauf 33, 32

kawa(kasu) 乾 trocknen (tr.) 1190
kawaki o oboeru 渇きを覚える Durst haben 1622, 605
kawakiri 皮切り Anfang, Beginn 975, 39
kawa(ku) 乾 (aus)trocknen 1190
渇 durstig sein 1622
kawara 河原 ausgetrocknetes Flußbett 389, 136
ka(waru) 代 vertreten 256
変 sich (ver)ändern 257
替 wechseln 744
換 umgetauscht werden 1586
kawase 為替 Geldanweisung, Wechsel 1484, 744
kawashimo 川下 Unterlauf 33, 31
ka(wasu) 交 austauschen 114
kawazaiku 皮細工 Lederarbeit 975, 695, 139
kawazoi 川沿い den Fluß entlang 33, 1607
kaya 蚊屋 Moskitonetz 1876, 167
蚊帳 Moskitonetz 1876, 1107
kayō 歌謡 Lied 392, 1647
kayō(bi) 火曜(日) Dienstag 20, 19, 5
kayōkyoku 歌謡曲 Schlager 392, 1647, 366
kayo(u) 通 (regelmäßig) fahren 150
kaza 風 Wind 29
kazan 火山 Vulkan 20, 34
kazanbai 火山灰 vulkanische Asche 20, 34, 1343
kazarike 飾り気 Affektiertheit 979, 134
kazaritsuke 飾り付け Dekoration 979, 192
kaza(ru) 飾 schmücken, verzieren 979
kazashimo 風下 Lee 29, 31
kaze 風 Wind 29
風邪 Erkältung 29, 1457
~ kaoru gogatsu 風薫る五月 Wonnemonat Mai 29, 1774, 7, 17
kazo(eru) 数 zählen 225
kazoku 家族 Familie 165, 221
kazokuzure 家族連れ mit der Familie 165, 221, 440
kazu 数 Zahl 225
kazuōku 数多く viel(e) 225, 229
Kazuo-kun 和夫君 Kazuo (männl. Vorname, Anredeform) 124, 315, 793
KE 気 Geist, Seele 134
家 Haus, Heim 165
化 sich verwandeln 254

懸 hängen 911
仮 vorläufig, provisorisch, probeweise 1049
華 Blume, Blüte, Zierde 1074
ke 毛 Haar, Feder, Wolle, Fell 287
kebyō 仮病 vorgetäuschte Krankheit 1049, 380
kechinbō けちん坊 Geizhals 1858
kega(rawashii) 汚 schmutzig 693
kega(reru) 汚 schmutzig werden 693
kega(su) 汚 schmutzig machen 693
kegawa 毛皮 Fell, Pelz 287, 975
kegirai 毛嫌い Antipathie, Vorurteil 287, 1688
Kegon no Taki 華厳の滝 (Wasserfall i. d. Nähe von Nikkō) 1074, 822, 1759
kehai 気配 Gefühl, Ahnung 134, 515
KEI 径 Pfad; Durchmesser 1475
茎 Stengel, Stiel, Halm 1474
経 geografische Länge; Verlauf 548
軽 leicht 547
刑 Strafverfolgung, Bestrafung, Strafe 887
形 Form, Gestalt 395
型 Modell, Form 888
系 System; Abstammung 908
係 betreffen, angehen 909
京 Hauptstadt 189
景 Aussicht, Ansicht 853
敬 ehren, achten 705
警 warnen, verwarnen 706
兄 älterer Bruder 406
競 wetteifern, konkurrieren 852
鶏 Huhn 926
渓 Tal, Schlucht 1884
計 Messen; Plan; Summe 340
契 schwören, geloben, versprechen 565
境 Grenze 864
継 (nach)folgen, erben 1025
恵 segnen; Almosen spenden 1219
憩 Rast 1243
啓 öffnen; sagen 1398
傾 sich neigen 1441
揭 (Flagge) hissen; veröffentlichen 1624
慶 sich freuen, gratulieren 1632
携 bei sich haben/tragen 1686
蛍 Glühwürmchen 1878
keiba 競馬 Pferderennen 852, 283
keibatsu 刑罰 Strafe, Bestrafung 887, 886

keibo 敬慕 Verehrung, Anbetung 705, 1431
keibu 軽侮 Verachtung 547, 1736
keichō 傾聴 aufmerksam zuhören, (j-n) anhören 1441, 1039
慶弔 Glückwunsch u. Beileid 1632, 1796
keidai 境内 Tempelbezirk 864, 84
keiei 経営 Betrieb, Verwaltung, Leitung, Management 548, 722
keien 敬遠 j-n (höflich) von sich fernhalten 705, 446
keifu 系譜 Stammbaum, Ahnentafel; Genealogie 908, 1167
keiga 慶賀 Glückwunsch 1632, 756
keigo 敬語 höflicher Ausdruck, Höflichkeitssprache 705, 67
keihatsu 啓発 Aufklärung 1398, 96
keihi 経費 (Un)Kosten 548, 749
Kei-Hin 京浜 Tōkyō-Yokohama 189, 785
keihō 警報 Alarm, Warnung 706, 685
刑法 Strafgesetz 887, 123
keii 敬意 Achtung, Respekt 705, 132
経緯 Längen- u. Breitengrad; Einzelheiten, Umstände 548, 1054
keiji 刑事 Kriminalsache; Detektiv 887, 80
啓示 Offenbarung 1398, 615
掲示 Anschlag, Aushang 1624, 615
慶事 freudiges Ereignis 1632, 80
~ **soshō** 刑事訴訟 Kriminalprozeß 887, 80, 1402, 1403
keijiban 掲示板 Anschlagtafel, schwarzes Brett 1624, 615, 1047
keikai 警戒 Vorsicht, Warnung, Bewachung 706, 876
keikaku 計画 Plan, Entwurf 340, 343
keikan 警官 Polizist 706, 326
渓間 Schlucht; (unten) im Tal 1884, 43
keiken 経験 Erfahrung 548, 532
keiki 契機 Gelegenheit, Anlaß 565, 528
景気 Konjunktur, Geschäftslage 853, 134
keikikyū 軽気球 (Luft)Ballon 547, 134, 726
keikō 傾向 Tendenz, Neigung 1441, 199
chokujō ~ 直情径行 geradeheraus, impulsiv 423, 209, 1475, 68
keikōgyō 軽工業 Leichtindustrie 547, 139, 279
keikoku 警告 Warnung, Mahnung 706, 690
渓谷 Schlucht, enges Tal 1884, 653

keikōtō 蛍光灯 Fluoreszenzlampe 1878, 138, 1333
keikō-toryō 蛍光塗料 fluoreszier. Farbe/Anstrich 1878, 138, 1073, 319
keimei 鶏鳴 Hahnenschrei; Morgendämmerung 926, 925
keimō 啓もう Aufklärung, Erziehung 1398
keimusho 刑務所 Gefängnis 887, 235, 153
keiniku 鶏肉 Hühnerfleisch 926, 223
Keiō 慶応 (Ära, 1865–68) 1632, 827
keiongaku 軽音楽 leichte Musik, Unterhaltungsmusik 547, 347, 358
keiran 鶏卵 (Hühner)Ei 926, 1058
keireki 経歴 Lebenslauf 548, 480
keiri 経理 Buchführung 548, 143
keirin 競輪 Radrennen 852, 1164
keiro 径路 Kurs, Weg, Route 1475, 151
keirō 敬老 Achtung vor dem Alter 705, 543
keirui 係累 Familiengehörige 909, 1060
keiryaku 計略 Plan, List, Ränke 340, 841
keiryū 渓流 Gebirgsbach 1884, 247
keisai 掲載 veröffentlichen 1624, 1124
keisan 計算 Rechnung, Berechnung 340, 747
keisatsu 警察 Polizei 706, 619
keisatsusho 警察署 Polizeirevier, Polizeipräsidium 706, 619, 860
keisetsu no kō 蛍雪の功 Ergebnis intensiven Studiums 1878, 949, 818
keisha 鶏舎 Hühnerstall 926, 791
傾斜 Neigung, Gefälle 1441, 1069
keishi 警視 Polizeiinspektor 706, 606
Keishichō 警視庁 Polizeipräsidium 706, 606, 763
keishō 軽傷 leichte Verletzung 547, 633
景勝 malerische Landschaft 853, 509
継承 Nachfolge 1025, 942
警鐘 Alarmglocke 706, 1821
keishōchi 景勝地 malerische Landschaft 853, 509, 118
keishoku 軽食 leichte Mahlzeit 547, 322
keishū gaka けい秀画家 (hervorragende) Malerin 1683, 343, 165
keishuku 慶祝 Gratulation; Feier 1632, 851
keisō 係争 Streit 909, 302
keisotsu 軽率 leichtsinnig, voreilig 547, 788
keitai 携帯 bei sich haben; mitnehmen, mitbringen 1686, 963

keiteki 警笛 Alarmsirene; (Auto)Hupe 706, 1471

keito 毛糸 Wollgarn 287, 242

keitō 系統 System, Abstammung 908, 830

鶏頭 Hahnenkamm (Blume) 926, 276

傾倒 sich widmen, aufgehen in 1441, 905

keiyaku 契約 Vertrag 565, 211

keiyō 形容 Form, Gestalt; Metapher 395, 654

揚揚 (Flagge) hissen 1624, 631

keizai 経済 Wirtschaft, Ökonomie 548, 549

keizoku 継続 Fortsetzung, Dauer 1025, 243

keizu 系図 Genealogie; Stammbaum, Stamm-/Ahnentafel 908, 339

kekka 結果 Ergebnis, Folge, Resultat 485, 487

kekkaku 結核 Tuberkulose 485, 1212

kekkan 血管 Ader, Blutgefäß 789, 328

欠陥 Mangel, Fehler 383, 1218

kekkintodoke 欠勤届け Abwesenheits-/ Krankmeldung 383, 559, 992

kekkon 結婚 Heirat, Hochzeit 485, 567

~ hirōen 結婚披露宴 Hochzeitsempfang/ essen 485, 567, 1712, 951, 640

kekkonshiki 結婚式 Hochzeitsfeier 485, 567, 525

kekkyojin 穴居人 Höhlenbewohner 899, 171, 1

kemono 獣 Tier, Bestie 1582

kemu(i) 煙 voll Rauch, verräuchert 919

kemuri 煙 Rauch 919

kemu(ru) 煙 rauchen 919

kemushi 毛虫 (behaarte) Raupe 287, 873

KEN 倹 sparsam, einfach, bescheiden 878

険 steil, schroff; streng, hart, finster 533

剣 Schwert 879

検 Untersuchung, Inspektion 531

験 Wirkung, Prüfung 532

兼 (in sich) vereinigen 1081

嫌 nicht mögen, verabscheuen, hassen 1688

謙 Bescheidenheit, Demut 1687

券 Karte, Schein 506

圏 Kreis, Bereich, Sphäre 508

堅 fest, hart, solide 1289

賢 weise, klug, bedachtsam 1288

犬 Hund 280

献 schenken, widmen 1355

建 bauen 892

健 gesund 893

県 Präfektur, Provinz 194

懸 hängen 911

絹 Seide 1261

肩 Schulter 1264

間 (Zwischen)Raum, Zeit(raum) 43

見 sehen 63

権 Gewicht, Autorität, Macht, Recht 335

憲 Gesetz 521

件 Sache, Angelegenheit, Fall 732

研 schärfen; polieren; (Reis) waschen 896

顕 offenkundig, deutlich, exponiert 1170

遣 schicken, geben 1173

軒 (Zählwort für Gebäude) 1187

繭 Kokon 1911

Shiga-ken 滋賀県 (Präfektur nordöstlich von Kyōto) 1549, 756, 194

ken'aku 険悪 gefährlich, stürmisch 533, 304

ken'an 懸案 schwebende/unentschiedene Frage 911, 106

kenbikyō 顕微鏡 Mikroskop 1170, 1419, 863

kenbo 賢母 weise Mutter 1288, 112

kenbō(shō) 健忘(症) Vergeßlichkeit 893, 1374, 1318

kenbun 見聞 Erfahrung, Wissen 63, 64

kenbutsu 見物 Besichtigung 63, 79

kenchiku 建築 Bau(werk) 892, 1603

kenchikuka 建築家 Architekt 892, 1603, 165

kencho 顕著 bedeutend, auffallend 1170, 859

kenchō 県庁 Präfekturbehörde 194, 763

kendō 県道 Präfektur-Straße 194, 149

剣道 Kendō, j. Stockfechten 879, 149

ken'eki 検疫 Quarantäne 531, 1319

kenen 懸念 Sorge, Angst, Unruhe 911, 579

ken'en no naka 犬猿の仲 (s. vertragen) wie Hund u. Katze 280, 1584, 1347

ken'etsu 検閲 Inspektion, Zensur (Film, Literatur) 531, 1369

kengai 圏外 außerhalb e-s Gebietes 508, 83

kengaku 研学 studieren 896, 109

kengeki 剣劇 Samurai-Drama 879, 797

kengen 権限 (Rechts)Befugnis, Zuständigkeit, Kompetenz 335, 847

kengi 嫌疑 Verdacht 1688, 1516

kengo 堅固 stark, solide, fest 1289, 972

kengyō 兼業 Nebengeschäft, Nebenarbeit, Nebentätigkeit 1081, 279

ken'i 権威 Autorität, Einfluß 335, 1339

kenji 検事 Staatsanwalt 531, 80
堅持 festhalten (an) 1289, 451
kenjin 賢人 Weiser 1288, 1
kenjitsu 堅実 solide 1289, 203
kenjō 献上 Überreichung 1355, 32
謙譲 bescheiden, anspruchslos 1687, 1013
~ no bitoku 謙譲の美徳 Tugend der
   Bescheidenheit 1687, 1013, 401, 1038
kenka shokubutsu 顕花植物 Blütenpflanze
   1170, 255, 424, 79
kenkai 県会 Provinzialversammlung 194, 158
kenketsu 献血 Blutspende 1355, 789
kenkin 献金 Geldspende 1355, 23
kenkō 健康 Gesundheit 893, 894
kenkyo 謙虚 bescheiden, demütig 1687, 1572
kenkyū 研究 Forschung 896, 895
kenkyūjo 研究所 Forschungsinstitut 896,
   895, 153
kenma 研磨 schleifen, polieren; hart
   studieren 896, 1531
kenmei 賢明 weise, vernünftig 1288, 18
kennai 圏内 innerhalb e-s Gebietes 508, 84
kennin 兼任 (gleichzeitig) zwei Ämter
   bekleiden 1081, 334
ken'o 嫌悪 Abneigung, Haß 1688, 304
kenpō 憲法 Verfassung 521, 123
kenpu 絹布 Seidenstoff 1261, 675
kenri 権利 Recht, Berechtigung 335, 329
kenritsu 県立 Präfektur- 194, 121
kenro 険路 steiler Weg 533, 151
kenrui 堅塁 Festung 1289, 1694
kensa 検査 Untersuchung, Prüfung,
   Inspektion 531, 624
kensatsu 検察 Untersuchung 531, 619
kensei 憲政 konstitutionelle Regierung 521,
   483
kensetsu 建設 Aufbau, Bau 892, 577
kenshi 犬歯 Schneide-/Eckzahn 280, 478
検死 Leichenschau, Obduktion 531, 85
絹糸 Seidenfaden 1261, 242
繭糸 Seidenfaden 1911, 242
kenshin 検診 ärztl. Untersuchung 531, 1214
kenshō 検証 Identifikation, Verifizierung,
   Bestätigung, Inspektion 531, 484
憲章 Charta, Verfassungsurkunde 521, 857
健勝 gesund 893, 509
懸賞 Preis, Preisausschreiben 911, 500

肩章 Schulterklappe, Achselstück 1264, 857
顕彰 Manifest, Charta 1170, 1827
kenso 険阻 steil, schroff 533, 1085
kenson 謙そん Bescheidenheit 1687
kensū 軒数 Zahl der Häuser 1187, 225
kentai けん怠 Erschöpfung, Müdigkeit,
   Gleichgültigkeit 1297
kentei 検定 amtliche Genehmigung 531, 355
kenteibon 献呈本 Freiexemplar,
   unberechnetes Exemplar 1355, 1590, 25
kentetsu 賢哲 großer Weiser 1288, 1397
kentō 検討 Untersuchung, Nachforschung,
   Überprüfung 531, 1018
拳闘 Boxen 2078, 1511
kentōshi 遣唐使 Gesandter (im T'ang-China)
   1173, 1697, 331
ken'yaku 倹約 Sparsamkeit,
   Wirtschaftlichkeit 878, 211
kenzai 健在 gesund 893, 268
keori(mono) 毛織(物) wollener Stoff 287,
   680, 79
keppaku 潔白 sauber, integer; unschuldig
   1241, 205
  seiren-keppaku 清廉潔白 integer 660,
   1689, 1241, 205
keppeki 潔癖 reinlich; Reinlichkeitsfimmel
   1241, 1490
kerai 家来 Lehnsmann, Vasall 165, 69
kesa 今朝 heute morgen 51, 469
袈裟 Mönchsgewand 2238, 2239
keshiki 景色 Landschaft 853, 204
keshō 化粧 Schminke(n); Make-up 254, 1699
keshōbako 化粧箱 Kosmetikbeutel,
   Kosmetikköfferchen 254, 1699, 1091
keshōhin 化粧品 Toilettengegenstände,
   Kosmetik 254, 1699, 230
keshōshitsu 化粧室 Toilettenzimmer 254,
   1699, 166
kessai 決済 Abrechnung 356, 549
kessaku 傑作 Meisterwerk 1731, 360
kessei 結成 Bildung, Gründung 485, 261
kesseki 欠席 Abwesenheit, Fehlen 383, 379
kessekitodoke 欠席届け Absage 383, 379,
   992
kesshin 決心 Entschluß 356, 97
kesshō 決勝 Entscheidung (in e-m
   Wettbewerb) 356, 509

結晶　Kristallisation; Kristall　485, 1645
ai no ~ 愛の結晶　Frucht der Liebe, Kind
　259, 485, 1645
kesshutsu 傑出　hervorragen, sich auszeichnen
　1731, 53
kessoku 結束　Zusammenhalt　485, 501
kesson 欠損　Defizit, Verlust　383, 350
ke(su) 消　auslöschen　845
ketchaku 決着　(Ab)Schluß　356, 657
ketō(jin) 毛唐(人)　behaarter Barbar,
　Ausländer　287, 1697, 1
KETSU 決　entscheiden　356
　欠　fehlen, nicht da sein　383
　結　binden, verknüpfen; (Vertrag)
　abschließen; (Früchte) tragen　485
　血　Blut　789
　穴　Loch, Höhle　899
　潔　rein　1241
　傑　hervorragen　1731
ketsubō 欠乏　Mangel　383, 754
ketsubutsu 傑物　großer Mann,
　herausragende Persönlichkeit　1731, 79
ketsudan 決断　Entscheidung　356, 1024
ketsueki 血液　Blut　789, 472
~ junkan 血液循環　Blutkreislauf　789, 472,
　1479, 865
ketsuekigata 血液型　Blutgruppe　789, 472,
　888
ketsugō 結合　Verbindung, Vereinigung,
　Kombination　485, 159
ketsui 決意　Entschluß　356, 132
ketsuin 欠員　freie Stelle, Vakanz　383, 163
ketsujo 欠如　Fehlen, Mangel　383, 1747
ketsumakuen 結膜炎　Bindehautentzündung
　485, 1426, 1336
ketsuretsu 決裂　(Vehandlung erfolglos)
　abbrechen　356, 1330
ketsuron 結論　Schluß, Folgerung　485, 293
ketsurui 血涙　bittere Tränen　789, 1239
kettaku 結託　heimliche Absprache,
　heimliches Einverständnis　485, 1636
kettei 決定　Entscheidung, Beschluß　356, 355
ketten 欠点　Fehler, Schwäche　383, 169
kettō 血糖　Blutzucker　789, 1698
kewashii kaotsuki 険しい顔つき　strenges
　Gesicht, finstere Miene　533, 277
kewa(shii) 険　steil, schroff; streng, hart　533

kewashii michi 険しい道　abschüssige Straße
　533, 149
kezu(ru) 削　(ab)hobeln; ausstreichen;
　einschränken　1611
KI 己　selbst　370
　忌　verabscheuen, hassen; (ver)meiden　1797
　紀　Bericht, Geschichte　372
　起　Aufstehen, Stehen, Beginn　373
　記　aufschreiben, notieren　371
　基　Grundlage, Basis, Ursprung　450
　棋　japan. Schach　1835
　期　Zeit, Periode　449
　旗　Flagge, Fahne　1006
　奇　seltsam, merkwürdig　1360
　寄　sich nähern/treffen　1361
　騎　Reiten; (Zählwort für Reiter)　1881
　気　Geist, Seele　134
　汽　Dampf　135
　幾　wieviel, wie viele; einige　877
　機　Gelegenheit; Maschine　528
　机　Schreibtisch, Schulbank　1305
　飢　hungern　1304
　揮　(zer)streuen; kommandieren　1652
　輝　scheinen, leuchten, strahlen　1653
　帰　zurückkehren　317
　季　Jahreszeit　465
　企　planen, unternehmen, versuchen　481
　器　Gefäß, Gerät; Befähigung, Fähigkeit　527
　危　gefährlich　534
　規　Richtmaß, Norm　607
　祈　beten　621
　希　Wunsch; Knappheit　676
　岐　Weggabelung　872
　棄　ablegen, ausrangieren, aufgeben　962
　喜　sich freuen　1143
　貴　wertvoll　1171
　既　schon, bereits, fast, beinahe　1458
　鬼　Teufel, böser Geist; Seele e-s
　Verstorbenen　1523
　軌　Radspur, Wagenspur　1787
ki 木　Baum; Holz　22
　黄　gelb　780
~ no me 木の芽　(Baum)Knospe　22, 1455
ki- 生　rein　44
kiatsu 気圧　Luftdruck　134, 1342
kiba 騎馬　beritten　1881, 283
kiban 基盤　Grundlage, Basis　450, 1098

kibarashi 気晴らし Zerstreuung, Erholung 134, 662

kibin 機敏 gewandt, flink 528, 1735

kibi(shii) 厳 streng, hart, ernst 822

kibo 規模 Maßstab, Umfang 607, 1425

kibō 希望 Wunsch, Hoffnung 676, 673

  mēkā ~ kakaku メーカー希望価格 Richtpreis, Listenpreis 676, 673, 421, 643

kibori 木彫り Holzschnitzerei 22, 1149

kibun 気分 Stimmung, Laune 134, 38

kibyō 奇病 seltsame Krankheit 1360, 380

KICHI 吉 Glück 1141

kichi 基地 (Militär)Stützpunkt 450, 118

Kichijōten 吉祥天 (buddh. Glücksgöttin) 1141, 1576, 141

kichinichi 吉日 glücklicher Tag 1141, 5

kichō 基調 Grundton/gedanke 450, 342

  貴重 wertvoll, kostbar 1171, 227

kichōhin 貴重品 Wertsachen 1171, 227, 230

kichū 忌中 Trauer, Trauerzeit 1797, 28

kido 木戸 Tor, Pforte 22, 152

  喜怒 Freude u. Zorn; Gefühle 1143, 1596

  輝度 Helligkeit(sgrad) 1653, 377

kidō 軌道 Bahn; Geleise, Schiene 1787, 149

kido-airaku 喜怒哀楽 Freud u. Leid; Gefühle 1143, 1596, 1675, 358

kie 帰依 Glaube, Hingabe; Konversion 317, 678

ki(eru) 消 erlöschen, vergehen 845

kietsu 喜悦 Freude, Entzücken 1143, 1368

kifu 寄付 Spende, Beitrag 1361, 192

  棋譜 Aufzeichnung e-r Schach/Go/ Shōgipartie 1835, 1167

  寄附 Spende, Stiftung, Beitrag 1361, 1843

kiga 飢餓 Hunger, Hungersnot 1304, 1303

kigaeru 着替える sich umziehen 657, 744

kigai 危害 Verletzung, Schaden 534, 518

kigaku 器楽 Instrumentalmusik 527, 358

kigan 祈願 Gebet, Beten 621, 581

kigaru 気軽 leicht, einfach 134, 547

kigeki 喜劇 Lustspiel, Komödie 1143, 797

kigen 紀元 Jahr (e-r Zeitrechnung), Zeitalter 372, 137

  起原 Ursprung, Anfang 373, 136

  起源 Ursprung 373, 580

  期限 Termin, Frist 449, 847

  機嫌 Stimmung, Laune; Befinden 528, 1688

kigengo 紀元後 nach unserer Zeitrechnung 372, 137, 48

kigenzen 紀元前 vor unserer Zeitrechnung 372, 137, 47

kigi 木々 (viele) Bäume, jeder Baum 22

kigo 季語 Jahreszeit andeutendes Wort im Haiku 465, 67

kigō 記号 Zeichen, Symbol 371, 266

kigu 器具 Gerät, Instrument 527, 420

  危ぐ Befürchtung, Besorgnis, Furcht 534

kigū 奇遇 unerwartetes/zufälliges Zusammentreffen 1360, 1641

kigyō 企業 Unternehmen 481, 279

  chūshō ~ 中小企業 mittlere u. kleine Unternehmen 28, 27, 481, 279

kihaku na 稀薄な dünn 2182, 1449

kihan 規範 Norm 607, 1092

  軌範 Norm, Richtschnur 1787, 1092

kihatsu 揮発 sich verflüchtigen 1652, 96

kihei 騎兵 Kavallerie; Kavallerist 1881, 784

kihi 忌避 vermeiden; verweigern (Wehrdienst); ablehnen (Richter) 1797, 1491

kihin 貴賓 hoher Gast; Ehrengast 1171, 1852

kihō 既報 früherer Bericht 1458, 685

  気泡 Luftblase, Schaumblase 134, 1765

kihon 基本 Grund(lage), Fundament, Norm 450, 25

kiiro 黄色 gelb 780, 204

kiito 生糸 Rohseide 44, 242

kiji 生地 (Kleider)Stoff 44, 118

  記事 Artikel, Bericht 371, 80

kijin 鬼神 grimmiger Gott; Seele e-s Verstorbenen 1523, 310

kijō 机上 am grünen Tisch, theoretisch 1305, 32

  気丈 standhaft, mutig 134, 1325

~ no kūron 机上の空論 akademiches Geschwätz 1305, 32, 140, 293

kiju 喜寿 der 77. Geburtstag 1143, 1550

kijūki 起重機 Kran 373, 227, 528

kijun 基準 Norm, Basis, Grund 450, 778

  規準 Kriterium, Richtmaß, Norm 607, 778

kijutsu 記述 Beschreibung 371, 968

  奇術 Zauberei, Taschenspielerei 1360, 187

kika 帰化 Einbürgerung 317, 254

kikaeru 着替える sich umziehen 657, 744

kikagaku 幾何学 Geometrie 877, 390, 109

kikai 機会 Gelegenheit, Chance 528, 158
器械 Maschine, Mechanismus 527, 529
機械 Instrument, Apparat, Gerät 528, 529
奇怪 seltsam, mysteriös 1360, 1476
kikai bunmei 機械文明 technische
   Zivilisation 528, 529, 111, 18
kikaika 機械化 Mechanisierung 528, 529,
   254
kikaku 企画 Plan, Entwurf 481, 343
kikan 気管 Luftröhre 134, 328
期間 Frist, Zeitdauer, Termin 449, 43
機関 Maschine; Mittel; Organ 528, 398
帰還 Rückkehr, Repatriierung 317, 866
   hōdō ~ 報道機関 Presse, Medien 685, 149,
   528, 398
   kin'yū ~ 金融機関 Geldinstitut 23, 1588,
   528, 398
   nainen ~ 内燃機関 Verbrennungsmotor
   84, 652, 528, 398
   shimon ~ 諮問機関 beratendes Organ
   1769, 162, 528, 398
kikanjū 機関銃 Maschinengewehr 528, 398,
   829
kikatsu 飢渇 Hunger u. Durst 1304, 1622
kikazaru 着飾る sich prächtig kleiden, sich
   schmücken 657, 979
kiken 危険 Gefahr 534, 533
棄権 Stimmenthaltung; Verzicht 962, 335
kiki 危機 Krise; entscheidender Moment
   534, 528
kikiireru 聞き入れる erhören, einwilligen,
   hören (auf) 64, 52
kikimorasu 聞き漏らす überhören, nicht
   verstehen 64, 1806
kikin 基金 Stiftung, Fonds 450, 23
飢きん Hungersnot, Knappheit, Not 1304
kikite 聞き手 (Zu)Hörer 64, 57
kikitoru 聞き取る verstehen, vernehmen,
   hören, folgen 64, 65
kikkyō 吉凶 Glück u. Unglück, Schicksal,
   Zukunft 1141, 1280
kikō 紀行 Reisebeschreibung/bericht 372, 68
気孔 Pore 134, 940
気候 Klima 134, 944
機構 Organisation, Struktur 528, 1010
kikōbun 紀行文 Reisebeschreibung/bericht
   372, 68, 111

ki(koeru) 聞 hörbar/vernehmbar sein 64
kikoku 帰国 (in sein Heimatland)
   zurückkehren 317, 40
kikon 既婚 verheiratet 1458, 567
kikori 木こり Holzhacker 22
KIKU 菊 Chrysantheme 475
ki(ku) 聞 hören, befolgen; fragen 64
利 wirksam sein, wirken 329
効 wirken, wirksam sein 816
聴 (zu)hören 1039
kiku no gomon 菊の御紋 das kaiserl.
   Chrysanthemenwappen 475, 708, 1454
~ no hana 菊の花 Chrysantheme 475, 255
   haba ga ~ 幅が利く (großen) Einfluß
   haben 1380, 329
Kikuchi 菊地 (Familienname) 475, 118
kikuningyō 菊人形 Chrysanthemenpuppe
   475, 1, 395
kikuzukuri 菊作り Chrysanthemenzucht
   475, 360
kikyō 奇矯 exzentrisch, sonderbar 1360, 1925
kikyū 危急 Not(fall), Krise 534, 303
気球 (Luft)Ballon 134, 726
ki(maru) 決 entschieden werden 356
ki(meru) 決 entscheiden 356
kimi 黄身 Eigelb 780, 59
君 du; Herrscher 793
kimitsu 機密 Geheimnis 528, 806
kimo 肝 Leber; Geist 1272
kimochi 気持ち Stimmung, Gefühl, Befinden
   134, 451
kimono 着物 Kimono 657, 79
kimottama 肝っ玉 Schneid, Mut, starke
   Nerven 1272, 295
kimyō 奇妙 seltsam, merkwürdig 1360, 1154
KIN 斤 (Gewichteinheit, ca. 600 g) 1897
近 nahe 445
今 jetzt 51
琴 j. Harfe, Koto 1251
勤 angestellt sein 559
謹 (hoch)achten 1247
禁 Verbot 482
襟 Hals, Nacken; Kragen, Umschlag 1537
金 Gold; Metall; Geld 23
均 gleich, eben 805
筋 Muskel, Sehne, Ader; Faser; Linie; Logik;
   Vernunft 1090

菌 Pilz, Bazillus, Krankheitserreger 1222

緊 hart, fest 1290

kin ichiman en 金壱万円 (Betrag von) 10.000 Yen 23, 1730, 16, 13

(kin) jūman en (金)拾万円 (Betrag in Höhe von)100.000 Yen 23, 1445, 16, 13

kinben 勤勉 Fleiß, Emsigkeit, Eifer 559, 735

kinbun 均分 in gleiche Teile teilen 805, 38

kinchō 謹聴 aufmerksam zuhören 1247, 1039

緊張 Spannung, Gespanntheit 1290, 1106

kindai 近代 Neuzeit; modern 445, 256

kinen 祈念 Andacht 621, 579

kin'en 禁煙 Rauchen verboten! 482, 919

kinen kitte 記念切手 Sonder(brief)marke 371, 579, 39, 57

kinenbi 記念日 Gedenktag 371, 579, 5

kinenhi 記念碑 Denkmal 371, 579, 1522

kinga shinnen 謹賀新年 Ein glückliches Neues Jahr 1247, 756, 174, 45

kingaku 金額 Geldsumme, Betrag 23, 838

kingan 近眼 Kurzsichtigkeit 445, 848

kingen 謹言 Ihr sehr ergebener ... 1247, 66

kingō 近郷 Umgegend 445, 855

kingusari 金鎖 goldene Kette 23, 1819

kingyo 金魚 Goldfisch 23, 290

kin'iro 金色 golden 23, 204

kin'itsu 均一 Einheitlichkeit, Einheits- 805, 2

kinjo 近所 Nähe, Nachbarschaft 445, 153

kinkai 金塊 Goldklumpen/barren 23, 1524

Kinkakuji 金閣寺 (berühmter Tempel in Kyōto) 23, 837, 41

kinkan 金冠 goldene Krone 23, 1615

kinken 勤倹 Fleiß u. Sparsamkeit 559, 878

kinko 金庫 Safe; Kasse 23, 825

kinkō 近郊 Vorort, nähere Umgebung e-r Stadt 445, 817

均衡 Gleichgewicht 805, 1585

kinkyori 近距離 kurze Strecke/Entfernung 445, 1294, 1281

kinkyū 緊急 dringend, dringlich 1290, 303

kinmedaru 金メダル Goldmedaille 23

kinmitsu 緊密 eng, dicht 1290, 806

kinmotsu 禁物 verbotene Sache, Tabu 482, 79

kinmu 勤務 Dienst 559, 235

kinniku 筋肉 Muskel 1090, 223

kinō 機能 Funktion 528, 386

kinodoku 気の毒 bedauernswert 134, 522

kinpaku 金ぱく Blattgold 23

緊迫 Spannung, Gespanntheit 1290, 1175

kinpatsu 金髪 blond 23, 1148

kinpen 近辺 Nähe, Umgebung 445, 775

kinrō 勤労 Arbeit, Anstrengung 559, 233

kinryō 禁猟 Jagdverbot 482, 1580

斤量 Gewicht 1897, 411

kinsei 禁制 Verbot, Tabu 482, 427

均斉 Symmetrie 805, 1477

kinsen 金銭 Geld 23, 648

  kokoro no ~ 心の琴線 innerste Seele 97, 1251, 299

kinshi 禁止 Verbot 482, 477

近視 Kurzsichtigkeit 445, 606

  usetsu ~ 右折禁止 Nach rechts abbiegen verboten! 76, 1394, 482, 477

kinshin 謹慎 gutes Benehmen; Stubenarrest 1247, 1785

kinshitsu 均質 gleichartig, homogen 805, 176

kinshoku 金色 golden 23, 204

kinshu 禁酒 Abstinenz; Alkoholverbot 482, 517

kinshuku 緊縮 Einschränkung, Sparmaßnahmen 1290, 1110

kintei 謹呈 Ergebenst überreicht vom Verfasser 1247, 1590

kintō 均等 Gleichheit, Parität 805, 569

kinu 絹 Seide 1261

kinubari 絹針 Nadel für Nähseide 1261, 341

kinuito 絹糸 Seidenfaden 1261, 242

kinuorimono 絹織物 Seidenstoff 1261, 680, 79

kin'yō(bi) 金曜(日) Freitag 23, 19, 5

kin'yū 金融 Finanzen, Finanz- 23, 1588

  ~ kikan 金融機関 Geldinstitut 23, 1588, 528, 398

kinzoku 金属 Metall 23, 1637

kioku 記憶 Gedächtnis, Erinnerung 371, 381

kion 気温 Lufttemperatur 134, 634

kiōshō 既往症 Krankengeschichte (e-s Patienten), Anamnese 1458, 918, 1318

kippō 吉報 gute Nachricht 1141, 685

kippu 切符 (Fahr-/Eintritts)Karte 39, 505

  ~ uriba 切符売り場 Fahrkartenschalter 39, 505, 239, 154

kira(u) 嫌 nicht mögen, hassen 1688

ki(reru) 切 gut schneiden; zu Ende gehen 39

kiri 霧 Nebel 950

  kuroi ~ 黒い霧 dunkle Machenschaften 206, 950

kiriage 切り上げ Abschluß, Aufrundung, Aufwertung 39, 32

kirihanasu 切り離す abschneiden, abtrennen 39, 1281

kirikabu 切り株 (Baum)Stumpf, (Getreide)Stoppeln 39, 741

kirikae 切り替え Erneuerung, Umstellung, Wechsel 39, 744

kirikuzusu 切り崩す (Erde) abtragen; (zer)brechen 39, 1122

kirisage 切り下げ Kürzung, Herabsetzung, Abwertung 39, 31

kirisame 霧雨 (feiner) Sprühregen 950, 30

kirisuteru 切り捨てる niederhauen; weglassen 39, 1444

kiritsu 規律 Regel, Vorschrift 607, 667

kiro 帰路 Rückweg, Heimweg 317, 151

  岐路 Scheideweg, Kreuzweg 872, 151

  san ~ 三キロ 3 kg/km 4

kiroku 記録 Aufzeichnung, Chronik; Rekord 371, 538

ki(ru) 切 schneiden 39

  着 anziehen, tragen 657

kisai 記載 Eintrag, Angabe 371, 1124

  鬼才 Genie, großes Talent 1523, 551

kisei 寄生 Parasitentum 1361, 44

  祈誓 Gelübde 621, 1395

~ (no) jijitsu 既成(の)事実 vollendete Tatsache 1458, 261, 80, 203

kiseifuku 既製服 Kleid/Anzug von der Stange 1458, 428, 683

kiseki 基石 Grundstein 450, 78

  軌跡 (geometrischer) Ort 1787, 1569

kisen 汽船 Dampfer 135, 376

ki(seru) 着 (j-n) anziehen 657

kisetsu 季節 Jahreszeit, Saison, Zeit 465, 464

kisetsufū 季節風 Monsun 465, 464, 29

kisetsuhazure 季節外れ außerhalb der Saison 465, 464, 83

kisha 汽車 Zug, Eisenbahn 135, 133

  記者 Journalist 371, 164

  喜捨 Almosen, Spende, Stiftung 1143, 1444

kishi 岸 Ufer, Küste 586

  棋士 professioneller Schachspieler 1835, 572

  騎士 Ritter 1881, 572

kishin 鬼神 grimmiger Gott; Seele e-s Verstorbenen 1523, 310

kishō 希少 selten, knapp 676, 144

  起床 aufstehen 373, 826

  記章 Medaille, Abzeichen 371, 857

~ kachi 希少価値 Seltenheitswert 676, 144, 421, 425

Kishōchō 気象庁 Wetteramt 134, 739, 763

kishōgaku 気象学 Meteorologie 134, 739, 109

kishu 騎手 Reiter 1881, 57

kishukusha 寄宿舎 Pension, Wohnheim 1361, 179, 791

kiso 起訴 Anklage 373, 1402

  基礎 Grundlage, Fundament 450, 1515

~ chishiki 基礎知識 Grundkenntnisse 450, 1515, 214, 681

~ kōji 基礎工事 Grundbau; Grundlegung 450, 1515, 139, 80

kisō 寄贈 Schenkung, Stiftung 1361, 1364

kisoku 規則 Regel, Vorschrift 607, 608

kiso(u) 競 wetteifern, konkurrieren 852

kissaten 喫茶店 Teehaus, Café 1240, 251, 168

kisshō 吉祥 gutes Omen 1141, 1576

Kisshōten 吉祥天 (buddh. Glücksgöttin) 1141, 1576, 141

kissuru 喫する essen, trinken, rauchen 1240

kisū 奇数 ungerade Zahl 1360, 225

kita 北 Norden 73

kitaageru 鍛え上げる gut schmieden, gut trainieren 1817, 32

kita(eru) 鍛 härten, schmieden; (ab)härten, üben, trainieren 1817

kitai 気体 Gas 134, 61

  期待 Erwartungen, Hoffnung 449, 452

kitakaze 北風 Nordwind 73, 29

Kita-ku 北区 (Name e-s städtischen Verwaltungsbezirks) 73, 183

kitaku 帰宅 nach Hause gehen, heimkehren 317, 178

kitana(i) 汚 schmutzig 693

kita(ru) 来 kommen 69

kita(su) 来 führen (zu) 69

kitchō 吉兆 gutes Vorzeichen 1141, 1562

kitei 規定 Vorschrift 607, 355

kiteki 汽笛 Dampfpfeife 135, 1471

kiten 起点 Ausgangspunkt 373, 169

kito 企図 Vorsatz, Absicht, Plan 481, 339
  帰途 Heimweg 317, 1072
kitō 祈とう Gebet 621
kitoku 危篤 todkrank 534, 1883
kitōsho 祈とう書 Gebetbuch 621, 131
KITSU 吉 Glück 1141
  詰 in die Enge getrieben werden 1142
  喫 essen; trinken; rauchen 1240
kitsuen 喫煙 Rauchen 1240, 919
kitsumon 詰問 Kreuzverhör 1142, 162
kitte 切手 Briefmarke 39, 57
  kinen ~ 記念切手 Sonder(brief)marke
  371, 579, 39, 57
kiu-kōdai 気宇広大 großmütig, hochherzig
  134, 990, 694, 26
kiwa 際 Rand, Seite 618
kiwadatsu 際立つ hervorragen 618, 121
kiwa(maru) 極 enden 336
  窮 enden 897
kiwa(meru) 極 erreichen 336
  究 gründlich erforschen, untersuchen 895
  窮 gründlich untersuchen; enden lassen 897
kiwa(mi) 極 Höhe, Extrem, Ende 336
kiyō 器用 geschickt 527, 107
kiyo(i) 清 rein, sauber, klar 660
kiyo(maru) 清 gereinigt werden 660
kiyo(meru) 清 reinigen, läutern 660
Kiyomizudera 清水寺 (berühmter Tempel in
  Kyōto) 660, 21, 41
kiza(mu) 刻 (fein/klein) schneiden, schnitzen
  1211
kiza(shi) 兆 (Vor/An)Zeichen 1562
kiza(su) 兆 Anzeichen/Symptome aufweisen;
  sprießen 1562
kizō 寄贈 Schenkung 1361, 1364
kizoku 貴族 Adel; Adliger 1171, 221
kizu 傷 Wunde, Verletzung 633
kizuato 傷跡 Narbe 633, 1569
kizukai 気遣い Angst, Sorge 134, 1173
kizukare 気疲れ geistige Ermüdung/
  Erschöpfung 134, 1321
kizuku 気付く bemerken 134, 192
kizu(ku) 築 bauen, errichten 1603
kizumari 気詰まり Gehemmtsein, unfrei
  134, 1142
KO 古 alt 172
  固 hart 972

枯 (ver)welken 974
故 verstorben 173
個 individuell; (Zählwort für verschiedene
  Gegenstände) 973
湖 (der) See 467
戸 Tür 152
雇 an/einstellen; mieten, chartern 1553
顧 zurückblicken; berücksichtigen 1554
孤 einsam, allein 1480
弧 (Kreis)Bogen 1481
己 selbst 370
去 fortgehen, verlassen; vergehen 414
庫 Lagerhaus 825
拠 abhängen von, sich gründen auf 1138
鼓 Handtrommel 1147
呼 rufen, einladen, (be)nennen 1254
虚 leer 1572
誇 stolz sein, prahlen 1629
ko 木 Baum; Holz 22
  子 Kind 103
  黄 gelb 780
  粉 Mehl; Pulver 1701
  ~ no ha 木の葉 Blätter (der Bäume), Laub
  22, 253
  Towada-ko 十和田湖 (See in Tōhoku) 12,
  124, 35, 467
  Yamanaka-ko 山中湖 (See am Fuji) 34,
  28, 467
ko- 小 klein 27
KŌ 工 Bau, Bauen 139
  巧 Geschicklichkeit, Gewandtheit 1627
  功 Verdienst, Erfolg 818
  江 Bucht, Bai 821
  攻 angreifen 819
  紅 tiefrot 820
  貢 Tribut; finanzielle Unterstützung 1719
  控 sich zurückhalten; notieren; warten 1718
  項 Punkt, Artikel, Abschnitt, Paragraph 1439
  口 Mund 54
  向 nach ... gerichtet sein, sich wenden 199
  后 Kaiserin 1119
  拘 ergreifen; sich klammern (an) 1800
  高 hoch; teuer 190
  格 Status, Rang; Richtmaß, Regel; Fall 643
  稿 Entwurf, Manuskript 1120
  興 Interesse, Unterhaltung, Belebung 368
  交 Kreuzung; Verkehr 114

郊 Vorstadt, Vorort 817

効 wirken, wirksam sein 816

校 Schule; (Druck)Korrektur 115

絞 wringen, zusammendrücken 1452

溝 Graben, Gosse, Rinne 1012

構 (auf)bauen, errichten 1010

講 Vorlesung; Studium 783

購 kaufen, erwerben 1011

公 öffentlich, offiziell 126

広 breit, weit 694

鉱 Erz 1604

孔 Loch; Konfuzius 940

好 gern haben, mögen 104

厚 dick; herzlich 639

孝 Liebe/Pflicht zu/gegenüber den Eltern 542

考 denken, meinen, glauben 541

酵 Hefe; Gährung 1866

行 gehen, fahren 68

後 Rückseite, hinten 48

衡 Waage, wiegen 1585

坑 Grube, Loch 1613

抗 Widerstand leisten 824

航 Navigation, Seefahrt 823

洪 Flut, Überschwemmung; groß, weit 1435

港 Hafen 669

更 von neuem, noch einmal, wieder 1008

硬 hart, fest 1009

綱 Seil, Strick, Tau, Leine 1609

鋼 Stahl 1608

侯 Marquis 1924

候 Jahreszeit; Wetter 944

荒 rauh, roh, grob, wild 1377

慌 sich überstürzen; verwirrt werden 1378

耗 abnehmen, verfallen 1197

耕 (Boden) bestellen, bebauen 1196

光 Licht 138

皇 Kaiser 297

幸 Glück 684

黄 gelb 780

康 (Gemüts)Ruhe, (Seelen)Friede 894

降 herab/hinabsteigen, aussteigen; fallen 947

甲 A, (Nr.) 1 (in e-r Reihe); Muschelschale; Schildkrötenpanzer 982

仰 emporblicken; achten 1056

肯 zustimmen, einverstanden sein 1262

恒 immer(während), (be)ständig 1275

香 Duft 1682

kō 神 Gott 310

  keisetsu no ~ 蛍雪の功 Ergebnis intensiven Studiums 1878, 949, 818

kōan 公安 öffentliche Sicherheit 126, 105

  考案 Entwurf, Idee, Erfindung 541, 106

kōba 工場 Fabrik 139, 154

kōbai 購買 (Ein/An)Kauf 1011, 241

  紅梅 Pflaumenbaum mit roten Blüten 820, 1734

kōbaku 広漠 unendlich weit 694, 1427

koba(mu) 拒 ablehnen, abschlagen 1295

kōban 交番 Polizeiwache 114, 185

  鋼板 Stahlplatte 1608, 1047

Kobayashi 小林 (Familienname) 27, 127

kobetsuteki 個別的 einzeln, getrennt 973, 267, 210

kobito 小人 Zwerg, Liliputaner 27, 1

kōbo 公募 öffentlich ausschreiben 126, 1430

  酵母 Hefe 1866, 112

kōbō 攻防 Angriff u. Verteidigung 819, 513

kōbokin 酵母菌 Hefepilz 1866, 112, 1222

kobu 鼓舞 Ermunterung 1147, 810

  昆布 (Riemen)Tang 1874, 675

kobucha 昆布茶 Tang-Tee 1874, 675, 251

kobun 古文 klass. Literatur/Stil 172, 111

kobune 小舟 Kahn, Boot 27, 1094

kōbutsu 好物 Leibgericht 104, 79

  鉱物 Mineral 1604, 79

kōcha 紅茶 (schwarzer) Tee 820, 251

kōchi 耕地 landwirtschaftliche Nutzfläche 1196, 118

  拘置 in Haft halten, einsperren 1800, 426

kōchisho 拘置所 Gefängnis 1800, 426, 153

kochō 誇張 Übertreibung 1629, 1106

kōchō 校長 Schulleiter 115, 95

  好調 gut, günstig 104, 342

kōchōkai 公聴会 öffentliche Anhörung 126, 1039, 158

kodai 古代 Altertum, Antike 172, 256

  誇大 Übertreibung; Prahlerei 1629, 26

  ~ mōsō(kyō) 誇大妄想(狂) Größenwahn 1629, 26, 1376, 147, 883

kōdai 広大 Größe, Weite 694, 26

  kiu-kōdai 気宇広大 großmütig, hochherzig 134, 990, 694, 26

kōdei 拘泥 sich klammern an 1800, 1621

kodō 鼓動 Herzschlag 1147, 231

kōdo 硬度 Härte(grad) 1009, 377
~ seichō 高度成長 rasches Wachstum 190, 377, 261, 95
kōdō 行動 Handeln, Verhalten 68, 231
  講堂 Vortragssaal, Auditorium 783, 496
  坑道 Stollen 1613, 149
kodoku 孤独 einsam 1480, 219
kōdoku 購読 Abonnement 1011, 244
kōdokuryō 購読料 Abonnementspreis 1011, 244, 319
kodomo 子供 Kind 103, 197
koe 声 Stimme 746
  肥 Dünger, Dung, Mist 1723
koeda 小枝 Zweig 27, 870
koegawari 声変わり Stimmbruch 746, 257
kōei 公営 staatl./öffentl. Betrieb/Verwaltung 126, 722
  光栄 Ehre, Ruhm 138, 723
kōeki 公益 Gemeinnutz 126, 716
  交易 Handel, Austausch 114, 759
kōen 公演 öffentliche Aufführung 126, 344
  公園 (öffentlicher) Park 126, 447
  講演 Vortrag, Rede 783, 344
  後援 Unterstützung, Hilfe 48, 1088
zenpō-kōen fun 前方後円墳 alte Grabstätte für j. Kaiser 47, 70, 48, 13, 1662
ko(eru) 超 überschreiten (tr.) 1000
  越 überschreiten, überwinden 1001
  肥 dick/fett werden; fruchtbar werden; einen feinen Geschmack haben 1723
kōetsu 校閲 Durchsicht, Revision (e-s Manuskripts) 115, 1369
kofū 古風 alte Sitte, altmodisch 172, 29
kōfu 交付 abgeben, abliefern 114, 192
  工夫 Arbeiter 139, 315
  公布 öffentl. Bekanntmachung, amtl. Verkündung, Proklamation 126, 675
  坑夫 Bergmann 1613, 315
kōfuku 降伏 Kapitulation 947, 1356
  幸福 Glück, Segen 684, 1379
kofun 古墳 alte Grabstätte 172, 1662
kōfun 興奮 Auf-/Erregung 368, 1309
  公憤 öffentliche Entrüstung 126, 1661
kogai de 戸外で im Freien, draußen 152, 83
kogai satsuei 戸外撮影 Außenaufnahme(n) 152, 83, 1520, 854
kōgai 公害 Umweltverschmutzung 126, 518

  郊外 nähere Umgebung e-r Stadt, Vorstadt 817, 83
kōgaku 工学 Ingenieurwissenschaft, Technik 139, 109
kōgan 厚顔 Unverschämtheit 639, 277
kogane 小金 kleine Geldsumme; kleines Vermögen 27, 23
  黄金 Gold 780, 23
kogarashi 木枯らし kalter Windstoß, kalter Spätherbstwind 22, 974
ko(gareru) 焦 s. sehnen, verlangen 999
ko(gasu) 焦 anbrennen (lassen); s. sehnen 999
kogatana 小刀 (Taschen)Messer 27, 37
kōgeki 攻撃 Angriff, Offensive 819, 1016
kōgen 公言 öffentliche Erklärung 126, 66
  高原 Hochebene 190, 136
Shiga ~ 志賀高原 Shiga-Hochebene 573, 756, 190, 136
ko(geru) 焦 versengt werden 999
kōgi 講義 Vortrag, Vorlesung 783, 291
  抗議 Einspruch, Protest 824, 292
kogitte 小切手 Scheck 27, 39, 57
kogo 古語 veraltetes Wort, altes Sprichwort 172, 67
kōgo 交互 gegenseitig, abwechselnd 114, 907
kōgō 皇后 (j.) Kaiserin 297, 1119
kogoejini 凍え死に erfrieren 1205, 85
kogo(eru) 凍 frieren, erstarren 1205
kōgō-heika 皇后陛下 I.M. die Kaiserin 297, 1119, 589, 31
kogoto 小言 Schelte, Klage, Nörgelei 27, 66
kōgyō 工業 Industrie 139, 279
  興行 Aufführung, Schau 368, 68
  興業 Industrieunternehmen 368, 279
  功業 Leistung, Verdienst 818, 279
  鉱業 Bergbau 1604, 279
sen'i ~ 繊維工業 Textilindustrie 1571, 1231, 139, 279
kōhai 後輩 Nachwuchs, jüngere Generation 48, 1037
  荒廃 Verwüstung, Verheerung 1377, 961
kōhaku 紅白 Rot und Weiß 820, 205
kohan 湖畔 Seeufer 467, 1945
kōhan 公判 (öffentliche) Gerichtsverhandlung 126, 1026
  広範 weitreichend 694, 1092
  鋼板 Stahlplatte 1608, 1047

kōhīmame コーヒー豆 Kaffeebohne 958
kohitsuji 小羊, 子羊 Lamm 27, 288, 103, 288
kōhō 公法 öffentliches Recht 126, 123
高峰 hoher Berg/Gipfel 190, 1350
kōhosha 候補者 Kandidat 944, 889, 164
koi 故意 Vorsatz 173, 132
恋 Liebe 258
~ no nayami 恋の悩み Liebeskummer 258, 1279
michi naranu ~ 道ならぬ恋 verbotene Liebe 149, 258
ko(i) 濃 dunkel, dick, dicht 957
kōi 好意 Wohlwollen, guter Wille 104, 132
皇位 der kaiserliche Thron 297, 122
厚意 Güte, Freundlichkeit 639, 132
行為 Tat, Handlung; Betragen, Benehmen; Geschäft 68, 1484
shōdō ~ 衝動行為 Trieb-/Affekthandlung 1772, 231, 68, 1484
koibito 恋人 Geliebte(r), Liebhaber; Verliebte 258, 1
koibumi 恋文 Liebesbrief 258, 111
koigokoro 恋心 Liebe; erwachende Liebe 258, 97
kōin 工員 (Fabrik)Arbeiter 139, 163
koinu 小犬 kleiner Hund 27, 280
koishi 小石 kleiner Stein, Kieselstein 27, 78
koi(shii) 恋 lieb, geliebt; sich sehnen 258
kōishitsu 更衣室 Umkleideraum 1008, 677, 166
koji 故事 geschichtliche Begebenheit 173, 80
孤児 Waisenkind, Waise 1480, 1217, 614
誇示 zur Schau stellen 1629, 615
kōji 工事 Bau, Bauarbeit 139, 80, 28
公示 amtliche Bekanntmachung 126, 615
kiso ~ 基礎工事 Grundbau; Grundlegung 450, 1515, 139, 80
kōjichū 工事中 Bau, Bauarbeit 139, 80, 28
kojiin 孤児院 Waisenhaus 1480, 1217, 614
kojin 故人 der Verstorbene 173, 1
個人 Individuum, Privatperson 973, 1
kōjin 幸甚 (sehr) erfreut/verbunden sein 684, 1501
kōjinbutsu 好人物 gutmütiger Mensch 104, 1, 79
kōjitsu 口実 Vorwand, Ausrede 54, 203
kojō 古城 altes Schloß, alte Burg 172, 720

弧状 bogenförmig 1481, 626
kōjo 皇女 kaiserliche Prinzessin 297, 102
控除 Abzug, Abrechnung 1718, 1065
kōjō 工場 Fabrik 139, 154
向上 Aufstieg, Entwicklung 199, 32
攻城 Belagerung 819, 720
恒常 Beständigkeit, Stetigkeit 1275, 497
bōseki ~ 紡績工場 Spinnerei 1859, 1117, 139, 154
seikan ~ 製缶工場 Dosen-/Büchsenfabrik 428, 1649, 139, 154
kōjōsen 甲状せん Schilddrüse 982, 626
kōjutsu 口述 mündliche Erklärung; Diktat 54, 968
kōka 効果 Erfolg, Wirkung, Effekt 816, 487
降下 Abstieg, Fall, Landung 947, 31
硬化 Erhärten, Verhärtung 1009, 254
硬貨 Hartgeld, Münze 1009, 752
kōkai 公海 internationale Gewässer 126, 117
公開 öffentlich, offen 126, 396
航海 Seefahrt, Schiffahrt 823, 117
後悔 Reue 48, 1733
kōkaidō 公会堂 öffentliche Halle, Stadthalle, Gemeindezentrum 126, 158, 496
kokaku 孤客 einsamer Wanderer 1480, 641
顧客 Kunde; Kundschaft 1554, 641
kōkan 高官 hoher Beamter; hohes Amt 190, 326
好漢 netter Kerl 104, 556, 304, 556
光環 Korona; Sonnen-/Mondhof 138, 865
交換 Austausch; Umtausch; Ersatz 114, 1586
kokatsu 枯渇 aus-/vertrocknen; erschöpft sein 974, 1622
kōkei 後継 Nachfolge 48, 1025
口径 Kaliber 54, 1475
kōken 貢献 Beitrag, Dienst 1719, 1355
kōketsu 高潔 edel, vornehm 190, 1241
kōki 校旗 Schulfahne 115, 1006
綱紀 Disziplin, Ruhe u. Ordnung 1609, 372
光輝 Glanz, Schein; Ruhm, Glorie 138, 1653
香気 Duft, Wohlgeruch 1682, 134
kōkinsei 抗菌性 antibakteriell 824, 1222, 98
kōkishin 好奇心 Neugier 104, 1360, 97
kokka 国家 Staat, Nation 40, 165
国歌 Nationalhymne 40, 392
fukushi ~ 福祉国家 Wohlfahrtsstaat 1379, 1390, 40, 165

kokkai 国会 Parlament,
  Nationalversammlung 40, 158
~ gijidō 国会議事堂 Parlamentsgebäude 40,
  158, 292, 80, 496
kokkaku 骨格 Knochengerüst, Skelett;
  Körperbau 1266, 643
kokkasshoku 黒褐色 schwarzbraun 206,
  1623, 204
Kokkeisetsu 国慶節 Jahrestag der Gründung
  der VR China 40, 1632, 464
kokki 国旗 Flagge (e-s Landes) 40, 1006
  克己 Selbstbeherrschung 1372, 370
kokko 国庫 Staatskasse, Fiskus 40, 825
kokkō 国交 diplomat. Beziehungen 40, 114
kokkyō 国境 (Landes)Grenze 40, 864
kōko 江湖 (breite) Öffentlichkeit 821, 467
kōkō 高校 Oberschule, Gymnasium (Abk. f.
  高等学校 kōtō gakkō) 190, 115
(oya) ~ (親)孝行 Liebe/Pflicht zu/gegenüber
  den Eltern 175, 542, 68
kōkogaku 考古学 Archäologie 541, 172, 109
kokoku 故国 Heimatland, Heimat 173, 40
kōkoku 広告 Anzeige, Inserat 694, 690
kōkokutō 広告塔 Litfaßsäule, Reklamewand
  auf Dach 694, 690, 1840
kokono- 九 neun 11
kokonoka 九日 9 Tage; 9. (e-s Monats) 11, 5
kokono(tsu) 九 neun 11
kokon-tōzai 古今東西 alle Zeiten u. Länder
  172, 51, 71, 72
kokoro 心 Herz, Gemüt 97
~ no kate 心の糧 geistige Nahrung 97, 1704
~ no kinsen 心の琴線 innerste Seele 97,
  1251, 299
kokoroeru 心得る verstehen 97, 374
kokorogake 心掛け Absicht; Gesinnung;
  Aufmerksamkeit 97, 1464
kokorogamae 心構え geistige Haltung,
  Gesinnung; Vorbereitung 97, 1010
kokoro(miru) 試 versuchen, probieren 526
kokoroyo(i) 快 angenehm, erfreulich 1409
kokorozashi 志 Wille, Absicht, Zweck 573
kokoroza(su) 志 beabsichtigen 573
kokorozukai 心遣い Sorge, Angst 97, 1173
KOKU 告 mitteilen, berichten 690
  酷 streng, hart, grausam 1711
  国 Staat, Reich, Land 40

  石 (Volumenmaßeinheit, rund180 l) 78
  黒 schwarz 206
  谷 Tal 653
  刻 (fein/klein) schneiden, schnitzen 1211
  克 erobern 1372
  穀 Getreide 1729
kokū 虚空 Himmel, Luft, Leere 1572, 140
kōkū bokan 航空母艦 Flugzeugträger 823,
  140, 112, 1665
kokuban 黒板 (Schreib/Schul)Tafel 206,
  1047
kōkūbin 航空便 Luftpost 823, 140, 330
kokubō 国防 Landesverteidigung 40, 513
Kokubunji 国分寺 staatliche Provinz-
  Haupttempel 40, 38, 41
kokudō 国道 Reichsstraße 40, 149
kokuen 黒煙 schwarzer Rauch 206, 919
  黒鉛 Graphit 206, 1606
kokufu 国富 Wohlstand e-s Landes 40, 713
kokufuku 克服 Überwindung 1372, 683
kokugo 国語 Japanisch (Landessprache) 40,
  67
kokuhaku 告白 Geständnis, Bekenntnis
  690, 205
kokuhatsu 告発 Klage, Anklage, Anzeige
  690, 96
kokuhō 国法 Staatsrecht, Landesgesetz 40,
  123
  国宝 nationaler Schatz 40, 296
kokuhyō 酷評 harte Kritik 1711, 1028
kokui 黒衣 schwarze Kleidung 206, 677
kokuji 国字 Schrift e-s Landes; japan.
  Schriftzeichen 40, 110
  国璽 (großes) Staatssiegel 40, 1887
kokujin 黒人 Schwarzer, Neger 206, 1
kōkūken 航空券 Flugticket 823, 140, 506
kokumei 克明 treu, ehrlich; fleißig 1372, 18
kokumin 国民 Nation, Volk, Bürger 40, 177
~ shukusha 国民宿舎 (j.) Volksherberge 40,
  177, 791
~ sōseisan 国民総生産 Bruttosozialprodukt
  40, 177, 697, 44, 278
kokumotsu 穀物 Getreide 1729, 79
kokumu 国務 Staatsdienst, Staatsgeschäfte
  40, 235
~ chōkan 国務長官 Staatssekretär 40, 235,
  95, 326

kokunai 国内 Inland 40, 84
kokuō 国王 König 40, 294
~ **heika** 国王陛下 S. M. der König 40, 294, 589, 31
Kokuren 国連 UNO (Abk. f. 国際連合 Kokusai rengō) 40, 440
kokuritsu 国立 staatlich, Staats- 40, 121
kokurui 穀類 Getreide 1729, 226
kokusai 国際 international, Welt- 40, 618
国債 Staatsschulden, Staatsanleihe 40, 1118
kokusei 国勢 Zustand e-s Landes 40, 646
kokuseki 国籍 Staatsangehörigkeit, Nationalität 40, 1198
kokushi 酷使 schinden 1711, 331
kokusho 酷暑 unbarmherzige Hitze 1711, 638
kokuso 告訴 (An)Klage, Anzeige 690, 1402
kokusō 穀倉 Getreidespeicher; Kornkammer 1729, 1307
kokuyū 国有 staatlich, Staats- 40, 265
kokuzoku 国賊 Staatsfeind 40, 1807
kokyaku 顧客 Kunde; Kundschaft 1554, 641
kokyō 故郷 Heimat, Geburtsort 173, 855
kōkyo 皇居 kaiserl. Residenz/Palast 297, 171
kōkyō 公共 Allgemeinheit; öffentl. 126, 196
kōkyōgaku 交響楽 Sinfonie 114, 856, 358
kōkyōkyoku 交響曲 Sinfonie 114, 856, 366
kokyū 呼吸 Atem(zug), Atmung 1254, 1256
kōkyū 高級 hoher Rang; erstklassig, Luxus 190, 568
恒久 Beständigkeit, Ewigkeit 1275, 1210
koma(ka) 細 ausführlich, genau 695
koma(kai) 細 klein, ausführlich 695
komaku 鼓膜 Trommelfell 1147, 1426
komarihateru 困り果てる in großer Verlegenheit sein 558, 487
komarikiru 困り切る in großer Verlegenheit sein 558, 39
koma(ru) 困 verlegen/ratlos sein, leiden 558
kome 米 Reis 224
komedawara 米俵 Reissack 224, 1890
komen 湖面 Oberfläche e-s Sees 467, 274
ko(meru) 込 einschließen, enthalten; (Gewehr) laden; hineintun 776
kometsubu 米粒 Reiskorn 224, 1700
kōmoku 項目 Abschnitt, Absatz 1439, 55
komon 顧問 Ratgeber, Berater 1554, 162

komori 子守 Babysitting; Babysitter, Kindermädchen 103, 490
kōmorigasa こうもり傘 Regenschirm 790
ko(mu) 込 s. drängen, voll (besetzt) sein 776
komugi 小麦 Weizen 27, 270
kōmuin 公務員 Beamter, Angestellter im Öffentlichen Dienst 126, 235, 163
kōmu(ru) 被 erleiden; erhalten 976
kōmyō 功名 Ruhm 818, 82
巧妙 geschickt, gewandt 1627, 1154
KON 根 Wurzel; Geduld 314
恨 Groll, Haß, Vorwurf 1755
昆 älterer Bruder; später; Insekt 1874
混 mischen 799
墾 Landgewinnung, Kultivierung 1136
懇 Vertraulichkeit, Freundschaft 1135
金 Gold; Metall; Geld 23
今 jetzt 51
困 verlegen/ratlos sein, leiden 558
婚 Ehe 567
建 bauen 892
献 schenken, widmen 1355
紺 dunkelblau 1493
魂 Seele, Geist 1525
kona 粉 Mehl; Pulver 1701
kōnai 港内 im Hafen 669, 84
~ **jiko** 坑内事故 Grubenunglück 1613, 84, 80, 173
konamiruku 粉ミルク Milchpulver 1701
konban 今晩 heute abend 51, 736
konbō 混紡 gemischtes Spinnen 799, 1859
konbu 昆布 (Riemen)Tang 1874, 675
konchō 今朝 heute morgen 51, 469
konchū 昆虫 Insekt 1874, 873
~ **saishū** 昆虫採集 Insektensammlung 1874, 873, 933, 436
konchūgaku 昆虫学 Insektenkunde, Entomologie 1874, 873, 109
kondaku 混濁 Trübung 799, 1625
kondan 懇談 vertrauliche Unterhaltung, offenes Gespräch 1135, 593
kondate 献立 Speisekarte, Menü; Programm, Plan 1355, 121
kondo 今度 diesmal; kürzlich; nächstesmal 51, 377
kōnen 光年 Lichtjahr 138, 45
kōnenki 更年期 Wechseljahre 1008, 45, 449

kōnetsu 高熱 hohes Fieber 190, 645

(k)ōnetsu(byō) 黄熱(病) Gelbfieber 780, 645, 380

kongan 懇願 dringende Bitte 1135, 581

kongen 根源 Ursprung 314, 580

kongetsu 今月 diesen Monat 51, 17

kongo 今後 von jetzt an, künftig 51, 48

kongō 混合 Mischung 799, 159

kongōseki 金剛石 Diamant 23, 1610, 78

kongyō 今暁 heute in aller Frühe 51, 1658

kon'i 懇意 Freundschaft 1135, 132

kon'in 婚姻 Ehe, Heirat 567, 1748

kōnin 後任 Nachfolger 48, 334
公認 (amtl.) Anerkennung 126, 738

kon'inhō 婚姻法 Eherecht 567, 1748, 123

kon'iro 紺色 dunkelblau 1493, 204

konjaku 今昔 Vergangenheit u. Gegenwart, einst u. jetzt 51, 764

konjiki 金色 golden 23, 204

konkai 今回 diesmal 51, 90

konkan 根幹 Kern 314, 1189

konketsu no hito 混血の人 Mischling 799, 789, 1

konki 根気 Geduld, Ausdauer 314, 134

konku 困苦 Not, Schwierigkeiten 558, 545

konkyo 根拠 Grund(lage), Basis 314, 1138

konkyū 困窮 Armut, Not 558, 897

konnan 困難 Schwierigkeit, Mühsal 558, 557

konnichi 今日 heute 51, 5

kono(mu) 好 gern haben, mögen 104

konponteki 根本的 grundlegend, gründlich 314, 25, 210

konran 混乱 Durcheinander, Chaos 799, 689

konryū 建立 Errichten, Bauen 892, 121

konsetsu 懇切 freundlich, höflich; ausführlich, eingehend 1135, 39

konshinkai 懇親会 gesellige Zusammenkunft 1135, 175, 158

konshū 今週 diese Woche 51, 92

konsui (jōtai) こん睡(状態) Schlafsucht, Lethargie 1071, 626, 387

kontan 魂胆 Seele; verborgene Absicht, Hintergedanke 1525, 1273

kontei 根底 Grund, Grundlage 314, 562

kon'ya 今夜 heute nacht, heute abend 51, 471
紺屋 Färber, Färberei 1493, 167

kon'yaku 婚約 Verlobung 567, 211

kōnyū 購入 (Ein/An)Kauf 1011, 52

kōnyūsha 購入者 (Ein)Käufer 1011, 52, 164

konzatsu 混雑 Gewühl, Gedränge 799, 575

konzetsu 根絶 Ausrottung 314, 742

koō 呼応 Einklang, Einverständnis 1254, 827

kō-otsu 甲乙 A u. B; Unterschied, Abstufung 982, 983

kō-otsu-hei 甲乙丙 A, B, C; (Nr.) 1, 2, 3 982, 983, 984

ko(rashimeru) 懲 züchtigen, (be)strafen 1421

ko(rasu) 懲 züchtigen, (be)strafen 1421
凝 konzentrieren 1518

kōrei 高齢 hohes Alter 190, 833
恒例 Gewohnheit, Brauch 1275, 612

kōretsu 後列 hintere Reihe 48, 611

kōri 氷 Eis 1206

ko(riru) 懲 (aus etwas) lernen, klüger werden; genug haben (von) 1421

korishō 凝り性 Schwärmerei, Eifer 1518, 98

koritsu 孤立 Isolierung 1480, 121

kōritsu 公立 öffentlich 126, 121

kōro 航路 Seeweg, Kurs 823, 151

kōrō 功労 Verdienst 818, 233

koro(bu) 転 (s.) rollen, (hin)fallen 433

koro(garu) 転 (s.) rollen, (hin)fallen 433

koro(gasu) 転 rollen, wälzen, umwerfen 433

koro(geru) 転 (s.) rollen, (hin)fallen 433

koromo 衣 Kleid, Kleidung, Gewand 677

koro(su) 殺 töten, (er)morden 576

ko(ru) 凝 steif werden; s. begeistern, gänzlich aufgehen (in); anspruchsvoll sein 1518

kō(ru) 凍 gefrieren, zufrieren 1205

koryo 顧慮 Rücksicht(nahme); Berücksichtigung 1554, 1384

kōryo 考慮 Überlegung, Erwägung 541, 1384

kōryō 校了 letzte Korrektur 115, 941
稿料 Honorar für ein Manuskript 1120, 319
綱領 (Partei)Programm; Hauptpunkt; Grundriß 1609, 834
香料 Gewürz, Parfüm 1682, 319

kōryoku 効力 Wirkung, Wirksamkeit, Gültigkeit 816, 100

kōryū 興隆 Aufschwung, Gedeihen 368, 946
拘留 Haft, Verhaftung 1800, 761

kōsai 交際 Verkehr, Umgang, Gesellschaft 114, 618
光彩 Glanz 138, 932

kōtaishihi 皇太子妃 Kronprinzessin 297, 629, 103, 1756
kōtaku 光沢 Glanz, Politur 138, 994
kotei 固定 Festlegung/setzung 972, 355
kōtei 工程 Arbeitsprozeß/gang 139, 417
  公邸 Dienstwohnung, Amtssitz 126, 563
  校訂 Revision 115, 1019
  校庭 Schulhof 115, 1112
  皇帝 Kaiser 297, 1179
  肯定 Bejahung, Bestätigung 1262, 355
koten 古典 Klassik, klassiche Literatur 172, 367
kōtetsu 甲鉄 Panzer, Panzerplatte 982, 312
  更迭 Personalwechsel; (Kabinetts-) Umbildung 1008, 1507
  鋼鉄 Stahl 1608, 312
koto 事 Sache, Angelegenheit 80
  異 sich unterscheiden, anders sein 1061
  琴 japan. Harfe, Koto 1251
~ (ni) 殊 besonders, insbesondere 1505
~ no hoka 殊の外 übermäßig, äußerst, ungewöhnlich 1505, 83
  mukashi no ~ 昔の事 alte Geschichte; veraltet 764, 80
-koto 言 Wort 66
kotō 孤島 einsame Insel 1480, 286
kōtō 口答 mündliche Antwort 54, 160
  後頭 Hinterkopf 48, 276
  口頭 mündlich 54, 276
  高騰 plötzliche/heftige Steigerung 190, 1780
~ gakkō 高等学校 Oberschule, Gymnasium 190, 569, 109, 115
kotoba 言葉 Wort 66, 253
kōtōbu 後頭部 Hinterkopf 48, 276, 86
kotobuki 寿 Glückwunsch; langes Leben 1550
kotogara 事柄 Sache, Ding, Angelegenheit, Sachverhalt 80, 985
kōtoku 公徳 öffentliche Moral 126, 1038
kotoshi 今年 dieses Jahr 51, 45
kotowa(ru) 断 ablehnen; verbieten 1024
KOTSU 骨 Knochen 1266
kōtsū 交通 Verkehr 114, 150
kōtsūmō 交通網 Verkehrsnetz 114, 150, 1612
kotsuzui 骨髄 Knochenmark 1266, 1740
ko(u) 恋 verliebt sein 258
  請 bitten 661

kōun 幸運 Glück 684, 439
kouri 小売り Klein-/Einzelhandel 27, 239
kōuryō 降雨量 Regenmenge 947, 30, 411
koushi 小牛, 子牛 Kalb 27, 281, 103, 281
kowa- 声 Stimme 746
kōwa 講和 Friedensschluß, Frieden 783, 124
kowa(i) 怖 schrecklich, entsetzlich 1814
kowairo 声色 verstellte Stimme 746, 204
kōwan 港湾 Hafen- 669, 670
~ rōdōsha 港湾労働者 Hafenarbeiter 669, 670, 233, 232, 164
kowa(reru) 壊 zerbrechen 1407
kowa(su) 壊 zerbrechen, abbrechen; niederreißen; zerstören; beschädigen 1407
koya 小屋 Hütte 27, 167
kōya 荒野 Wüste, Öde, Wildnis 1377, 236
  紺屋 Färber, Färberei 1493, 167
kōyaku 口約 mündl. Versprechen 54, 211
  公約 öffentliches Versprechen 126, 211
koyama 小山 Hügel 27, 34
ko(yashi) 肥 Dünger, Dung, Mist 1723
ko(yasu) 肥 düngen; mästen 1723
kōyō 孝養 Erfüllung der Kindespflichten 542, 402
  高揚 Aufschwung 190, 631
  黄葉 gelbe Blätter, Herbstlaub 780, 253
  紅葉 buntes Herbstlaub, Herbstfärbung 820, 253
koyomi 暦 Kalender 1534
koyū 固有 eigen, charakteristisch 972, 265
kōza 口座 (Bank)Konto 54, 786
  (tsūshin) ~ (通信)講座 (Fern)Kurs 150, 157, 783, 786
kōzan 鉱山 Bergwerk 1604, 34
kozara 小皿 kleiner Teller, kleine Schüssel 27, 1097
kozeni 小銭 Kleingeld 27, 648
kozō 小僧 junger Priester; Lehrling, Laufjunge; Junge 27, 1366
kōzui 洪水 Hochwasser, Überschwemmung 1435, 21
kozukai(sen) 小遣い(銭) Taschengeld 27, 1173, 648
kozutsumi 小包み Paket 27, 804
KU 工 Bau, Bauen 139
  功 Verdienst, Erfolg 818
  紅 tiefrot 820

貢 Tribut, finanzielle Unterstützung 1719

口 Mund 54

句 Satz, Ausdruck; Gedicht 337

苦 leiden 545

宮 Schrein; Palast; Prinz 721

区 städt. Verwaltungsbezirk, Gebiet 183

駆 rennen, galoppieren 1882

九 neun 11

供 darbringen, opfern 197

庫 Lagerhaus 825

久 lange (Zeit) 1210

Chūō-ku 中央区 (Verwaltungsbezirk in Tōkyō) 28, 351, 183

Suginami-ku 杉並区 (Verwaltungsbezirk in Tōkyō) 1872, 1165, 183

KŪ 空 Himmel; leer 140

kuba(ru) 配 verteilen 515

kubetsu 区別 Unterschied, Unterscheidung 183, 267

kubi 首 Kopf, Hals 148

kubikazari 首飾り Halsband, Kette 148, 979

kubun 区分 (Ein)Teilung 183, 38

kuchi 口 Mund 54

  yoi no ~ 宵の口 früher Abend 1854, 54

kuchiba 朽ち葉 verwelktes/dürres Blatt 1628, 253

kuchibashiru 口走る s. verplaudern 54, 429

kuchibeni 口紅 Lippenstift 54, 820

kuchibiru 唇 Lippe 1737

kuchibue 口笛 Pfiff, Pfeifen 54, 1471

kuchidashi 口出し hineinreden, sich einmischen 54, 53

kuchidomeryō 口止め料 Schweigegeld 54, 477, 319

kuchie 口絵 Titelbild 54, 345

kuchiguse 口癖 Redeweise; Lieblingsworte 54, 1490

kuchiku 駆逐 vertreiben 1882, 1134

kuchioshii 口惜しい bedauerlich, ärgerlich 54, 765

ku(chiru) 朽 verfaulen, verrotten 1628

kuchū 苦衷 heikle Lage, Klemme 545, 1677

kuda 管 Rohr, Röhre 328

kuda(keru) 砕 zerbrechen 1710

kuda(ku) 砕 (zer)brechen 1710

kudamono 果物 Obst 487, 79

kudarizaka 下り坂 Abstieg, Neigung;

Verfall 31, 443

kuda(ru) 下 hinuntergehen 31

kuda(saru) 下 geben 31

kuda(su) 下 herablassen, herunternehmen 31

kūdō 空洞 Höhle 140, 1301

kufū 工夫 Mittel, Weg 139, 315

kūfuku 空腹 Hunger 140, 1271

kugatsu yokka (ka) 9月4日(火) 4. 9. (Dienstag) 17, 5, 20

kugiru 区切る abteilen, mit Satzzeichen versehen 183, 39

kūhaku 空白 leerer Raum, Vakuum 140, 205

kuiki 区域 Bezirk, Zone, Bereich 183, 970

  chōjū hogo ~ 鳥獣保護区域 Tierschutzgebiet 285, 1582, 489, 1312, 183, 970

ku(iru) 悔 bereuen, bedauern 1733

kujira 鯨 Wal 700

kujo 駆除 vertilgen, ausrotten 1882, 1065

kukan 区間 Strecke 183, 43

kūkan 空間 (leerer) Raum 43

  jikan to ~ 時間と空間 Zeit und Raum 42, 43, 140, 43

kuki 茎 Stengel, Stiel, Halm 1474

kūki 空気 Luft 140, 134

kūkikō 空気孔 Luftloch 140, 134, 940

kukkyoku 屈曲 Krümmung 1802, 366

kūkō 空港 Flughafen 140, 669

kuku 九九 Einmaleins 11, 11

kukyō 苦境 Notlage, Not, Klemme 545, 864

kumi 組 Gruppe, Klasse; Bande 418

kumiawasejō 組み合わせ錠 Zahlenschloß 418, 159, 1818

kumiawaseru 組み合わせる zusammensetzen 418, 159

kumo 雲 Wolke 636

kumori garasu 曇りガラス Milchglas 637

kumorigachi 曇りがち vorwiegend bewölkt 637

kumo(ru) 曇 sich bewölken, sich trüben 637

kumotsu 供物 Opfer(gabe) 197, 79

ku(mu) 組 zusammensetzen 418

KUN 勲 Verdienst 1773

薫 duften 1774

訓 (japan. Lesart chines. Schriftzeichen); Lehre 771

君 (Suffix bei Personennamen); Herrscher 793

kun ittō 勲一等 Orden 1. Klasse 1773, 2, 569

Kazuo-kun 和夫君 Kazuo (männl. Vorname, Anredeform) 124, 315, 793

on-kun 音訓 chines. u. japan. Kanji-Lesung 347, 771

Tanaka-kun 田中君 (Herr) Tanaka 35, 28, 793

kuni 国 Land 40

kun'iku 訓育 Erziehung 771, 246

kunji 訓辞 (Anweisungen enthaltende) Ansprache 771, 688

kunkai 訓戒 Ermahnung, Warnung 771, 876

kunkō 勲功 Verdienst 1773, 818
薫香 Weihrauch 1774, 1682

kunō 苦悩 Kummer, Leiden 545, 1279

kunpū 薫風 Sommerbrise 1774, 29

kunrei 訓令 Instruktion 771, 831

kunren 訓練 Schulung 771, 743

kunrin 君臨 herrschen, regieren 793, 836

kunshin 君臣 Fürst u. Untertan, Herrscher u. Volk 793, 835

kunshō 勲章 Orden, Auszeichnung 1773, 857

kunshu 君主 Herrscher, Monarch 793, 155

kuntō 薫陶 Schulung, Erziehung 1774, 1650

kuon 久遠 Ewigkeit 1210, 446

kura 蔵 Speicher, Magazin, Lager(haus) 1286
倉 Speicher, Magazin, Lagerhaus 1307

kura(beru) 比 vergleichen 798

kuragari 暗がり Dunkelheit, Finsternis 348

kurai 位 Rang, Stellung 122

kura(i) 暗 dunkel 348

kuraidori 位取り Stelle (vor/hinter dem Komma) 122, 65

kūran 空欄 leere Spalte 140, 1202

kurani 倉荷 Lagerware, Lagergut 1307, 391

ku(rasu) 暮 leben 1428

ku(rau) 食 essen, fressen 322

kurenai 紅 tiefrot 820

ku(reru) 暮 untergehen, enden 1428

kuriageru 繰り上げる vorverlegen 1654, 32

kurigoto 繰り言 ständiges Klagen 1654, 66

kurikaesu 繰り返す wiederholen 1654, 442

kurinobe 繰り延べ Aufschub 1654, 1115

kuro 黒 schwarz 206

kurō 苦労 Mühe, Anstrengung 545, 233

kuroi kiri 黒い霧 dunkle Machenschaften 206, 950

kuro(i) 黒 schwarz 206

kuroji 黒字 schwarze Zahlen 206, 110

kuroko 黒子 schwarz gekleideter Bühnenassistent beim Kabuki 206, 103

kurokoge 黒焦げ verkohlt 206, 999

Kuroshio 黒潮 (warme Meeresströmung südöstl. Japans) 206, 468

kuroshiro 黒白 Schwarz u. Weiß; Recht u. Unrecht 206, 205

kurōto 玄人 Fachmann 1225, 1

ku(ru) 来 kommen 69
繰 spinnen, (auf)winden; (Seite) umschlagen; (in einem Buch) nachschlagen; zählen 1654

kuruizaki 狂い咲き außerhalb der Saison blühen 883, 927

kuruma 車 Wagen; Rad 133

kuru(oshii) 狂 (fast) verrückt sein (vor Angst/Schmerz) 883

kuru(shii) 苦 schmerzhaft 545

kuru(shimeru) 苦 quälen 545

kuru(shimu) 苦 leiden 545

kuru(u) 狂 verrückt werden; Amok laufen; in Unordnung geraten 883

kusa 草 Gras, Kraut 249

kusabana 草花 Blume 249, 255

kusa(i) 臭 übelriechend, nach ... riechend 1244

kusa-kanmuri 草冠 (Bezeichnung für das Radikal 140 / 3k⁺⁺) 249, 1615

kusaki 草木 Pflanzen, Vegetation 249, 22

kusa(rasu) 腐 verderben lassen 1245

kusa(reru) 腐 verfaulen, verderben 1245

kusari 鎖 Kette 1819

kusa(ru) 腐 verfaulen, verderben 1245

kuse 癖 (An)Gewohnheit, Eigenart 1490

kūsha 空車 freier/leerer Wagen (z.B. Taxi) 140, 133

kushin 苦心 Mühe, Anstrengung 545, 97

kushō 苦笑 gequältes Lächeln 545, 1235

kūshū 空襲 Luftangriff 140, 1575

kūso 空疎 leer, hohl, nichtig 140, 1514

kūsō 空想 Fantasie 140, 147

kusuri 薬 Arznei, Medizin; Chemikalien 359

kusuriya 薬屋 Apotheke, Drogerie; Apotheker 359, 167

kūten 空転 Leerlauf 140, 433

kutōten 句読点 Interpunktion 337, 244, 169

KUTSU 屈 (s.) biegen, nachgeben 1802
掘 graben 1803
kutsu 靴 Schuhe 1076
~ issoku 靴一足 ein Paar Schuhe 1076, 2, 58
kutsū 苦痛 Schmerz 545, 1320
kutsugae(ru) 覆 stürzen, umfallen 1634
kutsugae(su) 覆 umstürzen/kippen 1634
kutsujoku 屈辱 Demütigung 1802, 1738
kutsushita 靴下 Socken, Strümpfe 1076, 31
kutsuya 靴屋 Schuhgeschäft, Schuhmacher
1076, 167
kutsuzure 靴擦れ durchgescheuerte Stelle
am Fuß 1076, 1519
ku(u) 食 essen, fressen 322
awa o ~ 泡を食う verwirrt sein, den Kopf
verlieren 1765, 322
kuwa 桑 Maulbeerbaum 1873
kuwabara-kuwabara 桑原桑原 Mein Gott!
1873, 136, 1873, 136
kuwabatake 桑畑 Maulbeerbaum-Pflanzung
1873, 36
kuwada(teru) 企 planen, unternehmen,
versuchen 481
kuwa(eru) 加 addieren, hinzufügen 709
shuhitsu o ~ 朱筆を加える verbessern,
korrigieren 1503, 130, 709
kuwa(shii) 詳 ausführlich, genau 1577
kuwa(waru) 加 beitreten 709
kuyami(jō) 悔やみ(状) Beileid(schreiben)
1733, 626
ku(yamu) 悔 bereuen, bedauern; beklagen;
kondolieren 1733
kuya(shii) 悔 bedauerlich, ärgerlich 1733
kūyu 空輸 Lufttransport 140, 546
kuzu(reru) 崩 zusammenbrechen,
zusammenfallen, zerfallen 1122
kuzu(su) 崩 abbrechen, niederreißen,
zerstören, vernichten 1122
KYA 脚 Bein 1784
kyakka 却下 zurückweisen 1783, 31
kyakkanteki 客観的 objektiv, sachlich 641,
604, 210
KYAKU 却 zurückziehen 1783
脚 Bein 1784
客 Gast, Kunde 641
kyakuatsukai 客扱い Behandlung/
Bedienung der Gäste/Kunden 641, 1258

kyakuchū 脚注 Fußnote 1784, 357
kyakuhon 脚本 Drama, Drehbuch, Textbuch,
Libretto 1784, 25
kyakuma 客間 Gästezimmer 641, 43
kyakusen 客船 Passagierschiff 641, 376
kyakushitsu 客室 Gästezimmer 641, 166
kyakushoku 脚色 Bearbeitung für Bühne/
Kino 1784, 204
kyara 伽羅 Aloeholz 2014, 1860
KYO 巨 groß, riesig 1293
拒 ablehnen, abschlagen, zurückweisen 1295
距 Entfernung 1294
居 (anwesend) sein, wohnen 171
去 fortgehen, verlassen; vergehen 414
許 erlauben, zulassen 737
挙 alle; Festnahme; Nennung 801
拠 abhängen von, s. gründen auf 1138
虚 leer 1572
KYŌ 共 zusammen, beide, alle 196
供 darbringen, opfern 197
恭 respektvoll, ehrerbietig 1434
挟 stecken (zwischen), klemmen (in/
zwischen), fassen/halten (mit) 1354
狭 eng, schmal, klein, begrenzt 1353
峡 (enge) Schlucht 1352
兄 älterer Bruder 406
況 Zustand, Lage 850
競 wetteifern, konkurrieren 852
享 s. erfreuen an, genießen; bekommen 1672
京 Hauptstadt 189
橋 Brücke 597
矯 geradebiegen, verbessern, abstellen 1925
凶 Übel, Unglück 1280
胸 Brust 1283
協 Zusammenarbeit 234
脅 (be)drohen, einschüchtern 1263
郷 Dorf, Heimatort 855
響 schallen, widerhallen; beeinflussen 856
境 Grenze 864
鏡 Spiegel 863
強 stark 217
教 lehren, unterrichten 245
興 Interesse, Unterhaltung, Belebung 368
経 Sutra 548
狂 verrückt werden 883
叫 rufen, (auf)schreien 1252
恐 (sich) fürchten 1602

香 Duft 1682
驚 erstaunt/überrascht sein 1778
kyō 今日 heute 51, 5
kyōaku 凶悪 schrecklich, abscheulich, grausam, brutal 1280, 304
kyōbai 競売 Versteigerung 852, 239
kyōbō 共謀 Verschwörung 196, 1495
kyōbu 胸部 Brust, Brustgegend 1283, 86
kyōchō 強調 Zusammenarbeit 217, 342
kyōchū 胸中 Busen, Herz, Gefühle 1283, 28
kyodai 巨大 kolossal, riesig 1293, 26
kyōdai 兄弟 Brüder, Geschwister, Bruder, Schwester 406, 405
鏡台 Toilettenspiegel 863, 492
kyodaku 許諾 Einwilligung 737, 1770
kyōdo 郷土 Heimat 855, 24
kyōdō 共同 Gemeinsamkeit 196, 198
協同 Zusammenarbeit 234, 198
kyoei 虚栄 Eitelkeit 1572, 723
kyōei 競泳 Schwimmwettkampf 852, 1208
kyoeishin 虚栄心 Eitelkeit 1572, 723, 97
kyōen きょう宴 Gastmahl, Festessen 640
kyōfu 恐怖 Furcht, Schrecken 1602, 1814
~ seiji 恐怖政治 Schreckensherrschaft, Terrorregime 1602, 1814, 483, 493
kyōfushō 恐怖症 Phobie 1602, 1814, 1318
kōsho ~ 高所恐怖症 Höhenangst 190, 153, 1602, 1814, 1318
kyōga shinnen 恭賀新年 Ein glückliches Neues Jahr 1434, 756, 174, 45
kyōgaku 共学 Koedukation 196, 109
驚がく Erstaunen; Entsetzen 1778
kyōgeki 挟撃 Zangenangriff 1354, 1016
矯激 überspannt, exzentrisch 1925, 1017
kyōgen 狂言 Nō-Schwank, Farce 883, 66
kyogi 虚偽 falsch, unwahr 1572, 1485
kyōgi 協議 Beratung, Konferenz 234, 292
競技 Wettkampf, Spiel 852, 871
kyōgū 境遇 (Lebens)Verhältnisse, Milieu, Umgebung 864, 1641
kyōhaku 脅迫 (Be)Drohung 1263, 1175
kyōhakujō 脅迫状 Drohbrief 1263, 1175, 626
kyōhan 共犯 Komplizenschaft 196, 882
kyohi 拒否 Ablehnung, Veto 1295, 1248
kyohiken 拒否権 Vetorecht 1295, 1248, 335
kyōhon 狂奔 herumrennen; versessen sein (auf) 883, 1659

kyōi 胸囲 Brustumfang 1283, 1194
脅威 (Be)Drohung, Gefahr 1263, 1339
驚異 Erstaunen, Wunder 1778, 1061
kyōiku 教育 Erziehung, Bildung 245, 246
hoshū ~ 補習教育 Fortbildung 889, 591, 245, 246
shōgai ~ 生涯教育 ständige Fortbildung 44, 1461, 245, 246
kyōin 教員 Lehrer, Lehrkörper 245, 163
kyojaku 虚弱 schwächlich 1572, 218
kyōjaku 強弱 Stärke u. Schwäche, Stärke 217, 218
kyōji 教示 Unterricht, Belehrung 245, 615
kyojin 巨人 Riese 1293, 1
kyōju 教授 Unterricht; Professor 245, 602
享受 genießen; haben; bekommen 1672, 260
meiyo ~ 名誉教授 emeritierter Professor 82, 802, 245, 602
kyojūchi 居住地 Wohnort 171, 156, 118
kyōjun 恭順 Untertanentreue 1434, 769
kyōjutsu 供述 Aussage, Darstellung 197, 968
kyoka 許可 Erlaubnis, Genehmigung, Konzession, Lizenz 737, 388
kyōka 強化 Stärkung, Verstärkung 217, 254
kyōkai 協会 Verein, Gesellschaft 234, 158
教会 Kirche 245, 158
境界 Grenze 864, 454
Nichi-Bei ~ 日米協会 Japanisch-Amerikan. Gesellschaft 5, 224, 234, 158
kyokan 巨漢 riesiger Mann/Kerl 1293, 556
kyōkan 叫喚 Schrei, Aufschrei 1252, 1587
kyōkasho 教科書 Lehrbuch 245, 320, 131
kyōkatsu 恐喝 erpressen 1602, 1919
kyōkei 恭敬 Ehrerbietigkeit 1434, 705
kyōken 強健 robuste Gesundheit 217, 893
恭謙 ehrerbietig, demütig 1434, 1687
kyōki 狂気 Wahnsinn, Irrsinn 883, 134
狂喜 sich riesig freuen 883, 1143
凶器 Mordwaffe, Mordwerkzeug 1280, 527
~ tetsudō 狭軌鉄道 Schmalspurbahn 1353, 1787, 312, 149
kyōkin 胸襟 Busen, Herz 1283, 1537
kyōko 強固 fest, stark, sicher 217, 972
kyōkō 強硬 hartnäckig 217, 1009
凶行 Gewalt(tat), Mord 1280, 68
恐慌 Panik, Bestürzung 1602, 1378

kyōtsū 共通 gemeinsam 196, 150
kyōwakoku 共和国 Republik 196, 124, 40
  Chūka jinmin ~ 中華人民共和国 VR
  China 28, 1074, 1, 177, 196, 124, 40
kyōwan 峡湾 Fjord 1352, 670
kyoyō 許容 Erlaubnis, Zulassung 737, 654
kyōyo 供与 versorgen, gewähren 197, 539
kyōyō 教養 Bildung, Ausbildung 245, 402
kyōyu 教諭 Lehrer 245, 1599
kyōyū 享有 Genuß, Besitz 1672, 265
kyōzai 教材 Lehrmaterial 245, 552
kyozetsu 拒絶 Ablehnung 1295, 742
kyōzō 胸像 Büste, Brustbild 1283, 740
KYŪ 求 fordern; bitten; suchen 724
  球 Ball, Kugel 726
  救 retten, helfen 725
  及 erreichen; reichen (bis) 1257
  吸 (ein)saugen, lutschen, rauchen 1256
  級 Rang, Klasse 568
  九 neun 11
  究 gründlich erforschen, untersuchen 895
  弓 Bogen, Bogenschießen 212
  窮 Extrem; festsitzen, enden 897
  休 ruhen, ausruhen 60
  急 dringend, eilig, plötzlich 303
  給 versorgen 346
  宮 Schrein; Palast; Prinz 721
  久 lange (Zeit) 1210
  旧 alt 1216
  泣 weinen 1236
  丘 Hügel 1357
  朽 verfaulen, verrotten, verfallen 1628
  糾 drehen, winden; untersuchen 1703
kyū doru 九ドル 9 Dollar 11
~ maruku 九マルク 9 DM 11
~ na saka 急な坂 steiler Hang 303, 443
kyūaku 旧悪 alte Sünde 1216, 304
kyūbō 窮乏 Not, Armut 897, 754
kyūbyō 急病 plötzliche Erkrankung 303, 380
kyūchi 窮地 schwierige Lage 897, 118
kyūdaiten 及第点 Versetzungszensur 1257, 404, 169
kyūdan 糾弾 (öffentlich) anklagen 1703, 1539
kyūden 宮殿 Palast, Schloß 721, 1130
kyūdō 弓道 (j.) Bogenschießen 212, 149
kyūgō 糾合 sammeln, vereinigen, scharen 1703, 159

kyūgohan 救護班 Rettungsmannschaft 725, 1312, 1381
kyūhaku 窮迫 Dringlichkeit 897, 1175
kyūhei 旧弊 veraltet 1216, 1782
kyūhen 急変 plötzliche Änderung 303, 257
kyūin 吸引 ein-/aufsaugen 1256, 216
kyūjin 求人 Stellenangebot 724, 1
kyūjitsu 休日 Ruhetag, Feiertag 60, 5
kyūjo 救助 Rettung, Hilfe 725, 623
kyūjō 宮城 kaiserlicher Palast 721, 720
  球場 Baseballstadion, Baseballplatz 726, 154
kyūjutsu 弓術 (j.) Bogenschießen 212, 187
kyūka 休暇 Ferien, Urlaub 60, 1064
kyūkan 急患 plötzlich Erkrankter 303, 1315
kyūkazan 休火山 ruhender Vulkan 60, 20, 34
kyūkei jikan 休憩時間 Erholungspause 60, 1243, 42, 43
kyūkei 休憩 Rast, Pause 60, 1243
  球茎 Zwiebel (e-r Pflanze), Knolle 726, 1474
kyūkeijo 休憩所 Rastplatz 60, 1243, 153
kyūkō 急行 Eilzug 303, 68
kyūkyō 窮境 schwierige Lage 897, 864
kyūkyoku 究極 (aller)letzt 895, 336
~ mokuteki 窮極目的 Endzweck 897, 336, 55, 210
kyūkyū 救急 erste Hilfe 725, 303
kyūmei 究明 Erforschung 895, 18
  糾明 genaue Untersuchung 1703, 18
~ bōto 救命ボート Rettungsboot 725, 578
kyūmon 糾問 Kreuzverhör 1703, 162
kyūnyū 吸入 einatmen, inhalieren 1256, 52
kyūreki 旧暦 alter (Mond)Kalender 1216, 1534
kyūryō 給料 Gehalt 346, 319
  丘陵 Hügel, Hügelkette 1357, 1844
~ chitai 丘陵地帯 hügelige Gegend 1357, 1844, 118, 963
kyūsai 救済 Hilfe, Rettung 725, 549
kyūsei 急性 akut 303, 98
  急逝 plötzlicher Tod 303, 1396
  旧姓 Mädchenname 1216, 1746
Kyūseigun 救世軍 Heilsarmee 725, 252, 438
kyūsen 休戦 Waffenstillstand 60, 301
kyūshi 休止 Pause, Unterbrechung 60, 477
kyūshiki 旧式 altmodisch, veraltet 1216, 525
kyūshoku 求職 Stellungssuche 724, 385
Kyūshū 九州 (e-e d. 4 j. Hauptinseln) 11, 195

kyūshū 吸収 ein-/aufsaugen 1256, 757
kyūsoku 休息 (Atem)Pause 60, 1242
kyūsui 給水 Wasserversorgung 346, 21
kyūsuisen 給水栓 Hydrant, Wasserhahn 346, 21, 1842
kyūtei 宮廷 kaiserlicher Hof 721, 1111
Kyūyaku (Seisho) 旧約(聖書) das Alte Testament 1216, 211, 674, 131
kyūyo 給与 Versorgung 346, 539
kyūyō 急用 dringendes Geschäft 303, 107 休養 Erholung, Entspannung 60, 402
kyūyujo 給油所 Tankstelle 346, 364, 153
kyūyusho 給油所 Tankstelle 346, 364, 153

– M –

MA 麻 Hanf 1529
摩 reiben, abreiben, kratzen 1530
磨 polieren, putzen, bürsten 1531
魔 Dämon, böser Geist 1528
ma 間 (Zwischen)Raum; (Zeit)Raum; Zimmer 43
目 Auge 55
馬 Pferd 283
真 wahr, rein, genau 422
cha no ~ 茶の間 Wohnzimmer 251, 43
maboroshi 幻 Trugbild, Phantom, Vision 1227
machi 町 Stadt, Viertel 182
街 Straße 186
machiaishitsu 待ち合い室 Warteraum/saal 452, 159, 166
machiawaseru 待ち合わせる warten (auf) 452, 159
machibōke 待ちぼうけ vergebliches Warten 452
machigai 間違い Fehler; Unfall 43, 814
machikado 街角 Straßenecke 186, 473
machikaneru 待ち兼ねる nicht (er)warten können 452, 1081
mado 窓 Fenster 698
madogiwa no seki 窓際の席 Fensterplatz 698, 618, 379
madoguchi 窓口 (Fahrkarten- usw.) Schalter 698, 54
mado(u) 惑 vom rechten Wege abkommen; irren; verlegen sein 969
madowaku 窓枠 Fensterrahmen 698, 1907
mae 前 vor, früher 47

maebarai 前払い Vorauszahlung 47, 582
maegaki 前書き Vorwort 47, 131
maemotte 前もって vorher, im voraus 47
maeoki 前置き Vorbemerkung 47, 426
mafuyu 真冬 der tiefe Winter, mitten im Winter 422, 459
magarimichi 曲がり道 Straße mit Kurven, kurvenreiche Straße 366, 149
ma(garu) 曲 sich biegen, ab/einbiegen 366
ma(geru) 曲 biegen, verdrehen 366
magi(rasu) 紛 (sich) ablenken; verbergen; ausweichen 1702
magi(rawashii) 紛 zweideutig, unbestimmt, leicht verwechselbar 1702
magi(rawasu) 紛 (sich) ablenken; verbergen; ausweichen 1702
magi(reru) 紛 verwechselt werden, schwer zu unterscheiden sein; abgelenkt werden 1702
mago 孫 Enkel 910
magomusume 孫娘 Enkeltochter 910, 1752
mahi 麻ひ Lähmung 1529
　shōni ~ 小児麻ひ Kinderlähmung, Polio 27, 1217, 1529
mahō 魔法 Zauberei, Magie 1528, 123
mahōbin 魔法瓶 Thermosflasche 1528, 123, 1161
MAI 毎 jeder, jedes 116
米 Reis 224
妹 jüngere Schwester 408
枚 (Zählwort für dünne, flache Gegenstände) 1156
埋 begraben sein; sich füllen 1826
mai 舞 Tanz 810
maiasa 毎朝 jeden Morgen 116, 469
maiban 毎晩 jeden Abend 116, 736
maibotsu 埋没 begraben werden; in Vergessenheit geraten 1826, 935
maigetsu 毎月 jeden Monat 116, 17
maigo 迷子 verlaufenes Kind 967, 103
maihime 舞姫 Tempeltänzerin; Tänzerin 810, 1757
maiji 毎時 jede Stunde, stündlich 116, 42
maikyo 枚挙 aufzählen 1156, 801
mainen 毎年 jedes Jahr, jährlich 116, 45
mainichi 毎日 jeden Tag, täglich 116, 5
maiōgi 舞扇 Tanzfächer 810, 1555

mai(ru) 参 gehen, kommen, besuchen, e-n
　　Tempel/Schrein besuchen　710
maishū 毎週 jede Woche　116, 92
maisō 埋葬 begraben, beerdigen　1826, 812
maisū 枚数 Zahl der Blätter　1156, 225
maitoshi 毎年 jedes Jahr, jährlich　116, 45
maitsuki 毎月 jeden Monat　116, 17
~ dai-ni doyōbi 毎月第二土曜日 jeden
　　zweiten Samstag (im Monat)　116, 17, 404, 3,
　　24, 19, 5
maizō 埋蔵 unterirdische Lagerstätte　1826,
　　1286
maji(eru) 交 mischen　114
ma(jiru) 交 vermischt/gemischt sein　114
　　混 sich (ver)mischen　799
maji(waru) 交 verkehren (mit)　114
majutsu 魔術 Zauberei, Magie　1528, 187
makanaitsuki 賄い付き mit Verpflegung
　　1739, 192
makana(u) 賄 beköstigen, versorgen;
　　bezahlen　1739
maka(seru) 任 überlassen, anvertrauen　334
maka(su) 任 überlassen, anvertrauen　334
ma(kasu) 負 besiegen　510
makeinu 負け犬 Geschlagener, Verlierer;
　　Außenseiter　510, 280
makeji-damashii 負けじ魂 unnachgiebiger
　　Geist　510, 1525
makenki 負けん気 unnachgiebiger Geist
　　510, 134
makeoshimi 負け惜しみ widerwilliges
　　Eingeständnis d. eigenen Niederlage　510, 765
ma(keru) 負 unterliegen, verlieren; Rabatt
　　geben　510
maki 巻 Rolle, Band　507
　　牧 Weide　731
makiba 牧場 Weide, Wiese　731, 154
makijaku 巻き尺 Bandmaß　507, 1895
makikomu 巻き込む einwickeln; verwickeln
　　507, 776
makkō 抹香 Weihrauch　1914, 1682
makkura 真っ暗 stockfinster　422, 348
makoto 誠 Wahrheit, Wirklichkeit,
　　Aufrichtigkeit　718
~ ni 誠に wirklich, herzlich　718
MAKU 膜 Membrane　1426
　　幕 Vorhang; Aufzug, Akt　1432

ma(ku) 巻 (auf)rollen, wickeln　507
mame 豆 Hülsenfrüchte, Bohnen; (Präfix:)
　　Miniatur-　958
mamehon 豆本 Miniaturausgabe e-s Buches
　　958, 25
mametsu 磨滅 Abnutzung　1531, 1338
mamonaku 間もなく sofort, bald　43
mamo(ru) 守 (be)schützen, verteidigen,
　　bewachen; befolgen　490
MAN 漫 ziellos, unfreiwillig　1411
　　慢 faul sein, vernachlässigen　1410
　　万 zehntausend　16
　　満 voll werden　201
　　kin ichi ~ en 金壱万円 (Betrag von) 10.000
　　　Yen　23, 1730, 16, 13
mana(bu) 学 lernen　109
manako 眼 Auge　848
manatsu 真夏 Hochsommer　422, 461
manchō 満潮 Flut　201, 468
mandan 漫談 Plauderei　1411, 593
manekineko 招き猫 Porzellankatze im
　　Schaufenster　455, 1470
mane(ku) 招 winken, einladen, verursachen
　　455
man'etsu 満悦 sehr vergnügt　201, 1368
manga 漫画 Karikatur; Bildergeschichte,
　　Comics　1411, 343
maniau 間に合う rechtzeitig kommen;
　　erreichen　43, 159
man'ichi 万一 sollte etwa　16, 2
man'in 満員 voll besetzt, ausverkauft　201,
　　163
mankitsu 満喫 nach Herzenslust essen/
　　trinken; genießen　201, 1240
mannenhitsu 万年筆 Füllfederhalter　16, 45,
　　130
manrui 満塁 vollbesetztes Mal (beim
　　Baseball)　201, 1694
manryō 満了 Ablauf　201, 941
　　ninki ~ 任期満了 Ablauf der Amtszeit
　　　334, 449, 201, 941
mansai 満載 voll (be)laden, voll　201, 1124
mansei 慢性 chronisch　1410, 98
manseki 満席 (voll)besetzt, ausverkauft　201,
　　379
manten 満点 höchste Punktzahl, beste
　　Zensur　201, 169

manuka(reru) 免 entkommen, vermeiden, befreit werden 733

man'yonsai 満四歳 (volle) vier Jahre (alt) 201, 6, 479

Man'yōshū 万葉集 japan. Gedichtsammlung aus dem 8.Jh. 16, 253, 436

manzai 漫才 humoristischer Dialog (auf der Bühne) 1411, 551

manzen 漫然 ziellos, planlos 1411, 651

manzoku 満足 Zufriedenheit 201, 58

-maru 丸 (Suffix für Schiffsnamen) 644

maru(i) 円 (kreis)rund 13
丸 (kugel)rund 644

maru(meru) 丸 rund machen, zu e-m Ball formen 644

marutagoya 丸太小屋 Blockhütte 644, 629, 27, 167

masa (ni) 正 genau, sicher 275

masa(ru) 勝 übertreffen 509

masatsu 摩擦 Reiben; Reibung; Reiberei 1530, 1519

  reisui ~ 冷水摩擦 kalte Abreibung 832, 21, 1530, 1519

massatsu 抹殺 auslöschen, tilgen, liquidieren, beseitigen; verneinen; ignorieren 1914, 576

masshō 抹消 (aus)streichen, tilgen 1914, 845

masu 升 (Hohlmaß, 1, 8 l) 1898

ma(su) 増 zunehmen, vermehren 712

masui 麻酔 Betäubung, Narkose 1529, 1709

mata 又 wieder, auch, und auch 1593

matagashi 又貸し Untermiete, weitervermieten 1593, 748

matagiki 又聞き Hörensagen 1593, 64

matamata 又々 schon wieder 1593

matata(ku) 瞬 blinzeln, funkeln 1732

matawa 又は oder 1593

matcha 抹茶 grüner Pulvertee 1914, 251

matenrō 摩天楼 Wolkenkratzer 1530, 141, 1841

mato 的 Ziel, Zielscheibe 210

MATSU 末 Ende 305
抹 (aus)löschen; pulverisieren 1914

matsu 松 Kiefer 696

ma(tsu) 待 warten, erwarten 452

matsuba 松葉 Kiefernnadel 696, 253

matsubara 松原 Kiefernhain 696, 136

matsubayashi 松林 Kiefernwald 696, 127

matsubi 末尾 Ende 305, 1868

matsudai 末代 Nachwelt 305, 256

matsu(ri) 祭 Fest, Feier 617

  ato no ~ 後の祭り Zu spät! 48, 617

matsurigoto 政 Verwaltung 483

matsu(ru) 祭 verehren, anbeten 617

Matsushima 松島 (berühmte Seelandschaft nördl. von Sendai) 696, 286

matta(ku) 全 ganz, vollständig 89

ma(u) 舞 tanzen, flattern 810

mawa(ri) 周 Umfang; Umgebung 91

mawarimichi 回り道 Umweg 90, 149

mawa(ru) 回 sich drehen (um), e-e Runde gehen 90

mawa(su) 回 drehen; weitersenden 90

mayaku 麻薬 Rauschgift 1529, 359

mayo(u) 迷 verlegen sein, zögern, schwanken; sich (ver)irren 967

mayu 繭 Kokon 1911

mayudama 繭玉 (Neujahrsdekoration mit kokonförmigen Keksen) 1911, 295

mayuge まゆ毛 Augenbraue 287

ma(zaru) 交 ver-/gemischt sein 114
混 sich (ver)mischen 799

mazemono 混ぜ物 Mischung 799, 79

ma(zeru) 交 mischen 114
混 mischen 799

mazu(shii) 貧 arm 753

me 目 Auge; (Suffix bei Ordnungszahlen) 55
女 weiblich 102
雌 Weibchen (Tiere) 1388
芽 Knospe, Keim, Sproß 1455

  goban no ~ 碁盤の目 Feld(er) (auf dem Go-Brett) 1834, 1098, 55

  jūketsu shita ~ 充血した目 blutunterlaufene Augen 828, 789, 55

  ki no ~ 木の芽 (Baum)Knospe 22, 1455

mebae 芽生え Sproß, Keim 1455, 44

mebana 雌花 weibliche Blüte 1388, 255

medama 目玉 Augapfel 55, 295

medatsu 目立つ auffallen 55, 121

megane 眼鏡 Brille 848, 863

megu(mu) 恵 segnen; Almosen spenden 1219

megu(ru) 巡 herumreisen, herumfahren 777

MEI 名 Name; Ruf 82
銘 Inschrift; Signatur; Name; Motto 1552
明 Licht, Helligkeit 18

盟 Schwur, Bündnis 717

命 Befehl, Schicksal, Leben 578

鳴 (Tierlaute:) bellen, singen, u.a. 925

迷 sich (ver)irren; Verlegenheit 967

meian 名案 gute Idee 82, 106

明暗 Licht u. Schatten, Schattierung 18, 348

meibo 名簿 Namensregister/liste 82, 1450

kaiin ~ 会員名簿 Mitgliederverzeichnis 158, 163, 82, 1450

meibutsu 名物 berühmtes Produkt, Spezialität (e-r Gegend) 82, 79

meicho 名著 Meisterwerk 82, 859

meidō 鳴動 dröhnen 925, 231

meigara 銘柄 Warenzeichen 1552, 985

Meiji Ishin 明治維新 Meiji-Restauration 18, 493, 1231, 174

~ jidai 明治時代 Meiji-Zeit (1868–1912) 18, 493, 42, 256

meiji 明示 Darlegung 18, 615

meijin 名人 Meister, Virtuose 82, 1

meiki 銘記 sich tief/fest einprägen 1552, 371

meikyoku 名曲 berühmtes Stück 82, 366

meikyū 迷宮 Labyrinth 967, 721

meimō 迷妄 Wahn, Täuschung 967, 1376

meimon 名門 berühmte Familie 82, 161

meirei 命令 Befehl 578, 831

meiro 迷路 Labyrinth 967, 151

meirō 明朗 klar, hell, heiter 18, 1754

meisai 迷彩 Tarnung 967, 932

meisatsu 明察 Einsicht, Scharfsinn, klares Urteil 18, 619

meisei 名声 Ruhm, Ansehen 82, 746

meishi 名詞 Substantiv 82, 843

名刺 Visitenkarte 82, 881

meishin 迷信 Aberglaube 967, 157

meisho 名所 Sehenswürdigkeit 82, 153

meishō 名称 Name, Benennung 82, 978

名匠 berühmter Meister 82, 1359

meishu 盟主 Führer 717, 155

meisō めい想 Meditation 147

meitengai 名店街 Straße mit bekannten Geschäften 82, 168, 186

meitō 名答 richtige Antwort 82, 160

meiwaku 迷惑 Belästigung 967, 969

meiyaku 盟約 Gelübde; Bündnis 717, 211

meiyo 名誉 Ehre 82, 802

~ kyōju 名誉教授 emeritierter Professor 82,

802, 245, 602

~ shimin 名誉市民 Ehrenbürger 82, 802, 181, 177

meiyoshoku 名誉職 Ehrenamt 82, 802, 385

mēkā kibō kakaku メーカー希望価格 Richtpreis, Listenpreis 676, 673, 421, 643

mekata 目方 Gewicht 55, 70

mekura 盲 Blindheit, Blinder; Unwissenheit, Unwissender 1375

MEN 面 Gesicht, Maske, Seite 274

免 entkommen, befreit werden 733

綿 Baumwolle 1191

menboku 面目 Ehre, Gesicht 274, 55

men'eki 免疫 Immunität 733, 1319

menjo 免除 Befreiung, Erlaß 733, 1065

menjō 免状 Diplom 733, 626

menkai 面会 Gespräch, Besuch 274, 158

menkyo 免許 (amtl.) Lizenz 733, 737

menmitsu 綿密 genau, sorgfältig 1191, 806

menmoku 面目 Ehre, Gesicht 274, 55

men'orimono 綿織物 Baumwollware(n), Baumwollstoff 1191, 680, 79

menpu 綿布 Baumwollstoff 1191, 675

menseki 面積 Fläche(ninhalt) 274, 656

免責 Befreiung von der Pflicht 733, 655

mensetsu 面接 Gespräch, Interview 274, 486

menshoku 免職 Amtsentlassung 733, 385

menshū 免囚 entlassener Sträfling 733, 1195

menzei 免税 Steuerbefreiung 733, 399

merikenko メリケン粉 (Weizen)Mehl 1701

meshi 飯 gekochter Reis; Mahlzeit 325

meshiagaru 召し上がる essen 995, 32

meshita 目下 Untergebener 55, 31

mesu 雌 Weibchen (Tiere) 1388

me(su) 召 (respektvoll, 2. Person:) (zu sich) rufen; (Kleider) tragen; (ein Bad) nehmen; fahren 995

mesuinu 雌犬 Hündin 1388, 280

METSU 滅 zugrundegehen 1338

metsubō 滅亡 Untergang, Verfall 1338, 672

meue 目上 Vorgesetzter, Ranghöherer 55, 32

meushi 雌牛 Kuh (im Gegensatz zum Bullen) 1388, 281

meyasu 目安 Richtlinie, Ziel 55, 105

mezamashi(dokei) 目覚まし(時計) Wecker 55, 605, 42, 340

mezura(shii) 珍 selten, ungewöhnlich 1215

MI 未 noch nicht 306
味 Geschmack 307
魅 Charme, Faszination 1526
mi 身 Körper; selbst; Stellung; Fleisch (Fisch/
Wild) 59
実 Frucht, Nuß 203
mi- 三 drei 4
miai 見合い formelles Treffen zweier
Heiratskandidaten 63, 159
miakiru 見飽きる sich satt sehen 63, 1763
miawaseru 見合わせる sich ansehen;
verschieben 63, 159
mibae 見栄え äußere Erscheinung 63, 723
mibōjin 未亡人 Witwe 306, 672, 1
mibun 身分 soziale Stellung, Stand 59, 38
miburui 身震い Zittern (vor Kälte/Angst)
59, 953
michi 道 Straße, Weg, Pfad 149
未知 unbekannt 306, 214
kewashii~ 険しい道 abschüssige Straße
533, 149
~ naranu koi 道ならぬ恋 verbotene Liebe
149, 258
michibata 道端 Straßen/Wegrand 149, 1418
michibi(ku) 導 führen, leiten 703
mi(chiru) 満 voll werden 201
mida(reru) 乱 in Unordnung geraten 689
midashi 見出し Überschrift 63, 53
mida(su) 乱 in Unordnung bringen 689
midori 緑 grün 537
midoriiro 緑色 grün, grüne Farbe 537, 204
mi(eru) 見 sichtbar sein 63
migakiageru 磨き上げる auf Hochglanz
bringen, polieren 1531, 32
miga(ku) 磨 polieren, putzen, bürsten 1531
migi 右 rechts 76
~ kara hidari e 右から左へ von rechts nach
links; sogleich 76, 75
~ to ieba hidari 右と言えば左 (ständig)
widersprechen 76, 66, 75
migite 右手 die rechte Hand; zur Rechten
76, 57
miharashi 見晴らし Aussicht 63, 662
miharu 見張る (be)wachen; die Augen weit
aufreißen 63, 1106
mihon 見本 Muster, Probe 63, 25
mijika(i) 短 kurz 215

miji(me) 惨 elend, armselig 1725
mijuku 未熟 unreif, grün 306, 687
mikaesu 見返す zurückblicken; über j-n
triumphieren 63, 442
mikai 未開 wild, unzivilisiert 306, 396
mikanbatake みかん畑 Mandarinenpflanzung 36
mikangari みかん狩り Mandarinenpflücken
1581
mikankō 未刊行 unveröffentlicht 306, 585,
68
mikansei 未完成 unvollendet 306, 613, 261
miken 眉間 Stirnmitte 2170, 43
miketsu 未決 schwebend, Untersuchungs-
306, 356
miketsushū 未決囚 Untersuchungsgefangener 306, 356, 1195
Miki 三木 (Familienname) 4, 22
miki 幹 Baumstamm 1189
mikiwameru 見極める durchschauen,
feststellen 63, 336
mikka 三日 drei Tage; 3. (Tag e-s Monats)
4, 5
mikkame 三日目 am 3. Tag 4, 5, 55
mikomi 見込み Aussicht, Möglichkeit,
Hoffnung 63, 776
mikon 未婚 unverheiratet 306, 567
mikotonori 詔 kaiserl. Erlaß 1885
mikuraberu 見比べる vergleichen 63, 798
mimai 見舞い Erkundigung, Besuch 63, 810
mimamoru 見守る beobachten, verfolgen;
anstarren 63, 490
miman 未満 unter, weniger als 306, 201
mimei 未明 Morgendämmerung 306, 18
mimi 耳 Ohr 56
mimitabu 耳たぶ Ohrläppchen 56
MIN 民 Volk, Nation 177
眠 schlafen 849
mina 皆 alles, alle 587
minami 南 Süden 74
Minami-Arupusu 南アルプス Südalpen (in
Japan) 74
minamiguchi 南口 Südeingang, Südausgang
74, 54
minamoto 源 Quelle, Ursprung, Anfang 580
minareru 見慣れる sich (an e-n Anblick)
gewöhnen 63, 915

minasan 皆さん alle; Verehrte Anwesende! 587

minato 港 Hafen 669

minatomachi 港町 Hafenstadt 669, 182

mine 峰 Gipfel 1350

mingei 民芸 Volkskunst 177, 435

min'i 民意 Volkswille 177, 132

miniku(i) 醜 häßlich, schändlich 1527

minji soshō 民事訴訟 Zivilprozeß/sache 177, 80, 1402, 1403

minkan 民間 privat, zivil 177, 43

minogasu 見逃す (versehentlich/bewußt) übersehen 63, 1566

mino(ru) 実 Früchte tragen 203

minshu shugi 民主主義 Demokratie 177, 155, 155, 291

minshū 民衆 Volk 177, 792

minshuku 民宿 Gasthaus, Pension 177, 179

minshuteki 民主的 demokratisch 177, 155, 210

min'yō 民謡 Volkslied 177, 1647

minzoku 民族 Rasse 177, 221
民俗 Volkssitte/brauch 177, 1126

mioboe 見覚え Erinnerung 63, 605

miokuru 見送る begleiten 63, 441

mirai 未来 Zukunft 306, 69

mi(ru) 見 sehen 63
診 untersuchen 1214

yume o ~ 夢を見る träumen 811, 63

miryō 魅了 bezaubern, faszinieren 1526, 941

miryoku 魅力 Charme, Zauber 1526, 100

miryokuteki 魅力的 faszinierend, zauberhaft, anziehend 1526, 100, 210

misaki 岬 Kap, Vorgebirge, Landspitze 1363

  Ashizuri-misaki 足ずり岬 (Südspitze Shikokus) 58, 1363

  Shio-no-misaki 潮岬 (Südspitze der Kii-Halbinsel) 468, 1363

  Shiretoko-misaki 知床岬 (Ostspitze Hokkaidōs) 214, 826, 1363

  Sōya-misaki 宗谷岬 (Nordspitze Hokkaidōs) 616, 653, 1363

misao 操 Keuschheit, Treue 1655

misasagi 陵 kaiserl. Grab, Mausoleum 1844

mise 店 Geschäft, Laden 168

mi(seru) 見 zeigen 63

misesaki 店先 Ladenfront 168, 50

mishō 未詳 (noch) unbekannt 306, 1577

misokonau 見損なう sich täuschen, verkennen, verpassen 63, 350

misoshiru みそ汁 Miso-Suppe 1794

missetsu 密接 eng, intim 806, 486

misui 未遂 (mißlungener) Versuch 306, 1133

  jisatsu ~ 自殺未遂 Selbstmordversuch 62, 576, 306, 1133

  satsujin ~ 殺人未遂 versuchter Mord 576, 1, 306, 1133

misuteru 見捨てる verlassen, im Stich lassen 63, 1444

mi(tasu) 満 füllen 201

mitei 未定 (noch) unbestimmt, unentschieden, schwebend 306, 355

mito(meru) 認 sehen, bemerken; anerkennen; genehmigen 738

mitōshi 見通し Aussicht 63, 150

MITSU 密 eng; genau; geheim 806

mi(tsu) 三 drei 4

mitsudo 密度 Dichte 806, 377

  jinkō ~ 人口密度 Bevölkerungsdichte 1, 54, 806, 377

mitsugi(mono) 貢ぎ(物) Tribut 1719, 79

mitsu(gu) 貢 Tribut zahlen; j-n (finanziell) unterstützen 1719

mitsumori 見積 Kostenanschlag 63, 656

mitsumorisho 見積書 schriftl. Kosten-anschlag 63, 656, 131

mitsuryōsha 密猟者 Wilddieb 806, 1580, 164

mitsuyu 密輸 schmuggeln 806, 546

mitsuzoroi 三つぞろい dreiteilig(er Anzug) 4

mit(tsu) 三 drei 4

  futatsu ~ 二つ三つ zwei oder/bis drei 3, 4

mittsu ika 三つ以下 drei oder weniger 4, 46, 31

miushinau 見失う aus den Augen verlieren 63, 311

miwakeru 見分ける unterscheiden, erkennen 63, 38

miwaku 魅惑 Reiz, Zauber 1526, 969

miwatasu 見渡す überblicken 63, 378

miya 宮 Schrein; Palast; Prinz 721

miyaburu 見破る (j-n/etwas) durchschauen 63, 665

Miyagi-ken 宮城県 Präfektur Miyagi 721, 720, 194

miyako 都 Hauptstadt 188

miyamairi 宮参り Besuch e-s Schreins 721, 710

Miyazaki 宮崎 (Stadt an der Südküste Kyūshūs) 721, 1362

mizo 溝 Graben, Gosse, Rinne 1012

mizu 水 Wasser 21

mizubitashi 水浸し Überschwemmung, Überflutung 21, 1078

mizugame 水がめ Wasserkrug 21

mizugashi 水菓子 Obst 21, 1535, 103

mizugiwa 水際 Ufer, Strand 21, 618

mizuka(ra) 自 selbst 62

mizukara no te de 自らの手で mit eigenen Händen 62, 57

mizukasa 水かさ Wasserstand 21

mizutama 水玉 Wassertropfen 21, 295

mizuumi 湖 (der) See 467

MO 模 nachahmen, imitieren; Modell 1425
茂 dicht/üppig wachsen, wuchern 1467

mo 藻 Alge, Seetang 1657
喪 Trauer 1678

MŌ 亡 sterben, umkommen 672
妄 sinnlos, willkürlich 1376
盲 Blindheit, Blinder; Unwissenheit, Unwissender 1375
望 hoffen, wünschen; überblicken 673
毛 Haar, Feder, Wolle, Fell 287
耗 abnehmen, verfallen 1197
猛 stark, heftig 1579
網 Netz 1612

Mō Takutō 毛沢東 Mao Zedong (1893–1976) 287, 994, 71

mochi(iru) 用 (ge)brauchen, benutzen 107

mochinushi 持ち主 Besitzer 451, 155

mōchō 盲腸 Blinddarm 1375, 1270

mochū 喪中 Trauerzeit 1678, 28

mōda 猛打 heftiger Schlag 1579, 1020

modo(ru) 戻 zurückkehren 1238

modo(su) 戻 zurückgeben/senden; sich übergeben 1238

moeagaru 燃え上がる auflodern, aufflammen 652, 32

mo(eru) 燃 brennen 652

mōfu 毛布 Wolldecke 287, 675

mofuku 喪服 Trauerkleidung 1678, 683

mogi 模擬 Nachahmung, Imitation; Simulation; Schein- 1425, 1517

~ shiken 模擬試験 Scheinprüfung 1425, 1517, 526, 532

mogu(ru) 潜 tauchen; hineinkriechen 937

mogusa 藻草 Wasserpflanzen 1657, 249

mohan 模範 Vorbild, Muster 1425, 1092

mōhitsu 毛筆 Pinsel 287, 130

mohō 模倣 Nachahmung 1425, 1776

moji 文字 Buchstabe, Schriftzeichen 111, 110

hyōon ~ 表音文字 Lautzeichen, Lautschrift 272, 347, 111, 110

mōjin 盲人 Blinder 1375, 1

mōjū 盲従 blinder Gehorsam 1375, 1482
猛獣 wildes Tier, Raubtier 1579, 1582

mokei 模型 Modell, Schablone, Gußform 1425, 888

mōken 猛犬 bissiger Hund 1579, 280

mō(keru) 設 errichten, gründen 577

mokka 目下 augenblicklich 55, 31

mokkin 木琴 Xylophon 22, 1251

MOKU 木 Baum; Holz 22
目 Auge 55
黙 schweigen, verstummen 1578

mokuchō 木彫 Holzschnitzerei 22, 1149

mokugekisha 目撃者 Augenzeuge 55, 1016, 164

mokuhen 木片 Holzsplitter 22, 1045

mokuhiken 黙秘権 Recht auf Aussageverweigerung 1578, 807, 335

mokuhyō 目標 Ziel 55, 923

mokuji 目次 Inhaltsverzeichnis 55, 384

mokunin 黙認 stillschweigende Anerkennung/Erlaubnis 1578, 738

mokuroku 目録 Verzeichnis, Katalog, Liste 55, 538

mokusatsu 黙殺 totschweigen, ignorieren 1578, 576

mokusei 木製 hölzern, aus Holz 22, 428

mokusoku 目測 Augenmaß 55, 610

mokutan 木炭 Holzkohle 22, 1344

mokuteki 目的 Zweck, Ziel, Absicht 55, 210

kyūkyoku ~ 窮極目的 Endzweck 897, 336, 55, 210

mokuyō(bi) 木曜(日) Donnerstag 22, 19, 5

mokuzō 木造 aus Holz, Holz- 22, 691

momen 木綿 Baumwolle 22, 1191

momiji 紅葉 buntes Herbstlaub,
　Herbstfärbung 820, 253

momo 桃 Pfirsich 1567

~ no Sekku 桃の節句 Puppenfest (3. März)
　1567, 464, 337

momoiro 桃色 rosa 1567, 204

mōmoku 盲目 Blindheit 1375, 55

Momoyama jidai 桃山時代 (Ära, 1583–1602)
　1567, 34, 42, 256

MON 門 Tor 161
　問 Frage, Problem 162
　聞 hören, zuhören, befolgen; fragen 64
　文 Literatur, Text, Satz 111
　紋 (Familien)Wappen; (Stoff)Muster 1454

monbatsu 門閥 Abstammung, Herkunft;
　berühmte/vornehme Familie 161, 1510

Monbushō 文部省 Kultusministerium 111,
　86, 145

mondai 問題 Frage, Problem 162, 354

mondō 問答 Frage u. Antwort, Dialog 162,
　160

　zen ~ 禅問答 Zen-Dialog; unverständlicher
　Dialog 1540, 162, 160

mongaikan 門外漢 Außenstehender, Laie
　161, 83, 556

monji 文字 Buchstabe, Schriftzeichen 111, 110

monjo 文書 Schriftstück, Dokument 111, 131

monkasei 門下生 Schüler, Jünger 161, 31, 44

monkirigata 紋切り形/型 feste Form(el),
　Konvention; stereotyp 1454, 39, 395, 888

monku 文句 Worte, Ausdruck, Bemerkung,
　Klage 111, 337

monme 匁 (Gewichteinheit, ca. 3,75 g) 1902

monmō 文盲 Analfabetentum 111, 1375

mono 物 Ding, Sache, Gegenstand 79
　者 Person 164

　su no ~ 酢の物 mit Essig angemachtes
　Gericht 1867, 79

monogatari 物語 Erzählung 79, 67

　Genji ~ 源氏物語 (Romantitel) 580, 566,
　79, 67

monogoshi 物腰 Benehmen 79, 1298

monohoshi 物干し Trockengestell 79, 584

monooki 物置き Rumpelkammer, Lager,
　Schuppen 79, 426

monoui 物憂い matt, gleichgültig 79, 1032

mono-yawaraka 物柔らか sanft 79, 774

monozuki 物好き Neugier 79, 104

monpi 門扉 Torflügel 161, 1556

monshi 門歯 Schneide-/Eckzahn 161, 478

monshō 紋章 (Familien)Wappen 1454, 857

montei 門弟 Schüler, Jünger 161, 405

moppa(ra) 専 gänzlich, ausschließlich 600

mōra 網羅 enthalten, umfassen 1612, 1860

mo(rasu) 漏 durchlassen 1806

mo(reru) 漏 auslaufen, lecken 1806

mōretsu 猛烈 heftig, stark 1579, 1331

mori 森 Wald, Forst 128
　守 Wächter, Beschützer 490

moroha no tsurugi もろ刃の剣
　zweischneidiges Schwert 1413, 879

mo(ru) 盛 füllen, aufhäufen 719
　漏 auslaufen, lecken 1806

mosa 猛者 Draufgänger 1579, 164

mōshiawase 申し合わせ Verabredung,
　Übereinkunft 309, 159

mōshiire 申し入れ Angebot, Vorschlag,
　Bericht, Mitteilung; Einspruch 309, 52

mōshikomi 申し込み Antrag; Anmeldung;
　Vorschlag 309, 776

mo(shikuwa) 若 oder 544

mōshin 妄信 blinder Glaube 1376, 157

moshō 喪章 Trauerflor 1678, 857

mōsho 猛暑 große Hitze 1579, 638

moshu 喪主 Hauptleidtragender 1678, 155

mōsō 妄想 Wahn, Wahnidee 1376, 147

　higai ~ 被害妄想 Verfolgungswahn 976,
　518, 1376, 147

　kodai ~ (kyō) 誇大妄想(狂) Größenwahn
　1629, 26, 1376, 147, 883

mo(su) 燃 verbrennen 652

mō(su) 申 sagen, heißen 309

moto 本 Ursprung 25
　下 unten, Grund 31
　元 Grund, Ursache 137
　基 Grundlage, Basis, Ursprung 450

motoi 基 Grundlage, Basis, Ursprung 450

moto(meru) 求 fordern; bitten; suchen 724

MOTSU 物 Ding, Sache, Gegenstand 79

mo(tsu) 持 haben, besitzen, halten 451

motto(mo) 最 höchst, äußerst 263

mo(yasu) 燃 verbrennen 652

moyō 模様 Muster(ung); Lage 1425, 403

moyōshimono 催し物 Veranstaltung 1317, 79
moyō(su) 催 veranstalten; fühlen 1317
mozō 模造 Imitation 1425, 691
MU 矛 Hellebarde, Spieß 773
　　務 arbeiten, seine Pflicht erfüllen 235
　　霧 Nebel 950
　　無 nicht sein, (Präfix:) un- 93
　　夢 Traum 811
　　武 Militär 1031
　　謀 planen, ersinnen; betrügen 1495
mu- 六 sechs 8
mubō 無帽 barhäuptig 93, 1105
muchi 無恥 schamlos, frech 93, 1690
muchitsujo 無秩序 Unordnung, Verwirrung, Chaos 93, 1508, 770
muchū 夢中 begeistert, hingerissen 811, 28
　gori-muchū 五里霧中 ratlos, hilflos 7, 142, 950, 28
muda 無駄 vergeblich, nutzlos 93, 1880
mueki 無益 nutzlos, vergeblich 93, 716
muga 無我 Selbstlosigkeit 93, 1302
mugen 無限 unbegrenzt, unendlich 93, 847
　　夢幻 Träume, Visionen 811, 1227
mugi 麦 Weizen, Gerste, Roggen, Hafer 270
mugibatake 麦畑 Weizenfeld, Getreidefeld 270, 36
mugicha 麦茶 Gerstentee 270, 251
mugiwara 麦わら (Weizen)Stroh 270
mugon 無言 Schweigen, wortlos 93, 66
muhōshū 無報酬 unentgeltlich 93, 685, 1864
mui 無為 Nichtstun, Untätigkeit 93, 1484
mui- 六 sechs 8
muika 六日 6 Tage; 6. (e-s Monats) 8, 5
mujintō 無人島 unbewohnte Insel 93, 1, 286
mujinzō 無尽蔵 unerschöpflich, unbegrenzt 93, 1726, 1286
mujō 無情 Gefühl-/Herzlosigkeit 93, 209
mujun 矛盾 Widerspruch 773, 772
muka(eru) 迎 entgegengehen, empfangen, einladen 1055
mukaeutsu 迎え撃つ e-n Angriff zurückschlagen 1055, 1016
mukashi 昔 Altertum, Vorzeit 764
~ no koto 昔の事 alte Geschichte; veraltet 764, 80
mukashi-banashi 昔話 alte Geschichte, Legende, Sage 764, 238

mukashi-mukashi 昔々 Es war einmal ...; in alten Zeiten 764
mu(kau) 向 nach ... gerichtet sein, sich wenden 199
mukei 無形 geistig, immateriell 93, 395
mu(keru) 向 wenden 199
mukin 無菌 keimfrei, sterilisiert 93, 1222
muko 婿 Schwiegersohn 1745
mukō 無効 Ungültigkeit, Nichtigkeit; Wirkungslosigkeit 93, 816
mu(kō) 向 drüben 199
mukoerabi 婿選び Suche nach e-m Ehemann für die Tochter 1745, 800
mukoyōshi 婿養子 in die Familie aufgenommener Schwiegersohn 1745, 402, 103
mu(ku) 向 sich wenden (an) 199
mukuchi 無口 schweigsam, wortkarg 93, 54
muku(iru) 報 belohnen 685
mukyū 無休 ohne Feiertag, durchgehend (geöffnet) 93, 60
mumei 無名 unbekannt, anonym 93, 82
mumi-kansō 無味乾燥 trocken, prosaisch, fade 93, 307, 1190, 1656
muna 胸 Brust 1283
　　棟 Dachfirst 1406
munagi 棟木 Dachbalken 1406, 22
mune 旨 Sinn, Inhalt, Zweck; Befehl 1040
　　胸 Brust 1283
　　棟 Dachfirst 1406
muneageshiki 棟上げ式 Richtfest 1406, 32, 525
mura 村 Dorf 191
　　群 Herde, Gruppe 794
murabito 村人 Dorfbewohner 191, 1
murasaki 紫 purpurfarben, violett, lila 1389
murasaki suishō 紫水晶 Amethyst 1389, 21, 1645
murasakiiro 紫色 violett 1389, 204
mu(rasu) 蒸 abdampfen lassen 943
mu(re) 群 Herde, Gruppe 794
mu(reru) 群 sich sammeln 794
　　蒸 abgedampft sein; schimmelig werden 943
muri 無理 Unvernunft; Gewalt; Unmöglichkeit 93, 143
muro 室 Keller, Gewächshaus 166
Muromachi 室町 (Ära, 1392–1573) 166, 182
muryō 無料 gebührenfrei 93, 319

kangai-muryō 感慨無量 tiefe Gemütsbewegung 262, 1460, 93, 411

muryoku 無力 kraftlos, machtlos 93, 100

museifu 無政府 Anarchie 93, 483, 504

musen 無線 drahtlos, Radio- 93, 299

musha 武者 Krieger 1031, 164

mushi 無視 ignorieren 93, 606
虫 Insekt 873

mushiatsui 蒸し暑い schwül 943, 638

mushiba 虫歯 kariöser Zahn 873, 478

mushikaesu 蒸し返す (wieder) aufwärmen,
wiederholen 943, 442

mushō 無償 unentgeltlich, gratis 93, 971

mushoku 無職 stellungslos 93, 385

musō 夢想 Träumerei, Fantasie 811, 147

mu(su) 蒸 dämpfen; schwül sein 943

musū 無数 zahllos 93, 225

musu(bu) 結 binden, verknüpfen; (Vertrag)
abschließen; (Früchte) tragen 485

musuko 息子 Sohn 1242, 103

musume 娘 Tochter; Mädchen 1752

  inaka-musume 田舎娘 Mädchen vom
Lande 35, 791, 1752

musumegokoro 娘心 (unschuldige) Gefühle/
Seele e-s Mädchens 1752, 97

musumemuko 娘婿 Schwiegersohn 1752,
1745

musumezakari 娘盛り Jugendblüte (e-s
Mädchens) 1752, 719

muteki 霧笛 Nebelhorn 950, 1471

mutodoke 無届け ohne Meldung,
unentschuldigt 93, 992

mu(tsu) 六 sechs 8

mut(tsu) 六 sechs 8

muttsu gurai 六つぐらい etwa 6 8

muyō 無用 nutzlos, unnötig 93, 107

muyoku 無欲 anspruchslos, bescheiden,
selbstlos 93, 1127

muzei 無税 steuerfrei, zollfrei 93, 399

muzuka(shii) 難 schwierig 557

MYAKU 脈 Puls, Vene, Ader 913

myakuhaku 脈拍 Pulsschlag 913, 1178

myakuraku 脈絡 (logischer) Zusammenhang
913, 841

MYŌ 明 Licht; nächst 18
名 Name; Ruf 82
命 Leben 578

妙 sonderbar, seltsam; geschickt 1154

myōan 妙案 ausgezeichnete Idee 1154, 106

myōgi 妙技 außergewöhnliche
Geschicklichkeit 1154, 871

myōgonichi 明後日 übermorgen 18, 48, 5

myōji 苗字 Familienname 1468, 110

myōjō 明星 Venus, Morgenstern 18, 730

myōnichi 明日 morgen 18, 5

myōshu 妙手 Virtuose, Meister 1154, 57

– N –

NA 南 Süden 74
納 zahlen; liefern; annehmen 758

na 名 Name; Ruf 82
菜 Gemüse; Raps 931

nadakai 名高い namhaft, berühmt 82, 190

nae 苗 Sämling, Setzling 1468

naedoko 苗床 Beet; Baumschule 1468, 826

naegi 苗木 Setzling; junger Baum 1468, 22

nagai 長居 (zu) lange bleiben 95, 171

~ aida 長い間 lange (Zeit) 95, 43

naga(i) 長 lang 95
永 lange (Zeit) 1207

naga(meru) 眺 (an)sehen 1565

naganen 長年 lange/viele Jahre 95, 45

nagareboshi 流れ星 Sternschnuppe 247, 730

naga(reru) 流 fließen, strömen 247

Nagasaki 長崎 (Stadt an der Westküste
Kyūshūs) 95, 1362

naga(su) 流 (ver)gießen, fließen lassen 247

Nagatachō 永田町 (Regierungsviertel in
Tōkyō) 1207, 35, 182

nagawazurai 長患い längere/langwierige
Krankheit 95, 1315

nage(kawashii) 嘆 bedauernswert, 1246

nage(ku) 嘆 (be)klagen, trauern 1246

na(geru) 投 werfen, schmeißen 1021

nago(mu) 和 nachlassen, (s.) beruhigen 124

nago(yaka) 和 mild 124

nagurikomi 殴り込み Angriff, Überfall
1940, 776

nagurikorosu 殴り殺す totschlagen 1940,
576

naguritsukeru 殴り付ける schlagen,
prügeln 1940, 192

nagu(ru) 殴 schlagen, prügeln 1940

nagusa(meru) 慰 trösten 1618

nagusa(mu) 慰 abgelenkt werden, necken, sein Spiel mit j-m treiben 1618

NAI 内 Innenseite, drinnen 84

na(i) 無 nicht sein, (Präfix:) un- 93
亡 verstorben, tot 672

naibunpi 内分泌 innere Sekretion 84, 38, 1870

naidaku 内諾 inoffizielle Zusage 84, 1770

naigai 内外 innen u. außen, In- u. Ausland 84, 83

naikai 内海 Binnenmeer, Binnensee 84, 117
Seto ~ 瀬戸内海 Seto-Inlandsee 1513, 152, 84, 117

naikaku 内閣 Kabinett, Regierung 84, 837

naikō 内港 Binnenhafen 84, 669

naimaku 内幕 innere Verhältnisse, Geheimnis 84, 1432

nainen kikan 内燃機関 Verbrennungsmotor 84, 652, 528, 398

nairan 内乱 innere Unruhen, Bürgerkrieg 84, 689

naisei 内省 (innere) Einkehr 84, 145
内政 Innenpolitik 84, 483

naisen 内線 Apparat, Nebenanschluß (Telefon) 84, 299
内戦 Bürgerkrieg 84, 301

naishin 内心 Innerstes, wahre Meinung; Zentrum 84, 97
内申 inoffizieller/geheimer Bericht 84, 309

naishō 内証 Geheimnis 84, 484

naishukketsu 内出血 innere Blutung 84, 53, 789

naitei 内偵 heimliche Nachforschungen 84, 1928

naiyō 内容 Inhalt 84, 654

naizō 内臓 innere Organe 84, 1287

naka 中 Inneres; zwischen 28
仲 Verhältnis, persönl. Beziehungen 1347
ken'en no ~ 犬猿の仲 (sich vertragen) wie Hund u. Katze 280, 1584, 1347

naka(ba) 半 Hälfte, Mitte 88

Nakagawa 中川 (Familienname) 28, 33

nakasu 中州 Sandbank in e-m Fluß 28, 195

nakayoku 仲良く einträchtig, harmonisch, vertraut 1347, 321

nakigoe 鳴き声 Zirpen (u.a. Tierlaute) 925, 746
泣き声 weinerliche Stimme 1236, 746

nakimushi 泣き虫 weinerlicher Mensch 1236, 873

nakiotosu 泣き落とす unter Tränen überreden, durch Tränen erweichen 1236, 839

nakōdo 仲人 Heiratsvermittler 1347, 1

na(ku) 鳴 (Tierlaute:) bellen, singen, u.a. 925
泣 weinen 1236

nama 生 roh 44

namae 名前 Name 82, 47

namakemono 怠け者 Faulpelz 1297, 164

nama(keru) 怠 faul sein, vernachlässigen, versäumen 1297

namanie 生煮え halbgar 44, 1795

namari 鉛 Blei 1606

namariiro 鉛色 bleifarben 1606, 204

name(raka) 滑 glatt, schlüpfrig, weich 1267

nami 波 Welle 666
並 gewöhnlich, durchschnittlich 1165

namida 涙 Träne 1239

namidagoe 涙声 tränenerstickte/weinerliche Stimme 1239, 746

namidagumashii 涙ぐましい rührend 1239

namiki 並木 Baumreihe, Straßenbäume 1165, 22

naminori 波乗り Wellenreiten 666, 523

NAN 南 Süden 74
男 Mann 101
難 schwierig 557
納 zahlen; liefern; annehmen 758
軟 weich, sanft 1788

nan 何 was, welcher, wieviele 390

nana- 七 sieben 9

nana mētoru 七メートル 7 m 9

nana(me) 斜 schräg abfallend, geneigt 1069

nana(tsu) 七 sieben 9

nanban 南蛮 die südlichen Barbaren, Europäer (hist.) 74, 1879

Nanbei 南米 Südamerika 74, 224

nanboku 南北 Süden und Norden, Nordsüd- 74, 73

nanbyō 難病 unheilbare/schwere Krankheit 557, 380

nanchakuriku 軟着陸 weiche Landung 1788, 657, 647

nandai 難題 schwierige Frage 557, 354

nani 何 was, welcher, wieviele 390

nan'i 難易 Schwierigkeit 557, 759

南緯 südliche Breite 74, 1054

nanibō 何某 ein gewisser Herr; er, sie 390, 1494

nan'ido 難易度 Schwierigkeitsgrad 557, 759, 377

nanigoto 何事 was, was auch immer 390, 80

nanjaku 軟弱 weich, weichlich, nachgiebig, schwach 1788, 218

nanji 何時 wieviel Uhr 390, 42

nanjikan 何時間 wieviele Stunden 390, 42, 43

nanka 軟化 weich werden; versöhnlich werden 1788, 254

Nankin 南京 Nanking 74, 189

nankotsu 軟骨 Knorpel 1788, 1266

nankyoku 南極 Südpol 74, 336

nankyokuken 南極圏 südl. Polarkreis 74, 336, 508

nanmai 何枚 wieviele? (Blatt, Teller, Kleider) 390, 1156

nanmin 難民 Flüchtling 557, 177

nannichi 何日 wieviele Tage; der wievielte 390, 5

nano- 七 sieben 9

nanoka 七日 7 Tage; 7. (e-s Monats) 9, 5

nan'yōbi 何曜日 welcher Wochentag 390, 19, 5

nao(ru) 直 wiederhergestellt werden 423
治 heilen 493

nao(su) 直 reparieren, korrigieren 423
治 heilen 493

nara(beru) 並 aufreihen 1165

nara(bi ni) 並 und 1165

nara(bu) 並 in e-r Reihe stehen 1165

na(rasu) 慣 gewöhnen; zähmen 915
鳴 ertönen lassen, läuten 925

nara(u) 習 lernen 591
倣 nachahmen, folgen, s. richten nach 1776
senrei ni ~ 先例に倣う e-m Beispiel folgen 50, 612, 1776

na(reru) 慣 sich gewöhnen 915

nariyuki 成り行き Verlauf, Fortgang 261, 68

na(ru) 成 werden, bestehen (aus) 261
鳴 (er)tönen 925

nasa(ke) 情 Mitleid, Sympathie 209

nasakebukai 情け深い mitleidsvoll, barmherzig 209, 536

nasu 茄子 Aubergine 2213, 103

na(su) 成 tun, bilden 261

natane 菜種 Raps 931, 228

natsu 夏 Sommer 461

natsuin 捺印 Stempeln 2080, 1043

natsu(kashii) 懐 lieb, teuer; s. sehnen 1408

natsu(kashimu) 懐 sich sehnen 1408

natsu(keru) 懐 j-s Herz gewinnen, zähmen 1408

natsu(ku) 懐 liebgewinnen 1408

natsumono 夏物 Sommerkleider 461, 79

natsuyasumi 夏休み Sommerferien 461, 60

nattoku 納得 Verständnis, Zustimmung 758, 374

nawa 苗 Sämling, Setzling 1468
縄 Seil, Tau, Strick, Leine 1760

nawabari 縄張 mit e-m Seil absperren; Einflußsphäre 1760, 1106

nawashiro 苗代 Reisbeet 1468, 256

nawatobi 縄跳び Seilspringen 1760, 1563

naya 納屋 Schuppen, Scheune 758, 167

naya(masu) 悩 quälen, plagen 1279

naya(mu) 悩 leiden 1279

ne 根 Wurzel, Grund, Ursprung 314
音 Ton, Laut 347
値 Wert, Preis 425

neage 値上げ Preissteigerung 425, 32

nebarizuyoi 粘り強い zäh, ausdauernd, beharrlich 1707, 217

neba(ru) 粘 klebrig/zäh sein; ausdauernd/beharrlich sein 1707

nedan 値段 Preis 425, 362
hanbai ~ 販売値段 Verkaufspreis 1048, 239, 425, 362

nega(u) 願 bitten, beten, wünschen 581

negiru 値切る den Preis herunterhandeln 425, 39

negurushii 寝苦しい schlafhindernd; schlecht schlafen 1079, 545

NEI 寧 Ruhe, Friede; lieber, eher 1412

ne(kasu) 寝 ins Bett schicken 1079

neko 猫 Katze 1470

nekonadegoe 猫なで声 einschmeichelnde Stimme 1470, 746

nemu(i) 眠 müde, schläfrig 849

nemurigusuri 眠り薬 Schlafmittel, Schlaftabletten 849, 359

nemu(ru) 眠 schlafen 849

NEN 然 ja, richtig; jedoch 651
燃 brennen 652

年 Jahr 45
念 Gedanke, Idee; Wunsch; Vorsicht 579
粘 klebrig/zäh/beharrlich sein 1707
bōkyō no ~ 望郷の念 Heimweh 673, 855, 579
nenbutsu 念仏 buddhist. Gebet 579, 583
nenchaku 粘着 Adhäsion 1707, 657, 100
nenchakuryoku 粘着力 Adhäsionskraft 1707, 657, 100
nendo 年度 Jahr, Haushaltsjahr 45, 377
粘土 Lehm, Ton 1707, 24
nen'eki 粘液 Schleim 1707, 472
nenga 年賀 Neujahrsgruß/wunsch 45, 756
nengajō 年賀状 Neujahrskarte 45, 756, 626
nengan 念願 innigster Wunsch 579, 581
nengō 年号 Name/Jahr (e-r Ära) 45, 266
nengo(ro) 懇 Freundschaft 1135
nengu 年貢 jährlicher Tribut 45, 1719
nen'iri 念入り sorgfältig 579, 52
nenkan 年鑑 Jahrbuch 45, 1664
    Shōwa ~ 昭和年間 Shōwa-Ära 997, 124, 45, 43
nenkin 年金 Rente, Pension 45, 23
nenkō 年功 langjährig. Dienst/Verdienste/ Erfahrung 45, 818
~ kahō 年功加俸 Alterszulage 45, 818, 709, 1542
nenmaku 粘膜 Schleimhaut 1707, 1426
nenmatsu 年末 Jahresende 45, 305
nennai ni 年内に noch in diesem Jahr 45, 84
nenpai 年輩 Alter 45, 1037
nenpō 年俸 Jahresgehalt 45, 1542
nenpu 年譜 Chronik 45, 1167
nenrei 年齢 Alter 45, 833
nenryō 燃料 Brennstoff 652, 319
ne(ru) 練 kneten, ausbilden, feilen 743
寝 sich hinlegen, schlafen 1079
nēsan 姉さん ältere Schwester; Fräulein 407
nesshin 熱心 Eifer, Begeisterung 645, 97
NETSU 熱 Hitze, Fieber 645
netsubyō 熱病 Fieber 645, 380
netsuretsu 熱烈 leidenschaftlich 645, 1331
nettai 熱帯 heiße Zone, Tropen 645, 963
nettō 熱湯 kochendes Wasser 645, 632
neuchi 値うち Wert, Wertschätzung 425

nezuyoi 根強い tief verwurzelt, hartnäckig, zäh 314, 217
NI 二 zwei 3
仁 Wohltätigkeit, Güte, Menschenliebe 1619
弐 zwei (in Dokumenten) 1030
児 Kleinkind, Säugling 1217
尼 Nonne 1620
ni 荷 Last, Fracht, Gepäck 391
... ni akashite …に飽かして ohne Rücksicht auf 1763
niage 荷揚げ (An)Landung, Ausladen, Löschen 391, 631
niau 似合う (j-m) stehen; gut zusammen- passen 1486, 159
nibai 二倍 doppelt (so viel), zweifach 3, 87
nibanme 二番目 der zweite, Nr.2 3, 185, 55
nibansen 二番線 Gleis Nr. 2 3, 185, 299
nibu(i) 鈍 stumpf, träge, schwerfällig, dumpf, trübe 966
nibu(ru) 鈍 stumpf werden, schwach/ schwankend werden 966
NICHI 日 Tag; Sonne; (Abk. f.) Japan 5
    hai-Nichi 排日 antijapanisch 1036, 5
    shin-Nichi 親日 japanophil 175, 5
Nichi-Bei 日米 Japan u. Amerika/USA, japanisch-amerikanisch 5, 224
Nichi-Bei bōeki 日米貿易 Handel zwischen Japan u. den USA 5, 224, 760, 759
Nichi-Bei Kyōkai 日米協会 Japan.-Amerik. Gesellschaft 5, 224, 234, 158
Nichi-Doku 日独 Japan u Deutschland, japanisch-deutsch 5, 219
Nichi-Futsu 日仏 japan.-französ. 5, 583
Nichigin 日銀 die Japan. Reichsbank 5, 313
nichiji 日時 Zeit, Datum, Tag u. Stunde 5, 42
nichijō seikatsu 日常生活 das tägliche Leben, Alltag 5, 497, 44, 237
nichiyō(bi) 日曜(日) Sonntag 5, 19, 5
ni(eru) 煮 kochen (itr.) 1795
niga(i) 苦 bitter 545
nigao 似顔 Abbild, Portrait 1486, 277
niga(ru) 苦 ein mürrisches Gesicht machen 545
ni(gasu) 逃 freilassen 1566
nigedasu 逃げ出す weglaufen 1566, 53
ni(geru) 逃 fliehen 1566
nigirimeshi 握り飯 Reiskloß 1714, 325

nigirishimeru 握り締める fest ergreifen, drücken 1714, 1180

nigi(ru) 握 (er)greifen; ballen 1714

nigo(ru) 濁 sich trüben 1625

nigo(su) 濁 trüben 1625

nihai 二杯 zwei Glas (Getränk) 3, 1155

Nihon 日本 Japan 5, 25

~ Kaikō 日本海溝 der Japangraben 5, 25, 117, 1012

~ shi 日本史 japanische Geschichte 5, 25, 332

Nihonbashi 日本橋 (Stadtteil in Tōkyō) 5, 25, 597

Nihon-fū 日本風 japan. Art, Stil 5, 25, 29
jun ~ 純日本風 rein j. Stil 965, 5, 25, 29

Nihonga 日本画 Bild in j. Stil 5, 25, 343

Nihongakusha 日本学者 Japanologe 5, 25, 109, 164

Nihongawa 日本側 die japan. Seite, die Japaner 5, 25, 609

Nihongo 日本語 Japanisch (Fremdsprache) 5, 25, 67

Nihonjin 日本人 Japaner, Japanerin 5, 25, 1

Nihonjū 日本中 (in) ganz Japan 5, 25, 28

Nihonkai 日本海 Japan. Meer 5, 25, 117

Nihon-maru 日本丸 die Nihon (Schiffsname) 5, 25, 644

Nihonsei 日本製 j. Produkt, Made in Japan 5, 25, 428

Nihonshi 日本紙 Japanpapier 5, 25, 180

Nihon-shu 日本酒 j. Reiswein 5, 25, 517

Nihon-tō 日本刀 j. Schwert 5, 25, 37

nii- 新 neu 174

Niigata-ken 新潟県 (Präfektur an der Westküste Honshūs) 174, 1626, 194

niisan 兄さん älterer Bruder 406

niji 二次 der zweite, Sekundär- 3, 384

nijū 二重 zweifach, doppelt 3, 227

nijūmado 二重窓 Doppelfenster 3, 227, 698

nijūsō 二重奏 Duett 3, 227, 1544

nijūyonen 二十余年 über 20 Jahre 3, 12, 1063, 45

nikaidate 二階建て zweistöckig 3, 588, 892

nikkai 肉塊 Fleischklumpen 223, 1524

nikkanshi 日刊紙 Tageszeitung 5, 585, 180

nikkei 日系 von japan. Herkunft 5, 908

nikki 日記 Tagebuch 5, 371

nikkō 日光 Sonnenlicht/strahl 5, 138

nikkōyoku 日光浴 Sonnenbad 5, 138, 1128

NIKU 肉 Fleisch 223

nikuhitsu 肉筆 eigenhändig geschrieben, Autograph 223, 130

niku(i) 憎 verhaßt; widerwärtig 1365

nikujū 肉汁 Fleischbrühe 223, 1794

nikumareguchi 憎まれ口 freche/boshafte Bemerkung 1365, 54

nikumarekko 憎まれっ子 frecher/ ungezogener Junge 1365, 103

niku(mu) 憎 hassen 1365

niku(rashii) 憎 verhaßt; widerwärtig 1365

niku(shimi) 憎 Haß, Abscheu 1365

nikushin 肉親 Blutsverwandtschaft 223, 175

nikutai 肉体 Leib, Körper, Fleisch 223, 61

nikuya 肉屋 Fleischer(laden) 223, 167

nikuzuki no yoi 肉付きのよい wohlgenährt, dick 223, 192

nikuzure 荷崩れ Herabfallen e-r Ladung (vom LKW) 391, 1122

nimaijita 二枚舌 doppelzüngig, falsch 3, 1156, 1259

nimotsu 荷物 Gepäck 391, 79

NIN 任 Pflicht, Aufgabe; Amt 334
　　　妊 Empfängnis, Schwangerschaft 955
　　　忍 erdulden; sich verstecken 1414
　　　認 bemerken; genehmigen 738
　　　人 Mensch 1

nina(u) 担 auf der Schulter tragen; auf sich nehmen 1274

ningen 人間 Mensch 1, 43

ningen dōshi 人間同士 Mitmensch, menschliches Geschöpf 1, 43, 198, 572

ningyō 人形 Puppe 1, 395

nin'i 任意 freiwillig, beliebig 334, 132

ninin 二人 zwei Personen 3, 1

nininmae 二人前 für 2 Personen, 2 Portionen 3, 1, 47

ninja 忍者 als Spion tätiger Samurai 1414, 164

ninjō 人情 menschliche Gefühle 1, 209

ninka 認可 Genehmigung 738, 388

ninki 人気 Beliebtheit, Popularität 1, 134

ninki manryō 任期満了 Ablauf der Amtszeit 334, 449, 201, 941

ninku 忍苦 Erleiden, Erdulden 1414, 545

ninmei 任命 Ernennung 334, 578

ninmu 任務 Pflicht, Aufgabe 334, 235
ninpu 人夫 Arbeiter, Kuli 1, 315
妊婦 schwangere Frau 955, 316
ninpufuku 妊婦服 Umstandskleid 955, 316, 683
ninsanpu 妊産婦 hochschwangere Frauen u. stillende Mütter 955, 278, 316
ninshiki 認識 Erkenntnis 738, 681
ninshin 妊娠 Schwangerschaft 955, 956
ninshin chūzetsu 妊娠中絶 Schwangerschaftsabbruch 955, 956, 28, 742
nintai 忍耐 Geduld, Ausdauer 1414, 1415
nintei 認定 Genehmigung, Anerkennung 738, 355
nintoku 人徳 persönliche Tugend 1, 1038
ninzū 人数 Personenzahl 1, 225
Niō(mon) 仁王(門) Dewa(-Tor) 1619, 294, 161
Nippon 日本 Japan 5, 25
Nippongawa 日本側 die japan. Seite, die Japaner 5, 25, 609
Nippon Kaikō 日本海溝 der Japangraben 5, 25, 117, 1012
Nipponjin 日本人 Japaner, Japanerin 5, 25, 1
Nipponjū 日本中 (in) ganz Japan 5, 25, 28
ni(ru) 似 ähnlich sein, ähneln 1486
煮 kochen (tr.) 1795
ni-sanman en 二, 三万円 20–30.000 Yen 3, 4, 16, 13
ni-sannichi 二, 三日 zwei oder/bis drei Tage 3, 4, 5
ni-sannin 二, 三人 zwei oder/bis drei Personen 3, 4, 1
nise 偽 Nachahmung, Fälschung 1485
nisei 二世 zweite Generation; Junior; II. 3, 252
nisemono 偽物 Fälschung 1485, 79
nisha-takuitsu 二者択一 Entweder-Oder 3, 164, 993, 2
nishi 西 Westen 72
nishibi 西日 Nachmittagssonne 72, 5
nishikaze 西風 Westwind 72, 29
nishin 二伸 Postskript, Nachschrift 3, 1108
Nishi-Yōroppa 西ヨーロッパ Westeuropa 72
nishūkan 二週間 zwei Wochen 3, 92, 43
nisō 尼僧 Nonne 1620, 1366
nisshi 日誌 Tagebuch 5, 574
Nit-Chū 日中 japanisch-chinesisch 5, 28

nitchū 日中 am Tage 5, 28
Nitta-gun 新田郡 Landkreis Nitta (in der Präfektur Gunma) 174, 35, 193
nittei 日程 Tagesordnung 5, 417
niwa 庭 Garten 1112
niwakaame にわか雨 (plötzlicher) Regenschauer 30
niwatori 鶏 Huhn 926
ni(yasu) 煮 innerlich kochen 1795
gō o ~ 業を煮やす vor Wut kochen, sich schwarz ärgern 279, 1795
no 野 Feld, Flur 236
NŌ 悩 leiden, s. Sorgen machen 1279
脳 Gehirn 1278
農 Landwirtschaft 369
濃 dunkel, dick, dicht 957
能 Begabung; Funktion; Nō-Spiel 386
納 zahlen; liefern; annehmen 758
no(basu) 伸 (aus)strecken 1108
延 verlängern, verschieben 1115
no(beru) 述 sagen, erwähnen 968
延 verlängern, verschieben 1115
Nōberu-shō ノーベル賞 Nobelpreis 500
nobetsubo(sū) 延べ坪(数) Gesamtfläche 1115, 1896, 225
nobinayamu 伸び悩む weiterhin stagnieren 1108, 1279
nobinobi 伸び伸び behaglich, bequem, gemütlich 1108, 1108
no(biru) 伸 länger werden, s. ausstrecken, wachsen, zunehmen 1108
延 verschoben werden, sich verzögern, verlängert werden 1115
nobori-kudari 上り下り Steigen u. Fallen, Schwanken 32, 31
noborizaka 上り坂 Steigung 32, 443
nobo(ru) 上 steigen 32
登 klettern auf, besteigen 960
昇 befördert werden, steigen 1777
nobo(seru) 上 aufführen, vorlegen 32
nobo(su) 上 aufführen, vorlegen 32
nochi 後 danach, später 48
nōdo 濃度 Dichte, Konzentration 957, 377
農奴 Leibeigener 369, 1933
nōen 脳炎 Gehirnentzündung 1278, 1336
nōgaku 能楽 Nō-Spiel 386, 358
nōgakudō 能楽堂 Nō-Theater 386, 358, 496

noga(reru) 逃 entkommen 1566
noga(su) 逃 freilassen 1566
nōgyō 農業 Landwirtschaft 369, 279
nohara 野原 Feld, Flur, im Grünen 236, 136
nōhitsu 能筆 Kalligrafie 386, 130
nōka 農家 Bauernhaus/hof, Bauer 369, 165
nōka suitai 脳下垂体 Hirnanhang 1278, 31, 1070, 61
nōkan 納棺 Leiche in den Sarg legen 758, 1825
nōkanki 農閑期 Ruhezeit in der Landwirtschaft 369, 1532, 449
noki 軒 Dachtraufe 1187
nokinami 軒並 Häuserreihe; überall, allgemein 1187, 1165
nokisaki 軒先 Dachkante; Vorderfront (e-s Hauses) 1187, 50
nōkō 濃厚 Dicke, Dichte, Stärke 957, 639
農耕 Ackerbau 369, 1196
nōkon 濃紺 dunkelblau 957, 1493
nokorimono 残り物 Rest, Überrest 650, 79
noko(ru) 残 übrigbleiben 650
noko(su) 残 übriglassen 650
nōmen 能面 Nō-Maske 386, 274
nomimizu 飲み水 Trinkwasser 323, 21
nomimono 飲み物 Getränk 323, 79
nōmin 農民 Bauer 369, 177
no(mu) 飲 trinken 323
nōmu 濃霧 dichter Nebel 957, 950
nōri 能吏 tüchtiger Beamter 386, 1007
norikaeru 乗り換える umsteigen 523, 1586
norikumiin 乗組員 Besatzung, Personal 523, 418, 163
noriokureru 乗り遅れる verpassen (Zug/Bus), zu spät kommen 523, 702
nōritsu 能率 Leistungsfähigkeit 386, 788
no(ru) 乗 (ein)steigen, reiten, fahren; (auf etwas/j-n) reinfallen 523
載 (geschrieben) stehen, erscheinen 1124
nōryoku 能力 Fähigkeit, Talent 386, 100
nōsaibō 脳細胞 Gehirnzelle 1278, 695, 1284
nōsanbutsu 農産物 landwirtschaftl. Produkt 369, 278, 79
nōsatsu 悩殺 bezaubern, betören 1279, 576
no(seru) 乗 fahren lassen; aufnehmen, tragen; (j-n) täuschen 523
載 setzen, legen, stellen; (be)laden; eintragen; veröffentlichen 1124

nōson 農村 (Bauern)Dorf 369, 191
nōsotchū 脳卒中 Schlaganfall 1278, 787, 28
nōtan 濃淡 Schattierung 957, 1337
nottoru 乗っ取る entführen 523, 65
nōzei 納税 Steuerzahlung 758, 399
nozo(ku) 除 beseitigen, ausschließen 1065
nozo(mu) 望 hoffen; überblicken 673
臨 gegenüberstehen, entgegensehen; beiwohnen, teilnehmen 836
nōzui 脳髄 Gehirn 1278, 1740
nu(geru) 脱 fallen, abgehen (Kleidungsstücke) 1370
nu(gu) 脱 ausziehen, ablegen 1370
nuime 縫い目 Naht 1349, 55
nu(karu) 抜 e-n Fehler machen 1713
nu(kasu) 抜 aus-/weglassen 1713
nu(keru) 抜 ausfallen; fehlen; verschwinden; entkommen 1713
nu(ku) 抜 herausziehen; beseitigen; aus-/weglassen; überholen; erobern 1713
numa 沼 Sumpf, Morast 996
numachi 沼地 Sumpfland 996, 118
numata 沼田 sumpfiges Feld 996, 35
nuno 布 Tuch 675
nurikaeru 塗り替える neu streichen 1073, 744
nurimono 塗り物 Lackwaren 1073, 79
nuritate 塗り立て frisch gestrichen 1073, 121
nu(ru) 塗 malen, anstreichen 1073
nushi 主 Besitzer, Herr 155
nusu(mu) 盗 stehlen 1100
nu(u) 縫 nähen 1349
NYAKU 若 jung 544
NYO 女 Frau 102
如 gleich, ähnlich, (so) wie, als ob 1747
NYŌ 女 Frau 102
尿 Harn, Urin 1869
nyōbō 女房 (eigene Ehe)Frau 102, 1237
nyojitsu 如実 wahrheitsgetreu, realistisch, anschaulich 1747, 203
nyōsan 尿酸 Harnsäure 1869, 516
nyōso 尿素 Harnstoff 1869, 271
NYŪ 入 hineingehen, eintreten 52
柔 weich, sanft 774
乳 Muttermilch; Brust 939
nyūdōgumo 入道雲 aufgetürmte Wolken (im Sommer) 52, 149, 636

nyūgaku 入学 Eintritt/Aufnahme in e-e Schule, Immatrikulation 52, 109
nyūgaku shiken 入学試験 Aufnahmeprüfung, Eintrittsexamen 52, 109, 526, 532
nyūgan 乳がん Brustkrebs 939
nyūin 入院 Einlieferung ins Krankenhaus 52, 614
nyūjaku 柔弱 Verweichlichung, Schwachheit 774, 218
nyūji 乳児 Säugling 939, 1217
nyūjōken 入場券 Eintrittskarte 52, 154, 506
nyūka 入荷 Wareneingang 52, 391
nyūkoku 入国 Einreise (in ein Land) 52, 40
nyūmon 入門 Einführung 52, 161
nyūmonsho 入門書 Einführung 52, 161, 131
nyūsatsu 入札 (schriftliches) Angebot 52, 1157
nyūwa 柔和 mild, sanft, weich 774, 124
nyūyoku 入浴 Baden, Bad 52, 1128

– O –

O 和 Friede, Harmonie 124
悪 schlecht, schlimm, böse 304
汚 schmutzig 693
o 緒 Schnur, Strick, Riemen 862
雄 Männchen (Tiere) 1387
尾 Schwanz 1868
o- 小 klein 27
Ō 王 König 294
皇 Kaiser 297
殴 schlagen, prügeln 1940
欧 Europa 1022
黄 gelb 780
横 Seite 781
央 Zentrum, Mitte 351
奥 Inneres 476
応 antworten, reagieren; zustimmen; passen 827
往 gehen 918
桜 Kirschbaum 928
押 stoßen, schieben, drücken 986
凹 Vertiefung, Mulde, hohl, eingefallen; konkav 1893
翁 alter Mann 1930
ō- 大 groß 26
ōame 大雨 starker Regen 26, 30

ōasa 大麻 Hanf 26, 1529
ōawate 大慌て große Hast/Eile 26, 1378
oba 伯母 Tante (ältere Schwester der Eltern) 1176, 112
叔母 Tante 1667, 112
Ō-Bei 欧米 Europa u. Amerika/USA 1022, 224
obi 帯 Gürtel 963
o(biru) 帯 tragen, beauftragt werden 963
obiya(kasu) 脅 (be)drohen 1263
ōbo 応募 Bewerbung 827, 1430
obo(eru) 覚 s. errinnern, s. merken; lernen; fühlen 605
kawaki o ~ 渇きを覚える Durst haben 1622, 605
Obon お盆 Bon-Fest 1099
obon お盆 Tablett 1099
ōbosha 応募者 Bewerber 827, 1430, 164
obutsu 汚物 Schmutz, Müll, Abfall 693, 79
ochii(ru) 陥 fallen/kommen/geraten in, fallen, eingenommen/erobert werden 1218
jijō-jibaku ni ~ 自縄自縛に陥る sich im eigenen Netz verstricken 62, 1760, 62, 1448, 1218
o(chiru) 落 fallen 839
ochitsuita 落ち着いた ruhig, gelassen 839, 657
ōda 殴打 schlagen, tätlich werden 1940, 1020
ōdan 横断 Durch-/Überquerung 781, 1024
oda(yaka) 穏 still, ruhig, friedlich, mild 869
odo(kasu) 脅 (be)drohen 1263
odo(ri) 踊 Tanz 1558
Bon ~ 盆踊り Bon-Tanz 1099, 1558
odoriba 踊り場 Tanzsaal, Tanzlokal; Treppenabsatz 1558, 154
odoriko 踊り子 Tänzerin 1558, 103
odorikuruu 踊り狂う in Ekstase tanzen 1558, 883
odoro(kasu) 驚 in Erstaunen setzen; überraschen; erschrecken 1778
odoro(ku) 驚 erstaunt sein, sich wundern; überrascht/bestürzt/verwirrt sein 1778
odo(ru) 踊 tanzen 1558
躍 springen, hüpfen 1560
odoshimonku 脅し文句 Drohworte 1263, 111, 337
odo(su) 脅 (be)drohen, einschüchtern 1263

ōeda 大枝 Ast 26, 870

ōen 応援 Unterstützung, Beistand; Ermunterung 827, 1088

o(eru) 終 beenden 458

ōfuku 往復 Hin- u. Rückweg 918, 917

ogamitaosu 拝み倒す j-s Einverständnis erhalten 1201, 905

oga(mu) 拝 anbeten, verehren 1201

ōgata torakku 大型トラック großer/ schwerer LKW 26, 888

ogawa 小川 Bach 27, 33

ōgi 奥義 Geheimnis, Mysterium 476, 291 扇 Fächer 1555

ōgigata 扇形 fächerförmig 1555, 395

ogina(u) 補 ergänzen, ersetzen 889

ōgon 黄金 Gold 780, 23

ogoso(ka) 厳 feierlich, ernst, würdevoll 822

ōhaba 大幅 breit; beträchtlich 26, 1380

ōhei 横柄 Hochmut, Arroganz 781, 985

ōhi 王妃 Königin, Kaiserin 294, 1756

ō(i) 多 viel, viele, groß 229

ō(i ni) 大 sehr, viel 26

oikaze 追い風 Rückenwind 1174, 29

oikosu 追い越す überholen 1174, 1001

ōin 押韻 Reim 986, 349

o(iru) 老 alt werden, altern 543

oishigeru 生い茂る üppig wachsen 44, 1467

oji 伯父 Onkel (älterer Bruder der Eltern) 1176, 113 叔父 Onkel 1667, 113

ōji 王子 Prinz 294, 103

ojoku 汚辱 Schande; Beleidigung 693, 1738

ojōsan お嬢さん (Ihre) Tochter; junge Dame 1836

oka 丘 Hügel 1357

ōka 桜花 Kirschblüte 928, 255

ōkakumaku 横隔膜 Zwerchfell 781, 1589, 1426

ōkan 王冠 Königskrone; Kronverschluß 294, 1615

okāsan お母さん Mutter 112

okashi お菓子 Konditorwaren; Konfekt 1535, 103

oka(su) 犯 begehen, verüben; verletzen, übertreten 882 侵 einfallen (in ein Land), verletzen 1077 冒 wagen, riskieren; befallen, schaden 1104

ōkawa 大河 Strom 26, 389

oki 沖 hohe/offene See 1346

okiagaru 起き上がる aufstehen, sich aufrichten 373, 32

okiai 沖合 hohe/offene See 1346, 159

ō(kii) 大 groß 26

okimono 置き物 Schmuckgegenstand, Ziergerät 426, 79

o(kiru) 起 aufstehen, auf sein 373

ōkisa 大きさ Größe 26

ōkō 王侯 Fürst; gekrönte Häupter 294, 1924

ōkoku 王国 Königreich 294, 40

okona(u) 行 durchführen 68

oko(ru) 興 blühen, gedeihen 368 怒 zornig/ärgerlich werden 1596

o(koru) 起 entstehen 373

oko(su) 興 wiederbeleben 368

o(kosu) 起 verursachen; wecken 373

okota(ru) 怠 vernachlässigen, nachlässig sein, versäumen 1297

OKU 億 100 Millionen 382 憶 sich erinnern, denken 381 屋 Haus; Geschäft, Laden; Händler 167

oku 奥 Inneres 476

o(ku) 置 setzen, legen; dalassen; lassen; errichten 426

okubyō 憶病 Furchtsamkeit, Feigheit 381, 380

okuchō 億兆 große Menge; das Volk 382, 1562

okugi 奥義 Geheimnis, Mysterium 476, 291

okujō 屋上 (auf dem) Dach 167, 32

okuman chōja 億万長者 Millionär, Multimillionär, Milliardär 382, 16, 95, 164

Ōkurashō 大蔵省 Finanzministerium 26, 1286, 145

oku(rasu) 遅 aufschieben, verschieben; (Uhr) zurückstellen 702

oku(reru) 後 zurückbleiben 48 遅 sich verspäten; nachgehen (Uhr) 702

okuriana 送り穴 Perforation (für Filmtransport) 441, 899

okurimono 贈り物 Geschenk 1364, 79

okurinushi 贈り主 Absender (besonders von Geschenken) 1364, 155

oku(ru) 送 senden, schicken 441 贈 schenken 1364

okusan 奥さん (Ehe)Frau 476
okuyuki 奥行き Tiefe 476, 68
okuzuke 奥付け Impressumblatt 476, 192
omamori お守り Talisman, Amulett 490
omei 汚名 Schmach, Schande 693, 82
ōmenkyō 凹面鏡 Hohlspiegel 1893, 274, 863
omeshimono お召し物 Essen, Trinken;
  Kleidung 995, 79
omiai お見合い formelles Treffen zweier
  Heiratskandidaten 63, 159
omimai お見舞い Erkundigung, Besuch 63,
  810
ōmisoka 大みそか Silvester 26
ōmizu 大水 Hochwasser, Überschwemmung
  26, 21
omo 主 Haupt- 155
  面 Gesicht 274
omo(i) 重 schwer 227
  danchō no ~ 断腸の思い herzzerreißender
  Schmerz 1024, 1270, 99
omoiagatta 思い上がった eingebildet,
  arrogant 99, 32
omoidasu 思い出す sich erinnern 99, 53
omoide 思い出 Erinnerung 99, 53
omoikitte 思い切って entschlossen,
  entschieden 99, 39
omoiukabu 思い浮ぶ einfallen, sich erinnern
  99, 938
omoiyari 思いやり Teilnahme, Rücksicht 99
omokage 面影 Gesicht, Gestalt, Spur 274,
  854
omokurushii 重苦しい düster, drückend,
  schwer 227, 545
omomuki 趣 Inhalt, Sinn; Geschmack;
  Eleganz; Anblick 1002
omomu(ku) 赴 gehen (nach), sich begeben;
  werden 1465
omoni 重荷 schwere Last, Bürde 227, 391
Ōmori 大森 (Stadtteil in Tōkyō) 26, 128
omote 表 Oberfläche, Vorderseite 272
  面 Gesicht 274
  tatami-omote 畳表 Oberfläche der Tatami
  1087, 272
omo(u) 思 denken, glauben 99
  Chin ~ ni 朕思うに Wir, der Kaiser,
  meinen: 1921, 99
omowaku 思惑 Meinung, Ansicht;

Erwartung 99, 969
ōmugi 大麦 Gerste 26, 270
ōmukashi 大昔 Urzeit 26, 764
ōmyō 奥妙 Tiefe, Mysterium 476, 1154
ON 音 Ton, Laut 347
  遠 weit, fern, entfernt 446
  恩 Freundlichkeit; Dankbarkeit 555
  温 warm 634
  穏 still, ruhig, friedlich, mild 869
on- 御 (Höflichkeitspräfix) 708
ona(ji) 同 gleich 198
onbin 穏便 gütlich, friedlich 869, 330
onchi 音痴 unmusikalisch 347, 1813
onchū 御中 (An die) Herren/Firma 708, 28
ondan 温暖 warm 634, 635
ondo 温度 Temperatur 634, 377
ondori 雄鳥 Hahn, männl. Vogel 1387, 285
ōnen 往年 früher, in alten Zeiten 918, 45
ōnetsu(byō) 黄熱(病) Gelbfieber 780, 645,
  380
ongaeshi 恩返し Dankbarkeitsbezeigung
  555, 442
ongaku 音楽 Musik 347, 358
oni 鬼 Teufel, böser Geist; Seele e-s
  Verstorbenen 1523
onigami 鬼神 grimmiger Gott; Seele e-s
  Verstorbenen 1523, 310
onigokko 鬼ごっこ Haschen, Blindekuh
  1523
on'ingaku 音韻学 Phonologie, Phonetik
  347, 349, 109
onjin 恩人 Gönner, Patron 555, 1
onkai 音階 Tonleiter 347, 588
onkei 恩恵 Gnade, Wohltat, Gunst 555, 1219
onken 穏健 gemäßigt, gesund 869, 893
on-kun 音訓 chines. u. japan. Kanji-Lesung
  347, 771
onkyō 音響 Schall, Klang, Ton 347, 856
onkyū 恩給 Pension 555, 346
onna 女 Frau 102
~ no hito 女の人 Frau 102, 1
onnanoko 女の子 Mädchen 102, 103
onoono 各 jeder, jedes 642
onore 己 selbst 370
onpu 音符 Note, Notenzeichen 347, 505
onseigaku 音声学 Phonetik 347, 746, 109
onsen 温泉 warme/heiße Quelle 634, 1192

onsha 恩赦 Amnestie 555, 1570

onshi 恩賜 kaiserl. Geschenk 555, 1831

onshirazu 恩知らず Undankbarkeit;
undankbarer Mensch 555, 214

onshitsu 温室 Gewächshaus 634, 166

onshō 恩賞 Belohnung 555, 500
温床 Mistbeet; Brutstätte 634, 826

ontei 音程 (Ton)Intervall, Tonstufe 347, 417

ontō 穏当 geeignet, passend; sanft 869, 77

onwa 温和 mild, sanft, ruhig, mäßig 634, 124
穏和 gemäßigt, freundlich, sanft 869, 124

ōotoko 大男 großer Mann, Riese 26, 101

ōrai 往来 Kommen u. Gehen, Verkehr;
Straße, Weg 918, 69

Oranda 和蘭 Holland 124, 2233

ōrenzu 凹レンズ konkave Linse 1893

o(reru) 折 brechen; sich falten lassen, (j-m)
nachgeben, abbiegen 1394

ori 折 Gelegenheit 1394

origami 折り紙 Kunst des Papierfaltens;
Papier (zum Falten) 1394, 180

orimono 織物 Gewebe, Textilien 680, 79

o(riru) 下 hinabsteigen, aussteigen 31
降 herab/hinabsteigen, aussteigen; fallen 947

oro(ka) 愚 Dummheit, Einfalt 1642

oroshi 卸 Großhandel 707

oroshine 卸値 Großhandelspreis 707, 425

oroshishō 卸商 Großhändler 707, 412

oroshiuri bukka 卸し売り物価
Großhandelspreis 707, 239, 79, 421

oro(su) 卸 en gros verkaufen 707

o(rosu) 下 herablassen, herunternehmen 31
降 aussteigen lassen, absetzen, entlassen 947

o(ru) 織 weben 680
折 brechen; falten; biegen 1394

ōryō 横領 Unterschlagung 781, 834

osa(eru) 抑 unterdrücken 1057

o(saeru) 押 festhalten, beschlagnahmen 986

osa(maru) 治 Friede haben; unterdrückt
werden 493
収 erworben werden; enden 757
納 (ein)gezahlt/geliefert werden 758
修 sich beherrschen 945

osa(meru) 治 regieren; unterdrücken 493
収 einnehmen, erwerben 757
納 zahlen; liefern; annehmen 758
修 studieren; beherrschen 945

osanago 幼子 Kleinkind, 1229, 103

osanagokoro 幼心 kindliches Gemüt,
Kinderseele 1229, 97

osana(i) 幼 jung, klein, kindisch 1229

ōsawagi 大騒ぎ großer Lärm/Tumult,
Wirrwarr 26, 875

ō(se) 仰 Befehl/Wunsch (e-s anderen) 1056

oseji お世辞 Kompliment 252, 688

osen 汚染 Verschmutzung 693, 779

ōsetsuma 応接間 Empfangszimmer 827,
486, 43

oshibori お絞り feuchtes Erfrischungstuch
1452

oshiekata 教え方 Lehrmethode 245, 70

oshi(eru) 教 lehren, unterrichten 245

o(shii) 惜 bedauerlich; kostbar;
verschwenderisch; zu gut 765

oshiire 押し入れ Wandschrank 986, 52

o(shimu) 惜 bedauern; schätzen; geizen;
mißgönnen; ungern tun 765

ōshin 往診 Krankenbesuch/Hausbesuch (des
Arztes) 918, 1214

oshitsukeru 押し付ける drücken;
(auf)drängen 986, 192

oshō 和尚 buddh. Priester 124, 1853

ōshō 応召 (zum Militärdienst) einberufen
werden 827, 995

oshoku 汚職 Korruption 693, 385

Ōshū 欧州 Europa 1022, 195

~ Dōmei 欧州同盟 Europäische Union 1022,
195, 198, 717

ōshū 押収 Beschlagnahme 986, 757
応酬 Erwiderung 827, 1864

oso(i) 遅 spät, verspätet; langsam 702

ōsōji 大掃除 Großreinemachen 26, 1080,
1065

osore 虞 Furcht, Besorgnis 1941

oso(reru) 恐 (sich) fürchten 1602

oso(roshii) 恐 furchtbar, schrecklich 1602

oso(u) 襲 angreifen, überfallen; j-m
(nach)folgen 1575

oso(waru) 教 lernen 245

osozaki 遅咲き spät blühend 702, 927

osu 雄 Männchen (Tiere) 1387

o(su) 押 stoßen, schieben, drücken 986
推 schließen, ableiten; empfehlen 1233

otearai お手洗い Toilette 57, 692

oten 汚点 Fleck, Fehler, Makel 693, 169
otenba お転婆 ausgelassenes Mädchen, Wildfang 433, 1931
oto 音 Ton, Laut 347
otoko 男 Mann 101
~ no hito 男の人 Mann 101, 1
otokonoko 男の子 Junge 101, 103
otome 乙女 Jungfrau, Mädchen 983, 102
(o)tomo (お)供 (j-n) begleiten 197
otona 大人 Erwachsener 26, 1
otoro(eru) 衰 schwächer werden 1676
oto(ru) 劣 unterlegen/minderwertig/ schlechter sein 1150
otōsan お父さん Vater 113
otoshiana 落とし穴 Fallgrube 839, 899
otoshii(reru) 陥 erobern, verleiten 1218
o(tosu) 落 fallen lassen, verlieren 839
otōto 弟 jüngerer Bruder 405
otōtobun 弟分 wie ein jüngerer Bruder aufgenommen werden 405, 38
ōtotsu 凹凸 uneben, holperig 1893, 1892
otozu(reru) 訪 besuchen 1181
OTSU 乙 B, (Nr.) 2 (in e-r Reihe), der letztere; Duplikat; Baß(Stimme); sonderbar; fein; elegant; geschmackvoll 983
~ na aji 乙な味 ausgefallener/delikater Geschmack 983, 307
  kō-otsu 甲乙 A u. B; Unterschied, Abstufung 982, 983
  kō-otsu-hei 甲乙丙 A, B, C; (Nr.) 1, 2, 3 982, 983, 984
(o)tsukaresama (お)疲れ様 Vielen Dank! 1321, 403
otto 夫 Ehemann, Mann 315
o(u) 生 wachsen (lassen) 44
  負 tragen, (j-m etwas) schulden 510
  追 (ver)folgen, vertreiben 1174
ō(u) 覆 bedecken, verbergen 1634
ōwarai 大笑い großes Gelächter 26, 1235
o(waru) 終 enden 458
oya 親 Eltern 175
~ fukō 親不孝 Ungehorsam gegenüber den Eltern 175, 94, 542
~ kōkō 親孝行 Liebe/Pflicht zu/gegenüber den Eltern 175, 542, 68
  haha ~ 母親 Mutter 112, 175
  sodate no ~ 育ての親 Pflegeeltern 246, 175

ōyake 公 öffentlich, offiziell 126
oyako 親子 Eltern u. Kinder 175, 103
oyatsu お八つ Zwischenmahlzeit am Nachmittag 10
oyayuzuri 親譲り von den Eltern ererbt 175, 1013
ōyō 応用 Anwendung 827, 107
oyo(bi) 及 und, sowohl ... als auch 1257
oyo(bosu) 及 ausüben 1257
oyo(bu) 及 erreichen; reichen (bis), sich erstrecken; ebenbürtig sein 1257
oyo(gu) 泳 schwimmen 1208
ōyorokobi 大喜び große Freude 26, 1143
ōyuki 大雪 starker Schneefall 26, 949
ōzara 大皿 großer Teller, große Schüssel 26, 1097
ōzei 大勢 viele Leute, eine große Menge (Menschen) 26, 646
ōzon 大損 großer Verlust 26, 350
ōzora 大空 Himmel, Firmament 26, 140
ōzumō 大相撲 Sumō-Turnier; heißer Kampf 26, 146, 1889

– P –

Pekin 北京 Peking, Beijing 73, 189

– R –

RA 裸 nackt 1536
  羅 Seidengaze, dünne Seide 1860
rafu 裸婦 nackte Frau 1536, 316
RAI 来 kommen 69
  礼 Höflichkeit; Gruß; Dank, Lohn 620
  雷 Donner, Gewitter 952
  頼 bitten; anvertrauen, beauftragen 1512
raigetsu 来月 nächsten Monat 69, 17
raihin 来賓 Gast, Besucher 69, 1852
raihō 来訪 Besuch 69, 1181
raikyaku hōmeiroku 来客芳名録 Gästebuch 69, 641, 1775, 82, 538
raimei 雷鳴 Donner 952, 925
rainen 来年 nächstes Jahr 69, 45
Rain-gawa ライン川 der Rhein 33
rainichi 来日 nach Japan kommen 69, 5
raishinshi 頼信紙 Telegrammformular 1512, 157, 180
raishū 来週 nächste Woche 69, 92
  来襲 Angriff, Ansturm, Überfall 69, 1575

raiu 雷雨 Gewitter, Gewitterregen 952, 30

rakkan 落款 Unterschrift u. Siegel 839, 1727

rakkanteki 楽観的 optimistisch 358, 604, 210

RAKU 落 fallen 839

絡 umranken, sich verwickeln 840

酪 (verarbeitete) Milch 1865

楽 Bequemlichkeit 358

rakudai 落第 durch e-e Prüfung fallen 839, 404

rakuen 楽園 Paradies 358, 447

rakugo 落語 (j.) komische Geschichtenerzählung 839, 67

rakunō(jō) 酪農(場) Molkerei 1865, 369, 154

rakunōka 酪農家 (Milchwirtschaft betreibender) Landwirt 1865, 369, 165

rakurai 落雷 Blitzschlag 839, 952

rakuseihin 酪製品 Molkereiprodukt 1865, 428, 230

rakutan 落胆 Entmutigung 839, 1273

rakutenka 楽天家 Optimist 358, 141, 165

RAN 覧 (an)sehen 1291

濫 übermäßig; überschwemmen 1944

乱 Aufstand, Bürgerkrieg 689

卵 Ei 1058

欄 Kolumne, Spalte; Geländer 1202

ranbatsu 乱伐 rücksichtsloses Abholzen 689, 1509

濫伐 rücksichtsloses Abholzen 1944, 1509

ranbō 乱暴 Gewalttat, Roheit 689, 1014

rangai 欄外 (Buch/Zeitungs)Rand 1202, 83

rankaku 乱獲 Überfischen 689, 1313

濫獲 rücksichtsloses Fischen/Jagen 1944, 1313

rankan 卵管 Eileiter 1058, 328

欄干 Geländer 1202, 584

rankei 卵形 eiförmig, oval 1058, 395

ran'ō 卵黄 Eigelb 1058, 780

ranpi 濫費 Verschwendung 1944, 749

ranpitsu 乱筆 flüchtige/schlechte Schrift 689, 130

ransaku 濫作 Überproduktion 1944, 360

ransō 卵巣 Eierstock 1058, 1538

ran'yō 濫用 Mißbrauch 1944, 107

raretsu 羅列 (Beispiele) aufzählen, (Daten) vorlegen 1860, 611

rashin 羅針 Kompaßnadel 1860, 341

rashinban 羅針盤 Kompaß 1860, 341, 1098

rataiga 裸体画 Akt(bild) 1536, 61, 343

REI 令 Befehl 831

冷 kalt 832

鈴 kleine Glocke 1822

零 Null 1823

齢 Alter, Jahre 833

例 Beispiel; Brauch, Gewohnheit 612

礼 Höflichkeit; Gruß; Dank, Lohn 620

霊 Seele, Geist 1168

戻 zurückkehren 1238

励 Ansporn; Fleiß 1340

麗 schön, hübsch 1630

隷 Diener, Untergebener 1934

reibai 霊媒 Medium (im Spiritismus) 1168, 1496

reido 零度 Null; Gefrierpunkt 1823, 377

reien 霊園 Friedhof 1168, 447

reigai 例外 Ausnahme 612, 83

reigi 礼儀 Höflichkeit, Etikette 620, 727

~ tadashii 礼儀正しい höflich 620, 727, 275

reigū 冷遇 kühler Empfang; kalte Behandlung 832, 1641

reihai 礼拝 Andacht, Gottesdienst 620, 1201

reihō 霊峰 heiliger Berg 1168, 1350

reiji 零時 12 Uhr (Mitternacht/Mittag) 1823, 42

reijin 麗人 schöne Frau 1630, 1

reijō 礼状 Dankesschreiben 620, 626

(go) ~ (御)令嬢 (Ihre) Tochter; junge Dame 708, 831, 1836

reijū 隷従 Sklaverei 1934, 1482

reika 零下 unter Null, Kälte 1823, 31

reikan 冷汗 kalter Schweiß 832, 1188

reikō 励行 Durchführung, Einhaltung 1340, 68

reikoku 冷酷 gefühllos, grausam 832, 1711

reikon 霊魂 Seele, Geist 1168, 1525

reinen 例年 normales Jahr, jedes Jahr 612, 45

reiniku 霊肉 Leib u. Seele, Körper u. Geist 1168, 223

reiri (na) 伶俐(な) gescheit 2016, –

reisai 零細 gering(fügig) 1823, 695

reisei 冷静 kühl, ruhig, gelassen 832, 663

reisen 冷戦 kalter Krieg 832, 301

冷泉 kalte Quelle 832, 1192

reishiki 礼式 Zeremoniell, Formalität, Etikette 620, 525

reisho 隷書 (archaische Schriftform der Kanji) 1934, 131

reishō 冷笑 Verhöhnung 832, 1235

reisui 冷水 kaltes Wasser 832, 21

~ masatsu 冷水摩擦 kalte Abreibung 832, 21, 1530, 1519

reitan 冷淡 kalt(herzig) 832, 1337

reiten 零点 Null; Nullpunkt 1823, 169

reitetsu 冷徹 kühl, unberührt 832, 1422

reitōki 冷凍器 Kühlschrank, Kühlanlage 832, 1205, 527

reizōko 冷蔵庫 Kühlschrank 832, 1286, 825

reizoku 隷属 untergeordnet, abhängig 1934, 1637

REKI 暦 Kalender 1534

歴 Fortdauer, Verlauf der Zeit 480

rekinin 歴任 verschiedene Ämter nacheinander innehaben 480, 334

rekishi 歴史 Geschichte 480, 332

rekkoku 列国 Mächte, Staaten 611, 40

rekkyo 列挙 aufzählen 611, 801

REN 練 kneten, ausbilden, feilen 743

錬 härten, schmieden; trainieren 1816

恋 Liebe 258

連 Gruppe; Begleitung 440

廉 rein; ehrlich; billig 1689

ren'ai 恋愛 Liebe 258, 259

renbai 廉売 Ausverkauf 1689, 239

renbo 恋慕 Liebe, Zuneigung 258, 1431

rengō 連合 Vereinigung, Verbindung, Koalition, Allianz 440, 159

renka 廉価 niedriger Preis 1689, 421

renkei 連係 Verbindung, Kontakt 440, 909

連携 Zusammenarbeit, Mitwirkung 440, 1686

renkinjutsu 錬金術 Alchemie 1816, 23, 187

renmei 連盟 Bund, Bündnis, Vereinigung, Verband, Union 440, 717

renpa 連覇 Gewinn aufeinanderfolgender Meisterschaften 440, 1633

renpō 連邦 Bundesstaat, Föderation 440, 808

連峰 Gebirgskette 440, 1350

~ seifu 連邦政府 Bundesregierung 440, 808, 483, 504

~ shushō 連邦首相 Bundeskanzler 440, 808, 148, 146

renraku 連絡 Verbindung, Anschluß, Kontakt, Mitteilung 440, 840

renraku-eki 連絡駅 Anschlußbahnhof 440, 840, 284

renraku-sen 連絡線 Anschlußbahn/linie 440, 840, 299

rensa hannō 連鎖反応 Kettenreaktion 440, 1819, 324, 827

rensai 連載 fortlaufend (Veröffentlichung), Fortsetzungs- 440, 1124

rensei 錬成 trainieren, ausbilden 1816, 261

renshō 連勝 Siegesserie 440, 509

renshū 練習 Übung 743, 591

renzoku 連続 Kontinuität 440, 243

ressei 劣性 minderwertig; rezessiv (Erblichkeit) 1150, 98

劣勢 zahlenmäßige Unterlegenheit 1150, 646

ressha 列車 (Eisenbahn)Zug 611, 133

resshin 烈震 heftiges Erdbeben 1331, 953

RETSU 列 Reihe 611

烈 heftig 1331

裂 e-n Spalt/Riß bekommen 1330

劣 unterlegen/minderwertig sein 1150

chōda no ~ 長蛇の列 lange (Menschen)Schlange 95, 1875, 611

rettō 列島 Inselkette, Archipel 611, 286

劣等 Minderwertigkeit 1150, 569

rettōkan 劣等感 Minderwertigkeitskomplex 1150, 569, 262

RI 里 (altes Längenmaß, ca. 2, 9 m) 142

理 Vernunft, Prinzip 143

裏 Rückseite 273

利 Vorteil, Zins 329

痢 Diarrhöe, Durchfall 1811

吏 Beamter 1007

離 sich trennen 1281

履 (Schuhe, Socken)/(an)haben 1635

RICHI 律 Gesetz, Vorschrift 667

ridatsu 離脱 Austritt (aus e-r Organisation) 1281, 1370

rieki 利益 Vorteil, Nutzen, Gewinn 329, 716

rien 梨園 Theaterwelt 2115, 447

rigai 利害 Vor- u. Nachteile; Interesse 329, 518

rigakubu 理学部 die naturwiss. Fakultät 143, 109, 86

rihan 離反 Entfremdung, Abtrünnigkeit, Aufstand 1281, 324

riin 吏員 Beamter 1007, 163

riji 理事 Vorstand(smitglied) 143, 80

rijun 利潤 Gewinn(Spanne) 329, 1203
rika 理科 Naturwissenschaften, naturwiss.
  Abteilung 143, 320
rikai 理解 Verstehen, Verständnis 143, 474
RIKI 力 Kraft 100
rikishi 力士 Ringer 100, 572
rikka 立夏 Beginn des Sommers 121, 461
rikken 立憲 konstitutionell 121, 521
~ kunshusei(koku), 立憲君主政(国)
  konstitutionelle Monarchie 121, 521, 793,
  155, 483, 40
riko 利己 Selbstsucht, Egoismus 329, 370
rikō 利口 klug, verständig, schlau 329, 54
  履行 Durchführung, Erfüllung 1635, 68
rikon 離婚 (Ehe)Scheidung 1281, 567
~ soshō 離婚訴訟 Scheidungsprozeß 1281,
  567, 1402, 1403
rikoteki 利己的 egoistisch 329, 370, 210
RIKU 陸 Land 647
rikugun 陸軍 Armee, Heer 647, 438
rikujō 陸上 Land- 647, 32
rikuro 陸路 Landweg 647, 151
RIN 倫 Grundsatz, Kodex 1163
  輪 Rad, Ring, Kreis 1164
  林 Wald, Forst 127
  隣 Nachbarschaft 809
  臨 gegenüberstehen, entgegensehen;
    beiwohnen, teilnehmen 836
  鈴 kleine Glocke 1822
  厘 (alte Geldeinheit, 0,001 Yen; Längenmaß,
    ca. 0, 3 mm) 1900
rinban 輪番 Reihenfolge 1164, 185
rinen 理念 Idee, Doktrin 143, 579
ringo hitotsu りんご一つ ein Apfel 2
ringoku 隣国 Nachbarland 809, 40
rinji 臨時 außerordentlich, Sonder- 836, 42
rinjin 隣人 Nachbar; Nächster 809, 1
rinjū 臨終 Todesstunde 836, 458
rinkaku 輪郭 Umriß, Kontur 1164, 1673
rinki 凜気 kalte Luft 2026, 134
rinmō 厘毛 Kleinigkeit; unbedeutend,
  unwesentlich 1900, 287
rinri 倫理 Moral, Ethik 1163, 143
rinrigaku 倫理学 Ethik, Moralphilosophie
  1163, 143, 109
rinritsu 林立 dicht nebeneinander stehen
  127, 121

rinseki 隣席 Nachbarsitz/platz 809, 379
  臨席 Anwesenheit, Besuch 836, 379
rinsetsu 隣接 angrenzen 809, 486
rinshō 臨床 klinisch 836, 826
rinzu 綸子 Seide 2199, 103
rippō 立法 Gesetzgebung 121, 123
rippuku 立腹 Ärger 121, 1271
rirekisho 履歴書 (schriftl.) Lebenslauf 1635,
  480, 131
ririku 離陸 Starten, Abflug 1281, 647
riron 理論 Theorie 143, 293
rishi 利子 Zins 329, 103
rishō 離礁 wieder flott werden 1281, 1768
risō 理想 Ideal 143, 147
risoku 利息 Zins 329, 1242
risōteki 理想的 ideal 143, 147, 210
risshun 立春 Frühlingsanfang 121, 460
ritō 吏党 Gruppe von Beamten 1007, 495
RITSU 立 (auf)stehen 121
  律 Gesetz, Vorschrift 667
  率 Satz, Rate 788
rittō 立冬 Beginn des Winters 121, 459
riyō 利用 benutzen 329, 107
riyū 理由 Grund, Ursache, Motiv 143, 363
RO 路 Straße, Weg 151
  露 offen, entblößt 951
  炉 Herd, Schmelz-/Hochofen 1790
RŌ 郎 Mann, Ehemann; (Suffix bei männl.
  Vornamen) 980
  浪 Wellen; treiben 1753
  朗 heiter, klar, hell 1754
  廊 Korridor, Gang, Galerie 981
  漏 auslaufen, lecken 1806
  露 offen, entblößt 951
  糧 Proviant, Speise, Nahrung 1704
  楼 Turm, hohes Gebäude 1841
  労 Mühe, Anstrengung, Arbeit 233
  老 alt werden, altern 543
rōba 老婆 alte Frau 543, 1931
rōden 漏電 Stromverlust, Kurzschluß 1806, 108
rōdō 労働 Arbeit 233, 232
  郎党 Anhänger, Vasallen 980, 495
~ jikan 労働時間 Arbeitszeit 233, 232, 42, 43
~ kumiai 労働組合 Gewerkschaft 233, 232,
  418, 159
~ undō 労働運動 Arbeiterbewegung 233,
  232, 439, 231

rōdoku 朗読 vorlesen, rezitieren 1754, 244

rōdōsha 労働者 Arbeiter 233, 232, 164

kōwan ~ 港湾労働者 Hafenarbeiter 669, 670, 233, 232, 164

rōei 朗詠 (ein j./chines. Gedicht) rezitieren 1754, 1209

rōfūfu 老夫婦 altes Ehepaar 543, 315, 316

rōhi 浪費 Verschwendung 1753, 749

rōho 老舗 alteingesessenes Geschäft 543, 1443

rōhō 朗報 gute Nachricht 1754, 685

rōjaku 老若 alt und jung 543, 544

rōjin 老人 alter Mann, alte Frau, alte Leute 543, 1

rōka 廊下 Korridor, (überdachter) Gang 981, 31

rōkaku 楼閣 Palast, Schloß; Turm 1841, 837

roken 露見 Aufdeckung, Enthüllung 951, 63
露顕 Aufdeckung, Enthüllung 951, 1170

rokkakoku 六か国 6 Länder 8, 40

rōkō 老巧 erfahren, erprobt, geübt 543, 1627

ROKU 緑 grün 537
録 authentische Aufzeichnung 538
六 sechs 8

rokuga 録画 Videoaufnahme 538, 343

rokunin 六人 6 Personen 8, 1

rokuon 録音 Tonaufnahme 538, 347

rokushō 緑青 Grünspan 537, 208

rōkyū 老朽 ausgedient 543, 1628

rōmaji ローマ字 latein. Buchstaben 110

rōmon 楼門 zweistöckiges Torgebäude 1841, 161

RON 論 Erörterung, Argument, Meinung, These, Abhandlung 293

ronbun 論文 Abhandlung, Aufsatz 293, 111

rongi 論議 Diskussion, Erörterung 293, 292

rōnin 浪人 herrenloser Samurai; Stellungsloser 1753, 1

ronjitsukusu 論じ尽くす erschöpfend erörtern 293, 1726

ronkyo 論拠 Argumentation 293, 1138

ronkyū 論究 gründlich erörtern 293, 895

ronpyō 論評 Kritik 293, 1028

ronri 論理 Logik 293, 143

ronshi 論旨 Argument, Meinung 293, 1040

ronsō 論争 Disput, Auseinandersetzung 293, 302

rōnyaku 老若 alt und jung 543, 544

rōō 老翁 alter Mann 543, 1930

rōrei 老齢 hohes Alter 543, 833

rōrō 朗々 (hell)klingend, wohltönend 1754

rōryoku 労力 Mühe, Anstrengung; Arbeitskraft 233, 100

rōsai 老妻 alte Frau 543, 671

Rōshi 老子 Laotse 543, 103

roshutsu 露出 Entblößung; Belichtung 951, 53

roshutsushō 露出症 Exhibitionismus 951, 53, 1318

rōsui 老衰 Altersschwäche 543, 1676

rotei 露呈 Enthüllung, Aufdeckung 951, 1590

roten 露店 Bude, (Verkaufs)Stand 951, 168

~ de 露天で im Freien 951, 141

rōtō 郎等 Anhänger, Vasallen 980, 569

RU 流 fließen, strömen 247
留 befestigen, festhalten, (ein)schließen 761

RUI 累 Anhäufung; Aufeinanderfolge 1060
塁 Festung; Mal (beim Baseball) 1694
類 Art, Sorte, Spezies 226
涙 Träne 1239

ruigigo 類義語 Synonym 226, 291, 67

ruigo 類語 Synonym 226, 67

ruiji 類似 Ähnlichkeit, Analogie 226, 1486

ruika 累加 Zunahme 1060, 709

ruikei 累計 Gesamtbetrag 1060, 340

ruikeiteki 類型的 typisch 226, 888, 210

ruiseki 累積 Anhäufung 1060, 656

ruishin 累進 stufenweise Beförderung 1060, 437
塁審 Schiedsrichter (beim Baseball) 1694, 1383

ruisui 類推 Analogie(schluß) 226, 1233

ruizō 累増 Zunahme 1060, 712

rujin'en 類人猿 Menschenaffe 226, 1, 1584

ruri 瑠璃 Lasur 2165, 2166

rurō 流浪 Herumwandern 247, 1753

rusu 留守 Abwesenheit (von zu Hause) 761, 490

RYAKU 略 Abkürzung, Auslassung 841

ryakudatsu 略奪 Plünderung, Raub 841, 1310

ryakugo 略語 Abkürzung 841, 67

ryakureki 略歴 kurzer Lebenslauf 841, 480

RYO 虜 Gefangener 1385

慮 (be)denken 1384

旅 Reise 222

RYŌ 僚 Beamter; Begleiter 1324

寮 Herberge, Unterkunft, Wohnheim 1323

療 heilen, (ärztlich) behandeln 1322

量 Menge 411

糧 Proviant, Speise, Nahrung 1704

両 beide; alte j. Münzeinheit 200

料 Stoff; Gebühr 319

良 gut 321

漁 Fischfang 699

領 regieren, kontrollieren 834

了 beenden; verstehen 941

霊 Seele, Geist 1168

涼 kühl, frisch, erfrischend 1204

猟 Jagen, Jagd 1580

陵 kaiserl. Grab, Mausoleum 1844

ryōchi 領地 Territorium 834, 118

ryōchō 寮長 Heimleiter 1323, 95

ryōdo 領土 Territorium 834, 24

ryōfū 涼風 kühle/frische Brise 1204, 29

ryōgae 両替 Geldwechsel 200, 744

ryōgan 両眼 beide Augen 200, 848

ryōheika 両陛下 Ihre Majestäten, der Kaiser u. die Kaiserin 200, 589, 31

ryohi 旅費 Reisekosten 222, 749

ryōhō 両方 beide(s) 200, 70

ryōiki 領域 Gebiet, Territorium 834, 970

ryōin 両院 beide Häuser (des Parlaments) 200, 614

ryōji 領事 Konsul 834, 80

ryōjū 猟銃 Jagdgewehr 1580, 829

ryōkai 了解 Verständnis; Einverstanden! 941, 474

ryokaku 旅客 Passagier, Reisender 222, 641

ryokan 旅館 Hotel im japan. Stil 222, 327

ryoken 旅券 Reisepaß 222, 506

ryōken 猟犬 Jagdhund 1580, 280

ryōkin 料金 Gebühr 319, 23

    yūbin ~ 郵便料金 Postgebühren, Posttarif 524, 330, 319, 23

ryokō 旅行 Reise 222, 68

    dantai ~ 団体旅行 Gruppenreise 491, 61, 222, 68

    shinkon ~ 新婚旅行 Hochzeitsreise 174, 567, 222, 68

    uchū ~ 宇宙旅行 Weltraumflug 990, 991, 222, 68

ryokōsha 旅行者 Reisender 222, 68, 164

ryōkō 良好 gut, ausgezeichnet 321, 104

RYOKU 力 Kraft 100

緑 grün 537

ryokuchi 緑地 Grünanlage 537, 118

ryōmi 涼味 Kühle, Frische 1204, 307

ryōri 料理 Kochen, Speise, Gericht 319, 143

    chūka ~ 中華料理 chines. Gericht/Küche 28, 1074, 319, 143

ryōritsu 両立 sich vertragen, nebeneinander bestehen 200, 121

ryōsai 良妻 gute (Ehe)Frau 321, 671

ryōsei 寮生 Bewohner e-s Studentenwohnheims 1323, 44

ryōshi 両氏 beide (Herren) 200, 566

漁師 Fischer 699, 409

猟師 Jäger 1580, 409

ryōshin 両親 Eltern 200, 175

良心 Gewissen 321, 97

ryōshitsu 良質 gute Qualität 321, 176

ryōshō 了承 Zustimmung 941, 942

ryōshoku 糧食 Proviant 1704, 322

ryoshū 旅愁 Einsamkeit/innere Unruhe während e-r Reise 222, 1601

ryōshūsho 領収書 Quittung 834, 757, 131

ryōshūshō 領収証 Quittung 834, 757, 484

ryōte 両手 beide Hände 200, 57

ryōtei 料亭 (j.) Restaurant 319, 1184

ryōtotsu 両凸 bikonvex 200, 1892

ryōyōjo 療養所 Sanatorium 1322, 402, 153

ryōyoku 両翼 beide Flügel 200, 1062

ryōyōsho 療養所 Sanatorium 1322, 402, 153

ryōyū 僚友 Kamerad, Kollege 1324, 264

両雄 zwei große Männer (Rivalen) 200, 1387

RYŪ 立 (auf)stehen 121

粒 Korn 1700

竜 Drache 1758

柳 Weide (Baum) 1871

留 befestigen, festhalten, (ein)schließen 761

流 Strömung, Stil, Schule 247

硫 Schwefel 1856

隆 Wohlstand; hoch 946

ryūbi 柳び schöne Augenbrauen 1871

ryūgaku 留学 Studium im Ausland 761, 109

ryūgū 竜宮 Drachenpalast 1758, 721

ryūhyō 流氷 Treibeis 247, 1206

ryūiki 流域 Fluß-/Stromgebiet 247, 970
ryūjō 粒状 kornförmig, körnig 1700, 626
ryūka suiso 硫化水素 Schwefelwasserstoff 1856, 254, 21, 271
ryūketsu 流血 Blutvergießen 247, 789
ryūki 隆起 Erhöhung, Höcker 946, 373
ryūkō 流行 Mode 247, 68
ryūkōka 流行歌 Schlager 247, 68, 392
ryūkotsu 竜骨 Kiel 1758, 1266
ryūryū 隆々 blühend; muskulös 946
ryūsan 硫酸 Schwefelsäure 1856, 516
ryūsei 隆盛 Gedeihen, Blüte 946, 719
ryūshi 粒子 Teilchen, Partikel; Korn (im Film) 1700, 103
ryūtsū 流通 Umlauf, Marketing 247, 150

– S –

SA 左 links 75
佐 helfen 1744
差 Unterschied 658
作 machen, anfertigen 360
詐 lügen, betrügen 1498
茶 Tee 251
査 untersuchen 624
再 noch einmal, wieder, zweimal 782
砂 Sand 1151
鎖 schließen 1819
唆 verführen; überreden; aufhetzen 1846
undei no ~ 雲泥の差 himmelweiter Unterschied 636, 1621, 658
sabaku 砂漠 Wüste 1151, 1427
saba(ku) 裁 Urteil fällen 1123
sabetsu 差別 Unterschied; Diskriminierung 658, 267
sabi 寂 geschmackvolle Einfachheit 1669
sabi(reru) 寂 verfallen 1669
sabi(shii) 寂 einsam, öde, verlassen 1669
sachi 幸 Glück 684
sada(ka) 定 sicher, bestimmt 355
sada(maru) 定 entschieden werden 355
sada(meru) 定 festsetzen, entscheiden 355
sadō 茶道 Teezeremonie 251, 149
saegi(ru) 遮 unterbrechen, (be)hindern, blockieren 1767
sagaku 差額 Differenz 658, 838
sa(garu) 下 herabhängen, fallen 31
sagashiateru 捜し当てる (heraus)finden,

entdecken 989, 77
sagashimawaru 探し回る überall suchen 535, 90
捜し回る umhersuchen 989, 90
saga(su) 探 suchen 535
捜 suchen 989
sa(geru) 下 herablassen, herunternehmen 31
提 (in der Hand) halten 628
sagi 詐欺 Betrug, Schwindel 1498, 1499
sagishi 詐欺師 Betrüger 1498, 1499, 409
saguridasu 探り出す herausfinden 535, 53
sagu(ru) 探 tasten, suchen 535
saha 左派 die Linke(n) 75, 912
sahō 左方 die linke Seite 75, 70
SAI 栽 Pflanze 1125
裁 Urteil fällen 1123
歳 Jahr, Jahre alt 479
載 (geschrieben) stehen, erscheinen 1124
採 (an)nehmen, anstellen; sammeln (Planzen, Insekten) 933
彩 färben 932
菜 Gemüse; Raps 931
斎 (religiöse) Reinigung; Zimmer 1478
済 enden; bezahlt werden 549
才 Talent 551
財 Geld, Wohlstand, Besitz 553
祭 verehren, anbeten 617
際 Zeit, Gelegenheit 618
切 schneiden 39
西 Westen 72
最 höchst, äußerst, am meisten 263
殺 töten, (er)morden 576
妻 Ehefrau 671
細 schmal, klein, fein 695
再 noch einmal, wieder, zweimal 782
債 Schulden 1118
催 veranstalten, abhalten; fühlen 1317
災 Unglück, Katastrophe 1335
宰 verwalten, kontrollieren 1488
砕 zerbrechen, zerschmettert werden; freundlich werden 1710
kyōnen nanajūgo-sai 享年７５歳 gestorben im Alter von 75 Jahren 1672, 45, 479
saiaku 最悪 am schlimmsten, am schlechtesten 263, 304
saibai 栽培 Zucht, Pflanzung 1125, 1828
saiban 裁判 Gericht 1123, 1026

saibō 細胞 Zelle 695, 1284
saidai 最大 Maximum; größte 263, 26
saidan 祭壇 Altar 617, 1839
saien 菜園 Gemüsegarten 931, 447
saifu 財布 Portemonnaie 553, 675
saigai 災害 Unglück, Unfall, Schaden,
Katastrophe 1335, 518
saigetsu 歳月 Zeit, Jahre 479, 17
saigo 最後 Ende; letzte(r/s) 263, 48
saihensei 再編成 Umgruppierung,
Umstrukturierung 782, 682, 261
saihō 細胞 Zelle 695, 1284
裁縫 Nähen 1123, 1349
saijitsu 祭日 Festtag, Feiertag 617, 5
saijō 最上 beste, höchste, oberste 263, 32
saika 災禍 Unfall, Katastrophe 1335, 1809
saikai 再会 Wiedersehen 782, 158
再開 Wiedereröffnung 782, 396
斎戒 Reinigung 1478, 876
~ mokuyoku 斎戒もく浴 (rituelle)
Reinigung, Waschung 1478, 876, 1128
saiken 債権 Kredit 1118, 335
債券 Schuldschein, Pfandbrief, Anleihepapier 1118, 506
saikensha 債権者 Gläubiger 1118, 335, 164
saiketsu 採決 Abstimmung 933, 356
裁決 (Gerichts)Urteil 1123, 356
saikin 最近 letzt, jüngst, neuest 263, 445
細菌 Bazillus, Bakterie 695, 1222
saikō 最高 Maximum; beste 263, 190
saikon 再婚 zweite Ehe 782, 567
saiku 細工 Bearbeitung; List, Trick 695, 139
saikutsu 採掘 Abbau, Bergbau 933, 1803
saimin 催眠 Hypnose 1317, 849
saimu 債務 Schulden 1118, 235
saimusha 債務者 Schuldner 1118, 235, 164
sainan 災難 Unglück, Unfall 1335, 557
~ ni au 災難に遭う verunglücken 1335, 557,
1643
sainō 才能 Talent, Begabung 551, 386
sainyū saishutsu 歳入歳出 jährliche
Einkünfte u. Ausgaben 479, 52, 479, 53
sairei 祭礼 religiöses Fest 617, 620
sairoku 採録 auf-/verzeichnen 933, 538
sairuigasu 催涙ガス Tränengas 1317, 1239
sairyō 最良 am besten 263, 321
saisan 採算 Vorteil, Gewinn 933, 747

saiseiki 最盛期 Blütezeit, Höhepunkt 263,
719, 449
saiseki 砕石 Schotter 1710, 78
saisetsu 細説 ausführliche Erklärung 695, 400
saishi 才子 kluger Kopf 551, 103
妻子 Frau u. Kind(er), Familie 671, 103
saishiki 彩色 Kolorit, Färbung 932, 204
saishin 最新 neueste 263, 174
funkotsu-saishin 粉骨砕身 sich aufs
äußerte anstrengen 1701, 1266, 1710, 59
saisho 最初 Anfang, Beginn 263, 679
saishō 宰相 Ministerpräsident,
Premierminister 1488, 146
saishoku 菜食 vegetar. Kost 931, 322
saishū 最終 letzt, Schluß, End- 263, 458
採集 Sammeln, Sammlung (Pflanzen,
Insekten) 933, 436
konchū ~ 昆虫採集 Insektensammlung
1874, 873, 933, 436
saishutsu 歳出 jährliche Ausgaben 479, 53
sainyū ~ 歳入歳出 jährliche Einkünfte u.
Ausgaben 479, 52, 479, 53
saisoku 催促 Mahnung, Aufforderung,
Drängen 1317, 1557
saitaku 採択 Annahme, Aufnahme 933, 993
saitan 採炭 Kohlenförderung 933, 1344
saitei 最低 niedrigst, Minimal- 263, 561
saiwa(i) 幸 Glück 684
saiyō 採用 Annahme; Anstellung 933, 107
saka 坂 Abhang, Steigung, Hügel 443
逆 umgekehrt, verkehrt 444
酒 Reiswein, alkoholisches Getränk 517
茶菓 Tee u. Kuchen; Erfrischungen 251, 1535
kyū na ~ 急な坂 steiler Hang 303, 443
sakaba 酒場 Kneipe, Bar 517, 154
sakadatsu 逆立つ sich sträuben 444, 121
saka(eru) 栄 gedeihen, blühen 723
sakai 境 Grenze 864
sakaime 境目 Grenzlinie; Krise 864, 55
sakamichi 坂道 Straße an e-m Hang 443, 149
Sakamoto-shi 坂本氏 Herr Sakamoto 443,
25, 566
sakan 佐官 Stabsoffizier 1744, 326
saka(n) 盛 lebhaft, gedeihend, blühend 719
sakana 魚 Fisch 290
sakanaya 魚屋 Fischladen/händler 290, 167
saka(rau) 逆 sich widersetzen 444

saka(ru) 盛 gedeihen, blühen 719
sakaya 酒屋 Spirituosenhändler;
　Krämerladen 517, 167
sakazuki 杯 Trinkschale (für Reiswein) 1155
sake 酒 Reiswein, alkohol. Getränk 517
sakebigoe 叫び声 Ruf, Schrei 1252, 746
sake(bu) 叫 rufen, (auf)schreien 1252
sakei 左傾 linke Gesinnung/Tendenz 75, 1441
sakeme 裂け目 Riß, Sprung, Spalt 1330, 55
sa(keru) 裂 sich spalten, zerreißen 1330
　避 (ver)meiden, ausweichen 1491
saki 先 früher, vorher, voraus; künftig;
　Bestimmungsort; Spitze 50
　崎 Kap, Landzunge, Vorgebirge 1362
sakidasu 咲き出す zu blühen beginnen 927,
　53
sakimidareru 咲き乱れる in voller Blüte
　stehen 927, 689
sakka 作家 Schriftsteller, Dichter 360, 165
sakkaku 錯覚 Sinnestäuschung, Illusion,
　Irrtum 1199, 605
sakkashō 擦過傷 Schramme 1519, 413, 633
sakkin 殺菌 Sterilisation 576, 1222
sakkon 昨今 in den letzten Tagen 361, 51
sakkyoku 作曲 Komposition 360, 366
sakoku 鎖国 Abschließung des Landes
　1819, 40
SAKU 作 machen, anfertigen 360
　昨 Vergangenheit; gestern 361
　酢 Essig 1867
　搾 (aus)pressen, melken 1497
　策 Maßnahme, Plan, Politik 880
　索 Seil; suchen 1059
　冊 Buch 1158
　錯 mischen, in Unordnung sein 1199
　削 (ab)hobeln; ausstreichen 1611
sa(ku) 割 aufschneiden, (ab)trennen,
　zerreißen; sparen; abgeben 519
　咲 blühen 927
　裂 zerreißen, spalten 1330
sakugen 削減 Kürzung 1611, 715
sakugo 錯誤 Irrtum, Fehler 1199, 906
sakuhin 作品 (literarisches) Werk 360, 230
sakuin 索引 Register, Index 1059, 216
　jikō~ 事項索引 Sachregister 80, 1439,
　1059, 216
sakujitsu 昨日 gestern 361, 5

sakujo 削除 Streichung 1611, 1065
sakunen 昨年 letztes/voriges Jahr 361, 45
sakunyū 搾乳 melken 1497, 939
sakura 桜 Kirschbaum 928
sakurairo 桜色 kirschfarben 928, 204
sakuran 錯乱 Verwirrung 1199, 689
sakuranbo 桜んぼ Kirsche 928
sakuraniku 桜肉 Pferdefleisch 928, 223
sakuryaku 策略 List, Taktik 880, 841
sakusan 酢酸 Essigsäure 1867, 516
sakusen 作戦 militär. Operation, Taktik,
　Manöver 360, 301
sakushu 搾取 Ausbeutung 1497, 65
sakyū 砂丘 Sandhügel, Düne 1151, 1357
sama 様 Zustand; Herr, Frau, Fräulein 403
　goshūshō-sama ご愁傷様 Mein herzliches
　Beileid 1601, 633, 403
　Tanaka Akira ~ 田中明様 Herr(n) Akira
　Tanaka 35, 28, 18, 403
sa(masu) 覚 aufwachen; (auf)wecken 605
　冷 kühlen 832
samata(geru) 妨 stören, hindern 1182
sa(meru) 覚 aufwachen; (auf)wecken 605
　冷 kalt werden 832
samon 査問 Untersuchung, Verhör 624, 162
samu(i) 寒 kalt 457
samurai 侍 Samurai 571
　~ katagi 侍気質 Samuraigeist 571, 134, 176
　Shichinin no ~ 七人の侍 Die sieben
　Samurai 9, 1, 571
samuzora 寒空 kaltes Wetter 457, 140
SAN 参 drei (in Dokumenten); gehen,
　kommen, besuchen 710
　惨 elend, armselig, bedauernswert 1725
　三 drei 4
　山 Berg 34
　産 Geburt; Produktion; Vermögen 278
　酸 Säure 516
　賛 Lob, Zustimmung 745
　算 rechnen 747
　散 zerstreuen, in Unordnung bringen 767
　傘 Schirm 790
　蚕 Seidenraupe 1877
　桟 Verstrebung, Rahmen, Gerüst 1906
san en 三円 drei Yen 4, 13
~ jikan ijō 三時間以上 über 3 Stunden 4,
　42, 43, 46, 32

~ kiro 三キロ 3 kg/km 4

sanba 三把 drei Bündel 4, 1724
産婆 Hebamme 278, 1931

sanbai 三倍 dreimal soviel, dreifach 4, 87

~ ijō 三倍以上 mehr als dreimal soviel 4, 87, 46, 32

sanbashi 桟橋 Landungsbrücke, Landungssteg 1906, 597

sanbi 賛美 Lobpreisung 745, 401

sanbō 参謀 (General)Stab 710, 1495

sanbun 散文 Prosa 767, 111

sanbutsu 産物 Produkt, Erzeugnis 278, 79

sanbyaku rokujūgonichi 三百六十五日 365 Tage 4, 14, 8, 12, 7, 5

sanchō 山頂 Berggipfel 34, 1440

sandō 桟道 Bohlenweg, Laufplanke 1906, 149

sanfujinkai 産婦人科医 Gynäkologe 278, 316, 1, 320, 220

sangai 三階 2. Stock 4, 588

sangaku 山岳 Gebirge 34, 1358

sangakubu 山岳部 Bergsteiger-Klub 34, 1358, 86

Sangiin 参議院 (j.) Oberhaus 710, 292, 614

sangōshitsu 三号室 Zimmer Nr. 3 4, 266, 166

sangoshō さんご礁 Korallenriff 1768

sangyō 産業 Industrie 278, 279

sanji 惨事 Unglück, Katastrophe 1725, 80

~ seigen 産児制限 Geburtenkontrolle 278, 1217, 427, 847

sanjihan 三時半 halb vier 4, 42, 88

sanjo 賛助 Unterstützung 745, 623

sanjō 惨状 schrecklicher Anblick, trauriger Zustand 1725, 626

sanka 酸化 Oxydation 516, 254
参加 Teilnahme, Beteiligung 710, 709
傘下 untergeordnet 790, 31

sankai 三階 2. Stock 4, 588

sankaku 三角 Dreieck 4, 473

sankakukei 三角形 Dreieck 4, 473, 395

sanken bunritsu 三権分立 Gewaltenteilung 4, 335, 38, 121

sankōsho 参考書 Nachschlagewerk 710, 541, 131

sankyō 山峡 Bergschlucht 34, 1352
桟橋 Landungsbrücke, Kai 1906, 597

sanman 散漫 zerstreut, diffus, vage, abschweifend 767, 1411

sanmenkyō 三面鏡 dreiteiliger Spiegel 4, 274, 863

sanmi 酸味 Säure 516, 307

sanmyaku 山脈 Gebirgskette 34, 913

sannensei 三年生 Schüler/Student im 3. Schul-/Studienjahr 4, 45, 44

sannin 三人 drei Personen 4, 1

sanpai 参拝 e-n Schrein/ein Grab besuchen 710, 1201
惨敗 schwere Niederlage 1725, 511

sanpatsu 散髪 Haarschneiden 767, 1148

sanpi 賛否 Billigung u. Mißbilligung, Für u. Wider 745, 1248

sanpo 散歩 Spaziergang 767, 431

sanran 産卵 Eierlegen, Laichen 278, 1058

sanretsu 参列 Teilnahme 710, 611

sanrin 山林 Bergwald; Berge u. Wälder 34, 127

sanringaku 山林学 Forstwissenschaft 34, 127, 109

sansai 山菜 eßbare wildwachsende Pflanzen 34, 931

san-san go-go 三々五々 in kleinen Gruppen (zu zweit u. dritt) 4, 7

sansei 酸性 Säure 516, 98
賛成 Zustimmung, Beifall 745, 261

sanseki 三隻 drei (Schiffe) 4, 1311

sanshi 蚕糸 Seidenfaden 1877, 242

sanshi-suimei 山紫水明 schöne Landschaft 34, 1389, 21, 18

sanshō 参照 Verweisung, siehe 710, 998

sanshoku 蚕食 Infiltration, Eindringen, Vordringen, Invasion 1877, 322

sanso 酸素 Sauerstoff 516, 271

sansō 山荘 Ferienhaus in den Bergen 34, 1327

sansui 山水 Landschaft (mit Bergen u. Wasser) 34, 21

san-yokka 三, 四日 3 oder/bis 4 Tage 4, 6, 5

san-yonin 三, 四人 3 oder/bis 4 Personen 4, 6, 1

sanzen 三千 3.000 4, 15

sanzoku 山賊 Räuber, Wegelagerer 34, 1807

saodake さお竹 Bambusstange 129

sara 更 von neuem, wieder 1008
皿 Teller, Schüssel, Schale 1097

saraarai 皿洗い Tellerwaschen 1097, 692

sarada hitosara サラダ一皿 ein Teller mit Salat 2, 1097

saraishū 再来週 übernächste Woche 782, 69, 92

sarasa 更紗 bedruckter Kattun 1008, 2191

saru 猿 Affe 1584

sa(ru) 去 fortgehen, verlassen; vergehen 414

sarujie 猿知恵 Bauernschläue 1584, 214, 1219

sasa(eru) 支 (unter)stützen 318

sa(saru) 刺 gestochen werden; stecken bleiben 881

sasatsu 査察 Inspektion 624, 619

sasen 左遷 Degradierung, Strafversetzung 75, 921

sashie 挿し絵 Illustration 1651, 345

sashiki 挿し木 Ableger, Setzling 1651, 22

sashikizu 刺し傷 Stichwunde 881, 633

sashikorosu 刺し殺す erstechen 881, 576

sashimi 刺身 in Scheibchen geschnittener roher Fisch 881, 59

sashimodosu 差し戻す an die untere Instanz zurückverweisen 658, 1238

sashitsukae 差し支え Hindernis, Einwand 658, 318

sashō 詐称 falsche Angaben (zur eigenen Person) 1498, 978

sashu 詐取 Betrug 1498, 65

sasoimizu 誘い水 Pumpwasser; Anreiz, Anstoß 1684, 21

saso(u) 誘 einladen; abholen; veranlassen; verführen 1684

sasshi 冊子 Heft, Broschüre 1158, 103

sasshin 刷新 Reform, Erneuerung 1044, 174

sa(su) 差 die Hände erheben; (hinein)stecken 658

刺 stechen 881

指 zeigen (auf) 1041

挿 einfügen 1651

sata 沙汰 Mitteilung; Angelegenheit; Anweisung, Befehl 2135, 2136

satchūzai 殺虫剤 Insektenvertilgungsmittel 576, 873, 550

satei 査定 Schätzung, Anschlag 624, 355

sato 里 Dorf, Elternhaus 142

satō 砂糖 Zucker 1151, 1698

satogo 里子 Pflegekind 142, 103

satogokoro 里心 Heimweh 142, 97

satoimo 里芋 Taro-Kartoffel 142, 1909

satori 悟り Verstehen; religiöse Erweckung, Erleuchtung 1438

sato(ru) 悟 verstehen, einsehen, erleuchtet werden 1438

sato(su) 諭 ermahnen, (an)raten 1599

SATSU 察 beurteilen, verstehen 619

擦 sich (aneinander) reiben 1519

殺 töten, (er)morden 576

刷 drucken 1044

札 Papiergeld, Zettel 1157

冊 (Zählwort für Bücher) 1158

撮 abkneifen; zusammenziehen 1520

satsubatsu 殺伐 roh, barbarisch 576, 1509

satsuei 撮影 (fotograf.) Aufnahme 1520, 854

kogai ~ 戸外撮影 Außenaufnahme(n) 152, 83, 1520, 854

yagai ~ 夜外撮影 Außenaufnahme(n) 236, 83, 1520, 854

yakan ~ 夜間撮影 Nachtaufnahme 471, 43, 1520, 854

satsueijo 撮影所 Fotoatelier, Filmstudio 1520, 854, 153

satsujin 殺人 Mord 576, 1

~ misui 殺人未遂 versuchter Mord 576, 1, 306, 1133

satsutaba 札束 ein Bündel Banknoten 1157, 501

sattō 殺到 sich drängen, stürmen 576, 904

sawa 沢 Sumpf, Morast 994

sawagitateru 騒ぎ立てる viel Lärm/ Aufhebens machen 875, 121

sawa(gu) 騒 Lärm machen 875

sawa(ru) 障 (ver)hindern, hemmen, schaden, stören 858

触 berühren 874

sayō 作用 Wirkung, Funktion 360, 107

shokubai ~ 触媒作用 Katalyse 874, 1496, 360, 107

sayoku 左翼 der linke Flügel, die Linken 75, 1062

sayū 左右 links u. rechts; beherrschen 75, 76

sazu(karu) 授 (Talent usw.) haben; unterrichtet werden 602

sazu(keru) 授 geben; lehren 602

SE 世 Welt, Zeitalter 252

施 spenden; durchführen 1004

se 背 Rücken; (Körper)Größe 1265
瀬 Untiefe, Stromschnelle 1513
畝 (Flächenmaß, ca. 100 qm) 1901
seba(maru) 狭 eng(er) werden 1353
seba(meru) 狭 eng(er) machen 1353
sebiro 背広 Anzug 1265, 694
SECHI 節 Jahreszeit; Gelegenheit;
    Grundsatz; Paragraph; Strophe 464
sedai 世代 Generation 252, 256
SEI 青 grün, blau; unreif 208
清 rein, sauber, klar 660
情 Mitleid, Mitgefühl, Sympathie 209
晴 sich aufklären 662
静 still, ruhig, leise, sanft 663
精 Geist; Energie, Vitalität 659
請 bitten 661
生 Leben 44
姓 Familienname 1746
性 Geschlecht; Natur, Eigenschaft 98
星 Stern 730
牲 Opfer 729
正 richtig, gerecht 275
征 unterwerfen 1114
政 Verwaltung 483
整 ordnen; vorbereiten 503
成 werden, bestehen (aus) 261
盛 lebhaft, gedeihend, blühend 719
誠 Wahrheit, Aufrichtigkeit 718
逝 sterben 1396
誓 schwören, geloben 1395
制 System; Gesetz 427
製 herstellen, machen 428
西 Westen; (Abk. f.) Spanien 72
省 über sich selbst nachdenken 145
世 Welt, Zeitalter 252
歳 Jahr 479
勢 Kraft, Macht, Vitalität; Trend 646
聖 heilig 674
声 Stimme 746
井 Brunnen 1193
斉 gleich 1477
婿 Schwiegersohn 1745
sei 背 (Körper)Größe, Statur 1265
seibatsu 征伐 Unterwerfung 1114, 1509
seibi 整備 Kontrolle, Wartung 503, 768
Seibo 聖母 Mutter Gottes 674, 112
seibo 生母 die leibliche Mutter 44, 112

歳暮 Jahresende; Geschenk zum Jahresende 479, 1428
seibutsu 生物 Lebewesen 44, 79
静物 Stilleben 663, 79
seibyō 性病 Geschlechtskrankheit 98, 380
seichō 成長 Wachstum 261, 95
清澄 klar, rein, hell, durchsichtig 660, 1334
    kōdo ~ 高度成長 rasches Wachstum 190, 377, 261, 95
seichōritsu 成長率 Wachstumsrate 261, 95, 788
seidai 盛大 aufwendig, prachtvoll, in großem Rahmen 719, 26
seidaku 清濁 rein u. unrein, Gut u. Böse 660, 1625
seido 制度 System 427, 377
    hōken ~ 封建制度 Feudalsystem 1463, 892, 427, 377
seidō 聖堂 konfuzianischer Tempel; Kirche 674, 496
青銅 Bronze 208, 1605
seidōki 制動機 Bremse 427, 231, 528
seidon 晴曇 wechselhaft, wolkig bis heiter 662, 637
seiei 精鋭 Elite, Auslese 659, 1371
seieki 精液 Samen(flüssigkeit) 659, 472
seien 声援 Anfeuerungsrufe 746, 1088
seifu 政府 Regierung 483, 504
    renpō ~ 連邦政府 Bundesregierung 440, 808, 483, 504
seifū 西風 Westwind 72, 29
seifuku 征服 Eroberung 1114, 683
seifukusha 征服者 Eroberer 1114, 683, 164
seifunjo 製粉所 Mühle 428, 1701, 153
seigan 西岸 Westufer, Westküste 72, 586
請願 Petition, Gesuch 661, 581
seigen 制限 Begrenzung 427, 847
~ kyokusen 正弦曲線 Sinuskurve 275, 1226, 366, 299
    sanji ~ 産児制限 Geburtenkontrolle 278, 1217, 427, 847
seigyo 制御 Bändigung, Kontrolle 427, 708
seiha 制覇 Eroberung, Hegemonie; Sieg; Meisterschaft 427, 1633
seiheki 性癖 Hang, Veranlagung 98, 1490
seihin 製品 Produkt, Fabrikat 428, 230
清貧 ehrliche Armut 660, 753

seihō 西方 westliche Richtung, Westen 72, 70
seihōkei 正方形 Quadrat 275, 70, 395
seii 誠意 aufrichtig, ehrlich 718, 132
  seishin-seii 誠心誠意 Aufrichtigkeit, Ehrlichkeit 718, 97, 718, 132
seiiki 聖域 heiliger Bezirk 674, 970
seiiku 生育 Wachstum, Entwicklung 44, 246
seijaku 静寂 Stille, Ruhe 663, 1669
seiji 政治 Politik 483, 493
  kyōfu ~ 恐怖政治 Schreckensherrschaft, Terrorregime 1602, 1814, 483, 493
seijin 聖人 Heiliger, Weiser 674, 1
seijitsu 誠実 aufrichtig, ehrlich 718, 203
seijō 正常 normal 275, 497
  清浄 Reinheit, Sauberkeit 660, 664
seijōki 星条旗 Sternenbanner 730, 564, 1006
seijuku 成熟 Reife 261, 687
seika 成果 Ergebnis 261, 487
  精華 Blüte, Elite, Auslese 659, 1074
  製靴 Schuhmacherei 428, 1076
  genkin ~ 現金正価 Barpreis 298, 23, 275, 421
seikaku 正確 Genauigkeit, Präzision, Richtigkeit 275, 603
  性格 Charakter, Persönlichkeit 98, 643
seikan kōjō 製缶工場 Dosen-/Büchsenfabrik 428, 1649, 139, 154
seikatsu 生活 Leben 44, 237
  nichijō ~ 日常生活 das tägliche Leben, Alltag(sleben) 5, 497, 44, 237
  taibō ~ 耐乏生活 kümmerliches Leben 1415, 754, 44, 237
seikatsuhi 生活費 Lebenshaltungskosten 44, 237, 749
seikei geka 整形外科 plastische Chirurgie 503, 395, 83, 320
seiketsu 清潔 rein, sauber 660, 1241
seiki 世紀 Jahrhundert 252, 372
  正規 regulär, legitim 275, 607
seikō 性行 Charakter u. Lebenswandel 98, 68
  性交 Geschlechtsverkehr 98, 114
  成功 Erfolg, Gelingen 261, 818
  精巧 fein, ausgefeilt; empfindlich 659, 1627
seikōgyō 製鋼業 Stahlindustrie 428, 1608, 279
seikōjo 製鋼所 Stahlwerk 428, 1608, 153
seiku 成句 Redensart, Idiom 261, 337
seikyo 逝去 Tod 1396, 414

seikyoku 政局 politische Lage 483, 170
seikyū 請求 Forderung, Anspruch 661, 724
seimei 声明 Erklärung, Kundgebung, Proklamation 746, 18
  姓名 Vor- u. Nachname 1746, 82
~ hoken 生命保険 Lebensversicherung 44, 578, 489, 533
seimitsu 精密 fein, präzis, exakt 659, 806
seimon 誓文 schriftlicher Eid 1395, 111
seinan 西南 Südwest(en) 72, 74
seinen 青年 junger Mann, junge Leute 208, 45
  成年 Mündigkeit, Volljährigkeit 261, 45
seinengappi 生年月日 Geburtsdatum 44, 45, 17, 5
Seiō 西欧 Westeuropa 72, 1022
seirei 政令 Regierungserlaß 483, 831
  聖霊 der Heilige Geist 674, 1168
  精励 Fleiß, Eifer 659, 1340
seireki 西暦 christl. Zeitrechnung 72, 1534
seiren 清廉 integer, aufrichtig 660, 1689
seiren-keppaku 清廉潔白 integer 660, 1689, 1241, 205
seirensho 精錬所 Raffinerie 659, 1816, 153
seiri 整理 Ordnung; Abbau 503, 143
seiritsu 成立 Zustandekommen 261, 121
seiryō inryō 清涼飲料 Erfrischung, Erfrischungsgetränk 660, 1204, 323, 319
seiryoku 勢力 Einfluß, Macht 646, 100
  精力 Energie, Vitalität 659, 100
seisaku 製作 Herstellung 428, 360
  政策 Politik 483, 880
seisan 生産 Produktion, Herstellung 44, 278
  青酸 Blausäure 208, 516
  精算 Rechnungsabschluß, Bilanz 659, 747
  tairyō ~ 大量生産 Massenproduktion 26, 411, 44, 278
seiseki 成績 Leistung, Resultat 261, 1117
seisekihyō 成績表 Zeugnis 261, 1117, 272
seisen 精選 (sorgfältige) Auswahl 659, 800
  井泉 Brunnen 1193, 1192
seishi 静止 Stille, Ruhe, Stillstand 663, 477
seishiki 正式 offiziell, förmlich 275, 525
seishin 精神 Geist, Seele, Psyche 659, 310
  seishin-seii 誠心誠意 Aufrichtigkeit, Ehrlichkeit 718, 97, 718, 132
seishitsu 性質 Natur, Anlage 98, 176
Seisho 聖書 Heilige Schrift, Bibel 674, 131

Kyūyaku ~ 旧約(聖書) das Alte Testament
1216, 211, 674, 131

seisho 清書 Reinschrift 660, 131

seishoku 生殖 Zeugung, Fortpflanzung,
Geschlechts- 44, 1506

seishōnen 青少年 Jugend 208, 144, 45

seishu 清酒 feiner/raffinierter Sake 660, 517

seishuku 静粛 Stille, Ruhe 663, 1695

seishun 青春 Frühling des Lebens,
Jugendzeit 208, 460

seisōfu 清掃夫 Straßenkehrer, Müllwerker
660, 1080, 315

seisū 整数 ganze Zahl 503, 225

seisui 清水 reines/klares Wasser 660, 21
盛衰 Aufstieg u. Fall, Schicksal 719, 1676
精粋 rein, unverfälscht; selbstlos 659, 1708

seitai 生態 Lebensweise 44, 387

~ kaibō 生体解剖 Vivisektion 44, 61, 474,
1830

seitan (hyakunen) 生誕(百年) (100jähriger)
Geburtstag 44, 1116, 14, 45

seiten 晴天 klarer Himmel, schönes Wetter
662, 141

seitetsu 製鉄 Eisenerzeugung 428, 312

seito 生徒 Schüler 44, 430

seitō 政党 (politische) Partei 483, 495
製糖 Zuckerherstellung 428, 1698

seiyaku 誓約 Eid, Schwur, Gelübde 1395, 211

seiyō 西洋 Abendland, Westen 72, 289

seiyoku 性欲 Geschlechtstrieb 98, 1127

seizō 製造 Herstellung, Erzeugung 428, 691

seizon 生存 Dasein, Existenz, Leben 44, 269

seizui 精髄 Kern, Wesen, Geist 659, 1740

seji 世辞 Kompliment, Schmeichelei 252, 688

sekai 世界 Welt, Erde 252, 454

~ shi 世界史 Weltgeschichte 252, 454, 332

seken 世間 Welt, Öffentlichkeit 252, 43

SEKI 昔 Altertum, Vorzeit 764
惜 bedauerlich; kostbar 765
籍 (Familien)Register 1198
責 j-n zur Rechenschaft ziehen; foltern 655
積 sich anhäufen, liegen; abschätzen 656
績 Leistung, Errungenschaft; Spinnen 1117
赤 rot 207
跡 Spur, Reste, Ruine 1569
析 auseinandernehmen, teilen 1393
斥 (s.) zurückziehen, ablehnen 1401

石 Stein 78
夕 Abend 81
席 Sitz, Platz 379
隻 (Zählwort für Schiffe); eins (von e-m
Paar) 1311
寂 einsam, öde, verlassen 1669

seki 関 Barriere 398

madogiwa no ~ 窓際の席 Fensterplatz
698, 618, 379

sekibutsu 石仏 Steinbild Buddhas 78, 583

sekidō 赤道 Äquator 207, 149

sekiei 石英 Quarz 78, 353

sekigan 隻眼 einäugig 1311, 848

sekihai 惜敗 knappe Niederlage (nach hartem
Kampf) 765, 511

sekihan 赤飯 mit roten Bohnen gekochter
Reis 207, 325

sekihi 石碑 Grabstein, Grabmal 78, 1522

sekijō 席上 auf der Versammlung, bei der
Gelegenheit 379, 32

Sekijūji 赤十字 das Rote Kreuz 207, 12, 110

sekimu 責務 Pflicht 655, 235

sekinin 責任 Verantwortung 655, 334

sekirara 赤裸々 nackt; offen(herzig),
unverblümt 207, 1536

sekiri 赤痢 rote Ruhr, Dysenterie 207, 1811

sekiryō 寂りょう Einsamkeit 1669

sekisai 積載 Beladen, Verladung 656, 1124

sekisho 関所 Grenzposten/wache 398, 153

sekishu 隻手 einarmig 1311, 57

sekitan 石炭 Steinkohle 78, 1344

sekiyu 石油 Erdöl 78, 364

sekizen 寂然 einsam, verlassen 1669, 651

sekizui せき髄 Rückenmark 1740

sekkai 石灰 Kalk 78, 1343

sekkan 石棺 Steinsarg, Sarkophag 78, 1825

sekkasshoku 赤褐色 rotbraun 207, 1623, 204

sekkei 雪渓 verschneites Tal 949, 1884

sekken 石けん Seife 78
節倹 Sparsamkeit 464, 878

sekku 節句 Jahresfest 464, 337

Momo no ~ 桃の節句 Puppenfest (3. März)
1567, 464, 337

sekkyō 説教 Predigt 400, 245

sekkyokuteki 積極的 positiv, aktiv 656, 336,
210

sema(i) 狭 eng, schmal, klein, begrenzt 1353

semakurushii 狭苦しい beengt 1353, 545
sema(ru) 迫 nötigen, pressen, drängen; auf den Pelz rücken, nahen, bevorstehen 1175
se(meru) 責 j-n zur Rechenschaft ziehen; foltern 655
攻 angreifen 819
SEN 浅 seicht, flach 649
践 treten (auf/über); verwirklichen 1568
銭 Geld; 1/100 Yen 648
先 früher, vorher, voraus; künftig; Bestimmungsort; Spitze 50
洗 waschen 692
銑 Roheisen 1905
泉 Quelle 1192
線 Linie 299
千 tausend 15
川 Fluß 33
戦 kämpfen 301
船 Schiff 376
専 gänzlich, ausschließlich 600
宣 ankündigen 625
鮮 frisch, klar, hell, lebendig 701
染 sich färben; durchtränkt werden; angesteckt werden 779
選 wählen 800
遷 umziehen, sich verändern 921
潜 tauchen, sich verbergen 937
旋 sich drehen 1005
扇 Fächer 1555
繊 dünn, fein 1571
薦 empfehlen, raten, anbieten 1631
占 besetzen, einnehmen 1706
栓 Bolzen, Stöpsel, Pfropfen 1842
仙 Eremit, Einsiedler; Mystik 1891
sen en 千円 1.000 Yen 15, 13
  Chūō-sen 中央線 Chūō-Linie (Bahnlinie) 28, 351, 299
  renraku-sen 連絡線 Anschlußbahn/linie 440, 840, 299
senaka 背中 Rücken 1265, 28
senbai 専売 Monopol 600, 239
senbatsu 選抜 Auswahl 800, 1713
senchō 船長 Kapitän 376, 95
Sendai 仙台 (Stadt in Tōhoku) 1891, 492
senden 宣伝 Werbung, Propaganda 625, 434
sendo 鮮度 (Grad der) Frische 701, 377
sendō 先導 Führung, Leitung 50, 703

扇動 Anstiftung, Agitation 1555, 231
sen'ensatsu 千円札 1.000-Yen-Schein 15, 13, 1157
sengaku 浅学 oberflächl. Kenntnis 649, 109
sengen 宣言 Erklärung, Manifest 625, 66
  dokuritsu ~ 独立宣言 Unabhängigkeits-erklärung 219, 121, 625, 66
sengetsu 先月 vorigen Monat 50, 17
sengo 戦後 nach dem Kriege 301, 48
sengyo 鮮魚 frischer Fisch 701, 290
sen'i 繊維 (Textil)Faser 1571, 1231
  gōsei ~ 合成繊維 Kunstfaser 159, 261, 1571, 1231
  ~ kōgyō 繊維工業 Textilindustrie 1571, 1231, 139, 279
sen'in 船員 Seemann, Matrose; Besatzung, Mannschaft 376, 163
senjitsu 先日 neulich, vor kurzem 50, 5
senka 戦禍 Kriegsschäden 301, 1809
戦渦 Kriegswirren 301, 1810
senkai 浅海 flaches Meer 649, 117
旋回 Umdrehung, Rotation 1005, 90
senkan 戦艦 Schlachtschiff 301, 1665
senkei 扇形 fächerförmig 1555, 395
senken 先見 Voraussicht 50, 63
浅見 oberflächliche Ansicht 649, 63
先賢 alte Weise (aus früherer Zeit) 50, 1288
senkō 専攻 Fach-/Spezialgebiet 600, 819
線香 Weihrauch/Räucherstäbchen 299, 1682
  katori ~ 蚊取り線香 Räucherstäbchen gegen Moskitos 1876, 65, 299, 1682
senku 先駆 Vorreiter, Pionier 50, 1882
senkyo 選挙 Wahl 800, 801
  futsū ~ 普通選挙 allgemeine Wahlen 1166, 150, 800, 801
senkyōshi 宣教師 Missionar 625, 245, 409
senkyūhyakunanajūnananen kugatsu yokka 1 9 7 7 年 9 月 4 日 4.9.1977 45, 17, 5
senmei 鮮明 klar, deutlich 701, 18
senmenjo 洗面所 Waschraum, Toilette 692, 274, 153
senmenki 洗面器 Waschbecken 692, 274, 527
senmon 専門 Fach, Spezialität 600, 161
senmon'i 専門医 Facharzt 600, 161, 220
senmonka 専門家 Fachmann 600, 161, 165
sennin 千人 1.000 Personen 15, 1
専任 hauptamtlich, beamtet 600, 334

仙人 Einsiedler, Eremit 1891, 1

sennō 洗脳 Gehirnwäsche 692, 1278

sennuki 栓抜き Korkenzieher 1842, 1713

sennyo 仙女 Fee, Elfe, Nymphe 1891, 102

sennyū 潜入 Infiltration 937, 52

sen'ō 専横 Willkür, Tyrannei 600, 781

senpai 先輩 Älterer, Senior (Schule, Arbeitsplatz) 50, 1037

senpaku 船舶 Schiff 376, 1095

浅薄 oberflächlich, seicht 649, 1449

senpan 先般 vor kurzem, neulich 50, 1096

senpatsu 洗髪 Haarwaschen 692, 1148

senpū 旋風 Wirbelwind; Wirbel, Aufsehen 1005, 29

senpūki 扇風機 Ventilator 1555, 29, 528

senpuku 潜伏 sich verbergen; verborgen/latent sein 937, 1356

senrei 先例 Präzedenzfall, Beispiel 50, 612

~ ni narau 先例に倣う e-m Beispiel folgen 50, 612, 1776

senren 洗練 verfeinern 692, 743

senri 千里 tausend Ri: (große) Entfernung 15, 142

senrigan 千里眼 Hellsehen 15, 142, 848

senritsu 旋律 Melodie 1005, 667

senryaku 戦略 Strategie 301, 841

senryō 占領 Okkupation 1706, 834

senryū 川柳 17-silbiges humorist./satir. Gedicht 33, 1871

sensai 繊細 delikat, fein, zart 1571, 695

sensei 先生 Lehrer(in) 50, 44

専制 Absolutismus 600, 427

宣誓 Eid, Schwur 625, 1395

sensen 宣戦 Kriegserklärung 625, 301

sensengetsu 先々月 vorletzten Monat 50, 17

senshinkoku 先進国 entwickeltes/führendes Land 50, 437, 40

senshitsu 船室 Kabine 376, 166

senshu 選手 Spieler, Aktiver 800, 57

senshū 先週 letzte Woche 50, 92

sensō 戦争 Krieg 301, 302

sensu 扇子 Fächer 1555, 103

sensui 潜水 tauchen 937, 21

泉水 Gartenteich, (Spring)Brunnen 1192, 21

sensuifu 潜水夫 Taucher 937, 21, 315

sensuikan 潜水艦 U-Boot 937, 21, 1665

sentaku 洗濯 Waschen, Wäsche 692, 1561

選択 (Aus)Wahl, Auslese 800, 993

~ kamoku 選択科目 Wahlfach 800, 993, 320, 55

sentakuki 洗濯機 Waschmaschine 692, 1561, 528

sentakumono 洗濯物 Wäsche 692, 1561, 79

sentetsu 先哲 alter Philosoph/Weiser 50, 1397

銑鉄 Roheisen 1905, 312

sento 遷都 Verlegung der Hauptstadt/Residenz 921, 188

sentō 先頭 Spitze, Front 50, 276

銭湯 Badehaus, Badeanstalt 648, 632

船灯 Schiffslaterne 376, 1333

戦闘 Kampf, Schlacht 301, 1511

sen'yaku (ga aru) 先約(がある) schon verabredet (sein) 50, 211

sen'yō 専用 Privat; Sonder-, nur/reserviert für 600, 107

sen'yū 占有 Besitz, Besitznahme 1706, 265

senzai 洗剤 Waschmittel 692, 550

潜在 verborgen, latent, potentiell 937, 268

senzoku 専属 ausschließlich, 600, 1637

seppaku 切迫 drängen, eilen 39, 1175

seppan 折半 halbieren 1394, 88

seppuku 切腹 Harakiri, Seppuku 39, 1271

seron 世論 öffentl. Meinung 252, 293

se(ru) 競 sich mitbewerben, bieten 852

seryō 施療 unentgeltliche ärztliche Behandlung 1004, 1322

seshū 世襲 erblich, Erb- 252, 1575

sessaku 拙作 schlechte Politik, ungeschicktes Vorgehen 1801, 360

sessei 摂生 Gesundheitspflege 1692, 44

sesshi nijūdo 摂氏２０度 20° C(elsius) 1692, 566, 377

sesshō 摂政 Regentschaft; Regent 1692, 483

折衝 Unterhandlung 1394, 1772

sesshoku 接触 Berührung, Kontakt 486, 874

sesshu 摂取 ein-/auf-/annehmen 1692, 65

窃取 stehlen 1717, 65

sessō 節操 Treue, Keuschheit 464, 1655

sessoku 拙速 nicht gut, aber schnell 1801, 502

setake 背丈 (Körper)Größe 1265, 1325

setchi 設置 Anlegung, Errichtung, Gründung 577, 426

setchū 折衷 Kompromiß, Kombination, Mischung 1394, 1677

wa-yō ~ 和洋折衷 Mischung von japan. u. westl. Stil 124, 289, 1394, 1677

Seto naikai 瀬戸内海 Seto-Inlandsee 1513, 152, 84, 117

setogiwa 瀬戸際 kritischer/entscheidender Moment 1513, 152, 618

setomono 瀬戸物 Porzellan, Steingut, Töpferware 1513, 152, 79

SETSU 切 schneiden 39

窃 stehlen 1717

殺 töten, (er)morden 576

設 errichten, gründen, vorbereiten 577

説 Meinung, Theorie 400

節 Jahreszeit; Gelegenheit; Grundsatz; Paragraph; Strophe 464

接 berühren, angrenzen an 486

雪 Schnee 949

折 brechen; abbiegen 1394

摂 (Stell)Vertretung; nehmen 1692

拙 ungeschickt 1801

setsubi 設備 Einrichtung 577, 768

setsugai 雪害 Schneeschäden 949, 518

setsujoku 雪辱 Ehrenrettung, Revanche 949, 1738

setsumei 説明 Erklärung, Erläuterung 400, 18

setsuretsu 拙劣 ungeschickt 1801, 1150

setsuri 摂理 Vorsehung 1692, 143

setsuritsu 設立 Errichtung 577, 121

setsuyaku 節約 Sparsamkeit 464, 211

setsuyu 説諭 Ermahnung 400, 1599

setsuzoku 接続 Anschluß 486, 243

settai 接待 Empfang, Bewirtung 486, 452

settei 設定 Einrichtung, Gründung 577, 355

settō 窃盗 Diebstahl; Dieb 1717, 1100

settōhan 窃盗犯 Dieb 1717, 1100, 882

settōzai 窃盗罪 Diebstahl 1717, 1100, 885

sewa 世話 Bemühung, Hilfe, Fürsorge; Vermittlung 252, 238

SHA 舎 Haus, Quartier, Hütte 791

捨 wegwerfen, verzichten 1444

者 Person 164

煮 kochen 1795

射 schießen 900

謝 Dank; Entschuldigung 901

車 Wagen; Rad 133

社 Shintō-Schrein; Gesellschaft; Firma 308

写 kopieren; fotografieren 540

斜 schräg abfallend, geneigt 1069

砂 Sand 1151

赦 vergeben 1570

遮 unterbrechen, (be)hindern 1767

shachō 社長 Direktor, Firmenchef 308, 95

shadan 遮断 Unterbrechung, Isolierung, Abschaltung 1767, 1024

shadanki 遮断器 Stromunterbrecher, Schalter 1767, 1024, 527

遮断機 Bahnschranke 1767, 1024, 528

shafutsu 煮沸 Sieden, Kochen 1795, 1792

shahen 斜辺 schräge Linie 1069, 775

shain 社員 (Firmen)Angestellter 308, 163

shainryō 社員寮 Wohnheim für Firmenangehörige 308, 163, 1323

shajiku 車軸 Radachse, Welle 133, 988

shajitsuteki 写実的 realistisch 540, 203, 210

shakai 社会 Gesellschaft; sozial 308, 158

~ fukushi 社会福祉 soziale/öffentliche Wohlfahrt 308, 158, 1379, 1390

Shakaitō 社会党 Sozialistische Partei 308, 158, 495

shakkan 借款 Darlehen 766, 1727

chōki ~ 長期借款 langfristige Anleihe 95, 449, 766, 1727

shakkanhō 尺貫法 (alte) Maße u. Gewichte 1895, 914, 123

shakkin 借金 Schulden 766, 23

shako 車庫 Garage 133, 825

SHAKU 尺 (Längenmaß, ca. 30 cm); Länge, Maß 1895

釈 Erklärung 595

昔 Altertum, Vorzeit 764

借 (ent)leihen, mieten 766

勺 (Hohlmaß, 18 ml) 1903

酌 (Wein) einschenken 1863

石 Stein 78

赤 rot 207

爵 Adel, Adelsrang, Adelstitel 1923

shakuhachi 尺八 j. Bambusflöte 1895, 10

shakuhō 釈放 Frei-/Entlassung 595, 512

shakui 爵位 Adelstitel, Adelsrang 1923, 122

shakumei 釈明 Rechtfertigung 595, 18

shakuzai 借財 Schulden 766, 553

shamen 斜面 Böschung, Abhang 1069, 274

赦免 Begnadigung, Straferlaß 1570, 733
shamisen 三味線 dreisaitiges japan.
  Zupfinstrument 4, 307, 299
sharei 謝礼 Belohnung, Honorar 901, 620
sharin 車輪 Wagenrad 133, 1164
sharyō 車両 Wagen, Fahrzeug 133, 200
shasatsu 射殺 erschießen 900, 576
shasei 写生 Skizzieren; Malen/Zeichnen nach
  der Natur 540, 44
shasen 斜線 schräge Linie, Schrägstrich
  1069, 299
shasetsu 社説 Leitartikel 308, 400
shashi 斜視 Schielen 1069, 606
shashin 写真 Foto(grafie) 540, 422
shashō 車掌 Schaffner, Kontrolleur 133, 499
shasō 車窓 Wagenfenster 133, 698
shayō 斜陽 untergehende Sonne 1069, 630
shazai 謝罪 Abbitte, Entschuldigung 901, 885
SHI 止 halten 477
祉 Glück, Segen 1390
紫 purpurfarben, violett, lila 1389
歯 Zahn 478
雌 Weibchen (Tiere) 1388
司 durchführen, führen, verwalten 842
伺 besuchen; fragen, s. erkundigen 1761
詞 Worte, Wörter 843
嗣 Erbe, Nachfolger 1917
飼 halten, züchten 1762
次 nächst 384
姿 Gestalt, Figur, Erscheinung 929
資 (Hilfs/Geld)Mittel 750
諮 sich beraten, j-n zu Rate ziehen 1769
士 Samurai; Mann; Gelehrter 572
仕 dienen, bedienen 333
志 Wille, Absicht, Zweck 573
誌 aufschreiben; Zeitschrift 574
支 Zweig; Unterstützung 318
枝 Zweig 870
肢 Gliedmaßen, Arme u. Beine 1146
市 Stadt 181
姉 ältere Schwester 407
師 Lehrer; Armee 409
旨 Sinn, Inhalt, Zweck; Befehl 1040
指 Finger 1041
脂 (tierisches) Fett 1042
史 Geschichte, Chronik 332
使 Benutzung; Bote 331

氏 Familie, Familienname; Herr 566
紙 Papier 180
示 zeigen 615
視 Sicht, Betrachtung 606
四 vier 6
自 selbst 62
死 Tod 85
思 denken, glauben 99
子 Kind 103
私 ich; privat 125
矢 Pfeil 213
糸 Faden 242
始 anfangen, beginnen 494
試 versuchen, probieren 526
詩 Dichtung, Gedicht 570
刺 stechen 881
至 Extrem 902
施 durchführen, ausüben 1004
賜 schenken, spenden, gewähren 1831
bungaku ~ 文学史 Literaturgeschichte
  332, 111, 109
chūsei ~ 中世史 Geschichte des
  Mittelalters 332, 28, 252
Nihon ~ 日本史 japanische Geschichte
  332, 5, 25
sekai ~ 世界史 Weltgeschichte 252, 454,
  332
Sakamoto-shi 坂本氏 Herr Sakamoto
  443, 25, 566
shiageru 仕上げる vollenden 333, 32
shiai 試合 Wettkampf, Spiel 526, 159
shian 思案 Überlegung, Nachdenken 99, 106
shiawa(se) 幸 Glück 684
shiba 芝 Rasen 250
  jinkō ~ 人工芝 künstlicher Rasen 1, 139,
  250
shibafu 芝生 Rasen 250, 44
shibai 芝居 Schauspiel, Theater 250, 171
shibai-goya 芝居小屋 Schauspielhaus,
  Theater 250, 171, 27, 167
shibakariki 芝刈り機 Rasenmäher 250,
  1282, 528
shibakusa 芝草 Rasen 250, 249
shibarikubi 縛り首 Hängen (als Todesstrafe), Tod durch den Strang 1448, 148
shiba(ru) 縛 (an)binden, befestigen; in
  Anspruch nehmen 1448

shibo 思慕 Sehnsucht, Verlangen 99, 1431

shibō 志望 Wunsch 573, 673

脂肪 Fett, Talg, Schmalz, Speck 1042, 1857

hika ~ 皮下脂肪 Fett unter der Haut 975, 31, 1042, 1857

shokubutsusei ~ 植物性脂肪 Pflanzenfett 424, 79, 98, 1042, 1857

shibōbutori 脂肪ぶとり fett, dick(leibig) 1042, 1857

shiboritoru 搾り取る auspressen 1497, 65

shibo(ru) 絞 (aus)wringen/pressen, melken 1452

搾 (aus)pressen, melken 1497

shibōsha 死亡者 Toter 85, 672, 164

shibōsō 脂肪層 Fettschicht 1042, 1857, 1367

shibu 支部 Ortsgruppe, Unterabteilung 318, 86

渋 herber Saft (von unreifen Kaki-Früchten) 1693

shibu(i) 渋 herb; mürrisch; schlicht; geschmackvoll 1693

shibumi 渋味 herber/verfeinerter Geschmack 1693, 307

shibu(ru) 渋 zögern, ungern tun 1693

shibutsu 私物 Privatbesitz 125, 79

shibutsura 渋面 schiefes Gesicht, Grimasse 1693, 274

SHICHI 七 sieben 9

質 Pfand 176

shichi mētoru 七メートル 7 m 9

Shichifukujin 七福神 die sieben Glücksgötter 9, 1379, 310

shichi-go-san 七五三 Festtag für 3-, 5- und 7jährige Kinder (15. Nov.) 9, 7, 4

shichinin 七人 7 Personen 9, 1

Shichinin no samurai 七人の侍 Die sieben Samurai 9, 1, 571

shichō 市長 Bürgermeister 181, 95

shichōson 市町村 Städte u. Dörfer, Gemeinden 181, 182, 191

shichū 支柱 Stütze, Pfahl, Säule 318, 598

shidai 次第 Reihenfolge; sobald 384, 404

shidan 師団 Division 409, 491

shidare yanagi 枝垂れ柳 Trauerweide 870, 1070, 1871

shidō 指導 Anleitung 1041, 703

shieki 使役 Beschäftigung, Dienst 331, 375

shien 紫煙 Tabakrauch 1389, 919

shifuku 雌伏 verborgen/untätig bleiben 1388, 1356

Shiga Kōgen 志賀高原 Shiga-Hochebene 573, 756, 190, 136

shigai 市街 Straßen (e-r Stadt); Stadt 181, 186

shigaisen 紫外線 ultraviolette Strahlen 1389, 83, 299

Shiga-ken 滋賀県 (Präfektur nordöstlich von Kyōto) 1549, 756, 194

shigan 志願 Bewerbung 573, 581

shiganhei 志願兵 Freiwilliger 573, 581, 784

shigen 資源 Rohstoffe, Material 750, 580

shige(ru) 茂 dicht/üppig wachsen 1467

shigin 詩吟 Rezitation chinesischer Gedichte 570, 1250

shigo 死後 nach dem Tode 85, 48

死語 tote Sprache 85, 67

shigoto 仕事 Arbeit, Beruf 333, 80

shihai 支配 Herrschaft 318, 515

shihan 市販 Marketing 181, 1048

師範 Lehrer, Meister 409, 1092

shiharai 支払い (Be)Zahlung 318, 582

shihei 紙幣 Papiergeld 180, 1781

shihō 四方 die 4 Himmelsrichtungen, alle Richtungen 6, 70

司法 Rechtspflege, Justiz 842, 123

shihon 資本 Kapital 750, 25

shiika 詩歌 Poesie 570, 392

shiiku 飼育 Zucht, Züchtung 1762, 246

shiin 死因 Todesursache 85, 554

shiinomi 椎の実 Zwergkastanie 2116, 203

shi(iru) 強 zwingen 217

shiita(geru) 虐 mißhandeln 1574

shiji 私事 Privatangelegenheiten 125, 80

支持 Unterstützung 318, 451

shijin 詩人 Dichter 570, 1

shijitsu 史実 historische Tatsache 332, 203

shijō 市場 Markt, Marktplatz 181, 154

詩情 poetisches Gemüt 570, 209

誌上 in e-r Zeitschrift 574, 32

~ bunseki 市場分析 Marktanalyse 181, 154, 38, 1393

shijū 始終 immer, ständig 494, 458

shijuku 私塾 Privatschule (beim Lehrer zu Hause) 125, 1674

shika 詩歌 Poesie 570, 392
　賜暇 Urlaub, Beurlaubung 1831, 1064
shikai 市会 Stadtverordnetenversammlung,
　Rat e-r Stadt 181, 158
　歯科医 Zahnarzt 478, 320, 220
　視界 Gesichtskreis, Sicht 606, 454
shikaisha 司会者 Leiter, Vorsitzender,
　Moderator 842, 158, 164
shikaku 資格 Qualifikation, Eignung,
　Berechtigung 750, 643
　hisenkyo ~ 被選挙資格 passives
　Wahlrecht 976, 800, 801, 750, 643
shikata 仕方 Art, Weise 333, 70
shikei 死刑 Todesstrafe 85, 887
　紙型 (Papier)Matrize, Gußform 180, 888
shikeishū 死刑囚 zum Tode Verurteilter
　85, 887, 1195
shiken 試験 Prüfung, Examen 526, 532
　mogi ~ 模擬試験 Scheinprüfung 1425,
　1517, 526, 532
　nyūgaku ~ 入学試験 Aufnahmeprüfung,
　Eintrittsexamen 52, 109, 526, 532
　sotsugyō ~ 卒業試験 Abschlußprüfung
　787, 279, 526, 532
shiketsuzai 止血剤 Blutstillungsmittel 477,
　789, 550
SHIKI 織 weben 680
　識 wissen; unterscheiden 681
　色 Farbe; Liebe, sinnliche Lust 204
　式 Feier; Stil; Methode; Formel 525
shiki 四季 die vier Jahreszeiten 6, 465
　指揮 Leitung, Kommando 1041, 1652
shikibetsu 識別 Unterscheidung 681, 267
shikifu 敷布 Bettuch/laken 1451, 675
shikiji 式辞 Ansprache, Festrede 525, 688
shikikan 指揮官 Kommandeur 1041, 1652,
　326
shikikin 敷金 (Miet)Kaution 1451, 23
shikimō 色盲 Farbenblindheit 204, 1375
shikin 資金 Fonds, Kapital 750, 23
shikinseki 試金石 Prüfstein 526, 23, 78
shikisai 色彩 Farbe, Färbung 204, 932
shikisha 指揮者 Dirigent 1041, 1652, 164
shikishi 色紙 j. Kalligrafie-/Zeichenpapier
　204, 180
shikkan 疾患 Krankheit 1812, 1315
shikke 湿気 Feuchtigkeit, Nässe 1169, 134

shikken 執権 Regent 686, 335
shikki 湿気 Feuchtigkeit, Nässe 1169, 134
　漆器 Lackwaren 1546, 527
shikkō 執行 Vollstreckung 686, 68
~ yūyo 執行猶予 Aufschub der
　Strafvollstreckung 686, 68, 1583, 393
shikkoku 漆黒 pechschwarz 1546, 206
shikkui 漆くい Mörtel 1546
shikkyaku 失脚 seine Stellung verlieren
　311, 1784
shikō 思考 Denken, Gedanke 99, 541
　志向 Absicht, Intention, Gesinnung 573, 199
　施行 ausführen, in Kraft setzen 1004, 68
　伺候 Aufwartung 1761, 944
Shikoku 四国 (eine der 4 japanischen
　Hauptinseln) 6, 40
shikome 醜女 häßliche Frau 1527, 102
shi(ku) 敷 ausbreiten, aus-/belegen 1451
shikyo 死去 Tod 85, 414
shikyō 市況 Marktlage, Markt 181, 850
shikyū 支給 Lieferung 318, 346
　子宮 Gebärmutter, Uterus 103, 721
　至急 Dringlichkeit 902, 303
shima 島 Insel 286
shimaguni 島国 Inselreich 286, 40
shimai 姉妹 Schwestern 407, 408
　仕舞 Ende, (Ab)Schluß 333, 810
~ toshi 姉妹都市 Schwesterstädte 407, 408,
　188, 181
shimajima 島々 (viele) Inseln 286
shi(maru) 閉 sich schließen 397
　締 (sich) schließen 1180
　絞 gewrungen/zusammengedrückt/
　ausgepreßt werden 1452
shimatsu 始末 Umstände; Sparen;
　Erledigung 494, 305
shimedasu 締め出す aussperren,
　ausschließen 1180, 53
shimei 氏名 Vor- u. Zuname, Name 566, 82
　使命 Sendung, Beruf, Auftrag 331, 578
　指名 Ernennung 1041, 82
shimekiri 締め切り Termin, Schluß 1180, 39
shimen 誌面 Seite e-r Zeitschrift 574, 274
shime(ru) 湿 feucht/naß werden 1169
shi(meru) 閉 schließen, zuschließen 397
　締 zubinden, festschnüren 1180
　絞 wringen, auspressen 1452

占　besetzen, einnehmen　1706
shime(su)　示　zeigen　615
湿　anfeuchten, naß machen　1169
shi(mi)　染　Fleck　779
shimin　市民　Bürger　181, 177
　meiyo ~　名誉市民　Ehrenbürger　82, 802,
　181, 177
shi(miru)　染　einsickern; angesteckt werden;
　schmerzen　779
shimizu　清水　reines/klares Wasser　660, 21
shimo　下　der untere Teil　31
　霜　Frost, Rauhreif　948
shimobashira　霜柱　Rauhreif　948, 598
shimobukure　下膨れ　pausbäckig　31, 1145
Shimoda　下田　(Stadt auf der Izu-Halbinsel)
　31, 35
shimodoke　霜解け　(Auf)Tauen　948, 474
shimofuri　霜降り　durchwachsen (Fleisch);
　schwarz-weiß gesprenkelt　948, 947
shimon　指紋　Fingerabdruck　1041, 1454
　諮問　Frage; Beratung　1769, 162
~ kikan　諮問機関　beratendes Organ　1769,
　162, 528, 398
shimoyake　霜焼け　Frostbeule　948, 920
SHIN　振　schwingen; gedeihen　954
　唇　Lippe　1737
　娠　Empfängnis, Schwangerschaft　956
　震　zittern, beben　953
　辛　scharf, stark (gewürzt), bitter　1487
　新　neu　174
　薪　(Brenn)Holz　1910
　親　Intimität; Eltern　175
　申　sagen, heißen　309
　伸　länger werden, sich ausstrecken　1108
　神　Gott　310
　紳　Herr　1109
　侵　einfallen (in ein Land), antasten　1077
　浸　eintauchen, sich widmen　1078
　寝　sich hinlegen, schlafen　1079
　真　Wahrheit, Reinheit, Wirklichkeit　422
　慎　besonnen sein; meiden　1785
　身　Körper; selbst; Stellung; Fleisch　59
　心　Herz, Gemüt　97
　森　Wald, Forst　128
　信　Glaube, Vertrauen　157
　針　Nadel　341
　進　vorwärtsgehen, fortschreiten　437

深　tief　536
請　bitten　661
津　Hafen; Fähre　668
臣　Gefolgsmann, Untertan　835
診　untersuchen　1214
審　Untersuchung, Beurteilung　1383
Shina　支那　China　318, 2251
shina　品　Ware; Qualität　230
shinai　竹刀　Bambusschwert　129, 37
shinamono　品物　Ware(n), Artikel　230, 79
shinbō　辛抱　Geduld, Ausdauer　1487, 1285
　心棒　Achse, Welle　97, 1543
shinbun　新聞　Zeitung　174, 64
　hōji ~　邦字新聞　japanische Zeitung　808,
　110, 174, 64
shinbunshi　新聞紙　Zeitung, Zeitungspapier
　174, 64, 180
shinchiku　新築　Neubau　174, 1603
shinchin taisha　新陳代謝　Stoffwechsel,
　Erneuerung　174, 1405, 256, 901
shinchō　身長　Körpergröße　59, 95
　伸張　Ausdehnung　1108, 1106
　慎重　umsichtig, behutsam　1785, 227
shinchū　進駐　Einmarsch　437, 599
shindai　寝台　Bett　1079, 492
shindan　診断　Diagnose　1214, 1024
shindo　深度　Tiefe　536, 377
~ go　震度5　Erdbebenstärke 5　953, 377
shindō　神童　Wunderkind　310, 410
　震動　Schwingung, Beben　953, 231
　振動　Schwingung, Vibration　954, 231
shin'ei　新鋭　frisch　174, 1371
shingai　侵害　Eingriff, Verletzung　1077, 518
shingaku　進学　in e-e höhere Schule
　aufgenommen werden　437, 109
shingao　新顔　neues Gesicht, Neuling　174,
　277
shingen　震源　Erdbebenzentrum　953, 580
shingi　審議　Beratung　1383, 292
　真偽　wahr oder falsch; Wahrheit　422, 1485
shingō　信号　Signal, Ampel　157, 266
　sōnan ~　遭難信号　Notsignal, SOS-Ruf
　1643, 557, 157, 266
shingu(rui)　寝具(類)　Bettzeug　1079, 420, 226
shinin　死人　Tote(r)　85, 1
shinise　老舗　alteingesessenes Geschäft　543,
　1443

shinja 信者 Gläubiger 157, 164
shinjin 新人 neues Gesicht/Mitglied 174, 1
shinjitsu 真実 Wahrheit, Tatsache 422, 203
shinjō 身上 Vorzug, Stärke; Schicksal, Los 59, 32
信条 Glaube, Glaubenssatz 157, 564
shinju 真珠 Perle 422, 1504
shinjun 浸潤 Einsickerung 1078, 1203
Shinju-wan 真珠湾 Pearl Harbor 422, 1504, 670
shinka 臣下 Untertan 835, 31
shinkan 神官 Shintō-Priester 310, 326
新刊 Neuerscheinung 174, 585
森閑 Stille, Ruhe 128, 1532
Shinkansen 新幹線 japan. Schnellzuglinie 174, 1189, 299
shinkei 神経 Nerven 310, 548
jiritsu ~ 自律神経 vegetatives Nervensystem 62, 667, 310, 548
shinken 真剣 ernst, ernsthaft 422, 879
shinki 新規 neu 174, 607
shinkō 進行 Fortgang, Fortschritt 437, 68
振興 Aufschwung, Förderung 954, 368
信仰 (religiöser) Glaube 157, 1056
shinkoku 申告 Erklärung, Meldung 309, 690
深刻 ernst 536, 1211
shinkon ryokō 新婚旅行 Hochzeitsreise 174, 567, 222, 68
shinku 真紅 scharlachrot, hochrot 422, 820
辛苦 Mühe, Mühsal, Sorge 1487, 545
shinkū 真空 Vakuum 422, 140
shinkyū 進級 Versetzung, Beförderung 437, 568
新旧 alt und neu 174, 1216
shinmai 新米 neuer Reis; Neuling 174, 224
shinme 新芽 neue Knospe 174, 1455
shinmin 臣民 Untertan 835, 177
shinmon 審問 Verhör 1383, 162
shinnen 新年 das neue Jahr, Neujahr 174, 45
信念 Glaube, Überzeugung 157, 579
kinga ~ 謹賀新年 Ein glückliches Neues Jahr 1247, 756, 174, 45
kyōga ~ 恭賀新年 Ein glückliches Neues Jahr 1434, 756, 174, 45
shin-Nichi 親日 japanophil 175, 5
shinnin 信任 Vertrauen 157, 334
shinnyū 侵入 Invasion; Einbruch 1077, 52

shin'ō 震央 Erdbebenzentrum 953, 351
shino(baseru) 忍 verstecken 1414
shinobiashi 忍び足 verstohlene Schritte 1414, 58
shino(bu) 忍 erdulden, aushalten; sich verstecken; (ver)meiden 1414
shin'on 唇音 Labiallaut 1737, 347
shinpai 心配 Angst, Sorge 97, 515
shinpan 審判 Urteil 1383, 1026
shinpi 神秘 Mysterium 310, 807
shinpo 進歩 Fortschritt 437, 431
shinpō 信奉 Glaube 157, 1541
shinpu 神父 Pater, kathol. Priester 310, 113
shinrō-shinpu 新郎新婦 Braut und Bräutigam 174, 980, 174, 316
shinpuku 心服 Bewunderung u. Hingabe, Ergebenheit 97, 683
振幅 Amplitude 954, 1380
shinrai 信頼 Vertrauen, Zutrauen 157, 1512
shinri 真理 Wahrheit 422, 143
~ byōsha 心理描写 psychologische Schilderung 97, 143, 1469, 540
shinrigaku 心理学 Psychologie 97, 143, 109
shinrin 森林 Wald, Forst 128, 127
shinro 針路 (Schiffs)Kurs 341, 151
shinrō 心労 Kummer, Sorge 97, 233
shinrō-shinpu 新郎新婦 Braut u. Bräutigam 174, 980, 174, 316
shinrui 親類 Verwandte(r) 175, 226
shinryaku 侵略 Einfall, Invasion 1077, 841
shinryō 診療 ärztliche Untersuchung/ Behandlung 1214, 1322
shinryoku 新緑 frisches Grün 174, 537
shinsa 審査 Prüfung, Untersuchung 1383, 624
shinsai 震災 Erdbebenkatastrophe 953, 1335
shinsan 辛酸 Mühsal, Bitternis 1487, 516
shinsatsu 診察 ärztliche Untersuchung 1214, 619
shinsei 新制 neue Ordnung, Reorganisation 174, 427
申請 Gesuch, Antrag 309, 661
神聖 Heiligkeit 310, 674
shinsen 新鮮 frisch 174, 701
shinsetsu 親切 freundlich 175, 39
新設 neu errichtet/gegründet 174, 577
新雪 Neuschnee 174, 949

shinshaku しん酌 Rücksicht, Berücksichtigung 1863

shinshi 紳士 Herr, Gentleman 1109, 572

~ kyōtei 紳士協定 gentlemen's agreement 1109, 572, 234, 355

shinshifuku 紳士服 Herrenanzug 1109, 572, 683

shinshiki 新式 neuer Stil/Typus, neues System 174, 525

shinshin 心身 Körper u Geist, Leib u. Seele 97, 59

~ mōjaku 心神耗弱 Geistesschwäche 97, 310, 1197, 218

~ mōjakusha 心神耗弱者 Geistesschwacher 97, 310, 1197, 218, 164

shinshitsu 寝室 Schlafzimmer 1079, 166

shinshiyō 紳士用 für Herren 1109, 572, 107

shinshō 身上 Vermögen 59, 32
辛勝 knapper Sieg 1487, 509

shinshoku 侵食 Erosion 1077, 322
浸食 Erosion, Korrosion 1078, 322

shinshuku 伸縮 Ausdehnen u. Zusammenziehen, Elastizität 1108, 1110

shinshutsu 浸出 Ausschwitzen, Durchseihen, Filtration 1078, 53

shinsui 浸水 Überschwemmung 1078, 21
心酔 schwärmen (für), bewundern 97, 1709
薪水 Brennholz u. Wasser; Kochen 1910, 21

shintai 身体 Körper 59, 61

~ ukagai 進退伺い inoffizielles Rücktrittsgesuch 437, 846, 1761

shintaku 信託 Kredit, Vertrauen 157, 1636

shintan 薪炭 Brennholz u. Holzkohle, Brennstoff 1910, 1344

shintei 進呈 schenken, geben 437, 1590

shinten 親展 persönlich, privat 175, 1129
進展 Entwicklung, Fortschritt 437, 1129

shintō 神道 Shintō 310, 149
浸透 Durchdringung; Osmose 1078, 1685

shi(nu) 死 sterben 85

shinwa 神話 Mythos, Göttersage 310, 238

shin'ya 深夜 tiefe Nacht 536, 471

shin'yō 信用 Vertrauen 157, 107

shin'yū 親友 enger Freund 175, 264

shinzen 親善 Freundschaft 175, 1139

shinzō 心臓 Herz 97, 1287

shinzoku 親族 Verwandtschaft, Familie 175, 221

shinzui 心髄 Kern, Wesen, Geist 97, 1740
真髄 Kern, Wesen, Geist 422, 1740
神髄 Kern, Wesen, Geist 4310, 1740

shio 潮 Ebbe u. Flut, Gezeiten; Salzwasser; Gelegenheit 468
塩 Salz 1101

~ no kanman 潮の干満 Ebbe u. Flut, Gezeiten 468, 584, 201

shiodoki 潮時 Gezeiten; gute Gelegenheit 468, 42

shiohigari 潮干狩り Muschelsammeln (bei Ebbe) 468, 584, 1581

shioire 塩入れ Salzstreuer 1101, 52

shiomizu 塩水 Salzwasser/lauge 1101, 21

Shio-no-misaki 潮岬 (Südspitze der Kii-Halbinsel) 468, 1363

shiozuke 塩漬 in Salz eingelegte Speise 1101, 1793

shippai 失敗 Mißerfolg, Mißlingen 311, 511

shippu 湿布 (warmer/kalter) Umschlag, Kompresse 1169, 675

shippū 疾風 starker Wind, Orkan 1812, 29

shira 白 weiß 205

shira(beru) 調 untersuchen, prüfen 342

shiraga 白髪 weißes/graues Haar 205, 1148

shiragiku 白菊 weiße Chrysantheme 205, 475

shiraha 白羽 weiße Feder 205, 590

shirankao 知らん顔 sich nichts anmerken lassen, ignorieren 214, 277

shirei 司令 Kommando, Befehl 842, 831
指令 Ver-/Anordnung, Instruktion 1041, 831

shiren 試練 Probe, Prüfung 526, 743

Shiretoko-misaki 知床岬 (Ostspitze Hokkaidōs) 214, 826, 1363

shiriai 知り合い Bekannte(r) 214, 159

shiritsu 私立 Privat- 125, 121
市立 städtisch, Stadt- 181, 121

shirizo(keru) 退 zurücktreiben, vertreiben; ablehnen 846

shirizo(ku) 退 sich zurückziehen 846

shiro 白 weiß 205
代 Preis; Ersatz 256
城 Schloß, Burg 720

shiro(i) 白 weiß 205

shirōto 素人 Laie, Dilettant 271, 1

shiru 汁 Saft, Suppe, Brühe 1794
shi(ru) 知 wissen, kennen 214
shiruko 汁粉 süße Bohnensuppe mit
Reiskuchen 1794, 1701
shirushi 印 (Kenn/An)Zeichen 1043
shiru(su) 記 aufschreiben, notieren 371
shiryō 飼料 Futter 1762, 319
shiryoku 視力 Sehkraft 606, 100
shiryū 支流 Nebenfluß 318, 247
shisa 示唆 Andeutung, Anregung 615, 1846
shisaku 試作 probeweise Herstellung/
Züchtung 526, 360
思索 (Nach)Denken, Meditieren 99, 1059
shisatsu 視察 Besichtigung 606, 619
shisei 市政 Stadtverwaltung 181, 483
姿勢 (Körper)Haltung, Einstellung 929, 646
施政 Regierung, Verwaltung 1004, 483
shiseki 史跡 historischer Ort, historische
Überreste 332, 1569
shisetsu 使節 Gesandter; Mission 331, 464
私設 privat, Privat- 125, 577
施設 Einrichtung, Institution 1004, 577
shisha 支社 Niederlassung, Filiale 318, 308
shishi 四肢 Gliedmaßen 6, 1146
嗣子 Erbe 1917, 103
shishitsu 私室 Privatzimmer 125, 166
shisho 司書 Bibliothekar 842, 131
shishō 支障 Hindernis 318, 858
詩抄 Gedichtauswahl 570, 1153
師匠 Lehrer, Lehrmeister 409, 1359
shishoku 試食 kosten, probieren 526, 322
shishōsha 死傷者 Tote und Verletzte 85,
633, 164
shishū 詩集 Anthologie 570, 436
shishuku 私淑 nacheifern 125, 1668
shishutsu 支出 Ausgabe, Auslagen 318, 53
shisō 思想 Idee, Gedanke 99, 147
shison 子孫 Nachkommen 103, 910
shisshin 失神 Ohnmacht 311, 310
shisso 質素 schlicht, einfach 176, 271
shissō 疾走 schnell laufen, eilen 1812, 429
shita 下 unten, Grund 31
舌 Zunge 1259
shitaga(eru) 従 begleitet werden;
unterwerfen 1482
shitaga(u) 従 folgen, gehorchen 1482
shitagi 下着 Unterwäsche 31, 657

shitai 死体 Leiche 85, 61
姿態 Gestalt, Figur, Haltung 929, 387
肢体 Körper u. Gliedmaßen 1146, 61
shitaku 私宅 Privatwohnung 125, 178
支/仕度 Vorbereitung 318, 333, 377
shita-kuchibiru 下唇 Unterlippe 31, 1737
shitamachi 下町 Geschäfts- u. Vergnügungsviertel 31, 182
shita(shii) 親 intim, eng, vertraut 175
shita(shimu) 親 befreundet sein (mit) 175
shitasōdan 下相談 Vorbesprechung 31,
146, 593
shitata(ru) 滴 tropfen 1446
shitateya 仕立て屋 Schneider 333, 121, 167
shita(u) 慕 sich sehnen, sich hingezogen
fühlen 1431
shitauchi 舌打ち Schnalzen mit der Zunge
(bei Mißerfolg) 1259, 1020
shitauke 下請け Subkontrakt 31, 661
shitchi 湿地 Sumpf(gebiet) 1169, 118
shite 仕手 Hauptdarsteller (im Nō usw.)
333, 57
shitei 子弟 Söhne, Kinder 103, 405
師弟 Lehrer u. Schüler 409, 405
私邸 Privatwohnung 125, 563
shiteiseki 指定席 reservierter (Sitz)Platz
1041, 355, 379
shiteki 指摘 hinweisen 1041, 1447
shiten 支店 Zweiggeschäft, Filiale 318, 168
shitenmō 支店網 Zweigstellennetz 318, 168,
1612
shitetsu 私鉄 Privatbahn 125, 312
shito 使徒 Apostel 331, 430
SHITSU 室 Zimmer, Raum 166
質 Qualität; Natur 176
失 verlieren 311
執 nehmen, ergreifen, durchführen 686
湿 feucht/naß werden 1169
漆 Lack 1546
疾 Krankheit; Geschwindigkeit 1812
shitsubō 失望 Enttäuschung 311, 673
shitsuboku 質朴 schlicht, einfach 176, 1466
shitsuchō 室長 Zimmerältester;
Abteilungsleiter 166, 95
shitsudo 湿度 Feuchtigkeit, Nässe 1169, 377
shitsugi-ōtō 質疑応答 Frage u. Antwort
176, 1516, 827, 160

shitsugyō 失業 Arbeitslosigkeit 311, 279
shitsui 失意 Enttäuschung 311, 132
shitsumon 質問 Frage 176, 162
~ yōshi 質問用紙 Fragebogen 176, 162, 107, 180
shitsunai 室内 im Zimmer/Hause 166, 84
shitsurei 失礼 Unhöflichkeit 311, 620
shitsuren 失恋 unglückliche Liebe 311, 258
shittsui 失墜 Verlust, Einbuße 311, 1132
shiun 紫雲 glückverheißende violette Wolke 1389, 636
shiunten 試運転 Probefahrt, Probelauf 526, 439, 433
shiyō 私用 Privatgebrauch 125, 107
枝葉 Nebensache 870, 253
shiyōhō 使用法 Gebrauchsanweisung, Anwendungsweise 331, 107, 123
shiyōzumi 使用済み (nicht mehr) gebraucht 331, 107, 549
shiyū 私有 Privat- 125, 265
雌雄 Männchen u. Weibchen; Sieg oder Niederlage 1388, 1387
shizen 自然 Natur 62, 651
shizu 静 still, ruhig, leise, sanft 663
shizu(ka) 静 still, ruhig, leise, sanft 663
shizuku 滴 Tropfen 1446
shizu(maru) 静 still werden 663
鎮 sich beruhigen 1786
shizu(meru) 静 beruhigen 663
沈 versenken 936
鎮 beruhigen 1786
shizu(mu) 沈 (ver)sinken 936
SHO 緒 Beginn 862
諸 alle, verschiedene 861
暑 heiß (Lufttemperatur) 638
署 Amt, Behörde 860
書 schreiben 131
所 Ort, Stelle 153
初 Anfang 679
処 erledigen; verurteilen 1137
庶 alle(s); un-/außerehelich 1766
SHŌ 召 (respektvoll, 2. Person:) (zu sich) rufen; (Kleider) tragen; (ein Bad) nehmen; fahren 995
沼 Sumpf, Morast 996
招 winken, einladen, verursachen 455
昭 hell, klar 997

紹 Vorstellung 456
詔 kaiserlicher Erlaß 1885
照 scheinen (Sonne) 998
小 klein 27
少 ein wenig, etwas 144
抄 Auszug, Extrakt 1153
省 Ministerium 145
称 Name, Titel 978
渉 überqueren; zu tun haben mit 432
肖 ähnlich sein 844
消 auslöschen 845
宵 (früher) Abend 1854
硝 Salpeter 1855
生 Leben 44
姓 Familienname 1746
星 Stern 730
性 Temperament 98
尚 noch mehr; verehren 1853
掌 Handfläche; verwalten 499
賞 Preis; Lob 500
償 entschädigen, ersetzen, büßen 971
正 richtig, gerecht 275
政 Verwaltung 483
症 Krankheit 1318
証 Beweis, Nachweis; Garantie 484
青 grün, blau; unreif 208
清 rein, sauber, klar 660
精 Geist; Energie, Vitalität 659
将 General, Führer, bald 627
装 Kleidung, Gerät 1328
奨 ermutigen, fördern 1332
章 Kapitel; Abzeichen 857
障 (ver)hindern, hemmen, stören 858
彰 klar, deutlich 1827
唱 vortragen, intonieren; verfechten 1646
晶 klar, hell; Kristall 1645
松 Kiefer 696
訟 anklagen 1403
焦 Feuer, Ungeduld, Sehnsucht 999
礁 Felsenriff 1768
祥 Glück, Omen 1576
詳 ausführlich, eingehend, genau 1577
升 (Hohlmaß, 1, 8 l) 1898
昇 befördert werden, steigen 1777
上 oben 32
相 Minister 146
商 (mit etwas) handeln, Handel treiben 412

勝　gewinnen, siegen　509
傷　Wunde, Verletzung　633
象　Bild, Form　739
声　Stimme　746
床　Bett; Fußboden　826
焼　(ab)brennen; gebraten werden　920
承　hören, zu hören bekommen　942
井　Brunnen　1193
笑　lachen, lächeln　1235
匠　Handwerker　1359
従　folgen, gehorchen, s. unterwerfen　1482
粧　verschönern, schminken　1699
衝　Zusammenstoß, Kollision　1772
鐘　Glocke　1821
bungaku-shō 文学賞　Literaturpreis　111, 109, 500
Nōberu-shō ノーベル賞　Nobelpreis　500
shōaku 掌握　ergreifen　499, 1714
shōbai 商売　Handel, Geschäft　412, 239
shōbō 消防　Feuerwehr　845, 513
shōbōsha 消防車　Feuerwehrauto　845, 513, 133
shōbōsho 消防署　Feuerwehr　845, 513, 860
shōbu 勝負　Sieg oder Niederlage, Wettkampf; Spiel　509, 510
尚武　militärisch, kriegerisch　1853, 1031
菖蒲　Iris, Wasserlilie　2220, –
shobun 処分　Maßnahme, Strafe　1137, 38
shōbun 性分　Natur, Veranlagung　98, 38
shochi 処置　Maßnahme, Schritt　1137, 426
shōchi 承知　Einwilligung　942, 214
shochō 所長　Direktor, Leiter　153, 95
shōchō 象徴　Symbol　739, 1420
shōchoku 詔勅　kaiserl. Erlaß　1885, 1886
shochū 暑中　Hochsommer　638, 28
~ ukagai 暑中伺い　Hochsommerkarte　638, 28, 1761
shōchū 掌中　Taschen-, Hand-; in der Hand　499, 28
~ no tama 掌中の玉　geliebtes Kind, Schatz, Augapfel, Juwel　499, 28, 295
shōdaku 承諾　Einwilligung　942, 1770
shodō 書道　Kalligrafie　131, 149
shōdō 衝動　Trieb, Affekt　1772, 231
~ kōi 衝動行為　Trieb-/Affekthandlung　1772, 231, 68, 1484
shoen 初演　Uraufführung　679, 344

shōen 硝煙　Pulverdampf　1855, 919
shōfuku 承服　Einverständnis　942, 683
shōgai 傷害　Verletzung　633, 518
障害　Hindernis, Störung　858, 518
生涯　(menschliches) Leben; das ganze Leben hindurch　44, 1461
~ kyōiku 生涯教育　ständige Fortbildung　44, 1461, 245, 246
shōgakkō 小学校　Grundschule　27, 109, 115
shōgakukin 奨学金　Stipendium　1332, 109, 23
shōgakusei 奨学生　Stipendiat　1332, 109, 44
shōgatsu 正月　Januar, Neujahr　275, 17
shōgeki 衝撃　Schock, Stoß　1772, 1016
shōgen 証言　Zeugenaussage　484, 66
shōgi 将棋　j. Schachspiel　627, 1835
shōgiban 将棋盤　j. Schachbrett　627, 1835, 1098
shōgidaoshi 将棋倒し　e-r nach dem anderen umfallen　627, 1835, 905
shōgō 称号　Titel　978, 266
shōgun 将軍　General, Shōgun　627, 438
shōgyō 商業　Handel, Geschäft　412, 279
shōhai 勝敗　Sieg oder Niederlage, Ausgang (e-s Kampfes)　509, 511
shohan 初版　Erstausgabe　679, 1046
shōheki 障壁　Mauer, Wall, Hindernis, Schranke　858, 1489
shōhin 商品　Ware　412, 230
賞品　Preis　500, 230
shōhisha 消費者　Verbraucher　845, 749, 164
shoho 初歩　Anfangsgründe　679, 431
shōhō 詳報　ausführl. Nachricht　1577, 685
shōhon 抄本　Auszug (Text)　1153, 25
shohyō 書評　Buchbesprechung　131, 1028
shōhyō 商標　Warenzeichen　412, 923
shōi 少尉　Leutnant　144, 1617
shoji 諸事　Verschiedenes　861, 80
shōji 障子　Papierschiebetür/fenster　858, 103
shōjin 小人　unbedeutender Mensch　27, 1
精進　Fleiß, Hingabe; (religiöse) Reinigung　659, 437
shojo 処女　Jungfrau　1137, 102
shōjo 少女　(kleines) Mädchen　144, 102
shōjō 症状　Symptom　1318, 626
shojomaku 処女膜　Jungfernhäutchen, Hymen　1137, 102, 1426
shōjū 小銃　Gewehr　27, 829

shōjutsu 詳述 ausführl. Darlegung/Bericht 1577, 968

shoka 書架 Bücherbrett 131, 755

shōka 消化 Verdauung 845, 254
晶化 Kristallisation 1645, 254
唱歌 Singen, Gesang, Lied 1646, 392

shōkai 紹介 Vorstellung 456, 453
jiko ~ 自己紹介 sich selbst vorstellen 62, 370, 456, 453

shōkaki 消火器 Feuerlöscher 845, 20, 527

shōkaku 昇格 Anheben des Status (Institution/Person), Aufstieg 1777, 643

shokan 書簡 Brief(e), Schreiben 131, 1533

shōkan 召喚 (gerichtl.) Vorladung 995, 1587

shōkasen 消火栓 Hydrant 845, 20, 1842

shokatsu 所轄 Zuständigkeit 153, 1186

shōkei 小憩 kurze Pause/Rast 27, 1243
少憩 kleine/kurze Pause/Rast 144, 1243

shōken 証券 Wertpapier 484, 506

shoki 暑気 Hitze 638, 134

shōkin 賞金 Geldpreis 500, 23

shokkaku 触角 Fühler 874, 473
触覚 Tastsinn 874, 605

shokki 食器 (Eß)Geschirr 322, 527
織機 Webstuhl 680, 528

shokō 諸侯 die Fürsten 861, 1924

shōko 証拠 (juristischer) Beweis 484, 1138

shōkō 商工 Handel u. Industrie 412, 139
将校 Offizier 627, 115
商港 Handelshafen 412, 669
小康 zeitweilige Ruhe/Linderung 27, 894
症候 Symptom 1318, 944

shokoku 諸国 alle/verschiedene Länder 861, 40
hokuō ~ 北欧諸国 die nordischen (skandinav.) Länder 73, 1022, 861, 40

shōkon 商魂 Handelsgeist, Unternehmergeist 412, 1525

SHOKU 植 pflanzen 424
殖 zunehmen, sich vermehren 1506
織 weben 680
職 Anstellung, Amt, Stelle, Beruf 385
食 Essen 322
飾 schmücken, verzieren, dekorieren 979
色 Farbe; Liebe, sinnliche Lust 204
触 berühren 874
嘱 anvertrauen, beauftragen 1638

shokuba 職場 Arbeitsplatz 385, 154

shokubai 触媒 Katalysator 874, 1496
~ sayō 触媒作用 Katalyse 874, 1496, 360, 107

shokubō 嘱望 viel erwarten/sich viel versprechen (von) 1638, 673

shokubutsu 植物 Pflanze 424, 79
kenka ~ 顕花植物 Blütenpflanze 1170, 255, 424, 79

shokubutsuen 植物園 botanischer Garten 424, 79, 447

shokubutsusei shibō 植物性脂肪 Pflanzenfett 424, 79, 98, 1042, 1857

shokudō 食堂 Speisezimmer, Restaurant, Kantine 322, 496

shokuen 食塩 Tafelsalz 322, 1101

shokugyō 職業 Beruf 385, 279

shokuin 職員 Personal, Lehrkörper 385, 163

shokuji 食事 Mahlzeit, Essen 322, 80

shokuminchi 植民地 Kolonie 424, 177, 118

shokun 諸君 Meine Damen und Herren! 861, 793

shokuryō 食糧 Proviant 322, 1704

shokuryōhin 食料品 Lebensmittel 322, 319, 230

shokutaku 嘱託 Teilzeitarbeit; Auftrag; Aushilfskraft 1638, 1636
食卓 Eßtisch 322, 1679

shokuyoku 食欲 Appetit 322, 1127

shōkyokuteki 消極的 negativ, passiv 845, 336, 210

shōkyū 昇給 Gehaltserhöhung 1777, 346
昇級 Beförderung 1777, 568

shomei 書名 Buchtitel 131, 82
署名 Unterschrift/zeichnung 860, 82

shōmei 証明 Beweis, Zeugnis 484, 18
照明 Beleuchtung, Illumination 998, 18

shōmen 正面 Front, Vorderseite 275, 274
~ shōtotsu 正面衝突 Frontalzusammenstoß 275, 274, 1772, 898

shōmetsu 消滅 Aussterben, Verschwinden, Erlöschen 845, 1338

shōmi 正味 Netto, rein 275, 307

shomin 庶民 (das gemeine) Volk 1766, 177

shominteki 庶民的 volkstümlich 1766, 177, 210

shōmō 消耗 Verbrauch, Konsum; Abnutzung 845, 1197

shomotsu 書物 Buch 131, 79
shomu 庶務 allgemeine Angelegenheiten 1766, 235
shomuka 庶務課 allgemeine Abteilung 1766, 235, 488
shōnen 少年 Junge, Kind 144, 45
shōnenhō 少年法 Jugendgesetz 144, 45, 123
shōnetsu jigoku 焦熱地獄 (brennende) Hölle 999, 645, 118, 884
shōni mahi 小児麻ひ Kinderlähmung, Polio 27, 1217, 1529
shōni-kai 小児科医 Kinderarzt 27, 1217, 320, 220
shōnin 小人 Kind(er) 27, 1
　　商人 Kaufmann, Händler 412, 1
　　証人 Zeuge 484, 1
　　承認 Anerkennung, Zustimmung, Einverständnis 942, 738
~ kanmon 証人喚問 Zeugenvorladung 484, 1, 1587, 162
shōnyūdō 鐘乳洞 Tropfsteinhöhle 1821, 939, 1301
shōrai 将来 Zukunft 627, 69
shōrei 奨励 Förderung 1332, 1340
shori 処理 besorgen, erledigen 1137, 143
shōri 勝利 Sieg 509, 329
shōrisha 勝利者 Sieger 509, 329, 164
shōrō 鐘楼 Glockenturm 1821, 1841
shōroku 抄録 Auszug, Zusammenfassung 1153, 538
shoron 緒論 Einleitung, Einführung 862, 293
shorui 書類 Papiere, Dokumente 131, 226
shōryaku 省略 Aus-/Weglassung 145, 841
shōryo 焦慮 Ungeduld; Besorgnis 999, 1384
shōryō 小量 kleine Menge 27, 411
shōsa 少佐 Major; Korvettenkapitän 144, 1744
shosai 書斎 Studier-/Arbeitszimmer 131, 1478
shōsai 詳細 Einzelheiten, Detail 1577, 695
shōsan 賞賛 Lob, Preis 500, 745
　　硝酸 Salpetersäure 1855, 516
shoseki 書籍 Buch 131, 1198
shōseki 硝石 Salpeter 1855, 78
shosen 緒戦 Kriegsbeginn; das erste Spiel 862, 301
shosetsu 諸説 verschiedene Meinungen/Theorien 861, 400
shōsetsu 小説 Roman, Erzählung 27, 400

bōken ~ 冒険小説 Abenteuerroman 1104, 533, 27, 400
tanpen ~ 短編小説 Novelle, Kurzgeschichte 215, 682, 27, 400
tantei ~ 探偵小説 Kriminalroman 535, 1928, 27, 400
shōsha 勝者 Sieger, Gewinner 509, 164
shoshi 庶子 uneheliches Kind 1766, 103
shoshigaku 書誌学 Bibliografie, Bücherkunde 131, 574, 109
shoshin 所信 Überzeugung 153, 157
shōshin 昇進 Beförderung 1777, 437
shōsho 証書 Urkunde, Zeugnis 484, 131
　　詔書 kaiserl. Erlaß 1885, 131
sotsugyō ~ 卒業証書 Abgangszeugnis 787, 279, 484, 131
zōyo ~ 贈与証書 Schenkung(surkunde) 1364, 539, 484, 131
shōshō 少々 ein wenig, etwas 144
shōshū 召集 Einberufung (Parlament, Militär), Mobilisierung 995, 436
shoso 勝訴 e-n Prozeß gewinnen 509, 1402
shōsō 焦燥 Ungeduld, Hast 999, 1656
　　尚早 zu früh, verfrüht 1853, 248
jiki-shōsō 時機尚早 vorzeitig, verfrüht 42, 528, 1853, 248
shōsoku 消息 Nachricht 845, 1242
shotai 所帯 Haushalt 153, 963
shōtai 招待 Einladung 455, 452
shōtaijō 招待状 schriftliche Einladung 455, 452, 626
shōtaku 沼沢 Sumpf, Moor 996, 994
shoten 書店 Buchhandlung 131, 168
shōten 焦点 Brennpunkt, Fokus 999, 169
shotō 諸島 Inselgruppe, Inseln 861, 286
shōtō 小刀 kurzes Schwert 27, 37
shotoku 所得 Einkommen 153, 374
shotokuzei 所得税 Einkommensteuer 153, 374, 399
shōtotsu 衝突 Zusammenstoß 1772, 898
shōmen ~ 正面衝突 Frontalzusammenstoß 275, 274, 1772, 898
Shōwa 昭和 (Ära, 1926–1989) 997, 124
~ gannen 昭和元年 das 1. Jahr der Shōwa-Ära (1926) 997, 124, 137, 45
~ nenkan 昭和年間 Shōwa-Ära 997, 124, 45, 43

~ **rokujūsan-nen** 昭和６３年 1988 997, 124, 45

shōyaku 抄訳 Teilübersetzung 1153, 594

shōyo 賞与 Bonus, Gratifikation 500, 539

shoyū 所有 Besitz, Eigentum 153, 265

shozaichi 所在地 Sitz, Standort 153, 268, 118

shōzōga 肖像画 Porträt 844, 740, 343

shozoku 所属 zugehörig 153, 1637

SHU 朱 Scharlachrot, Zinnoberrot 1503

殊 besonders, insbesondere 1505

珠 Perle 1504

守 (be)schützen; befolgen 490

狩 Jagd 1581

取 nehmen 65

趣 Sinn; Geschmack; Anblick 1002

手 Hand 57

首 Kopf, Hals 148

主 Besitzer, Herr 155

種 Art, Sorte, Samen 228

酒 Reiswein, alkoholisches Getränk 517

衆 Menge, Masse 792

修 studieren; beherrschen 945

~ **no inori** 主の祈り Vaterunser 155, 621

SHŪ 州 Land, Provinz 195

酬 Belohnung 1864

醜 häßlich, schändlich 1527

秋 Herbst 462

愁 Gram, Kummer, Sorge 1601

周 Rotation; Umfang; Umgebung 91

週 Woche 92

集 sich versammeln 436

終 enden 458

習 lernen 591

宗 Religion, Sekte 616

執 nehmen, ergreifen, durchführen 686

収 einnehmen, erwerben 757

衆 Menge, Masse 792

祝 feiern, gratulieren 851

就 (Platz) einnehmen, (Stelle) antreten 934

修 studieren; beherrschen 945

舟 Boot 1094

囚 Gefangener 1195

臭 übelriechend, nach ... riechend 1244

拾 aufheben, finden 1445

襲 angreifen; j-m (nach)folgen 1575

秀 hervorragen, übertreffen 1683

Kariforunia-shū カリフォルニア州 (der

Bundesstaat) Kalifornien 195

shūaku 醜悪 häßlich, gemein 1527, 304

shūbansen 終盤戦 Endspiel (bei Brettspielen) 458, 1098, 301

shubi 首尾 Anfang u. Ende; A u. O; Ergebnis 148, 1868

shubōsha 主謀者 Anführer, Rädelsführer 155, 1495, 164

shūbun 秋分 Herbst-Tagundnachtgleiche 462, 38

醜聞 Skandal 1527, 64

~ **no hi** 秋分の日 Herbst-Tagundnachtgleiche 462, 38, 5

shūchaku 執着 Anhänglichkeit, Beharrlichkeit 686, 657

shūchi 周知 allgemein bekannt 91, 214

shuchō 主張 Behauptung 155, 1106

shūchū 集中 Konzentration, Zentralisierung 436, 28

shudan 手段 Mittel, Weg 57, 362

shūdan 集団 Gruppe, Masse 436, 491

shudō 主導 Führung, Leitung 155, 703

shūeki 収益 Ertrag, Gewinn 757, 716

shuen 酒宴 Trinkgelage, Bankett 517, 640

shufu 主婦 Hausfrau 155, 316

首府 Hauptstadt 148, 504

...shugi ⋯主義 -ismus, Prinzip 155, 291

gunkoku ~ 軍国主義 Militarismus 438, 40, 155, 291

kanryō ~ 官僚主義 Bürokratie 326, 1324, 155, 291

kyomu ~ 虚無主義 Nihilismus 1572, 93, 155, 291

kyōraku ~ 享楽主義 Genußsucht, Hedonismus 1672, 358, 155, 291

minshu ~ 民主主義 Demokratie 177, 155, 155, 291

teikoku ~ 帝国主義 Imperialismus 1179, 40, 155, 291

yuibi ~ 唯美主義 Ästhetizismus 1234, 401, 155, 291

shūgi 祝儀 (Hochzeits)Feier; Geschenk 851, 727

Shūgiin 衆議院 (j.) Unterhaus 792, 292, 163

shugo 主語 Subjekt (grammatisch) 155, 67

shūgyō 修行 (asketische) Übung, an sich arbeiten 945, 68

修業 Studium, Praktikum, Lehre, Ausbildung 945, 279

~ **jikan** 就業時間 Arbeitszeit 934, 279, 42, 43

shugyoku 珠玉 Edelstein, Juwel 1504, 295

shūha 宗派 (religiöse) Sekte 616, 912

shuhan 首班 Haupt, Chef, Spitze 148, 1381

shūhen 周辺 Umkreis, Peripherie 91, 775

shuhin 主賓 Ehrengast 155, 1852

shuhitsu o kuwaeru 朱筆を加える verbessern, korrigieren 1503, 130, 709

shui 首位 erster Platz, Spitze 148, 122

趣意 Sinn, Zweck, Absicht 1002, 132

shūi 周囲 Umfang; Umgebung 91, 1194

shuin 主因 Hauptursache/grund 155, 554

朱印 rotes Siegel 1503, 1043

shuiro 朱色 scharlach-/zinnoberrot 1503, 204

shūitsu 秀逸 vorzüglich 1683, 734

shūjaku 執着 Anhänglichkeit, Beharrlichkeit 686, 657

shūji 習字 Kalligrafie 591, 110

shujin 主人 (Ehe)Mann, Hausherr 155, 1

shūjin 囚人 Häftling, Sträfling 1195, 1

shujinkō 主人公 Held, Hauptperson, Protagonist 155, 1, 126

shūjitsu 週日 Wochentag 92, 5

終日 den ganzen Tag 458, 5

shūjo 醜女 häßliche Frau 1527, 102

shujutsu 手術 Operation 57, 187

shujutsushitsu 手術室 Operationssaal 57, 187, 166

shūkaku 収穫 Ernte 757, 1314

shūkakudaka 収穫高 Ernte(ertrag) 757, 1314, 190

shūkakuki 収穫期 Erntezeit 757, 1314, 449

shūkan 週刊 Wochenschrift 92, 585

習慣 Gewohnheit, Brauch 591, 915

shūkanshi 週刊誌 Wochenschrift 92, 585, 574

shukanteki 主観的 subjektiv 155, 604, 210

shuken 主権 Souveränität 155, 335

shūketsu 終結 (Ab)Schluß, Ende 458, 485

shūki 秋気 Herbstluft 462, 134

臭気 schlechter Geruch, Gestank 1244, 134

shūkin 集金 Kassieren 436, 23

shukka 出火 Ausbruch eines Feuers, Feuer 53, 20

出荷 Absenden, Verschiffung 53, 391

shukkan 出棺 Aufbruch e-s Leichenzuges 53, 1825

shukketsu 出欠 Anwesenheit (und/oder Abwesenheit) 53, 383

出血 Blutung 53, 789

shukō 趣向 Plan, Idee, Einfall 1002, 199

首肯 Zustimmung, Einwilligung 148, 1262

SHUKU 叔 jüngere Geschwister der Eltern 1667

淑 anmutig, höflich; rein 1668

宿 Haus, Unterkunft 179

縮 schrumpfen 1110

祝 feiern, gratulieren 851

粛 ruhig, feierlich, ernst 1695

shukubo 叔母 Tante 1667, 112

shukubō 宿望 langgehegter Wunsch 179, 673

shukudai 宿題 Hausaufgabe 179, 354

shukuden 祝電 Glückwunschtelegramm 851, 108

shukufu 叔父 Onkel 1667, 113

shukufuku 祝福 Segen 851, 1379

shukuga 祝賀 Feier; Glückwunsch 851, 756

shukuhai 祝杯 Freudentrunk, Freudenbecher 851, 1155

shukuhaku 宿泊 Übernachtung 179, 1177

shukuji 祝辞 Glückwunsch(adresse), Festrede 851, 688

shukujitsu 祝日 Festtag, Feiertag 851, 5

shukujo 淑女 Dame 1668, 102

shukun 殊勲 hervorragende Verdienste 1505, 1773

shukusei 粛清 (polit.) Säuberung 1695, 660

shukushaku 縮尺 verkleinerter Maßstab 1110, 1895

shukuteki 宿敵 Erbfeind 179, 416

shukutō 粛党 Säuberung (e-r Partei) 1695, 495

shukutoku 淑徳 weibliche Tugenden 1668, 1038

shukuzu 縮図 verkleinerte Zeichnung 1110, 339

shūkyō 宗教 Religion, Glaube 616, 245

shūmatsu 週末 Wochenende 92, 305

shumi 趣味 Interesse; Geschmack; Hobby 1002, 307

shūmon 宗門 Sekte 616, 161

SHUN 春 Frühling, Frühjahr 460
瞬 blinzeln, funkeln, flackern 1732
俊 hervorragen, übertreffen 1845
shunbin 俊敏 Scharfsinn, Schlagfertigkeit 1845, 1735
shunbun 春分 Frühlings-Tagundnacht- gleiche 460, 38
~ **no hi** 春分の日 Frühlings-Tagundnacht- gleiche 460, 38, 5
shun'ei 俊英 Talent, hochbegabter Mensch 1845, 353
shūnen 執念 Rachsucht, Groll 686, 579
shunga 春画 obszönes Bild 460, 343
shuniku 朱肉 rote Stempelfarbe 1503, 223
shunin 主任 verantwortlicher Leiter 155, 334
shūnin 就任 Amtsantritt 934, 334
shunji 瞬時 Moment, Sekunde 1732, 42
shunjū 春秋 Frühling und Herbst; Jahre, Alter 460, 462
shunkan 瞬間 (kurzer) Augenblick, Moment 1732, 43
shunkashūtō 春夏秋冬 Frühling, Sommer, Herbst u. Winter 460, 461, 462, 459
shunketsu 俊傑 herausragende Persönlichkeit 1845, 1731
shunkoku 瞬刻 Augenblick 1732, 1211
shunō kaidan 首脳会談 Gipfelkonferenz 148, 1278, 158, 593
shunsai 俊才 hervorragendes Talent 1845, 551
shunshō 春宵 Frühlingsabend 460, 1854
shunshū 俊秀 hervorragender Geist, besonders geistreicher Mensch 1845, 1683
shuntō 春闘 Frühjahrsoffensive (der japan. Gewerkschaften) 460, 1511
shūnyū 収入 Einkommen, Einkünfte, Einnahme 757, 52
shuppan 出帆 Abfahrt (e-s Schiffes) 53, 1103
shuppansha 出版社 Verlag 53, 1046, 308
shuppatsu 出発 Abfahrt, Abreise 53, 96
shuppatsuten 出発点 Ausgangspunkt, Start 53, 96, 169
shuppon 出奔 weglaufen, ausreißen 53, 1659
shūrei 秀麗 anmutig, schön, fein 1683, 1630
shūren 修錬 trainieren, üben 945, 1816
shūri 修理 reparieren 945, 143
shurui 種類 Art, Sorte, Gattung 228, 226

shuryō 狩猟 Jagd 1581, 1580
shūryō 終了 Schluß, Abschluß 458, 941
shuryōki 狩猟期 Jagdzeit 1581, 1580, 449
shusai 主催 veranstalten 155, 1317
主宰 Führung, Leitung, Vorsitz 155, 1488
shūsai 秀才 begabter Mann/Student/Schüler 1683, 551
shusaisha 主宰者 Präsident, Vorsitzender, Führer 155, 1488, 164
shūsei 修正 Verbesserung, Abänderung, Retusche 945, 275
shuseki 主席 oberster Sitz; Haupt, Chef 155, 379
shusen 酒仙 tüchtiger Trinker 517, 1891
shūsen 終戦 Kriegsende 458, 301
周旋 Vermittlung, Beschaffung 91, 1005
shusendo 守銭奴 Geizhals 490, 648, 1933
shusha 取捨 Annahme oder Verwerfung; Wahl 65, 1444
shushi 種子 Samen, Saat 228, 103
趣旨 Inhalt, Sinn, Hauptpunkt 1002, 1040
shūshi 終止 Schluß, Ende 458, 477
収支 Einnahmen u. Ausgaben 757, 318
bōeki ~ 貿易収支 Handelsbilanz 760, 759, 757, 318
shūshin 終身 lebenslang 458, 59
執心 Anhänglichkeit, Ergebenheit 686, 97
~ **koyōsei** 終身雇用制 System der Anstel- lung auf Lebenszeit 458, 59, 1553, 107, 427
shushō 首相 Premierminister, Ministerpräsident 148, 146
主将 Mannschaftskapitän 155, 627
殊勝 löblich, lobenswert 1505, 509
主唱 Befürwortung, Förderung 148, 1646
首唱 Befürwortung, Förderung 155, 1646
~ **ken gaishō** 首相兼外相 Premier- u. (zu- gl.) Außenminister 148, 146, 1081, 83, 146
renpō ~ 連邦首相 Bundeskanzler 440, 808, 148, 146
shūshoku 就職 (An)Stellung 934, 385
修飾 Verschönerung 945, 979
shūshū 収拾 unter Kontrolle bringen, regeln 757, 1445
shūso 宗祖 Begründer e-r Sekte 616, 622
shussan 出産 Entbindung, Geburt 53, 278
shusse 出世 Erfolg im Leben, schnelle Karriere 53, 252

shussei 出征 Feldzug 53, 1114

~ kajō 出生過剰 Geburtenüberschuß 53, 44,
413, 1068

shusseki 出席 Anwesenheit 53, 379

...shusshin 出身 aus ... stammend 53, 59

shūtai 醜態 häßlicher Anblick; schändliches
Verhalten 1527, 387

shutchō 出張 Dienst/Geschäftsreise 53, 1106

shutchōjo 出張所 Zweigstelle 53, 1106, 153

shūtei 舟艇 Boot 1094, 1666

shūten 終点 Endstation 458, 169

shuto 首都 Hauptstadt 148, 188

shutō 種痘 Pockenschutzimpfung, Impfung
228, 1942

shūto 宗徒 Anhänger e-r Sekte/Religion
616, 430

shūtō 周到 sorgfältig, vorsichtig 91, 904

shutoken 首都圏 das Gebiet der Hauptstadt
148, 188, 508

shūtokubutsu 拾得物 Fundsache 1445, 374,
79

SHUTSU 出 herausnehmen; abschicken 53

shutsubotsu 出没 Erscheinen u.
Verschwinden 53, 935

shutsuen 出演 Die Personen und ihre
Darsteller 53, 344

shutsugan 出願 Gesuch 53, 581

shutsugoku 出獄 (aus dem Gefängnis)
entlassen werden 53, 884

shutsujō 出場 Auftreten, Teilnahme 53, 154

shuttei 出廷 vor Gericht erscheinen 53, 1111

shutten 出典 (literarische) Quelle,
Quellenangabe 53, 367

shuttō 出頭 Erscheinen, Anwesenheit 53, 276

shūwai 収賄 (passive) Bestechung 757, 1739

shuwan 手腕 Fähigkeit, Tüchtigkeit 57, 1299

shuyō 主要 Haupt-, wesentlich 155, 419

shūyō 収容 Aufnahme, Unterbringung 757,
654

shūyōjo 収容所 Lager 757, 654, 153

　horyo ~ 捕虜収容所 (Kriegs)Gefangenen-
lager 890, 1385, 757, 654, 153

shūyū 周遊 Rundreise 91, 1003

shūyūken 周遊券 Rundreiseticket 91, 1003,
506

shuzai 取材 Sammeln von Material/
Nachrichten 65, 552

shuzan 珠算 Rechnen mit dem Abakus
1504, 747

shūzen 修繕 Reparatur 945, 1140

SO 阻 (ver)hindern 1085

祖 Vorfahre 622

租 Abgabe, Tribut 1083

組 Gruppe, Mannschaft, Klasse; Bande 418

粗 grob, rauh 1084

想 Idee, Gedanke 147

素 Element, Ursprung 271

措 aufgeben, beiseite tun 1200

訴 ver-/anklagen, sich beklagen 1402

疎 vernachlässigen; von s. fernhalten;
meiden; kühl behandeln; entfremden 1514

礎 Fundament, Grundstein 1515

塑 modellieren 1838

SŌ 僧 buddh. Priester/Mönch 1366

層 Schicht 1367

贈 schenken 1364

壮 männlich, kraftvoll 1326

荘 Landhaus, Villa; feierlich, ernst 1327

装 Kleidung, Gerät 1328

相 Erscheinung, Aussehen; Phase 146

想 Idee, Gedanke 147

霜 Frost, Rauhreif 948

曹 Freund 1929

遭 treffen, stoßen auf, geraten (in) 1643

槽 Wanne, großes Faß, Tonne 1644

操 handhaben, lenken, führen 1655

燥 trocken 1656

藻 Alge, Seetang 1657

窓 Fenster 698

総 allgemein, General- 697

倉 Speicher, Magazin, Lagerhaus 1307

創 Schöpfung 1308

双 ein Paar, beide 1594

桑 Maulbeerbaum 1873

早 früh; schnell 248

草 Gras, Kraut 249

走 laufen 429

送 senden, schicken 441

挿 einfügen 1651

捜 suchen 989

争 (s.) streiten, um etwas kämpfen 302

宗 Religion, Sekte 616

葬 begraben 812

騒 Lärm machen 875

掃 fegen, kehren 1080
巣 Nest 1538
奏 (ein Musikinstrument) spielen 1544
喪 Trauer 1678
soaku 粗悪 grob, minderwertig 1084, 304
sōan 草案 Entwurf 249, 106
sōba 相場 Marktpreis, Kurs 146, 154
sōbetsukai 送別会 Abschiedsfeier 441, 267, 158
sobo 祖母 Großmutter 622, 112
sobō 粗暴 wild, roh, rauh, heftig 1084, 1014
soboku 素朴 einfach, kunstlos 271, 1466
sobyō 素描 Zeichnung, Skizze 271, 1469
sochi 措置 Maßnahme, Schritt 1200, 426
　hōfuku ~ 報復措置 Vergeltungs-/
　　Gegenmaßnahmen 685, 917, 1200, 426
sōchi 装置 Vorrichtung, Apparat 1328, 426
sōchō 荘重 feierlich, würdevoll 1327, 227
sōdai 壮大 erhaben, großartig 1326, 26
sōdan 相談 Beratung, Besprechung,
　　Unterredung 146, 593
sodate no oya 育ての親 Pflegeeltern 246, 175
soda(teru) 育 aufziehen 246
soda(tsu) 育 (auf)wachsen 246
sōdatsu(sen) 争奪(戦) Wettstreit/bewerb
　302, 1310, 301
sōden 桑田 Maulbeerbaum-Pflanzung 1873, 35
sōdō 騒動 Aufruhr, Tumult 875, 231
soen 疎遠 Entfremdung 1514, 446
sōen 桑園 Maulbeerbaum-Pflanzung 1873, 447
so(eru) 添 hinzufügen, beilegen 1433
sofu 祖父 Großvater 622, 113
sōfuku 僧服 Priestergewand 1366, 683
sogai 阻害 Hindernis, Hemmnis 1085, 518
sōgai 霜害 Frostschäden 948, 518
sōgaku 総額 Gesamtsumme 697, 838
sōgankyō 双眼鏡 Fernglas 1594, 848, 863
sōgei 送迎 Begrüßung u. Verabschiedung
　441, 1055
sōgen 草原 Wiese, Grasfläche 249, 136
sōgi 争議 Streit, Zwist 302, 292
　葬儀 Bestattung, Begräbnisfeier 812, 727
　yamaneko ~ 山猫争議 wilder Streik 34,
　1470, 302, 292
sōgo 相互 gegenseitig, einander 146, 907
sōgō 総合 Synthese, Verbindung 697, 159

sōgon 荘厳 feierlich, erhaben 1327, 822
sōgū 遭遇 Begegnung, Treffen,
　　Zusammenstoß 1643, 1641
sōhō 双方 beide Seiten/ Parteien 1594, 70
sōhon 草本 Kraut 249, 25
sōi 相違 Unterschied 146, 814
sōin 僧院 Kloster, Tempel 1366, 614
sōji 掃除 Reinemachen 1080, 1065
　相似 Ähnlichkeit, Analogie 146, 1486
sōjifu 掃除婦 Reinmachefrau 1080, 1065, 316
sōjō 僧正 hoher buddh. Priester 1366, 275
sōjū 操縦 führen, lenken 1655, 1483
Sōka Gakkai 創価学会 (buddh. Sekte)
　1308, 421, 109, 158
sokai 租界 ausländ. Niederlassung;
　　exterritoriales Gebiet 1083, 454
　疎開 Evakuierung, Räumung 1514, 396
sōkai 総会 Vollversammlung 697, 158
　kabunushi ~ 株主総会 Aktionärs-
　　versammlung 741, 155, 697, 158
sokaku 組閣 Regierungsbildung 418, 837
sōkan 送還 Rücksendung, Repatriierung
　441, 866
　総監 Oberaufseher 697, 1663
sōkatsu 総括 Zusammenfassung 697, 1260
sōke 宗家 Haupt-/Stammfamilie 616, 165
sōkei 総計 Gesamtsumme/betrag 697, 340
sōken 壮健 gesund, kräftig, rüstig 1326, 893
　双肩 Schultern 1594, 1264
sōkin 送金 (Geld)Überweisung 441, 23
sokki 速記 Stenografie 502, 371
sokkin 即金 Bargeld, Barzahlung 463, 23
sokkinsha 側近者 enge/intime Vertraute,
　　Umgebung 609, 445, 164
sokkōjo 測候所 meteorolog. Station,
　　Wetterwarte 610, 944, 153
sokkyō 即興 improvisiert 463, 368
soko 底 Boden, Grund 562
sōko 倉庫 Speicher, Lagerhaus 1307, 825
sōkō 草稿 Entwurf, Konzept 249, 1120
~ jikan 走行時間 Fahrzeit 429, 68, 42, 43
sokojikara 底力 latente/innere Kraft/Energie
　562, 100
sokoku 祖国 Heimatland, Vaterland 622, 40
soko(nau) 損 schaden, beschädigen 350
-soko(nau) 損 verpassen, (etw.) nicht
　　schaffen 350

sokone 底値 niedrigster Preis 562, 425
soko(neru) 損 schaden, beschädigen 350
SOKU 則 Regel, Gesetz 608
側 Seite 609
測 messen 610
束 Bündel 501
速 schnell 502
足 Fuß, Bein 58
促 drängen, mahnen 1557
即 sofort 463
息 Sohn; Atem 1242
sokubaku 束縛 Bindung, Zwang 501, 1448
sokudo 速度 Geschwindigkeit 502, 377
sokuji 即時 sofort, auf der Stelle 463, 42
sokujitsu 即日 am selben Tag 463, 5
sokumen 側面 Seite, Flanke, Profil 609, 274
sokuryō 測量 (Ver)Messung 610, 411
sokuryoku 速力 Geschwindigkeit 502, 100
sokusei 促成 (Wachstum) künstlich
beschleunigen 1557, 261
sokuseki 即席 unvorbereitet 463, 379
足跡 Fußspur 58, 1569
sokushin 促進 fördern 1557, 437
sokutatsu 速達 Eilsendung 502, 448
sokutei 測定 Messung 610, 355
so(maru) 染 sich färben; durchtränkt werden;
angesteckt werden 779
somatsu 粗末 einfach, schlicht, schlecht
1084, 305
so(meru) 染 färben 779
-so(meru) 初 beginnen 679
sōmoku 草木 Pflanzen, Vegetation 249, 22
sōmon 桑門 buddhist. Priester/Mönch 1873,
161
somu(keru) 背 ab-/wegwenden 1265
somu(ku) 背 widersprechen, zuwiderhandeln
1265
SON 村 Dorf 191
尊 hochschätzen, verehren 704
存 existieren; denken; wissen 269
損 Verlust, Schaden 350
孫 Enkel 910
sona(eru) 供 darbringen, opfern 197
備 einrichten, ausrüsten 768
sōnan 遭難 Unglück, Unfall 1643, 557
~ **shingō** 遭難信号 Notsignal, SOS-Ruf
1643, 557, 157, 266

sōnansha 遭難者 Verunglückter, Unfallopfer
1643, 557, 164
sona(waru) 備 besitzen 768
sonchō 村長 Bürgermeister 191, 95
尊重 hochschätzen, hochachten 704, 227
sondai 尊大 Hochmut, Stolz 704, 26
sōnen 壮年 bestes Mannesalter, beste
Lebensjahre 1326, 45
songai 損害 Schaden, Verlust 350, 518
~ **baishō** 損害賠償 Schadenersatz,
Entschädigung 350, 518, 1829, 971
songen 尊厳 Würde, Erhabenheit 704, 822
sonkai 村会 Gemeinderat 191, 158
sonkei 尊敬 Achtung, Respekt 704, 705
sonmin 村民 Dorfbewohner 191, 177
sonmō 損耗 Abnutzung, Verlust 350, 1197
sono 園 Garten 447
~ **go** その後 danach, später 48
sonota その他 außerdem, usw. 120
sonshitsu 損失 Verlust 350, 311
sonshō 尊称 Ehrentitel 704, 978
sontoku 損得 Verlust u. Gewinn 350, 374
sōnyū 挿入 Einschub, Einfügung 1651, 52
sonzai 存在 Dasein, Existenz 269, 268
sonzoku 存続 Fortdauer/bestand 269, 243
sōō 相応 entsprechen 146, 827
sōon 騒音 Lärm 875, 347
sora 空 Himmel 140
soranamida 空涙 Krokodilstränen 140, 1239
sorani 空似 zufällige Ähnlichkeit 140, 1486
soraosoroshii 空恐ろしい unheimlich 140,
1602
so(rasu) 反 (s.) biegen, (s.) krümmen 324
soratobu enban 空飛ぶ円盤 fliegende
Untertasse 140, 530, 13, 1098
sōretsu 葬列 Leichen-/Trauerzug 812, 611
壮烈 heroisch, heldenhaft 1326, 1331
sōri 総理 (Minister)Präsident 697, 143
~ **daijin** 総理大臣 Ministerpräsident,
Premierminister 697, 143, 26, 835
sōritsu 創立 Gründung, Stiftung 1308, 121
sōro 走路 (Lauf/Renn)Bahn 429, 151
sōrō 候 (klassisches Verb-Suffix) 944
so(ru) 反 (s.) biegen, (s.) krümmen 324
sōrui 藻類 Algen 1657, 226
soryūshi 素粒子 Elementarteilchen 271,
1700, 103

sōsa 捜査 Untersuchung 989, 624
操作 Steuerung 1655, 360
enkaku ~ 遠隔操作 Fernsteuerung 446,
1589, 1655, 360
~ honbu 捜査本部 zuständige
Kriminalabteilung 989, 624, 25, 86
kataku ~ 家宅捜査 Haussuchung 165, 178,
989, 624
sōsai 総裁 Präsident 697, 1123
sōsaku 捜索 Suche, Durchsuchung 989, 1059
創作 Schöpfung; literar. Arbeit 1308, 360
kataku ~ 家宅捜索 Haussuchung 165, 178,
989, 1059
sosei 組成 Zusammensetzung 418, 261
sōseiji 双生児 Zwillinge 1594, 44, 1217
soseki 礎石 Grundstein 1515, 78
sosen 祖先 Vorfahren, Ahnen 622, 50
~ sūhai 祖先崇拝 Ahnenkult 622, 50, 1424,
1201
soshaku 租借 Pacht 1083, 766
soshakuchi 租借地 Pachtland 1083, 766, 118
soshi 阻止 (ver)hindern, aufhalten 1085, 477
soshiki 組織 Organisation, Struktur, System
418, 680
sōshiki 葬式 Begräbnisfeier 812, 525
soshitsu 素質 Anlage, Natur 271, 176
sōshitsu 喪失 Verlust 1678, 311
soshō 訴訟 Prozeß, Klage 1402, 1403
~ hiyō 訴訟費用 Prozeß-/Gerichtskosten
1402, 1403, 749, 107
keiji ~ 刑事訴訟 Strafprozeß 887, 80, 1402,
1403
minji ~ 民事訴訟 Zivilprozeß/sache 177,
80, 1402, 1403
rikon ~ 離婚訴訟 Scheidungsprozeß 1281,
567, 1402, 1403
sōsho 草書 kalligrafisch verkürzte
Zeichenform 249, 131
sōshō 相称 Symmetrie 146, 978
宗匠 Meister, Lehrer 616, 1359
soshoku 粗食 einfaches Essen/Gericht 1084,
322
sōshoku 装飾 Ornament, Verzierung,
Schmuck, Dekoration 1328, 979
sōsō 早々 früh, sofort 248
soso(gu) 注 gießen, fließen 357
sōson そう孫 Urenkel 910

sosonoka(su) 唆 verführen, verleiten;
überreden; aufwiegeln, aufhetzen 1846
sōsui 総帥 Oberbefehlshaber 697, 1935
sotchoku 率直 aufrichtig, offen(herzig) 788,
423
sotchū 卒中 Schlaganfall 787, 28
sōten 争点 Streitpunkt 302, 169
soto 外 Außenseite, draußen 83
sōtō 相当 passend, angemessen 146, 77
掃討 Säuberung 1080, 1018
sotobori 外堀 äußerer Burggraben 83, 1804
sōtoku 総督 Generalgouverneur 697, 1670
SOTSU 卒 Knecht; gemeiner Soldat;
(be)enden 787
率 (an)führen 788
sotsugyō 卒業 Schul-/Universitätsabschluß
787, 279
~ shiken 卒業試験 Abschlußprüfung 787,
279, 526, 532
~ shōsho 卒業証書 Abgangszeugnis 787, 279,
484, 131
sottō 卒倒 Ohnmacht 787, 905
so(u) 添 begleiten 1433
沿 entlanglaufen, längs ... stehen 1607
sōun 層雲 Schicht-/Stratuswolke 1367, 636
sōwa 挿話 Episode 1651, 238
soya 粗野 grob, roh, ungeschliffen 1084, 236
Sōya-misaki 宗谷岬 (Nordspitze Hokkaidōs)
616, 653, 1363
soyokaze そよ風 leichte Brise 29
sozei 租税 Steuer, Abgabe 1083, 399
sōzen 騒然 lärmend, tumultartig 875, 651
sozō 塑像 Tonfigur, Plastik 1838, 740
sōzō 想像 Einbildung, Fantasie 147, 740
創造 Schöpfung, Erschaffung 1308, 691
sōzoku 相続 Erbschaft, Vererbung, Erbfolge
146, 243
katoku ~ 家督相続 Erbfolge 165, 1670,
146, 243
SU 子 Kind 103
主 Besitzer, Herr 155
数 Zahl 225
素 nackt, unbedeckt, schlicht 271
守 (be)schützen; befolgen 490
su 州 Sandbank 195
巣 Nest 1538
酢 Essig 1867

~ no mono 酢の物　mit Essig angemachtes
　Gericht　1867, 79
SŪ 数　Zahl　225
　枢　Drehpunkt, Achse, Gelenk　1023
　崇　verehren; hoch, erhaben　1424
suberidai 滑り台　Rutschbahn　1267, 492
sube(ru) 滑　gleiten, ausrutschen　1267
su(beru) 統　beherrschen, kontrollieren　830
sūbyō 数秒　einige Sekunden　225, 1152
sudachi 巣立ち　das Nest verlassen,
　selbständig werden　1538, 121
sude (ni) 既　schon, fast, beinahe　1458
sue 末　Ende　305
suekko 末っ子　jüngstes Kind　305, 103
sueoku 据え置く　so lassen wie es ist　1832,
　426
su(eru) 据　setzen, stellen, legen　1832
　hara o ~ 腹を据える　s. (fest) entschließen
　1271, 1832
suetsukeru 据え付ける　aufstellen,
　montieren　1832, 192
sūgaku 数学　Mathematik　225, 109
sugao 素顔　ungeschminktes Gesicht　271, 277
sugata 姿　Gestalt, Figur, Aussehen　929
　ushiro-sugata 後ろ姿　Gestalt von hinten
　gesehen　48, 929
sugatami 姿見　großer Spiegel　929, 63
sugi 杉　japan. Zeder　1872
suginamiki 杉並木　Zedernallee　1872, 1165, 22
Suginami-ku 杉並区　(Verwaltungsbezirk in
　Tōkyō)　1872, 1165, 183
su(giru) 過　vergehen; übertreiben　413
su(gosu) 過　verbringen　413
sugu(reru) 優　übertreffen　1033
sūhai 崇拝　Verehrung, Anbetung　1424, 1201
　sosen ~ 祖先崇拝　Ahnenkult　622, 50, 1424,
　1201
SUI 垂　fallen, tropfen; (herab)hängen　1070
　睡　Schlaf　1071
　錘　Spindel　1904
　吹　blasen, wehen　1255
　炊　verbrennen; kochen　1791
　粋　Wesen, (Quint)Essenz, Auslese; fein,
　elegant, modisch; Rücksicht, Takt　1708
　酔　betrunken werden; krank werden　1709
　水　Wasser　21
　出　herausnehmen; abschicken　53

遂　erreichen, vollbringen, durchführen　1133
穂　Ähre　1221
推　schließen, ableiten; empfehlen　1233
衰　schwächer werden, verfallen　1676
帥　kommandieren, (an)führen　1935
su(i) 酸　Säure　516
suiban 水盤　Wasserbecken　21, 1098
suibi 衰微　Verfall, Rückgang　1676, 1419
suibō 衰亡　Untergang, Verfall　1676, 672
suibokuga 水墨画　Tuschzeichnung　21, 1705,
　343
suibun 水分　Wassergehalt　21, 38
suichoku 垂直　senkrecht, vertikal　1070, 423
suiden 水田　Reisfeld　21, 35
suidō 水道　Wasserleitung　21, 149
suidōkan 水道管　Wasser(leitungs)rohr　21,
　149, 328
suidōsen 水道栓　Wasserhahn　21, 149, 1842
suiei 水泳　Schwimmen, Baden　21, 1208
suifu 水夫　Matrose, Seemann　21, 315
suigai 水害　Wasserschaden　21, 518
suigin 水銀　Quecksilber　21, 313
suiginchū 水銀柱　Quecksilbersäule　21, 313,
　598
suigyū 水牛　Wasserbüffel　21, 281
suihanki 炊飯器　Reiskochtopf　1791, 325, 527
suihō 水泡　Wasserblase　21, 1765
suijaku 衰弱　Entkräftung　1676, 218
suiji 炊事　Kochen　1791, 80
suijin 粋人　Mann von Welt　1708, 1
suijō 水上　auf dem Wasser, Wasser-　21, 32
　錘状　spindelförmig　1904, 626
suijōki 水蒸気　Wasserdampf　21, 943, 134
suijun 水準　Wasserstand; Niveau; Standard
　21, 778
suikō 遂行　aus-/durchführen　1133, 68
suikyō 粋狂　exzentrisch, spleenig　1708, 883
suimin 睡眠　Schlaf　1071, 849
suimin-busoku 睡眠不足　mangelnder
　Schlaf, zu wenig Schlaf　1071, 849, 94, 58
suion 水温　Wassertemperatur　21, 634
suiri 推理　Schluß, Folgerung　1233, 143
suiro 水路　Wasserweg, Wasserstraße　21, 151
suiron 推論　Schlußfolgerung　1233, 293
suiryoku 水力　Wasserkraft　21, 100
suisaiga 水彩画　Aquarell　21, 932, 343
suisei すい星　Komet　730

suisen 垂線 senkrechte Linie 1070, 299
推薦 Empfehlung 1233, 1631
水仙 Narzisse 21, 1891
suisenjō 推薦状 Empfehlungsschreiben 1233, 1631, 626
suisha 水車 Wasserrad 21, 133
suishi 水死 ertrinken 21, 85
suishin 推進 Antrieb 1233, 437
suishō 推奨 Empfehlung 1233, 1332
水晶 Kristall, Quarz 21, 1645
 murasaki~ 紫水晶 Amethyst 1389, 21, 1645
suiso 水素 Wasserstoff 21, 271
 ryūka~ 硫化水素 Schwefelwasserstoff 1856, 254, 21, 271
suisō 水槽 Wasserbehälter 21, 1644
suitei 推定 Vermutung 1233, 355
suiteki 水滴 Wassertropfen 21, 1446
suitō 出納 Einnahmen u. Ausgaben 53, 758
水稲 Naßfeldreis, Feldreis 21, 1220
水筒 Feldflasche 21, 1472
水痘 Windpocken 21, 1942
suitorigami 吸い取り紙 Löschpapier 1256, 65, 180
suiyō(bi) 水曜(日) Mittwoch 21, 19, 5
suiyōsei 水溶性 wasserlöslich 21, 1392, 98
suizokkan 水族館 Aquarium 21, 221, 327
suizokukan 水族館 Aquarium 21, 221, 327
suji 筋 Muskel, Sehne, Ader; Faser; Linie; Logik; Vernunft; Handlung (Roman); Quelle (einer Information) 1090
sūji 数字 Zahl, Ziffer 225, 110
sujichigai 筋違い Muskelkrampf; unlogisch, falsch 1090, 814
sujigaki 筋書き kurzer Inhalt, Handlung, Programm 1090, 131
sujikai 筋違い Muskelkrampf; unlogisch, falsch 1090, 814
sūjiku 枢軸 Achse; Zentrum 1023, 988
sujimichi 筋道 Vernunft, Logik 1090, 149
su(kasu) 透 durchsehen; Raum lassen 1685
suke 助 Hilfe 623
sūkei 崇敬 Verehrung 1424, 705
su(keru) 透 durchscheinen 1685
sukitōru 透き通る durchsichtig sein 1685, 150
sukizuki 好き好き Geschmackssache 104, 104
sūkō 崇高 erhaben 1424, 190

suko(shi) 少 ein wenig, etwas 144
sukoshizutsu 少しずつ nach und nach 144
suko(yaka) 健 gesund 893
su(ku) 好 gern haben, mögen 104
透 durchsichtig sein; e-e Lücke lassen 1685
suku(nai) 少 wenig, gering 144
suku(u) 救 retten, helfen 725
sumai 住まい Wohnung, Adresse 156
sumashigao 澄まし顔 gleichgültige Miene 1334, 277
su(masu) 済 beenden; bezahlen; sich behelfen (mit) 549
澄 klären; aufmerksam zuhören; gleichgültig dreinschauen 1334
su(mau) 住 wohnen, leben 156
sumi 炭 Holzkohle 1344
隅 Winkel, Ecke 1640
墨 Tusche, Tuschstein 1705
Sumida-gawa 隅田川 (Fluß in Tōkyō) 1640, 35, 33
sumidawara 炭俵 Sack für Holzkohle 1344, 1890
sumie 墨絵 Tuschzeichnung 1705, 345
sumigokochi 住み心地 Wohnlichkeit 156, 97, 118
sumikiru 澄み切る ganz klar werden 1334, 39
sūmitsu 枢密 Staatsgeheimnis 1023, 806
sumiwataru 澄み渡る (kristall)klar sein 1334, 378
sumi(yaka) 速 schnell 502
sumizumi 隅々 alle Ecken u. Winkel 1640
sumō 相撲 japan. Ringen 146, 1889
sumōtori 相撲取り Sumō-Ringer 146, 1889, 65
su(mu) 住 wohnen, leben 156
済 enden; bezahlt werden; nicht benötigen 549
澄 klar werden, s. aufklären/hellen 1334
SUN 寸 (Längenmaß, ca. 3 cm) 1894
suna 砂 Sand 1151
sunadokei 砂時計 Sanduhr 1151, 42, 340
sunahama 砂浜 Sandstrand 1151, 785
sundan 寸断 zerreißen 1894, 1024
sunka 寸暇 freier Augenblick 1894, 1064
sunpō 寸法 Maß, Größe; Plan 1894, 123
sunpyō 寸評 kurze Kritik 1894, 1028

sunzen 寸前 unmittelbar vor 1894, 47
sūokunen 数億年 viele Millionen Jahre 225,
  382, 45
surechigau 擦れ違う aneinander
  vorbeigehen 1519, 814
su(reru) 擦 reiben; abnutzen; anspruchsvoll/
  verdorben werden 1519
suribachi すり鉢 (irdener) Mörser 1820
surikizu 擦り傷 Schramme 1519, 633
surinaosu 刷り直す (e. Buch nach
  Fehlerkorrektur) neu drucken 1044, 423
su(ru) 刷 drucken 1044
  擦 reiben 1519
surudo(i) 鋭 scharf 1371
sūseki (no fune) 数隻(の船) mehrere
  (Schiffe) 225, 1311, 376
sushi 寿司 mit Fisch belegte Reisbällchen
  1550, 842
susu(meru) 進 (be)fördern 437
  勧 empfehlen, ermutigen, anbieten 1051
  薦 empfehlen, raten, anbieten 1631
susu(mu) 進 vorwärtsgehen, fortschreiten 437
suta(reru) 廃 außer Gebrauch/Mode
  kommen, veralten; verfallen 961
suta(ru) 廃 außer Gebrauch/Mode kommen,
  veralten; abgeschafft werden; verfallen 961
sutego 捨て子 ausgesetztes Kind 1444, 103
su(teru) 捨 wegwerfen, im Stich lassen,
  verzichten 1444
su(u) 吸 (ein)saugen, lutschen, rauchen 1256
suwa(ru) 座 sich setzen 786
su(waru) 据 sich setzen, sitzen 1832
sūyō 枢要 wichtig 1023, 419
suzu 鈴 kleine Glocke 1822
suzukaze 涼風 kühle/frische Brise 1204, 29
suzuke 酢漬け in Essig eingelegt 1867, 1793
Suzuki 鈴木 (Familienname) 1822, 22
suzu(mu) 涼 sich draußen (an der frischen
  Luft) erfrischen, frische Luft schöpfen 1204
suzumushi 鈴虫 Glockenklang-Insekt 1822,
  873
suzu(shii) 涼 kühl, frisch, erfrischend 1204

– T –

TA 他 ein anderer, etwas anderes 120
  多 viel, viele, groß 229
  太 groß, dick 629

ta 田 Reisfeld 35
  手 Hand 57
taba 束 Bündel 501
tabaneru 束ねる zusammenbinden;
  kontrollieren 501
tabemono 食べ物 Essen, Speise 322, 79
ta(beru) 食 essen, fressen 322
tabesugiru 食べ過ぎる zu viel essen 322, 413
tabi 旅 Reise 222
  度 Mal 377
  足袋 j. Socken (zum Kimono) 58, 1329
tabibito 旅人 Reisender, Wanderer 222, 1
tabidatsu 旅立つ e-e Reise antreten 222, 121
tabisaki 旅先 Reiseziel 222, 50
tabō 多忙 (sehr) beschäftigt 229, 1373
tachi 太刀 langes Schwert 629, 37
tachiagaru 立ち上がる aufstehen 121, 32
tachiba 立ち場 Standpunkt 121, 154
tachibanashi 立ち話 Unterhaltung im Stehen
  121, 238
tachiōjō 立ち往生 Stillstand, Panne 121,
  918, 44
tachisaru 立ち去る verlassen, weggehen
  121, 414
tachiyoru 立ち寄る (kurz) vorbeischauen
  121, 1361
tada(chi ni) 直 sogleich 423
tada(shi) 但 aber, jedoch 1927
tadashigaki 但し書き (schriftlicher)
  Vorbehalt, Bedingung 1927, 131
tada(shii) 正 richtig, gerecht 275
  reigi ~ 礼儀正しい höflich 620, 727, 275
tada(su) 正 berichtigen, verbessern 275
tadayo(u) 漂 (dahin/umher)treiben, schweben
  924
tadōshi 他動詞 transitives Verb 120, 231, 843
taekaneru 堪えかねる nicht ertragen
  können 1913
ta(eru) 絶 aussterben, enden 742
  耐 ertragen, tauglich sein 1415
  堪 aushalten 1913
taeshinobu 堪え忍ぶ geduldig ertragen
  1913, 1414
taga(i) 互 gegenseitig, einander 907
tagaichigai ni 互い違いに abwechselnd
  907, 814
tagaya(su) 耕 (Boden) bestellen 1196

tagenteki 多元的 pluralistisch 229, 137, 210
tahata 田畑 Felder 35, 36
tahenkei 多辺形 Vieleck 229, 775, 395
tahō 他方 andere Seite/Richtung 120, 70
TAI 代 vertreten 256
袋 Sack, Beutel, Tüte 1329
貸 (ver)leihen, vermieten 748
台 Gestell, Ständer; Sockel, Plateau 492
胎 (Mutter)Leib, Gebärmutter, Uterus 1296
怠 faul sein, vernachlässigen 1297
大 groß 26
太 groß, dick 629
退 sich zurückziehen 846
逮 jagen 891
対 gegen, wider 365
耐 ertragen, aushalten, widerstehen 1415
帯 Gürtel, Zone 963
滞 Halt, Aufenthalt 964
体 Körper 61
態 Zustand, Aussehen 387
待 warten, erwarten 452
替 umtauschen 744
隊 Truppe, Gruppe, Abteilung 795
泰 Ruhe, Frieden 1545
taiban 胎盤 Plazenta 1296, 1098
taibatsu 体罰 Prügelstrafe 61, 886
taibō seikatsu 耐乏生活 kümmerliches Leben 1415, 754, 44, 237
taida 怠惰 faul, träge 1297, 1743
taidan 対談 Gespräch 365, 593
taido 態度 Einstellung, Haltung 387, 377
taidō 胎動 Kindesbewegung (im Mutterleib) 1296, 231
taifū 台風 Taifun 492, 29
taiga 大河 Strom 26, 389
taigaku 退学 (vorzeitiger) Abgang/ Verweisung von der Schule 846, 109
taigan 大願 große Bitte, großer Wunsch 26, 581
対岸 gegenüberliegendes Ufer 365, 586
taigū 待遇 Behandlung; Bedienung; Lohn, Bezahlung 452, 1641
taigyō 怠業 Sabotage; Dienst nach Vorschrift 1297, 279
taihai 退廃 Dekadenz, Verfall 846, 961
taihan 大半 der größte Teil, Mehrzahl 26, 88
taihei 泰平 Friede, Ruhe 1545, 202

Taiheiyō 太平洋 Pazifischer Ozean 629, 202, 289
taihi 対比 Gegensatz, Vergleich 365, 798
taiho 逮捕 festnehmen, verhaften 891, 890
taihō 大砲 Kanone 26, 1764
taihojō 逮捕状 Haftbefehl 891, 890, 626
taii 大尉 Hauptmann 26, 1617
taiiku 体育 Leibeserziehung, Sport, Gymnastik 61, 246
taiin 退院 aus dem Krankenhaus entlassen werden 846, 614
taiji 胎児 Embryo, Fötus 1296, 1217
taijin 退陣 Rückzug 846, 1404
taijū 体重 (Körper)Gewicht 61, 227
taika 耐火 feuerfest 1415, 20
taikai 大海 Meer, Ozean 26, 117
大会 große Versammlung, Sportfest 26, 158
gorin ~ 五輪大会 Olympische Spiele 7, 1164, 26, 158
taikei 体系 System 61, 908
taiken 体験 Erlebnis 61, 532
taiketsu 対決 Auseinandersetzung 365, 356
taiki osen 大気汚染 Luftverschmutzung 26, 134, 693, 779
taikin 大金 viel Geld 26, 23
taiko 太古 (ur)alte Zeit, Vorzeit 629, 172
太鼓 Trommel 629, 1147
taikō 対抗 Widerstand 365, 824
taikoku 大国 Großmacht 26, 40
taikutsu 退屈 langweilig, eintönig 846, 1802
taikyaku 退却 Rückzug 846, 1783
taikyū 耐久 Haltbarkeit, Dauer- 1415, 1210
taima 大麻 Hanf 26, 1529
taimai 大枚 eine große Geldsumme 26, 1156
taiman 怠慢 Nach-/Fahrlässigkeit 1297, 1410
taimen 対面 Begegnung, Treffen 365, 274
taimō 大望 großer Wunsch, Ehrgeiz 26, 673
tainai 体内 das Innere des Körpers 61, 84
tainetsu 耐熱 hitzebeständig 1415, 645
tainō 滞納 mit der Zahlung im Rückstand sein 964, 758
taion 体温 Körpertemperatur 61, 634
tai(ra) 平 eben, flach 202
tairiku 大陸 Kontinent, Festland 26, 647
tairikudana 大陸棚 Kontinentalsockel 26, 647, 1908
tairitsu 対立 Gegensatz 365, 121

tairyō 大量 große Menge 26, 411
~ seisan 大量生産 Massenproduktion 26, 411, 44, 278
tairyoku 体力 Körperkraft 61, 100
taisa 大佐 Oberst; Kapitän zur See 26, 1744
taisaku 対策 (Gegen)Maßnahme 365, 880
taisei 大勢 allgemeine Lage/Tendenz 26, 646
泰西 Abendland, der Westen 1545, 72
~ meiga 泰西名画 Meisterwerke der abendländ. Malerei 1545, 72, 82, 343
Taiseiyō 大西洋 der Atlantische Ozean 26, 72, 289
taisetsu 大切 wichtig 26, 39
taisha 代謝 Stoffwechsel 256, 901
  shinchin ~ 新陳代謝 Stoffwechsel, Erneuerung 174, 1405, 256, 901
  大赦 Amnestie 26, 1570
  Izumo ~ 出雲大社 Izumo-Tempel (in der Präfektur Shimane) 53, 636, 26, 308
taishaku 貸借 Soll u. Haben; leihen u. verleihen 748, 766
taishi 大使 Botschafter 26, 331
taisho 大暑 große Hitze 26, 638
  対処 (e-e Frage) behandeln, Maßnahmen ergreifen 365, 1137
taishō 大将 General, (An)Führer 26, 627
  対象 Gegenstand, Objekt 365, 739
  対称 Symmetrie 365, 978
  対照 Kontrast, Gegensatz, Vergleich 365, 998
  大詔 kaiserl. Erlaß 26, 1885
taishoku 退職 Rücktritt, Pensionierung, Entlassung 846, 385
taishū bungaku 大衆文学 Unterhaltungs-literatur 26, 792, 111, 109
taisō 体操 Turnen, Leibesübung(en), Gymnastik 61, 1655
taitei 大抵 meistens, in der Regel 26, 560
  Kāru ~ カール大帝 (Kaiser) Karl der Große 26, 1179
taitō 大刀 langes Schwert 26, 37
taiwa 対話 Gespräch, Dialog 365, 238
Taiwan 台湾 Taiwan, Formosa 492, 670
taiya 逮夜 Vorabend des ersten Todestages 891, 471
taiyo 貸与 (ver/aus)leihen 748, 539
taiyō 大洋 Ozean, Weltmeer 26, 289
  太陽 Sonne 629, 630

taiyōreki 太陽暦 Sonnenkalender 629, 630, 1534
taizai 滞在 Aufenthalt 964, 268
taizen jijaku 泰然自若 Unerschütterlichkeit 1545, 651, 62, 544
taka 高 Menge, Betrag 190
  多寡 Quantität; (An)Zahl; Betrag 229, 1851
takadai 高台 Erhöhung, Anhöhe 190, 492
taka(i) 高 hoch; teuer 190
taka(maru) 高 steigen, zunehmen 190
taka(meru) 高 erhöhen 190
takara 宝 Schatz 296
takaramono 宝物 Schatz, Kostbarkeit 296, 79
take 竹 Bambus 129
  丈 Statur, (Körper)Größe 1325
  岳 Berg, Bergspitze 1358
~ no tsue 竹のつえ Bambusstab 129
takebayashi 竹林 Bambushain 129, 127
takegaki 竹垣 Bambuszaun 129, 1276
takeuma 竹馬 Stelzen 129, 283
takeyabu 竹やぶ Gruppe von Bambussträuchern 129
takezutsu 竹筒 Bambusrohr 129, 1472
taki 滝 Wasserfall 1759
  Kegon no ~ 華厳の滝 (Wasserfall in der Nähe von Nikkō) 1074, 822, 1759
takidashi 炊き出し Lebensmittelausgabe (an Bedürftige) 1791, 53
takigi 薪 (Brenn)Holz 1910
takiguchi 滝口 Beginn/oberes Ende e-s Wasserfalls 1759, 54
takinobori 滝登り e-n Wasserfall hinaufschwimmen (Lachse) 1759, 960
takitsubo 滝つぼ Bassin unter e-m Wasserfall 1759
takkyū 卓球 Tischtennis 1679, 726
takō 多孔 porös 229, 940
takoku 他国 andere/fremde Länder 120, 40
TAKU 沢 Sumpf, Morast 994
  択 (Aus)Wahl 993
  宅 Haus, Heim, Wohnung 178
  託 anvertrauen, betrauen, beauftragen 1636
  度 Grad, Maß, Grenze; Mal 377
  濯 waschen, spülen 1561
  卓 Tisch; herausragen 1679
  拓 Landgewinnung, Urbarmachung 1833

ta(ku) 炊 verbrennen; Feuer anzünden; kochen 1791

takuchi 宅地 Bauland, Grundstück 178, 118

takuetsu 卓越 vortrefflich sein, überlegen sein 1679, 1001

takuhon 拓本 Abdruck, Durchdruck (Inschrift, Bild) 1833, 25

takujisho 託児所 Kinderhort, Kinderkrippe 1636, 1217, 153

takujō 卓上 auf dem Tisch, Tisch- 1679, 32

taku(mi) 巧 Geschicklichkeit 1627

takusen 託宣 Orakel 1636, 625

takushoku 拓殖 Kolonisierung, Bebauung, Besiedlung 1833, 1506

takuwa(eru) 蓄 sparen, speichern 1224

tama 玉 Edelstein, Juwel; Kugel, Ball 295
球 Ball, Kugel 726
霊 Seele, Geist 1168
弾 Kugel, Geschoß 1539
shōchū no ~ 掌中の玉 geliebtes Kind, Schatz, Augapfel, Juwel 499, 28, 295

tamago 玉子 Ei 295, 103
卵 Ei 1058

~ no kara 卵の殻 Eierschale 1058, 1728

tamagogata 卵形 eiförmig, oval 1058, 395

tamashii 魂 Seele, Geist 1525

tamawa(ru) 賜 schenken (Kaiser) 1831

tamenaosu 矯め直す korrigieren, abstellen 1925, 423

ta(meru) 矯 geradebiegen, verbessern, abstellen 1925

tame(su) 試 versuchen, probieren 526

tami 民 Volk, Nation 177

tamo(tsu) 保 halten, behalten, bewahren 489

TAN 担 auf den Schultern tragen; (j-n) wählen; (j-n) reinlegen 1274
胆 Gallenblase; Mut 1273
壇 Podium, (Redner)Tribüne 1839
淡 hell, schwach, matt, flüchtig 1337
炭 Holzkohle 1344
短 kurz 215
単 eins, einfach 300
反 (Maßeinheit für Land/Kleiderstoff) 324
探 tasten, suchen 535
丹 rot 1093
誕 Geburt 1116
嘆 (be)klagen, jammern, trauern 1246
端 korrekt, richtig; Ende, Spitze 1418
鍛 härten, schmieden; (ab)härten, üben, trainieren 1817

tana 棚 Regal, Wandbrett 1908

tanaage 棚上げ beiseitelegen 1908, 32

tanabata 七夕 Sternenfest (7. Juli/August) 9, 81

Tanaka 田中 (Familienname) 35, 28

~ Akira sama 田中明様 Herr(n) Akira Tanaka 35, 28, 18, 403

Tanaka-kun 田中君 (Herr) Tanaka 35, 28, 793

tanaoroshi 棚卸 Inventur 1908, 707

tanbō 探訪 Erkundigung 535, 1181

tanchi 探知 Aufdeckung 535, 214

tandai 短大 zweijährige Hochschule (Abk. f. 短期大学 tanki daigaku) 215, 26

tandoku 単独 allein, einzeln 300, 219

tane 種 Samen, Saat; Grund, Anlaß 228
fuan no ~ 不安の種 Grund der Besorgnis 94, 105, 228

tangan 嘆願 Gesuch, inständige Bitte 1246, 581

tango 単語 Wort, Vokabel 300, 67

tani 谷 Tal 653

tan'i 単位 Einheit 300, 122

tanigawa 谷川 Fluß/Bach in e-m Tal 653, 33

Tanigawa-dake 谷川岳 (Berg ca. 150 km nördl. von Tōkyō) 653, 33, 1358

tanima 谷間 Tal 653, 43

tanin 他人 andere/fremde Leute 120, 1

tanisoko 谷底 Grund e-s Tals/e-r Schlucht 653, 562

tan'itsu 単一 einzig, einfach 300, 2

tanjō 誕生 Geburt 1116, 44

tanjōbi 誕生日 Geburtstag 1116, 44, 5

tanjōiwai 誕生祝い Geburtstagsfeier 1116, 44, 851

tanjū 短銃 Pistole, Revolver 215, 829

tanjun 単純 einfach, schlicht 300, 965

tanka 短歌 31silbiges j. Gedicht 215, 392
単価 Stückpreis 300, 421

tanken 探検 Erforschung, Expedition 535, 531
探険 Erforschung, Expedition 535, 533
短剣 Kurzschwert, Dolch 215, 879

tankentai 探検隊 Expedition(sgruppe/strupp) 535, 531, 795

tanki 短気 heftiges Temperament, Jähzorn 215, 134

~ daigaku 短期大学 zweijährige Hochschule 215, 449, 26, 109

tankō 炭坑 Kohlebergwerk 1344, 1613
鍛工 Schmied 1817, 139

tankyori 短距離 kurze Strecke/Entfernung 215, 1294, 1281

tankyū 探求 Suchen, Nachforschung 535, 724
探究 Forschung, Erforschung 535, 895

tanmei 短命 das kurze Leben; von kurzer Dauer 215, 578

tannen 丹念 große Sorgfalt, Eifer 1093, 579

tannin 担任 verantwortl. Leitung 1274, 334

tano(moshii) 頼 zuverlässig 1512

tano(mu) 頼 bitten; beauftragen 1512

tano(shii) 楽 froh, erfreulich 358

tano(shimu) 楽 sich freuen, genießen 358

tanpa 短波 Kurzwelle 215, 666

tanpen shōsetsu 短編小説 Novelle, Kurzgeschichte 215, 682, 27, 400

tanpo 担保 Pfand 1274, 489

tanrei 端麗 Grazie, Anmut 1418, 1630

tanren 鍛錬 schmieden; abhärten; üben, trainieren 1817, 1816

tanryoku 胆力 Schneid, Mut 1273, 100

tansai 淡彩 hellfarbig 1337, 932

tansaibō 単細胞 eine (einzelne) Zelle, einzellig 300, 695, 1284

tansaku 探索 Suchen, Untersuchung, Nachforschung 535, 1059

tansan 炭酸 Kohlensäure 1344, 516

tansei 丹精 Aufrichtigkeit; Anstrengung, Fleiß 1093, 659
丹誠 Aufrichtigkeit; Anstrengung, Fleiß 1093, 718

tanseki 胆石 Gallenstein 1273, 78

tanshin 短針 Stundenzeiger 215, 341

tansho 短所 Schwäche, Fehler 215, 153

tanshuku 短縮 (Ver)Kürzung 215, 1110

tanso 炭素 Kohlenstoff 1344, 271

tansoku 嘆息 Seufzer; Klage 1246, 1242

tansū 単数 Einzahl, Singular 300, 225

tansui 淡水 Süßwasser 1337, 21

tantei 探偵 Detektiv 535, 1928

~ shōsetsu 探偵小説 Kriminalroman 535, 1928, 27, 400

tantō 短刀 Kurzschwert, Dolch 215, 37
担当 Zuständigkeit, Verantwortlichkeit 1274, 77

tanzaku 短冊 Papierstreifen zum Aufschreiben e-s Gedichts 215, 1158

tanzen 丹前 wattierter Herrenkimono (für Hausgebrauch) 1093, 47

tao(reru) 倒 (um)fallen, zusammenbrechen 905

tao(su) 倒 (um)werfen/stürzen 905

ta(rasu) 垂 gießen; verschütten; aufhängen; herabhängen lassen 1070

ta(reru) 垂 fallen, tropfen; (herab)hängen lassen 1070

ta(riru) 足 genügen, ausreichen 58

Tarō 太郎 (männl. Vorname) 629, 980
  Urashima ~ 浦島太郎 (Märchengestalt) 1442, 286, 629, 980

ta(ru) 足 genügen, ausreichen 58

tasai 多才 vielseitig begabt 229, 551
多彩 vielfarbig, bunt 229, 932

tasen 他薦 Empfehlung (durch andere) 120, 1631

tashi(ka) 確 sicher 603

tashi(kameru) 確 sich vergewissern 603

tashō 多少 viel oder wenig, mehr oder weniger 229, 144

tasō 多層 vielschichtig 229, 1367

tassei 達成 erreichen 448, 261

ta(su) 足 hinzufügen, addieren 58

tasū 多数 große Menge, Mehrheit 229, 225

tasu(karu) 助 gerettet werden, sich retten 623

tasukeau 助け合う einander/sich gegenseitig helfen 623, 159

tasu(keru) 助 helfen, retten 623

tataka(u) 戦 kämpfen 301
闘 kämpfen 1511

tatami 畳 Tatami 1087

tatamigae 畳替え Auswechseln von Tatami 1087, 744

tatami-omote 畳表 Oberfläche der Tatami 1087, 272

tatamiya 畳屋 Tatami-Geschäft 1087, 167

tata(mu) 畳 falten, zusammenfalten, zusammenklappen 1087

tate 盾 (der) Schild 772
縦 Länge, Höhe; senkrecht 1483

tategoto たて琴 Harfe 1251

tatemae 建て前 Richtfest; Prinzip, Grundsatz 892, 47

tatematsu(ru) 奉 darbringen, opfern, verehren 1541

tatemono 建物 Gebäude 892, 79

ta(teru) 立 aufstellen, errichten 121
建 bauen 892

tatetsubo 建坪 Bau-/Grundfläche 892, 1896

tateyoko 縦横 Länge u. Breite 1483, 781

tato(eru) 例 vergleichen 612

TATSU 達 erreichen, ankommen 448

tatsu 竜 Drache 1758

ta(tsu) 立 (auf)stehen 121
絶 abschneiden, unterbrechen; ausrotten 742
建 errichtet werden 892
断 abschneiden 1024
裁 (Kleider) zuschneiden 1123

tatsujin 達人 Meister 448, 1

tatsumaki 竜巻 Wasser-/Windhose 1758, 507

tatto(bu) 尊 hochschätzen, verehren 704
貴 (ab)schätzen, bewerten 1171

tatto(i) 尊 wertvoll, teuer, edel, vornehm 704
貴 wertvoll 1171

taue 田植え Pflanzen des Reises 35, 424

tawamu(reru) 戯 spielen, scherzen, flirten 1573

tawara 俵 Strohsack 1890

ta(yasu) 絶 vernichten, ausrotten 742

tayo(ri) 便 Nachricht, Brief 330

tayo(ru) 頼 sich verlassen (auf) 1512

tazuna 手綱 Zügel 57, 1609

tazunebito 尋ね人 vermißte/gesuchte Person 1082, 1

tazu(neru) 尋 suchen, fragen 1082

tazu(neru) 訪 besuchen 1181

tazusa(eru) 携 (in der Hand) tragen; mit sich nehmen; bei sich haben 1686

tazusa(waru) 携 sich beschäftigen (mit), teilnehmen (an) 1686

te 手 Hand 57
mizukara no ~ de 自らの手で mit eigenen Händen 62, 57

teami 手編み Stricken/Häkeln mit der Hand, Handgestricktes 57, 682

tearai 手洗い Waschraum, Toilette 57, 692

teashi 手足 Hände und Füße, Glieder 57, 58

teate 手当て Lohn, Zulage, Zuschuß; ärztliche Behandlung 57, 77

tebayai 手早い flink, behend 57, 248

tebikae 手控え Notiz, Aufzeichnung; Zurückhalten 57, 1718

tebukuro 手袋 Handschuh 57, 1329

techō 手帳 Notizbuch 57, 1107

tefūkin 手風琴 Akkordeon 57, 29, 1251

tegami 手紙 Brief 57, 180

tegaru 手軽 einfach, leichten Herzens, sorglos, heiter 57, 547

tegata 手形 Wechsel, Scheck 57, 395

tegatai 手堅い solide, fest, zuverlässig 57, 1289

tehon 手本 Muster, Vorlage 57, 25

TEI 丁 Nr. 4 (in e-r Reihe), D; T-Form 184
亭 Restaurant, Pavillon, Laube 1184
訂 Berichtigung, Korrektur 1019
停 (an)halten 1185
低 niedrig 561
邸 herrschaftliches Haus, Residenz 563
抵 Widerstand leisten 560
底 Boden, Grund 562
廷 kaiserl. Hof, Behörde 1111
庭 Garten 1112
艇 kleines Schiff, Boot 1666
定 festsetzen, entscheiden 355
堤 Damm, Deich 1592
提 präsentieren, vorlegen 628
貞 Keuschheit, Tugend, Beständigkeit 1681
偵 auskundschaften 1928
呈 schenken, anbieten 1590
程 Maß, Ausmaß, Grad 417
帝 Kaiser 1179
締 zubinden, festschnüren 1180
体 Körper 61
弟 jüngerer Bruder 405
逓 abwechseln, übermitteln 1937

teian 提案 Vorschlag, Antrag 628, 106

teibō 堤防 Deich, Damm 1592, 513

teido 程度 Grad, Stufe, Umfang, Ausmaß 417, 377

teien 庭園 Garten 1112, 447

teigen 逓減 stufenweise Reduzierung, Abnahme 1937, 715

teigi 提議 Vorschlag, Antrag 628, 292

teijiro 丁字路 T-förmige Straßengabelung 184, 110, 151

teika 定価 Listenpreis, fester Preis 355, 421

teikan 定款 Satzung, Statut 355, 1727

teikei 提携 im Einverständnis (mit j-m) handeln 628, 1686

teiketsu 貞潔 keusch, rein 1681, 1241
  jōyaku no ~ 条約の締結 Vertragsabschluß 564, 211, 1180, 485

teiki 定期 bestimmte Zeit(dauer) 355, 449

teikiken 定期券 Zeitkarte 355, 449, 506

teiko 艇庫 Bootshaus 1666, 825

teikō 抵抗 Widerstand, Opposition 560, 824

teikoku 帝国 Kaiserreich, Imperium 1179, 40

~ shugi 帝国主義 Imperialismus 1179, 40, 155, 291

teikyō 提供 Angebot 628, 197

teikyū 庭球 Tennis 1112, 726

teimai 弟妹 jüngere Geschwister 405, 408

teimei 低迷 tief hängen; e-n Tiefstand erreichen 561, 967

teinai 邸内 Grundstück, Hof 563, 84

teinei 丁寧 höflich; sorgfältig, gewissenhaft 184, 1412

teinen 丁年 Mündigkeit 184, 45

teinō 低能 Geistesschwäche 561, 386

teiryūjo 停留所 Haltestelle 1185, 761, 153

teisatsu 偵察 auskundschaften 1928, 619

teisei 訂正 Korrektur 1019, 275
  帝政 kaiserliche Regierung, Imperialismus 1179, 483

teiseichō 低成長 geringes Wachstum 561, 261, 95

teisetsu 貞節 weibliche Treue 1681, 464

teishi 停止 Einstellung; (völliger) Stillstand 1185, 477

teishin 廷臣 Hofmann, Höfling 1111, 835
  艇身 Bootslänge 1666, 59
  逓信 Post-, Fernmelde- u. Transportwesen 1937, 157

teishō 提唱 Erörterung, Vorlesung; Vorschlag; Befürwortung 628, 1646

teishoku 定食 Menü, Gedeck 355, 322
  抵触 Widerspruch 560, 874

teishotoku 低所得 niedriges Einkommen 561, 153, 374

teishu 亭主 Hausherr, Gastgeber; Gastwirt;

Ehemann 1184, 155

teishuku 貞淑 weibliche Treue 1681, 1668

teishutsu 提出 Antrag, Vorlage 628, 53

teiso 提訴 Klage einreichen 628, 1402

teisō 貞操 weibliche Treue/Keuschheit 1681, 1655
  逓送 Beförderung, Sendung 1937, 441

teisoshiki 定礎式 Grundsteinlegung 355, 1515, 525

teitai 停滞 Stockung, Anhäufung 1185, 964

teitaku 邸宅 Schloß, Residenz 563, 178

teitō 抵当 Pfand; Hypothek 560, 77

teizō 逓増 sukzessive Zunahme, Anwachsen 1937, 712

tejō 手錠 Handschellen 57, 1818

tekagami 手鏡 Handspiegel 57, 863

TEKI 適 passen, geeignet sein 415
  滴 Tropfen 1446
  摘 pflücken 1447
  敵 Feind, Gegner, Konkurrent 416
  的 (Attributivsuffix) 210
  笛 Flöte, Pfeife 1471

tekido 適度 mäßig, gemäßigt 415, 377

tekigi 適宜 geeignet, passend 415, 1086

tekigō 適合 Übereinstimmung, Anpassung 415, 159

tekigun 敵軍 feindliche Truppen 416, 438

tekihatsu 摘発 Aufdeckung 1447, 96

tekii 敵意 feindliche Gesinnung, Feindschaft, Animosität 416, 132

tekika 滴下 (herunter)tropfen 1446, 31

tekirui 敵塁 feindliche Stellung 416, 1694

tekisetsu 適切 passend, treffend 415, 39

tekishutsu 摘出 herausnehmen; auswählen; enthüllen 1447, 53

tekitai 敵対 feindlich 416, 365

tekitō 適当 geeignet, passend 415, 77

tekiyō 適用 Anwendung 415, 107
  摘要 Zusammenfassung (der wichtigsten Punkte) 1447, 419

tekkai 撤回 zurückziehen, zurücknehmen 1423, 90

tekkan 鉄管 Eisenrohr 312, 328

tekkō 鉄鉱 Eisenerz 312, 1604

tekkotsu 鉄骨 Stahlbau 312, 1266

tekkyo 撤去 zurückziehen, räumen; abbrechen 1423, 414

tekkyō 鉄橋 Eisenbrücke; Eisenbahnbrücke 312, 597

tekubi 手首 Handgelenk 57, 148

temaneki 手招き mit der Hand winken, heranwinken 57, 455

TEN 店 Geschäft, Laden 168

点 Punkt 169

天 Himmel 141

添 hinzufügen, beilegen 1433

展 ausbreiten 1129

殿 Halle, Palast; Herr 1130

典 Gesetzbuch, Zeremonie 367

転 (sich) rollen, (hin)fallen 433

dohatsu ~ o tsuku 怒髪天を突く vor Wut kochen 1596, 1148, 141, 898

tenbatsu 天罰 Gottesstrafe 141, 886

tenbōdai 展望台 Aussichtsplattform 1129, 673, 492

tengai 天涯 Horizont; entferntes Land 141, 1461

tengoku 天国 Paradies 141, 40

tenimotsu 手荷物 Handgepäck 57, 391, 79

~ ichiji azukari(sho/jo) 手荷物一時預かり (所) Handgepäckaufbewahrung(sstelle) 57, 391, 79, 2, 42, 394, 153

ten'i-muhō 天衣無縫 makellos, natürlich 141, 677, 93, 1349

ten'in 店員 Verkäufer, Angestellter 168, 163

tenji 点字 Blindenschrift 169, 110

tenji(kai) 展示(会) Ausstellung 1129, 615, 158

tenjō 天井 (Zimmer)Decke; oberste Spitze 141, 1193

tenjōin 添乗員 Reiseführer 1433, 523, 163

tenju 天寿 natürliche Lebensdauer 141, 1550

tenka 点火 anzünden, entzünden 169, 20

添加 Hinzufügung, Zusatz 1433, 709

転嫁 Wiederheirat; Beschuldigung 433, 1749

tenkan 転換 Umstellung; Wendung; Ablenkung 433, 1586

tenkei 天恵 Himmels-/ Naturgabe 141, 1219

天啓 göttliche Offenbarung 141, 1398

tenken 点検 Inspektion 169, 531

tenki 天気 Wetter 141, 134

~ yohō 天気予報 Wettervorhersage 141, 134, 393, 685

tenkin 転勤 Versetzung 433, 559

tenko 点呼 Apell 169, 1254

tenkō 天候 Wetter 141, 944

tenmondai 天文台 Sternwarte, Observatorium 141, 111, 492

tenmongaku 天文学 Astronomie 141, 111, 109

tennen 天然 Natur- 141, 651

~ kajū 天然果汁 Naturfruchtsaft 141, 651, 487, 1794

tennentō 天然痘 Pocken 141, 651, 1942

tennin 転任 Versetzung 433, 334

tennō 天皇 der (japan.) Kaiser 141, 297

~ heika 天皇陛下 S. M. der Kaiser (von J.) 141, 297, 589, 31

tenpo 店舗 Laden 168, 1443

tenpu 添付 Beilage, Anlage 1433, 192

天賦 Naturell, Begabung 141, 1808

tenpuku 転覆 Sturz, Umsturz 433, 1634

tenraku 転落 Fall, Sturz 433, 839

tenrankai 展覧会 Ausstellung 1129, 1291, 158

tensai 天才 Genie 141, 551

天災 Naturkatastrophe 141, 1335

tensaku 添削 Korrektur 1433, 1611

tensei 天性 Veranlagung, Natur 141, 98

tenshaku 転借 Untermiete 433, 766

tenshi 天使 Engel 141, 331

tenson 天孫 von göttlicher Abstammung 141, 910

tenteki 点滴 (Wasser/Regen)Tropfen; Tropfinjektion 169, 1446

teppai 撤廃 abschaffen 1423, 961

teppei 撤兵 Truppenrückzug 1423, 784

teppō 鉄砲 Gewehr 312, 1764

tera 寺 Tempel 41

te(rasu) 照 scheinen (auf), beleuchten 998

te(reru) 照 sich schämen 998

te(ru) 照 scheinen (Sonne) 998

tesshō 徹宵 die ganze Nacht hindurch 1422, 1854

tesū 手数 Bemühung, Mühe 57, 225

tesūryō 手数料 Gebühr, Provision 57, 225, 319

TETSU 徹 durchdringen 1422

撤 zurückziehen, abbrechen 1423

鉄 Eisen 312

迭 Abwechslung, Wechsel 1507

哲 Weisheit 1397

tetsubin 鉄瓶 eiserner Wasserkessel 312, 1161

tetsubō 鉄棒 Eisenstange; Reck 312, 1543

tetsudai 手伝い Hilfe 57, 434

tetsudō 鉄道 Eisenbahn 312, 149

　kyōki ~ 狭軌鉄道 Schmalspurbahn 1353, 1787, 312, 149

tetsugaku 哲学 Philosophie 1397, 109

tetsugakusha 哲学者 Philosoph 1397, 109, 164

tetsujin 哲人 Weiser, Philosoph 1397, 1

tetsukabuto 鉄かぶと Stahlhelm 312

tetsuya 徹夜 (Nacht) durchwachen/ aufbleiben 1422, 471

tetsuzuki 手続き Verfahren, Prozedur, Formalität 57, 243

tettai 撤退 (sich) zurückziehen 1423, 846

tetteiteki 徹底的 gründlich 1422, 562, 210

tettō-tetsubi 徹頭徹尾 vollkommen; durch und durch 1422, 276, 1422, 1868

tewatasu 手渡す übergeben 57, 378

tezukuri 手作り handgefertigt 57, 360
　手造り handgemacht, handgearbeitet 57, 691

TO 土 Erde, Boden, Grund 24

吐 ausspucken, von sich geben 1253

度 Grad, Maß, Grenze; Mal 377

渡 überschreiten 378

登 klettern auf, besteigen 960

頭 Kopf, Haupt, Meister 276

途 Straße, Weg 1072

塗 malen, anstreichen 1073

斗 (Hohlmaß, 18 l) 1899

図 planen 339

都 Hauptstadt 188

徒 zu Fuß; Begleiter; leer, nutzlos 430

to 戸 Tür 152

十 zehn 12

TŌ 豆 Bohnen; (Präfix:) Miniatur- 958

登 klettern auf, besteigen 960

痘 Pocken 1942

頭 Kopf, Haupt, Meister 276

闘 kämpfen 1511

東 Osten 71

凍 gefrieren, zufrieren 1205

棟 Dachfirst 1406

塔 Turm 1840

搭 einsteigen, besteigen; verfrachten 1915

答 Antwort 160

逃 fliehen 1566

桃 Pfirsich 1567

到 ankommen, erreichen 904

倒 (um)fallen, zusammenbrechen 905

唐 T'ang-Dynastie (618–907) 1697

糖 Zucker 1698

謄 Kopie 1779

騰 (Preis)Anstieg 1780

刀 Schwert, Messer 37

当 treffen, zutreffen 77

道 Straße, Weg, Pfad; Tao 149

読 lesen 244

島 Insel 286

冬 Winter 459

党 Partei 495

等 Klasse, Grad; Gleichheit; usw. 569

湯 heißes Wasser 632

納 zahlen; liefern; annehmen 758

統 beherrschen, kontrollieren 830

討 angreifen, bekämpfen 1018

投 werfen, schmeißen 1021

盗 stehlen 1100

稲 Reispflanze 1220

灯 Licht, Lampe 1333

筒 Rohr, Röhre 1472

踏 treten 1559

陶 Töpferware, Porzellan 1650

悼 (be)trauern, (be)klagen, jammern 1680

透 durchsichtig sein; e-e Lücke lassen 1685

gojū no ~ 五重の塔 fünfstöckige Pagode 7, 227, 1840

zōge no ~ 象げの塔 Elfenbeinturm 739, 1840

tō 十 zehn 12

~ en 十円 10 Yen 12, 13

Tōa 東亜 Ostasien 71, 1616

tōan 答案 Antworten; Prüfungs-/ Examensarbeit 160, 106

tōasa 遠浅 flacher Strand 446, 649

tōba 塔婆 Stupa, (schmale hölzerne) Grabtafel 1840, 1931

to(basu) 飛 fliegen lassen 530

tōbatsu 討伐 Unterwerfung 1018, 1509

tōben 答弁 Antwort, Erwiderung 160, 711

tobiagaru 跳び上がる aufspringen 1563, 32

tobihaneru 飛び跳ねる auf- u. nieder-springen 530, 1563

tobihi 飛び火 überspringender/sprühender Funke 530, 20

tobiishi 飛び石 Trittstein 530, 78

tobioriru 飛び降りる abspringen, herunterspringen 530, 947

tobira 扉 Tür; Titelblatt 1556

tōbō 逃亡 Flucht; Fahnenflucht 1566, 672

tobo(shii) 乏 unzureichend, knapp 754

to(bu) 飛 fliegen 530
跳 springen, hüpfen 1563

tōbun 当分 vorläufig 77, 38
糖分 Zuckergehalt 1698, 38

tōbyō 痘苗 Impfstoff 1942, 1468

tōchaku 到着 Ankunft 904, 657

tochi 土地 Land, Boden 24, 118

tōchi 統治 Herrschaft, Regierung 830, 493

tochū 途中 unterwegs 1072, 28

todaeru 途絶える aufhören, enden 1072, 742

Tōdai 東大 Universität Tōkyō (Abk. f. 東京大学 Tōkyō Daigaku) 71, 26

tōdai 灯台 Leuchtturm 1333, 492

todana 戸棚 Schrank 152, 1908

to-dō-fu-ken 都道府県 die (j.) Präfekturen 188, 149, 504, 194

todo(keru) 届 benachrichtigen, melden; senden, schicken 992

todokesaki 届け先 Bestimmungsort, Empfänger 992, 50

todokō(ru) 滞 stocken, sich verzögern, im Rückstand sein 964

todo(ku) 届 erreichen, ankommen 992

tōei 投影 Projektion 1021, 854

tōeki 当駅 dieser Bahnhof 77, 284

tofu 塗布 (Salbe) auftragen 1073, 675

tōfu 豆腐 Tofu, Bohnengallerte 958, 1245

tōgai jinbutsu 当該人物 die betreffende Person 77, 1213, 1, 79

~ kanchō 当該官庁 betr./zuständige Behörde 77, 1213, 326, 763

tōge 峠 (Berg)Paß 1351

~ o kosu 峠を越す e-n Paß überqueren 1351, 1001

Jikkoku ~ 十国峠 (Paß in Hakone) 12, 40, 1351

tōgei 陶芸 Keramik(kunst/handwerk) 1650, 435

tōgemichi 峠道 Paßweg/straße 1351, 149

Tōgenkyō 桃源郷/境 Arkadien, Eden, (irdisches) Paradies 1567, 580, 855, 864

to(geru) 遂 erreichen, vollbringen 1133

tōgi 討議 Diskussion, Debatte 1018, 292

to(gu) 研 schärfen; polieren; (Reis) waschen 896

toguchi 戸口 Türeingang 152, 54

tōha 党派 Partei, Gruppe 495, 912

tōheki 盗癖 Kleptomanie 1100, 1490

tōhin 盗品 Diebesgut 1100, 230

tōhō 東方 östliche Richtung, Osten 71, 70

Tōhoku 東北 (nördl. Teil von Honshū) 71, 73

tōhon 謄本 Abschrift, Kopie 1779, 25

tōhyō 投票 Abstimmung 1021, 922

to(i) 問 Frage, Problem 162

tō(i) 遠 weit, fern, entfernt 446

toiawaseru 問い合わせる sich erkundigen, anfragen 162, 159

toiki 吐息 Seufzer 1253, 1242

tōin 頭韻 Stabreim, Alliteration 276, 349
党員 Parteimitglied 495, 163

toitadasu 問いただす be-/erfragen 162

tōitsu 統一 Einheit, Vereinigung 830, 2

tōji 当時 zur Zeit; damals 77, 42
湯治 Badekur 632, 493
統治 Herrschaft, Regierung 830, 493
悼辞 Gedenkrede 1680, 688

tōjiki 陶磁器 Keramik u. Porzellan 1650, 1548, 527

to(jiru) 閉 schließen, zuschließen 397

tōjō 登場 (Bühnen)Auftritt 960, 154
搭乗 einsteigen, an Bord gehen 1915, 523

tōjōken 搭乗券 Fahrkarte, Flugschein 1915, 523, 506

tōka 十日 10 Tage; 10. (e-s Monats) 12, 5
灯火 (Lampen)Licht 1333, 20

tokai 都会 Stadt 188, 158

tōkaku 倒閣 e-e Regierung stürzen 905, 837

to(kasu) 解 kämmen 474
溶 (auf)lösen, schmelzen 1392

tōkatsu 統轄 Oberaufsicht, Verwaltung 830, 1186

tokei 時計 Uhr 42, 340

tōkei 統計 Statistik 830, 340

tōken 刀剣 Hiebwaffen, Schwerter 37, 879

to(keru) 解 sich lösen 474
溶 schmelzen, sich (auf)lösen 1392

toketsu 吐血 Blut spucken 1253, 789

tōketsu 凍結 Einfrieren (Kredit); Zufrieren 1205, 485

toki 時 Zeit; Stunde 42

  hima na ~ 暇な時 in der Freizeit 1064, 42

tōki 登記 Eintragung, Registrierung 960, 371

  投機 Spekulation (Aktien/Boden) 1021, 528

  陶器 Keramik, Porzellan 1650, 527

  騰貴 Preissteigerung 1780, 1171

  bukka ~ 物価騰貴 Preissteigerung 79, 421, 1780, 1171

tokidoki 時々 manchmal 42

tokkan 突貫 Sturmangriff; Schnellverfahren, rasche Durchführung 898, 914

tokken 特権 Sonderrecht, Privileg 282, 335

tokkō 篤行 gute Tat 1883, 68

tokkyo 特許 Patent 282, 737

tokkyo-hō 特許法 Patentgesetz/recht 282, 737, 123

tokkyū 特急 Schnellzug 282, 303

toko 床 Bett; Fußboden 826

toko- 常 ewig 497

tōkō 投稿 Beitrag (für eine Zeitschrift) 1021, 1120

  陶工 Töpfer 1650, 139

tokonoma 床の間 (traditionelle japan. Zimmer)Nische 826, 43

tokoro 所 Ort, Stelle 153

  itaru ~ 至る所 überall 902, 153

tōkotsu 頭骨 Schädel 276, 1266

tokoya 床屋 Friseur(laden) 826, 167

TOKU 読 lesen 244

  特 besonders, Sonder- 282

  得 Gewinn, Nutzen 374

  徳 Tugend 1038

  督 befehligen, beaufsichtigen 1670

  匿 verbergen, verstecken 1771

  篤 ernsthaft, von Herzen 1883

to(ku) 説 erklären, überreden 400

  解 (auf)lösen 474

  溶 (auf)lösen, schmelzen 1392

tokubetsu 特別 besonders, Sonder-, Extra- 282, 267

tokuchō 特長 Stärke, starke Seite 282, 95

  特徴 charakteristisches Merkmal 282, 1420

tokugaku 篤学 lernbegierig 1883, 109

Tokugawa 徳川 (Familienname) 1038, 33

tokuhain 特派員 Korrespondent 282, 912, 163

tokuhon 読本 Lesebuch 244, 25

tokuhyō 得票 (erhaltene) Stimmenzahl 374, 922

tokui 得意 Glück, Wohlergehen; Stolz; starke Seite; Kunde 374, 132

tokuju 特需 Sonderbedarf (besonders in Kriegszeiten) 282, 1416

tokumei 匿名 Anonymität; Pseudonym 1771, 82

tokunōka 篤農家 mustergültiger Landwirt 1883, 369, 165

tokurei 特例 Sonderfall, Ausnahme 282, 612

  督励 ermutigen, anspornen 1670, 1340

tokusha 特赦 Amnestie 282, 1570

tokushika 篤志家 wohltätiger Mensch; Freiwilliger 1883, 573, 165

tokushoku 特色 Eigenart, charakteristisches Merkmal 282, 204

tokushu 特殊 spezifisch, eigentümlich; Sonder- 282, 1505

tokushū 特集 Sonderausgabe 282, 436

tokushukō 特殊鋼 Spezialstahl 282, 1505, 1608

tokushusei 特殊性 Eigentümlichkeit, Eigenart 282, 1505, 98

tokusoku 督促 mahnen 1670, 1557

tokutai 特待 Bevorzugung 282, 452

tokuten 特典 Privileg 282, 367

  得点 Punktzahl, Punkte 374, 169

tokuyū 特有 charakteristisch 282, 265

Tōkyō 東京 Tōkyō 71, 189

Tōkyō-eki 東京駅 (Haupt)Bahnhof Tōkyō 71, 189, 284

tōkyoku 当局 die zuständige Behörde 77, 170

Tōkyō-to 東京都 (die Stadtpräfektur) Tōkyō 71, 189, 188

Tōkyō-wan 東京湾 die Tōkyō-Bucht 71, 189, 670

tōkyū 等級 Klasse, Grad, Stufe 569, 568

tomadoi 戸惑い die Orientierung verlieren, verlegen/ratlos sein 152, 969

tomarichin 泊り賃 Übernachtungsgebühr 1177, 751

tomarikyaku 泊り客 Logiergast 1177, 641

to(maru) 止 halten 477

  留 bleiben, sich niederlassen 761

  泊 übernachten 1177

tōmawashi 遠回し indirekt, andeutungsweise 446, 90

tōmei 透明 durchsichtig, klar 1685, 18

to(meru) 止 anhalten, unterbrechen 477
留 befestigen, festhalten, (ein)schließen 761
泊 (bei sich) aufnehmen 1177

tomi 富 Reichtum 713

tōmin 島民 Inselbewohner 286, 177
冬眠 Winterschlaf 459, 849

tomo 共 zusammen, beide, alle 196
供 Gefolge, Begleiter 197
友 Freund 264

tomodachi 友達 Freund 264, 448

tomodaore 共倒れ gleichzeitiger/ gemeinsamer Ruin 196, 905

tomona(u) 伴 begleiten, mit j-m gehen; mit sich bringen, begleitet sein (von) 1027

to(mu) 富 reich sein/werden 713

tomura(u) 弔 (be)trauern, sein Beileid bezeigen 1796

TON 団 Gruppe, Kreis 491
豚 Schwein 796
屯 Kaserne 1936

ton 問 Frage, Problem 162

tona(eru) 唱 vortragen, intonieren; verfechten 1646

tonai 都内 in(nerhalb der Stadt) Tōkyō 188, 84

tōnan 盗難 Diebstahl 1100, 557

~ hoken 盗難保険 Diebstahlversicherung 1100, 557, 489, 533

Tōnan-Ajia 東南アジア Südostasien 71, 74

tonari 隣 Nachbarschaft 809

tonariau 隣り合う angrenzen 809, 159

tona(ru) 隣 benachbart sein 809

tonkatsu 豚カツ Schweinskotelett 796

tono 殿 Feudalherr 1130

tōnyōbyō 糖尿病 Diabetes 1698, 1869, 380

toppa 突破 durchbrechen, überwinden 898, 665

toppan (insatsu) 凸版(印刷) Relief(druck) 1892, 1046, 1043, 1044

to(raeru) 捕 fangen, fassen 890

torai 渡来 Einführung; Besuch 378, 69

tōrai 到来 Ankunft, Eintreffen 904, 69

Torajirō 寅次郎 Torasan (Filmheld) 2052, 384, 980

to(rawareru) 捕 gefangen/festgenommen werden 890

tori 鳥 Vogel 285

hiyoku no ~ 比翼の鳥 glückliches Ehepaar 798, 1062, 285

toriageru 取り上げる aufnehmen, annehmen, wegnehmen 65, 32

toriatsukai chūi 取(り)扱(い)注意 Vorsicht, zerbrechlich! 65, 1258, 357, 132

toriatsukaikata 取り扱い方 Behandlungsweise 65, 1258, 70

toriatsukau 取り扱う behandeln, umgehen (mit) 65, 1258

toridasu 取り出す herausnehmen 65, 53

torihiki 取り引き Handel 65, 216

torii 鳥居 balkenförmiges Schreintor 285, 171

torikae 取り替え Tausch, Umtausch, Wechsel 65, 744

torikakomu 取り囲む umgeben, einschließen, belagern 65, 1194

torimaku 取り巻く umgeben, einschließen, belagern 65, 507

torimodosu 取り戻す wiedererlangen 65, 1238

torinozoku 取り除く beseitigen, entfernen 65, 1065

torishimari 取り締まり Aufsicht, Verwaltung 65, 1180

torishirabe 取り調べ Untersuchung, Verhör 65, 342

toro 吐露 sich aussprechen 1253, 951

torō 徒労 vergebliche Mühe/Anstrengung 430, 233

tōroku 登録 Registrierung 960, 538

tōron 討論 Diskussion, Debatte 1018, 293

to(ru) 取 nehmen 65
執 nehmen, ergreifen, durchführen 686
捕 fangen, fassen 890
採 (an)nehmen, anstellen; sammeln (Planzen, Insekten) 933
撮 (Fotos) machen 1520

tō(ru) 通 hindurchgehen, passieren 150

toryō 塗料 Farbe, Anstrich 1073, 319

keikō-toryō 蛍光塗料 fluoreszier. Farbe/ Anstrich 1878, 138, 1073, 319

Tosa 土佐 (Stadt u. Provinz auf Shikoku) 24, 1744

tōsa 踏査 Besichtigung; Untersuchung; Feldstudie 1559, 624

tōsai 搭載 (auf)laden, verfrachten, verschiffen 1915, 1124

tōsaku 盗作 Plagiat 1100, 360
倒錯 Perversion, Umkehrung 905, 1199

tōsan 倒産 Konkurs, Bankrott 905, 278

tōsei 統制 Kontrolle, Gleichschaltung 830, 427

tōsen 当選 gewählt werden 77, 800

tōsha 謄写 Kopieren 1779, 540

tōshaban 謄写版 Mimeograph, Vervielfältigungsapparat 1779, 540, 1046

tōshaki 謄写器 Kopiergerät 1779, 540, 527

toshi 年 Jahr 45
都市 Stadt 188, 181
shimai ~ 姉妹都市 Schwesterstädte 407, 408, 188, 181

tōshi 投資 Geld-/Kapitalanlage, Investition 1021, 750
凍死 erfrieren 1205, 85
透視 Durchsehen; Durchleuchtung; Hellsehen 1685, 606

tōshin 答申 Bericht, Gutachten 160, 309

tōshitsu 糖質 Zuckerhaltigkeit 1698, 176

tōsho 投書 (Leser-)Zuschrift 1021, 131

tōshō 凍傷 Frostbeule 1205, 633

Tōshōgū 東照宮 (berühmter Schrein in Nikkō) 71, 998, 721

toshokan 図書館 Bibliothek 339, 131, 327

tōshoran 投書欄 (Spalte/Seite mit) Leserzuschriften 1021, 131, 1202

toshu 徒手 mit leeren Händen, Frei-, mittellos 430, 57
斗酒 Sake-Faß 1899, 517

tōshu 党首 Parteivorsitzender 495, 148

tōsō 闘争 Kampf, Konflikt, Streik 1511, 302

tōsō 逃走 Flucht (aus der Gefangenschaft) 1566, 429

tō(su) 通 durchlassen 150

tōsui 統帥 Oberkommando 830, 1935

tōtatsu 到達 erreichen, eintreffen 904, 448

totō 徒党 Bande, Clique 430, 495

tōto(bu) 尊 hochschätzen, verehren 704
貴 (ab)schätzen, bewerten 1171

tōto(i) 尊 wertvoll, teuer, edel, vornehm 704
貴 wertvoll 1171

totono(eru) 調 vorbereiten, ordnen 342

整 ordnen; vorbereiten 503

totono(u) 調 vorbereitet/in Ordnung sein 342
整 geordnet/vorbereitet sein 503

tōtotsu 唐突 plötzlich, abrupt 1697, 898

TOTSU 突 stoßen, schlagen, stechen 898
凸 vorstehende Stirn; konvex 1892

totsu(gu) 嫁 (e-n Mann) heiraten 1749

totsujo 突如 plötzlich, unerwartet 898, 1747

totsumen 凸面 konvex 1892, 274

totsunyū 突入 hereinbrechen, stürmen (in), einfallen 898, 52

totsurenzu 凸レンズ Konvexlinse 1892

totsuzen 突然 plötzlich, unerwartet 898, 651

to(u) 問 fragen, sich kümmern (um) 162

Towada-ko 十和田湖 (See in Tōhoku) 12, 124, 35, 467

tōwaku 当惑 Verlegenheit, Verwirrung 77, 969

tōyō 東洋 der Ferne Osten, Orient 71, 289
登用 Ernennung, Anstellung 960, 107
盗用 Diebstahl, Mißbrauch 1100, 107
登庸 Ernennung, Beförderung 960, 1696

tōzai 東西 Ost und West 71, 72

tozan 登山 Bergsteigen 960, 34

to(zasu) 閉 schließen, zuschließen 397

tōzen 当然 (ge)recht, natürlich 77, 651

tōzoku 盗賊 Dieb, Einbrecher, Räuber 1100, 1807

TSU 通 hindurchgehen, passieren 150
都 Hauptstadt 188

tsu 津 Hafen; Fähre 668

TSŪ 通 hindurchgehen, passieren 150
痛 Schmerzen haben; verderben 1320

tsubasa 翼 Flügel 1062

tsubo 坪 (Flächenmaß, ca. 3, 3 qm) 1896

~ niman en 坪二万円 20.000 ¥ pro Tsubo 1896, 3, 16, 13

tsuboatari 坪当たり pro Tsubo 1896, 77

tsubosū 坪数 Fläche(ninhalt) 1896, 225

tsubu 粒 Korn 1700

tsuchi 土 Erde, Boden, Grund 24

tsūchi 通知 Mitteilung 150, 214

tsuchika(u) 培 ziehen, (an)bauen, kultivieren 1828

tsūchō 通帳 Sparbuch 150, 1107

tsudo(u) 集 sich versammeln 436

tsūgaku 通学 zur Schule gehen/fahren 150, 109

Tsugaru Hantō 津軽半島 Tsugaru-Halbinsel 668, 547, 88, 286

tsu(geru) 告 sagen, ansagen, mitteilen 690

tsugi 次 nächst 384

tsugō 都合 Umstände; Grund 188, 159

tsu(gu) 次 kommen/rangieren nach 384
　接 zusammenfügen 486
　継 (nach)folgen, erben 1025

tsuguna(u) 償 entschädigen, ersetzen, büßen, sühnen 971

tsūgyō 通暁 Vertrautheit, gründliche Kenntnis 150, 1658

TSUI 対 Paar 365
　墜 fallen 1132
　追 (ver)folgen, vertreiben 1174

tsuibo 追慕 sich zurücksehnen 1174, 1431

tsui(eru) 費 verschwendet werden 749

tsuihō 追放 Exil; Ausschluß 1174, 512

tsuika 追加 Zusatz, Nachtrag 1174, 709

tsuikyū 追求 Verfolgung (e-s Verbrechers/ Ziels); Streben 1174, 724

tsūin 痛飲 zechen, saufen 1320, 323

tsuiraku 墜落 Absturz, Herunterfallen; degenerieren 1132, 839

tsuishi 墜死 tödlicher (Ab)Sturz 1132, 85

tsuitachi 一日 1. (Tag e-s Monats) 2, 5

tsuitō 追悼 Trauer 1174, 1680

tsuitōkai 追悼会 Gedenkfeier 1174, 1680, 158

tsuitōshiki 追悼式 Gedenkfeier 1174, 1680, 525

tsui(yasu) 費 (Geld) ausgeben; aufwenden; verschwenden 749

tsuizui 追随 (j-m) folgen 1174, 1741

tsūjō 通常 gewöhnlich, regelmäßig 150, 497

tsuka 塚 Erdhügel; Grabhügel 1751

tsūka 通過 Durchgang, Durchfahrt 150, 413
　通貨 Währung 150, 752

tsuka(eru) 仕 dienen, bedienen 333

tsukaikata 使い方 Gebrauch, Handhabung 331, 70

tsuka(maeru) 捕 fangen, fassen 890

tsuka(maru) 捕 gefangen/festgenommen werden 890

tsuka(rasu) 疲 müde machen, ermüden, erschöpfen 1321

tsukarehateru 疲れ果てる vollkommen erschöpft sein 1321, 487

tsuka(reru) 疲 müde/erschöpft werden 1321

tsu(karu) 漬 eingelegt/gewürzt sein 1793

tsu(kasu) 尽 (vollkommen) aufbrauchen 1726

tsuka(u) 使 benutzen 331
　遣 benutzen 1173

tsuka(wasu) 遣 schicken, geben 1173

tsukemono 漬物 eingemachtes Gemüse 1793, 79

tsukemono-ishi 漬物石 Druckstein (auf Eingelegtem) 1793, 79, 78

tsu(keru) 付 befestigen 192
　着 anziehen, tragen 657
　就 einstellen, anstellen 934
　漬 eintauchen, einweichen, einlegen, einmachen, einpökeln 1793

tsuki 月 Mond; Monat 17

tsukiataru 突き当たる stoßen (auf); enden 898, 77

tsukimono 付き物 Zubehör, Bestandteil 192, 79

tsūkin 通勤 zur Arbeit gehen 150, 559

tsukiroketto 月ロケット Mondrakete 17

tsu(kiru) 尽 erschöpft/aufgebraucht werden; enden 1726

tsukisoi 付き添い Begleiter, Pfleger, Trauzeuge 192, 1433

tsukiyama 築山 künstlicher Hügel 1603, 34

tsūkōdome 通行止め Kein Durchgang! Keine Durchfahrt! 150, 68, 477

tsūkoku 通告 Mitteilung, 150, 690

tsūkon 痛恨 großes Bedauern, Bitterkeit 1320, 1755

tsu(ku) 付 haften, dazugehören 192
　着 ankommen 657
　突 stoßen, schlagen, stechen 898
　就 (e-n Platz) einnehmen, (e-e Stelle) antreten 934
　dohatsu ten o ~ 怒髪天を突く vor Wut kochen 1596, 1148, 141, 898

tsukue 机 Schreibtisch, Schulbank 1305

tsukuribanashi 作り話 erfundene Geschichte 360, 238

tsukuro(u) 繕 ausbessern, reparieren, flicken, stopfen 1140

tsuku(ru) 作 machen, anfertigen 360
　造 herstellen, produzieren, bauen 691

tsu(kusu) 尽 erschöpfen, aufbrauchen; sich
  anstrengen, sich bemühen 1726
tsuma 妻 Ehefrau 671
tsu(maru) 詰 s. verstopfen, voll(gestopft)
  sein, (ein)schrumpfen, ratlos sein 1142
tsumekomu 詰め込む hineinstopfen 1142, 776
tsu(meru) 詰 eng stellen, zusammenrücken,
  (ver)kürzen 1142
tsume(tai) 冷 kalt 832
tsumi 罪 Verbrechen, Sünde, Schuld 885
tsumibito 罪人 Sünder (im religiösen Sinn)
  885, 1
tsumikasaneru 積み重ねる aufhäufen,
  aufeinanderlegen 656, 227
tsu(moru) 積 sich anhäufen, liegen;
  abschätzen 656
tsumu 錘 Spindel 1904
tsu(mu) 積 anhäufen, aufeinanderlegen, laden
  656
  詰 in die Enge getrieben werden 1142
  摘 pflücken 1447
tsumu(gu) 紡 spinnen 1859
tsuna 綱 Seil, Strick, Tau, Leine 1609
tsunami 津波 Flutwelle (nach Seebeben),
  Tsunami 668, 666
tsunawatari 綱渡り Seiltanz 1609, 378
tsune 常 normal, gewöhnlich, wiederholt 497
tsuno 角 Horn 473
tsunobue 角笛 (Jagd/Wald)Horn 473, 1471
tsuno(ru) 募 (an)werben, aufbringen; heftiger
  werden 1430
tsura 面 Gesicht 274
tsura(naru) 連 in e-r Reihe stehen 440
tsura(neru) 連 verbinden 440
tsuranukitōsu 貫き通す (seinen Willen)
  durchsetzen 914, 150
tsuranu(ku) 貫 durchstechen, durchdringen;
  durchsetzen 914
tsu(reru) 連 mitnehmen 440
tsūretsu 痛烈 bitter, scharf 1320, 1331
tsuriai 釣り合い Gleichgewicht; Proportion
  1862, 159
tsuribari 釣り針 Angelhaken 1862, 341
tsuribashi つり橋 Hängebrücke 597
tsuribori 釣り堀 Angelteich 1862, 1804
tsuridōgu 釣り道具 Angelgerät 1862, 149,
  420

tsurisen 釣り銭 Wechselgeld, Kleingeld
  1862, 648
tsūro 通路 (Durch)Gang, Passage 150, 151
tsuru 弦 Saite; Bogensehne 1226
tsu(ru) 釣 angeln; verleiten, verführen 1862
tsurugi 剣 Schwert 879
  moroha no ~ もろ刃の剣 zweischneidiges
  Schwert 1413, 879
tsūshin 通信 Korrespondenz, Nachricht,
  Kommunikation 150, 157
  ~ kōza 通信講座 Fernkurs 150, 157, 783, 786
tsuta(eru) 伝 übermitteln, überliefern 434
tsuta(u) 伝 entlang gehen 434
tsuta(waru) 伝 übermittelt/überliefert werden;
  geleitet werden; sich verbreiten 434
tsuto(maru) 勤 tauglich/gewachsen sein 559
tsuto(meru) 務 arbeiten 235
  勤 angestellt sein 559
  努 s. anstrengen, s. große Mühe geben 1595
tsutomesaki 勤め先 Büro, Geschäft,
  (Arbeits)Stelle 559, 50
tsutsu 筒 Rohr, Röhre 1472
tsutsumi 堤 Damm, Deich 1592
tsutsumigami 包み紙 Einwickelpapier,
  Packpapier 804, 180
tsutsu(mu) 包 einwickeln, verpacken 804
tsutsushimibukai 慎み深い besonnen,
  umsichtig, zurückhaltend 1785, 536
tsutsushi(mu) 謹 (hoch)achten 1247
  慎 besonnen/umsichtig/vorsichtig sein;
  maßhalten; sich zurückhalten; meiden 1785
tsutsushinde 謹んで mit Hochachtung; von
  Herzen 1247
tsutsu-uraura 津々浦々 im ganzen Land
  668, 1442
tsūyaku 通訳 Dolmetschen; Dolmetscher
  150, 594
tsuyo(i) 強 stark 217
tsuyo(maru) 強 stark/stärker werden 217
tsuyo(meru) 強 (ver)stärken 217
tsuyu 露 Tau 951
  梅雨 Regenzeit 1734, 30
tsūzoku bungaku 通俗文学 Unterhaltungsliteratur 150, 1126, 111, 109
tsuzu(keru) 続 fortsetzen 243
tsuzu(ku) 続 (fort)dauern 243
tsuzumi 鼓 Handtrommel 1147

– U –

U 雨 Regen 30
右 rechts 76
有 sein, existieren, s. befinden; haben 265
羽 Feder; Flügel 590
宇 Himmel 990
ubaguruma 乳母車 Kinderwagen 939, 112, 133
ubaiau 奪い合う s. um etw. reißen 1310, 159
uba(u) 奪 entreißen, rauben, plündern; fesseln; entzücken 1310
ubu 産 Geburt; Baby 278
uchi 内 Innenseite, drinnen 84
uchiawase 打ち合わせ vorherige Beratung, Abmachung 1020, 159
uchibori 内堀 innerer Burggraben 84, 1804
uchijini 討ち死に (im Krieg/in der Schlacht) fallen 1018, 85
uchikeshi 打ち消し Verneinung 1020, 845
uchimaku 内幕 innere Verhältnisse, Geheimnis 84, 1432
uchitoru 討ち取る gefangennehmen; töten 1018, 65
uchiumi 内海 Binnenmeer, Binnensee 84, 117
uchū 宇宙 Universum, Weltall 990, 991
~ hikōshi 宇宙飛行士 Astronaut 990, 991, 530, 68, 572
~ ryokō 宇宙旅行 Weltraumflug 990, 991, 222, 68
uchūbō 宇宙帽 Astronautenhelm 990, 991, 1105
udai 宇内 die ganze Welt 990, 84
ude 腕 Arm; Fähigkeit, Talent 1299
udedokei 腕時計 Armbanduhr 1299, 42, 340
udemae 腕前 Fähigkeit, Tüchtigkeit 1299, 47
udewa 腕輪 Armband, Armreif 1299, 1164
ue 上 oben 32
uejini 飢死に verhungern 1304, 85
ueki 植木 Gartenpflanze, Topfpflanze 424, 22
uekibachi 植木鉢 Blumentopf 424, 22, 1820
u(eru) 植 pflanzen 424
飢 hungern 1304
ugo(kasu) 動 bewegen 231
ugo(ku) 動 sich bewegen 231
uha 右派 die Rechte(n) 76, 912
uhō 右方 die rechte Seite 76, 70

ui- 初 erste 679
u(i) 憂 traurig, unglücklich 1032
uji 氏 Familie, Geschlecht 566
ujigami 氏神 Schutzgott (e-r Familie/Sippe) 566, 310
u(kaberu) 浮 schwimmen lassen; zeigen 938
u(kabu) 浮 schwimmen, auftauchen, sich zeigen 938
ukaga(u) 伺 besuchen; fragen, sich erkundigen 1761
ukanu kao 浮かぬ顔 langes/enttäuschtes Gesicht 938, 277
u(kareru) 浮 s. erfreuen, s. amüsieren 938
u(karu) 受 bestehen (Prüfung, Examen) 260
ukemi 受け身 Passivität, Passiv 260, 59
u(keru) 受 bekommen, erhalten 260
請 erhalten 661
uketamawa(ru) 承 hören 942
uketoru 受け取る empfangen, erhalten, annehmen 260, 65
uketsugu 受け継ぐ (nach)folgen, erben 260, 1025
uketsuke 受(け)付(け) Annahme, Rezeption, Auskunft 260, 192
ukezara 受け皿 Untertasse 260, 1097
ukibori 浮き彫り Relief 938, 1149
ukime 憂き目 bittere Erfahrung, Mühsal 1032, 55
ukiyoe 浮世絵 (j.) Farbholzschnitt 938, 252, 345
u(ku) 浮 schwimmen, auftauchen, wieder flottwerden 938
uma 馬 Pferd 283
umagoya 馬小屋 Pferdestall 283, 27, 167
u(mareru) 生 geboren werden 44
産 geboren werden 278
u(maru) 埋 begraben sein; sich füllen 1826
ume 梅 Pflaumenbaum, Pflaume 1734
umeboshi 梅干し eingesalzene Pflaumen 1734, 584
umemi 梅見 Pflaumenblütenschau 1734, 63
u(meru) 埋 ver-/begraben; füllen 1826
umeshu 梅酒 Pflaumenbranntwein 1734, 517
umetate 埋め立て zugeschüttet, aufgeschüttet; Landgewinnung 1826, 121
umi 海 Meer, See 117
umibe 海辺 Strand, Küste, Gestade 117, 775

uminari 海鳴り Brüllen der See, Meeresrauschen 117, 925

umō 羽毛 Feder, Gefieder 590, 287

u(moreru) 埋 begraben sein; unbekannt sein 1826

u(mu) 生 gebären; (Eier)legen; hervorbringen 44

産 gebären, erzeugen 278

UN 運 Schicksal; Transport 439

雲 Wolke 636

unaga(su) 促 drängen, mahnen 1557

unchin 運賃 Versandkosten 439, 751

undei no sa 雲泥の差 himmelweiter Unterschied 636, 1621, 658

undō 運動 Bewegung 439, 231

 haiseki ~ 排斥運動 Vertreibungskampagne 1036, 1401, 439, 231

 rōdō ~ 労働運動 Arbeiterbewegung 233, 232, 439, 231

undōbusoku 運動不足 Mangel an Bewegung 439, 231, 94, 58

une 畝 (Acker)Furche, Furchenrücken; Rippe (bei Geweben) 1901

un'ei 運営 Verwaltung, Leitung 439, 722

unema 畝間 Furche 1901, 43

uneme 采女 Hofdame 2153, 102

uneori 畝織 geripptes Gewebe 1901, 680

unga 運河 Kanal 439, 389

unmei 運命 Schicksal 439, 578

unpan 運搬 Transport 439, 1722

unsō 運送 Transport, Spedition 439, 441

untenshu 運転手 Fahrer 439, 433, 57

un'yu 運輸 Transport, Verkehr 439, 546

uo 魚 Fisch 290

uoichiba 魚市場 Fischmarkt 290, 181, 154

uō-saō 右往左往 aufgeregt hin- und herlaufen 76, 918, 75, 918

ura 裏 Rückseite 273

浦 Bucht, Küste 1442

uragiru 裏切る verraten, betrügen 273, 39

uraguchi 裏口 Hintertür 273, 54

ura(meshii) 恨 grollend, vorwurfsvoll; bitter, haßerfüllt; bedauerlich 1755

uramichi 裏道 rückwärtiger Zugang, geheimer Pfad 273, 149

ura(mu) 恨 übelnehmen; ärgerlich sein; beschuldigen, vorwerfen 1755

uranami 浦波 (sich überschlagende) Wellen am Strand 1442, 666

urana(u) 占 wahrsagen 1706

Urashima Tarō 浦島太郎 (Märchengestalt) 1442, 286, 629, 980

urazuke 裏付け Unterstützung, Sicherheit, Bestätigung 273, 192

ure(e) 憂 Kummer, Gram, Besorgnis 1032

ure(eru) 憂 betrübt sein, sich grämen 1032

愁 sich grämen/sorgen 1601

ure(i) 憂 Kummer, Gram, Besorgnis 1032

愁 Gram, Kummer, Sorge, Leid, Besorgnis, Befürchtung, Angst 1601

ureigao 憂い顔 sorgenvolles/betrübtes Gesicht 1032, 277

u(reru) 売 sich verkaufen 239

熟 reifen 687

urikire 売り切れ Ausverkauf, vergriffen 239, 39

uriko 売り子 Verkäufer(in) 239, 103

urite 売り手 Verkäufer 239, 57

u(ru) 売 verkaufen 239

得 gewinnen, erwerben 374

uru(mu) 潤 feucht/naß/trübe werden 1203

uruo(su) 潤 naß/feucht machen, befeuchten; nützen, bereichern 1203

uruo(u) 潤 naß/feucht werden; Nutzen/ Vorteil ziehen; reich werden 1203

urushi 漆 Lack 1546

urushinuri 漆塗り lackiert, Lack- 1546, 1073

uruwa(shii) 麗 schön, hübsch 1630

uryō 雨量 Regenmenge 30, 411

usetsu kinshi 右折禁止 Nach rechts abbiegen verboten! 76, 1394, 482, 477

ushi 牛 Rind, Kuh 281

ushigoya 牛小屋 Kuhstall 281, 27, 167

ushina(u) 失 verlieren 311

ushi(ro) 後 Rückseite, hinten 48

ushirodate 後ろ盾 Unterstützung, Beistand; Beschützer 48, 772

ushiro-sugata 後ろ姿 Gestalt von hinten gesehen 48, 929

usugeshō 薄化粧 leichte Schminke 1449, 254, 1699

usu(i) 薄 dünn; schwach, leicht; hell(farbig) 1449

usu(maru) 薄 dünner werden 1449

usu(meru) 薄 verdünnen 1449
usu(ragu) 薄 dünner werden 1449
usu(reru) 薄 dünner werden 1449
uta 歌 Gedicht, Lied 392
utaga(u) 疑 (be)zweifeln, Verdacht hegen,
  mißtrauen 1516
utahime 歌姫 (gute) Sängerin 392, 1757
utai 謡 Nō-Gesang 1647
uta(u) 歌 singen 392
  謡 singen 1647
uteki 雨滴 Regentropfen 30, 1446
uto(i) 疎 entfremdet; kaum kennen 1514
uto(mu) 疎 vernachlässigen; von s. fernhalten;
  meiden; kühl behandeln; entfremden 1514
u(tsu) 撃 angreifen; schießen 1016
  討 angreifen, bekämpfen 1018
  打 schlagen, hauen 1020
utsuku(shii) 美 schön 401
Utsunomiya 宇都宮 (Hauptstadt der
  Präfektur Tochigi) 990, 188, 721
utsu(ru) 映 projizieren 352
  写 aufgenommen werden 540
  移 wechseln; sich anstecken 1121
utsu(su) 映 (sich) spiegeln, projizieren 352
  写 abschreiben, kopieren; nachahmen,
  schildern; fotografieren 540
  移 verlegen; (Personal) versetzen; anstecken
  1121
utsuwa 器 Gefäß, Gerät; Befähigung,
  Fähigkeit 527
utta(eru) 訴 verklagen, anklagen, sich
  beklagen, sich wenden (an) 1402
uwa- 上 der obere Teil 32
uwa-kuchibiru 上唇 Oberlippe 32, 1737
uwamawaru 上回る übertreffen 32, 90
u(waru) 植 gepflanzt werden 424
uyama(u) 敬 ehren, achten 705
uyauya(shii) 恭 respektvoll, ehrerbietig 1434
uyoku 右翼 der rechte Flügel, die Rechten
  76, 1062
uzu 渦 Wirbel, Strudel 1810
uzumaki 渦巻き Wirbel, Strudel; Spirale
  1810, 507

– W –

WA 和 Friede, Harmonie; (Abk. f.) japanisch
  124

話 Gespräch, Geschichte 238
wa 輪 Rad, Ring, Kreis 1164
  我 ich, selbst, mein, unser 1302
wabun 和文 japanische Schrift 124, 111
wadai 話題 Gesprächsstoff, Thema e-r
  Unterhaltung 238, 354
Wa-Doku 和独 japanisch-deutsch
  (Wörterbuch/Übersetzung) 124, 219
Wa-Ei 和英 japan.-engl. (Wörterbuch,
  Übersetzung) 124, 353
wafū 和風 japanischer Stil 124, 29
wafuku 和服 japan. Kleidung 124, 683
wagakuni 我が国 unser Land 1302, 40
wagashi 和菓子 j. Konfekt 124, 1535, 103
WAI 賄 versorgen; bezahlen 1739
wairo 賄ろ Bestechung(sgeld) 1739
waka 和歌 31silbiges j. Gedicht 124, 392
wakai 和解 Versöhnung, (gütlicher)
  Vergleich 124, 474
waka(i) 若 jung 544
wakajini 若死に jung sterben 544, 85
wakamono 若者 junger Mann, Jugendlicher,
  Jugend 544, 164
waka(reru) 別 Abschied nehmen, sich
  trennen 267
wa(kareru) 分 geteilt sein 38
wa(karu) 分 verstehen 38
wa(kasu) 沸 zum Kochen/Sieden bringen 1792
wakate 若手 junger Mann 544, 57
wa(katsu) 分 (ver)teilen 38
wake 訳 Grund; Sinn; Umstände 594
wakemae 分け前 Anteil, Quote 38, 47
wa(keru) 分 (ver)teilen 38
wakitatsu 沸き立つ sieden, aufwallen 1792,
  121
wakōdo 若人 junger Mann, Jugendlicher, die
  Jugend 544, 1
WAKU 惑 irren; verlegen sein 969
waku 枠 Rahmen, Einfassung 1907
wa(ku) 沸 kochen, sieden 1792
wakugumi 枠組 Rahmen, Gerüst 1907, 418
wakunai 枠内 im Rahmen 1907, 84
wakusei 惑星 Planet 969, 730
WAN 湾 Bucht 670
  腕 Arm; Fähigkeit, Talent 1299
Shinju-wan 真珠湾 Pearl Harbor 422,
  1504, 670

Tōkyō-wan 東京湾 die Tōkyō-Bucht 71, 189, 670

wankyoku 湾曲 Krümmung 670, 366

wanryoku 腕力 Körperkraft, (rohe) Gewalt 1299, 100

warabe 童 Kind 410

warai 笑い Lachen 1235

 gōketsu ~ 豪傑笑い schallendes Gelächter 1671, 1731, 1235

wara(u) 笑 lachen, lächeln 1235

ware 我 ich, selbst, mein, unser 1302

waregachi 我勝ち rücksichtslos 1302, 509

wa(reru) 割 bersten, zerbrechen 519

wari 割 Verhältnis; Gewinn; 10% 519

wariai 割合 Verhältnis, Proportion; Prozentsatz 519, 159

waribiki 割引 Rabatt 519, 216

warikan 割り勘 Kostenteilung, getrennte Kasse 519, 1502

wa(ru) 割 teilen, trennen, spalten 519

warugashikoi 悪賢い schlau, raffiniert, durchtrieben 304, 1288

waru(i) 悪 schlecht, schlimm, böse 304

warukuchi 悪口 Verleumdung, üble Nachrede 304, 54

wase 早稲 früh reifende Reissorte 248, 1220

Waseda 早稲田 (Stadtteil in Tōkyō) 248, 1220, 35

washi 和紙 Japanpapier 124, 180

washitsu 和室 japanisches Zimmer 124, 166

washoku 和食 japanische Küche 124, 322

wasuremono 忘れ物 liegen lassen, vergessen, Fundsache 1374, 79

wasu(reru) 忘 vergessen 1374

wata 綿 Baumwolle 1191

watakushi 私 ich; privat 125

~ jishin 私自身 ich persönlich 125, 62, 59

wataridori 渡り鳥 Zugvogel 378, 285

wata(ru) 渡 überschreiten 378

watashibune 渡し船 Fähre 378, 376

wata(su) 渡 übergeben 378

wa-yō setchū 和洋折衷 Mischung von japan. und westl. Stil 124, 289, 1394, 1677

waza 業 Tat, Handlung, Werk, Kunst 279
 技 Technik; Fähigkeit; Kunstgriff 871

wazawa(i) 災 Unglück, Katastrophe 1335

wazura(u) 患 krank sein, leiden 1315

煩 sorgen (für), besorgt sein (um) 1849

wazurawashii 煩わしい lästig, mühevoll; verwickelt, kompliziert 1849

wazura(wasu) 煩 belästigen, behelligen, (j-n) bemühen, beunruhigen 1849

– Y –

YA 野 Feld, Flur 236
 夜 Nacht 471

ya 家 Haus, Heim 165
 屋 Haus; Geschäft, Laden; Händler 167
 矢 Pfeil 213

ya- 八 acht 10

yabanjin 野蛮人 Barbar 236, 1879, 1

yabo 野暮 ungeschliffen, roh 236, 1428

yabureme 破れ目 Spalt(e), Riß 665, 55

yabu(reru) 敗 besiegt werden 511
 破 zerreißen, zerbrechen 665

yabu(ru) 破 zerreißen 665

yachin 家賃 Miete 165, 751

yachō 野鳥 wilder Vogel 236, 285

yado 宿 Haus, Unterkunft 179

yado(ru) 宿 übernachten 179

yado(su) 宿 beherbergen 179

yadoya 宿屋 Privatpension 179, 167

yaen 野猿 wildlebender Affe 236, 1584

yaezakura 八重桜 achtblättrige Kirschblüte 10, 227, 928

yagai satsuei 野外撮影 Außenaufnahme(n) 236, 83, 1520, 854

yagaku 夜学 Abendkurs 471, 109

yagyū 野牛 Büffel 236, 281

yajirushi 矢印 (Richtungs)Pfeil 213, 1043

yajū 野獣 wildes/wildlebendes Tier 236, 1582

yakan satsuei 夜間撮影 Nachtaufnahme 471, 43, 1520, 854

yaken 野犬 herrenloser/wilder Hund 236, 280

ya(keru) 焼 (ab)brennen; gebraten werden 920

yakiimo 焼き芋 geröstete Süßkartoffeln 920, 1909

yakin 冶金 Metallurgie 2024, 23

yakitori 焼(き)鳥 gebratenes Hühnerfleisch, Geflügel-Grillspieß 920, 285

yakkai 厄介 Mühe; Belästigung; Unterstützung, Hilfe 1341, 453

yakkaimono 厄介者 Familie(nangehörige); Klotz am Bein, Last 1341, 453, 164

yakkan 約款 Klausel 211, 1727
yakkyoku 薬局 Apotheke 359, 170
yakō 夜行 Nachtzug 471, 68
YAKU 役 Dienst, Nutzen; Position 375
疫 epidemisch 1319

約 ungefähr; Versprechen, Verabredung 211
薬 Arznei, Medizin; Chemikalien 359
訳 Übersetzung 594
益 Vorteil, Nutzen 716
厄 Unglück, Unheil, Mißgeschick 1341
躍 springen, hüpfen 1560
~ hanbun 約半分 etwa die Hälfte 211, 88, 38
~ sankiro 約三キロ ca. 3km/kg 211, 4
ya(ku) 焼 (etwas) (ver)brennen, braten,
rösten, backen 920
yakubarai 厄払い Exorzismus 1341, 582
yakubi 厄日 Unglückstag 1341, 5
yakudō 躍動 dynamisch, pulsierend 1560, 231
yakudoshi 厄年 Unglücksjahr; kritisches
Alter 1341, 45
yakugaku 薬学 Pharmazie 359, 109
yakuharai 厄払い Exorzismus 1341, 582
yakuhin 薬品 Medizin, Medikament 359, 230
yakuin 役員 Vorstand(smitglied),
Aufsichtsrat, Manager 375, 163
yakujo 躍如 lebendig, lebhaft 1560, 1747
yakumi 薬味 Gewürz, Würze 359, 307
yakunin 役人 Beamter 375, 1
yakusha 役者 Schauspieler 375, 164
訳者 Übersetzer 594, 164
yakushin 躍進 sprunghafte Entwicklung,
rasche Fortschritte 1560, 437
yakusho 役所 Amt, Behörde 375, 153
yakusoku 約束 Versprechen, Verabredung
211, 501
yakuzai 薬剤 Arznei 359, 550
yakuzaishi 薬剤師 Apotheker 359, 550, 409
yakyū 野球 Baseball 236, 726
yama 山 Berg 34
Yamada 山田 (Familienname) 34, 35
yamadera 山寺 Tempel im Gebirge 34, 41
yamagatana 山刀 Busch-/Jagdmesser 34, 37
Yamaguchi-ken 山口県 (Präfektur im
Südwesten Honshūs) 34, 54, 194
yamai 病 Krankheit 380
yamakuzure 山崩れ Bergrutsch, Erdrutsch
34, 1122

Yamanaka-ko 山中湖 (See am Fuji) 34, 28,
467
yamaneko 山猫 Wildkatze, Luchs 34, 1470
~ sōgi 山猫争議 wilder Streik 34, 1470, 302,
292
yamaoku 山奥 tief in den Bergen 34, 476
yamaotoko 山男 Bergbewohner; Bergsteiger
34, 101
yamashi 山師 Spekulant, Abenteurer,
Scharlatan 34, 409
Yamatai 耶馬台 alter Name für Japan 2253,
283, 492
Yamato 大和 (das alte) Japan 26, 124
Yamato-damashii 大和魂 der japanische
Geist 26, 124, 1525
Yamato-e 大和絵 Bild in altjapan. Stil 26,
124, 345
yamayama 山々 Berge 34
ya(meru) 辞 (Amt) niederlegen 688
ya(mu) 病 krank sein/werden 380
yanagi 柳 Weide 1871
shidare ~ 枝垂れ柳 Trauerweide 870, 1070,
1871
yanagi-goshi 柳腰 schmale Hüfte 1871, 1298
yane 屋根 Dach 167, 314
yanushi 家主 Hausbesitzer 165, 155
yanyōshō 夜尿症 Bettnässen 471, 1869, 1318
yaoya 八百屋 Gemüsehändler 10, 14, 167
yaritogeru やり遂げる durchführen,
erreichen 1133
yarō 野郎 Kerl 236, 980
yasai 野菜 Gemüse 236, 931
yasa(shii) 易 leicht 759
優 freundlich, sanft 1033
yasei 野生 wild, wildwachsend 236, 44
yashiki 屋敷 Villa 167, 1451
yashina(u) 養 aufziehen, adoptieren;
unterhalten; sich erholen 402
yashiro 社 Shintō-Schrein 308
yashu 野趣 ländliche Stimmung, ländlicher
Reiz 236, 1002
yashū 夜襲 nächtlicher Angriff 471, 1575
yasu(i) 安 billig 105
yasu(maru) 休 ruhen, s. beruhigt fühlen 60
yasu(meru) 休 ruhen lassen 60
yasumichū 休み中 vorübergehend
geschlossen, Betriebsferien 60, 28

yasumono 安物 billige Ware 105, 79
yasu(mu) 休 ruhen, ausruhen 60
yatō 野党 Opposition(spartei) 236, 495
yatoinin 雇い人 Angestellter; Arbeitnehmer;
　Diener 1553, 1
yatoinushi 雇い主 Arbeitgeber 1553, 155
yato(u) 雇 an/einstellen; mieten 1553
ya(tsu) 八 acht 10
yat(tsu) 八 acht 10
yawa(rageru) 和 nachlassen, (sich)
　beruhigen 124
yawa(ragu) 和 nachlassen, (sich) beruhigen
　124
yawa(raka) 柔 weich, sanft 774
　軟 weich, sanft 1788
yawa(rakai) 柔 weich, sanft 774
　軟 weich, sanft 1788
YO 予 im voraus, vorher 393
　預 anvertrauen 394
　与 geben 539
　誉 Ruhm, Ehre 802
　余 übrig sein, überschreiten 1063
yo 世 Welt, Zeitalter 252
　代 Generation 256
　夜 Nacht 471
yo- 四 vier 6
~ en 四円 vier Yen 6, 13
YŌ 羊 Schaf 288
　洋 Ozean; ausländisch, westlich 289
　様 Art u. Weise; Ähnlichkeit; Zustand 403
　養 aufziehen; unterhalten; sich erholen 402
　窯 (Brenn)Ofen 1789
　揺 schwanken, zittern, beben 1648
　謡 Lied 1647
　陽 positiv; männlich; Sonne 630
　揚 (er)heben; braten 631
　容 Form, Aussehen; Inhalt 654
　溶 schmelzen, s. (auf)lösen 1392
　用 Angelegenheit, Geschäft; Gebrauch 107
　庸 mittelmäßig, gewöhnlich 1696
　要 Hauptsache, Notwendigkeit 419
　腰 Lende, Hüfte, Taille, Leib 1298
　曜 (Wochen)Tag 19
　葉 Blatt, Laub 253
　幼 jung, klein, kindlich, kindisch 1229
　踊 tanzen 1558
　擁 umarmen 1715

yō- 八 acht 10
yoake 夜明け Tagesanbruch, Morgen-
　dämmerung 471, 18
yōbi 曜日 Wochentag 19, 5
yobidasu 呼び出す herausrufen; (vor)laden,
　zitieren 1254, 53
yobigoe 呼び声 Ruf, Schrei 1254, 746
yobihi 予備費 Geldreserve 393, 768, 749
yobimodosu 呼び戻す zurückrufen 1254, 1238
yobirin 呼び鈴 Klingel 1254, 1822
yobō 予防 Vorbeugung, Vorsicht 393, 513
yōbō 要望 Verlangen, Begehren 419, 673
yo(bu) 呼 rufen, zu s. rufen, einladen,
　(be)nennen 1254
yōbu 腰部 Lende, Hüfte, Kreuz 1298, 86
yochi 予知 voraussehen/sagen 393, 214
　余地 Raum, Spielraum 1063, 118
yōchien 幼稚園 Kindergarten 1229, 1230, 447
yōchū 幼虫 Larve 1229, 873
yōeki 溶液 Lösung 1392, 472
yōfuku 洋服 westl. Kleidung 289, 683
yōga 洋画 Bild in westl. Stil 289, 343
yōgan 溶岩 Lava 1392, 1345
yogen 予言 Prophezeiung 393, 66
yōgisha 容疑者 Verdächtiger 654, 1516, 164
yōgo 用語 (Fach)Ausdruck, Wortschatz,
　(Fach)Sprache 107, 67
　擁護 (be)schützen; verteidigen 1715, 1312
　gakujutsu ~ 学術用語 Fachausdruck 109,
　187, 107, 67
　igaku ~ 医学用語 medizinischer
　Fachausdruck 220, 109, 107, 67
yogo(reru) 汚 schmutzig werden 693
yogo(su) 汚 schmutzig machen 693
yōgyō 窯業 Keramik 1789, 279
yoha 余波 Nachwirkung, Folge 1063, 666
yohō 予報 Vorhersage 393, 685
　tenki ~ 天気予報 Wettervorhersage 141,
　134, 393, 685
yoi 宵 (früher) Abend 1854
~ no kuchi 宵の口 früher Abend 1854, 54
yo(i) 良 gut 321
　善 gut 1139
yōi 用意 Vorbereitung, Bereitschaft 107, 132
　容易 leicht, einfach 654, 759
yoigoshi 宵越し vom Abend vorher (übrig)
　1854, 1001

yōiku 養育 Aufziehen, Pflege 402, 246

yōin 要因 (wesentlicher) Faktor 419, 554

yoippari 宵っ張り lange aufbleiben, Nachteule 1854, 1106

yoji nijippun 4時20分 4 Uhr 20 6, 42, 3, 12, 38

yōji 用事 Beschäftigung, Arbeit, Geschäft 107, 80

幼児 Kleinkind, kleines Kind 1229, 1217

楊枝 Zahnstocher 2122, 870

yojō 余剰 Überrest, Überschuß 1063, 1068

yojōhan 四畳半 4 1/2 Tatami (Zimmergröße) 6, 1087, 88

yoka 余暇 freie Zeit, Muße 1063, 1064

yōka 八日 8 Tage; 8. (e-s Monats) 10, 5

yōkai 溶解 sich (auf)lösen 1392, 474

yokei 余計 überflüssig, (zu) viel 1063, 340

yōkei 養鶏 Geflügelzucht 402, 926

yōken 用件 Angelegenheit 107, 732

要件 wichtige Angelegenheit; Vorbedingung 419, 732

yōki 陽気 Jahreszeit, Wetter; Heiterkeit, Fröhlichkeit 630, 134

容器 Gefäß, Behälter 654, 527

yokin 預金 Depositum, Guthaben 394, 23

yokka 四日 4 Tage; 4. (e-s Monats) 6, 5

yoko 横 Seite 781

yōkō 陽光 Sonnenschein 630, 138

要項 Hauptpunkt 419, 1439

yokogao 横顔 Profil 781, 277

yokogiru 横切る überqueren, kreuzen 781, 39

yokohaba 横幅 Breite 781, 1380

Yokohama 横浜 Yokohama 781, 785

yokome 横目 Seitenblick; verliebter Blick 781, 55

yokomichi 横道 Seitenstraße; Irrweg; Abschweifung 781, 149

yōkōro 溶鉱炉 Hochofen 1392, 1604, 1790

yokozuna 横綱 höchster Rang beim Sumō 781, 1609

YOKU 浴 baden 1128

欲 Habgier, Begierde 1127

翌 der nächste/folgende (Tag usw.) 592

翼 Flügel 1062

抑 unterdrücken, beherrschen 1057

yokuasa 翌朝 am nächsten Morgen 592, 469

yokuatsu 抑圧 Unterdrückung 1057, 1342

yokubō 欲望 Begierde, Lust 1127, 673

yokuchō 翌朝 am nächsten Morgen 592, 469

yokujitsu 翌日 am nächsten/folgenden Tag 592, 5

yokujō 浴場 Bad 1128, 154

kaisui ~ 海水浴場 Badestrand 117, 21, 1128, 154

yokunen 翌年 nächstes Jahr; im Jahr darauf 592, 45

yokuryū 抑留 Internierung 1057, 761

yokusei 抑制 unterdrücken, beherrschen 1057, 427

yokushi 抑止 abschrecken, abwehren 1057, 477

yokushitsu 浴室 Badezimmer 1128, 166

yokushū 翌週 nächste Woche, in der folgenden Woche 592, 92

yokusō 浴槽 Badewanne 1128, 1644

yokuyō 抑揚 Intonation, Akzent 1057, 631

yokuyokujitsu 翌々日 übermorgen; zwei Tage später 592, 5

yōkyoku 謡曲 Nō-Gesang 1647, 366

yōkyū 要求 Erfordernis, (An)Forderung, Anspruch 419, 724

yome 嫁 Braut, junge Frau; Schwiegertochter 1749

yomei 余命 Rest des Lebens, die letzten Lebensjahre 1063, 578

yomeiri 嫁入り Heirat (e-r Frau) 1749, 52

yomiayamaru 読み誤る falsch lesen/ aussprechen 244, 906

yomikaesu 読み返す wieder/noch einmal lesen 244, 442

yomikata 読み方 Lesung, Aussprache 244, 70

yomimono 読み物 Lesestoff, Lektüre 244, 79

yomisokonau 読み損なう falsch lesen 244, 350

yōmō 羊毛 Schafwolle 288, 287

yo(mu) 読 lesen 244

詠 (Gedicht/Lied) verfassen/komponieren/ singen 1209

yon 四 vier 6

yōniku 羊肉 Hammelfleisch 288, 223

yonin 四人 4 Personen 6, 1

yopparai 酔っ払い Betrunkener 1709, 582

yōritsu 擁立 unterstützen, helfen 1715, 121

yōrōin 養老院 Altenpflegeheim 402, 543, 614

yoroko(bu) 喜 sich freuen 1143

yoron 世論 öffentl. Meinung 252, 293

yoru 夜 Nacht 471

yo(ru) 因 abhängen von, beruhen auf 554
寄 sich nähern; sich treffen; (kurz) vorbeischauen 1361

yōryō 容量 Kapazität 654, 411

yōryokuso 葉緑素 Blattgrün, Chlorophyll
253, 537, 271

yōsai 洋裁 Schneiderei (im westlichen Stil)
289, 1123

yosan 予算 Voranschlag, Etat 393, 747

yōsan 養蚕 Seidenraupenzucht 402, 1877

yōsei 養成 Ausbildung, Entwicklung,
Schulung 402, 261
陽性 positiv 630, 98
要請 Forderung, Erfordernis 419, 661

yosen 予選 Vorwahl; Ausscheidungskampf,
Vorrunde 393, 800

yo(seru) 寄 näher bringen; beiseite rücken/
legen; sammeln; senden 1361

yōsha 容赦 Vergebung; Mitleid 654, 1570

yoshi 由 Grund, Ursache, Bedeutung 363

yōshi 養子 Adoptivkind 402, 103
陽子 Proton 630, 103
容姿 Gestalt, Figur 654, 929
要旨 das Wesentliche, Hauptpunkt,
Hauptinhalt 419, 1040
genkō ~ 原稿用紙 Manuskriptpapier 136,
1120, 107, 180
muko ~ 婿養子 in die Familie aufgenommener Schwiegersohn 1745, 402, 103
shitsumon ~ 質問用紙 Fragebogen 176,
162, 107, 180

Yoshida 吉田 (Familienname) 1141, 35

yōshiki 様式 Stil, Form 403, 525

yōsho 洋書 ausländisches/westliches Buch
289, 131

yōshō 幼少 Kindhheit 1229, 144

yōshoku 洋食 europ. Küche 289, 322
養殖 Zucht 402, 1506

yoshū 予習 Vorbereitung 393, 591

yosō 予想 Erwartung, Vermutung,
Voraussicht 393, 147

yōso 要素 Element, Faktor, Hauptbestandteil
419, 271

yosoku 予測 Vorausberechnung, Vorhersage
393, 610

yosō(u) 装 s. ankleiden/schmücken, tragen;
heucheln 1328

yōsu 様子 Zustand, Lage, Aussehen 403, 103

yōsuichi 用水池 Wasserreservoir 107, 21, 119

yōsuisha 揚水車 Schöpfrad 631, 21, 133

yosumi 四隅 die vier Ecken 6, 1640

yotei 予定 Plan; Erwartung 393, 355

yōten 要点 wichtiger Punkt 419, 169

yotō 与党 Regierungspartei 539, 495

yōton 養豚 Schweinezucht 402, 796

yo(tsu) 四 vier 6

yotsunbai 四つんばい auf allen Vieren 6

Yotsuya 四ツ谷 (Stadtteil in Tōkyō) 6, 653

yot(tsu) 四 vier 6

yo(u) 酔 betrunken werden; krank werden;
berauscht sein 1709

yowagoshi 弱腰 ohne Rückgrat, feige 218,
1298

yowa(i) 弱 schwach 218

yowaki 弱気 Schwäche, Furchtsamkeit;
Baisse 218, 134

yowa(maru) 弱 schwach werden, schwächer
werden 218

yowa(meru) 弱 (ab)schwächen 218

yowa(ru) 弱 schwach werden, schwächer
werden 218

yoyaku 予約 Subskription, Abonnement;
Vorbestellung, Reservierung 393, 211

yōyaku 要約 Zusammenfassung 419, 211

yoyū 余裕 Spielraum; Überfluß; Gelassenheit
1063, 1391

yoyū-shakushaku 余裕しゃくしゃく (sehr)
ruhig, gelassen 1063, 1391

YU 愉 Freude, Vergnügen 1598
諭 ermahnen, warnen, (an)raten 1599
輸 senden, transportieren 546
癒 heilen, kurieren 1600
由 Grund, Ursache, Bedeutung 363
油 Öl 364
遊 spielen, s. unterhalten, faul sein 1003

yu 湯 heißes Wasser 632
cha no ~ 茶の湯 Teezeremonie 251, 632

YŪ 憂 betrübt sein, sich grämen/sorgen 1032
優 übertreffen 1033
右 rechts 76
友 Freund 264
有 sein, existieren, s. befinden; haben 265

由 Grund, Ursache, Bedeutung 363
郵 Post 524
遊 spielen, s. unterhalten, faul sein 1003
幽 ruhig, tiefgründig 1228
勇 lebendig/lebhaft/ermutigt sein 1386
雄 männlich, tapfer; großartig 1387
裕 Überfluß 1391
猶 zögern, verzögern; noch, noch mehr 1583
融 schmelzen, sich auflösen 1588
悠 entfernt; Muße 1597
誘 einladen; verführen 1684
yū 夕 Abend 81
yuagari 湯上がり nach dem Bad 632, 32
yūbae 夕映え Abendröte 81, 352
yūben 雄弁 Beredsamkeit 1387, 711
yubi 指 Finger 1041
yūbin haitatsu(nin) 郵便配達(人) Briefträger 524, 330, 515, 448, 1
~ ryōkin 郵便料金 Postgebühren, Posttarif 524, 330, 319, 23
yūbinkyoku 郵便局 Post(amt) 524, 330, 170
yubiwa 指輪 (Finger)Ring 1041, 1164
yubune 湯ぶね Badewanne 632
yuchaku 癒着 zusammenwachsen, zuwachsen, zuheilen 1600, 657
yūchō 悠長 gemächlich, langsam 1597, 95
yūdai 雄大 großartig, grandios 1387, 26
yudan 油断 Nachlässigkeit 364, 1024
yuden 油田 Ölfeld 364, 35
yūdoku 有毒 giftig 265, 522
yudono 湯殿 Badezimmmer, Bad 632, 1130
yue 故 Grund, Ursache, Anlaß 173
yūeki 有益 nützlich, einträglich 265, 716
yūfuku 裕福 Reichtum 1391, 1379
yūga 優雅 Anmut, Eleganz, Feinheit, (guter) Geschmack 1033, 1456
yūgata 夕方 Abend 81, 70
yūgen 幽玄 Mystik 1228, 1225
yūgi 遊戯 Spiel 1003, 1573
yūgiri 夕霧 Abendnebel 81, 950
yūgō 融合 Verschmelzung, Fusion 1588, 159
yūgū 優遇 gut behandeln/bezahlen (für e-e Arbeit) 1033, 1641
yūgure 夕暮れ Abend(dämmerung) 81, 1428
yūhan 夕飯 Abendessen 81, 325
yūhatsu 誘発 verursachen, steigern 1684, 96
yūhei 幽閉 Einsperrung 1228, 397

yūhi 夕日 Abendsonne 81, 5
yūhodō 遊歩道 Spazierweg, Promenade 1003, 431, 149
YUI 由 Grund, Ursache, Bedeutung 363
遺 hinterlassen, überliefern 1172
唯 allein, nur 1234
yuibi shugi 唯美主義 Ästhetizismus 1234, 401, 155, 291
yuibutsuron 唯物論 Materialismus 1234, 79, 293
yuigon 遺言 Testament, letzter Wille 1172, 66
yuiitsu 唯一 einzig, allein 1234, 2
yūin 誘因 Anlaß, Ursache 1684, 554
yuiriron 唯理論 Rationalismus 1234, 143, 293
yuishinron 唯心論 Idealismus, Spiritualismus 1234, 97, 293
yuisho 由緒 Geschichte, Herkunft, Abstammung 363, 862
yūjin 友人 Freund 264, 1
yūjō 友情 Freundschaft, Freundlichkeit 264, 209
yūjū-fudan 優柔不断 unentschlossen, zauderhaft 1033, 774, 94, 1024
yuka 床 Fußboden 826
yūka shōken 有価証券 Wertpapier 265, 421, 484, 506
yukai 愉快 Vergnügen, Freude 1598, 1409
yūkai 誘拐 entführen 1684, 1916
yukaita 床板 Diele 826, 1047
yūkan 夕刊 Abendausgabe 81, 585
勇敢 tapfer, kühn, mutig 1386, 1691
yukata 浴衣 Yukata (Sommerkimono aus Baumwolle) 1128, 677
yuki 雪 Schnee 949
yūki 勇気 Mut, Courage 1386, 134
yukigassen 雪合戦 Schneeballschlacht 949, 159, 301
yukisaki 行き先 Reiseziel, Aufenthaltsort 68, 50
yūkō 友好 Freundschaft 264, 104
有効 Gültigkeit, Geltung, Wirkung 265, 816
yūkoku 憂国 Patriotismus 1032, 40
夕刻 Abend 81, 1211
幽谷 tiefe Bergschlucht, enges Tal 1228, 653
yu(ku) 行 gehen, fahren 68
逝 sterben 1396

yukue fumei 行方不明 verschollen 68, 70, 94, 18

yūkyū 遊休 ungenutzt, brachliegend 1003, 60
悠久 Ewigkeit, Dauer 1597, 1210

yume 夢 Traum 811

~ nimo 夢にも nicht (einmal) im Traum 811

~ o miru 夢を見る träumen 811, 63

yūmei 有名 berühmt 265, 82

yūmeshi 夕飯 Abendessen 81, 325

yumi 弓 Bogen, Bogenschießen 212

yumiya 弓矢 Pfeil und Bogen 212, 213

yūmon 幽門 Magenausgang 1228, 161

yumoto 湯元 Ursprung e-r heißen Quelle 632, 137

yūnagi 夕凪 Windstille am Abend 81, 2027

yunyū 輸入 Einfuhr, Import 546, 52

yu(ragu) 揺 schwanken, beben 1648

yurai 由来 Ursprung, Herkunft 363, 69

yuraku 愉楽 Freude 1598, 358

yūransen 遊覧船 Ausflugs-/Vergnügungs-schiff 1003, 1291, 376

yūrei 幽霊 Gespenst, Geist, Spuk 1228, 1168

yu(reru) 揺 schwanken, beben 1648

yūretsu 優劣 Vorzüge u. Nachteile, Unterschied 1033, 1150

yūri 有利 vorteilhaft, günstig 265, 329

yurikaeshi 揺り返し Nachbeben 1648, 442

yuriokosu 揺り起こす wachrütteln 1648, 373

yu(ru) 揺 schütteln, schaukeln 1648

yu(rugu) 揺 schwanken, beben 1648

yuru(i) 緩 lose, locker, nachsichtig, mild, sanft, langsam 1089

yuru(meru) 緩 lockern, mildern; lindern; vermindern 1089

yuru(mu) 緩 lose/locker werden; abnehmen, nachlassen 1089

yuru(su) 許 erlauben, zulassen 737

yuru(yaka) 緩 lose, nicht fest, langsam, sanft, ruhig 1089

yūryo 憂慮 Kummer, Sorge 1032, 1384

yūryō 有料 gebührenpflichtig 265, 319

yūryoku 有力 einflußreich, mächtig 265, 100

yu(saburu) 揺 schütteln, schaukeln 1648

yusei 油井 Ölquelle 364, 1193

yūsei 優勢 Überlegenheit 1033, 646

yūsen 優先 Vorrang, Vorzug 1033, 50

yushi 油脂 Öle u. Fette; fettig 364, 1042

諭旨 Weisung (von höherer Stelle) 1599, 1040

yūshi 有志 freiwillig, interessiert 265, 573
勇士 tapferer Krieger, Held 1386, 572
融資 Finanzierung, Darlehen 1588, 750

yūshō 優勝 Sieg, Meisterschaft 1033, 509

yūshoku 夕食 Abendessen 81, 322

yūshū 憂愁 Kummer, Leid 1032, 1601
優秀 vortrefflich, ausgezeichnet 1033, 1683

yushutsu 輸出 Ausfuhr, Export 546, 53

yusō 輸送 Beförderung, Transport 546, 441

yūsōryō 郵送料 Porto 524, 441, 319

yu(suburu) 揺 schütteln, schaukeln 1648

yu(su)riokosu 揺(す)り起こす wachrütteln 1648, 373

yu(suru) 揺 schütteln, rütteln 1648

yūsuzumi 夕涼み abendliche Kühle/Frische 81, 1204

yūtai 勇退 freiwillig zurücktreten 1386, 846

yuta(ka) 豊 viel, reichlich 959

yu(u) 結 sich frisieren 485

yu(waeru) 結 binden 485

yuwakashi(ki) 湯沸かし(器) Wasserkessel, Boiler 632, 1792, 527

yūwaku 誘惑 Verführung 1684, 969

yūyake 夕焼け Abendrot 81, 920

yūyo 猶予 Aufschub 1583, 393

shikkō ~ 執行猶予 Aufschub der Strafvollstreckung 686, 68, 1583, 393

yūyō 悠揚 ruhig, gelassen 1597, 631

yūyonaku 猶予なく unverzüglich 1583, 393

yūyū 悠々 ruhig, gelassen, gemächlich 1597

yūzai 有罪 schuldig 265, 885

yūzei 郵税 Porto 524, 399
遊説 Wahlreise, Kampagne 1003, 400

yūzen 悠然 ruhig, in aller Ruhe 1597, 651

yūzū 融通 Darlehen; Anpassung 1588, 150

yuzuki 夕月 Abendmond 81, 17

yuzuriwatasu 譲り渡す abtreten, übertragen 1013, 378

yuzu(ru) 譲 überlassen; nachgeben 1013

– Z –

ZA 座 Platz, Sitz; Theater 786

zadankai 座談会 Diskussionsrunde, Symposium 786, 593, 158

ZAI 材 Holz, Stoff, Material; Talent 552
財 Geld, Wohlstand, Besitz 553

在　sein, sich aufhalten, ansässig　268
剤　Medizin, Droge　550
罪　Verbrechen, Sünde, Schuld　885
zaibatsu　財閥　Konzern　553, 1510
zaibei hōjin　在米邦人　in Amerika lebende
　Japaner　268, 224, 808, 1
zaigai　在外　im Ausland, Auslands-　268, 83
zaigen　財源　Einnahmequelle　553, 580
zaigō　罪業　Sünde (im relig. Sinn)　885, 279
zaika　在荷　Warenbestand　268, 391
zaikai　財界　Finanzwelt　553, 454
zaikohin　在庫品　Lagerbestand　268, 825, 230
zaimoku　材木　Holz, Bauholz　552, 22
zaimu　財務　Finanzwesen　553, 235
zainichi　在日　in Japan ansässig　268, 5
zainin　罪人　Verbrecher　885, 1
zairyō　材料　Stoff, Material　552, 319
zaisan　財産　Vermögen, Besitz　553, 278
zaisei　財政　Finanzen, Finanzwesen　553, 483
zakkan　雑感　allerlei Gedanken/Eindrücke
　575, 262
ZAN　残　übrigbleiben　650
　暫　(für) eine Weile　1399
　惨　elend, armselig, bedauernswert　1725
zandaka　残高　Saldo　650, 190
zangyaku　残虐　grausam, brutal　650, 1574
zangyō　残業　Überstunden　650, 279
zanji　暫時　(für) kurze Zeit　1399, 42
zankoku　残酷　grausam　650, 1711
zannen　残念　Bedauern　650, 579
zannin　残忍　grausam, brutal　650, 1414
zanpai　惨敗　schwere/vernichtende
　Niederlage　1725, 511
zanshi　惨死　tragischer/gewaltsamer Tod
　1725, 85
zantei　暫定　vorläufig, provisorisch　1399, 355
zaseki　座席　Sitz, Platz　786, 379
zashiki　座敷　Tatami-Zimmer, Zimmer;
　Gästezimmer　786, 1451
zasshi　雑誌　Zeitschrift　575, 574
zassō　雑草　Unkraut　575, 249
ZATSU　雑　Gemisch　575
zatsuon　雑音　Geräusch, Nebengeräusch　575,
　347
zattō　雑踏　Gedränge, Gewühl　575, 1559
zayūmei　座右銘　Wahlspruch, Motto　786, 76,
　1552

zazen　座禅　Zen-Meditation (im Sitzen)　786,
　1540
ZE　是　richtig, gerecht　1591
zehi　是非　Recht u. Unrecht; unbedingt　1591,
　498
ZEI　税　Steuer　399
　説　erklären, überreden　400
　fukakachi-zei　付加価値税　Mehrwertsteuer
　　192, 709, 421, 425, 399
zeikan　税関　Zollamt　399, 398
zeikin　税金　Steuer(n)　399, 23
zeimusho　税務署　Finanzamt, Steuerbehörde
　399, 235, 860
zeirishi　税理士　Steuerberater　399, 143, 572
zeisei　税制　Steuerwesen　399, 427
zeitaku　ぜい沢　Luxus, Verschwendung　994
zekka　舌禍　folgenschwere Äußerung(en)
　1259, 1809
　fūkō-zekka　風光絶佳　landschaftliche
　　Schönheit　29, 138, 742, 1462
zekkyō　絶叫　Ausruf, Aufschrei　742, 1252
ZEN　善　gut　1139
　繕　ausbessern, flicken, stopfen　1140
　前　vor, früher　47
　全　ganz, vollständig　89
　然　ja, richtig; jedoch　651
　漸　nach und nach, allmählich　1400
　禅　Zen-Buddhismus　1540
　~ mondō　禅問答　Zen-Dialog; unverständlicher
　　Dialog　1540, 162, 160
zen'aku　善悪　Gut u. Böse; Qualität (gut oder
　schlecht)　1139, 304
zenbu　全部　alle, alles　89, 86
zenchō　前兆　Vorzeichen　47, 1562
zendai mimon　前代未聞　unerhört,
　beispiellos　47, 256, 306, 64
zendera　禅寺　Zen-Tempel　1540, 41
zen'ei　前衛　Vorhut, Avantgarde; Stürmer　47,
　815
zengen　漸減　allmählich abnehmen　1400, 715
zengi　前戯　(sexuelles) Vorspiel　47, 1573
zengo　前後　etwa; vorn und hinten　47, 48
zenhan　前半　die erste Hälfte　47, 88
zeni　銭　Geld　648
zen'i　善意　gute Absicht, guter Sinn/Wille/
　Glaube　1139, 132
zenin　是認　Billigung, Anerkennung　1591, 738

zen'in 全員 alle Mitglieder, das ganze Personal 89, 163

zenji 漸次 allmählich, nach u. nach 1400, 384

zenkai 前回 das letzte Mal 47, 90
全快 völlige Genesung 89, 1409

zenkei 前掲 obenerwähnt 47, 1624

zenkoku 全国 das ganze Land 89, 40

zenpan 前半 die erste Hälfte 47, 88
全般 Allgemeinheit, Gesamtheit 89, 1096

zenpanteki 全般的 allgemein, insgesamt 89, 1096, 210

zenpō-kōen fun 前方後円墳 alte Grabstätte für j. Kaiser 47, 70, 48, 13, 1662

zenreki 前歴 Vorleben, Lebenslauf 47, 480

zenryō 善良 gut, tugendhaft 1139, 321

zenryoku 全力 die ganze Kraft 89, 100

zensei 全盛 blühender Zustand 89, 719

zenshin 前身 Vorleben, Vergangenheit 47, 59
全身 der ganze Körper 89, 59
前進 Vorrücken, Vormarsch 47, 437
漸進 allmählicher Fortschritt 1400, 437

zenshō 全焼 völlig abbrennen 89, 920

zenshū 全集 gesammelte Werke 89, 436
禅宗 Zen-Sekte 1540, 616

zensō 禅僧 Zen-Priester 1540, 1366
前奏 Vorspiel (Musik) 47, 1544

zentai 全体 Gesamtheit, vollständig, allgemein 89, 61

zentei 前提 Voraussetzung, Prämisse 47, 628
前庭 Vorgarten 47, 1112

zento 前途 Zukunft, Aussicht 47, 1072

zen'yaku 全訳 vollständige Übersetzung 89, 594

zenzen 全然 überhaupt nicht; vollkommen 89, 651

zenzō 漸増 allmählich zunehmen 1400, 712

zesei 是正 verbessern, berichtigen 1591, 275

zessen 舌戦 Wortstreit, Wortwechsel 1259, 301

zetchō 絶頂 Gipfel, Höhepunkt, Klimax 742, 1440

ZETSU 絶 aussterben, enden 742
舌 Zunge 1259

zetsubō 絶望 Verzweiflung 742, 673

zetsudai 絶大 größt, höchst, grenzenlos 742, 26

zetsuen 絶縁 Abbruch e-r Beziehung; (elektr.) Isolation 742, 1131

zetsumyō 絶妙 erstaunlich, bewundernswert 742, 1154

zetsurin 絶倫 außergewöhnlich 742, 1163

zettai 絶対 absolut, unbedingt 742, 365

zeze-hihi 是々非々 Unparteilichkeit 1591, 498

ZŌ 増 zunehmen, vermehren 712
憎 hassen 1365
贈 schenken 1364
象 Elefant 739
像 Statue, Bild 740
蔵 Speicher, Magazin, Lager(haus) 1286
臓 innere Organe 1287
雑 Gemisch 575
造 herstellen, produzieren, bauen 691

zōge 象げ Elfenbein 739

~ no tō 象げの塔 Elfenbeinturm 739, 1840

zōgen 増減 Zunahme und/oder Abnahme, Schwanken 712, 715

Zōheikyoku 造幣局 Münze, Münzstätte, Münzamt 691, 1781, 170

zōka 増加 Zunahme, Vermehrung 712, 709

zōki 臓器 innere Organe 1287, 527

zōkibayashi 雑木林 Gehölz, Dickicht 575, 22, 127

zokkō 続行 Fortsetzung 243, 68

ZOKU 族 Familie, Stamm 221
続 (fort)dauern 243
俗 Sitten u. Gebräuche; laienhaft, weltlich, vulgär 1126
属 gehören (zu) 1637
賊 Räuber, Dieb 1807

zokugo 俗語 Umgangssprache 1126, 67

zokugun 賊軍 Rebellenheer, Rebellen 1807, 438

zokumyō 俗名 volkstüml. Name/ Bezeichnung 1126, 82

zokushū 俗臭 schlechter Geschmack; vulgär, gemein 1126, 1244

zokushutsu 続出 aufeinanderfolgen 243, 53

ZON 存 existieren; denken; wissen 269

zonbun ni 存分に nach Belieben 269, 38

zōni 雑煮 Suppe mit Reiskuchen u. Gemüse 575, 1795

zōo 憎悪 Haß, Abscheu 1365, 304

zōri 草履 Strohsandalen 249, 1635

zōsan 増産 Produktionszuwachs 712, 278

zōsatsu 増刷 Neudruck 712, 1044
zōsen 造船 Schiffbau 691, 376
zōshin 増進 Zunahme, Förderung,
Verbesserung 712, 437
zōsho 蔵書 Büchersammlung 1286, 131
zōshō 蔵相 Finanzminister 1286, 146
zōshoku 増殖 Zunahme, Vermehrung 712,
1506
zōshokuro 増殖炉 schneller Brüter 712,
1506, 1790
zōsui 雑炊 Reissuppe mit Gemüse, Reis-
Gemüse-Eintopf 575, 1791
zōtei 増訂 vermehrt u. verbessert (Auflage)
712, 1019
贈呈 schenken, widmen 1364, 1590
zōtō 贈答 Austausch von Geschenken 1364,
160
zōwai 贈賄 (aktive) Bestechung 1364, 1739
zōyo 贈与 Schenkung 1364, 539
~ shōsho 贈与 証書 Schenkungsurkunde
1364, 539, 484, 131
zōzei 増税 Steuererhöhung 712, 399
ZU 豆 Bohnen; (Präfix:) Miniatur- 958
頭 Kopf, Haupt, Meister 276
事 Sache, Angelegenheit 80
図 Zeichnung, Plan, Skizze 339
zuhyō 図表 Diagramm, Tafel, grafische
Darstellung 339, 272
ZUI 髄 (Knochen)Mark 1740
随 folgen 1741
zuihitsu 随筆 Essay 1741, 130
zuii 随意 freiwillig 1741, 132
zuiichi 随一 der beste/größte/erste 1741, 2
zujō 頭上 über dem Kopf, oben 276, 32
zunō 頭脳 Gehirn; Kopf; Verstand 276, 1278
zutsū 頭痛 Kopfschmerzen 276, 1320

Wörterverzeichnis
Deutsch-Japanisch

– A –

A (in einer Reihe) 甲 KŌ 982
A, B, C (als Reihenfolge) 甲乙丙 kō-otsu-hei 982, 983, 984
A und B 甲乙 kō-otsu 982, 983
A und O 首尾 shubi 148, 1868
Abänderung 修正 shūsei 945, 275
Abart 変種 henshu 257, 228
Abbau (von Personal) 整理 seiri 503, 143
(Bergbau) 採掘 saikutsu 933, 1803
abbiegen (Richtungsänderung) 曲 ma(garu) 366
折 SETSU, o(reru) 1394
Nach rechts ~ verboten! 右折禁止 usetsu kinshi 76, 1394, 482, 477
Abbild 偶像 gūzō 1639, 740
(Porträt) 似顔 nigao 1486, 277
Abbildung 挿し絵 sashie 1651, 345
Abbitte 謝罪 shazai 901, 885
陳謝 chinsha 1405, 901
abbrechen (Teil) 欠 ka(keru) 383
(Verhandlung erfolglos) 決裂 ketsuretsu 356, 1330
(Lager) 撤去 tekkyo 1423, 414
abbrennen 焼 SHŌ, ya(keru) 920
völlig ~ 全焼 zenshō 89, 920
Abbruch (Beziehung) 絶縁 zetsuen 742, 1131
abdampfen lassen 蒸 mu(rasu) 943
Abdruck (Text, Bild) 拓本 takuhon 1833, 25
abdrücken (Pistole) 発射 hassha 96, 900
Abend 夕 SEKI, yū 81
夕方 yūgata 81, 70
晩 BAN 736
夕刻 yūkoku 81, 1211
夕暮れ yūgure 81, 1428
(früher) ~ 宵 SHŌ, yoi 1854
ein ~ 一夕 isseki 2, 81
früher ~ 宵の口 yoi no kuchi 1854, 54
vom ~ vorher (übrig) 宵越し yoigoshi 1854, 1001
Abendausgabe 夕刊 yūkan 81, 585
Abenddämmerung 夕暮れ yūgure 81, 1428
Abendessen 夕食 yūshoku 81, 322
夕飯 yūhan, yūmeshi 81, 325
Abendglocke 晩鐘 banshō 736, 1821
Abendkurs 夜学 yagaku 471, 109
Abendland 西洋 seiyō 72, 289

泰西 taisei 1545, 72
abendliche Kühle 夕涼み yūsuzumi 81, 1204
Abendmond 夕月 yūzuki 81, 17
Abendnebel 夕霧 yūgiri 81, 950
Abendrot 夕焼け yūyake 81, 920
Abendröte 夕映え yūbae 81, 352
abends: morgens und ~ 朝晩 asaban 469, 736
Abends: eines ~ 一夕 isseki 2, 81
Abendsonne 夕日 yūhi 81, 5
Abendtrunk 晩酌 banshaku 736, 1863
Abenteuer 冒険 bōken 1104, 533
Abenteuerroman 冒険小説 bōken shōsetsu 1104, 533, 27, 400
Abenteurer 山師 yamashi 34, 409
aber 但 tada(shi) 1927
Aberglaube 迷信 meishin 967, 157
abernten 刈り取る karitoru 1282, 65
Abfahrt (Abreise) 出発 shuppatsu 53, 96
(Zug) 発車 hassha 96, 133
(Schiff) 出帆 shuppan 53, 1103
Abfall 汚物 obutsu 693, 79
廃棄物 haikibutsu 961, 962, 79
abfallen (Blüten, Blätter) 散 chi(ru) 767
abfeuern 放 HŌ, hana(tsu) 512
発射 hassha 96, 900
撃 GEKI, u(tsu) 1016
Abflug 離陸 ririku 1281, 647
Abflußrohr 下水溝 gesuikō 31, 21, 1012
Abführmittel 下剤 gezai 31, 550
Abgabe (Steuer) 租税 sozei 1083, 399
Abgang von der Schule 退学 taigaku 846, 109
Abgangszeugnis 卒業証書 sotsugyō shōsho 787, 279, 484, 131
Abgas(e) 排気ガス haikigasu 1036, 134
abgebaute Grube 廃坑 haikō 961, 1613
abgeben 交付 kōfu 114, 192
abgelegene Gegend 辺地 henchi 775, 118
abgelenkt werden 慰 nagusa(mu) 1618
紛 FUN, magi(reru) 1702
abgenutzt 古臭い furukusai 172, 1244
Abgeordneter 議員 giin 292, 163
代議士 daigishi 256, 292, 572
Abgesandter des Kaisers 勅使 chokushi 1886, 331
abgeschafft werden 廃 HAI, suta(reru), suta(ru) 961
abgeschieden 孤独 kodoku 1480, 219

abgetragene Schuhe/Socken 履き古し
hakifurushi 1635, 172
abhalten 排撃 haigeki 1036, 1016
(relig. Feier) 営 EI, itona(mu) 722
(Veranstaltung) 催 SAI, moyō(su) 1317
開催 kaisai 396, 1317
Abhandlung 論文 ronbun 293, 111
Abhang 坂 HAN, saka 443
斜面 shamen 1069, 274
abhängen von 因 yo(ru) 554
abhängig 隷属 reizoku 1934, 1637
Abhängigkeit 依存 izon 678, 269
依頼 irai 678, 1512
従属 jūzoku 1482, 1637
Abhängigkeitsgrad 依存度 izondo 678, 269,
377
abhärten 鍛 TAN, kita(eru) 1817
鍛錬 tanren 1817, 1816
Abheben (Flugzeug) 離陸 ririku 1281, 647
abheben: sich ~ (von) 際立つ kiwadatsu 618,
121
abhobeln 削 SAKU, kezu(ru) 1611
Abholen 出迎え demukae 53, 1055
Abholzen 伐採 bassai 1509, 933
rücksichtloses ~ 乱伐, 濫伐 ranbatsu 689,
1509, 1944, 1509
abhören 傍受 bōju 1183, 260
Abkommen 協定 kyōtei 234, 355
Abkürzung (Weg) 近道 chikamichi 445, 149
(Wort) 略語 ryakugo 841, 67
Ablauf (Ende) 満了 manryō 201, 941
der Amtszeit 任期満了 ninki manryō 334,
449, 201, 941
ablegen (Kleidung) 脱 nu(gu) 1370
Prüfung ~ 受験 juken 260, 532
Ableger (Pflanze) 挿し木 sashiki 1651, 22
ablehnen 退 shirizo(keru) 846
断 kotowa(ru) 1024
排撃 haigeki 1036, 1016
拒 KYO, koba(mu) 1295
(Richter) 忌避 kihi 1797, 1491
Ablehnung 御免 gomen 708, 733
否定 hitei 1248, 355
否決 hiketsu 1248, 356
拒絶 kyozetsu 1295, 742
拒否 kyohi 1295, 1248
排斥 haiseki 1036, 1401

ableiten (von) 推 SUI, o(su) 1233
ablenken (Aufmerkamkeit) 散 chi(rasu) 767
(trösten) 慰 I, nagusa(meru) 1618
sich ~ 紛 magi(rasu), magi(rawasu) 1702
Ablenkung (in andere Richtung) 転換 tenkan
433, 1586
Ableugnung 拒否 kyohi 1295, 1248
abliefern 交付 kōfu 114, 192
配達 haitatsu 515, 448
Abmachung 打ち合わせ uchiawase 1020, 159
abmähen 刈り取る karitoru 1282, 65
Abnahme (Bevölkerung usw.) 減少 genshō
715, 144
(Geschwindigkeit, Umsatz usw.) 逓減
teigen 1937, 715
Zunahme und/oder ~ 増減 zōgen 712, 715
abnehmen (Gewicht, Menge usw.) 減 GEN,
he(ru) 715
(nachlassen) 緩 KAN, yuru(mu) 1089
Abneigung 嫌悪 ken'o 1688, 304
starke ~ 大嫌い daikirai 26, 1688
Abnormität 変態 hentai 257, 387
abnutzen 古 furu(su) 172
sich ~ 擦 SATSU, su(reru) 1519
Abnutzung 損耗 sonmō 350, 1197
消耗 shōmō 845, 1197
磨滅 mametsu 1531, 1338
Abonnement 予約 yoyaku 393, 211
購読 kōdoku 1011, 244
Abonnementspreis 購読料 kōdokuryō
1011, 244, 319
abordnen 派遣 haken 912, 1173
Abrechnung (Geld) 決済 kessai 356, 549
(Abzug) 控除 kōjo 1718, 1065
Abreise 出発 shuppatsu 53, 96
abrupt 唐突 tōtotsu 1697, 898
Abrüstung 軍縮 gunshuku 438, 1110
Absage 欠席届け kessekitodoke 383, 379, 992
Absatz (Textstelle) 項目 kōmoku 1439, 55
Absatzgebiet 販路 hanro 1048, 151
abschaffen 撤廃 teppai 1423, 961
Abschaffung 廃止 haishi 961, 477
**des Feudalsystems und Errichtung der
Präfekturen** 廃藩置県 haihan-chiken
961, 1382, 426, 194
Abschaltung (Gerät) 遮断 shadan 1767, 1024
Abschattung 濃淡 nōtan 957, 1337

abschätzen 積 SEKI, tsu(moru) 656
貴 tatto(bu), tōto(bu) 1171
Abscheu 憎 niku(shimi) 1365
憎悪 zōo 1365, 304
abscheulich 凶悪 kyōaku 1280, 304
忌 i(mawashii) 1797
abschicken 出 SHUTSU, da(su) 53
Abschied nehmen 別 waka(reru) 267
Abschiedsfeier 送別会 sōbetsukai 441, 267, 158
abschießen (Flugzeug) 撃墜 gekitsui 1016, 1132
abschlagen 拒 KYO, koba(mu) 1295
abschließen (Vertrag) 結 KETSU, musu(bu) 485
Abschließung des Landes 鎖国 sakoku 1819, 40
Abschluß 切り上げ kiriage 39, 32
終結 shūketsu 458, 485
仕舞 shimai 333, 810
終了 shūryō 458, 941
Abschlußprüfung 卒業試験 sotsugyō shiken 787, 279, 526, 532
abschmecken 試食 shishoku 526, 322
abschneiden 刈 ka(ru) 1282
(Fluchtweg usw.) 絶 ta(tsu) 742
断 ta(tsu) 1024
(abtrennen) 切り離す kirihanasu 39, 1281
Abschnitt (in Text) 項目 kōmoku 1439, 55
abschrecken 抑止 yokushi 1057, 477
abschreiben (Text) 写 SHA, utsu(su) 540
Abschrift (e-s Dokuments) 謄本 tōhon 1779, 25
abschüssig 険阻 kenso 533, 1085
~e Straße 険しい道 kewashii michi 533, 149
abschwächen 弱 yowa(meru) 218
Abschweifung 横道 yokomichi 781, 149
Absenden 出荷 shukka 53, 391
Absender (besonders von Geschenken) 贈り主 okurinushi 1364, 155
absetzen (j-n aus e-m Fahrzeug) 降 o(rosu) 947
Absetzung (Entlassung) 罷免 himen 1861, 733
Absicht (Meinung) 意向 ikō 132, 199
(Ziel) 目的 mokuteki 55, 210
(Vorhaben) 意図 ito 132, 339
(Plan) 計画 keikaku 340, 343
企図 kito 481, 339
(Ziel, Aufgabe) 志 SHI, kokorozashi 573
(Vorhaben) 志向 shikō 573, 199

(Ziel) 趣意 shui 1002, 132
(Vorhaben) 心掛け kokorogake 97, 1464
absolut 絶対 zettai 742, 365
sicher 万全 banzen 16, 89
Absolutismus 専制 sensei 600, 427
Absonderung 分泌 bunpitsu, bunpi 38, 1870
absorbieren 吸引 kyūin 1256, 216
吸収 kyūshū 1256, 757
absperren: mit e-m Seil ~ 縄張 nawabari 1760, 1106
abspringen (aus Straßenbahn usw.) 飛び降りる tobioriru 530, 947
Absprung(stelle) 踏切 fumikiri 1559, 39
Abstammung (histor.) 由緒 yuisho 363, 862
(genealog.) 系統 keitō 908, 830
門閥 monbatsu 161, 1510
(direkte) 嫡流 chakuryū 1932, 247
von göttlicher ~ 天孫 tenson 141, 910
Abstand 距離 kyori 1294, 1281
間隔 kankaku 43, 1589
abstellen 矯め直す tamenaosu 1925, 423
(schlechte Gewohnheit) 矯 KYŌ, ta(meru) 1925
absterben (Pflanzen) 枯死 koshi 974, 85
Abstieg 降下 kōka 947, 31
(von e-m Berg) 下山 gezan 31, 34
(Verschlechterung) 下り坂 kudarizaka 31, 443
Abstimmung (Wahl) 採決 saiketsu 933, 356
(polit. Wahlen) 投票 tōhyō 1021, 922
Abstinenz 禁酒 kinshu 482, 517
Abstoß (Verkauf) 売却 baikyaku 239, 1783
abstrakt 抽象的 chūshōteki 987, 739, 210
Abstraktion 抽象 chūshō 987, 739
Abstufung 甲乙 kō-otsu 982, 983
Absturz 墜落 tsuiraku 1132, 839
abteilen (unterteilen; abtrennen) 区切る kugiru 183, 39
(trennen von) 隔 KAKU, heda(teru) 1589
Abteilung (in e-m Betrieb) 部 BU 86
(Gruppe; Sachgebiet) 部門 bumon 86, 161
(in e-m Betrieb) 課 KA 488
(beim Militär) 部隊 butai 86, 795
Abteilungsleiter (unterste Ebene) 室長 shitsuchō 166, 95
(in e-r Behörde) 局長 kyokuchō 170, 95
(in e-r Firma/Behörde) 課長 kachō 488, 95

abtragen (Erde) 切り崩す kirikuzusu 39, 1122

Abtreibung 堕胎 datai 1742, 1296

abtrennen 割 sa(ku) 519
切り離す kirihanasu 39, 1281
隔 KAKU, heda(teru) 1589

abtreten 譲 JŌ, yuzu(ru) 1013
譲り渡す yuzuriwatasu 1013, 378

Abtrünnigkeit 離反 rihan 1281, 324

Abwasser 下水 gesui 31, 21

abwechselnd 交互 kōgo 114, 907
互い違いに tagaichigai ni 907, 814

Abweg 岐路 kiro 872, 151

Abwehr 防衛 bōei 513, 815

abwehren 抑止 yokushi 1057, 477

Abweichung (vom Durchschnitt; in der Physik) 偏差 hensa 1159, 658
(Abschweifung) 脱線 dassen 1370, 299

Abweisung (Verweigerung) 拒絶 kyozetsu 1295, 742

abwenden (Augen, Gesicht) 背 somu(keru) 1265

Abwertung (Währung) 切り下げ kirisage 39, 31

Abwesenheit (von e-m Ort; Nichtvorhandensein) 不在 fuzai 94, 268
(Nichtteilnahme) 欠席 kesseki 383, 379
(von zu Hause) 留守 rusu 761, 490

Abwesenheitsmeldung 欠勤届け kekkintodoke 383, 559, 992

Abzeichen 章 SHŌ 857
記章 kishō 371, 857
an der (Dienst)Mütze 帽章 bōshō 1105, 857

Abzug (bei Steuern) 控除 kōjo 1718, 1065

Abzweigung 分岐 bunki 38, 872
分岐点 bunkiten 38, 872, 169

Achse 軸 JIKU 988
枢軸 sūjiku 1023, 988
(Welle) 心棒 shinbō 97, 1543

Achselstück 肩章 kenshō 1264, 857

acht 八 HACHI, yat(tsu), ya(tsu), ya-, [yō-] 10
Gramm 八グラム hachi guramu 10
Millimeter 八ミリ hachi miri 10
Personen 八人 hachinin 10, 1
Tage 八日 yōka 10, 5
~er (Tag e-s Monats) 八日 yōka 10, 5

achtblättrige Kirschblüte 八重桜 yaezakura 10, 227, 928

achten 敬 KEI, uyama(u) 705
仰 GYŌ, ao(gu) 1056

achttausend 八千 hassen 10, 15

Achtung 敬意 keii 705, 132
尊敬 sonkei 704, 705
vor dem Alter 敬老 keirō 705, 543

achtzehn Tage 十八日 jūhachinichi 12, 10, 5

Ackerbau 耕作 kōsaku 1196, 360
農耕 nōkō 369, 1196

addieren 足 ta(su) 58
加 kuwa(eru) 709

Addition u. Subtraktion 加減 kagen 709, 715

Adel 貴族 kizoku 1171, 221

Adelsrang 爵位 shakui 1923, 122

Adelsstand: in den ~ erheben 授爵 jushaku 602, 1923

Adelstitel 爵位 shakui 1923, 122

Ader (Blutgefäß) 血管 kekkan 789, 328
(Erz) 脈 MYAKU 913
(Vene) 静脈 jōmyaku 663, 913
(Blutgefäß) 筋 KIN, suji 1090

Adhäsion 粘着 nenchaku 1707, 657, 100

Adhäsionskraft 粘着力 nenchakuryoku 1707, 657, 100

Adliger 貴族 kizoku 1171, 221

Administration 行政 gyōsei 68, 483

Admiral: (Groß)~ 元帥 gensui 137, 1935

adoptieren 養 YŌ, yashina(u) 402

Adoptivkind 養子 yōshi 402, 103

Adresse 住所 jūsho 156, 153

Affäre (Vorfall) 事件 jiken 80, 732

Affe 猿 EN, saru 1584

Affekt (Erregung) 激情 gekijō 1017, 209
(Handlung) 衝動(行為) shōdō (kōi) 1772, 231, 68, 1484

Affektiertheit 飾り気 kazarike 979, 134

Agitation 扇動 sendō 1555, 231

ähneln 似 JI, ni(ru) 1486

Ahnen 祖先 sosen 622, 50

Ahnenkult 祖先崇拝 sosen sūhai 622, 50, 1424, 1201

Ahnentafel 系図 keizu 908, 339
系譜 keifu 908, 1167

ähnlich sein 肖 SHŌ 844

Ähnlichkeit 相似 sōji 146, 1486
類似 ruiji 226, 1486

Ahnung (Gefühl) 気配 kehai 134, 515

Ähre 穂 SUI, ho 1221
Akademiker 学士 gakushi 109, 572
akademisch: ~e Kreise 学界 gakkai 109, 454
  ~e Laufbahn 学歴 gakureki 109, 480
  ~er Grad 学位 gakui 109, 122
  ~es Geschwätz 机上の空論 kijō no kūron 1305, 32, 140, 293
Akkordeon 手風琴 tefūkin 57, 29, 1251
Akkumulation 蓄積 chikuseki 1224, 656
Akkumulator 蓄電池 chikudenchi 1224, 108, 119
Akne 吹き出物 fukidemono 1255, 53, 79
Akt (e-s Theaterstücks) 幕 MAKU 1432
Akt(bild) 裸体画 rataiga 1536, 61, 343
Akten 書類 shorui 131, 226
Aktie 株 kabu 741
  株券 kabuken 741, 506
Aktiengesellschaft 株式会社 kabushiki-gaisha 741, 525, 158, 308
Aktionär 株主 kabunushi 741, 155
Aktionärsversammlung 株主総会 kabunushi sōkai 741, 155, 697, 158
aktiv (lebhaft) 活発 kappatsu 237, 96
  (positiv) 積極的 sekkyokuteki 656, 336, 210
  ~e Bestechung 贈賄 zōwai 1364, 1739
Aktiver (Sportler) 選手 senshu 800, 57
Aktivität 活動 katsudō 237, 231
  活躍 katsuyaku 237, 1560
akut 急性 kyūsei 303, 98
  ~e Not 窮迫 kyūhaku 897, 1175
Akzent (Betonung) 抑揚 yokuyō 1057, 631
Alarm 警報 keihō 706, 685
Alarmglocke 警鐘 keishō 706, 1821
Alarmsirene 警笛 keiteki 706, 1471
Alchemie 錬金術 renkinjutsu 1816, 23, 187
Alge 藻 SŌ, mo 1657
  ~n 海藻 kaisō 117, 1657
  ~n 藻類 sōrui 1657, 226
Alimente 扶養料 fuyōryō 1721, 402, 319
alkoholisches Getränk 酒 SHU, sake 517
alkoholisiert: stark ~ 泥酔 deisui 1621, 1709
Alkoholverbot 禁酒 kinshu 482, 517
alle (Objekte) 全部 zenbu 89, 86
  (Menschen) 自他 jita 62, 120
  (Personen zusammen) 共 KYŌ, tomo 196
  (Personen) 皆 KAI, mina 587

(anwesenden Personen) 皆さん minasan 587
Ecken und Winkel 隅々 sumizumi 1640
Kräfte 全力 zenryoku 89, 100
Länder 各国 kakkoku 642, 40
Länder (Nationen/Völker der Erde) 万国 bankoku 16, 40
Länder (verschiedene Länder) 諸国 shokoku 861, 40
Mitglieder 全員 zen'in 89, 163
Richtungen 四方 shihō 6, 70
Richtungen/Seiten 八方 happō 10, 70
Zeiten und Länder 古今東西 kokon-tōzai 172, 51, 71, 72
allein (eine Person) 一人 hitori 2, 1
  (einzelne Person) 独 DOKU, hito(ri) 219
  (etwas tun) 単独 tandoku 300, 219
  (einzig) 唯一 yuiitsu 1234, 2
  (einsam) 孤独 kodoku 1480, 219
  trinken 独酌 dokushaku 219, 1863
  ~e leben 一人暮らし hitorigurashi 2, 1, 1428
Alleinvertrieb 専売 senbai 600, 239
allerlei Gedanken/Eindrücke 雑感 zakkan 575, 262
allerletzt 究極 kyūkyoku 895, 336
alles 全部 zenbu 89, 86
  皆 KAI, mina 587
allgemein (alles) 全体 zentai 89, 61
  (öffentlich) 自他 jita 62, 120
  (generell) 一般的 ippanteki 2, 1096, 210
  全般的 zenpanteki 89, 1096, 210
  普遍的 fuhenteki 1166, 1160, 210
  (alle betreffend) 軒並 nokinami 1187, 1165
  bekannt 周知 shūchi 91, 214
  ~e Abteilung (in e-m Betrieb) 庶務課 shomuka 1766, 235, 488
  ~e Angelegenheiten (in e-m Betrieb) 庶務 shomu 1766, 235
  ~e Lage 概況 gaikyō 1459, 850
  ~e Lage/Tendenz 大勢 taisei 26, 646
  ~e Wahlen 普(通)選(挙) fu(tsū) sen(kyo) 1166, 150, 800, 801
Allgemeinheit 公共 kōkyō 126, 196
  全般 zenpan 89, 1096
Allianz 同盟 dōmei 198, 717
Alliteration 頭韻 tōin 276, 349

allmählich 徐々に jojo ni 1066
漸次 zenji 1400, 384
  abnehmen 漸減 zengen 1400, 715
  zunehmen 漸増 zenzō 1400, 712
  ~er Fortschritt 漸進 zenshin 1400, 437
alltäglich 普段 fudan 1166, 362
  (gewöhnlich, mittelmäßig) 平凡 heibon
202, 1102
Alluvium (Erdzeitalter) 沖積世 chūsekisei
1346, 656, 252
沖積期 chūsekiki 1346, 656, 449
Alma Mater 母校 bokō 112, 115
Almosen 喜捨 kisha 1143, 1444
  geben 施 SHI, SE, hodoko(su) 1004
  spenden 恵 KEI, E, megu(mu) 1219
Alptraum 悪夢 akumu 304, 811
alt (Gegenstände, Abstrakta) 古 KO, furu(i)
172
  (nicht mehr existent/gültig/relevant) 旧
KYŪ 1216
  und jung 老若 rōnyaku, rōjaku 543, 544
  und neu 新旧 shinkyū 174, 1216
  werden 老 RŌ, o(iru), fu(keru) 543
  ~e Burg 古城 kojō 172, 720
  ~e Frau 老人 rōjin 543, 1
老妻 rōsai 543, 671
老婆 rōba 543, 1931
  ~e Geschichte (Begebenheit) 昔の事
mukashi no koto 764, 80
  ~e Geschichte (Legende usw.) 昔話
mukashi-banashi 764, 238
  ~e Grabstätte 古墳 kofun 172, 1662
  ~e Grabstätte für j. Kaiser 前方後円墳
zenpō-kōen fun 47, 70, 48, 13, 1662
  ~e Leute 老人 rōjin 543, 1
  ~e Sitte (antik; altmodisch) 古風 kofū
172, 29
  ~e Sitte (Konvention) 因襲 inshū 554,
1575
  ~e Sünde 旧悪 kyūaku 1216, 304
  **~e Weise (Philosophen vergangener
Zeiten)** 先賢 senken 50, 1288
  (ur) ~e Zeit 太古 taiko 629, 172
  ~e Zeitungen 古新聞 furushinbun 172,
174, 64
  j-s ~e Schule 母校 bokō 112, 115
  in ~en Zeiten 昔々 mukashi-mukashi 764

~er beratender Staatsmann 元老 genrō
137, 543
~er Groll 遺恨 ikon 1172, 1755
~er kaiserl. Berater 元老 genrō 137, 543
~er (Mond)Kalender 旧暦 kyūreki 1216,
1534
~er Mann 老人 rōjin 543, 1
老翁 rōō 543, 1930
~er Mensch im Ruhestand 隠居 inkyo
868, 171
**~er Philosoph/Weiser (aus vergangenen
Zeiten)** 先哲 sentetsu 50, 1397
~es Ehepaar 老夫婦 rōfūfu 543, 315, 316
~es Grab 古墳 kofun 172, 1662
~es Nest 古巣 furusu 172, 1538
~es Schloß 古城 kojō 172, 720
~es Sprichwort 古語 kogo 172, 67
~es Übel 旧弊 kyūhei 1216, 1782
Alt: das ~e Testament 旧約(聖書) Kyūyaku
(Seisho) 1216, 211, 674, 131
Altar 祭壇 saidan 617, 1839
alteingesessenes Geschäft 老舗 shinise, rōho
543, 1443
Altenpflegeheim 養老院 yōrōin 402, 543, 614
Alter 春秋 shunjū 460, 462
年輩 nenpai 45, 1037
  (e-s Menschen) 年齢 nenrei 45, 833
  (e-s jungen Mädchens) 芳紀 hōki 1775, 372
  und Jugend 老若 rōnyaku, rōjaku 543, 544
älter: ~e Schwester 姉 SHI, ane 407
姉さん nēsan 407
~er Bruder 兄 KEI, ani 406
兄さん niisan 406
Älterer 先輩 senpai 50, 1037
altern 老 RŌ, o(iru), fu(keru) 543
Altersgenosse 同年輩の人 dōnenpai no hito
198, 45, 1037, 1
Altersschwäche 老朽 rōkyū 543, 1628
老衰 rōsui 543, 1676
Alterszulage 年功加俸 nenkō kahō 45, 818,
709, 1542
Altertum 古代 kodai 172, 256
昔 SEKI, mukashi 764
ältest: ~e Tochter 長女 chōjo 95, 102
~er Sohn 長男 chōnan 95, 101
嫡男 chakunan 1932, 101
Ältester 長老 chōrō 95, 543

althergebracht 従来 jūrai 1482, 69

altjapanisch: ~e Hofmusik 雅楽 gagaku 1456, 358

    ~e Hofmusik mit Tanz 舞楽 bugaku 810, 358

    ~es Kohlebecken 火鉢 hibachi 20, 1820

    ~es Strohseil-Muster 縄文 jōmon 1760, 111

Altjapanisch 文語 bungo 111, 67

alt(modisch) 古臭い furukusai 172, 1244

altmodisch (Sitte, Ansichten) 古風 kofū 172, 29

    (Stil, Mode, Methode) 旧式 kyūshiki 1216, 525

    ~e Vorstellungen 旧弊 kyūhei 1216, 1782

Altwerden 老朽 rōkyū 543, 1628

am: ~ besten 最良 sairyō 263, 321

    dritten Tag 三日目 mikkame 4, 5, 55

    folgenden Tag 翌日 yokujitsu 592, 5

    grünen Tisch 机上 kijō 1305, 32

    hellichten Tage 白昼に hakuchū ni 205, 470

    meisten 一番 ichiban 2, 185

    最 SAI, motto(mo) 263

    nächsten Morgen 翌朝 yokuasa, yokuchō 592, 469

    nächsten Tag 翌日 yokujitsu 592, 5

    schlechtesten/schlimmsten 最悪 saiaku 263, 304

    selben Tag 即日 sokujitsu 463, 5

    Tage 日中 nitchū 5, 28

Ameisenhaufen あり塚 arizuka 1751

Amerika (Abk.) 米 BEI 224

    Europa und ~ 欧米 Ō-Bei 1022, 224

    Vereinigte Staaten von ~ アメリカ合衆国 Amerika Gasshūkoku 159, 792, 40

Amethyst 紫水晶 murasaki suishō 1389, 21, 1645

Amnestie (für bestimmte Vergehen) 大赦 taisha 26, 1570

    (im Einzelfall) 特赦 tokusha 282, 1570

    (Oberbegriff für *taisha* und *tokusha*) 恩赦 onsha 555, 1570

Amok laufen 狂 KYŌ, kuru(u) 883

Amplitude 振幅 shinpuku 954, 1380

Amt (Behörde) 局 KYOKU 170

    (Stellung) 任務 ninmu 334, 235

(Behörde) 役所 yakusho 375, 153

官庁 kanchō 326, 763

署 SHO 860

(Funktion, Zuständigkeit) 係 kakari 909

    hohes ~ 高官 kōkan 190, 326

amtlich: ~e Bekanntmachung 公示 kōji 126, 615

発令 hatsurei 96, 831

    ~e Genehmigung 検定 kentei 531, 355

    ~e Verkündung 公布 kōfu 126, 675

Amtsantritt 就任 shūnin 934, 334

Amtsentlassung 免職 menshoku 733, 385

Amtsniederlegung 辞職 jishoku 688, 385

Amtspflicht 任務 ninmu 334, 235

Amtssitz 公邸 kōtei 126, 563

Amtswohnung 官邸 kantei 326, 563

Amulett お守り omamori 490

護符 gofu 1312, 505

amüsieren: sich ~ 浮 u(kareru) 938

an: ~ Bord gehen 搭乗 tōjō 1915, 523

    die untere Instanz zurückverweisen 差し戻す sashimodosu 658, 1238

    Land treiben/getrieben werden 漂着 hyōchaku 924, 657

    sich arbeiten 修行 shūgyō 945, 68

    sich reißen 掌握 shōaku 499, 1714

    ... stehen 沿 EN, so(u) 1607

Analphabetentum 文盲 monmō 111, 1375

Analogie 相似 sōji 146, 1486

類似 ruiji 226, 1486

Analogie(schluß) 類推 ruisui 226, 1233

Analyse 分析 bunseki 38, 1393

解析 kaiseki 474, 1393

analytische Chemie 分析化学 bunseki kagaku 38, 1393, 254, 109

Anamnese 既往症 kiōshō 1458, 918, 1318

Anarchie 無政府 museifu 93, 483, 504

Anästhesie 麻酔 masui 1529, 1709

Anatomie 解剖学 kaibōgaku 474, 1830, 109

Anbau (Pflanzen) 開墾 kaikon 396, 1136

    (Zucht) 培養 baiyō 1828, 402

    (Pflanzen) 開拓 kaitaku 396, 1833

anbauen (züchten) 培 BAI, tsuchika(u) 1828

anbeten 祭 SAI, matsu(ru) 617

拝 HAI, oga(mu) 1201

Anbetung 崇拝 sūhai 1424, 1201

敬慕 keibo 705, 1431

anbieten 勧 KAN, susu(meru) 1051
薦 SEN, susu(meru) 1631
anbinden 縛 BAKU, shiba(ru) 1448
Anblick 趣 SHU, omomuki 1002
anbrennen (lassen) 焦 ko(gasu) 999
Andacht (Gedenken) 祈念 kinen 621, 579
(**Gottesdienst**) 礼拝 reihai 620, 1201
ander: ~e Länder 他国 takoku 120, 40
~e Leute 他人 tanin 120, 1
~e Richtung/Seite/Partei 他方 tahō 120, 70
~e Seite (von zwei Seiten) 反面 hanmen 324, 274
ein ~er Mensch 別人 betsujin 267, 1
~es Ufer 対岸 taigan 365, 586
andererseits 一方 ippō 2, 70
ändern 変 ka(eru) 257
改 KAI, arata(meru) 514
違 chiga(eru) 814
(**Meinung**) 翻 HON, hirugae(su) 596
sich ~ 変 HEN, ka(waru) 257
移 I, utsu(ru) 1121
anders sein 異 I, koto 1061
Änderung (Veränderung) 変動 hendō 257, 231
(**Revision: Vertrag, Preis usw.**) 改正 kaisei 514, 275
(**z.B. e-s Plans**) 変更 henkō 257, 1008
(**Wandel**) 変換 henkan 257, 1586
Andeutung (Suggestion, Erinnerung) 暗示 anji 348, 615
(**kommender Ereignisse**) 伏線 fukusen 1356, 299
(**Anregung**) 示唆 shisa 615, 1846
andeutungsweise 遠回し tōmawashi 446, 90
aneinander: (unbemerkt) ~ vorbeigehen 擦れ違う surechigau 1519, 814
Anekdote 逸話 itsuwa 734, 238
anerkennen 認 NIN, mito(meru) 738
Anerkennung (Lob) 賞賛 shōsan 500, 745
(**Akzeptanz**) 承認 shōnin 942, 738
amtliche ~ 公認 kōnin 126, 738
認定 nintei 738, 355
jurist. ~ 是認 zenin 1591, 738
öffentl. ~ 表彰 hyōshō 272, 1827
stillschweigende ~ 黙認 mokunin 1578, 738
Anfang 皮切り kawakiri 975, 39

(**Ausgangspunkt**) 糸口 itoguchi 242, 54
(**Ursprung**) 起原 kigen 373, 136
(**Eröffnung**) 開始 kaishi 396, 494
(**Quelle**) 源 GEN, minamoto 580
(**zeitlich; auf e-e Tätigkeit bezogen**) 初 SHO, haji(me) 679
(**Beginn; (zu)erst**) 最初 saisho 263, 679
(**e-s Textes/e-r Rede**) 冒頭 bōtō 1104, 276
und Ende 首尾 shubi 148, 1868
anfangen (intr.) 始 SHI, haji(maru) 494
(**tr.**) 始 haji(meru) 494
Anfangsgründe 初歩 shoho 679, 431
anfertigen 作 SAKU, SA, tsuku(ru) 360
Anfertigung 製作 seisaku 428, 360
anfeuchten 湿 shime(su) 1169
Anfeuerungsrufe 声援 seien 746, 1088
Anflug (Hauch, Spur) 一抹 ichimatsu 2, 1914
Anforderung 要求 yōkyū 419, 724
anfragen 問い合わせる toiawaseru 162, 159
anfühlen: sich (weich, rauh, angenehm) ~ 肌触り hadazawari 1306, 874
Anfühlen 感触 kanshoku 262, 874
(**an)führen** 率 SOTSU, hiki(iru) 788
anführen (aufzählen) 枚挙 maikyo 1156, 801
(**An)Führer** 大将 taishō 26, 627
Anführer 主謀者 shubōsha 155, 1495, 164
Anführung (Zitat) 引用 in'yō 216, 107
Angabe (Erklärung, Meldung) 申告 shinkoku 309, 690
(**Eintragung**) 記載 kisai 371, 1124
angeben (aufzählen) 枚挙 maikyo 1156, 801
Angebot (an Kunden; Vorschlag) 申し入れ mōshiire 309, 52
(**auf dem Markt**) 供給 kyōkyū 197, 346
(**an Kunden**) 提供 teikyō 628, 197
(**schriftliches**) ~ (e-r Ware/Dienstleistung) 入札 nyūsatsu 52, 1157
angebrannt 黒焦げ kurokoge 206, 999
angegliederter Verband 外郭団体 gaikaku dantai 83, 1673, 491, 61
angeheiratete Verwandte 姻族 inzoku 1748, 221
angehen (betreffen) 係 KEI, kaka(ru) 909
Angeklagter 被告(人) hikoku(nin) 976, 690, 1
Angelegenheit (Sache) 事 JI, koto 80
(**Sache**) 用 YŌ 107

(Sache, Fall, Frage) 件 KEN 732
(jurist.) 案件 anken 106, 732
(Sache) 用件 yōken 107, 732
(Sachverhalt, Umstand) 事柄 kotogara 80, 985
(Punkt) 事項 jikō 80, 1439
Angelgerät 釣り道具 tsuridōgu 1862, 149, 420
Angelhaken 釣り針 tsuribari 1862, 341
angeln 釣 CHŌ, tsu(ru) 1862
Angelteich 釣り堀 tsuribori 1862, 1804
angemessen 相当 sōtō 146, 77
 適切 tekisetsu 415, 39
 妥当 datō 930, 77
 適宜 tekigi 415, 1086
 sein 相応 sōō 146, 827
angenehm 快 KAI, kokoroyo(i) 1409
 快適 kaiteki 1409, 415
 ~e Unterhaltung 歓談 kandan 1052, 593
angenommener Name 仮名 kamei 1049, 82
angeregt sein (Stimmung) 弾 hazu(mu) 1539
 (etw. zu tun) 発憤 happun 96, 1661
angeschlossen (Institution) 附属 fuzoku 1843, 1637
angesteckt werden (Infektionskrankheit; schlechte Angewohnheit) 染 SEN, so(maru), shi(miru) 779
angestellt sein 勤 KIN, tsuto(meru) 559
Angestellter 従業員 jūgyōin 1482, 279, 163
 雇い人 yatoinin 1553, 1
 (in e-m Geschäft) 店員 ten'in 168, 163
 (Firmen-) ~ 社員 shain 308, 163
 im Öffentlichen Dienst 公務員 kōmuin 126, 235, 163
Angewohnheit 癖 HEKI, kuse 1490
Angina pectoris 狭心症 kyōshinshō 1353, 97, 1318
angreifen (e-e Person; den Feind) 攻 KŌ, se(meru) 819
 (den Feind) 撃 GEKI, u(tsu) 1016
 討 TŌ, u(tsu) 1018
 襲 SHŪ, oso(u) 1575
angrenzen 隣り合う tonariau 809, 159
 隣接 rinsetsu 809, 486
Angriff (Offensive) 攻勢 kōsei 819, 646
 (militär.) 攻撃 kōgeki 819, 1016
 (militär., Ansturm) 来襲 raishū 69, 1575

(Überfall auf e-e Person) 殴り込み nagurikomi 1940, 776
 und Verteidigung 攻守 kōshu 819, 490
 攻防 kōbō 819, 513
 e-n ~ zurückschlagen 迎え撃つ mukaeutsu 1055, 1016
Angst (vor) 不安 fuan 94, 105
 (um) 心配 shinpai 97, 515
 (Befürchtung) 懸念 kenen 911, 579
 (um) 心遣い kokorozukai 97, 1173
 気遣い kizukai 134, 1173
 (vor) 愁 SHŪ, ure(i) 1601
anhaben (Schuhe, Socken) 履 RI, ha(ku) 1635
anhalten (tr.) 止 to(meru) 477
anhaltend 引き続いて hikitsuzuite 216, 243
Anhang (zu e-m Buch) 付録 furoku 192, 538
 附録 furoku 1843, 538
Anhänger (Gefolgsmann, hist.) 郎党 rōtō, rōdō 980, 495
 郎等 rōtō, rōdō 980, 569
 e-r Religion 教徒 kyōto 245, 430
 e-r Sekte/Religion 宗徒 shūto 616, 430
Anhänglichkeit 執心 shūshin 686, 97
 執着 shūjaku, shūchaku 686, 657
anhäufen 積 tsu(mu) 656
Anhäufung (immateriell: Schulden usw.) 累積 ruiseki 1060, 656
 (Waren usw.) 停滞 teitai 1185, 964
Anheben des Status (Institution/Person) 昇格 shōkaku 1777, 643
Anhöhe 高台 takadai 190, 492
anhören: (j-n) ~ 傾聴 keichō 1441, 1039
Anhören 傍聴 bōchō 1183, 1039
Anhörung: öffentliche ~ 公聴会 kōchōkai 126, 1039, 158
Animosität 敵意 tekii 416, 132
(An)Kauf 購入 kōnyū 1011, 52
 購買 kōbai 1011, 241
Anklage (Jura) 告発 kokuhatsu 690, 96
 起訴 kiso 373, 1402
 告訴 kokuso 690, 1402
 (öffentlich, auch juristisch) 弾劾 dangai 1539, 1939
anklagen (Jura) 訴 SO, utta(eru) 1402
 (öffentlich) ~ 糾弾 kyūdan 1703, 1539
ankleiden: sich ~ 装 SŌ, SHŌ, yosō(u) 1328

ankommen (Personen, Gepäck, Zug) 着 tsu(ku) 657
  (Personen, Sendungen, Zug) 至 ita(ru) 902
  (Brief- u.a. Sendungen) 届 todo(ku) 992
Ankunft (Zug) 到着 tōchaku 904, 657
Anlage (Charakter, Eigenschaft) 性質 seishitsu 98, 176
  (Begabung) 素質 soshitsu 271, 176
  (Mechanismus) 装置 sōchi 1328, 426
  (Beilage, z.B. zu e-m Brief) 添付 tenpu 1433, 192
  natürliche ~ 天性 tensei 141, 98
Anlandung (von Waren) 荷揚げ niage 391, 631
Anlaß (Grund) 故 yue 173
  (Grund, Gegenstand) 種 tane 228
  (Gelegenheit) 契機 keiki 565, 528
  (Auslöser) 導火線 dōkasen 703, 20, 299
  (Grund) 誘因 yūin 1684, 554
Anlegen (Park usw.) 設置 setchi 577, 426
  (Eisenbahnlinie usw.) 敷設 fusetsu 1451, 577
Anleihe: (internationale) ~ 借款 shakkan 766, 1727
Anleihepapier 債券 saiken 1118, 506
Anleitung (durch e-e Person) 指導 shidō 1041, 703
Anliegen 懇願 kongan 1135, 581
Anmeldung (bei e-r Person) 申告 shinkoku 309, 690
  (Kurs, Verein) 申し込み mōshikomi 309, 776
anmerken: sich nichts ~ lassen 知らん顔 shirankao 214, 277
Anmerkung (zu e-m Text) 注 CHŪ 357
注釈 chūshaku 357, 595
備考 bikō 768, 541
Anmut 優雅 yūga 1033, 1456
端麗 tanrei 1418, 1630
anmutig 秀麗 shūrei 1683, 1630
Annahme (von Anträgen usw.) 受(け)付(け) uketsuke 260, 192
  (e-s Vorschlags) 採用 saiyō 933, 107
  (e-s Antrags) 採択 saitaku 933, 993
  (Hypothese) 仮定 katei 1049, 355
仮説 kasetsu 1049, 400

  oder Verwerfung 取捨 shusha 65, 1444
  formelle ~ (Petition, Dokumente usw.) 受理 juri 260, 143
(an)nehmen 採 SAI, to(ru) 933
annehmen (Petition, Dokumente usw.) 取り上げる toriageru 65, 32
  (akzeptieren) 受け取る uketoru 260, 65
  (Gesetz verabschieden) 可決 kaketsu 388, 356
  (Geschenk usw.) 納 NŌ, osa(meru) 758
  (fremde Kultur) 摂取 sesshu 1692, 65
  (Angebot/Bedingungen) 受諾 judaku 260, 1770
annektieren 併 HEI, awa(seru) 1162
Annex 別館 bekkan 267, 327
Annexion 併合 heigō 1162, 159
Annonce 広告 kōkoku 694, 690
Anomalie 変態 hentai 257, 387
変則 hensoku 257, 608
anonym 無名 mumei 93, 82
Anonymität 匿名 tokumei 1771, 82
Anordnung (Reihenfolge) 配置 haichi 515, 426
  (amtl. Verordnung) 訓令 kunrei 771, 831
  (Befehl, Auftrag) 旨 SHI, mune 1040
  (Anweisung) 指令 shirei 1041, 831
anpassen (passend machen) 合 a(waseru), a(wasu) 159
Anpassung (an Umgebung) 適合 tekigō 415, 159
  (Regulierung: Lautstärke, Preise usw.) 調節 chōsetsu 342, 464
  (an Umgebung) 順応 junnō 769, 827
  (Mensch; Regeln usw.) 融通 yūzū 1588, 150
Anprobe 仮縫い karinui 1049, 1349
anraten 諭 YU, sato(su) 1599
Anraten 諭旨 yushi 1599, 1040
Anrede: (höfliche ~ in Briefen) 拝啓 haikei 1201, 1398
anregen 鼓吹 kosui 1147, 1255
  sich ~ lassen 奮起 funki 1309, 373
Anregung 示唆 shisa 615, 1846
Anreiz 誘い水 sasoimizu 1684, 21
ansagen 告 KOKU, tsu(geru) 690
Ansammlung (Kapital, Wissen) 蓄積 chikuseki 1224, 656

ansässig: in Japan ~ (Personen, Firmen) 在日
zainichi 268, 5
(Botschaft) 駐日 chūnichi 599, 5
anschaulich 如実 nyojitsu 1747, 203
Anschauung (Intuition) 直覚 chokkaku
423, 605
Anschein 外観 gaikan 83, 604
Anschlag (Schätzung) 査定 satei 624, 355
(Intrige) 陰謀 inbō 867, 1495
(Aushang) 掲示 keiji 1624, 615
Anschlagtafel 掲示板 keijiban 1624, 615,
1047
Anschluß (Verbindung: elektr.; Zug; Satz;
usw.) 接続 setsuzoku 486, 243
(Verkehrsverbindung) 連絡 renraku
440, 840
Anschlußbahnhof 連絡駅 renraku-eki 440,
840, 284
分岐点 bunkiten 38, 872, 169
Anschlußbahn/linie 連絡線 renraku-sen
440, 840, 299
(an)schwellen 膨 BŌ, fuku(reru), fuku(ramu)
1145
Anschwellen (allg.; Medizin) 膨大 bōdai
1145, 26
(an)sehen 眺 CHŌ, naga(meru) 1565
ansehen (bescheiden) 拝見 haiken 1201, 63
sich (gegenseitig) ~ 見合わせる
miawaseru 63, 159
Ansehen (Ruhm, Ehre) 名声 meisei 82, 746
(Würde) 威信 ishin 1339, 157
Ansicht (Meinung) 意見 iken 132, 63
思惑 omowaku 99, 969
Ansichtskarte 絵葉書 ehagaki 345, 253, 131
(an)spannen 張 CHŌ, ha(ru) 1106
Ansporn 鼓舞 kobu 1147, 810
anspornen 励 hage(masu) 1340
督励 tokurei 1670, 1340
Ansprache (Meinungsäußerung) 演説
enzetsu 344, 400
(anläßlich e-r Feier) 式辞 shikiji 525, 688
(Anweisungen enthaltende) ~ 訓辞 kunji
771, 688
Anspruch 要求 yōkyū 419, 724
請求 seikyū 661, 724
anspruchslos (genügsam) 無欲 muyoku 93,
1127

(bescheiden) 謙譲 kenjō 1687, 1013
anspruchsvoll: ~ sein 凝 GYŌ, ko(ru) 1518
~ werden 擦 SATSU, su(reru) 1519
Anstalt 院 IN 614
Anstand 礼儀 reigi 620, 727
anstarren 見守る mimamoru 63, 490
凝視 gyōshi 1518, 606
anstecken (j-n) 移 utsu(su) 1121
sich ~ 移 I, utsu(ru) 1121
Ansteckung 感染 kansen 262, 779
anstellen (j-n) 採 SAI, to(ru) 933
就 tsu(keru) 934
抱 kaka(eru) 1285
雇 KO, yato(u) 1553
Anstellung 採用 saiyō 933, 107
登用 tōyō 960, 107
System der ~ auf Lebenszeit 終身雇用制
shūshin koyōsei 458, 59, 1553, 107, 427
Anstieg 上昇 jōshō 32, 1777
(Weg; Preise) 上り坂 noborizaka 32, 443
Anstiftung 扇動 sendō 1555, 231
教唆 kyōsa 245, 1846
Anstoß (Auslöser) 誘い水 sasoimizu 1684,
21
anstreichen 塗 TO, nu(ru) 1073
anstrengen: sich ~ 励 hage(mu) 1340
努 DO, tsuto(meru) 1595
尽 JIN, tsu(kusu) 1726
sich aufs äußerste ~ 粉骨砕身 funkotsu-
saishin 1701, 1266, 1710, 59
Anstrengung: (körperliche) ~ 労力 rōryoku
233, 100
(Mühe) 苦心 kushin 545, 97
苦労 kurō 545, 233
(Arbeit) 勤労 kinrō 559, 233
(Hingabe) 丹精 tansei 1093, 659
丹誠 tansei 1093, 718
(Willens-)~ 奮発 funpatsu 1309, 96
(Bemühung) 努力 doryoku 1595, 100
尽力 jinryoku 1726, 100
äußerste ~ 一生懸命 isshōkenmei 2, 44,
911, 578
gewaltige ~ 奮闘 funtō 1309, 1511
vergebliche ~ 徒労 torō 430, 233
Anstrich 塗料 toryō 1073, 319
Ansturm (Angriff) 来襲 raishū 69, 1575
antasten 侵 SHIN, oka(su) 1077

Anteil 分け前 wakemae 38, 47
Anthologie 詩集 shishū 570, 436
anti- 反 HAN 324
antibakteriell 抗菌性 kōkinsei 824, 1222, 98
antijapanisch 反日 han-Nichi 324, 5
 (inkl. Boykott j. Waren) 排日 hai-Nichi 1036, 5
Antike (auch: j. Altertum) 古代 kodai 172, 256
Antipathie 毛嫌い kegirai 287, 1688
antiquarisches Buch 古本 furuhon 172, 25
Antrag (Vorlage (e-s Gesetzentwurfes)) 提出 teishutsu 628, 53
 (z.B. im Parlament) 提案 teian 628, 106
 提議 teigi 628, 292
 (z.B. gegenüber e-r Behörde) 申請 shinsei 309, 661
 (Vorschlag) 申し込み mōshikomi 309, 776
antreiben (ansspornen, drängen) 駆 ka(ru) 1882
antreten: e-e Reise ~ 旅立つ tabidatsu 222, 121
 e-e Stelle 就 SHŪ, [JU], tsu(ku) 934
 赴任 funin 1465, 334
Antrieb (Motor) 推進 suishin 1233, 437
Antwort (Lösung) 回答 kaitō 90, 160
 (auf e-e Frage) 答 TŌ, kota(e) 160
 (Erklärung) 答弁 tōben 160, 711
 (auf Frage/Brief) 返事 henji 442, 80
antworten 答 kota(eru) 160
Antwortkarte 返信用葉書 henshin'yō hagaki 442, 157, 107, 253, 131
anvertrauen (Geheimnis) 明 a(kasu) 18
 (e-m Menschen/dem Schicksal überlassen) 任 maka(seru), maka(su) 334
 (deponieren: Gepäck, Geld usw.) 預 YO, azu(keru) 394
 (beauftragen) 頼 RAI, tano(mu) 1512
Anwachsen (allmähliche Zunahme) 逓増 teizō 1937, 712
Anweisung (Anordnung) 指令 shirei 1041, 831
 (Anraten) 諭旨 yushi 1599, 1040
 (Anweisungen enthaltende) Ansprache 訓辞 kunji 771, 688
Anweisungen erteilen 含 fuku(meru) 1249

Anwendung: (Nutz-)~ 活用 katsuyō 237, 107
 (e-r Vorschrift) 適用 tekiyō 415, 107
 (Wissenschaft) 応用 ōyō 827, 107
Anwendungsweise (Gebrauchsanweisung) 使用法 shiyōhō 331, 107, 123
anwerben (Arbeitskräfte, Soldaten) 募 BO, tsuno(ru) 1430
Anwerbung (Personal) 募集 boshū 1430, 436
(anwesend) sein 居 i(ru) 171
Anwesenheit (Erscheinen vor Gericht) 出頭 shuttō 53, 276
 (Teilnahme) 出席 shusseki 53, 379
 (und/oder Abwesenheit) 出欠 shukketsu 53, 383
 (bei Fest usw.) 参列 sanretsu 710, 611
 (zugegen sein) 臨席 rinseki 836, 379
Anzahl 数 kazu 225
 多寡 taka 229, 1851
Anzeichen 印 shirushi 1043
 (Ahnung, Gespür) 気配 kehai 134, 515
 (z.B. für e-e Krankheit) 徴候 chōkō 1420, 944
 (Vorboten) 兆 kiza(shi) 1562
 (z.B. für e-e Krankheit) 兆候 chōkō 1562, 944
 (Symptome) aufweisen 兆 kiza(su) 1562
Anzeige (bei Polizei) 告発 kokuhatsu 690, 96
 (Inserat) 広告 kōkoku 694, 690
 (Jura) 告訴 kokuso 690, 1402
 (Bekanntgabe) 披露 hirō 1712, 951
Anzeigetafel 表示板 hyōjiban 272, 615, 1047
anziehen (durch Gravitation) 引 IN, hi(ku) 216
 (Kleidung) 着 ki(ru), tsu(keru) 657
 (tr.: j-n: Kleidung) 着 ki(seru) 657
 (Schuhe, Socken) 履 RI, ha(ku) 1635
anziehend 魅力的 miryokuteki 1526, 100, 210
Anziehungskraft 引力 inryoku 216, 100
Anzug 背広 sebiro 1265, 694
 von der Stange 既製服 kiseifuku 1458, 428, 683
anzünden 点火 tenka 169, 20
Apell 点呼 tenko 169, 1254
Apfel: ein ~ りんご一つ ringo hitotsu 2
Apostel 使徒 shito 331, 430
Apotheke 薬屋 kusuriya 359, 167
 薬局 yakkyoku 359, 170

Apotheker 薬屋 kusuriya 359, 167
薬剤師 yakuzaishi 359, 550, 409
Apparat (Nebenanschluß) 内線 naisen 84, 299
(Maschine) 機械 kikai 528, 529
(Vorrichtung) 装置 sōchi 1328, 426
Appellation (Berufung) 控訴 kōso 1718, 1402
Appendix (Blinddarm) 虫垂 chūsui 873, 1070
Appetit 食欲 shokuyoku 322, 1127
Applaus 拍手 hakushu 1178, 57
Aquarell 水彩画 suisaiga 21, 932, 343
Aquarium 水族館 suizokukan 21, 221, 327
Äquator 赤道 sekidō 207, 149
Ära 時代 jidai 42, 256
Shōwa-~ 昭和年間 Shōwa nenkan 997, 124, 45, 43
Arbeit (Beschäftigung) 用事 yōji 107, 80
(Tätigkeit, Leistung) 働き hataraki 232
(Mühe) 労力 rōryoku 233, 100
(als Arbeitnehmer) 労働 rōdō 233, 232
(Tätigkeit, Beruf) 仕事 shigoto 333, 80
(als Arbeitnehmer) 勤労 kinrō 559, 233
(finden) 就職 shūshoku 934, 385
(Leistung; Veröffentlichung) 業績 gyōseki 279, 1117
(Broterwerb) 稼働 kadō 1750, 232
arbeiten (allgemein; Kopf usw.) 働 DŌ, hatara(ku) 232
(als Angestellter) 務 MU, tsuto(meru) 235
(für Lebensunterhalt) 稼 KA, kase(gu) 1750
(entfernt vom Wohnsitz) 出稼ぎ dekasegi 53, 1750
an sich ~ 修行 shūgyō 945, 68
Arbeiter: (Fabrik-)~ 工員 kōin 139, 163
(Ernährer der Familie) 働き手 hatarakite 232, 57
(im klass. Sinne) 労働者 rōdōsha 233, 232, 164
(für einfache Tätigkeiten) 人夫 ninpu 1, 315
(körperl. Arbeit) 工夫 kōfu 139, 315
(in e-r Firma) 従業員 jūgyōin 1482, 279, 163
Arbeiterbewegung 労働運動 rōdō undō 233, 232, 439, 231
Arbeitgeber 雇い主 yatoinushi 1553, 155
Arbeitnehmer 雇い人 yatoinin 1553, 1
Arbeitskamerad 僚友 ryōyū 1324, 264

Arbeitslosigkeit 失業 shitsugyō 311, 279
Arbeitsplatz 職場 shokuba 385, 154
Arbeitsprozeß 工程 kōtei 139, 417
(Arbeits)Stelle 勤め先 tsutomesaki 559, 50
Arbeitszeit 労働時間 rōdō jikan 233, 232, 42, 43
就業時間 shūgyō jikan 934, 279, 42, 43
Arbeitszimmer 書斎 shosai 131, 1478
Archäologie 考古学 kōkogaku 541, 172, 109
Archetyp 原型 genkei 136, 888
Archipel 列島 rettō 611, 286
Architekt 建築家 kenchikuka 892, 1603, 165
Ärger 立腹 rippuku 121, 1271
怒気 doki 1596, 134
ärgerlich 口惜しい kuchioshii 54, 765
悔 kuya(shii) 1733
sein 憤 FUN, ikidō(ru) 1661
恨 KON, ura(mu) 1755
werden 膨 BŌ, fuku(reru), fuku(ramu) 1145
怒 DO, oko(ru), ika(ru) 1596
ärgern: sich schwarz ~ 業を煮やす gō o niyasu 279, 1795
Argument 論旨 ronshi 293, 1040
Argumentation 論旨 ronshi 293, 1040
論拠 ronkyo 293, 1138
Aristokratie 貴族 kizoku 1171, 221
Arkadien 桃源郷 Tōgenkyō 1567, 580, 855
桃源境 Tōgenkyō 1567, 580, 864
arm 貧 HIN, BIN, mazu(shii) 753
貧乏 binbō 753, 754
(armselig) 貧弱 hinjaku 753, 218
aussehend 貧相 hinsō 753, 146
und reich 貧富 hinpu 753, 713
~es Dorf 寒村 kanson 457, 191
Arm 腕 WAN, ude 1299
~e 上肢 jōshi 32, 1146
Armband 腕輪 udewa 1299, 1164
Armbanduhr 腕時計 udedokei 1299, 42, 340
Armee (Militär) 軍 GUN 438
(Heer) 陸軍 rikugun 647, 438
(Militär) 軍隊 guntai 438, 795
Armreif 腕輪 udewa 1299, 1164
armselig (unansehnlich) 貧相 hinsō 753, 146
(elend) 惨 SAN, ZAN, miji(me) 1725
Armut (Mangel) 不自由 fujiyū 94, 62, 363
(Mangel) 貧困 hinkon 753, 558
(Not) 困窮 konkyū 558, 897

(große Not) 窮乏 kyūbō 897, 754
Arrangement (Anordnung) 配置 haichi 515, 426
arrogant 思い上がった omoiagatta 99, 32
Arroganz 横柄 ōhei 781, 985
Art 種 SHU 228
種類 shurui 228, 226
(Weise) 仕方 shikata 333, 70
und Weise (etw. zu tun) 方 -kata 70
und Weise (Methode) 方法 hōhō 70, 123
eine ~ 一種 isshu 2, 228
j. ~ 日本風 Nihon-fū 5, 25, 29
jede ~ 各種 kakushu 642, 228
(bestimmte) ~ und Weise 様 YŌ 403
Arterie 動脈 dōmyaku 231, 913
Artikel (Waren) 品物 shinamono 230, 79
(Presse) 記事 kiji 371, 80
(in e-m Text) 事項 jikō 80, 1439
(Klausel, Paragraph) 条項 jōkō 564, 1439
(Klausel, Punkt) 箇条 kajō 1473, 564
1 (e-s Vertrags/Gesetzestexts) 第一条 dai-ichijō 404, 2, 564
vortrefflicher ~ (Produkt) 逸品 ippin 734, 230
Artikulation 発音 hatsuon 96, 347
Artillerie 砲兵 hōhei 1764, 784
Artillerist 砲兵 hōhei 1764, 784
Arznei 薬 YAKU, kusuri 359
薬剤 yakuzai 359, 550
Arzt 医者 isha 220, 164
医師 ishi 220, 409
Ärztin 女医 joi 102, 220
ärztlich: unentgeltliche ~e Behandlung 施療 seryō 1004, 1322
Untersuchung 検診 kenshin 531, 1214
診察 shinsatsu 1214, 619
診療 shinryō 1214, 1322
~e Behandlung 手当て teate 57, 77
医療 iryō 220, 1322
治療 chiryō 493, 1322
診療 shinryō 1214, 1322
Asche 灰 KAI, hai 1343
灰じん kaijin 1343
vulkanische ~ 火山灰 kazanbai 20, 34, 1343
Aschenbecher 灰皿 haizara 1343, 1097
(asch)grau 灰色 haiiro 1343, 204
(asketische) Übung 修行 shūgyō 945, 68

Assistent (Beistand, Stellvertreter) 補佐 hosa 889, 1744
(Gehilfe; wissenschaftl. ~) 助手 joshu 623, 57
Ast 大枝 ōeda 26, 870
Ästhetik 美学 bigaku 401, 109
Ästhetizismus 唯美主義 yuibi shugi 1234, 401, 155, 291
Astrologie 星占い hoshiuranai 730, 1706
Astronaut 宇宙飛行士 uchū hikōshi 990, 991, 530, 68, 572
Astronautenhelm 宇宙帽 uchūbō 990, 991, 1105
Astronomie 天文学 tenmongaku 141, 111, 109
Atemnot 息切れ ikigire 1242, 39
Atempause 休息 kyūsoku 60, 1242
Atem(zug) 息 iki 1242
呼吸 kokyū 1254, 1256
Atlantischer Ozean 大西洋 Taiseiyō 26, 72, 289
Atmosphäre 雰囲気 fun'iki 1824, 1194, 134
Atmung 呼吸 kokyū 1254, 1256
Atoll 環礁 kanshō 865, 1768
Atom 原子 genshi 136, 103
atomarer Brennstoff 核燃料 kakunenryō 1212, 652, 319
Atombombe (Abk. f. genshiryoku bakudan) 原爆 genbaku 136, 1015
Atomkern 原子核 genshikaku 136, 103, 1212
Atomkraftwerk 原子力発電所 genshiryoku hatsudensho 136, 103, 100, 96, 108, 153
Atomreaktor 原子炉 genshiro 136, 103, 1790
核反応炉 kaku hannōro 1212, 324, 827, 1790
Atomwaffen 核兵器 kakuheiki 1212, 784, 527
Attentat 暗殺 ansatsu 348, 576
auch 又 mata 1593
Audienz 謁見 ekken 1920, 63
拝謁 haietsu 1201, 1920
Auditorium 講堂 kōdō 783, 496
auf: ~ allen Vieren 四つんばい yotsunbai 6
dem Tisch 卓上 takujō 1679, 32
dem Wasser 水上 suijō 21, 32
den Armen tragen 抱 HŌ, da(ku) 1285
den Pelz rücken 迫 HAKU, sema(ru) 1175
der Schulter tragen 担 nina(u) 1274
der Stelle 即時 sokuji 463, 42
der Stelle treten 足踏み ashibumi 58, 1559
der Versammlung 席上 sekijō 379, 32

einmal 一斉に issei ni 2, 1477
frischer Tat 現行犯で genkōhan de 298, 68, 882
halbem Wege 途中 tochū 1072, 28
Hochglanz bringen 磨き上げる migakiageru 1531, 32
Leben und Tod 命懸け inochigake 578, 911
(etw./j-n) reinfallen 乗 JŌ, no(ru) 523
sein 起 o(kiru) 373
sich nehmen 担 nina(u) 1274
Video aufnehmen 録画 rokuga 538, 343
etw. ~ den Schultern tragen 担 TAN, katsu(gu) 1274
j-n ~ den Schultern tragen 胴上げ dōage 1300, 32
胴揚げ dōage 1300, 631
Auf und Ab des Lebens 栄枯 eiko 723, 974
auf- und niederspringen 飛び跳ねる tobihaneru 530, 1563
Aufbau (Errichtung) 建設 kensetsu 892, 577
(Struktur) 構成 kōsei 1010, 261
aufbauen 構 KŌ, kama(eru) 1010
aufbewahren 預 azu(karu) 394
納 NŌ, osa(meru) 758
Aufbewahrung 貯蔵 chozō 762, 1286
Aufbewahrungsstelle 預かり所 azukarisho/jo 394, 153
aufblähen: sich ~ 膨 BŌ, fuku(reru), fuku(ramu) 1145
aufbleiben (Nacht) 徹夜 tetsuya 1422, 471
lange ~ 宵っ張り yoippari 1854, 1106
aufblicken 仰視 gyōshi 1056, 606
aufbrauchen 尽 JIN, tsu(kusu) 1726
(vollkommen) ~ 尽 tsu(kasu) 1726
aufbringen (entern) だ捕 daho 890
(sammeln) 募 BO, tsuno(ru) 1430
Aufbringung (Entern) 捕獲 hokaku 890, 1313
Aufbruch e-s Leichenzuges 出棺 shukkan 53, 1825
Aufdeckung (Verborgenes) 探知 tanchi 535, 214
(Enthüllung) 露見 roken 951, 63
暴露 bakuro 1014, 951
露顕 roken 951, 1170
(Skandal) 摘発 tekihatsu 1447, 96
(Enthüllung) 露呈 rotei 951, 1590

(auf)drängen 押し付ける oshitsukeru 986, 192
aufeinander folgen 輩出 haishutsu 1037, 53
Aufeinanderfolge 連続 renzoku 440, 243
aufeinanderfolgen (Pannen usw.) 続出 zokushutsu 243, 53
(kurz hintereinander) 相次ぐ aitsugu 146, 384
aufeinanderlegen (paßgenau: z.B. Ziegelsteine) 重 kasa(neru) 227
(stapeln) 積 tsu(mu) 656
積み重ねる tsumikasaneru 656, 227
aufeinandersetzbare Lackschachteln 重箱 jūbako 227, 1091
Aufenthalt 滞在 taizai 964, 268
(Stationierung usw.) 駐在 chūzai 599, 268
Aufenthaltsort 行き先 ikisaki, yukisaki 68, 50
auferlegen (Steuern) 賦課 fuka 1808, 488
Auferstehung 復活 fukkatsu 917, 237
auffallen 目立つ medatsu 55, 121
auffallend 著 ichijiru(shii) 859
顕著 kencho 1170, 859
auffangen 傍受 bōju 1183, 260
aufflammen 燃え上がる moeagaru 652, 32
auffordern (mahnen) 督促 tokusoku 1670, 1557
Aufforderung (Mahnung; Drängen) 催促 saisoku 1317, 1557
aufführen (Tanz usw.) 上 nobo(seru), nobo(su) 32
Punkt für Punkt (schriftlich) ~ 箇条書き kajōgaki 1473, 564, 131
Aufführung (Theater) 上演 jōen 32, 344
(Film) 上映 jōei 32, 352
(Veranstaltung) 興行 kōgyō 368, 68
(Varieté, Theater) 演芸 engei 344, 435
(Veranstaltung) 演技 engi 344, 871
Aufgabe (Amt) 任務 ninmu 334, 235
(Verzicht) 放棄 hōki 512, 962
aufgeben (Territorium) 割譲 katsujō 519, 1013
aufgebracht 憤然と funzen to 1661, 651
aufgebraucht werden 尽 tsu(kiru) 1726
aufgehen (Teig) 膨 BŌ, fuku(reru), fuku(ramu) 1145
(Saat) 発芽 hatsuga 96, 1455

in (e-r Tätigkeit) 傾倒 keitō 1441, 905

die (j.) Flagge der ~den Sonne 日の丸 Hi no Maru 5, 644

aufgenommen (fotografiert) werden 写 utsu(ru) 540

aufgeregt hin- und herlaufen 右往左往 uō-saō 76, 918, 75, 918

aufgeschüttet 埋め立て umetate 1826, 121

aufgetürmte Wolken (im Sommer) 入道雲 nyūdōgumo 52, 149, 636

aufhalten (verhindern) 阻止 soshi 1085, 477

aufhängen 掛 ka(keru) 1464

   (Wäsche usw.) 架 KA, ka(keru) 755

   (Gardinen usw.) 垂 ta(rasu) 1070

aufhäufen (schichtweise) 積み重ねる tsumikasaneru 656, 227

   (Sand) 盛 mo(ru) 719

aufheben (früheres Urteil) 破棄 haki 665, 962

   (Verbot) 撤廃 teppai 1423, 961

   (vom Boden) 拾 SHŪ, hiro(u) 1445

Aufheben: viel ~s machen 騒ぎ立てる sawagitateru 875, 121

Aufhebung (Gesetz usw.) 廃止 haishi 961, 477

   (e-s Verbots) 解除 kaijo 474, 1065

   e-s Verbots 解禁 kaikin 474, 482

aufhellen (Sachverhalt) 喝破 kappa 1919, 665

   sich ~ 澄 CHŌ, su(mu) 1334

aufhetzen 唆 SA, sosonoka(su) 1846

Aufhetzung 扇動 sendō 1555, 231

aufhören 途絶える todaeru 1072, 742

Aufkauf (spekulativ) 買い占め kaishime 241, 1706

(auf)klären (Verdacht) 晴 ha(rasu) 662

aufklären (auskundschaften) 偵察 teisatsu 1928, 619

   sich ~ (Himmel) 澄 CHŌ, su(mu) 1334

Aufklärung (histor.) 啓もう keimō 1398

   (Belehrung) 啓発 keihatsu 1398, 96

aufkrempeln (Hosenbeine usw.) 端折る hashoru 1418, 1394

aufladen (Güter) 搭載 tōsai 1915, 1124

Auflage (Buch) 版 HAN 1046

Auflehnung (z.B. gegen Eltern) 反抗 hankō 324, 824

auflodern 燃え上がる moeagaru 652, 32

auflösen (Arbeitsverhältnis) 解 KAI, GE, to(ku) 474

   (in Flüssigkeit) 溶 to(kasu), to(ku) 1392

   sich ~ (Versammlung; Nebel) 散 chi(ru) 767

   sich ~ (in Flüssigkeit) 溶 YŌ, to(keru) 1392

   溶解 yōkai 1392, 474

Auflösung (e-r Versammlung/Firma) 解散 kaisan 474, 767

   (e-s Vertrags) 解除 kaijo 474, 1065

aufmerksam zuhören 謹聴 kinchō 1247, 1039

   澄 su(masu) 1334

   傾聴 keichō 1441, 1039

Aufmerksamkeit (der Öffentlichkeit) 耳目 jimoku 56, 55

   (Interesse) 注目 chūmoku 357, 55

   (Vorsicht) 注意 chūi 357, 132

   (Fürsorge) 配慮 hairyo 515, 1384

   (Vorsicht) 心掛け kokorogake 97, 1464

   erregen 喚起 kanki 1587, 373

aufmuntern 励 hage(masu) 1340

Aufmunterung 鼓舞 kobu 1147, 810

   勧奨 kanshō 1051, 1332

   激励 gekirei 1017, 1340

Aufmunterungsrufe 声援 seien 746, 1088

Aufnahme (Empfang) 接待 settai 486, 452

   (Foto) 写真 shashin 540, 422

   (Unterbringung) 収容 shūyō 757, 654

   (Annahme) 採択 saitaku 933, 993

   (Foto, Film) 撮影 satsuei 1520, 854

   in e-e Schule 入学 nyūgaku 52, 109

   freundl./herzl. ~ 歓待 kantai 1052, 452

Aufnahmeprüfung 入学試験 nyūgaku shiken 52, 109, 526, 532

Aufnahmefähigkeit (Kapazität) 容量 yōryō 654, 411

(auf)nehmen: (mit Eßstäbchen) ~ 挟み上げる hasamiageru 1354, 32

aufnehmen (annehmen) 取り上げる toriageru 65, 32

   (Passagiere) 乗 no(seru) 523

   (bei sich) 泊 to(meru) 1177

   (annehmen) 摂取 sesshu 1692, 65

   auf Video ~ 録画 rokuga 538, 343

(Auf)Pfropfen 枝接ぎ edatsugi 870, 486

aufraffen: sich ~ 発憤 happun 96, 1661
Aufrechterhaltung 持続 jizoku 451, 243
Aufregung 興奮 kōfun 368, 1309
　動揺 dōyō 231, 1648
aufreihen 並 nara(beru) 1165
aufreißen: die Augen weit ~ 見張る miharu 63, 1106
aufreizen 挑発 chōhatsu 1564, 96
aufrichten: sich ~ 起き上がる okiagaru 373, 32
aufrichtig 誠意 seii 718, 132
　誠実 seijitsu 718, 203
　率直 sotchoku 788, 423
　善良 zenryō 1139, 321
　忠実 chūjitsu 1348, 203
　朴直 bokuchoku 1466, 423
Aufrichtigkeit 誠 SEI, makoto 718
　誠心誠意 seishin-seii 718, 97, 718, 132
　丹精 tansei 1093, 659
　丹誠 tansei 1093, 718
　清廉 seiren 660, 1689
aufrollen 巻 ma(ku) 507
Aufruhr 騒動 sōdō 875, 231
Aufrundung 切り上げ kiriage 39, 32
Aufsatz (Abhandlung) 論文 ronbun 293, 111
　(Schulaufsatz; Abhandlung) 文章 bunshō 111, 857
aufsaugen 吸引 kyūin 1256, 216
　吸収 kyūshū 1256, 757
aufschieben 遅 oku(rasu) 702
　延 EN, no(basu), no(beru) 1115
aufschneiden (Fisch) 割 sa(ku) 519
Aufschrei (bei Schmerzen) 悲鳴 himei 1034, 925
　(der Empörung) 絶叫 zekkyō 742, 1252
　(aus Protest) 叫び声 sakebigoe 1252, 746
aufschreiben 記 KI, shiru(su) 371
　採録 sairoku 933, 538
Aufschub (e-r Sitzung) 延期 enki 1115, 449
　(e-r Zahlung/Strafvollstreckung) 猶予 yūyo 1583, 393
　der Strafvollstreckung 執行猶予 shikkō yūyo 686, 68, 1583, 393
Aufschwung (Stimmung) 高揚 kōyō 190, 631
　(Staat) 興隆 kōryū 368, 946
　(Wissenschaft) 振興 shinkō 954, 368
　(Wissenschaft; Staat) 隆盛 ryūsei 946, 719

(Wirtschaft usw.) 飛躍 hiyaku 530, 1560
Aufsehen (erregen) 旋風 senpū 1005, 29
Aufsicht (Verwaltung) 管理 kanri 328, 143
　(Polizei; Wirtschaft) 取り締まり torishimari 65, 1180
　(Behörde) 担当 tantō 1274, 77
　(Wirtschaft; Polizei) 監視 kanshi 1663, 606
　(Behörde) 監督 kantoku 1663, 1670
Aufsichtsrat 役員 yakuin 375, 163
aufspannen 張 CHŌ, ha(ru) 1106
aufspringen 跳ね上がる haneagaru 1563, 32
　跳び上がる tobiagaru 1563, 32
Aufstand 乱 RAN 689
　反乱 hanran 324, 689
　離反 rihan 1281, 324
(auf)stehen 立 RITSU, [RYŪ], ta(tsu) 121
aufstehen (vom Stuhl usw.) 立ち上がる tachiagaru 121, 32
　(aus liegender Position) 起き上がる okiagaru 373, 32
　(nach dem Schlafen) 起床 kishō 373, 826
Aufstehen (nach dem Schlafen) 起 KI, o(kiru) 373
aufstellen (z.B. Mast; Theorie) 立 ta(teru) 121
　(z.B. Maschine) 据え付ける suetsukeru 1832, 192
Aufstellung (militär. Formation) 陣容 jin'yō 1404, 654
Aufstieg (beruflich) 向上 kōjō 199, 32
　昇格 shōkaku 1777, 643
　und Fall (e-s Reiches/Menschen) 盛衰 seisui 719, 1676
auftauchen (an der Wasseroberfläche) 浮 u(ku) 938
　(Zweifel) 浮 FU, u(kabu) 938
(Auf)Tauen 霜解け shimodoke 948, 474
Auftrag (Bestellung e-r Ware) 発注 hatchū 96, 357
　注文 chūmon 357, 111
　(Jura) 委任 inin 466, 334
　(von höherer Stelle) 使命 shimei 331, 578
　(Zuständigkeit) 担当 tantō 1274, 77
　(allgemein) 依頼 irai 678, 1512
　委託 itaku 466, 1636
　委嘱 ishoku 466, 1638

auftragen (Salbe) 塗布 tofu 1073, 675
Auftreten (Teilnahme) 出場 shutsujō 53, 154
  (Benehmen) 物腰 monogoshi 79, 1298
Auftritt (Bühne usw.) 登場 tōjō 960, 154
aufwachen 覚 sa(meru), sa(masu) 605
aufwachsen 育 IKU, soda(tsu) 246
aufwallen 沸き立つ wakitatsu 1792, 121
Aufwand (Kosten) 費用 hiyō 749, 107
(auf)wärmen 温 atata(meru) 634
  暖 atata(meru) 635
aufwärmen: (wieder) ~ 蒸し返す
  mushikaesu 943, 442
Aufwärtstrend 上昇 jōshō 32, 1777
Aufwartung 奉仕 hōshi 1541, 333
  伺候 shikō 1761, 944
  奉伺 hōshi 1541, 1761
(auf)wecken 覚 sa(meru), sa(masu) 605
aufwenden (Geld) 費 HI, tsui(yasu) 749
Aufwertung (e-r Währung) 切り上げ
  kiriage 39, 32
aufwiegeln 唆 SA, sosonoka(su) 1846
(auf)winden 繰 ku(ru) 1654
aufzählen 列挙 rekkyo 611, 801
  枚挙 maikyo 1156, 801
  (Beispiele) 羅列 raretsu 1860, 611
aufzeichnen (Text) 採録 sairoku 933, 538
Aufzeichnung (Protokoll) 記録 kiroku 371, 538
  (Notiz) 手控え tebikae 57, 1718
  e-r Schachpartie 棋譜 kifu 1835, 1167
aufziehen (Kinder) 育 soda(teru) 246
  養 YŌ, yashina(u) 402
Aufziehen (Kinder) 養育 yōiku 402, 246
Aufzug (Akt) 幕 MAKU 1432
Augapfel 目玉 medama 55, 295
  (Schatz) 掌中の玉 shōchū no tama 499, 28, 295
Auge 目 MOKU, me 55
  眼 GAN, manako 848
  und Ohr 耳目 jimoku 56, 55
  das eine ~ 片目 katame 1045, 55
  das linke ~ 左目 hidarime 75, 55
  beide ~n 両眼 ryōgan 200, 848
  die ~n der Welt 人目 hitome 1, 55
  die ~n weit aufreißen 見張る miharu 63, 1106
Augenarzt 眼科医 gankai 848, 320, 220

Augenblick 一刻 ikkoku 2, 1211
  瞬時 shunji 1732, 42
  瞬刻 shunkoku 1732, 1211
  (kurzer) ~ 瞬間 shunkan 1732, 43
  ein ~ 一瞬 isshun 2, 1732
augenblicklich 目下 mokka 55, 31
Augenbraue まゆ毛 mayuge 287
Augenmaß 目測 mokusoku 55, 610
Augenzeuge 目撃者 mokugekisha 55, 1016, 164
Auktion 競売 kyōbai 852, 239
aus: ~ dem Familienregister streichen 除籍
  joseki 1065, 1198
  dem Krankenhaus entlassen werden 退院
  taiin 846, 614
  dem Stegreif 即興 sokkyō 463, 368
  den Augen verlieren 見失う miushinau 63, 311
  Holz 木製 mokusei 22, 428
  木造 mokuzō 22, 691
  Samen gezogene Pflanze 苗 BYŌ, nae, [nawa] 1468
  ... stammend 出身 ... shusshin 53, 59
  sich ~ dem Staub machen 逐電 chikuden, 1134, 108
ausbessern 繕 ZEN, tsukuro(u) 1140
Ausbesserung 修繕 shūzen 945, 1140
ausbeuten 酷使 kokushi 1711, 331
Ausbeutung 搾取 sakushu 1497, 65
ausbilden 練 REN, ne(ru) 743
  錬成 rensei 1816, 261
Ausbildung (Schule, Beruf) 教育 kyōiku 245, 246
  (Bildung) 教養 kyōyō 245, 402
  (Beruf) 養成 yōsei 402, 261
  (Militär) 教練 kyōren 245, 743
  (Studium) 修業 shūgyō 945, 279
  (bei j-m) 薫陶 kuntō 1774, 1650
Ausblick (schöne Aussicht) 見晴らし
  miharashi 63, 662
  (in nähere Zukunft) 概況 gaikyō 1459, 850
  (schöne Aussicht) 眺望 chōbō 1565, 673
ausbreiten 張 CHŌ, ha(ru) 1106
  敷 FU, shi(ku) 1451
  sich (allgemein) ~ 広 hiro(maru) 694
  sich (Erkenntnis) ~ 普及 fukyū 1166, 1257

Ausbreitung (Vorkommen) 分布 bunpu 38, 675

Ausbruch: (Vulkan-) ~ 噴出 funshutsu 1660, 53

   e-s Feuers 出火 shukka 53, 20

Ausdauer 根気 konki 314, 134
持久 jikyū 451, 1210
忍耐 nintai 1414, 1415
辛抱 shinbō 1487, 1285

ausdauernd 粘り強い nebarizuyoi 1707, 217
   sein 粘 NEN, neba(ru) 1707

ausdehnen 広 hiro(geru) 694
   sich ~ 広 hiro(garu) 694

Ausdehnen und Zusammenziehen 伸縮 shinshuku 1108, 1110

Ausdehnung (Weite) 広大 kōdai 694, 26
   (Einfluß usw.) 伸張 shinchō 1108, 1106
   (Erweiterung) 拡充 kakujū 1113, 828
   (physisch) 膨脹 bōchō 1145, 1922

ausdenken: sich ~ 案出 anshutsu 106, 53

Ausdruck (Wendung) 言い回し iimawashi 66, 90
   (Wendung; von Gefühlen) 表現 hyōgen 272, 298
   (Wendung) 句 KU 337
   語句 goku 67, 337
   文句 monku 111, 337
   (Fach-)~ 用語 yōgo 107, 67

ausdrücken: (sich) ~ 表 arawa(reru), arawa(su) 272
   (seine Meinung) ~ 披歴 hireki 1712, 480

Auseinandersetzung (Debatte) 論争 ronsō 293, 302
   (Konfrontation) 対決 taiketsu 365, 356

Außen- und Innenseite 表裏 hyōri 272, 273

Außenaufnahme(n) 戸外撮影 kogai satsuei 152, 83, 1520, 854
   野外撮影 yagai satsuei 236, 83, 1520, 854

Außenhandel 貿易 bōeki 760, 759

Außenminister 外相 gaishō 83, 146

Außenministerium 外務省 Gaimushō 83, 235, 145

Außenpolitik 外交 gaikō 83, 114

Außenseite (nach außen gewandt) 外 GAI, GE, soto 83
   (Oberfläche) 表面 hyōmen 272, 274

Außenseiter (Außenstehender) 局外者

kyokugaisha 170, 83, 164
   (Gegensatz: Favorit) 負け犬 makeinu 510, 280

Außenstehender (Neutraler) 局外者
kyokugaisha 170, 83, 164
   (Laie) 門外漢 mongaikan 161, 83, 556

Außenwelt 外界 gaikai 83, 454

außer 以外 igai 46, 83
   Gebrauch/Mode kommen 廃 HAI, suta(reru), suta(ru) 961

außerdem その他 sonota 120
且 ka(tsu) 1926
且つ又 katsumata 1926, 1593

äußer: (~e) Erscheinung 風体 fūtai, fūtei 29, 61
   ~e Erscheinung 見栄え mibae 63, 723
   ~e Mauer (e-r Burg) 外郭 gaikaku 83, 1673
   ~er Burggraben 外堀 sotobori 83, 1804

Äußeres 外観 gaikan 83, 604

außergerichtlicher Vergleich 示談 jidan 615, 593

außergewöhnlich 絶倫 zetsurin 742, 1163
   ~e Geschicklichkeit 妙技 myōgi 1154, 871

außerhalb: ~ arbeiten 出稼ぎ dekasegi 53, 1750
   der Saison 季節外れ kisetsuhazure 465, 464, 83
   der Saison blühen 狂い咲き kuruizaki 883, 927
   e-s Gebietes 圏外 kengai 508, 83

außerordentlich (außer der Reihe) 臨時 rinji 836, 42
   (sehr, groß) 甚 JIN, hanaha(da), hanaha(dashii) 1501
   (ungewöhnlich) 甚大 jindai 1501, 26

äußerst 最 SAI, motto(mo) 263
極 GOKU 336
甚 JIN, hanaha(da), hanaha(dashii) 1501
殊の外 koto no hoka 1505, 83
   ~e Anstrengung 一生懸命 isshōkenmei 2, 44, 911, 578
   sich aufs ~e anstrengen 粉骨砕身 funkotsu-saishin 1701, 1266, 1710, 59

Äußerste 極端 kyokutan 336, 1418

Äußerung: folgenschwere ~(en) 舌禍 zekka 1259, 1809

ausfallen (Zahn usw.) 抜 nu(keru) 1713

Ausflug 遠足 ensoku 446, 58
Ausflugsschiff 遊覧船 yūransen 1003, 1291, 376
Ausfuhr 輸出 yushutsu 546, 53
ausführen (vollenden, z.B. e-e Arbeit) 成就 jōju 261, 934
　(e-n Plan) 遂行 suikō 1133, 68
ausführlich 細 koma(kai), koma(ka) 695
　逐一 chikuichi 1134, 2
　懇切 konsetsu 1135, 39
　詳 SHŌ, kuwa(shii) 1577
　~e Darlegung 詳述 shōjutsu 1577, 968
　~e Erklärung 細説 saisetsu 695, 400
　~e Nachricht 詳報 shōhō 1577, 685
　~er Bericht 詳述 shōjutsu 1577, 968
Ausführung (e-s Plans) 完遂 kansui 613, 1133
Ausgabe (Geld) 支出 shishutsu 318, 53
　~n (Kosten) 費用 hiyō 749, 107
　~n (Betriebskosten) 経費 keihi 548, 749
Ausgang (Bahnhof usw.) 出口 deguchi 53, 54
　(e-s Kampfes) 勝敗 shōhai 509, 511
　mittlerer ~ 中央口 chūōguchi 28, 351, 54
Ausgangspunkt (Startort; e-r Diskussion) 出発点 shuppatsuten 53, 96, 169
　(Nullpunkt) 原点 genten 136, 169
　(e-r Karriere/Entdeckung usw.) 糸口 itoguchi 242, 54
　(e-r Strecke) 起点 kiten 373, 169
ausgeben (Geld) 費 HI, tsui(yasu) 749
ausgedehnt 広範 kōhan 694, 1092
ausgefallener Geschmack 乙な味 otsu na aji 983, 307
ausgefeilt 精巧 seikō 659, 1627
ausgehen (weggehen) 外出 gaishutsu 83, 53
ausgelassenes Mädchen お転婆 otenba 433, 1931
ausgenommen 以外 igai 46, 83
ausgepreßt werden 絞 shi(maru) 1452
ausgesetztes Kind 捨て子 sutego 1444, 103
ausgetrocknetes Flußbett 河原 kawara 389, 136
ausgezeichnet 良好 ryōkō 321, 104
　優秀 yūshū 1033, 1683
　抜群 batsugun 1713, 794
　~e Arbeit 佳作 kasaku 1462, 360
　~e Idee 妙案 myōan 1154, 106

Ausgleich (von Interessen) 解決 kaiketsu 474, 356
　(Regulierung) 調整 chōsei 342, 503
　e-r Rechnung 帳消し chōkeshi 1107, 845
Ausgrabung 発掘 hakkutsu 96, 1803
aushalten (ertragen) 忍 NIN, shino(bu) 1414
　(ertragen; standhalten) 耐 TAI, ta(eru) 1415
　堪 KAN, ta(eru) 1913
(aus)hauen (meißeln) 彫 CHŌ, ho(ru) 1149
aushängen 掲 KEI, kaka(geru) 1624
Aushilfskraft 嘱託 shokutaku 1638, 1636
aushorchen 探り出す saguridasu 535, 53
auskundschaften 偵察 teisatsu 1928, 619
Auskunft 案内 annai 106, 84
　(Büro, Stand) 案内所 annaijo 106, 84, 153
　(Rezeption, Auskunftsstelle für Kunden) 受(け)付(け) uketsuke 260, 192
Auskunftei 興信所 kōshinjo 368, 157, 153
Ausladen (Fahrzeug) 荷揚げ niage 391, 631
Auslagen (Geld) 支出 shishutsu 318, 53
Ausland 外国 gaikoku 83, 40
　(Übersee) 海外 kaigai 117, 83
　(fremde Länder) 異国 ikoku 1061, 40
Ausländer 外(国)人 gai(koku)jin 83, 40, 1
　(hist.) 毛唐(人) ketō(jin) 287, 1697, 1
　für ~ 外人向け gaijinmuke 83, 1, 199
ausländisch: ~e Güter/Währung 外貨 gaika 83, 752
　~e Niederlassung 租界 sokai 1083, 454
　~er Reis 外米 gaimai 83, 224
　~es Buch 洋書 yōsho 289, 131
Auslands- (im Ausland ansässig/befindlich) 在外 zaigai 268, 83
auslassen 省 habu(ku) 145
　抜 nu(kasu) 1713
Auslassung 略 RYAKU 841
　省略 shōryaku 145, 841
　(Lücke) 脱漏 datsurō 1370, 1806
　(alles) ohne ~ 遺漏なく irōnaku 1172, 1806
auslaufen (Flüssigkeit) 漏 RŌ, mo(ru), mo(reru) 1806
auslegen (am Boden) 敷 FU, shi(ku) 1451
Auslegung 解釈 kaishaku 474, 595
(aus)leihen 貸し出す kashidasu 748, 53
　貸与 taiyo 748, 539
Auslese 精選 seisen 659, 800

降 KŌ, o(riru) 947
lassen 降 o(rosu) 947
Aussteigen (aus e-m Fahrzeug) 下車 gesha 31, 133
ausstellen (Objekte) 陳列 chinretsu 1405, 611
Ausstellung 展示(会) tenji(kai) 1129, 615, 158
博覧会 hakurankai 601, 1291, 158
展覧会 tenrankai 1129, 1291, 158
aussterben 絶 ZETSU, ta(eru) 742
Aussterben 消滅 shōmetsu 845, 1338
ausstoßen (aus e-r Partei) 除名 jomei 1065, 82
(Lava usw.) 噴 FUN, fu(ku) 1660
Ausstoßen (Abgase usw.) 噴射 funsha 1660, 900
ausstrahlen 放 HŌ, hana(tsu) 512
ausstrecken 伸 no(basu) 1108
sich ~ 伸 SHIN, no(biru) 1108
ausstreichen 削 SAKU, kezu(ru) 1611
抹殺 massatsu 1914, 576
抹消 masshō 1914, 845
Ausströmen 噴出 funshutsu 1660, 53
Austausch (Geben und Nehmen) 授受 juju 602, 260
(Waren) 交易 kōeki 114, 759
(Ware; Schüler) 交換 kōkan 114, 1586
von Geschenken 贈答 zōtō 1364, 160
austauschen (Worte, Grüße) 交 ka(wasu) 114
austeilen 頒布 hanpu 1850, 675
austragen (Post, Ware) 配達 haitatsu 515, 448
austrinken 干 ho(su) 584
Austritt (aus e-r Organisation) 離脱 ridatsu 1281, 1370
austrocknen 乾 kawa(ku) 1190
枯渇 kokatsu 974, 1622
乾燥 kansō 1190, 1656
ausüben (Tätigkeit) 施 SHI, SE, hodoko(su) 1004
(Einfluß) 及 oyo(bosu) 1257
Ausverkauf (zu niedrigen Preisen) 廉売 renbai 1689, 239
ausverkauft (Waren) 売り切れ urikire 239, 39
(Eintrittskarten) 満席 manseki 201, 379
Auswahl (allg.) 選択 sentaku 800, 993
(Mannschaft) 選抜 senbatsu 800, 1713
Auswanderer 移(住)民 i(jū)min 1121, 156, 177

Auswechseln von Tatami 畳替え tatamigae 1087, 744
ausweichen 避 HI, sa(keru) 1491
紛 magi(rasu), magi(rawasu) 1702
Ausweichen 回避 kaihi 90, 1491
Ausweisung 放逐 hōchiku 512, 1134
auswendig: ~ lernen 暗記 anki 348, 371
stur ~ lernen 棒暗記 bōanki 1543, 348, 371
Auswendiglernen von Noten 暗譜 anpu 348, 1167
(aus)wringen/pressen 絞 shibo(ru) 1452
Auszeichnung 勲章 kunshō 1773, 857
ausziehen (Kleider) 脱 nu(gu) 1370
Auszug (aus e-m Text) 抄 SHŌ 1153
抄本 shōhon 1153, 25
抄録 shōroku 1153, 538
auszugsweise Übersetzung 抄訳 shōyaku 1153, 594
Autismus 自閉症 jiheishō 62, 397, 1318
Auto 自動車 jidōsha 62, 231, 133
Autobiographie 自叙伝 jijoden 62, 1067, 434
Autogramm 自筆 jihitsu 62, 130
署名 shomei 860, 82
Autograph 肉筆 nikuhitsu 223, 130
(Auto)Hupe 警笛 keiteki 706, 1471
Autonomie 自治 jichi 62, 493
Autopsie (Obduktion) 解剖 kaibō 474, 1830
Autor 著者 chosha 859, 164
Autorenhonorar 印税 inzei 1043, 399
Autorität 権威 ken'i 335, 1339
Avantgarde 前衛 zen'ei 47, 815

– B –

B (in e-r Reihe) 乙 OTSU 983
Baby 赤ん坊 akanbō 207, 1858
(liebevolle Bezeichnung) 赤ちゃん akachan 207
Baby- 産 ubu- 278
Babysitter/sitting 子守 komori 103, 490
Bach 小川 ogawa 27, 33
in e-m Tal 谷川 tanigawa 653, 33
backen 焼 ya(ku) 920
Bad (Baden) 入浴 nyūyoku 52, 1128
(Badezimmer) 湯殿 yudono 632, 1130
Badeanstalt 公衆浴場 (kōshū) yokujō 126, 792, 1128, 154
Badehaus 銭湯 sentō 648, 632

Badekur 湯治 tōji 632, 493
baden (im Wasser, in der Sonne) 浴 YOKU, a(biru) 1128
Baden (Schwimmen) 水泳 suiei 21, 1208
　(in Badeanstalt/Badewanne) 入浴 nyūyoku 52, 1128
Badestrand 海水浴場 kaisuiyokujō 117, 21, 1128, 154
Badewanne 湯ぶね yubune 632
　浴槽 yokusō 1128, 1644
Badezimmer 浴室 yokushitsu 1128, 166
　湯殿 yudono 632, 1130
Bahn: (Eisen-/Straßen-)~ 電車 densha 108, 133
　(Sport) 走路 sōro 429, 151
　(Umlauf- usw.) 軌道 kidō 1787, 149
Bahnhof 駅 EKI 284
　dieser ~ 当駅 tōeki 77, 284
　(Haupt-) ~ Tōkyō 東京駅 Tōkyō-eki 71, 189, 284
Bahnhofsangestellter 駅員 ekiin 284, 163
Bahnhofsbeamter 駅員 ekiin 284, 163
Bahnhofssperre 改札口 kaisatsuguchi 514, 1157, 54
Bahnhofsvorsteher 駅長 ekichō 284, 95
Bahnschranke 遮断機 shadanki 1767, 1024, 528
Bahnübergang 踏切 fumikiri 1559, 39
Bai 江 KŌ, e 821
　入り江 irie 52, 821
Baisse 弱気 yowaki 218, 134
Bakterie 菌 KIN 1222
　細菌 saikin 695, 1222
bald 間もなく mamonaku 43
　~ froh, ~ traurig 一喜一憂 ikki-ichiyū 2, 1143, 2, 1032
Balg (Kamera) 蛇腹 jabara 1875, 1271
balkenförmiges Schreintor 鳥居 torii 285, 171
Balkon 縁側 engawa 1131, 609
Ball (zum Spielen) 球 KYŪ, tama 726
　(Tanzveranstaltung) 舞踏会 butōkai 810, 1559, 158
　zu e-m ~ formen 丸 maru(meru) 644
Ballon: (Luft-) ~ (軽)気球 (kei)kikyū 547, 134, 726
Bambus 竹 CHIKU, take 129
Bambusflöte: j. ~ 尺八 shakuhachi 1895, 10

Bambushain 竹林 chikurin, takebayashi 129, 127
Bambusrohr 竹筒 takezutsu 129, 1472
Bambusschwert 竹刀 shinai 129, 37
Bambusstab 竹のつえ take no tsue 129
Bambusstange さお竹 saodake 129
Bambuszaun 竹垣 takegaki 129, 1276
Band (Buch) 巻 KAN, maki 507
　1 第一巻 dai-ikkan 404, 2, 507
　1 und 2 上下 jōge 32, 31
　1/2/3 上/中/下巻 jō-/chū/-ge-kan 32, 507, 28, 507, 31, 507
Bande (organisiert) 組 SO, kumi 418
　(Clique) 徒党 totō 430, 495
　(gewalttätige Verbrecher) 暴力団 bōryokudan 1014, 100, 491
　(~ von) Rowdys 愚連隊 gurentai 1642, 440, 795
Bände: 12 ~ 十二冊 jūnisatsu 12, 3, 1158
Bändigung 制御 seigyo 427, 708
Bandmaß 巻き尺 makijaku 507, 1895
Bank (Geldinstitut) 銀行 ginkō 313, 68
　(Sitz-) 腰掛け koshikake 1298, 1464
(Bank)Konto 口座 kōza 54, 786
Bankett 宴会 enkai 640, 158
　宴席 enseki 640, 379
　酒宴 shuen 517, 640
Bankrott 破産 hasan 665, 278
　倒産 tōsan 905, 278
Bar 酒場 sakaba 517, 154
Barbar (hist.) (野)蛮人 (ya)banjin 236, 1879, 1
Barbarei 蛮風 banpū 1879, 29
　蛮行 bankō 1879, 68
barbarisch 殺伐 satsubatsu 576, 1509
　~e Sitten 蛮風 banpū 1879, 29
Bargeld 現金 genkin 298, 23
　即金 sokkin 463, 23
barhäuptig 無帽 mubō 93, 1105
barmherzig 情け深い nasakebukai 209, 536
Barmherzigkeit 慈悲 jihi 1547, 1034
Baron 男爵 danshaku 101, 1923
Barpreis 現金正価 genkin seika 298, 23, 275, 421
Barriere 関 KAN, seki 398
　関門 kanmon 398, 161
Barzahlung 現金払い genkinbarai 298, 23, 582

即金 sokkin 463, 23
Baseball 野球 yakyū 236, 726
Baseballplatz/stadion 球場 kyūjō 726, 154
basieren auf 踏 fu(maeru) 1559
Basis (Grundlage) 基 KI, moto, motoi 450
  (Militärstützpunkt) 基地 kichi 450, 118
  (Grundlage) 基盤 kiban 450, 1098
  (Stützpunkt) 根拠 konkyo 314, 1138
Bassin unter e-m Wasserfall 滝つぼ takitsubo
1759
Baß(Stimme) 乙 OTSU 983
Batterie 電池 denchi 108, 119
Bau (Tiefbau) 土木 doboku 24, 22
  (Straßen- usw.) 工事(中) kōji(chū) 139,
80, 28
  (Installation) 架設 kasetsu 755, 577
  (Hochbau) 建設 kensetsu 892, 577
  (Hausbau) 普請 fushin 1166, 661
  (Eisenbahn) 敷設 fusetsu 1451, 577
  (Gebäude) 建築 kenchiku 892, 1603
Bauarbeit 工事(中) kōji(chū) 139, 80, 28
Baubaracke 飯場 hanba 325, 154
Bauch 腹 FUKU, hara 1271
Bauchbinde 腹巻き haramaki 1271, 507
Bauchfellentzündung 腹膜炎 fukumakuen
1271, 1426, 1336
bauen (Gebäude, Straße; Autos) 造 ZŌ,
tsuku(ru) 691
  (Brücke) 架 KA, ka(keru) 755
  (Haus) 建 KEN, ta(teru) 892
  (Gebäude) 構 KŌ, kama(eru) 1010
  (Damm, Burg) 築 CHIKU, kizu(ku) 1603
Bauen (Tempel usw.) 建立 konryū 892, 121
  (Häuser) 普請 fushin 1166, 661
  und Reparieren 営繕 eizen 722, 1140
Bauer 農家 nōka 369, 165
  農民 nōmin 369, 177
  百姓 hyakushō 14, 1746
(Bauern)Dorf 農村 nōson 369, 191
Bauernhaus/hof 農家 nōka 369, 165
Bauernschläue 猿知恵 sarujie 1584, 214,
1219
Baufläche 建坪 tatetsubo 892, 1896
Bauholz 材木 zaimoku 552, 22
Bauland 宅地 takuchi 178, 118
Baum 木 BOKU, MOKU, ki 22
  樹木 jumoku 1144, 22

Bäume: (viele) ~ 木々 kigi 22
  und Steine 木石 bokuseki 22, 78
(Baum)Knospe 木の芽 ki no me 22, 1455
Baumreihe 並木 namiki 1165, 22
(Baum)Rinde 樹皮 juhi 1144, 975
Baumschule 苗床 naedoko 1468, 826
Baumstamm 幹 miki 1189
(Baum)Stumpf 株 kabu 741
  切り株 kirikabu 39, 741
Baumwolle 綿 MEN, wata 1191
  木綿 momen 22, 1191
Baumwollstoff 綿布 menpu 1191, 675
  綿織物 men'orimono 1191, 680, 79
Baumwollware(n) 綿織物 men'orimono
1191, 680, 79
Bauwerk 建築 kenchiku 892, 1603
Bazillus 細菌 saikin 695, 1222
beabsichtigen 志 kokoroza(su) 573
beachten (Gesetze, Regeln) 遵奉 junpō
1938, 1541
Beachtung (finden) 注目 chūmoku 357, 55
Beamte 官憲 kanken 326, 521
Beamter 公務員 kōmuin 126, 235, 163
  役人 yakunin 375, 1
  吏員 riin 1007, 163
  官吏 kanri 326, 1007
  (Post- usw.) ~ 局員 kyokuin 170, 163
beamtet 専任 sennin 600, 334
Bearbeitung (e-s Bühnenstücks) 翻案
hon'an 596, 106
  (e-s Gegenstands) 加工 kakō 709, 139
  für Bühne/Kino 脚色 kyakushoku 1784,
204
Beaufsichtigung (e-r Arbeit usw.) 監視
kanshi 1663, 606
beauftragen 頼 RAI, tano(mu) 1512
beauftragt werden 帯 o(biru) 963
bebauen (Ackerland) 耕 KŌ, tagaya(su) 1196
bebautes (urbar gemachtes) Land 開墾地
kaikonchi 396, 1136, 118
Bebauung (Besiedlung) 拓殖 takushoku
1833, 1506
beben 震 SHIN, furu(eru), furu(u) 953
  揺 YŌ, yu(reru), yu(ragu) yu(rugu) 1648
Becken (Wasser-) ~ 盤 BAN 1098
  (Talkessel) 盆地 bonchi 1099, 118
bedachtsam 賢 KEN, kashiko(i) 1288

賢明 kenmei 1288, 18
bedauerlich 惜 SEKI, o(shii) 765
口惜しい kuchioshii 54, 765
悔 kuya(shii) 1733
恨 ura(meshii) 1755
bedauern 惜 o(shimu) 765
悲 kana(shimu) 1034
悔 KAI, ku(iru), ku(yamu) 1733
(eigenes Verhalten) 恐縮 kyōshuku 1602,
1110
Bedauern 残念 zannen 650, 579
慨嘆 gaitan 1460, 1246
遺憾 ikan 1172, 1815
bedauernswert 気の毒 kinodoku 134, 522
嘆 nage(kawashii) 1246
惨 SAN, ZAN, miji(me) 1725
bedecken 張 CHŌ, ha(ru) 1106
覆 FUKU, ō(u) 1634
bedenklich 怪 KAI, aya(shii) 1476
bedeutend (wichtig) 重大 jūdai 227, 26
(Persönlichkeit) 偉 I, era(i) 1053
(hervorragend) 顕著 kencho 1170, 859
(in großem Umfang) 大幅 ōhaba 26, 1380
~e Leistung/Tat 偉業 igyō 1053, 279
bedeutsam 重要 jūyō 227, 419
Bedeutung (Sinn) 意味 imi 132, 307
(Wichtigkeit) 由 YU, YŪ, yoshi 363
tiefe ~ 含蓄 ganchiku 1249, 1224
bedeutungslos (leer) 空疎 kūso 140, 1514
bedienen 仕 SHI, tsuka(eru) 333
Bedienung 待遇 taigū 452, 1641
der Gäste/Kunden 客扱い kyakuatsukai
641, 1258
Bedingung 条件 jōken 564, 732
(schriftlicher Vorbehalt) 但し書き
tadashigaki 1927, 131
bedrohen 脅 KYŌ, obiya(kasu), odo(kasu),
odo(su) 1263
Bedrohung 脅迫 kyōhaku 1263, 1175
脅威 kyōi 1263, 1339
Bedürftigkeit 困窮 konkyū 558, 897
beeilen: sich ~ 焦 ase(ru) 999
beeinflussen (etw.) 響 KYŌ, hibi(ku) 856
(j-n) 鼓吹 kosui 1147, 1255
beenden 終 o(eru) 458
済 su(masu) 549
beengt 狭苦しい semakurushii 1353, 545

beerdigen 埋葬 maisō 1826, 812
Beet 苗床 naedoko 1468, 826
Befähigung 器 KI, utsuwa 527
befallen 冒 BŌ, oka(su) 1104
Befehl 命令 meirei 578, 831
旨 SHI, mune 1040
(Kommando) 号令 gōrei 266, 831
(Ober-) ~ 司令 shirei 842, 831
/Wunsch (e-s anderen) 仰 ō(se) 1056
befestigen (an) 付 tsu(keru) 192
(mit e-m Band) 縛 BAKU, shiba(ru) 1448
befeuchten 潤 JUN, uruo(su) 1203
befinden: sich ~ (Sache an e-m Ort) 有 YŪ,
a(ru) 265
Befinden 気持ち kimochi 134, 451
加減 kagen 709, 715
安否 anpi 105, 1248
機嫌 kigen 528, 1688
befolgen (Rat) 聞 BUN, MON, ki(ku) 64
(Gesetze) 守 SHU, mamo(ru) 490
遵守 junshu 1938, 490
(Gesetze; Anweisungen) 遵奉 junpō
1938, 1541
Befolgung des Gesetzes 遵法 junpō 1938,
123
befördern (beruflich) 進 susu(meru) 437
(transportieren) 運 hako(bu) 439
搬送 hansō 1722, 441
befördert werden (beruflich) 昇 SHŌ,
nobo(ru) 1777
Beförderung (Transport) 回送 kaisō 90, 441
運送 unsō 439, 441
運輸 un'yu 439, 546
輸送 yusō 546, 441
(beruflich) 進級 shinkyū 437, 568
登庸 tōyō 960, 1696
(Transport) 運搬 unpan 439, 1722
(beruflich) 昇進 shōshin 1777, 437
昇級 shōkyū 1777, 568
(e-r Sendung) 逓送 teisō 1937, 441
befragen 問いただす toitadasu 162
Befragung 尋問 jinmon 1082, 162
befreien: sich ~ 放 hana(reru) 512
befreit werden 免 MEN, manuka(reru) 733
Befreiung 解放 kaihō 474, 512
**(von e-r Pflicht: Zahlung, Militärdienst
usw.)** 免除 menjo 733, 1065

von der Verantwortung/Pflicht 免責
menseki 733, 655

befreundet sein (mit) 親 shita(shimu) 175

befriedigend 良好 ryōkō 321, 104

Befruchtung 受胎 jutai 260, 1296

Befugnis: (Rechts-)~ 権限 kengen 335, 847

Befürchtung 危ぐ kigu 534
愁 SHŪ, ure(i) 1601
虞 osore 1941

Befürwortung 首唱 shushō 148, 1646
主唱 shushō 155, 1646

begabter Mann/Student/Schüler 秀才
shūsai 1683, 551

Begabung 才能 sainō 551, 386
天賦 tenpu 141, 1808

begeben: sich ~ 赴 FU, omomu(ku) 1465

begegnen: (zufällig) treffen/~ 出会う deau
53, 158

Begegnung 対面 taimen 365, 274
(unangenehme) ~ 遭遇 sōgū 1643, 1641

begehen (Verbrechen) 犯 HAN, oka(su) 882

begehren 欲 hos(suru), ho(shii) 1127

Begehren 要望 yōbō 419, 673

begeistern: sich ~ 凝 GYŌ, ko(ru) 1518

begeistert 夢中 muchū 811, 28
感激 kangeki 262, 1017

Begeisterung 熱心 nesshin 645, 97
法悦 hōetsu 123, 1368

Begierde 欲望 yokubō 1127, 673

Beginn (Eröffnung) 発足 hossoku, hassoku
96, 58
(Anfang, Eröffnung) 開始 kaishi 396, 494
(Anfang) 最初 saisho 263, 679
(Anfang, erster Schritt) 皮切り kawakiri
975, 39
des Sommers 立夏 rikka 121, 461
des Winters 立冬 rittō 121, 459
e-r Vorstellung 開幕 kaimaku 396, 1432
e-s Wasserfalls 滝口 takiguchi 1759, 54

beginnen 始 SHI, haji(maru), haji(meru) 494
初 -so(meru) 679

Beglaubigung 信任 shinnin 157, 334
確認 kakunin 603, 738

begleiten 相伴う aitomonau 146, 1027
(j-n) (お)供 (o)tomo 197
(zum Bahnhof, nach Hause) 見送る
miokuru 63, 441

(j-n; nach s. ziehen) 伴 HAN, BAN,
tomona(u) 1027

(j-n) 添 so(u) 1433

(nach sich ziehen) 附随 fuzui 1843, 1741

Begleiter (Gefährte; Gefolgsmann) 供 tomo
197
(Diener) 侍者 jisha 571, 164
(Gefährte) 伴りょ hanryo 1027
(Diener) 従僕 jūboku 1482, 1888

Begleiterscheinung 付随現象 fuzui genshō
192, 1741, 298, 739

begleitet: ~ sein (von) 伴 HAN, BAN,
tomona(u) 1027
werden 従 shitaga(eru) 1482

Begleitung 同伴 dōhan 198, 1027
(Gesellschaft) 一行 ikkō 2, 68
(musikalische) ~ 伴奏 bansō 1027, 1544

Begnadigung 恩赦 onsha 555, 1570
赦免 shamen 1570, 733

begraben (beerdigen) 葬 SŌ, hōmu(ru) 812
埋 u(meru) 1826
埋葬 maisō 1826, 812
sein 埋 MAI, u(maru), u(moreru) 1826
werden 埋没 maibotsu 1826, 935

Begräbnisfeier 葬式 sōshiki 812, 525
葬儀 sōgi 812, 727

begreifen 把握 haaku 1724, 1714

begrenzen 限 GEN, kagi(ru) 847

begrenzt 狭 KYŌ, sema(i) 1353

Begrenzung 制限 seigen 427, 847

Begriff 概念 gainen 1459, 579

Begründer e-r Sekte 宗祖 shūso 616, 622

Begrüßung 出迎え demukae 53, 1055
歓迎 kangei 1052, 1055
und Verabschiedung 送迎 sōgei 441, 1055

behaart: (~e) Raupe 毛虫 kemushi 287, 873
~er Barbar (hist.) 毛唐(人) ketō(jin) 287,
1697, 1

behaglich 伸び伸び nobinobi 1108
快適 kaiteki 1409, 415

behalten 保 HO, tamo(tsu) 489

Behälter 容器 yōki 654, 527

behandeln (e-e Angelegenheit) 計 haka(rau)
340
(e-e Frage) ~ 対処 taisho 365, 1137
(j-n/etwas) 扱 atsuka(u) 1258
取り扱う toriatsukau 65, 1258

Behandlung (z.B. e-s Gastes) 待遇 taigū 452, 1641
   der Gäste/Kunden 客扱い kyakuatsukai 641, 1258
   kalte ~ 冷遇 reigū 832, 1641
Behandlungsweise (Bedienung) 取り扱い方 toriatsukaikata 65, 1258, 70
beharrlich 粘り強い nebarizuyoi 1707, 217
   sein 粘 NEN, neba(ru) 1707
Beharrlichkeit 執着 shūjaku, shūchaku 686, 657
   持久 jikyū 451, 1210
Behauptung 主張 shuchō 155, 1106
behelfen: sich ~ (mit) 済 su(masu) 549
behend 手早い tebayai 57, 248
Behendigkeit 敏速 binsoku 1735, 502
beherbergen 宿 yado(su) 179
beherrschen (steuern: Gefühle; Markt) 左右 sayū 75, 76
   (Gefühle) 抑 YOKU, osa(eru) 1057
   (unterdrücken: Gefühle) 抑制 yokusei 1057, 427
   sich ~ 修 osa(maru) 945
beherzt 大胆 daitan 26, 1273
behexen 化 ba(kasu) 254
behindern 遮 SHA, saegi(ru) 1767
Behörde 局 KYOKU 170
   庁 CHŌ 763
   署 SHO 860
   廷 TEI 1111
   (Amt, Büro) 役所 yakusho 375, 153
   (Verwaltung) 官憲 kanken 326, 521
   (Amt) 官庁 kanchō 326, 763
behutsam 慎重 shinchō 1785, 22
bei (wenn, sollte) 暁には akatsuki niwa 1658
   der Gelegenheit 席上 sekijō 379, 32
   sich haben 携 KEI, tazusa(eru) 1686
   携帯 keitai 1686, 963
beide (Personen) 二人とも futaritomo 3, 1
   (Personen; Dinge) 共 KYŌ, tomo 196
   両 RYŌ 200
   両方 ryōhō 200, 70
   (Herren) 両氏 ryōshi 200, 566
   (Personen; Dinge) 双 SŌ, futa 1594
   Augen 両眼 ryōgan 200, 848
   Flügel 両翼 ryōyoku 200, 1062
   Hände 両手 ryōte 200, 57

Häuser (des Parlaments) 両院 ryōin 200, 614
   Parteien/Seiten 双方 sōhō 1594, 70
beides 両方 ryōhō 200, 70
Beifall (Zustimmung) 賛成 sansei 745, 261
   (Applaus) 拍手 hakushu 1178, 57
beifügen (bei Briefen) 封入 fūnyū 1463, 52
   同封 dōfū 198, 1463
Beijing 北京 Pekin 73, 189
Beilage (zu e-m Buch) 付録 furoku 192, 538
   (zu e-m Brief) 添付 tenpu 1433, 192
   (zu e-m Buch) 附録 furoku 1843, 538
beilegen (e-m Brief) 添 TEN, so(eru) 1433
   封入 fūnyū 1463, 52
   同封 dōfū 198, 1463
Beilegung (e-s Streits) 仲裁 chūsai 1347, 1123
Beileid (Trost) 慰問 imon 1618, 162
   (Trauer) 哀悼 aitō 1675, 1680
   (auch: Reue) 悔やみ kuyami 1733
   (bezeigen) 弔意 chōi 1796, 132
   Glückwunsch und ~ 慶弔 keichō 1632, 1796
   Mein herzliches ~ ご愁傷様 goshūshō-sama 1601, 633, 403
   sein ~ bezeigen 弔 CHŌ, tomura(u) 1796
Beileidsbesuch 弔問 chōmon 1796, 162
Beileidsbrief 弔辞 chōji 1796, 688
Beileidschreiben 悔やみ状 kuyamijō 1733, 626
Beileidstelegramm 弔電 chōden 1796, 108
Beileidsworte 弔辞 chōji 1796, 688
Bein (Lebewesen) 足 SOKU, ashi 58
   (Lebewesen; Gegenstände) 脚 KYAKU, ashi 1784
   Klotz am ~ 厄介者 yakkaimono 1341, 453, 164
   ~e (Mensch) 下肢 kashi 31, 1146
beinahe 既 KI, sude (ni) 1458
beiseite: ~ legen 寄 yo(seru) 1361
   rücken 寄 yo(seru) 1361
beiseitelegen 棚上げ tanaage 1908, 32
beißend 辛 SHIN, kara(i) 1487
Beisitzer: (Gerichts-)~ 陪席 baiseki 1943, 379
Beispiel (Fall; Präzedenzfall) 例 REI 612
   (Präzedenzfall) 先例 senrei 50, 612

(Vorbild) 範 HAN 1092
(Vorbild, Muster) 模範 mohan 1425, 1092
e-m ~ folgen 先例に倣う senrei ni narau
50, 612, 1776
beispiellos 前代未聞 zendai mimon 47, 256,
306, 64
Beistand 後ろ盾 ushirodate 48, 772
補助 hojo 889, 623
あっ旋 assen 1005
援護 engo 1088, 1312
力添え chikarazoe 100, 1433
補佐 hosa 889, 1744
Beitrag (Zuschrift) 投書 tōsho 1021, 131
(für e-e Zeitschrift) 投稿 tōkō 1021, 1120
(Spende) 寄付 kifu 1361, 192
(leisten zu) 貢献 kōken 1719, 1355
(Spende) 寄附 kifu 1361, 1843
(Beiträge) für religiöse Zwecke sammeln 勧
進 kanjin 1051, 437
beitreten 加 kuwa(waru) 709
Beitritt 加入 kanyū 709, 52
加盟 kamei 709, 717
beiwohnen 臨 RIN, nozo(mu) 836
Bejahung 肯定 kōtei 1262, 355
bekämpfen 撃 GEKI, u(tsu) 1016
討 TŌ, u(tsu) 1018
Bekämpfung von Verbrechen 防犯 bōhan
513, 882
bekannt: ~ werden 広 hiro(maru) 694
allgemein ~ 周知 shūchi 91, 214
Straße mit ~en Geschäften 名店街
meitengai 82, 168, 186
~es Stück 名曲 meikyoku 82, 366
Bekannter 知人 chijin 214, 1
知り合い shiriai 214, 159
知己 chiki 214, 370
Bekanntmachung 掲示 keiji 1624, 615
披露 hirō 1712, 951
amtliche ~ 公示 kōji 126, 615
発令 hatsurei 96, 831
öffentliche ~ 発表 happyō 96, 272
公布 kōfu 126, 675
Bekanntschaft 知己 chiki 214, 370
Bekehrung (Missionierung) 伝道 dendō
434, 231
(Glaubensänderung) 改宗 kaishū 514,
616

Bekenntnis (Glaubens-; Geständnis) 告白
kokuhaku 690, 205
(be)klagen 悼 TŌ, ita(mu) 1680
beklagen 嘆 TAN, nage(ku) 1246
悔 ku(yamu) 1733
sich ~ 訴 SO, utta(eru) 1402
beklagenswert 嘆 nage(kawashii) 1246
Beklagen 慨嘆 gaitan 1460, 1246
bekleiden: (gleichzeitig) zwei Ämter ~ 兼任
kennin 1081, 334
Bekleidung 被服 hifuku 976, 683
Beklopfen 打診 dashin 1020, 1214
bekommen 受 JU, u(keru) 260
授 sazu(karu) 602
獲 KAKU, e(ru) 1313
享受 kyōju 1672, 260
beköstigen 賄 WAI, makana(u) 1739
(be)laden 載 no(seru) 1124
voll ~ 満載 mansai 201, 1124
Beladen 積載 sekisai 656, 1124
belagern 取り巻く torimaku 65, 507
囲 I, kako(mu), kako(u) 1194
取り囲む torikakomu 65, 1194
Belagerung 攻城 kōjō 819, 720
包囲 hōi 804, 1194
belästigen 悩 naya(masu) 1279
煩 wazura(wasu) 1849
Belästiger von Frauen 痴漢 chikan 1813, 556
Belästigung 迷惑 meiwaku 967, 969
厄介 yakkai 1341, 453
belebte Geschäftsstraße 繁華街 hankagai
1292, 1074, 186
Beleg 伝票 denpyō 434, 922
Belegschaft 人員 jin'in 1, 163
全員 zen'in 89, 163
Belehrung 教示 kyōji 245, 615
啓発 keihatsu 1398, 96
beleibt 豊満 hōman 959, 201
Beleibtheit 肥大 hidai 1723, 26
肥満 himan 1723, 201
beleidigen 辱 JOKU, hazukashi(meru) 1738
Beleidigung 無礼 burei 93, 620
侮言 bugen 1736, 66
汚辱 ojoku 693, 1738
侮辱 bujoku 1736, 1738
beleuchten 照 te(rasu) 998
Beleuchtung 照明 shōmei 998, 18

Belichtung 露出 roshutsu 951, 53
Belieben: nach ~ 存分に zonbun ni 269, 38
　随意 zuii 1741, 132
beliebig 任意 nin'i 334, 132
Beliebtheit 人気 ninki 1, 134
bellen (Hunde) 鳴 MEI, na(ku) 925
Belletristik 純文学 junbungaku 965, 111, 109
Belobigungsschreiben 表彰状 hyōshōjō
　272, 1827, 626
belohnen 報 muku(iru) 685
Belohnung 恩賞 onshō 555, 500
　褒美 hōbi 803, 401
　謝礼 sharei 901, 620
　報酬 hōshū 685, 1864
　駄賃 dachin 1880, 751
bemerken 気付く kizuku 134, 192
　認 NIN, mito(meru) 738
bemerkenswert 著 ichijiru(shii) 859
Bemerkung 文句 monku 111, 337
　freche/boshafte ~ 憎まれ口
　nikumareguchi 1365, 54
bemühen: (j-n) ~ 煩 wazura(wasu) 1849
　sich ~ 奔走 honsō 1659, 429
　尽 JIN, tsu(kusu) 1726
　sich um etwas ~ 腐心 fushin 1245, 97
Bemühung 手数 tesū 57, 225
　世話 sewa 252, 238
　奮発 funpatsu 1309, 96
　努力 doryoku 1595, 100
benachbart sein 隣 tona(ru) 809
　隣接 rinsetsu 809, 486
benachrichtigen 届 todo(keru) 992
Benachrichtigung 通知 tsūchi 150, 214
　通告 tsūkoku 150, 690
Benehmen 物腰 monogoshi 79, 1298
　行為 kōi 68, 1484
　gutes ~ 謹慎 kinshin 1247, 1785
benennen 呼 KO, yo(bu) 1254
Benennung 名称 meishō 82, 978
benutzen 用 mochi(iru) 107
　利用 riyō 329, 107
　使 tsuka(u) 331
　遣 tsuka(u) 1173
　gemeinsam ~ 併用 heiyō 1162, 107
beobachten 見守る mimamoru 63, 490
Beobachtung (meteorologisch) 観測
　kansoku 604, 610

(Umgebung) 観察 kansatsu 604, 619
bequem (praktisch) 便利 benri 330, 329
　(gemütlich) 伸び伸び nobinobi 1108, 1108
　(behaglich) 快適 kaiteki 1409, 415
Bequemlichkeit 楽 RAKU 358
　便宜 bengi 330, 1086
　der ~ wegen 便宜上 bengijō 330, 1086, 32
beraten: sich ~ 諮 SHI, haka(ru) 1769
beratend: alter ~er Staatsmann 元老 genrō
　137, 543
　~es Organ 諮問機関 shimon kikan 1769,
　162, 528, 398
Berater 顧問 komon 1554, 162
　alter kaiserl. ~ 元老 genrō 137, 543
Beratung 協議 kyōgi 234, 292
　相談 sōdan 146, 593
　審議 shingi 1383, 292
　諮問 shimon 1769, 162
　vorherige ~ 打ち合わせ uchiawase 1020,
　159
berauscht sein 酔 SUI, yo(u) 1709
berechnend 打算的 dasanteki 1020, 747, 210
Berechnung 計算 keisan 340, 747
Berechtigung (Recht) 権利 kenri 335, 329
　(Qualifikation) 資格 shikaku 750, 643
Beredsamkeit 弁舌 benzetsu 711, 1259
　雄弁 yūben 1387, 711
Bereich (z.B. Sachgebiet, Einfluß-) 分野
　bun'ya 38, 236
　(geograf.) 圏 KEN 508
　区域 kuiki 183, 970
　領域 ryōiki 834, 970
　(geograf.; Tätigkeits-) 範囲 han'i 1092,
　1194
bereichern 潤 JUN, uruo(su) 1203
bereits 既 KI, sude (ni) 1458
Bereitschaft: (innere) ~ 用意 yōi 107, 132
　覚悟 kakugo 605, 1438
　(militärische) ~ 軍備 gunbi 438, 768
bereuen 悔 KAI, ku(iru), ku(yamu) 1733
Berg 山 SAN, yama 34
　岳 GAKU, take 1358
　(~ ca. 150 km nördl. von Tōkyō) 谷川岳
　Tanigawa-dake 653, 33, 1358
　Abstieg (von e-m ~) 下山 gezan 31, 34
　heiliger ~ 霊峰 reihō 1168, 1350
　hoher ~ 高峰 kōhō 190, 1350

der (~) Fuji 富士山 Fuji-san 713, 572, 34
~e 山々 yamayama 34
~e und Wälder 山林 sanrin 34, 127
Ferienhaus in den ~en 山荘 sansō 34, 1327
tief in den ~en 山奥 yamaoku 34, 476
Bergbau (Industrie) 鉱業 kōgyō 1604, 279
(Tätigkeit) 採掘 saikutsu 933, 1803
Bergbewohner 山男 yamaotoko 34, 101
Berggipfel 山頂 sanchō 34, 1440
Bergkristall 水晶 suishō 21, 1645
Bergmann 坑夫 kōfu 1613, 315
(Berg)Paß 峠 tōge 1351
Bergrutsch 山崩れ yamakuzure 34, 1122
Bergschlucht 山峡 sankyō 34, 1352
tiefe ~ 幽谷 yūkoku 1228, 653
Bergspitze 岳 GAKU, take 1358
Bergsteigen 登山 tozan 960, 34
Bergsteiger 山男 yamaotoko 34, 101
Bergsteiger-Klub 山岳部 sangakubu 34, 1358, 86
Bergwerk 鉱山 kōzan 1604, 34
Bericht (an vorgesetzte Behörde) 上申 jōshin 32, 309
(Meldung) 申し入れ mōshiire 309, 52
(Report; Gutachten) 答申 tōshin 160, 309
(Nachricht, Artikel) 記事 kiji 371, 80
(schriftlich) 紀 KI 372
(Nachricht, Meldung) 報知 hōchi 685, 214
ausführlicher ~ 詳述 shōjutsu 1577, 968
früherer ~ 既報 kihō 1458, 685
inoffizieller/geheimer ~ 内申 naishin 84, 309
berichten 告 KOKU, tsu(geru) 690
Bericht(erstattung) 報告 hōkoku 685, 690
berichtigen 正 tada(su) 275
是正 zesei 1591, 275
Berichtigung (Verbesserung, Nachtrag) 補正 hosei 889, 275
(Korrektur e-s Textes) 添削 tensaku 1433, 1611
beritten 騎馬 kiba 1881, 283
bersten 割 wa(reru) 519
破裂 haretsu 665, 1330
berücksichtigen 顧 KO, kaeri(miru) 1554
Berücksichtigung 顧慮 koryo 1554, 1384
しん酌 shinshaku 1863

Beruf (ausgeübte Tätigkeit) 仕事 shigoto 333, 80
(erlernt) 職業 shokugyō 385, 279
(Bestimmung) 使命 shimei 331, 578
(Tätigkeit, Broterwerb) 稼業 kagyō 1750, 279
Berufung (Jura) 控訴 kōso 1718, 1402
beruhen auf 因 yo(ru) 554
beruhigen 静 shizu(meru) 663
鎮 CHIN, shizu(meru) 1786
(Wetter; Gemüt) 和 yawa(rageru), yawa(ragu), nago(mu) 124
鎮 shizu(maru) 1786
sich ~ (erleichtert sein) 安心 anshin 105, 97
Beruhigungsmittel 鎮静剤 chinseizai 1786, 663, 550
berühmt 名高い nadakai 82, 190
有名 yūmei 265, 82
著名 chomei 859, 82
偉 I, era(i) 1053
~e Familie 名門 meimon 82, 161
門閥 monbatsu 161, 1510
~er Ort 名所 meisho 82, 153
~es Produkt 名物 meibutsu 82, 79
~es Stück 名曲 meikyoku 82, 366
~es Werk 名著 meicho 82, 859
berühren 触 SHOKU, sawa(ru), fu(reru) 874
(Thema) 言い及ぶ iioyobu 66, 1257
Berührung 接触 sesshoku 486, 874
Besatzung (Schiff) 船員 sen'in 376, 163
(Schiff, Flugzeug) 乗組員 norikumiin 523, 418, 163
beschädigen 損 soko(nau), soko(neru) 350
壊 kowa(su) 1407
Beschädigung 傷害 shōgai 633, 518
Beschaffung 周旋 shūsen 91, 1005
beschäftigen: sich ~ (mit) 携 tazusa(waru) 1686
beschäftigt 忙 BŌ, isoga(shii) 1373
(sehr) ~ 多忙 tabō 229, 1373
繁忙 hanbō 1292, 1373
sehr ~ 煩忙 hanbō 1849, 1373
sehr ~ sein 忙殺される bōsatsu sareru 1373, 576
Beschäftigung (beruflich) 用事 yōji 107, 80
(bei e-r Firma) 使役 shieki 331, 375

(Beruf) 商売 shōbai 412, 239
beschämt 汗顔 kangan 1188, 277
beschatten: (j-n) ~ 尾行 bikō 1868, 68
bescheiden (anspruchslos) 無欲 muyoku
   93, 1127
   (Verhältnisse) 卑 iya(shii) 1521
   (anspruchslos) 謙譲 kenjō 1687, 1013
   (demütig) 謙虚 kenkyo 1687, 1572
Bescheidenheit 謙そん kenson 1687
   Tugend der ~ 謙譲の美徳 kenjō no bitoku
   1687, 1013, 401, 1038
Bescheinigung 証明 shōmei 484, 18
Beschlag (aus Metall) 金具 kanagu 23, 420
Beschlagnahme 没収 bosshū 935, 757
   押収 ōshū 986, 757
beschlagnahmen 押 o(saeru) 986
beschleunigen (Tempo) 早 haya(meru) 248
   速 haya(meru) 502
   (Vorgang) 促進 sokushin 1557, 437
   (Wachstum) künstlich ~ 促成 sokusei
   1557, 261
Beschleunigung 累加 ruika 1060, 709
   累増 ruizō 1060, 712
Beschluß 決定 kettei 356, 355
   決着 ketchaku 356, 657
   (e-s Parlaments) 議決 giketsu 292, 356
(be)schneiden 刈り込む karikomu 1282, 776
Beschneiden (Bäume/Sträucher) 枝切り
   edakiri 870, 39
beschränken 狭 seba(meru) 1353
Beschränkung 制限 seigen 427, 847
   拘束 kōsoku 1800, 501
beschreiben 描 BYŌ, ega(ku) 1469
Beschreibung 記述 kijutsu 371, 968
   描写 byōsha 1469, 540
beschuldigen 恨 KON, ura(mu) 1755
Beschuldigung 転嫁 tenka 433, 1749
beschützen 守 SHU, mamo(ru) 490
   防 BŌ, fuse(gu) 513
   擁護 yōgo 1715, 1312
Beschützer 父兄 fukei 113, 406
beseitigen (Hindernis, Mißstand) 除 JO,
   nozo(ku) 1065
   取り除く torinozoku 65, 1065
   (Übel) 一掃 issō 2, 1080
besetzen (in Besitz nehmen) 乗っ取る
   nottoru 523, 65

(in Besitz nehmen, Platz einnehmen) 占
   SEN, shi(meru) 1706
besetzt: (voll-)~ 満席 manseki 201, 379
   voll ~ 満員 man'in 201, 163
Besetzung (Okkupation) 占領 senryō 1706,
   834
Besichtigung (touristisch; als Zuschauer) 見
   物 kenbutsu 63, 79
   (Inspektion) 点検 tenken 169, 531
   視察 shisatsu 606, 619
   検査 kensa 531, 624
   (Inspektion bei Rundgang/fahrt) 巡視
   junshi 777, 606
   (als Zuschauer) 観覧 kanran 604, 1291
   (Inspektion) 踏査 tōsa 1559, 624
   (zwecks Kontrolle) 監査 kansa 1663, 624
   der Kirschblüten 花見 hanami 255, 63
   von Sehenswürdigkeiten 観光 kankō
   604, 138
besiegen 負 ma(kasu) 510
   倒 tao(su) 905
besiegt werden 敗 HAI, yabu(reru) 511
Besiegter 敗者 haisha 511, 164
Besitz (Eigentum) 所有 shoyū 153, 265
   (Vermögen) 財産 zaisan 553, 278
   (Rechte) 享有 kyōyū 1672, 265
   (Eigentum) 占有 sen'yū 1706, 265
besitzen 持 JI, mo(tsu) 451
   備 sona(waru) 768
Besitzer 主 SHU, nushi 155
   持ち主 mochinushi 451, 155
   (e-s Tieres) 飼い主 kainushi 1762, 155
Besitznahme 占有 sen'yū 1706, 265
besonder: ~e Erlaubnis 特許 tokkyo 282, 737
   ~e Vergünstigung 特典 tokuten 282, 367
besonders (speziell) 別 BETSU 267
   (positiv hervorgehoben) 特別 tokubetsu
   282, 267
   (vor allem) 殊 SHU, koto (ni) 1505
   geistreicher Mensch 俊秀 shunshū 1845,
   1683
besonnen 慎み深い tsutsushimibukai 1785,
   536
   sein 慎 SHIN, tsutsushi(mu) 1785
besorgen (erledigen) 処理 shori 1137, 143
Besorgnis 危ぐ kigu 534
   憂 ure(i), ure(e) 1032

気遣い kizukai 134, 1173
焦慮 shōryo 999, 1384
憂慮 yūryo 1032, 1384
愁 SHŪ, ure(i) 1601
虞 osore 1941
besorgt sein (um) 煩 HAN, [BON], wazura(u) 1849
Besorgung (Einkauf) 買い物 kaimono 241, 79
besprechen 話し合う hanashiau 238, 159
Besprechung (Beratung) 相談 sōdan 146, 593
  (Sitzung) 会談 kaidan 158, 593
  (Kritik, Rezension) 評論 hyōron 1028, 293
  (Kritik, Kommentar) 批評 hihyō 1029, 1028
best: ~e 最上 saijō 263, 32
  最高 saikō 263, 190
  ~e Lebensjahre 壮年 sōnen 1326, 45
  ~e Zensur 満点 manten 201, 169
  der ~e 随一 zuiichi 1741, 2
  am ~en 最良 sairyō 263, 321
  j-n zum ~en haben 翻ろう honrō 596
  ~er 第一 dai-ichi 404, 2
  ~es Mannesalter 壮年 sōnen 1326, 45
Beständigkeit (Konstanz) 不変 fuhen 94, 257
  (Unvergänglichkeit) 永続 eizoku 1207, 243
  (charakterlich) 恒心 kōshin 1275, 97
  (Stetigkeit) 恒常 kōjō 1275, 497
  (Fortdauer) 恒久 kōkyū 1275, 1210
Bestandteil 付き物 tsukimono 192, 79
Bestätigung (Beweis) 裏付け urazuke 273, 192
  (Beglaubigung) 確認 kakunin 603, 738
  (weitere) ~ 傍証 bōshō 1183, 484
  (e-s Urteils) 肯定 kōtei 1262, 355
Bestattung 葬式 sōshiki 812, 525
  葬儀 sōgi 812, 727
Bestechung 汚職 oshoku 693, 385
  鼻薬 hanagusuri 813, 359
  賄ろ wairo 1739
  (passive) ~ 収賄 shūwai 757, 1739
  (aktive) ~ 贈賄 zōwai 1364, 1739
Bestechungsgeld 賄ろ wairo 1739
Besteck 食器 shokki 322, 527
bestehen (e-e Prüfung) 受 u(karu) 260

(aus) 成 SEI, na(ru) 261
  (e-e Prüfung) ~ 合格 gōkaku 159, 643
  nebeneinander ~ 両立 ryōritsu 200, 121
besteigen 登 TŌ, TO, nobo(ru) 960
Bestellung 発注 hatchū 96, 357
  注文 chūmon 357, 111
Besteuerung 賦税 fuzei 1808, 399
Bestie 畜生 chikushō 1223, 44
  獣 JŪ, kemono 1582
bestimmt (sicher; festgesetzt) 定 sada(ka) 355
  freundlich aber ~ 外柔内剛 gaijū-naigō 83, 774, 84, 1610
  ~e Zeit(dauer) 定期 teiki 355, 449
  ein ~er Ort 某所 bōsho 1494, 153
Bestimmung 条項 jōkō 564, 1439
  (Vorschrift) 規定 kitei 607, 355
Bestimmungsort 先 SEN, saki 50
  届け先 todokesaki 992, 50
bestrafen 懲 CHŌ, ko(rasu), ko(rashimeru) 1421
Bestrafung 罰 BATSU 886
  (im Strafrecht) 刑罰 keibatsu 887, 886
Bestürzung 仰天 gyōten 1056, 141
  恐慌 kyōkō 1602, 1378
Besuch 来訪 raihō 69, 1181
  訪問 hōmon 1181, 162
  (um etwas zu besprechen) 面会 menkai 274, 158
  (aus Übersee) 渡来 torai 378, 69
  (bei Krankheit usw.) (お)見舞い (o)mimai 63, 810
  (e-r Veranstaltung) 臨席 rinseki 836, 379
  (Sport) 遠征 ensei 446, 1114
  e-r Vorlesung 聴講 chōkō 1039, 783
  e-s Grabes 墓参り hakamairi 1429, 710
  e-s Schreins 宮参り miyamairi 721, 710
  e-s Vortrags 聴講 chōkō 1039, 783
  in Japan 訪日 hōnichi 1181, 5
besuchen 訪 HŌ, tazu(neru), otozu(reru) 1181
  伺 SHI, ukaga(u) 1761
  (1.Person: bescheiden) 参 SAN, mai(ru) 710
  e-n Schrein/ein Grab ~ 参拝 sanpai 710, 1201
Besucher 訪客 hōkyaku 1181, 641
  来賓 raihin 69, 1852

Betäubung 麻酔 masui 1529, 1709
Beteiligung (Teilnahme, Involviertsein) 関与 kan'yo 398, 539
  (Teilnahme) 参加 sanka 710, 709
beten 願 GAN, nega(u) 581
  祈 KI, ino(ru) 621
Beten 祈願 kigan 621, 581
betören 悩殺 nōsatsu 1279, 576
beträchtlich 大幅 ōhaba 26, 1380
Betrachtung (Überlegung) 考察 kōsatsu 541, 619
  (Beobachtung) 観察 kansatsu 604, 619
Betrag 高 taka 190
  金額 kingaku 23, 838
  多寡 taka 229, 1851
  (Gesamt-)~ 総額 sōgaku 697, 838
  (~ in Höhe von) 100.000 Yen (金)拾万円 (kin) jūman en 23, 1445, 16, 13
  halber ~ 半額 hangaku 88, 838
Betragen 行為 kōi 68, 1484
(be)trauern 悲 kana(shimu) 1034
  悼 TŌ, ita(mu) 1680
betrauern 弔 CHŌ, tomura(u) 1796
betreffen 係 KEI, kaka(ru) 909
betreffend: ~e Behörde 当該官庁 tōgai kanchō 77, 1213, 326, 763
  die ~e Person 当該人物 tōgai jinbutsu 77, 1213, 1, 79
Betreffende: der ~ 同氏 dōshi 198, 566
  der/die ~ 本人 honnin 25, 1
Betrieb (Unternehmen) 事業 jigyō 80, 279
  (Firma) 営業 eigyō 722, 279
  (Unternehmen) 経営 keiei 548, 722
  staatl./öffentl. ~ 公営 kōei 126, 722
Betriebsferien 休み中 yasumichū 60, 28
betroffen: ~er Teil 患部 kanbu 1315, 86
betrübt: ~ sein 憂 YŪ, ure(eru) 1032
  ~es Gesicht 憂い顔 ureigao 1032, 277
Betrug 詐取 sashu 1498, 65
  詐欺 sagi 1498, 1499
betrügen (verraten: Freunde usw.) 裏切る uragiru 273, 39
  (j-n z.B. um Geld) 偽 GI, itsuwa(ru) 1485
  謀 BŌ, haka(ru) 1495
  (um Geld) 欺 GI, azamu(ku) 1499
Betrüger 詐欺師 sagishi 1498, 1499, 409
betrunken: ~ werden 酔 SUI, yo(u) 1709

stark ~ 泥酔 deisui 1621, 1709
Betrunkener 酔っ払い yopparai 1709, 582
Bett 床 SHŌ, toko 826
  寝台 shindai 1079, 492
Bettdecke 掛け布団 kakebuton 1464, 675, 491
Bettlaken 敷布 shikifu 1451, 675
Bettnässen 夜尿症 yanyōshō 471, 1869, 1318
Bettuch 敷布 shikifu 1451, 675
Bettzeug 寝具(類) shingu(rui) 1079, 420, 226
beunruhigen 煩 wazura(wasu) 1849
beunruhigt sein 悩 NŌ, naya(mu) 1279
Beurlaubung 賜暇 shika 1831, 1064
Beurteilung 鑑定 kantei 1664, 355
Beute: (Jagd-/Kriegs-)~ 獲物 emono 1313, 79
Beutel 袋 TAI, fukuro 1329
Bevölkerung 人口 jinkō 1, 54
Bevölkerungsdichte 人口密度 jinkō mitsudo 1, 54, 806, 377
Bevollmächtigung 委任 inin 466, 334
bevorstehen 迫 HAKU, sema(ru) 1175
  切迫 seppaku 39, 1175
Bevorzugung 特待 tokutai 282, 452
(be)wachen 見張る miharu 63, 1106
bewachen 守 SHU, mamo(ru) 490
Bewaffnung 武装 busō 1031, 1328
bewahren 保 HO, tamo(tsu) 489
Bewahrung 保存 hozon 489, 269
  維持 iji 1231, 451
bewegen 動 ugo(kasu) 231
  sich ~ 動 DŌ, ugo(ku) 231
Bewegung 運動 undō 439, 231
  der Erdkruste 地殻変動 chikaku hendō 118, 1728, 257, 231
  heftige ~ 激動 gekidō 1017, 231
  Mangel an ~ 運動不足 undō-busoku 439, 231, 94, 58
  rückläufige ~ 逆戻り gyakumodori 444, 1238
  schnelle und langsame ~ 緩急 kankyū 1089, 303
Beweis 証明 shōmei 484, 18
  (juristischer) 証拠 shōko 484, 1138
beweisen 明 a(kasu) 18
Bewerber 応募者 ōbosha 827, 1430, 164
Bewerbung 志願 shigan 573, 581
  応募 ōbo 827, 1430

Bilderbuch 絵本 ehon 345, 25
Bildergalerie 画廊 garō 343, 981
Bildergeschichte 漫画 manga 1411, 343
Bilderrahmen 額縁 gakubuchi 838, 1131
(Bilder)Rolle 軸 JIKU 988
Bilderrolle 絵巻(物) emaki(mono) 345, 507, 79
Bildfläche 画面 gamen 343, 274
Bildhauerei 彫刻 chōkoku 1149, 1211
　彫塑 chōso 1149, 1838
Bildoberfläche 画面 gamen 343, 274
Bildschirm 画面 gamen 343, 274
Bildung 教育 kyōiku 245, 246
　教養 kyōyō 245, 402
　umfassende ~ 博学 hakugaku 601, 109
billig 安 yasu(i) 105
　~e Ware 安物 yasumono 105, 79
　~er machen 引 hi(keru) 216
　~er Verkauf 廉売 renbai 1689, 239
　~es Konfekt 駄菓子 dagashi 1880, 1535, 103
　kleines und ~es Taschenbuch 文庫本 bunkobon 111, 825, 25
Billigung 是認 zenin 1591, 738
　und Mißbilligung 賛否 sanpi 745, 1248
Billion 兆 CHŌ 1562
Binde (Bandage) 包帯 hōtai 804, 963
Bindehautentzündung 結膜炎 ketsumakuen 485, 1426, 1336
binden (Schleife usw.) 結 KETSU, musu(bu), yu(waeru) 485
　(festbinden; fesseln) 縛 BAKU, shiba(ru) 1448
Bindung (Einschränkung) 束縛 sokubaku 501, 1448
　拘束 kōsoku 1800, 501
Binnenhafen 内港 naikō 84, 669
Binnenmeer/see 内海 uchiumi, naikai 84, 117
Biografie 伝記 denki 434, 371
bis zum Äußersten gehen 極 kiwa(meru) 336
　窮 KYŪ, kiwa(maru) 897
Bischof 僧正 sōjō 1366, 275
bissiger Hund 猛犬 mōken 1579, 280
Bitte 要請 yōsei 419, 661
　依頼 irai 678, 1512
　委嘱 ishoku 466, 1638

dringende ~ 懇願 kongan 1135, 581
große ~ 大願 taigan 26, 581
inständige ~ 嘆願 tangan 1246, 581
bitten 願 GAN, nega(u) 581
　請 SEI, SHIN, ko(u) 661
　求 KYŪ, moto(meru) 724
　仰 GYŌ, ao(gu) 1056
　頼 RAI, tano(mu) 1512
Bitten: zudringliches ~ 強請 kyōsei 217, 661
bitter (Medizin; Erfahrung) 苦 niga(i) 545
　(Pille) 痛烈 tsūretsu 1320, 1331
　(Geschmack) 辛 SHIN, kara(i) 1487
　(Gefühle) 恨 ura(meshii) 1755
　~e Erfahrung 憂き目 ukime 1032, 55
　~e Tränen 血涙 ketsurui 789, 1239
Bitterkeit 痛恨 tsūkon 1320, 1755
Bitternis (des Lebens) 辛酸 shinsan 1487, 516
Bittschrift 陳情 chinjō 1405, 209
blank: ~e Waffe 白刃 hakujin 205, 1413
　~es Schwert 白刃 hakujin 205, 1413
Blase (im Wasser) 泡 HŌ, awa 1765
blasen (Wind; pusten; Flöte) 吹 SUI, fu(ku) 1255
Blasphemie 冒とく bōtoku 1104
Blatt (Papier) 丁 CHŌ 184
　(e-s Baums) 葉 YŌ, ha 253
　dürres ~ 朽ち葉 kuchiba 1628, 253
　verwelktes ~ 朽ち葉 kuchiba 1628, 253
　ein ~ Papier 紙一枚 kami ichimai 180, 2, 1156
Blätter (der Bäume) 木の葉 ko no ha 22, 253
　dürre/welke ~ 枯れ葉 kareha 974, 253
　gelbe ~ 黄葉 kōyō 780, 253
　Zahl der ~ 枚数 maisū 1156, 225
　Zweige und ~ 枝葉 shiyō, edaha 870, 253
Blattgold 金ぱく kinpaku 23
Blattgrün 葉緑素 yōryokuso 253, 537, 271
Blattlaus 油虫 aburamushi 364, 873
blau 青 SEI, ao(i), ao 208
　angelaufen 青膨れ aobukure 208, 1145
　~e Schwellung 青膨れ aobukure 208, 1145
　~er Himmel 青空 aozora 208, 140
Blausäure 青酸 seisan 208, 516
Blei 鉛 EN, namari 1606
bleiben (an e-m Ort) 留 to(maru) 761
　(zu) lange ~ 長居 nagai 95, 171

Bleichmittel 漂白剤 hyōhakuzai 924, 205, 550
bleifarben 鉛色 namariiro 1606, 204
Bleistift 鉛筆 enpitsu 1606, 130
Bleistiftspitzer 鉛筆削り enpitsu-kezuri 1606, 130, 1611
Bleivergiftung 鉛毒 endoku 1606, 522
Blick: ein ~ 一目 ichimoku, hitome 2, 55
  ein (flüchtiger) ~ 一見 ikken 2, 63
  verliebter ~ 横目 yokome 781, 55
blicken: nach oben ~ 仰視 gyōshi 1056, 606
  neugierig/heimlich ~ 垣間見る kaimamiru 1276, 43, 63
Blinddarm 虫垂 chūsui 873, 1070
  盲腸 mōchō 1375, 1270
blind: ~e Liebe 痴情 chijō 1813, 209
  ~er Gehorsam 盲従 mōjū 1375, 1482
  ~er Glaube 妄信 mōshin, bōshin 1376, 157
Blindekuh 鬼ごっこ onigokko 1523
Blindenschrift 点字 tenji 169, 110
Blinder 盲人 mōjin 1375, 1
Blindheit 盲目 mōmoku 1375, 55
blinzeln 瞬 SHUN, matata(ku) 1732
Blitzableiter 避雷針 hiraishin 1491, 952, 341
Blitzschlag 落雷 rakurai 839, 952
Blitz(strahl) 電光 denkō 108, 138
Block 1 (e-s Gebäudekomplexes) 一丁目 itchōme 2, 184, 55
Blockade (militär.) 封鎖 fūsa 1463, 1819
Blockhütte 丸太小屋 marutagoya 644, 629, 27, 167
blockieren (Straße) 遮 SHA, saegi(ru) 1767
blond 金髪 kinpatsu 23, 1148
bloßlegen 暴 aba(ku) 1014
blühen (gedeihen) 興 oko(ru) 368
  盛 saka(ru) 719
  栄 saka(eru) 723
  (Pflanze) 咲 sa(ku) 927
  außerhalb der Saison ~ 狂い咲き kuruizaki 883, 927
  zu ~ beginnen 咲き出す sakidasu 927, 53
Blühen (Geschäft) 繁盛 hanjō 1292, 719
blühend 隆々 ryūryū 946
  (gedeihend) 盛 SEI, saka(n) 719
  spät ~ 遅咲き osozaki 702, 927
  ~e Pflanze 草花 kusabana 249, 255
  ~er Zustand 全盛 zensei 89, 719

Blume 花 KA, hana 255
  華 KA, hana 1074
Blumen und Vögel 花鳥 kachō 255, 285
Blumenbeet 花壇 kadan 255, 1839
Blumenkalender 花暦 hanagoyomi 255, 1534
Blumenladen 花屋 hanaya 255, 167
Blumenstecken 生け花 ikebana 44, 255
  華道 kadō 1074, 149
  Kunst des ~s 華道 kadō 1074, 149
Blumenstrauß 花束 hanataba 255, 501
Blumentopf 植木鉢 uekibachi 424, 22, 1820
Blumenvase 花瓶 kabin 255, 1161
Blut 血 KETSU, chi 789
  血液 ketsueki 789, 472
  spucken 吐血 toketsu 1253, 789
Blutbad 虐殺 gyakusatsu 1574, 576
Blüte (e-r Pflanze) 花 KA, hana 255
  (Gedeihen) 隆盛 ryūsei 946, 719
  (e-r Pflanze) 華 KA, hana 1074
  (Elite) 精華 seika 659, 1074
  weibliche ~ 雌花 mebana 1388, 255
  in voller ~ stehen 咲き乱れる sakimidareru 927, 689
Blütenpflanze 顕花植物 kenka shokubutsu 1170, 255, 424, 79
Blütezeit (Pflanze; Gegenstände/Ideen; junges Mächen) 花盛り hanazakari 255, 719
  (z.B. e-r Kultur) 最盛期 saiseiki 263, 719, 449
Blutgefäß 血管 kekkan 789, 328
Blutgruppe 血液型 ketsuekigata 789, 472, 888
Blutkreislauf 血液循環 ketsueki junkan 789, 472, 1479, 865
Blutrache: (Geschichte e-r ~) 忠臣蔵 Chūshingura 1348, 835, 1286
Blutspende 献血 kenketsu 1355, 789
Blutstillungsmittel 止血剤 shiketsuzai 477, 789, 550
Blutsverwandtschaft 肉親 nikushin 223, 175
Blutung 出血 shukketsu 53, 789
  innere ~ 内出血 naishukketsu 84, 53, 789
blutunterlaufene Augen 充血した目 jūketsu shita me 828, 789, 55
Blutvergießen 流血 ryūketsu 247, 789
Blutzucker 血糖 kettō 789, 1698

Boden (Erde) 土 DO, TO, tsuchi 24
  (Land) 土地 tochi 24, 118
  (des Meeres; e-s Fasses) 底 TEI, soko 562
  (Erde) 土壌 dojō 24, 1912
  (~) bestellen 耕 KŌ, tagaya(su) 1196
  feuchter ~ 湿地 shitchi 1169, 118
Bodhidharma 達磨 daruma 448, 1531
Bogen (zum Schießen) 弓 KYŪ, yumi 212
  Pfeil und ~ 弓矢 yumiya 212, 213
bogenförmig 弧状 kojō 1481, 626
Bogenschießen 弓 KYŪ, yumi 212
  j. ~ 弓道 kyūdō 212, 149
  弓術 kyūjutsu 212, 187
Bogensehne 弦 GEN, tsuru 1226
Bohlenweg 桟道 sandō 1906, 149
Bohne: kleine rote ~ 小豆 azuki 27, 958
Bohnen 豆 TŌ, mame 958
  mit roten ~ gekochter Reis 赤飯 sekihan
  207, 325
Bohnengallerte 豆腐 tōfu 958, 1245
Bohnenmus-Suppe みそ汁 misoshiru 1794
Bohnensuppe: süße ~ mit Reiskuchen 汁粉
  shiruko 1794, 1701
bohren (Brunnen; durch Brett/Berg) 掘り抜
  く horinuku 1803, 1713
Boiler 湯沸かし(器) yuwakashi(ki) 632,
  1792, 527
Bolzen 栓 SEN 1842
Bombardierung (aus der Luft) 爆撃
  bakugeki 1015, 1016
  (durch Artillerie) 砲撃 hōgeki 1764, 1016
Bombe 爆弾 bakudan 1015, 1539
Bombenangriff (aus der Luft) 爆撃
  bakugeki 1015, 1016
Bombenopfer (nach Luftangriff) 被爆者
  hibakusha 976, 1015, 164
Bon-Fest (お)盆 (O)Bon 1099
Bon-Tanz 盆踊り Bon odori 1099, 1558
Bonsai 盆栽 bonsai 1099, 1125
Bonus 賞与 shōyo 500, 539
Bonze (buddh. Priester/Mönch) 坊主 bōzu
  1858, 155
Boot 舟 SHŪ, fune, [funa] 1094
  小舟 kobune 27, 1094
  舟艇 shūtei 1094, 1666
Bootshaus 艇庫 teiko 1666, 825
Bootslänge 艇身 teishin 1666, 59

Bootsverleih 貸しボート kashibōto 748
Bord: an ~ gehen 搭乗 tōjō 1915, 523
Bordellviertel 郭 KAKU 1673
borgen 拝借 haishaku 1201, 766
borniert 偏狭 henkyō 1159, 1353
bösartig 悪性 akusei 304, 98
  ~e Krankheit 悪疾 akushitsu 304, 1812
Böschung 斜面 shamen 1069, 274
böse 悪 AKU, waru(i) 304
  Tat 悪事 akuji 304, 80
  Zunge 毒舌 dokuzetsu 522, 1259
  ~er Geist 鬼 KI, oni 1523
Böse: Gut und ~ 善悪 zen'aku 1139, 304
  清濁 seidaku 660, 1625
boshafte Bemerkung 憎まれ口
  nikumareguchi 1365, 54
botanischer Garten 植物園 shokubutsuen
  424, 79, 447
Bote des Kaisers 勅使 chokushi 1886, 331
Botschaft: frohe ~ (Evangelium) 福音
  fukuin 1379, 347
  göttliche ~ 託宣 takusen 1636, 625
  kaiserliche ~ 勅語 chokugo 1886, 67
Botschafter 大使 taishi 26, 331
Bouillon 肉汁 nikujū 223, 1794
Boykott 排斥 haiseki 1036, 1401
brachliegend 遊休 yūkyū 1003, 60
Brand 火事 kaji 20, 80
Brandsatz (in e-r Flasche) 火炎瓶 kaenbin
  20, 1336, 1161
Brandschutz 防火 bōka 513, 20
Brandstiftung 放火 hōka 512, 20
braten 揚 YŌ, a(geru) 631
  焼 ya(ku) 920
Brauch 常習 jōshū 497, 591
  習慣 shūkan 591, 915
  慣習 kanshū 915, 591
  慣例 kanrei 915, 612
  恒例 kōrei 1275, 612
brauchen 要 i(ru) 419
brauen 醸 JŌ, kamo(su) 1837
  醸成 jōsei 1837, 261
Brauerei 醸造所 jōzōsho 1837, 691, 153
braun 茶色 chairo 251, 204
  褐色 kasshoku 1623, 204
  茶褐色 chakasshoku 251, 1623, 204
bräunlich 浅黒い asaguroi 649, 206

Braut 嫁 yome 1749
花嫁 hanayome 255, 1749
und Bräutigam 新郎新婦 shinrō-shinpu
174, 980, 174, 316
Bräutigam 花婿 hanamuko 255, 1745
Braut und ~ 新郎新婦 shinrō-shinpu
174, 980, 174, 316
brechen: (ab-)~ (itr.: Gegenstand) 欠 ka(keru)
383
(Vertrag) 破棄 haki 665, 962
(Widerstand) 切り崩す kirikuzusu 39, 1122
(itr.: Gegenstand) 折 SETSU, o(reru), o(ru)
1394
(tr.: Gegenstand) 砕 kuda(ku) 1710
Brechreiz 吐き気 hakike 1253, 134
breit 広 KŌ, hiro(i) 694
幅の広い haba no hiroi 1380, 694
(Stoffbahn) 大幅 ōhaba 26, 1380
weit und ~ 広漠 kōbaku 694, 1427
(~e) Öffentlichkeit 江湖 kōko 821, 467
Breite 幅 FUKU, haba 1380
横幅 yokohaba 781, 1380
Länge und ~ 縦横 jūō, tateyoko 1483, 781
nördliche ~ 北緯 hokui 73, 1054
südliche ~ 南緯 nan'i 74, 1054
Breitengrad 緯度 ido 1054, 377
Längen- und ~ 経緯 keii 548, 1054
Parallele zum ~ 緯線 isen 1054, 299
Bremse 制動機 seidōki 427, 231, 528
brennbar 可燃性 kanensei 388, 652, 98
brennen 燃 NEN, mo(eru) 652
(brennende) Hölle 焦熱地獄 shōnetsu
jigoku 999, 645, 118, 884
Brennholz 薪 SHIN, takigi 1910
und Holzkohle 薪炭 shintan 1910, 1344
und Wasser 薪水 shinsui 1910, 21
Brennmaterial 燃料 nenryō 652, 319
(Brenn)Ofen (für Keramik) 窯 YŌ, kama
1789
Brennpunkt 焦点 shōten 999, 169
Brennstoff 燃料 nenryō 652, 319
薪炭 shintan 1910, 1344
atomarer ~ 核燃料 kakunenryō 1212,
652, 319
Brett: (Holz-)~ 板 HAN, BAN, ita 1047
(Spiel-)~ 盤 BAN 1098
Go-~ 碁盤 goban 1834, 1098

schwarzes ~ 掲示板 keijiban 1624, 615,
1047
Bretterzaun 板塀 itabei 1047, 1805
Brief 文 fumi 111
手紙 tegami 57, 180
便 tayo(ri) 330
書簡 shokan 131, 1533
(e-n ~) öffnen 開封 kaifū 396, 1463
Briefmarke 切手 kitte 39, 57
Briefträger 郵便配達(人) yūbin haitatsu(nin)
524, 330, 515, 448, 1
Briefumschlag 封筒 fūtō 1463, 1472
Briefwechsel 文通 buntsū 111, 150
Brille 眼鏡 megane, gankyō 848, 863
bringen: zur Geltung ~ 発揮 hakki 96, 1652
Brise: kühle/frische ~ 涼風 ryōfū, suzukaze
1204, 29
leichte ~ そよ風 soyokaze 29
薫風 kunpū 1774, 29
brodeln 泡立つ awadatsu 1765, 121
Bronze 青銅 seidō 208, 1605
Bronzemedaille 銅メダル dōmedaru 1605
Bronzestatue 銅像 dōzō 1605, 740
Broschüre 冊子 sasshi 1158, 103
Brot: das tägliche ~ 日々の糧 hibi no kate
5, 1704
Bruchstück 破片 hahen 665, 1045
断片 danpen 1024, 1045
Brücke 橋 KYŌ, hashi 597
Brückenbau 架橋 kakyō 755, 597
Brückenpfeiler 橋脚 kyōkyaku 597, 1784
Bruder 兄弟 kyōdai 406, 405
älterer ~ 兄 KEI, ani 406
älterer ~ (respektvoll) 兄さん niisan 406
der leibliche ältere ~ 実兄 jikkei 203, 406
jüngerer ~ 弟 TEI, otōto 405
Brüder 兄弟 kyōdai 406, 405
(Geschwister; Landsleute) 同胞 dōhō
198, 1284
Brühe 汁 JŪ, shiru 1794
Brüllen der See 海鳴り uminari 117, 925
Brunnen 井 SEI, i 1193
井戸 ido 1193, 152
井泉 seisen 1193, 1192
Brust 胸 KYŌ, mune 1283
胸部 kyōbu 1283, 86
(weibliche) 乳 NYŪ, chichi, chi 939

Brustbild 胸像 kyōzō 1283, 740
Brustgegend 胸部 kyōbu 1283, 86
Brustkrebs 乳がん nyūgan 939
Brustschwimmen 平泳ぎ hiraoyogi 202, 1208
Brusttasche 懐 futokoro 1408
Brustumfang 胸囲 kyōi 1283, 1194
Brustwarze 乳首 chikubi, chichikubi 939, 148
brutal 残忍 zannin 650, 1414
　残虐 zangyaku 650, 1574
Brutalität 蛮行 bankō 1879, 68
Brüter/Brutreaktor: schneller ~ 増殖炉
　zōshokuro 712, 1506, 1790
Brutstätte 温床 onshō 634, 826
Bruttosozialprodukt 国民総生産 kokumin
　sōseisan 40, 177, 697, 44, 278
Buch 本 HON 25
　書物 shomotsu 131, 79
　著書 chosho 859, 131
　書籍 shoseki 131, 1198
　antiquarisches ~ 古本 furuhon 172, 25
　ausländ./westl. ~ 洋書 yōsho 289, 131
　Miniaturausgabe e-s ~es 豆本 mamehon
　958, 25
Buchbesprechung 書評 shohyō 131, 1028
Bücherbrett 書架 shoka 131, 755
　本棚 hondana 25, 1908
Bücherkiste 本箱 honbako 25, 1091
Bücherkunde 書誌学 shoshigaku 131, 574,
　109
Bücherregal 本箱 honbako 25, 1091
　本棚 hondana 25, 1908
Büchersammlung 蔵書 zōsho 1286, 131
Bücherschrank 本箱 honbako 25, 1091
Buchführung 簿記 boki 1450, 371
Buchhaltung 簿記 boki 1450, 371
Buchhandlung 書店 shoten 131, 168
(Buch)Rand 欄外 rangai 1202, 83
Büchse 缶 KAN 1649
　leere ~ 空き缶 akikan 140, 1649
Büchsenfabrik 製缶工場 seikan kōjō 428,
　1649, 139, 154
Büchsenöffner 缶切り kankiri 1649, 39
Buchstabe 字 JI 110
　文字 moji, monji 111, 110
　lateinische ~en ローマ字 rōmaji 110
Bucht 湾 WAN 670
　江 KŌ, e 821

入り江 irie 52, 821
浦 HO, ura 1442
潟 kata 1626
die Tōkyō-~ 東京湾 Tōkyō-wan 71, 189,
670
Buchtitel 書名 shomei 131, 82
Buddha 仏 BUTSU, hotoke 583
　本尊 honzon 25, 704
　Steinbild ~s 石仏 sekibutsu 78, 583
Buddha-Statue: lackierte ~ (aus Holz) 乾漆
　像 kanshitsuzō 1190, 1546, 740
Buddhabild 仏像 butsuzō 583, 740
Buddhastatue 仏像 butsuzō 583, 740
　große ~ 大仏 daibutsu 26, 583
Buddhismus 仏教 bukkyō 583, 245
buddhistisch: (~e Glücksgöttin) 吉祥天
　Kichijōten, Kisshōten 1141, 1576, 141
　~e Gebote 戒律 kairitsu 876, 667
　~e Geheimlehre 衣鉢 ihatsu 677, 1820
　~er Mönch 桑門 sōmon 1873, 161
　(~er) Priester 坊主 bōzu 1858, 155
　~er Priester 法師 hōshi 123, 409
　和尚 oshō 124, 1853
　桑門 sōmon 1873, 161
　~er Priester/Mönch 僧 SŌ 1366
　hoher ~er Priester 僧正 sōjō 1366, 275
　~es Gebet 念仏 nenbutsu 579, 583
　~es Totenfest (im Juli) 盆 (O)Bon 1099
Bude (Verkaufsstand) 露店 roten 951, 168
Budget 予算 yosan 393, 747
Büffel 野牛 yagyū 236, 281
Bühne 舞台 butai 810, 492
　Bearbeitung für ~ 脚色 kyakushoku
　1784, 204
Bühnenassistent: schwarz gekleideter ~ beim
　Kabuki 黒子 kuroko 206, 103
Bühnenauftritt 登場 tōjō 960, 154
Bund (Union, Allianz) 同盟 dōmei 198, 717
　(Union, Vereinigung) 連盟 renmei 440,
　717
Bündel 束 SOKU, taba 501
　把 HA 1724
　drei ~ 三把 sanba 4, 1724
　ein ~ 一束 issoku, hitotaba 2, 501
　一把 ichiwa 2, 1724
　zehn ~ 十把 jippa 12, 1724
　ein ~ Banknoten 札束 satsutaba 1157, 501

Bundeskanzler 連邦首相 renpō shushō 440, 808, 148, 146

Bundesregierung 連邦政府 renpō seifu 440, 808, 483, 504

Bundesstaat 連邦 renpō 440, 808
(der ~) **Kalifornien** カリフォルニア州 Kariforunia-shū 195

bündig (kurz) 簡略 kanryaku 1533, 841
(kurz, klar) 簡潔 kanketsu 1533, 1241

Bündnis 同盟 dōmei 198, 717
盟約 meiyaku 717, 211
連盟 renmei 440, 717

bunt 多彩 tasai 229, 932
~es **Herbstlaub** 紅葉 kōyō, momiji 820, 253

Buntpapier 色紙 irogami 204, 180

Bürde 重荷 omoni 227, 391
負担 futan 510, 1274

Burg 城 JŌ, shiro 720
城郭 jōkaku 720, 1673
alte ~ 古城 kojō 172, 720
Stadt mit ~ 城下町 jōkamachi 720, 31, 182

Bürge 保証人 hoshōnin 489, 484, 1

Bürger 市民 shimin 181, 177
(Volk) 人民 jinmin 1, 177
国民 kokumin 40, 177
(hist.: im Gegensatz zu Samurai u. Bauern) 町人 chōnin 182, 1

Bürgerkrieg 内戦 naisen 84, 301
乱 RAN 689
内乱 nairan 84, 689

Bürgermeister (e-r Stadt) 市長 shichō 181, 95
(e-s Dorfes) 村長 sonchō 191, 95

Bürgersteig 歩道 hodō 431, 149

Burggraben: äußerer ~ 外堀 sotobori 83, 1804
innerer ~ 内堀 uchibori 84, 1804

Burgherr 城主 jōshu 720, 155

Burgmauer 城郭 jōkaku 720, 1673

Bürgschaft (Jura: Garantie) 保証 hoshō 489, 484
(Sicherheit) 保障 hoshō 489, 858

Burgtor 城門 jōmon 720, 161

Büro (allg.) 事務所 jimusho 80, 235, 153
(Arbeitsstelle) 勤め先 tsutomesaki 559, 50

Bürokrat 官僚 kanryō 326, 1324

Bürokratie 官僚主義 kanryō shugi 326, 1324, 155, 291

bürsten 磨 MA, miga(ku) 1531

Büschel 房 fusa 1237

Buschmesser 山刀 yamagatana 34, 37

Busen 胸中 kyōchū 1283, 28
懐 futokoro 1408
胸襟 kyōkin 1283, 1537

Busengrabscher 痴漢 chikan 1813, 556

büßen 償 SHŌ, tsuguna(u) 971

Bußgeld 罰金 bakkin 886, 23

Bushaltestelle 停留所 teiryūjo 1185, 761, 153

Büste 胸像 kyōzō 1283, 740

– C –

C (in e-r Reihe) 丙 HEI 984

Café 喫茶店 kissaten 1240, 251, 168

Celsius: 20° ~ 摂氏２０度 sesshi nijūdo 1692, 566, 377

Chance 機会 kikai 528, 158

Chaos 混乱 konran 799, 689
無秩序 muchitsujo 93, 1508, 770

Charakter 人格 jinkaku 1, 643
性格 seikaku 98, 643
柄 HEI, gara 985
人柄 hitogara 1, 985
und **Lebenswandel** 性行 seikō 98, 68
der wahre ~ 本性 honshō, honsei 25, 98

charakteristisch 特有 tokuyū 282, 265
固有 koyū 972, 265
~es **Merkmal** 特色 tokushoku 282, 204
特徴 tokuchō 282, 1420

Charme 魅力 miryoku 1526, 100

Charta 憲章 kenshō 521, 857

chartern 雇 KO, yato(u) 1553

Chauffeur 運転手 untenshu 439, 433, 57

Chef (Vorsitzender, Präsident) 主席 shuseki 155, 379
(z.B. Regierungschef) 首班 shuhan 148, 1381

Chemie 化学 kagaku 254, 109
analytische ~ 分析化学 bunseki kagaku 38, 1393, 254, 109

Chemikalien 薬 YAKU, kusuri 359

Chiffre 暗号 angō 348, 266

China 中国 Chūgoku 28, 40
(Abk.) ~ 中 CHŪ 28

(historisch) 唐 Kara 1697
Jahrestag der Gründung der VR ~ 国慶節 Kokkeisetsu 40, 1632, 464
Volksrepublik ~ 中華人民共和国 Chūka jinmin kyōwakoku 28, 1074, 1, 177, 196, 124, 40
chinesisch: japanisch-~ 日中 Nit-Chū 5, 28
~e Küche 中華料理 chūka ryōri 28, 1074, 319, 143
~e (klassische) Literatur 漢文 kanbun 556, 111
~e Poesie 漢詩 kanshi 556, 570
~e und japan. Kanji-Lesung 音訓 on-kun 347, 771
~er Stil (Muster) 唐様 karayō 1697, 403
~er Text 漢文 kanbun 556, 111
Rezitation ~er Gedichte 詩吟 shigin 570, 1250
~es Gedicht 漢詩 kanshi 556, 570
~es Gericht 中華料理 chūka ryōri 28, 1074, 319, 143
~es Schriftzeichen 漢字 kanji 556, 110
Chirurgie 外科 geka 83, 320
plastische ~ 整形外科 seikei geka 503, 395, 83, 320
Chlorophyll 葉緑素 yōryokuso 253, 537, 271
Chor 合唱(団) gasshō(dan) 159, 1646, 491
christliche Zeitrechnung 西暦 seireki 72, 1534
Chronik 史 SHI 332
記録 kiroku 371, 538
年譜 nenpu 45, 1167
chronisch 慢性 mansei 1410, 98
Chrysantheme 菊 KIKU 475
菊の花 kiku no hana 475, 255
weiße ~ 白菊 shiragiku 205, 475
Chrysanthemenpuppe 菊人形 kikuningyō 475, 1, 395
Chrysanthemenwappen: das kaiserl. ~ 菊の御紋 kiku no gomon 475, 708, 1454
Chrysanthemenzucht 菊作り kikuzukuri 475, 360
Chūō-Linie (Bahnlinie) 中央線 Chūō-sen 28, 351, 299
Clan 藩閥 hanbatsu 1382, 1510
feudaler ~ 藩 HAN 1382
Haupt e-s ~s 藩主 hanshu 1382, 155

Clique 徒党 totō 430, 495
派閥 habatsu 912, 1510
Comeback 返り咲き kaerizaki 442, 927
Copyright 版権 hanken 1046, 335
Countdown 秒読み byōyomi 1152, 244
Courage 勇気 yūki 1386, 134

– D –

D (in e-r Reihe) 丁 TEI 184
da: nicht ~ sein 欠 KETSU, ka(ku) 383
Dach 屋根 yane 167, 314
(auf dem) ~ 屋上 okujō 167, 32
Leck im ~ 雨漏り amamori 30, 1806
Dachbalken 棟木 munagi 1406, 22
Dachfirst 棟 TŌ, mune 1406
Dachkante 軒先 nokisaki 1187, 50
Dachtraufe 軒 noki 1187
Dahindösen 惰眠 damin 1743, 849
dahintreiben 漂 HYŌ, tadayo(u) 924
dalassen 置 CHI, o(ku) 426
damals 当時 tōji 77, 42
Dame 婦人 fujin 316, 1
淑女 shukujo 1668, 102
junge ~ お嬢さん ojōsan 1836
(御)令嬢 (go)reijō 708, 831, 1836
Meine ~n und Herren! 諸君 shokun 861, 793
Damm 堤 TEI, tsutsumi 1592
堤防 teibō 1592, 513
Dämmerung 薄明 hakumei 1449, 18
Dampf 汽 KI 135
蒸気 jōki 943, 134
dämpfen (Kartoffeln) 蒸 JŌ, mu(su) 943
Dampfer 汽船 kisen 135, 376
Dampfpfeife 汽笛 kiteki 135, 1471
danach 後 GO, nochi 48
その後 sono go 48
以後 igo 46, 48
daneben schreiben 併記 heiki 1162, 371
Dank 礼 REI 620
感謝 kansha 262, 901
Vielen ~! (お)疲れ様 (o)tsukaresama 1321, 403
Dankbarkeit 恩 ON 555
Dankbarkeitsbezeigung 恩返し ongaeshi 555, 442
Dankesschreiben 礼状 reijō 620, 626

(Kriminalbeamter) 刑事 keiji 887, 80
Detektivbüro 興信所 kōshinjo 368, 157, 153
deutlich 鮮明 senmei 701, 18
deutsch: japanisch-~ 日独 Nichi-Doku 5, 219
Deutsche(r) ドイツ人 Doitsujin 1
Deutschland 独逸 Doitsu 219, 734
　(Abk.) ~ 独 DOKU 219
Dewa(-Tor) 仁王(門) Niō(mon) 1619, 294, 161
Diabetes 糖尿病 tōnyōbyō 1698, 1869, 380
Diagnose 診断 shindan 1214, 1024
Diagramm 図表 zuhyō 339, 272
Dialekt 方言 hōgen 70, 66
　Kansai-~ 関西弁 Kansai-ben 398, 72, 711
-Dialekt -弁 -BEN 711
Dialog (Frage und Antwort) 問答 mondō
　162, 160
　(Rede und Gegenrede) 対話 taiwa 365, 238
　humoristischer ~ (auf der Bühne) 漫才
　manzai 1411, 551
　unverständlicher ~ 禅問答 zen mondō
　1540, 162, 160
Diamant 金剛石 kongōseki 23, 1610, 78
Diarrhöe 下痢 geri 31, 1811
dicht 濃 NŌ, ko(i) 957
　緊密 kinmitsu 1290, 806
　nebeneinander stehen (Masten usw.) 林立
　rinritsu 127, 121
　wachsen 茂 MO, shige(ru) 1467
　~er Nebel 濃霧 nōmu 957, 950
Dichte (Konzentation) 濃度 nōdo 957, 377
　濃厚 nōkō 957, 639
　(z.B. Bevölkerungs-) 密度 mitsudo 806,
　377
Dichter (Schriftsteller) 作家 sakka 360, 165
　(Lyriker) 詩人 shijin 570, 1
　Haiku-~ 俳人 haijin 1035, 1
Dichtung: erzählende ~ 叙事詩 jojishi
　1067, 80, 570
dick (beleibt) 肉付きのよい nikuzuki no yoi
　223, 192
　太 TAI, TA, futo(i) 629
　(Buch, Scheibe Brot) 厚 KŌ, atsu(i) 639
　(Flüssigkeit) 濃 NŌ, ko(i) 957
　(beleibt) 豊満 hōman 959, 201
　(Person) 脂肪ぶとり shibōbutori 1042,
　1857
　werden (zunehmen) 太 futo(ru) 629

肥 ko(eru) 1723
Dickdarm 大腸 daichō 26, 1270
dickfellig 鈍感 donkan 966, 262
Dickicht 雑木林 zōkibayashi 575, 22, 127
dickleibig 脂肪ぶとり shibōbutori 1042, 1857
Dieb 泥棒 dorobō 1621, 1543
　窃盗 settō 1717, 1100
　窃盗犯 settōhan 1717, 1100, 882
　賊 ZOKU 1807
　盗賊 tōzoku 1100, 1807
Diebesgut 盗品 tōhin 1100, 230
Diebstahl 盗用 tōyō 1100, 107
　盗難 tōnan 1100, 557
　泥棒 dorobō 1621, 1543
　窃盗 settō 1717, 1100
　窃盗罪 settōzai 1717, 1100, 885
Diebstahlversicherung 盗難保険 tōnan hoken
　1100, 557, 489, 533
Diele 床板 yukaita 826, 1047
dienen 仕 SHI, tsuka(eru) 333
Diener 家来 kerai 165, 69
　侍者 jisha 571, 164
　雇い人 yatoinin 1553, 1
　家僕 kaboku 165, 1888
　従僕 jūboku 1482, 1888
Dienst (Beschäftigung) 使役 shieki 331, 375
　(Arbeit) 勤務 kinmu 559, 235
　(untergeordnete Tätigkeit; Arbeit) 奉公
　hōkō 1541, 126
　(für Andere; Dienstleistung) 奉仕 hōshi
　1541, 333
　(z.B. für den Staat) 貢献 kōken 1719, 1355
　nach Vorschrift 怠業 taigyō 1297, 279
　遵法 junpō 1938, 123
　langjähriger ~ 年功 nenkō 45, 818
　im ~ sterben 殉職 junshoku 1799, 385
Dienstag 火曜日 kayōbi 20, 19, 5
Dienstmädchen 女中 jochū 102, 28
(Dienst)Posten 部署 busho 86, 860
Dienstreise 出張 shutchō 53, 1106
Dienststelle 職場 shokuba 385, 154
Dienstunfähigkeit 廃疾 haishitsu 961, 1812
Dienstwohnung 公邸 kōtei 126, 563
dies: ~e Woche 今週 konshū 51, 92
　~en Monat 今月 kongetsu 51, 17
　~er 本- HON- 25
　~er Bahnhof 当駅 tōeki 77, 284

~es Jahr 今年 kotoshi 51, 45
diesmal 今回 konkai 51, 90
　　今度 kondo 51, 377
Differenz(betrag) 差額 sagaku 658, 838
Differenzierung 鑑別 kanbetsu 1664, 267
Diffusion 拡散 kakusan 1113, 767
Diktat (in der Schule) 書き取り kakitori 131, 65
　　(im Büro) 口述 kōjutsu 54, 968
Diktatur 独裁 dokusai 219, 1123
Dilemma 窮地 kyūchi 897, 118
　　窮境 kyūkyō 897, 864
Dilettant 素人 shirōto 271, 1
Diluvium 洪積層 kōsekisō 1435, 656, 1367
Ding 物 BUTSU, MOTSU, mono 79
　　Lage der ~e 情勢 jōsei 209, 646
Dinosaurier 恐竜 kyōryū 1602, 1758
Diplom 免状 menjō 733, 626
Diplomat 外交官 gaikōkan 83, 114, 326
diplomat. Beziehungen 国交 kokkō 40, 114
Diplomatie 外交 gaikō 83, 114
direkt 直接 chokusetsu 423, 486
　　(~e) Abstammung 嫡流 chakuryū 1932, 247
　　~e Abstammung 直系 chokkei 423, 908
　　~e Oberaufsicht/Kontrolle 直轄 chokkatsu 423, 1186
Direktion 幹部 kanbu 1189, 86
Direktor (Vorstandsmitglied) 理事 riji 143, 80
　　(e-s Instituts) 所長 shochō 153, 95
　　(e-r Firma) 社長 shachō 308, 95
　　stellvertretender ~ (e-r Firma) 副社長 fukushachō 714, 308, 95
Dirigent 指揮者 shikisha 1041, 1652, 164
Diskontsatz 歩合 buai 431, 159
Diskriminierung 差別 sabetsu 658, 267
　　der Frauen 男尊女卑 danson-johi 101, 704, 102, 1521
Diskus 円盤 enban 13, 1098
Diskussion 論議 rongi 293, 292
　　討議 tōgi 1018, 292
　　討論 tōron 1018, 293
Diskussionsrunde 座談会 zadankai 786, 593, 158
Diskussionsthema 議題 gidai 292, 354
Distanz 距離 kyori 1294, 1281

Distrikt 地区 chiku 118, 183
　　(Verwaltungs-) 区 KU 183
Disziplin 風紀 fūki 29, 372
　　綱紀 kōki 1609, 372
Disziplinarstrafe 懲罰 chōbatsu 1421, 886
Division (Militär) 師団 shidan 409, 491
DM: 9 ~ 九マルク kyū maruku 11
Doktor (akadem. Grad) 博士 hakase, hakushi 601, 572
Doktorandenkurs 大学院 daigakuin 26, 109, 614
Doktorgrad 博士 hakase, hakushi 601, 572
Doktrin 理念 rinen 143, 579
Dokument 文書 bunsho, monjo 111, 131
Dokumente 書類 shorui 131, 226
　　献 bunken 111, 1355
Dolch 短刀 tantō 215, 37
　　短剣 tanken 215, 879
Dollar: 9 ~ 九ドル kyū doru 11
Dolmetschen 通訳 tsūyaku 150, 594
Dolmetscher 通訳 tsūyaku 150, 594
Donner 雷 RAI, kaminari 952
　　雷鳴 raimei 952, 925
Donnerschlag 迅雷 jinrai 1798, 952
Donnerstag 木曜日 mokuyōbi 22, 19, 5
Doppelfenster 二重窓 nijūmado 3, 227, 698
doppelt 倍 BAI 87
　　二重 nijū, futae 3, 227
　　(so viel) 二倍 nibai 3, 87
doppelzüngig 二枚舌 nimaijita 3, 1156, 1259
Dorf 里 sato 142
　　村 SON, mura 191
　　(Bauern-)~ 農村 nōson 369, 191
　　armes ~ 寒村 kanson 457, 191
　　einsames ~ 寒村 kanson 457, 191
　　kleines ~ 部落 buraku 86, 839
Dorfbewohner 村人 murabito 191, 1
　　村民 sonmin 191, 177
Dörfer: Städte und ~ 市町村 shichōson 181, 182, 191
Dosenfabrik 製缶工場 seikan kōjō 428, 1649, 139, 154
Dosis 分量 bunryō 38, 411
　　lethale ~ 致死量 chishiryō 903, 85, 411
Dozent 講師 kōshi 783, 409
Drache 竜 RYŪ, tatsu 1758
　　fliegender ~ 飛竜 hiryū 530, 1758

Drachenpalast 竜宮 ryūgū 1758, 721
Draht 針金 harigane 341, 23
drahtlos 無線 musen 93, 299
Drahtnetz 金網 kanaami 23, 1612
Drainage (in der Chirurgie) 排液 haieki 1036, 472
Drama 戯曲 gikyoku 1573, 366
脚本 kyakuhon 1784, 25
Samurai-~ 剣劇 kengeki 879, 797
dramatisch 劇的 gekiteki 797, 210
drängen 迫 HAKU, sema(ru) 1175
切迫 seppaku 39, 1175
促 SOKU, unaga(su) 1557
(auf-)~ 押し付ける oshitsukeru 986, 192
sich ~ 殺到 sattō 576, 904
Drängen 催促 saisoku 1317, 1557
Draufgänger 猛者 mosa 1579, 164
draußen 外 GAI, GE, soto 83
戸外で kogai de 152, 83
Dreck 泥 DEI, doro 1621
Drehbuch 台本 daihon 492, 25
脚本 kyakuhon 1784, 25
drehen 回 mawa(su) 90
Drehung 回転 kaiten 90, 433
drei 三 SAN, mit(tsu), mi(tsu), mi- 4
(in Dokumenten) 参 SAN 710
(Nr.) ~ (in e-r Reihe) 丙 HEI 984
(Schiffe) 三隻 sanseki 4, 1311
Bündel 三把 sanba 4, 1724
kg/km 三キロ san kiro 4
oder/bis vier Personen 三,四人 san-yonin 4, 6, 1
oder/bis vier Tage 三,四日 san-yokka 4, 6, 5
oder weniger 三つ以下 mittsu ika 4, 46, 31
Personen 三人 sannin 4, 1
Tage 三日 mikka 4, 5
Dreieck 三角(形) sankaku(kei) 4, 473, 395
dreifach 三倍 sanbai 4, 87
dreimal: ~ soviel 三倍 sanbai 4, 87
mehr als ~ 三倍以上 sanbai ijō 4, 87, 46, 32
dreisaitiges j. Zupfinstrument 三味線 shamisen 4, 307, 299
dreitausend 三千 sanzen 4, 15
dreiteilig: (~er Anzug) 三つぞろい mitsuzoroi 4
~er Spiegel 三面鏡 sanmenkyō 4, 274, 863

Dreschmaschine 脱穀機 dakkokuki 1370, 1729, 528
Dressurreiten 馬術 bajutsu 283, 187
Drill 教練 kyōren 245, 743
訓練 kunren 771, 743
dringend 急 KYŪ 303
緊急 kinkyū 1290, 303
~e Bitte 懇願 kongan 1135, 581
~es Geschäft 急用 kyūyō 303, 107
dringlich 緊急 kinkyū 1290, 303
Dringlichkeit 至急 shikyū 902, 303
窮迫 kyūhaku 897, 1175
drinnen 内 NAI, uchi 84
dritte Person 第三者 daisansha 404, 4, 164
dritter (Tag e-s Monats) 三日 mikka 4, 5
Dritter 第三者 daisansha 404, 4, 164
Drogerie 薬屋 kusuriya 359, 167
Drohbrief 脅迫状 kyōhakujō 1263, 1175, 626
drohen (j-m) 脅 KYŌ, obiya(kasu), odo(kasu), odo(su) 1263
威嚇 ikaku 1339, 1918
drohende Gefahr 危急 kikyū 534, 303
dröhnen 鳴動 meidō 925, 231
Drohung 脅迫 kyōhaku 1263, 1175
(Be-)~ 脅威 kyōi 1263, 1339
Drohworte 脅し文句 odoshimonku 1263, 111, 337
drüben 向 mu(kō) 199
Druck (e-s Buches) 印刷 insatsu 1043, 1044
(Auflage) 版 HAN 1046
(physikalisch) 圧力 atsuryoku 1342, 100
(psychisch) 圧迫 appaku 1342, 1175
(zwecks Kompression) 圧搾 assaku 1342, 1497
Druckbuchstabe 活字 katsuji 237, 110
drucken (Bücher) 刷 SATSU, su(ru) 1044
(e. Buch nach Fehlerkorrektur) neu ~ 刷り直す surinaosu 1044, 423
Drucken 印刷 insatsu 1043, 1044
drücken 押 Ō, o(su) 986
押し付ける oshitsukeru 986, 192
(j-m die Hand) 握り締める nigirishimeru 1714, 1180
drückend 重苦しい omokurushii 227, 545
heiß 暑苦しい atsukurushii 638, 545
Druckfehler 誤植 goshoku 906, 424
Druckplatte 鉛版 enban 1606, 1046

Drucksache 印刷物 insatsubutsu 1043, 1044, 79

Druckstein (auf Eingelegtem) 漬物石 tsukemono-ishi 1793, 79, 78

du 君 kimi 793

Du Schwein! 畜生 chikushō 1223, 44

Duett (instrumental) 二重奏 nijūsō 3, 227, 1544

Duft 香 KŌ, kao(ri), ka 1682
香気 kōki 1682, 134
芳香 hōkō 1775, 1682
Farbe und ~ 色香 iroka 204, 1682

duften 香 kao(ru) 1682
薫 KUN, kao(ru) 1774

duftend 芳 kanba(shii) 1775

dumm 鈍重 donjū 966, 227
~e Frage 愚問 gumon 1642, 162

Dummheit 愚 GU, oro(ka) 1642
愚鈍 gudon 1642, 966
愚劣 guretsu 1642, 1150

dumpf 鈍 DON, nibu(i) 966

Düne 砂丘 sakyū 1151, 1357

Dung 肥 HI, koe, ko(yashi) 1723

Düngemittel 肥料 hiryō 1723, 319

düngen 肥 ko(yasu) 1723

Dünger 肥 HI, koe, ko(yashi) 1723
肥料 hiryō 1723, 319

dunkel (finster) 暗 AN, kura(i) 348
(Farbe) 濃 NŌ, ko(i) 957
(unklar) 漠然 bakuzen 1427, 651
/bewölkt werden 陰 kage(ru) 867
werden 暮 BO, ku(reru) 1428
ganz ~ 真っ暗 makkura 422, 348
~e Wolken 暗雲 an'un 348, 636

Dünkel 自慢 jiman 62, 1410

dunkelblau 紺 KON 1493
紺色 kon'iro 1493, 204
濃紺 nōkon 957, 1493

dunkelfarbig 浅黒い asaguroi 649, 206

Dunkelheit (Finsternis) 暗がり kuragari 348
暗黒 ankoku 348, 206
(Wetter; Gemüt) 陰気 inki 867, 134

Dunkelkammer 暗室 anshitsu 348, 166

dunkle Machenschaften 黒い霧 kuroi kiri 206, 950

dünn (Faden; Stimme) 細 hoso(i) 695
(Papier; Kaffee) 薄 HAKU, usu(i) 1449

und lang 細長い hosonagai 695, 95

dünner werden (Mensch) 細 hoso(ru) 695
(flache Gegenstände) 薄 usu(maru), usu(ragu), usu(reru) 1449

Duplikat 乙 OTSU 983

durch: ~ e-e Prüfung fallen 落第 rakudai 839, 404
Tränen erweichen 泣き落とす nakiotosu 1236, 839
und durch 徹頭徹尾 tettō-tetsubi 1422, 276, 1422, 1868

durchblicken 看破 kanpa 1316, 665

durchbohren 貫通 kantsū 914, 150

durchbrechen (Absperrung, Front) 突破 toppa 898, 665

durchbrennen (abhauen) 逐電 chikuden 1134, 108

Durchbruch (Wendung) 打開 dakai 1020, 396

durchdringen (z.B. Geschoß) 貫 KAN, tsuranu(ku) 914
貫通 kantsū 914, 150

Durchdringung (Osmose) 浸透 shintō 1078, 1685

Durchdruck (Inschrift, Bild) 拓本 takuhon 1833, 25

Durcheinander 混乱 konran 799, 689
vollkommenes ~ あ鼻叫喚 abikyōkan 813, 1252, 1587

durcheinanderbringen 乱 mida(su) 689

durcheinanderkommen 乱 mida(reru) 689

Durchfahrt 通過 tsūka 150, 413
Keine ~! 通行止め tsūkōdome 150, 68, 477

Durchfall 下痢 geri 31, 1811

durchfallen (bei e-r Prüfung) 落第 rakudai 839, 404

durchfließen 貫流 kanryū 914, 247

durchführen (Plan, Reform) 行 GYŌ, okona(u) 68
(vollenden) 成就 jōju 261, 934
(Plan, Reform) 施 SHI, SE, hodoko(su) 1004
(Reform) 実施 jisshi 203, 1004
(ausführen) やり遂げる yaritogeru 1133
(Plan) 遂 SUI, to(geru) 1133
遂行 suikō 1133, 68
貫徹 kantetsu 914, 1422

(Angriff) 敢行 kankō 1691, 68
Durchführung 履行 rikō 1635, 68
  rasche ~ 突貫 tokkan 898, 914
  strenge ~ 励行 reikō 1340, 68
Durchgang 通路 tsūro 150, 151
  通過 tsūka 150, 413
  Kein ~! 通行止め tsūkōdome 150, 68, 477
durchgehend (geöffnet) 無休 mukyū 93, 60
  ~es Pferd 奔馬 honba 1659, 283
durchgescheuerte Stelle am Fuß 靴擦れ
  kutsuzure 1076, 1519
durchgraben 掘り抜く horinuku 1803, 1713
durchlassen 通 tō(su) 150
  (durchsickern lassen) 漏 mo(rasu) 1806
durchlesen: sorgfältig ~ 閲覧 etsuran 1369, 1291
Durchleuchtung (Röntgen) 透視 tōshi 1685, 606
Durchmesser 直径 chokkei 423, 1475
durchqueren: das Land ~ 縦断 jūdan 1483, 1024
Durchquerung 横断 ōdan 781, 1024
durchschauen (Sachverhalt) 見極める mikiwameru 63, 336
  (j-n/etwas) ~ 見破る miyaburu 63, 665
  (j-n) 看破 kanpa 1316, 665
durchscheinen 透 su(keru) 1685
Durchschnitt 平均 heikin 202, 805
durchschnittlich 並 nami 1165
Durchschnittsmensch 凡人 bonjin 1102, 1
durchsehen (durch transparentes Material)
  透 su(kasu) 1685
  sorgfältig ~ 閲覧 etsuran 1369, 1291
Durchseihen 浸出 shinshutsu 1078, 53
durchsetzen (Willen) 貫 KAN, tsuranu(ku) 914
  貫き通す tsuranukitōsu 914, 150
  貫徹 kantetsu 914, 1422
Durchsicht (e-s Textes) 校閲 kōetsu 115, 1369
durchsichtig (rein) 清澄 seichō 660, 1334
  (transparent) 透明 tōmei 1685, 18
  sein (transparent) 透 TŌ, su(ku) 1685
  透き通る sukitōru 1685, 150
durchstreifen 漂泊 hyōhaku 924, 1177
durchströmen (Fluß) 貫流 kanryū 914, 247
Durchsuchung 捜索 sōsaku 989, 1059
durchtränkt werden 染 SEN, so(maru) 779

durchtrieben 悪賢い warugashikoi 304, 1288
durchwachen (Nacht) 徹夜 tetsuya 1422, 471
durchwachsen (Fleisch) 霜降り shimofuri 948, 947
dürftig (armselig) 貧弱 hinjaku 753, 218
dürr: ~e Blätter 枯れ葉 kareha 974, 253
  ~er Baum 枯れ木 kareki 974, 22
  ~es Blatt 朽ち葉 kuchiba 1628, 253
Durst 渇望 katsubō 1622, 673
  haben 渇きを覚える kawaki o oboeru 1622, 605
  Hunger und ~ 飢渇 kikatsu 1304, 1622
durstig sein 渇 KATSU, kawa(ku) 1622
düster 重苦しい omokurushii 227, 545
dynamisch 躍動 yakudō 1560, 231
Dynastie: Han-~ 漢時代 Kan jidai 556, 42, 256
Dysenterie 赤痢 sekiri 207, 1811

– E –

Ebbe 干潮 kanchō 584, 468
  Muschelnsammeln (bei ~) 潮干狩り shiohigari 468, 584, 1581
  und Flut 潮 shio 468
  (潮の)干満 (shio no) kanman 468, 584, 201
  Strand bei ~ 干潟 higata 584, 1626
eben (flach, glatt) 平 HEI, BYŌ, tai(ra), hira 202
ebenbürtig sein 及 KYŪ, oyo(bu) 1257
  伯仲 hakuchū 1176, 1347
  匹敵 hitteki 1500, 416
Ebenbürtigkeit 比肩 hiken 798, 1264
Ebene (Flachland) 平野 heiya 202, 236
Echo 反響 hankyō 324, 856
echt 本物 honmono 25, 79
Echtheit 純粋 junsui 965, 1708
Ecke (von außen gesehen: Straßen-, Kante usw.) 角 kado 473
  (von innen gesehen: Zimmer-, Winkel usw.) 隅 GŪ, sumi 1640
  die eine ~ 片隅 katasumi 1045, 1640
  eine ~ 一隅 ichigū 2, 1640
  die vier ~n 四隅 yosumi 6, 1640
  alle ~n und Winkel 隅々 sumizumi 1640
Eckzahn 犬歯 kenshi 280, 478
edel (von Herkunft) 尊 tatto(i), tōto(i) 704
  (Charakter) 高潔 kōketsu 190, 1241

高尚　kōshō　190, 1853
Edelstein　玉　GYOKU, tama　295
　宝石　hōseki　296, 78
　宝玉　hōgyoku　296, 295
　珠玉　shugyoku　1504, 295
Eden　桃源郷　Tōgenkyō　1567, 580, 855
　桃源境　Tōgenkyō　1567, 580, 864
Effekt　効果　kōka　816, 487
　künstlerischer ~　情趣　jōshu　209, 1002
Egoismus　利己　riko　329, 370
egoistisch　利己的　rikoteki　329, 370, 210
egozentrisch　自己中心　jiko chūshin　62, 370, 28, 97
Ehe　婚姻　kon'in　567, 1748
　zweite ~　再婚　saikon　782, 567
Ehefrau　奥さん　okusan　476
　妻　SAI, tsuma　671
　(eigene ~)　女房　nyōbō　102, 1237
　gute ~　良妻　ryōsai　321, 671
eheliches Kind　嫡(出)子　chaku(shutsu)shi　1932, 53, 103
Ehemann　主人　shujin　155, 1
　夫　FU, [FŪ], otto　315
　亭主　teishu　1184, 155
　der verstorbene ~　亡夫　bōfu　672, 315
　Suche nach e-m ~ für die Tochter　婿選び　mukoerabi　1745, 800
Ehepaar　夫婦　fūfu　315, 316
　altes ~　老夫婦　rōfūfu　543, 315, 316
　glückliches ~　比翼の鳥　hiyoku no tori　798, 1062, 285
Ehepartner　配偶者　haigūsha　515, 1639, 164
Eherecht　婚姻法　kon'inhō　567, 1748, 123
Ehescheidung　離婚　rikon　1281, 567
Eheschließung　結婚　kekkon　485, 567
Ehre　面目　menmoku, menboku　274, 55
　栄　EI, ha(e)　723
　光栄　kōei　138, 723
　誉　YO, homa(re)　802
　名誉　meiyo　82, 802
　栄誉　eiyo　723, 802
　(aufgrund von Treue)　操　misao　1655
　Reichtum und ~　富貴　fūki　713, 1171
ehren　敬　KEI, uyama(u)　705
Ehrenamt　名誉職　meiyoshoku　82, 802, 385
Ehrenbürger　名誉市民　meiyo shimin　82, 802, 181, 177

Ehrengast　主賓　shuhin　155, 1852
　賓客　hinkaku, hinkyaku　1852, 641
　貴賓　kihin　1171, 1852
Ehrenrettung　雪辱　setsujoku　949, 1738
Ehrentitel　尊称　sonshō　704, 978
Ehrenurkunde　表彰状　hyōshōjō　272, 1827, 626
ehrenvoller Tod　玉砕　gyokusai　295, 1710
ehrerbietig　恭　KYŌ, uyauya(shii)　1434
　恭謙　kyōken　1434, 1687
Ehrerbietigkeit　恭敬　kyōkei　1434, 705
Ehrgeiz　大望　taimō　26, 673
　抱負　hōfu　1285, 510
　覇気　haki　1633, 134
ehrlich　直　CHOKU, JIKI　423
　誠意　seii　718, 132
　誠実　seijitsu　718, 203
　忠実　chūjitsu　1348, 203
　克明　kokumei　1372, 18
　~e Armut　清貧　seihin　660, 753
Ehrlichkeit　誠心誠意　seishin-seii　718, 97, 718, 132
Ehrung: öffentl. ~　表彰　hyōshō　272, 1827
Ei　玉子　tamago　295, 103
　卵　RAN, tamago　1058
　(Hühner-)~　鶏卵　keiran　926, 1058
　~er legen　生　u(mu)　44
Eid　盟約　meiyaku　717, 211
　誓約　seiyaku　1395, 211
　宣誓　sensei　625, 1395
　schriftlicher ~　誓文　seimon　1395, 111
Eierlegen　産卵　sanran　278, 1058
Eierschale　卵の殻　tamago no kara　1058, 1728
Eierstock　卵巣　ransō　1058, 1538
Eifer　熱心　nesshin　645, 97
　勤勉　kinben　559, 735
　丹念　tannen　1093, 579
　奮発　funpatsu　1309, 96
　精励　seirei　659, 1340
　凝り性　korishō　1518, 98
eiförmig　卵形　tamagogata, rankei　1058, 395
eifrig　一心　isshin　2, 97
　奮って　furutte　1309
Eigelb　黄身　kimi　780, 59
　卵黄　ran'ō　1058, 780
eigen　固有　koyū　972, 265
　(~e Ehe)Frau　女房　nyōbō　102, 1237

~e **Handschrift** 自筆 jihitsu 62, 130

(das ~e) **Haus** 家庭 katei 165, 1112

der ~e **Körper** 自体 jitai 62, 61

das ~e **Land** 自国 jikoku 62, 40

mit ~en **Händen** 自らの手で mizukara no te de 62, 57

sich im ~en **Netz verstricken** 自縄自縛に陥る jijō-jibaku ni ochiiru 62, 1760, 62, 1448, 1218

~es **Haus** 自宅 jitaku 62, 178

Eigenart (Charakter) 特色 tokushoku 282, 204

(**Angewohnheit**) 癖 HEKI, kuse 1490

(**Besonderheit**) 特殊性 tokushusei 282, 1505, 98

geografische ~ 風土 fūdo 29, 24

eigenartig (originell, speziell) 独特 dokutoku 219, 282

Eigenbrötler 変人 henjin 257, 1

eigenhändig geschrieben 肉筆 nikuhitsu 223, 130

Eigenheim 自宅 jitaku 62, 178

Eigenlob 自慢 jiman 62, 1410

Eigennutz 我利 gari 1302, 329

eigennützig 利己的 rikoteki 329, 370, 210

eigensinnig 頑迷 ganmei 1848, 967

頑固 ganko 1848, 972

eigentlich 本来 honrai 25, 69

~es **Motiv** 本音 honne 25, 347

Eigentum 所有 shoyū 153, 265

Eigentümer 持ち主 mochinushi 451, 155

eigentümlich (speziell) 特殊 tokushu 282, 1505

Eigentümlichkeit (Besonderheit) 特殊性 tokushusei 282, 1505, 98

Eignung (Qualifikation) 資格 shikaku 750, 643

Eile: große ~ 大慌て ōawate 26, 1378

Eileiter 卵管 rankan 1058, 328

eilen 急 iso(gu) 303

切迫 seppaku 39, 1175

疾走 shissō 1812, 429

eilig 緊急 kinkyū 1290, 303

Eilsendung 速達 sokutatsu 502, 448

Eilzug 急行 kyūkō 303, 68

ein: (Hase) 一羽 ichiwa 2, 590

(**Vogel**) 一羽 ichiwa 2, 590

Abend 一夕 isseki 2, 81

anderer 外 hoka 83

他 TA 120

Apfel りんご一つ ringo hitotsu 2

Auge 片目 katame 1045, 55

Augenblick 一瞬 isshun 2, 1732

Blatt Papier 紙一枚 kami ichimai 180, 2, 1156

Blick 一目 ichimoku, hitome 2, 55

Bündel 一束 issoku, hitotaba 2, 501

一把 ichiwa 2, 1724

Exemplar (e-r Veröffentlichung) 一部 ichibu 2, 86

gewisser Herr; er, sie 何某 nanibō 390, 1494

Glas 一杯 ippai 2, 1155

Grad 一度 ichido 2, 377

Haus 一軒 ikken 2, 1187

Hund 犬一匹 inu ippiki 280, 2, 1500

Jahr 一箇年 ikkanen 2, 1473, 45

(~) **jeder** 各人 kakujin 642, 1

各自 kakuji 642, 62

Moment 一瞬 isshun 2, 1732

Monat 一月 hitotsuki 2, 17

一か月 ikkagetsu 2, 17

mürrisches Gesicht machen 苦 niga(ru) 545

oder zwei Personen 一人二人 hitori futari 2, 1, 3, 1

paar Worte 一言二言 hitokoto futakoto 2, 66, 3, 66

Paar (Gleichartiges) 双 SŌ, futa 1594

Paar (Schuhe, Strümpfe) 一足 issoku 2, 58

Sack 一俵 ippyō 2, 1890

Schritt 一歩 ippo 2, 431

Stück (e-s Ganzen) 一切れ hitokire 2, 39

Stück (von mehreren) 一個 ikko 2, 973

Tag 一日 ichinichi, ichijitsu 2, 5

Teil (von) 一部 ichibu 2, 86

Teller mit Salat サラダ一皿 sarada hitosara 2, 1097

Trunk 一杯 ippai 2, 1155

Uhr 一時 ichiji 2, 42

Weg 片道 katamichi 1045, 149

weiterer 外 hoka 83

wenig 少 SHŌ, suko(shi) 144

Winkel 一隅 ichigū 2, 1640

Wort 一言 ichigon, hitokoto 2, 66
Yen 一円 ichi en 2, 13
~e Art 一種 isshu 2, 228
~e Ecke 一隅 ichigū 2, 1640
~e Handvoll 一握り hitonigiri 2, 1714
~e Million 百万 hyakuman 14, 16
~e Person 一人 hitori 2, 1
~e Runde gehen 回 mawa(ru) 90
~e Scheibe 一切れ hitokire 2, 39
~e Seite (e-s Buches) 一ページ ichi pēji 2
~e Seite (Richtung) 一方 ippō 2, 70
~e Stimme 一票 ippyō 2, 922
~e Tablette 一錠 ichijō 2, 1818
~e Übernachtung 一泊 ippaku 2, 1177
~e Weile 一時 ichiji, hitotoki, ittoki 2, 42
~e Zeile 一行 ichigyō 2, 68
die ~e Ecke 片隅 katasumi 1045, 1640
~er (Person) 一人 hitori 2, 1
~er nach dem anderen umfallen 将棋倒し
shōgidaoshi 627, 1835, 905
~er nach dem andern 一人一人 hitori
hitori 2, 1, 2, 1
~es Abends 一夕 isseki 2, 81
Ein- und Ausgehen 出入り deiri 53, 52
einander 互 GO, taga(i) 907
相互 sōgo 146, 907
helfen 助け合う tasukeau 623, 159
umarmen 抱き合う dakiau 1285, 159
einarmig 隻手 sekishu 1311, 57
einatmen 吸入 kyūnyū 1256, 52
einäugig 隻眼 sekigan 1311, 848
einberufen werden (zum Militärdienst) 応召
ōshō 827, 995
Einberufung 徴兵 chōhei 1420, 784
(Parlament, Militär) 召集 shōshū 995, 436
einbiegen 曲 ma(garu) 366
Einbildung (Vorstellung) 想像 sōzō 147, 740
Einblick 洞察 dōsatsu 1301, 619
Einbrecher 強盗 gōtō 217, 1100
空き巣(ねらい) akisu(nerai) 140, 1538
泥棒 dorobō 1621, 1543
盗賊 tōzoku 1100, 1807
Einbruch (gewaltsames Eindringen) 侵入
shinnyū 1077, 52
(zwecks Raubes) 強盗 gōtō 217, 1100
Einbuße 失墜 shittsui 311, 1132
Eindruck 印象 inshō 1043, 739

tiefer ~ 感銘 kanmei 262, 1552
Eindrücke 感想 kansō 262, 147
allerlei ~ 雑感 zakkan 575, 262
eindrucksvoll 荘厳 sōgon 1327, 822
einerseits 一方 ippō 2, 70
einfach (schlicht) 質素 shisso 176, 271
(allein, einzig) 単一 tan'itsu 300, 2
(schlicht, bescheiden) 地味 jimi 118, 307
(bloß, nur) 一介の ikkai no 2, 453
(leicht, ungeniert) 気軽 kigaru 134, 547
(leicht) 容易 yōi 654, 759
(schlicht, naiv) 単純 tanjun 300, 965
(gewöhnlich) 尋常 jinjō 1082, 497
(schlicht) 粗末 somatsu 1084, 305
(schlicht, natürlich) 朴とつ bokutotsu
1466
(schlicht) 質朴 shitsuboku 176, 1466
(schlicht, naiv) 素朴 soboku 271, 1466
(schlicht, natürlich, redlich) 朴直
bokuchoku 1466, 423
(schlicht) 簡素 kanso 1533, 271
(leicht) 簡単 kantan 1533, 300
(kurz, bündig) 簡略 kanryaku 1533, 841
~er Mann 匹夫 hippu 1500, 315
~er Soldat 兵卒 heisotsu 784, 787
~es Essen/Gericht 粗食 soshoku 1084, 322
Einfachheit: geschmackvolle ~ 寂 sabi 1669
Einfall (Idee) 趣向 shukō 1002, 199
(Invasion) 侵入 shinnyū 1077, 52
侵略 shinryaku 1077, 841
einfallen (sich erinnern) 思い浮ぶ omoiukabu
99, 938
(in ein Land) 侵 SHIN, oka(su) 1077
Einfalt 愚 GU, oro(ka) 1642
愚鈍 gudon 1642, 966
einfältig 単純 tanjun 300, 965
Einfaltspinsel 甚六 jinroku 1501, 8
Einfassung (Rahmen) 縁 fuchi 1131
枠 waku 1907
Einfluß 勢力 seiryoku 646, 100
影響 eikyō 854, 856
権威 ken'i 335, 1339
威勢 isei 1339, 646
幅 FUKU, haba 1380
schlechter ~ 弊害 heigai 1782, 518
(großen) ~ haben 幅が利く haba ga kiku
1380, 329

einflußreich 有力 yūryoku 265, 100
  ~e Familie 豪族 gōzoku 1671, 221
Einflußsphäre 縄張 nawabari 1760, 1106
Einfrieren (Wasserhahn; Kredit) 凍結
  tōketsu 1205, 485
einfügen 挟み込む hasamikomu 1354, 776
  挿 SŌ, sa(su) 1651
Einfügung 挿入 sōnyū 1651, 52
Einfuhr 輸入 yunyū 546, 52
Einfuhrartikel 舶来品 hakuraihin 1095, 69,
  230
Einführung (Buch) 入門(書) nyūmon(sho)
  52, 161, 131
  (von Ideen aus dem Ausland) 渡来 torai
  378, 69
  (zu e-m Buch) 前置き maeoki 47, 426
  (An-/Einleitung) 導入 dōnyū 703, 52
  (zu e-m Buch) 序論 joron 770, 293
  序説 josetsu 770, 400
  緒論 shoron, choron 862, 293
Eingabe (an Regierung) 陳情 chinjō 1405,
  209
Eingang (zur U-Bahn usw.) 入(り)口
  iriguchi 52, 54
  (Tor, Haustür) 門口 kadoguchi 161, 54
eingebildet 思い上がった omoiagatta 99, 32
Eingeborener 土人 dojin 24, 1
eingeführt (importiert) 舶来 hakurai 1095,
  69
eingehen (absterben: Pflanzen) 枯死 koshi
  974, 85
eingehend 詳 SHŌ, kuwa(shii) 1577
eingeklemmt werden 挟 hasa(maru) 1354
eingelegt: ~ sein 漬 tsu(karu) 1793
  in Essig ~ 酢漬け suzuke 1867, 1793
eingemachtes Gemüse 漬物 tsukemono
  1793, 79
eingenommen (erobert) werden 陥 KAN,
  ochii(ru) 1218
eingesalzene Pflaumen 梅干し umeboshi
  1734, 584
**Eingeständnis: widerwilliges ~ der eigenen
  Niederlage** 負け惜しみ makeoshimi 510,
  765
Eingeweide 腸 CHŌ 1270
  内臓 naizō 84, 1287
  臓器 zōki 1287, 527

(ein)gezahlt/geliefert werden 納 osa(maru)
  758
Eingezogener 徴兵 chōhei 1420, 784
Eingriff (Rechtsverletzung) 侵害 shingai
  1077, 518
Einhaltung: strenge ~ 励行 reikō 1340, 68
Einheit: (Rechen-)~ 単位 tan'i 300, 122
  (miltärisch) 部隊 butai 86, 795
  (Vereinigung) 統一 tōitsu 830, 2
einheitlich 単一 tan'itsu 300, 2
Einheitlichkeit 均一 kin'itsu 805, 2
Einheits- 均一 kin'itsu 805, 2
einhundertjährige Wiederkehr 百周年
  hyakushūnen 14, 91, 45
einige 若干 jakkan 544, 584
  幾 KI, iku 877
  Sekunden 数秒 sūbyō 225, 1152
Einigung 合意 gōi 159, 132
(Ein)Kauf 購入 kōnyū 1011, 52
  購買 kōbai 1011, 241
Einkauf 買い物 kaimono 241, 79
einkaufen 買い入れる kaiireru 241, 52
Einkäufer 購入者 kōnyūsha 1011, 52, 164
(Einkaufs)Netz 網袋 amibukuro 1612, 1329
Einkehr: (innere) ~ 内省 naisei 84, 145
Einklang: im ~ handeln 呼応 koō 1254, 827
einklemmen 挟み込む hasamikomu 1354,
  776
Einkommen 所得 shotoku 153, 374
  収入 shūnyū 757, 52
  niedriges ~ 低所得 teishotoku 561, 153, 374
Einkommensteuer 所得税 shotokuzei 153,
  374, 399
Einkünfte 収入 shūnyū 757, 52
  jährliche ~ und Ausgaben 歳入歳出
  sainyū saishutsu 479, 52, 479, 53
einladen 招 SHŌ, mane(ku) 455
  迎 GEI, muka(eru) 1055
  呼 KO, yo(bu) 1254
  誘 YŪ, saso(u) 1684
Einladung 招待 shōtai 455, 452
  schriftliche ~ 招待状 shōtaijō 455, 452, 626
einlassen 入 i(reru) 52
einlegen 漬 tsu(keru) 1793
Einleitung 序論 joron 770, 293
  序説 josetsu 770, 400
  緒論 shoron, choron 862, 293

einliefern (Waren) 搬入 hannyū 1722, 52
Einlieferung ins Krankenhaus 入院 nyūin
52, 614
einmachen 漬 tsu(keru) 1793
einmal 一回 ikkai 2, 90
　一度 ichido 2, 377
　一遍 ippen 2, 1160
Einmaleins 九九 kuku 11, 11
Einmarsch (Militär) 進駐 shinchū 437, 599
einmischen: sich ~ 口出し kuchidashi 54, 53
　干渉 kanshō 584, 432
Einnahme 収入 shūnyū 757, 52
Einnahmen und Ausgaben 収支 shūshi
757, 318
　出納 suitō 53, 758
Einnahmequelle 財源 zaigen 553, 580
einnehmen (e-n Platz) 就 SHŪ, [JU], tsu(ku)
934
　(e-e Mahlzeit) 摂取 sesshu 1692, 65
　(besetzen) 占 SEN, shi(meru) 1706
Einnicken 居眠り inemuri 171, 849
einpökeln 漬 tsu(keru) 1793
einreden (j-m etwas) 吹き込む fukikomu
1255, 776
　鼓吹 kosui 1147, 1255
Einreise (in e. Land) 入国 nyūkoku 52, 40
einrichten 備 BI, sona(eru) 768
Einrichtung (Institution) 設定 settei 577, 355
　(Auf-/Zusammenstellung) 編成 hensei
682, 261
　(Ausstattung; Institution) 設備 setsubi
577, 768
　(öffentl. Anstalt) 施設 shisetsu 1004, 577
eins (Zahl) 一 ICHI, ITSU, hito(tsu), hito- 2
　(von mehreren Objekten) 一個 ikko 2, 973
　(Nr.) ~ (in e-r Reihe) 甲 KŌ 982
　(von beiden) 片 kata- 1045
　(von e-m Paar) 隻 SEKI 1311
　(in Dokumenten) 壱 ICHI 1730
　nach dem anderen 逐次 chikuji 1134, 384
　Band ~ 第一巻 dai-ikkan 404, 2, 507
　Lektion ~ 第一課 dai-ikka 404, 2, 488
　Seite ~ 一ページ ichi pēji 2
einsam (Mensch) 孤独 kodoku 1480, 219
　寂 JAKU, [SEKI], sabi(shii) 1669

　(Ort) 寂然 sekizen, jakunen 1669, 651
still und ~ (Ort) 寂然 sekizen, jakunen
1669, 651
~e Insel 孤島 kotō 1480, 286
~er Wanderer 孤客 kokaku 1480, 641
~es Dorf 寒村 kanson 457, 191
Einsamkeit (Ort) 寂りょう sekiryō 1669
　während e-r Reise 旅愁 ryoshū 222, 1601
einsaugen 吸 KYŪ, su(u) 1256
　吸引 kyūin 1256, 216
　吸収 kyūshū 1256, 757
(ein)schließen 留 RYŪ, to(meru) 761
einschließen (enthalten) 込 ko(meru) 776
　含 GAN, fuku(mu), fuku(meru) 1249
　包含 hōgan 804, 1249
　網羅 mōra 1612, 1860
　(umgeben; umzingeln) 取り巻く torimaku
65, 507
　(umschließen; belagern) 囲 I, kako(mu),
kako(u) 1194
　(umgeben; umzingeln) 取り囲む
torikakomu 65, 1194
einschließend (umfassend) 包括的
hōkatsuteki 804, 1260, 210
Einschließung (Belagerung) 包囲 hōi 804,
1194
　(Einsperrung) 幽閉 yūhei 1228, 397
einschmeicheln: sich bei j-m ~ 歓心を買う
kanshin o kau 1052, 97, 241
einschmeichelnde Stimme 猫なで声
nekonadegoe 1470, 746
einschmuggeln: sich ~ 潜入 sennyū 937, 52
einschränken (reduzieren) 削 SAKU,
kezu(ru) 1611
Einschränkung (Reduzierung) 緊縮
kinshuku 1290, 1110
　(Restriktion) 拘束 kōsoku 1800, 501
Einschreiben 書留 kakitome 131, 761
(ein)schrumpfen 詰 tsu(maru) 1142
Einschub (in e-m Text) 挿入 sōnyū 1651, 52
einschüchtern 脅 KYŌ, obiya(kasu), odo(kasu),
odo(su) 1263
Einschüchterung 脅迫 kyōhaku 1263, 1175
einsehen 悟 GO, sato(ru) 1438
einseitig: ~ (parteiisch) sein 偏 HEN,
katayo(ru) 1159
~e Ernährung 偏食 henshoku 1159, 322

Empfang 接待 settai 486, 452
  (Abholen e-s Gastes) 出迎え demukae
  53, 1055
  (Audienz) 謁見 ekken 1920, 63
  freundl./herzl. ~ 歓待 kantai 1052, 452
  kühler ~ 冷遇 reigū 832, 1641
empfangen 受け取る uketoru 260, 65
  迎 GEI, muka(eru) 1055
  傍受 bōju 1183, 260
  (in Audienz) ~ **werden** 謁する essuru 1920
Empfänger 届け先 todokesaki 992, 50
Empfänglichkeit 感受性 kanjusei 262, 260,
  98
Empfängnis 妊娠 ninshin 955, 956
  受胎 jutai 260, 1296
Empfängnisverhütung 避妊 hinin 1491, 955
Empfangshalle 迎賓館 geihinkan 1055,
  1852, 327
Empfangszimmer 応接間 ōsetsuma 827,
  486, 43
empfehlen (raten) 勧 KAN, susu(meru) 1051
  薦 SEN, susu(meru) 1631
  (z.B. als Vorsitzenden) 推 SUI, o(su) 1233
Empfehlung (Person) 紹介 shōkai 456, 453
  (Rat) 勧告 kankoku 1051, 690
  (Produkt) 推奨 suishō 1233, 1332
  (durch andere) 他薦 tasen 120, 1631
  (z.B. Buch; Person) 推薦 suisen 1233, 1631
Empfehlungsschreiben 推薦状 suisenjō
  1233, 1631, 626
empfindlich 精巧 seikō 659, 1627
  敏感 binkan 1735, 262
  鋭敏 eibin 1371, 1735
Empfindung 感情 kanjō 262, 209
  感覚 kankaku 262, 605
emporblicken 仰 GYŌ, ao(gu) 1056
emporheben 上 a(geru) 32
emporsteigen 揚 a(garu) 631
emsig 奮って furutte 1309
Emsigkeit 勤勉 kinben 559, 735
en gros verkaufen 卸 oro(su) 707
End- 最終 saishū 263, 458
Endbahnhof 終点 shūten 458, 169
Ende (Schlußformel in Briefen) 以上 ijō
  46, 32
  (zeitlich) 最後 saigo 263, 48
  末 MATSU, BATSU, sue 305

(Grenze) 極 kiwa(mi) 336
(Schriftsprache: z.B. e-s Satzes) 終止
 shūshi 458, 477
(e-s Vorgangs) 終結 shūketsu 458, 485
(Ergebnis, Ausgang) 果 ha(te) 487
(e-r Handlung) 仕舞 shimai 333, 810
(räumlich) 端 hashi 1418
(Schriftsprache: Schluß) 末尾 matsubi
 305, 1868
e-s Fadens 糸口 itoguchi 242, 54
Anfang und ~ 首尾 shubi 148, 1868
enden (Schriftsprache: Vorgang) 極
 kiwa(maru) 336
  (Vorgang) 終 SHŪ, o(waru) 458
  (mit e-m Ergebnis) 果 ha(teru) 487
  (Vorgang) 済 SAI, su(mu) 549
  (Qualen usw.) 絶 ZETSU, ta(eru) 742
  (Schriftsprache: Vorgang) 窮 KYŪ,
  kiwa(maru) 897
  (Straße) 突き当たる tsukiataru 898, 77
  (Gespräch) 途絶える todaeru 1072, 742
  (zeitlich, räumlich) 尽 tsu(kiru) 1726
  lassen 窮 kiwa(meru) 897
endgültig 究極 kyūkyoku 895, 336
Endspiel (bei Brettspielen) 終盤戦
 shūbansen 458, 1098, 301
Endstation 終点 shūten 458, 169
Endzweck 窮極目的 kyūkyoku mokuteki
 897, 336, 55, 210
Energie: (elektrische) ~ 動力 dōryoku 231,
 100
  (mental) 英気 eiki 353, 134
  (Kraft) 勢 SEI, ikio(i) 646
  (Vitalität) 精力 seiryoku 659, 100
  elektrische ~ 電力 denryoku 108, 100
  latente/innere Kraft/~ 底力 sokojikara
  562, 100
  ohne ~ 骨抜き honenuki 1266, 1713
energisch 奮って furutte 1309
eng (vertraut) 親 shita(shii) 175
  (Beziehung) 密接 missetsu 806, 486
  緊密 kinmitsu 1290, 806
  (schmal) 狭 KYŌ, sema(i) 1353
  (beengt) 狭苦しい semakurushii 1353,
  545
  machen 狭 seba(meru) 1353
  werden 狭 seba(maru) 1353

~e Vertraute 側近者 sokkinsha 609, 445, 164

~er Freund 親友 shin'yū 175, 264

~er machen 狭 seba(meru) 1353

~er werden 狭 seba(maru) 1353

~es Tal 幽谷 yūkoku 1228, 653

渓谷 keikoku 1884, 653

Enge: in die ~ getrieben werden 詰 KITSU, tsu(mu) 1142

Engel 天使 tenshi 141, 331

engherzig 狭量 kyōryō 1353, 411

偏狭 henkyō 1159, 1353

England (Abk.) 英 EI 353

Englisch 英語 Eigo 353, 67

englisch: ~e Konversation 英会話 Ei-kaiwa 353, 158, 238

~e Übersetzung 英訳 eiyaku 353, 594

Enkel 孫 SON, mago 910

kaiserliche ~ 皇孫 kōson 297, 910

legitimer ~ (Kind des ältesten Sohnes) 嫡孫 chakuson 1932, 910

Enkeltochter 孫娘 magomusume 910, 1752

Entbindung 出産 shussan 53, 278

Entblößung 露出 roshutsu 951, 53

entdecken 捜し当てる sagashiateru 989, 77

Entdeckung (Fund, neue Erkenntnis) 発見 hakken 96, 63

(gesuchtes Objekt) 探知 tanchi 535, 214

(Enthüllung) 露見 roken 951, 63

露顕 roken 951, 1170

entehren 辱 JOKU, hazukashi(meru) 1738

enterben 勘当 kandō 1502, 77

entfalten (Begabung) 発揮 hakki 96, 1652

Entfaltung (persönliche) 進展 shinten 437, 1129

entfernen 取り除く torinozoku 65, 1065

離 hana(su) 1281

entfernt 遠 EN, tō(i) 446

(weit) ~ 遠隔 enkaku 446, 1589

sein 隔 heda(taru) 1589

~es Land 天涯 tengai 141, 1461

Entfernung 距 KYO 1294

距離 kyori 1294, 1281

(große) ~ 千里 senri 15, 142

große ~ 遠方 enpō 446, 70

長距離 chōkyori 95, 1294, 1281

遠距離 enkyori 446, 1294, 1281

entfremden 疎 SO, uto(mu) 1514

隔 KAKU, heda(teru) 1589

sich ~ 隔 heda(taru) 1589

entfremdet 疎 uto(i) 1514

Entfremdung 離反 rihan 1281, 324

疎遠 soen 1514, 446

entführen (Flug-/Fahrzeug) 乗っ取る nottoru 523, 65

(j-n) 誘拐 yūkai 1684, 1916

entgegengehen 迎 GEI, muka(eru) 1055

entgegengesetzt 逆 GYAKU 444

die ~e Seite 反対側 hantaigawa 324, 365, 609

entgegensehen 臨 RIN, nozo(mu) 836

Entgleisung 脱線 dassen 1370, 299

entgrätet 骨抜き honenuki 1266, 1713

enthalten (einschließen) 込 ko(meru) 776

含 GAN, fuku(mu) 1249

(Inhaltstoffe) 含有 gan'yū 1249, 265

(umfassen) 包含 hōgan 804, 1249

網羅 mōra 1612, 1860

enthüllen (Geheimnis, Untat) 暴 [BAKU], aba(ku) 1014

Enthüllung (Skandal) 露見 roken 951, 63

(Geheimnis) 暴露 bakuro 1014, 951

(Skandal) 露顕 roken 951, 1170

(e-s Denkmals) 除幕 jomaku 1065, 1432

(Skandal) 摘発 tekihatsu 1447, 96

(Geheimnis) 露呈 rotei 951, 1590

entkommen 免 MEN, manuka(reru) 733

逃 noga(reru) 1566

抜 nu(keru) 1713

lassen 逃 ni(gasu), noga(su) 1566

Entkräftung 衰弱 suijaku 1676, 218

entlang: ~ der (Eisen)Bahn(Strecke) 沿線 ensen 1607, 299

gehen 伝 tsuta(u) 434

den Fluß ~ 川沿い kawazoi 33, 1607

entlanglaufen 沿 EN, so(u) 1607

entlassen (kündigen) 解雇 kaiko 474, 1553

werden (aus dem Gefängnis) 出獄 shutsugoku 53, 884

aus dem Krankenhaus ~ werden 退院 taiin 846, 614

entlassener Sträfling 免囚 menshū 733, 1195

Entlassung (Kündigung) 解任 kainin 474, 334

(aus Haft) 釈放 shakuhō 595, 512
(in Ruhestand) 退職 taishoku 846, 385
(Kündigung) 罷免 himen 1861, 733
Entlassungsgesuch 辞表 jihyō 688, 272
entlaufen 逃げ出す nigedasu 1566, 53
出奔 shuppon 53, 1659
entlegen 遠隔 enkaku 446, 1589
entleihen 借 SHAKU, ka(riru) 766
Entmutigung 失意 shitsui 311, 132
落胆 rakutan 839, 1273
Entomologie 昆虫学 konchūgaku 1874, 873,
109
entreißen 奪 DATSU, uba(u) 1310
entrüsten: sich ~ 憤 FUN, ikidō(ru) 1661
entrüstet 憤然と funzen to 1661, 651
Entrüstung 憤慨 fungai 1661, 1460
öffentliche ~ 公憤 kōfun 126, 1661
Entsagung 断念 dannen 1024, 579
entschädigen 補 HO, ogina(u) 889
償 SHŌ, tsuguna(u) 971
Entschädigung 報償 hōshō 685, 971
弁償 benshō 711, 971
補償 hoshō 889, 971
賠償 baishō 1829, 971
損害賠償 songai baishō 350, 518, 1829, 971
entscheiden 定 TEI, JŌ, sada(meru) 355
決 KETSU, ki(meru) 356
entscheidender Moment 危機 kiki 534, 528
瀬戸際 setogiwa 1513, 152, 618
土壇場 dotanba 24, 1839, 154
Entscheidung (allg.) 決定 kettei 356, 355
(in e-m Wettbewerb) 決勝 kesshō 356, 509
(Jura) 確定 kakutei 603, 355
(in e-r Angelegenheit) 決着 ketchaku
356, 657
(allg.) 決断 ketsudan 356, 1024
(Jura) 判決 hanketsu 1026, 356
(Jura; Sport) 審判 shinpan 1383, 1026
entschieden 思い切って omoikitte 99, 39
werden 定 sada(maru) 355
決 ki(maru) 356
entschlafen 永眠 eimin 1207, 849
entschließen: sich (fest) ~ 腹を据える hara
o sueru 1271, 1832
entschlossen 思い切って omoikitte 99, 39
度胸 dokyō 377, 1283
果敢 kakan 487, 1691

handeln 敢行 kankō 1691, 68
Entschluß 決心 kesshin 356, 97
決意 ketsui 356, 132
決断 ketsudan 356, 1024
覚悟 kakugo 605, 1438
entschuldigen: sich ~ 謝 ayama(ru) 901
Entschuldigung (Ausrede) 言い訳 iiwake
66, 594
(für eigene Person) 御免 gomen 708, 733
(öffentlich) 謝罪 shazai 901, 885
(allg.) 陳謝 chinsha 1405, 901
entsenden (Delegation usw.) 派遣 haken
912, 1173
Entsetzen 驚がく kyōgaku 1778
entsetzlich 怖 FU, kowa(i) 1814
Entspannung 休養 kyūyō 60, 402
entsprechen 相応 sōō 146, 827
Entsprechung (Übereinstimmung) 符合
fugō 505, 159
entstehen 起 o(koru) 373
Entstehung 発祥 hasshō 96, 1576
zufällige ~ 偶発 gūhatsu 1639, 96
Entstehungsort 発祥地 hasshōchi 96, 1576,
118
enttäuschtes Gesicht 浮かぬ顔 ukanu kao
938, 277
Enttäuschung 失意 shitsui 311, 132
残念 zannen 650, 579
失望 shitsubō 311, 673
落胆 rakutan 839, 1273
幻滅 genmetsu 1227, 1338
entweder ... oder 又は matawa 1593
Entweder-Oder 二者択一 nisha-takuitsu 3,
164, 993, 2
entwickeln: sich ~ 開 hira(keru) 396
entwickeltes Land 先進国 senshinkoku 50,
437, 40
Entwicklung (Fortschritt) 向上 kōjō 199,
32
(e-s Kindes) 発育 hatsuiku 96, 246
(Wachstum) 生育 seiiku 44, 246
(Erschließung) 開発 kaihatsu 396, 96
(Fortschreiten) 発達 hattatsu 96, 448
(Film) 現像 genzō 298, 740
(persönliche) 進展 shinten 437, 1129
(Geschichte) 沿革 enkaku 1607, 1075
sprunghafte ~ 躍進 yakushin 1560, 437

Entwicklungsland (開発)途上国 (kaihatsu)
tojōkoku 396, 96, 1072, 32, 40
発展途上国 hatten tojōkoku 96, 1129, 1072,
32, 40
Entwurf (für e. Gesetz) 草案 sōan 249, 106
(Plan) 計画 keikaku 340, 343
(Idee) 考案 kōan 541, 106
(Konzept) 構想 kōsō 1010, 147
(schriftlich) 草稿 sōkō 249, 1120
(Muster) 意匠 ishō 132, 1359
der ursprüngliche ~ 原案 gen'an 136, 106
entzücken 奪 DATSU, uba(u) 1310
Entzücken 喜悦 kietsu 1143, 1368
entzünden 点火 tenka 169, 20
Entzündung 炎症 enshō 1336, 1318
Entzündungsherd 炎症病巣 enshō byōso
1336, 1318, 380, 1538
Enzephalitis 脳炎 nōen 1278, 1336
Enzyklopädie 百科事典 hyakka jiten 14,
320, 80, 367
Enzym 酵素 kōso 1866, 271
Epidemie 悪疫 akueki 304, 1319
疫病 ekibyō 1319, 380
Epidemie: Vorbeugung gegen ~n 防疫
bōeki 513, 1319
Epigone 亜流 aryū 1616, 247
挿話 sōwa 1651, 238
Epizentrum 震央 shin'ō 953, 351
震源 shingen 953, 580
Epos 叙事詩 jojishi 1067, 80, 570
er あの人 ano hito 1
彼 HI, kare 977
彼氏 kareshi 977, 566
何某 nanibō 390, 1494
某氏 bōshi 1494, 566
(der Betreffende) 同氏 dōshi 198, 566
selbst 本人 honnin 25, 1
本尊 honzon 25, 704
Er lebe hoch! 万歳 banzai 16, 479
Erb- 世襲 seshū 252, 1575
Erbe (Nachlaß) 遺産 isan 1172, 278
(Person) 跡継ぎ atotsugi 1569, 1025
後嗣 kōshi 48, 1917
嗣子 shishi 1917, 103
legitimer ~ 嫡嗣 chakushi 1932, 1917
erben 継 KEI, tsu(gu) 1025
受け継ぐ uketsugu 260, 1025

Erbfeind 宿敵 shukuteki 179, 416
Erbfolge (家督)相続 katoku sōzoku 165, 1670,
146, 243
erblich 世襲 seshū 252, 1575
Erblichkeit 遺伝 iden 1172, 434
erbrechen 吐 TO, ha(ku) 1253
Erbschaft 相続 sōzoku 146, 243
Erbstück 家宝 kahō 165, 296
Erdachse 地軸 chijiku 118, 988
Erdbeben 地震 jishin 118, 953
heftiges ~ 烈震 resshin 1331, 953
Erdbebenkatastrophe 震災 shinsai 953, 1335
Erdbebenstärke 5 震度 5 shindo go 953, 377
Erdbebenzentrum 震央 shin'ō 953, 351
震源 shingen 953, 580
Erde (Boden) 土 DO, TO, tsuchi 24
土壌 dojō 24, 1912
(Welt) 世界 sekai 252, 454
(Globus) 地球 chikyū 118, 726
(~) abtragen 切り崩す kirikuzusu 39, 1122
Erdhügel 塚 tsuka 1751
erdichtet 架空 kakū 755, 140
Erdklumpen 土塊 dokai 24, 1524
Erdkruste 地殻 chikaku 118, 1728
Bewegung der ~ 地殻変動 chikaku hendō
118, 1728, 257, 231
Erdoberfläche 地肌 jihada 118, 1306
Erdöl 石油 sekiyu 78, 364
Erdrinde 地殻 chikaku 118, 1728
Erdrutsch 山崩れ yamakuzure 34, 1122
土砂崩れ doshakuzure 24, 1151, 1122
Erdscholle 土塊 dokai 24, 1524
Erdteil: die 5 ~e 五大州 godaishū 7, 26, 195
erdulden 忍 NIN, shino(bu) 1414
Erdulden 忍苦 ninku 1414, 545
Ereignis 出来事 dekigoto 53, 69, 80
(Vorfall) 事件 jiken 80, 732
freudiges ~ 慶事 keiji 1632, 80
Eremit 仙人 sennin 1891, 1
ererbt: von den Eltern ~ 親譲り oyayuzuri
175, 1013
erfahren (in) 老巧 rōkō 543, 1627
Erfahrung 見聞 kenbun 63, 64
経験 keiken 548, 532
bittere ~ 憂き目 ukime 1032, 55
erfassen (Sinn, Situation) 把握 haaku 1724,
1714

erfinden (sich ausdenken) 案出 anshutsu 106, 53
Erfinder 元祖 ganso 137, 622
Erfindung 発明 hatsumei 96, 18
　考案 kōan 541, 106
　独創 dokusō 219, 1308
Erfolg (Effekt) 効果 kōka 816, 487
　(allg.) 成功 seikō 261, 818
　(geschäftlich) 繁盛 hanjō 1292, 719
　im Leben 出世 shusse 53, 252
　keinen ~ haben 敗 HAI, yabu(reru) 511
　wirkliche ~e 実績 jisseki 203, 1117
erforderlich 必要 hitsuyō 520, 419
Erfordernis 要請 yōsei 419, 661
　要求 yōkyū 419, 724
Erforschung 探検, 探険 tanken 535, 531, 535, 533
　究明 kyūmei 895, 18
　探究 tankyū 535, 895
　(historische) ~ 考証 kōshō 541, 484
erfragen 問いただす toitadasu 162
erfreuen: sich ~ 浮 u(kareru) 938
erfreulich 楽 tano(shii) 358
　快 KAI, kokoroyo(i) 1409
　快適 kaiteki 1409, 415
　~e Nachricht 吉報 kippō 1141, 685
erfreut: (sehr) ~ sein 幸甚 kōjin 684, 1501
erfrieren 凍え死に kogoejini 1205, 85
　凍死 tōshi 1205, 85
erfrischend 涼 RYŌ, suzu(shii) 1204
Erfrischung 清涼飲料 seiryō inryō 660, 1204, 323, 319
Erfrischungen 茶菓 chaka, saka 251, 1535
Erfrischungsgetränk 清涼飲料 seiryō inryō 660, 1204, 323, 319
Erfrischungstuch: feuchtes ~ お絞り oshibori 1452
erfüllen: seine Pflicht ~ 務 MU, tsuto(meru) 235
Erfüllung (Durchführung) 完遂 kansui 613, 1133
　(e-r Leistung) 履行 rikō 1635, 68
　der Kindespflichten 孝養 kōyō 542, 402
erfunden (nicht wahr) 虚偽 kyogi 1572, 1485
　~e Geschichte 作り話 tsukuribanashi 360, 238
ergänzen 補 HO, ogina(u) 889

Ergänzung (von Vorräten) 補給 hokyū 889, 346
　(Auffüllung) 補充 hojū 889, 828
　(Zusatz, Nachtrag) 追加 tsuika 1174, 709
ergebener: Ihr sehr ~ … 謹言 kingen 1247, 66
Ergebenheit 心服 shinpuku 97, 683
　執心 shūshin 686, 97
　恭順 kyōjun 1434, 769
Ergebenst überreicht vom Verfasser. 謹呈 kintei 1247, 1590
Ergebnis 果 KA, ha(te) 487
　成果 seika 261, 487
　結果 kekka 485, 487
　成績 seiseki 261, 1117
　業績 gyōseki 279, 1117
　首尾 shubi 148, 1868
　intensiven Studiums 蛍雪の功 keisetsu no kō 1878, 949, 818
(er)greifen 把持 haji 1724, 451
ergreifen 執 SHITSU, SHŪ, to(ru) 686
　握 AKU, nigi(ru) 1714
　掌握 shōaku 499, 1714
　把握 haaku 1724, 1714
　fest ~ 握り締める nigirishimeru 1714, 1180
　Maßnahmen ~ 対処 taisho 365, 1137
ergreifend 感激 kangeki 262, 1017
　悲壮 hisō 1034, 1326
Ergründung 究明 kyūmei 895, 18
erhaben (grandios) 壮大 sōdai 1326, 26
　(feierlich) 荘重 sōchō 1327, 227
　荘厳 sōgon 1327, 822
　(hehr) 崇高 sūkō 1424, 190
Erhabenheit 尊厳 songen 704, 822
erhalten 受け取る uketoru 260, 65
　(bekommen) 受 JU, u(keru) 260
　請 u(keru) 661
　(bekommen (bescheiden)) 頂 itada(ku) 1440
　j-s Einverständnis ~ 拝み倒す ogamitaosu 1201, 905
　(~e) Stimmenzahl 得票 tokuhyō 374, 922
Erhaltung (Bewahrung) 保存 hozon 489, 269
　(Haus, Frieden, Gesundheit) 維持 iji 1231, 451
　(Schutz) 保護 hogo 489, 1312
erhängen 絞殺 kōsatsu 1452, 576

勧奨　kanshō　1051, 1332
ermutigen　勧　KAN, susu(meru)　1051
　督励　tokurei　1670, 1340
ermutigt sein　勇　YŪ, isa(mu)　1386
Ermutigung　激励　gekirei　1017, 1340
Ernährer　働き手　hatarakite　232, 57
　稼ぎ手　kasegite　1750, 57
Ernährung　栄養　eiyō　723, 402
　滋養　jiyō　1549, 402
　einseitige ~　偏食　henshoku　1159, 322
Ernennung　任命　ninmei　334, 578
　登用　tōyō　960, 107
　指名　shimei　1041, 82
　登庸　tōyō　960, 1696
erneuert werden　改　arata(maru)　514
Erneuerung (allg.)　一新　isshin　2, 174
　(polit. Reform)　改新　kaishin　514, 174
　(Umstellung, allg.)　切り替え　kirikae　39, 744
　(Reform)　刷新　sasshin　1044, 174
　(polit. Reform)　改革　kaikaku　514, 1075
　(Auffrischung)　新陳代謝　shinchin taisha 174, 1405, 256, 901
Erniedrigung　屈辱　kutsujoku　1802, 1738
ernst　厳　GEN, kibi(shii), ogoso(ka)　822
　厳格　genkaku　822, 643
　真剣　shinken　422, 879
　深刻　shinkoku　536, 1211
　nehmen　重視　jūshi　227, 606
Ernst　厳粛　genshuku　822, 1695
ernsthaft　真剣　shinken　422, 879
　本腰　hongoshi　25, 1298
Ernsthaftigkeit　本気　honki　25, 134
Ernte　刈り入れ　kariire　1282, 52
　収穫　shūkaku　757, 1314
　gute/reiche ~　豊作　hōsaku　959, 360
　schlechte ~　凶作　kyōsaku　1280, 360
Ernte(ertrag)　収穫高　shūkakudaka　757, 1314, 190
Erntegott　稲荷　Inari　1220, 391
ernten: (ab-)~　刈り取る　karitoru　1282, 65
Erntesaison/zeit　収穫期　shūkakuki　757, 1314, 449
Eroberer　征服者　seifukusha　1114, 683, 164
erobern　陥　otoshii(reru)　1218
　抜　BATSU, nu(ku)　1713
erobert werden　陥　KAN, ochii(ru)　1218

Eroberung　侵略　shinryaku　1077, 841
　征服　seifuku　1114, 683
　征伐　seibatsu　1114, 1509
　制覇　seiha　427, 1633
eröffnen　開　hira(ku)　396
Eröffnung　発足　hossoku, hassoku　96, 58
　(Spiel; Verhandlungen; u.a.)　開始　kaishi 396, 494
　e-r Gerichtssitzung　開廷　kaitei　396, 1111
　e-r Versammlung/Sitzung　開会　kaikai 396, 158
erörtern: erschöpfend ~　論じ尽くす ronjitsukusu　293, 1726
　gründlich ~　論究　ronkyū　293, 895
Erörterung　論議　rongi　293, 292
　討議　tōgi　1018, 292
Erosion　侵食　shinshoku　1077, 322
　浸食　shinshoku　1078, 322
　腐食　fushoku　1245, 322
erpressen　恐喝　kyōkatsu　1602, 1919
Erpressung　強請　kyōsei　217, 661
erprobt　老巧　rōkō　543, 1627
erregen　挑発　chōhatsu　1564, 96
　醸　JŌ, kamo(su)　1837
　Aufmerksamkeit ~　喚起　kanki　1587, 373
Erregung　興奮　kōfun　368, 1309
　沸騰　futtō　1792, 1780
erreichen (Zug usw.)　間に合う　maniau　43, 159
　(Ziel)　達成　tassei　448, 261
　到達　tōtatsu　904, 448
　成就　jōju　261, 934
　(Adressaten)　届　todo(ku)　992
　(Ziel)　遂　SUI, to(geru)　1133
　(Menge usw.)　及　KYŪ, oyo(bu)　1257
errichten　立　ta(teru)　121
　置　CHI, o(ku)　426
　設　SETSU, mō(keru)　577
　構　KŌ, kama(eru)　1010
　樹立　juritsu　1144, 121
　築　CHIKU, kizu(ku)　1603
Errichten　建立　konryū　892, 121
errichtet: neu ~　新設　shinsetsu　174, 577
　werden　建　ta(tsu)　892
Errichtung (Universität usw.)　設立 setsuritsu　577, 121
　(Institution)　設置　setchi　577, 426

(Gebäude) 建設 kensetsu 892, 577
erröten 赤 aka(rameru), aka(ramu) 207
Ersatz (Surrogat; Ausweich-) 代替 daitai,
daigae 256, 744
(Auffüllung) 補充 hojū 889, 828
(Kompensation) 報償 hōshō 685, 971
(Entschädigung) 補償 hoshō 889, 971
(z.B. Ersatzteile) 交換 kōkan 114, 1586
Ersatzteile 部品 buhin 86, 230
Erschaffung 創造 sōzō 1308, 691
erscheinen 現 arawa(reru) 298
(in e-r Zeitung) 載 SAI, no(ru) 1124
vor Gericht ~ 出廷 shuttei 53, 1111
Erscheinen 出頭 shuttō 53, 276
u. Verschwinden 出没 shutsubotsu 53, 935
Erscheinung: (äußere) ~ 風体 fūtai, fūtei
29, 61
(Phänomen) 現象 genshō 298, 739
(Aussehen) 姿 SHI, sugata 929
äußere ~ 見栄え mibae 63, 723
erschießen 銃殺 jūsatsu 829, 576
射殺 shasatsu 900, 576
erschöpfen 疲 tsuka(rasu) 1321
尽 JIN, tsu(kusu) 1726
erschöpfend erörtern 論じ尽くす
ronjitsukusu 293, 1726
erschöpft (lebensmüde) 物憂い monoui 79,
1032
sein (Vorräte) 枯渇 kokatsu 974, 1622
werden 疲 HI, tsuka(reru) 1321
尽 tsu(kiru) 1726
vollkommen ~ sein 疲れ果てる
tsukarehateru 1321, 487
Erschöpfung けん怠 kentai 1297
疲労 hirō 1321, 233
疲弊 hihei 1321, 1782
geistige ~ 気疲れ kizukare 134, 1321
erschrecken 驚 odoro(kasu) 1778
Erschrecken 驚がく kyōgaku 1778
Erschütterung (allg.) 激動 gekidō 1017,
231
ersetzen 代 ka(eru) 256
補 HO, ogina(u) 889
償 SHŌ, tsuguna(u) 971
ersinnen 謀 BŌ, haka(ru) 1495
Ersparnisse 貯金 chokin 762, 23
貯蓄 chochiku 762, 1224

erstarren 凍 kogo(eru) 1205
(vor Schreck) ~ 棒立ち bōdachi 1543, 121
Erstarrung 凝固 gyōko 1518, 972
Erstaufführung 初演 shoen 679, 344
Erstauflage 初版 shohan 679, 1046
Erstaunen 仰天 gyōten 1056, 141
感嘆 kantan 262, 1246
驚がく kyōgaku 1778
驚異 kyōi 1778, 1061
驚嘆 kyōtan 1778, 1246
erstaunlich 絶妙 zetsumyō 742, 1154
erstaunt sein 驚 KYŌ, odoro(ku) 1778
Erstausgabe 初版 shohan 679, 1046
erste 初 hatsu-, ui- 679
Hilfe 救急 kyūkyū 725, 303
Klasse (Zug) 一等 ittō 2, 569
Klasse (Wahl) 甲種 kōshu 982, 228
Liebe 初恋 hatsukoi 679, 258
Platz 首位 shui 148, 122
Wahl 甲種 kōshu 982, 228
der ~ 一番 ichiban 2, 185
随一 zuiichi 1741, 2
die ~ Hälfte 前半 zenhan, zenpan 47, 88
das ~ Jahr der Shōwa-Ära (1926) 昭和元
年 Shōwa gannen 997, 124, 137, 45
das ~ Mondviertel 上弦 jōgen 32, 1226
der ~ Schnee (der Saison) 初雪 hatsuyuki
679, 949
das ~ Spiel 緒戦 shosen, chosen 862, 301
die ~n 10 Tage e-s Monats 上旬 jōjun
32, 338
~r 第一 dai-ichi 404, 2
~r (Tag e-s Monats) 一日 tsuitachi 2, 5
~r Grad (Judo usw.) 一段 ichidan 2, 362
~r Grad (Verwandschaft; Rang) 一等 ittō
2, 569
~r Januar 元日 ganjitsu 137, 5
erstechen 刺し殺す sashikorosu 881, 576
Erstellung 編成 hensei 682, 261
ersticken 窒息 chissoku 1716, 1242
Erstickungstod 窒息死 chissokushi 1716,
1242, 85
erstklassig 一流 ichiryū 2, 247
高級 kōkyū 190, 568
erstrecken: sich ~ 及 KYŪ, oyo(bu) 1257
ersuchen 頼 RAI, tano(mu) 1512
(er)tönen 鳴 na(ru) 925

ertönen 響き渡る hibikiwataru 856, 378
　lassen 鳴 na(rasu) 925
Ertrag 収益 shūeki 757, 716
ertragen 耐 TAI, ta(eru) 1415
　geduldig~ 堪え忍ぶ taeshinobu 1913, 1414
　nicht ~ können 堪えかねる taekaneru
　1913
Ertragen 忍苦 ninku 1414, 545
ertrinken 水死 suishi 21, 85
Eruption 噴火 funka 1660, 20
　噴出 funshutsu 1660, 53
erwachende Liebe 恋心 koigokoro 258, 97
Erwachsener 大人 otona 26, 1
Erwägung 考慮 kōryo 541, 1384
erwähnen 述 JUTSU, no(beru) 968
　言及 genkyū 66, 1257
(er)wärmen 温 atata(meru) 634
　暖 atata(meru) 635
erwärmen: sich ~ 温 atata(maru) 634
　暖 atata(maru) 635
erwarten 待 TAI, ma(tsu) 452
　viel ~ (von) 嘱望 shokubō 1638, 673
　nicht ~ können 待ち兼ねる machikaneru
　452, 1081
Erwarten: wider ~ 案外 angai 106, 83
Erwartung (Vermutung) 予想 yosō 393,
　147
　(Abschätzung) 予定 yotei 393, 355
　(berechtigte Hoffnung) 期待 kitai 449,
　452
　(Hoffnung, Abschätzung) 思惑 omowaku
　99, 969
Erweckung: religiöse ~ 悟り satori 1438
erweichen: durch Tränen ~ 泣き落とす
　nakiotosu 1236, 839
erweitern 広 hiro(geru) 694
Erweiterung (Ausweitung) 拡大 kakudai
　1113, 26
　(allg.) 拡充 kakujū 1113, 828
　(Bauten) 拡張 kakuchō 1113, 1106
Erwerb 営利 eiri 722, 329
erwerben 得 e(ru), u(ru) 374
　収 SHŪ, osa(meru) 757
Erwerbung 獲得 kakutoku 1313, 374
Erwiderung 回答 kaitō 90, 160
　答弁 tōben 160, 711
　応酬 ōshū 827, 1864

erworben werden 収 osa(maru) 757
erwürgen 絞殺 kōsatsu 1452, 576
Erz 鉱石 kōseki 1604, 78
erzählen 語 kata(ru) 67
erzählende Dichtung 叙事詩 jojishi 1067,
　80, 570
Erzähler 語り手 katarite 67, 57
Erzählung 物語 monogatari 79, 67
　小説 shōsetsu 27, 400
erzeugen 産 u(mu) 278
Erzeugnis 産物 sanbutsu 278, 79
　製品 seihin 428, 230
Erzeugung 製造 seizō 428, 691
Erziehung 教育 kyōiku 245, 246
　訓育 kun'iku 771, 246
　啓もう keimō 1398
　薫陶 kuntō 1774, 1650
Es war einmal … 昔々 mukashi-mukashi 764
Eskorte 護衛 goei 1312, 815
Essay 随筆 zuihitsu 1741, 130
eßbare wildwachsende Pflanzen 山菜 sansai
　34, 931
essen 食 SHOKU, ta(beru), ku(u), ku(rau) 322
　喫する kissuru 1240
　(respektvoll) 召し上がる meshiagaru
　995, 32
　nach Herzenslust ~ 満喫 mankitsu 201,
　1240
　zu viel ~ 食べ過ぎる tabesugiru 322, 413
Essen (Lebensmittel) 食べ物 tabemono
　322, 79
　(Mahlzeit) 食事 shokuji 322, 80
　und Trinken 飲食 inshoku 323, 322
　einfaches ~ 粗食 soshoku 1084, 322
　Teilnahme an e-m ~ mit Hochgestellten
　陪食 baishoku 1943, 322
(Eß)Geschirr 食器 shokki 322, 527
Essig 酢 SAKU, su 1867
　süßer ~ 甘酢 amazu 1492, 1867
　mit ~ angemachtes Gericht 酢の物 su no
　mono 1867, 79
　in ~ eingelegt 酢漬け suzuke 1867, 1793
Essigsäure 酢酸 sakusan 1867, 516
Eßstäbchen: (mit ~) (auf)nehmen 挟み上げ
　る hasamiageru 1354, 32
Eßtisch 食卓 shokutaku 322, 1679
Etage 階 KAI 588

– F –

Fabrik 工場 kōjō, kōba 139, 154
(Fabrik)Arbeiter 工員 kōin 139, 163
Fabrikarbeiterin 女工 jokō 102, 139
Fabrikat 製品 seihin 428, 230
-fach 倍 BAI 87
重 -e 227
Fach (Gebiet, Abteilung) 部門 bumon 86, 161
  (Lehr-/Unterrichts-)~ 課目 kamoku 488, 55
Facharzt für Hals-Nasen-Ohren-Krankheiten 耳鼻いんこう専門医 jibiinkō senmon'i 56, 813, 600, 161, 220
Fachausdruck 用語 yōgo 107, 67
  (学)術(用)語 (gaku)jutsu (yō)go 109, 187, 107, 67
  medizinischer ~ 医学用語 igaku yōgo 220, 109, 107, 67
Fachbereich 学部 gakubu 109, 86
Fächer 扇 SEN, ōgi 1555
扇子 sensu 1555, 103
fächerförmig 扇形 senkei, ōgigata 1555, 395
Fachgebiet 専攻 senkō 600, 819
Fachmann 専門家 senmonka 600, 161, 165
玄人 kurōto 1225, 1
Fachsprache 用語 yōgo 107, 67
fade 無味乾燥 mumi-kansō 93, 307, 1190, 1656
Faden 糸 SHI, ito 242
  Ende e-s ~s 糸口 itoguchi 242, 54
Fähigkeit (Talent) 働き hataraki 232
  (Leisung) 能力 nōryoku 386, 100
  (Können) 器 KI, utsuwa 527
  (handwerklich, technisch) 技能 ginō 871, 386
  (Leistung) 腕 WAN, ude 1299
  (Talent) 腕前 udemae 1299, 47
手腕 shuwan 57, 1299
  wirkliche ~(en) 実力 jitsuryoku 203, 100
Fahne 旗 KI, hata 1006
  (~) flattern lassen 翻 HON, hirugae(su) 596
Fahnenflucht 逃亡 tōbō 1566, 672
Fähre 渡し船 watashibune 378, 376
fahren 行 KŌ, i(ku), yu(ku) 68

乗 JŌ, no(ru) 523
駆 ka(ru) 1882
(regelmäßig) ~ 通 kayo(u) 150
lassen 乗 no(seru) 523
langsam ~ 徐行 jokō 1066, 68
nach Tōkyō ~ 上京 jōkyō 32, 189
zur Schule ~ 通学 tsūgaku 150, 109
Fahrer 運転手 untenshu 439, 433, 57
Fahrgast 旅客 ryokaku 222, 641
乗客 jōkyaku 523, 641
Fahrgeld 電車賃 denshachin 108, 133, 751
Fahrkarte 切符 kippu 39, 505
乗車券 jōshaken 523, 133, 506
搭乗券 tōjōken 1915, 523, 506
Fahrkartenschalter 切符売り場 kippu uriba 39, 505, 239, 154
Fahrlässigkeit 油断 yudan 364, 1024
怠慢 taiman 1297, 1410
Fahrrad 自転車 jitensha 62, 433, 133
Fahrschein 乗車券 jōshaken 523, 133, 506
Fahrzeit 走行時間 sōkō jikan 429, 68, 42, 43
Fahrzeug 車両 sharyō 133, 200
Faktor (Element) 要素 yōso 419, 271
  (wesentlicher) ~ 要因 yōin 419, 554
Fakultät 学部 gakubu 109, 86
科 KA 320
  medizin. ~ 医学部 igakubu 220, 109, 86
  naturwiss. ~ 理学部 rigakubu 143, 109, 86
fakultativ 随意 zuii 1741, 132
Fall (Umstände) 場合 baai, bawai 154, 159
  (Angelegenheit) 件 KEN 732
案件 anken 106, 732
  (Sturz) 転落 tenraku 433, 839
  (vom Himmel) 降下 kōka 947, 31
  (e-r Burg) 陥落 kanraku 1218, 839
  Aufstieg und ~ 盛衰 seisui 719, 1676
  zu ~ bringen 覆 kutsugae(su) 1634
  im ~e 暁には akatsuki niwa 1658
Falle 落とし穴 otoshiana 839, 899
陥せい kansei 1218
fallen (Preise) 下 sa(garu) 31
  (umfallen) 転 TEN, koro(bu), koro(garu), koro(geru) 433
  (Blätter) 散 chi(ru) 767
  (allg.) 落 RAKU, o(chiru) 839
  (Reif) 降 KŌ, o(riru) 947

(im Krieg/in der Schlacht) 討ち死に uchijini 1018, 85

(Festung) 陥 KAN, ochii(ru) 1218

in 陥 KAN, ochii(ru) 1218

lassen 落 o(tosu) 839

Fallen: Steigen und ~ 上り下り nobori-kudari 32, 31

Fallgrube 落とし穴 otoshiana 839, 899

falsch (doppelzüngig) 二枚舌 nimaijita 3, 1156, 1259

(gelogen) 虚偽 kyogi 1572, 1485

aussprechen 読み誤る yomiayamaru 244, 906

lesen 読み損なう yomisokonau 244, 350
読み誤る yomiayamaru 244, 906

wahr oder ~ 真偽 shingi 422, 1485

e-n ~en Namen führen 詐称 sashō 1498, 978

~er Name 仮名 kamei 1049, 82

fälschen 偽 GI, itsuwa(ru) 1485

Falschmeldung 誤報 gohō 906, 685

Fälschung 偽 nise 1485
偽物 nisemono 1485, 79
偽造 gizō 1485, 691

falten 畳 tata(mu) 1087
折 o(ru) 1394

die Hände (zum Gebet) ~ 合掌 gasshō 159, 499

sich ~ lassen 折 SETSU, o(reru) 1394

Familie 家族 kazoku 165, 221
親族 shinzoku 175, 221
妻子 saishi 671, 103
係累 keirui 909, 1060
家庭 katei 165, 1112

(Botanik) 族 ZOKU 221

(Sippe) 氏 SHI, uji 566

(Anhang) 厄介者 yakkaimono 1341, 453, 164

berühmte/vornehme ~ 名門 meimon 82, 161
門閥 monbatsu 161, 1510

die ganze ~ 一族 ichizoku 2, 221

einflußreiche ~ 豪族 gōzoku 1671, 221

mächtige ~ 豪族 gōzoku 1671, 221

mit der ~ 家族連れ kazokuzure 165, 221, 440

Schutzgott (e-r ~) 氏神 ujigami 566, 310

Familienangehörige 係累 keirui 909, 1060
厄介者 yakkaimono 1341, 453, 164

Familienangelegenheiten 家事 kaji 165, 80

Familienname 苗字 myōji 1468, 110

derselbe ~ 同姓 dōsei 198, 1746

früherer ~ 旧姓 kyūsei 1216, 1746

den ~n ändern 改姓 kaisei 514, 1746

(Familienname) 三木 Miki 4, 22
中川 Nakagawa 28, 33
本田 Honda 25, 35
田中 Tanaka 35, 28
山田 Yamada 34, 35
池田 Ikeda 119, 35
小林 Kobayashi 27, 127
平野 Hirano 202, 236
菊地 Kikuchi 475, 118
長谷川 Hasegawa 95, 653, 33
浜田 Hamada 785, 35
徳川 Tokugawa 1038, 33
吉田 Yoshida 1141, 35
鈴木 Suzuki 1822, 22

Familienregister 籍 SEKI 1198
戸籍 koseki 152, 1198

aus dem ~ streichen 除籍 joseki 1065, 1198

Familienschatz 家宝 kahō 165, 296

Familienteil (e-r Zeitung) 家庭欄 kateiran 165, 1112, 1202

Familienwappen 紋 MON 1454
紋章 monshō 1454, 857

Fang 獲物 emono 1313, 79
捕獲 hokaku 890, 1313

fangen 捕 HO, to(ru), to(raeru), tsuka(maeru) 890

lebend ~ (Tier, Mensch) 生け捕り ikedori 44, 890

Fantasie (Einbildung) 空想 kūsō 140, 147

(Vorstellung) 想像 sōzō 147, 740

(Traumgebilde) 夢想 musō 811, 147

Farbe (allg.) 色 SHOKU, SHIKI, iro 204

(Färbung) 色彩 shikisai 204, 932

(zum Anstreichen) 塗料 toryō 1073, 319

und Duft 色香 iroka 204, 1682

fluoreszierende ~ 蛍光塗料 keikō-toryō 1878, 138, 1073, 319

grüne ~ 緑色 midoriiro 537, 204

färben 染 so(meru) 779

彩　SAI, irodo(ru)　932
Farbenblindheit　色盲　shikimō　204, 1375
Färber(ei)　紺屋　kon'ya, kōya　1493, 167
Farbgebung　彩色　saishiki　932, 204
Farbholzschnitt: (j.) ~　浮世絵　ukiyoe　938, 252, 345
farbig　原色　genshoku　136, 204
　~es Papier　色紙　irogami　204, 180
Färbung　色彩　shikisai　204, 932
　彩色　saishiki　932, 204
　leichte ~　淡彩　tansai　1337, 932
Farce (im klass. j. Theater)　狂言　kyōgen　883, 66
Faser　筋　KIN, suji　1090
　(Textil-)　繊維　sen'i　1571, 1231
fassen　捕　HO, to(ru), to(raeru), tsuka(maeru)　890
　握　AKU, nigi(ru)　1714
　(mit/zwischen)　挟　KYŌ, hasa(mu)　1354
Fassung (Ruhe)　平静　heisei　202, 663
fast　既　KI, sude (ni)　1458
　(~) verrückt sein (vor Angst/Schmerz)　狂　kuru(oshii)　883
Faszination　魅惑　miwaku　1526, 969
faszinieren　魅了　miryō　1526, 941
faszinierend　魅力的　miryokuteki　1526, 100, 210
faul　怠惰　taida　1297, 1743
　sein　遊　YŪ, aso(bu)　1003
　怠　TAI, nama(keru)　1297
Faulheit　不精, 無精　bushō　94, 659, 93, 659
Fäulnis　腐敗　fuhai　1245, 511
Faulpelz　怠け者　namakcmono　1297, 164
Fauna und Flora　動植物　dōshokubutsu　231, 424, 79
Feder: (Vogel-)~　毛　MŌ, ke　287
　羽　U, ha, hane　590
　羽毛　umō　590, 287
　weiße ~　白羽　shiraha　205, 590
　Kleid aus ~n　羽衣　hagoromo　590, 677
Federball(spiel)　羽根突き　hanetsuki　590, 314, 898
Fee　仙女　sennyo　1891, 102
fegen　掃　SŌ, ha(ku)　1080
Fehlbetrag　欠損　kesson　383, 350
fehlen　欠　KETSU, ka(ku), ka(keru)　383
　(Buchseite usw.)　抜　nu(keru)　1713

keinen Tag ~ (bei der Arbeit)　皆勤　kaikin　587, 559
Fehlen (Abwesenheit)　欠席　kesseki　383, 379
　(Mangel)　欠如　ketsujo　383, 1747
Fehler　間違い　machigai　43, 814
　(Schwäche)　短所　tansho　215, 153
　欠点　ketten　383, 169
　(Fehlverhalten)　過　ayama(chi)　413
　(Makel)　汚点　oten　693, 169
　(Irrtum)　錯誤　sakugo　1199, 906
　(Defekt)　欠陥　kekkan　383, 1218
　e-n ~ machen　誤　GO, ayama(ru)　906
　抜　nu(karu)　1713
Feier　式　SHIKI　525
　祝賀　shukuga　851, 756
　慶祝　keishuku　1632, 851
　(relig. Fest, Volksfest)　祭　matsu(ri)　617
feierlich　厳　ogoso(ka)　822
　荘重　sōchō　1327, 227
　荘厳　sōgon　1327, 822
Feierlichkeit　厳粛　genshuku　822, 1695
feiern　祝　SHUKU, iwa(u)　851
Feiertag　祭日　saijitsu　617, 5
　(arbeitsfreier Tag)　休日　kyūjitsu　60, 5
　(national)　祝日　shukujitsu　851, 5
　ohne ~　無休　mukyū　93, 60
feige　弱腰　yowagoshi　218, 1298
Feigheit　憶病　okubyō　381, 380
feilen　練　REN, ne(ru)　743
fein (erlesen)　上品　jōhin　32, 230
　(eng, winzig)　細　SAI, koma(kai), koma(ka)　695
　(präzis)　精密　seimitsu　659, 806
　(elegant)　乙　OTSU　983
　(klein, gering)　微妙　bimyō　1419, 1154
　(feinfühlig)　繊細　sensai　1571, 695
　(empfindlich: Mechanismus)　精巧　seikō　659, 1627
　(schön, zierlich)　秀麗　shūrei　1683, 1630
　(sensitiv)　鋭敏　eibin　1371, 1735
　~e Linie　糸目　itome　242, 55
　e-n ~en Geschmack haben　肥　ko(eru)　1723
　~er Geschmack　雅趣　gashu　1456, 1002
　~er Regen　小雨　kosame　27, 30
　~er Sake　清酒　seishu　660, 517
　~er Schnee　淡雪　awayuki　1337, 949
　(~er) Sprühregen　霧雨　kirisame　950, 30

Feind 敵 TEKI, kataki 416
  starker ~ 強敵 kyōteki 217, 416
feindlich: ~e Festung 敵塁 tekirui 416, 1694
  ~e Gesinnung 敵意 tekii 416, 132
  ~e Stellung 敵塁 tekirui 416, 1694
  ~e Truppen 敵軍 tekigun 416, 438
  ~es Heer 敵軍 tekigun 416, 438
Feindschaft (Zustand) 不和 fuwa 94, 124
  (Gesinnung) 敵意 tekii 416, 132
  遺恨 ikon 1172, 1755
Feinheit 風雅 fūga 29, 1456
  優雅 yūga 1033, 1456
feinhörig 早耳 hayamimi 248, 56
Feld (Getreide- usw.) 畑 hata, hatake 36
  (Flur) 原 hara 136
  (Flur; Felder) 野 YA, no 236
  (Flur) 野原 nohara 236, 136
  sumpfiges/schlammiges ~ 沼田 numata
  996, 35
  ~(er) (auf dem Go-Brett) 碁盤の目
  goban no me 1834, 1098, 55
  ~er 田畑 tahata 35, 36
  terrassenförmige ~er 段々畑 dandanbatake
  362, 36
Feldblume 草花 kusabana 249, 255
Feldflasche 水筒 suitō 21, 1472
Feldmarschall: (General-)~ 元帥 gensui
  137, 1935
Feldreis 水稲 suitō 21, 1220
Feldstecher 双眼鏡 sōgankyō 1594, 848, 863
Feldstudie 踏査 tōsa 1559, 624
Feldzug 出征 shussei 53, 1114
  長征 chōsei 95, 1114
  遠征 ensei 446, 1114
Fell 毛 MŌ, ke 287
  皮 HI, kawa 975
  毛皮 kegawa 287, 975
Felsbrocken 岩石 ganseki 1345, 78
Fels(en) 岩 GAN, iwa 1345
Felsenhöhle 岩屋 iwaya 1345, 167
Felsenriff 岩礁 ganshō 1345, 1768
Felsklettern 岩登り iwanobori 1345, 960
Felswand 岩壁 ganpeki 1345, 1489
Fenster 窓 SŌ, mado 698
Fensterladen 雨戸 amado 30, 152
Fensterplatz 窓際の席 madogiwa no seki
  698, 618, 379

Fensterrahmen 窓枠 madowaku 698, 1907
Ferien 休暇 kyūka 60, 1064
Ferienhaus 別荘 bessō 267, 1327
  in den Bergen 山荘 sansō 34, 1327
Ferment 酵素 kōso 1866, 271
fern 遠 EN, tō(i) 446
Ferne 遠方 enpō 446, 70
  der ~ Osten 東洋 tōyō 71, 289
  極東 kyokutō 336, 71
ferner 且つ又 katsumata 1926, 1593
Fernglas 双眼鏡 sōgankyō 1594, 848, 863
fernhalten: j-n (höflich) von sich ~ 敬遠
  keien 705, 446
  von sich ~ 疎 SO, uto(mu) 1514
(Fern)Kurs (通信)講座 (tsūshin) kōza 150,
  157, 783, 786
Fernrohr 望遠鏡 bōenkyō 673, 446, 863
Fernsehapparat 受像機 juzōki 260, 740, 528
(Fernseh)Programm 番組 bangumi 185, 418
(Fernseh)Sendung 放送 hōsō 512, 441
(Fernseh)Übertragung 中継 chūkei 28, 1025
Fernsteuerung 遠隔操作 enkaku sōsa 446,
  1589, 1655, 360
Fertigkeit 熟練 jukuren 687, 743
fertigmachen 仕上げる shiageru 333, 32
Fertigstellung 完成 kansei 613, 261
fesseln 奪 DATSU, uba(u) 1310
Fesselung 束縛 sokubaku 501, 1448
fest (Körper; Wille) 強固 kyōko 217, 972
  (Wille) 硬 KŌ, kata(i) 1009
  堅 KEN, kata(i) 1289
  (Gegenstand) 手堅い tegatai 57, 1289
  (zuverlässig) 堅実 kenjitsu 1289, 203
  (solide) 堅固 kengo 1289, 972
  ergreifen 握り締める nigirishimeru
  1714, 1180
  sich ~ einprägen 銘記 meiki 1552, 371
  ~e Form(el) 紋切り形, 紋切り型
  monkirigata 1454, 39, 395, 1454, 39, 888
  ~er Körper 固体 kotai 972, 61
  ~er Preis 定価 teika 355, 421
  ~er Schlaf 熟睡 jukusui 687, 1071
  ~er Wohnsitz 永住 eijū 1207, 156
Fest 祭 matsu(ri) 617
  religiöses ~ 祭礼 sairei 617, 620
Fest- 固定 kotei 972, 355
Festessen きょう宴 kyōen 640

宴会　enkai　640, 158

festgenommen werden　挙　a(garu)　801
捕　to(rawareru), tsuka(maru)　890

festgesetzte Zeit(dauer)　定期　teiki　355, 449

(festgesetzter) Tag　日取り　hidori　5, 65

festgestellt: noch nicht ~　未詳　mishō　306,
1577

festhalten　留　RYŪ, to(meru)　761
押　o(saeru)　986
把持　haji　1724, 451
(an)　堅持　kenji　1289, 451

Festhalten (an der Tradition)　墨守　bokushu
1705, 490

Festland　大陸　tairiku　26, 647

Festlegung　固定　kotei　972, 355

Festmahl　宴会　enkai　640, 158
宴席　enseki　640, 379

Festnahme　捕縛　hobaku　890, 1448

festnehmen　挙　a(geru)　801
逮捕　taiho　891, 890

Festrede　式辞　shikiji　525, 688
祝辞　shukuji　851, 688

festschnüren　締　TEI, shi(meru)　1180

festsetzen　定　TEI, JŌ, sada(meru)　355

Festsetzung　確立　kakuritsu　603, 121
確定　kakutei　603, 355
固定　kotei　972, 355

festsitzen　窮　KYŪ, kiwa(maru)　897

feststellen (herausfinden)　見極める
mikiwameru　63, 336
(erwähnen)　述　JUTSU, no(beru)　968

Feststellung　確立　kakuritsu　603, 121
確認　kakunin　603, 738

Festtag　祭日　saijitsu　617, 5
(national)　祝日　shukujitsu　851, 5
für 3-, 5- u. 7jährige Kinder (15. Nov.)　七
五三　shichi-go-san　9, 7, 4

Festung　堅塁　kenrui　1289, 1694
feindliche ~　敵塁　tekirui　416, 1694

Festwerden　凝固　gyōko　1518, 972

fett (Speise)　脂っ濃い　aburakkoi　1042, 957
(Leib)　脂肪ぶとり　shibōbutori　1042,
1857
werden　太　futo(ru)　629
肥　ko(eru)　1723
~er Teil des Fleisches　脂身　aburami
1042, 59

Fett: (tierisches) ~　脂　SHI, abura　1042
(Mensch, Tier, Pflanze)　脂肪　shibō　1042,
1857
unter der Haut　皮下脂肪　hika shibō　975,
31, 1042, 1857

fettgedrucktes Schriftzeichen　太字　futoji
629, 110

Fettheit　肥満　himan　1723, 201

fettig　油脂　yushi　364, 1042
脂っ濃い　aburakkoi　1042, 957

Fettschicht　脂肪層　shibōsō　1042, 1857, 1367

feucht: ~ machen　潤　JUN, uruo(su)　1203
werden　湿　SHITSU, shime(ru)　1169
~er Boden　湿地　shitchi　1169, 118
~es Erfrischungstuch　お絞り　oshibori
1452

Feuchtigkeit　湿気　shikke, shikki　1169, 134

Feuchtigkeit(sgrad)　湿度　shitsudo　1169, 377

feuchttrübe werden　潤　uruo(u), uru(mu)　1203

feudaler Clan　藩　HAN　1382

Feudalherr　殿　tono　1130
(j.) ~　大名　daimyō　26, 82

Feudalsystem　封建制度　hōken seido　1463,
892, 427, 377

Feuer　火　KA, hi　20
(Brandkatastrophe)　火事　kaji　20, 80
(Ausbruch e-r Brandkatastrophe)　出火
shukka　53, 20
anzünden　炊　SUI, ta(ku)　1791
Ausbruch e-s ~s　出火　shukka　53, 20

Feuerbestattung　火葬　kasō　20, 812

feuerfest (nicht brennbar)　不燃性　funensei
94, 652, 98
(hitzebeständig)　耐火　taika　1415, 20

Feuerglocke　半鐘　hanshō　88, 1821

Feuerlöscher　消火器　shōkaki　845, 20, 527

Feuer(sbrunst)　火災　kasai　20, 1335

Feuerüberfall　砲撃　hōgeki　1764, 1016

Feuerwaffe　銃器　jūki　829, 527

Feuerwehr　消防　shōbō　845, 513, 133
消防署　shōbōsho　845, 513, 860

Feuerwehrauto　消防車　shōbōsha　845, 513,
133

Feuerwerk　花火　hanabi　255, 20

feurig　熱烈　netsuretsu　645, 1331

Fieber　熱　NETSU　645
熱病　netsubyō　645, 380

hohes ~ 高熱 kōnetsu 190, 645
leichtes ~ 微熱 binetsu 1419, 645
Figur (Gestalt, Aussehen) 姿 SHI, sugata 929
  (Haltung) 姿態 shitai 929, 387
  (e-s Menschen) 容姿 yōshi 654, 929
Filiale (Laden) 出店 demise 53, 168
  支店 shiten 318, 168
  (Firma) 支社 shisha 318, 308
Film (Kino, TV) 映画 eiga 352, 343
Filmregisseur 監督 kantoku 1663, 1670
Filmstudio 撮影所 satsueijo 1520, 854, 153
Filtration 浸出 shinshutsu 1078, 53
Finanz- 金融 kin'yū 23, 1588
Finanzamt 税務署 zeimusho 399, 235, 860
Finanzen 財政 zaisei 553, 483
finanzielle Angelegenheit 財務 zaimu 553,
235
Finanzierung 融資 yūshi 1588, 750
Finanzminister 蔵相 zōshō 1286, 146
Finanzministerium 大蔵省 Ōkurashō 26,
1286, 145
Finanzwelt 財界 zaikai 553, 454
Finanzwesen 財政 zaisei 553, 483
finden 拾 SHŪ, hiro(u) 1445
  (heraus-)~ 捜し当てる sagashiateru 989,
77
Findling 捨て子 sutego 1444, 103
Finesse 技巧 gikō 871, 1627
Finger 指 SHI, yubi 1041
Fingerabdruck 指紋 shimon 1041, 1454
(Finger)Ring 指輪 yubiwa 1041, 1164
finster 険 KEN, kewa(shii) 533
  ~e Miene 険しい顔つき kewashii kaotsuki
533, 277
Finsternis 暗がり kuragari 348
  暗黒 ankoku 348, 206
Firma 社 SHA 308
  会社 kaisha 158, 308
  (An die) ~ 御中 onchū 708, 28
  unsere ~ 本社 honsha 25, 308
  unsere ~ (bescheiden) 弊社 heisha 1782,
308
Firmament 大空 ōzora 26, 140
(Firmen)Angestellter 社員 shain 308, 163
Firmenchef 社長 shachō 308, 95
(Firmen)Schild 看板 kanban 1316, 1047
Fisch 魚 GYO, sakana, uo 290

魚肉 gyoniku 290, 223
frischer ~ 鮮魚 sengyo 701, 290
in Scheibchen geschnittener roher ~ 刺身
sashimi 881, 59
mit ~ belegte Reisbällchen 寿司 sushi
1550, 842
~e und Muscheln 魚介 gyokai 290, 453
Fischarten 魚類 gyorui 290, 226
Fischdampfer 漁船 gyosen 699, 376
Fischer 漁師 ryōshi 699, 409
Fischerboot 漁船 gyosen 699, 376
Fischerdorf 漁村 gyoson 699, 191
Fischerei 漁業 gyogyō 699, 279
Fischernetz 漁網 gyomō 699, 1612
Fischfang 漁業 gyogyō 699, 279
  漁獲 gyokaku 699, 1313
  guter ~ 豊漁 hōryō 959, 699
Fischgründe 漁場 gyojō 699, 154
Fischhändler 魚屋 sakanaya 290, 167
Fischladen 魚屋 sakanaya 290, 167
Fischmarkt 魚市場 uoichiba 290, 181, 154
Fischnetz 漁網 gyomō 699, 1612
Fischteich (Angelteich) 釣り堀 tsuribori
1862, 1804
Fiskus 国庫 kokko 40, 825
Fixstern 恒星 kōsei 1275, 730
Fjord 峡湾 kyōwan 1352, 670
flach (eben) 平 HEI, BYŌ, tai(ra), hira 202
  (nicht tief) 浅 SEN, asa(i) 649
  ~er Strand 遠浅 tōasa 446, 649
  ~es Meer 浅海 senkai 649, 117
Fläche(ninhalt) 面積 menseki 274, 656
  (in *tsubo* gemessen) 坪数 tsubosū 1896, 225
Flächenmaß: (~, ca. 100 qm) 畝 se 1901
  (~, ca. 3,3 qm) 坪 tsubo 1896
Flachland 平野 heiya 202, 236
Flachs 亜麻 ama 1616, 1529
flackern 瞬 SHUN, matata(ku) 1732
Flagge 旗 KI, hata 1006
  (e-s Landes) 国旗 kokki 40, 1006
  die (j.) ~ der aufgehenden Sonne 日の丸
Hi no Maru 5, 644
Flamme 炎 EN, honō 1336
Flanke (militär.) 側面 sokumen 609, 274
Flasche 瓶 BIN 1161
  leere ~ 空き瓶 akibin 140, 1161
  6 ~n Bier ビール六本 bīru roppon 8, 25

in ~n gefüllt 瓶詰 binzume 1161, 1142
flattern 翻 hirugae(ru) 596
  舞 BU, ma(u) 810
  (Fahne) ~ lassen 翻 HON, hirugae(su)
  596
Flauheit 沈静 chinsei 936, 663
  不振 fushin 94, 954
Flaute 沈滞 chintai 936, 964
  wirtschaftliche ~ 不況 fukyō 94, 850
  不景気 fukeiki 94, 853, 134
Fleck (Schmutz) 汚点 oten 693, 169
  (Schmutz, Tinte, usw.) 染 shi(mi) 779
  (Punkt) 斑点 hanten 1381, 169
Fleiß 勤勉 kinben 559, 735
  精励 seirei 659, 1340
  (am Arbeitsplatz) 勤労 kinrō 559, 233
  (Eifer) 丹精 tansei 1093, 659
  丹誠 tansei 1093, 718
  und Sparsamkeit 勤倹 kinken 559, 878
Fleisch (Fisch/Wild) 身 SHIN, mi 59
  (von Mensch/Tier/Pflanze) 肉 NIKU 223
  (Gegensatz zu Geist) 肉体 nikutai 223, 61
  fetter Teil des ~es 脂身 aburami 1042, 59
Fleischbrühe 肉汁 nikujū 223, 1794
Fleischer(laden) 肉屋 nikuya 223, 167
fleischfarben 肌色 hadairo 1306, 204
Fleischklumpen 肉塊 nikkai 223, 1524
fleißig (emsig) 克明 kokumei 1372, 18
  (Schüler, Gelehrter) 勉強家 benkyōka
  735, 217, 165
  ~er Arbeiter 稼ぎ手 kasegite 1750, 57
  ~er Mensch 努力家 doryokuka 1595, 100,
  165
flicken 繕 ZEN, tsukuro(u) 1140
Fliege: zwei ~n mit e-r Klappe 一石二鳥
  isseki-nichō 2, 78, 3, 285
fliegen 飛 HI, to(bu) 530
  lassen 飛 to(basu) 530
Fliegen 飛行 hikō 530, 68
fliegende Untertasse 空飛ぶ円盤 soratobu
  enban 140, 530, 13, 1098
fliegender Drache 飛竜 hiryū 530, 1758
fliehen 逃 TŌ, ni(geru) 1566
  出奔 shuppon 53, 1659
fließen 流 naga(reru) 247
  注 soso(gu) 357
  lassen 流 naga(su) 247

fließende Schrift 走り書き hashirigaki 429,
131
flink (von der Hand gehen) 手早い tebayai
57, 248
  (Geist; Tat) 機敏 kibin 528, 1735
flirten 戯 GI, tawamu(reru) 1573
Flöte 笛 TEKI, fue 1471
flott: wieder ~ werden 離礁 rishō 1281, 1768
Flotte 艦隊 kantai 1665, 795
Flucht (Vertriebene) 避難 hinan 1491, 557
  (individuell) 逃走 tōsō 1566, 429
  (Verbrecher; Vertriebene) 逃亡 tōbō
  1566, 672
flüchtig 淡 TAN, awa(i) 1337
  ~e Schrift 走り書き hashirigaki 429, 131
  乱筆 ranpitsu 689, 130
  ein (~er) Blick 一見 ikken 2, 63
Flüchtling 難民 nanmin 557, 177
Flug 飛行 hikō 530, 68
Flügel (Vogel) 羽 U, ha, hane 590
  (Vogel/Flugzeug; Politik) 翼 YOKU,
  tsubasa 1062
  beide ~ 両翼 ryōyoku 200, 1062
  der linke ~ 左翼 sayoku 75, 1062
  der radikale ~ 過激派 kagekiha 413,
  1017, 912
  der rechte ~ 右翼 uyoku 76, 1062
Flügelschlag 羽音 haoto 590, 347
Flughafen 空港 kūkō 140, 669
Flugplatz 飛行場 hikōjō 530, 68, 154
Flugschein 搭乗券 tōjōken 1915, 523, 506
Flugticket 航空券 kōkūken 823, 140, 506
Flugzeug 飛行機 hikōki 530, 68, 528
Flugzeugträger 航空母艦 kōkū bokan 823,
140, 112, 1665
Fluktuation 変動 hendō 257, 231
Fluoreszenzlampe 蛍光灯 keikōtō 1878, 138,
1333
fluoreszierend: ~e Farbe 蛍光塗料 keikō-
toryō 1878, 138, 1073, 319
  ~er Anstrich 蛍光塗料 keikō-toryō 1878,
  138, 1073, 319
Flur (Feld) 野 YA, no 236
  野原 nohara 236, 136
  (Gang) 玄関 genkan 1225, 398
Fluß 川 SEN, kawa 33
  河 KA, kawa 389

(~ **in Tōkyō**) 隅田川 Sumida-gawa 1640, 35, 33

in e-m Tal 谷川 tanigawa 653, 33

schlammiger ~ 濁流 dakuryū 1625, 247

den ~ entlang 川沿い kawazoi 33, 1607

Flußbett 河底 katei 389, 562

ausgetrocknetes ~ 河原 kawara 389, 136

Flußgebiet 流域 ryūiki 247, 970

(Fluß)Mündung 川口 kawaguchi 33, 54
河口 kakō, kawaguchi 389, 54

Flüsse 河川 kasen 389, 33

Flüssigkeit 液 EKI 472
液体 ekitai 472, 61

Flußufer 川岸 kawagishi 33, 586
河岸 kawagishi, kagan 389, 586
河畔 kahan 389, 1945

Flut 満潮 manchō 201, 468

Flutwelle (nach Seebeben) 津波 tsunami 668, 666

Föderation 連邦 renpō 440, 808

Fokus 焦点 shōten 999, 169

Folge (Resultat) 結果 kekka 485, 487
(Nachwirkung) 余波 yoha 1063, 666
rasche ~ 頻繁 hinpan 1847, 1292

folgen 従 JŪ, shitaga(u) 1482
(nach-)~ 受け継ぐ uketsugu 260, 1025
(j-m; e-m Trend) 追 TSUI, o(u) 1174
(j-m) ~ 追随 tsuizui 1174, 1741
(e-m Beispiel) 倣 HŌ, nara(u) 1776
(nach sich ziehen) 附随 fuzui 1843, 1741
aufeinander ~ 輩出 haishutsu 1037, 53
e-m Beispiel ~ 先例に倣う senrei ni narau 50, 612, 1776
seinem Herrn in den Tod ~ 殉死 junshi 1799, 85

folgend 明 a(kuru) 18
der ~e/nächste (Tag usw.) 翌 YOKU 592
am ~en Tag 翌日 yokujitsu 592, 5
in der ~en Woche 翌週 yokushū 592, 92
~er Tag 明くる日 akuru hi 18, 5

folgenschwere Äußerung(en) 舌禍 zekka 1259, 1809

Folgerichtigkeit 一貫 ikkan 2, 914

Folgerung 結論 ketsuron 485, 293
推理 suiri 1233, 143
(Schluß-)~ 推論 suiron 1233, 293
推定 suitei 1233, 355

Folter 拷問 gōmon 1720, 162

Folterinstrument 拷問具 gōmongu 1720, 162, 420

foltern 責 SEKI, se(meru) 655

Fonds (Stiftung) 基金 kikin 450, 23
(Kapital) 資金 shikin 750, 23

Fontäne 噴水 funsui 1660, 21

fördern 進 susu(meru) 437
求 KYŪ, moto(meru) 724
促進 sokushin 1557, 437

Forderung 要請 yōsei 419, 661
請求 seikyū 661, 724
(An-)~ 要求 yōkyū 419, 724

Förderung (Verbesserung) 増進 zōshin 712, 437
(Unterstützung) 賛助 sanjo 745, 623
(der Wissenschaften) 振興 shinkō 954, 368
(bei Ausbildung) 奨励 shōrei 1332, 1340
(Abbau) 採掘 saikutsu 933, 1803
der Industrie 勧業 kangyō 1051, 279

Form (Modell, Stil) 形 KEI, GYŌ, katachi, kata 395
(Stil) 式 SHIKI 525
(Stil, Methode) 方式 hōshiki 70, 525
(Stil) 様式 yōshiki 403, 525
(in der Grammatik) 形容 keiyō 395, 654
(Modell) 型 KEI, kata 888
runde ~ 円形 enkei 13, 395
vorgeschriebene ~ 正式 seishiki 275, 525

Formalität (Formvorschrift) 手続き tetsuzuki 57, 243
(Etikette) 礼式 reishiki 620, 525
(Zeremonie) 儀式 gishiki 727, 525

Formbarkeit 可塑性 kasosei 388, 1838, 98

formell 公式 kōshiki 126, 525
~es Treffen zweier Heiratskandidaten (お)見合い (o)miai 63, 159

Formel 式 SHIKI 525
方式 hōshiki 70, 525

formen: zu e-m Ball ~ 丸 maru(meru) 644

formlos (geistig) 無形 mukei 93, 395

Formosa 台湾 Taiwan 492, 670

forschen: (nach-)~ 洗い立てる araitateru 692, 121

Forschung 探究 tankyū 535, 895
研究 kenkyū 896, 895

Forschungsinstitut 研究所 kenkyūjo 896,
  895, 153
Forschungskurs 大学院 daigakuin 26, 109,
  614
Forst 林 RIN, hayashi 127
  山林 sanrin 34, 127
  森 SHIN, mori 128
  森林 shinrin 128, 127
Forstwissenschaft (山)林学 (san)ringaku 34,
  127, 109
Fortbestand 存続 sonzoku 269, 243
Fortbildung 補習教育 hoshū kyōiku 889,
  591, 245, 246
  ständige ~ 生涯教育 shōgai kyōiku 44,
  1461, 245, 246
(Fort)Dauer 継続 keizoku 1025, 243
Fortdauer 存続 sonzoku 269, 243
  持続 jizoku 451, 243
  永続 eizoku 1207, 243
fortdauern 続 ZOKU, tsuzu(ku) 243
Fortführung 持続 jizoku 451, 243
Fortgang (Verlauf) 成り行き nariyuki 261,
  68
  進行 shinkō 437, 68
fortgehen 去 KYO, KO, sa(ru) 414
fortgeschrittenes Alter 高齢 kōrei 190, 833
fortgesetzt 引き続いて hikitsuzuite 216, 243
fortlaufend (Veröffentlichung) 連載 rensai
  440, 1124
Fortpflanzung 生殖 seishoku 44, 1506
  繁殖 hanshoku 1292, 1506
fortschreiten 進 SHIN, susu(mu) 437
Fortschritt (Vorankommen) 進行 shinkō
  437, 68
  (Progresssion) 進歩 shinpo 437, 431
  (der persönl. Entwicklung) 進展 shinten
  437, 1129
  ~(e) (z.B. beim Lernen) 上達 jōtatsu 32,
  448
  allmählicher ~ 漸進 zenshin 1400, 437
  rasche ~ 躍進 yakushin 1560, 437
fortsetzen 続 tsuzu(keru) 243
Fortsetzung 続行 zokkō 243, 68
  継続 keizoku 1025, 243
Fortsetzungs- (z.B. Roman) 連載 rensai
  440, 1124
Foto(grafie) 写真 shashin 540, 422

fotografieren 写 SHA, utsu(su) 540
(fotografische) Aufnahme 撮影 satsuei
  1520, 854
(fotografische Aufnahmen) machen 撮
  to(ru) 1520
Fötus 胎児 taiji 1296, 1217
Fracht 荷 KA, ni 391
  貨物 kamotsu 752, 79
Frage 問 MON, to(i) 162
  質問 shitsumon 176, 162
  (Problem) 問題 mondai 162, 354
  (Zweifel) 疑問 gimon 1516, 162
  (Befragung) 諮問 shimon 1769, 162
  und Antwort 問答 mondō 162, 160
  dumme ~ 愚問 gumon 1642, 162
  schwebende ~ 懸案 ken'an 911, 106
  schwierige ~ 難題 nandai 557, 354
  unentschiedene ~ 懸案 ken'an 911, 106
  質疑応答 shitsugi-ōtō 176, 1516, 827, 160
Fragebogen 質問用紙 shitsumon yōshi 176,
  162, 107, 180
fragen 聞 BUN, MON, ki(ku) 64
  問 to(u) 162
  (sich erkundigen) 尋 JIN, tazu(neru) 1082
  伺 SHI, ukaga(u) 1761
Fragment 断片 danpen 1024, 1045
fragwürdig 怪 KAI, aya(shii) 1476
Frankreich (Abk.) 仏 FUTSU 583
Franse 房 fusa 1237
Frau 女 JO, NYO, onna 102
  女の人 onna no hito 102, 1
  女性 josei 102, 98
  女子 joshi 102, 103
  婦人 fujin 316, 1
  婦女(子) fujo(shi) 316, 102, 103
  … …夫人 … fujin 315, 1
  … …女史 … joshi 102, 332
  … …様 … sama 403
  (verheiratete) ~ 夫人 fujin 315, 1
  (Ehe-)~ 奥さん okusan 476
  (eigene Ehe-)~ 女房 nyōbō 102, 1237
  und Kind(er) 妻子 saishi 671, 103
  alte ~ 老人 rōjin 543, 1
  老妻 rōsai 543, 671
  老婆 rōba 543, 1931
  gute (Ehe-)~ 良妻 ryōsai 321, 671
  häßliche ~ 醜女 shūjo, shikome 1527, 102

Herr und ~ ... ...夫妻 ... fusai 315, 671
Mann und ~ 夫婦 fūfu 315, 316
夫妻 fusai 315, 671
meine ~ 家内 kanai 165, 84
nackte ~ 裸婦 rafu 1536, 316
schöne ~ 美人 bijin 401, 1
佳人 kajin 1462, 1
麗人 reijin 1630, 1
schwangere ~ 妊婦 ninpu 955, 316
zweite ~ 後妻 gosai 48, 671
für ~en unglückbringendes Geburtsjahr
丙午 hinoeuma 984, 49
Fräulein 姉さん nēsan 407
... ...様 ... sama 403
frech 無恥 muchi 93, 1690
破廉恥 harenchi 665, 1689, 1690
~e Bemerkung 憎まれ口 nikumareguchi
1365, 54
~er Junge 憎まれっ子 nikumarekko
1365, 103
Frechheit 無礼 burei 93, 620
厚顔 kōgan 639, 277
frei 存分に zonbun ni 269, 38
奔放 honpō 1659, 512
machen/werden 空 a(keru), a(ku) 140
~e Minute 寸暇 sunka 1894, 1064
~e Stelle 欠員 ketsuin 383, 163
(~e) Zeit 暇 KA, hima 1064
~e Zeit 余暇 yoka 1063, 1064
unter ~em Himmel 露天で roten de 951,
141
~er Augenblick 寸暇 sunka 1894, 1064
~er Wagen (z.B. Taxi) 空車 kūsha 140,
133
Frei- 徒手 toshu 430, 57
Freien: im ~ 戸外で kogai de 152, 83
露天で roten de 951, 141
Freiexemplar 献呈本 kenteibon 1355, 1590,
25
freigebig sein 弾 hazu(mu) 1539
Freihandel 自由貿易 jiyū bōeki 62, 363,
760, 759
Freiheit 自由 jiyū 62, 363
freilassen 放 HŌ, hana(tsu), hana(su) 512
逃 ni(gasu), noga(su) 1566
Freilassung 釈放 shakuhō 595, 512
gegen Kaution 保釈 hoshaku 489, 595

Freitag 金曜日 kin'yōbi 23, 19, 5
freiwillig 自発的 jihatsuteki 62, 96, 210
任意 nin'i 334, 132
有志 yūshi 265, 573
随意 zuii 1741, 132
zurücktreten 勇退 yūtai 1386, 846
Freiwilliger 志願兵 shiganhei 573, 581, 784
篤志家 tokushika 1883, 573, 165
Freizeit: in der ~ 暇な時 hima na toki 1064,
42
fremd: ~e Länder 他国 takoku 120, 40
~e Leute 他人 tanin 120, 1
Fremde 異国 ikoku 1061, 40
Fremdsprache 語学 gogaku 67, 109
Fremdwort 外来語 gairaigo 83, 69, 67
Frequenz (Häufigkeit) 頻度 hindo 1847, 377
fressen 食 ta(beru), ku(u), ku(rau) 322
Freud und Leid 喜怒哀楽 kido-airaku
1143, 1596, 1675, 358
Freude 歓喜 kanki 1052, 1143
悦 ETSU 1368
悦楽 etsuraku 1368, 358
喜悦 kietsu 1143, 1368
愉楽 yuraku 1598, 358
愉快 yukai 1598, 1409
und Zorn 喜怒 kido 1143, 1596
große ~ 大喜び ōyorokobi 26, 1143
Freudenbecher 祝杯 shukuhai 851, 1155
Freudenruf 歓声 kansei 1052, 746
Freudentrunk 祝杯 shukuhai 851, 1155
Freudenviertel 花柳界 karyūkai 255, 1871,
454
freudiges Ereignis 慶事 keiji 1632, 80
freuen: sich ~ 楽 tano(shimu) 358
喜 KI, yoroko(bu) 1143
sich ~ (über) 悦に入る etsu ni iru 1368, 52
sich riesig ~ 狂喜 kyōki 883, 1143
Freund 友 YŪ, tomo 264
友人 yūjin 264, 1
友達 tomodachi 264, 448
enger ~ 親友 shin'yū 175, 264
freundlich 親切 shinsetsu 175, 39
穏和 onwa 869, 124
穏便 onbin 869, 330
優 yasa(shii) 1033
懇切 konsetsu 1135, 39
werden 砕 SAI, kuda(keru) 1710

aber bestimmt ~ 外柔内剛 gaijū-naigō
83, 774, 84, 1610

~e Aufnahme 歓待 kantai 1052, 452

~er Empfang 歓待 kantai 1052, 452

Freundlichkeit 友情 yūjō 264, 209

厚意 kōi 639, 132

(erwiesene) ~ 恩 ON 555

Freundschaft 友好 yūkō 264, 104

友情 yūjō 264, 209

懇 KON, nengo(ro) 1135

懇意 kon'i 1135, 132

親善 shinzen 175, 1139

Friede 和 WA 124

平和 heiwa 202, 124

泰平 taihei 1545, 202

haben 治 osa(maru) 493

Frieden 講和 kōwa 783, 124

平穏 heion 202, 869

安泰 antai 105, 1545

Friedensschluß 講和 kōwa 783, 124

Friedhof 霊園 reien 1168, 447

墓地 bochi 1429, 118

friedlich 円満 enman 13, 201

穏 ON, oda(yaka) 869

円滑 enkatsu 13, 1267

~es Leben 安住 anjū 105, 156

frieren 凍 kogo(eru) 1205

frisch 新鮮 shinsen 174, 701

(lebendig) 鮮 SEN, aza(yaka) 701

(kühl) 涼 RYŌ, suzu(shii) 1204

(unverbraucht) 新鋭 shin'ei 174, 1371

gestrichen 塗り立て nuritate 1073, 121

~e Brise 涼風 ryōfū, suzukaze 1204, 29

~e Luft schöpfen 涼 suzu(mu) 1204

~er Fisch 鮮魚 sengyo 701, 290

auf ~ er Tat 現行犯で genkōhan de 298,
68, 882

~es Grün 新緑 shinryoku 174, 537

Frische 涼味 ryōmi 1204, 307

(Grad der) ~ 鮮度 sendo 701, 377

abendliche ~ 夕涼み yūsuzumi 81, 1204

Friseur(laden) 床屋 tokoya 826, 167

frisieren: sich ~ 結 yu(u) 485

Frisiersalon 美容院 biyōin 401, 654, 614

Frist 期間 kikan 449, 43

期限 kigen 449, 847

froh 楽 tano(shii) 358

bald ~, bald traurig 一喜一憂 ikki-ichiyū
2, 1143, 2, 1032

~e Botschaft 福音 fukuin 1379, 347

frohgemut sein 勇 YŪ, isa(mu) 1386

fröhlich 快活 kaikatsu 1409, 237

~es Gesicht 笑顔 egao 1235, 277

Fröhlichkeit 陽気 yōki 630, 134

Fronarbeit 賦役 fueki 1808, 375

Front (Spitze) 先頭 sentō 50, 276

(Vorderseite) 正面 shōmen 275, 274

Frontalzusammenstoß 正面衝突 shōmen
shōtotsu 275, 274, 1772, 898

Frost 寒気 kanki 457, 134

霜 SŌ, shimo 948

Frostbeule 霜焼け shimoyake 948, 920

凍傷 tōshō 1205, 633

Frostschäden 霜害 sōgai 948, 518

Frucht 実 mi 203

果実 kajitsu 487, 203

der Liebe 愛の結晶 ai no kesshō 259,
485, 1645

fruchtbar: ~ werden 肥 ko(eru) 1723

~es Jahr 豊年 hōnen 959, 45

Früchte tragen 実 mino(ru) 203

Fruchtsaft 果汁 kajū 487, 1794

früh 早 SŌ, haya(i) 248

早々 sōsō 248

aufstehen 早起き hayaoki 248, 373

reifende Reissorte 早稲 wase 248, 1220

zu ~ 尚早 shōsō 1853, 248

Frühe: heute in aller ~ 今暁 kongyō 51, 1658

früher (schon lange (her)) 前 ZEN, mae 47

(vor einiger Zeit) 以前 izen 46, 47

(zuerst) 先 SEN, saki 50

(als sonst) 早目に hayame ni 248, 55

(vor Jahren) 往年 ōnen 918, 45

Abend 宵 SHŌ, yoi 1854

宵の口 yoi no kuchi 1854, 54

wie ~ 依然として izen toshite 678, 651

~er Bericht 既報 kihō 1458, 685

~er Familienname 旧姓 kyūsei 1216, 1746

~es Vergehen 旧悪 kyūaku 1216, 304

Frühjahr 春 SHUN, haru 460

Frühjahrsoffensive (der j. Gewerkschaften)
春闘 shuntō 460, 1511

Frühling 春 SHUN, haru 460

des Lebens 青春 seishun 208, 460

~, Sommer, Herbst u. Winter 春夏秋冬
shunkashūtō 460, 461, 462, 459
und Herbst 春秋 shunjū 460, 462
Frühlings-Tagundnachtgleiche 春分(の日)
shunbun (no hi) 460, 38, 5
Frühlingsabend 春宵 shunshō 460, 1854
Frühlingsanfang 立春 risshun 121, 460
Frühstück 朝食 chōshoku 469, 322
Fuchs-Gottheit 稲荷 Inari 1220, 391
fühlen 覚 KAKU, obo(eru) 605
　催 SAI, moyō(su) 1317
　sich stolz ~ 肩身が広い katami ga hiroi
　1264, 59, 694
Fühler 触角 shokkaku 874, 473
führen 導 DŌ, michibi(ku) 703
　操縦 sōjū 1655, 1483
　(zu) 来 kita(su) 69
　至 ita(ru) 902
　(Marionetten) 操 SŌ, ayatsu(ru) 1655
führend: ~e Macht 盟主 meishu 717, 155
　~es Land 先進国 senshinkoku 50, 437, 40
Führer 主宰者 shusaisha 155, 1488, 164
　(An-)~ 大将 taishō 26, 627
　(e-s Staatenbundes) 盟主 meishu 717, 155
Führung 先導 sendō 50, 703
　主導 shudō 155, 703
　主宰 shusai 155, 1488
　(Weg) 案内 annai 106, 84
　(Herrschaft; Management) 支配 shihai
　318, 515
　(Verwaltung) 運営 un'ei 439, 722
　(Leitung) 指導 shidō 1041, 703
　(Militär) 指揮 shiki 1041, 1652
Fuji: der ~ 富士山 Fuji-san 713, 572, 34
Fülle 充満 jūman 828, 201
　充実 jūjitsu 828, 203
　豊富 hōfu 959, 713
füllen (mit Flüssigkeit) 満 mi(tasu) 201
　(Schale) 盛 mo(ru) 719
　(Loch) 埋 u(meru) 1826
　sich ~ (Platz mit Menschen) 埋 MAI,
　u(maru) 1826
Füllfederhalter 万年筆 mannenhitsu 16, 45,
　130
Fund 拾い物 hiroimono 1445, 79
　guter ~ 掘り出し物 horidashimono 1803,
　53, 79

Fundament 基 KI, moto, motoi 450
　基本 kihon 450, 25
　礎 SO, ishizue 1515
　基礎 kiso 450, 1515
Fundsache 忘れ物 wasuremono 1374, 79
　拾得物 shūtokubutsu 1445, 374, 79
fünf 五 GO, itsu(tsu), itsu- 7
　oder/bis 6 Personen 五,六人 go-rokunin
　7, 8, 1
　oder/bis 6 Tage 五,六日 go-rokunichi 7,
　8, 5
　Personen 五人 gonin 7, 1
　Tage 五日 itsuka 7, 5
　die ~ Erdteile 五大州 godaishū 7, 26, 195
　die ~ Sinne 五感 gokan 7, 262
fünfstöckige Pagode 五重の塔 gojū no tō 7,
　227, 1840
fünfter (Tag e-s Monats) 五日 itsuka 7, 5
Funke: überspringender/sprühender ~ 飛び
　火 tobihi 530, 20
funkeln 瞬 SHUN, matata(ku) 1732
Funktion 働き hataraki 232
　機能 kinō 528, 386
für: ~ Ausländer 外人向け gaijinmuke 83,
　1, 199
　das Vaterland sterben 殉国 junkoku
　1799, 40
　(~) eine Weile 暫 ZAN 1399
　Frauen unglückbringendes Geburtsjahr
　丙午 hinoeuma 984, 49
　Herren 紳士用 shinshiyō 1109, 572, 107
　(~) kurze Zeit 暫時 zanji 1399, 42
　Männer 男子用 danshiyō 101, 103, 107
　religiöse Zwecke sammeln 勧進 kanjin
　1051, 437
　seltsam halten 怪 aya(shimu) 1476
　wichtig halten 重視 jūshi 227, 606
Für und Wider 賛否 sanpi 745, 1248
Furche 畝間 unema 1901, 43
Furchenrücken 畝 une 1901
Furcht 危ぐ kigu 534
　気遣い kizukai 134, 1173
　恐怖 kyōfu 1602, 1814
　虞 osore 1941
furchtbar 恐 oso(roshii) 1602
fürchten: (sich) ~ 恐 KYŌ, oso(reru) 1602
fürchterlich 怖 FU, kowa(i) 1814

furchterregend 恐 oso(roshii) 1602
furchtlos 不敵 futeki 94, 416
Furchtsamkeit 弱気 yowaki 218, 134
　憶病 okubyō 381, 380
Fürsorge 世話 sewa 252, 238
Fürst 公爵 kōshaku 126, 1923
　王侯 ōkō 294, 1924
　und Untertan 君臣 kunshin 793, 835
Fürsten: die ~ 諸侯 shokō 861, 1924
Furt 浅瀬 asase 649, 1513
Fusion (z.B. von Parteien) 合同 gōdō 159,
　198
　(Firmen) 合併 gappei 159, 1162
　併合 heigō 1162, 159
　(Chemie, Pysik) 融合 yūgō 1588, 159
Fuß 足 SOKU, ashi 58
　der linke ~ 左足 hidariashi 75, 58
　durchgescheuerte Stelle am ~ 靴擦れ
　kutsuzure 1076, 1519
Fußbekleidung 履き物 hakimono 1635, 79
Fußboden 床 SHŌ, toko, yuka 826
Füßen: zu ~ 足下に ashimoto ni 58, 31
Fußgänger 歩行者 hokōsha 431, 68, 164
Fußgängerbrücke 歩道橋 hodōkyō 431,
　149, 597
Fußnote 脚注 kyakuchū 1784, 357
Fußspur 足跡 ashiato, sokuseki 58, 1569
Fußweg 歩道 hodō 431, 149
Futter (für Tiere) 飼料 shiryō 1762, 319

– G –

Gabelung 分岐 bunki 38, 872
Galerie 美術館 bijutsukan 401, 187, 327
　(Rundgang) 回廊 kairō 90, 981
Gallenblase 胆 TAN 1273
Gallenstein 胆石 tanseki 1273, 78
Galopp 駆け足 kakeashi 1882, 58
galoppieren 駆 KU, ka(keru) 1882
Gang (Schritte) 足取り ashidori 58, 65
　(überdachter) ~ 廊下 rōka 981, 31
Gangster(syndikat) 暴力団 bōryokudan
　1014, 100, 491
ganz (überall; ohne Unterbrechung) 中
　CHŪ 28
　(vollständig) 全 ZEN, matta(ku) 89
　dunkel 真っ暗 makkura 422, 348
　klar werden 澄み切る sumikiru 1334, 39

(in) ~ Japan 日本中 Nihonjū, Nipponjū
　5, 25, 28
~e Zahl 整数 seisū 503, 225
das ~e Land 全国 zenkoku 89, 40
das ~e Leben 一生 isshō 2, 44
das ~e Leben (hindurch/lang) 一生涯
　isshōgai 2, 44, 1461
das ~e Leben hindurch 生涯 shōgai 44,
　1461
das ~e Personal 全員 zen'in 89, 163
der ~e Körper 五体 gotai 7, 61
　全身 zenshin 89, 59
die ~e Familie/Verwandtschaft 一族
　ichizoku 2, 221
die ~e Kraft 全力 zenryoku 89, 100
die ~e Nacht 一晩 hitoban 2, 736
die ~e Nacht hindurch 徹宵 tesshō 1422,
　1854
die ~e Partei 挙党 kyotō 801, 495
die ~e Verwandtschaft/Familie 一族
　ichizoku 2, 221
die ~e Welt 宇内 udai 990, 84
die ~e Zeit 始終 shijū 494, 458
von ~em Herzen 一心 isshin 2, 97
den ~en Tag 一日中 ichinichijū 2, 5, 28
　終日 shūjitsu 458, 5
den ~en Vormittag 午前中 gozenchū 49,
　47, 28
gänzlich 専 SEN, moppa(ra) 600
　aufgehen (in) 凝 GYŌ, ko(ru) 1518
Garage 車庫 shako 133, 825
Garantie (Bürgschaft) 保証 hoshō 489, 484
　(Sicherheit) 保障 hoshō 489, 858
Garnison 駐屯地 chūtonchi 599, 1936, 118
Garten 園 EN, sono 447
　庭 TEI, niwa 1112
　庭園 teien 1112, 447
　botanischer ~ 植物園 shokubutsuen 424,
　79, 447
Gartenpflanze 植木 ueki 424, 22
Gartenteich 泉水 sensui 1192, 21
Gärung 発酵 hakkō 96, 1866
Gas 気体 kitai 134, 61
Gashahn ガス栓 gasusen 1842
Gast 客 KYAKU 641
　御用の方 goyō no kata 708, 107, 70
　訪客 hōkyaku 1181, 641

来賓 raihin 69, 1852

賓客 hinkaku, hinkyaku 1852, 641

hoher ~ 貴賓 kihin 1171, 1852

seltener/langerwarteter/willkommener ~
珍客 chinkyaku 1215, 641

Gästebuch (来客)芳名録 (raikyaku)
hōmeiroku 69, 641, 1775, 82, 538

Gästehaus 迎賓館 geihinkan 1055, 1852, 327

Gästezimmer (für Empfang; zum
Übernachten) 客間 kyakuma 641, 43

(Hotelzimmer) 客室 kyakushitsu 641, 166

(für Empfang) 座敷 zashiki 786, 1451

Gastfreundschaft 歓待 kantai 1052, 452

Gastgeber 亭主 teishu 1184, 155

Gasthaus 民宿 minshuku 177, 179

Gastmahl きょう宴 kyōen 640

Gastspielreise 巡業 jungyō 777, 279

Gastwirt 亭主 teishu 1184, 155

Gatte 配偶者 haigūsha 515, 1639, 164

Gattin 配偶者 haigūsha 515, 1639, 164

Gattung 種類 shurui 228, 226

Gaukelei 魔術 majutsu 1528, 187

Gaunersprache 隠語 ingo 868, 67

gebären 生 u(mu) 44
産 u(mu) 278

Gebärmutter 子宮 shikyū 103, 721

Gebäude 家屋 kaoku 165, 167
建物 tatemono 892, 79
建築 kenchiku 892, 1603

(großes) ~ 館 KAN 327

(Zählwort für ~) 軒 KEN 1187

(e-s Krankenhauses) 病棟 byōtō 380, 1406

getrenntes ~ 別棟 betsumune 267, 1406

geben 下 kuda(saru) 31
与 YO, ata(eru) 539
授 JU, sazu(keru) 602
挙 a(geru) 801
懸 ka(keru) 911
遣 KEN, tsuka(wasu) 1173
進呈 shintei 437, 1590

Rabatt ~ 負 FU, ma(keru) 510

Geben und Nehmen 授受 juju 602, 260

Gebet 祈り inori 621
祈とう kitō 621
祈願 kigan 621, 581

buddhistisches ~ 念仏 nenbutsu 579, 583

Gebetbuch 祈とう書 kitōsho 621, 131

Gebiet (Bezirk) 地区 chiku 118, 183

(Sachgebiet) 分野 bun'ya 38, 236

(Zone) 地帯 chitai 118, 963

(Bezirk) 地域 chiiki 118, 970
領域 ryōiki 834, 970

(Bereich) 範囲 han'i 1092, 1194

exterritoriales ~ 租界 sokai 1083, 454

das ~ der Hauptstadt 首都圏 shutoken
148, 188, 508

Gebirge 山岳 sangaku 34, 1358

Gebirgsbach 渓流 keiryū 1884, 247

Gebirgskette 山脈 sanmyaku 34, 913
連峰 renpō 440, 1350

geboren werden 生 u(mareru) 44
産 u(mareru) 278

Gebote: buddhistische ~ 戒律 kairitsu 876,
667

die Zehn ~ 十戒 jikkai 12, 876

gebraten: ~ werden 焼 SHŌ, ya(keru) 920

~es Hühnerfleisch 焼(き)鳥 yakitori 920,
285

Gebrauch 使い方 tsukaikata 331, 70

praktischer ~ 実用 jitsuyō 203, 107

widerrechtlicher ~ 盗用 tōyō 1100, 107

(ge)brauchen 用 mochi(iru) 107

gebräuchlich 従来 jūrai 1482, 69

Gebrauchsanweisung 使用法 shiyōhō 331,
107, 123

gebraucht: (nicht mehr) ~ 使用済み
shiyōzumi 331, 107, 549

Gebrüll: wütendes ~ 怒号 dogō 1596, 266

Gebühr 料 RYŌ 319

(für Nutzung) 料金 ryōkin 319, 23

(Honorar) 手数料 tesūryō 57, 225, 319

gebührenfrei 無料 muryō 93, 319

gebührenpflichtig 有料 yūryō 265, 319

Geburt 産 ubu 278
出産 shussan 53, 278
誕生 tanjō 1116, 44

Geburtenkontrolle 産児制限 sanji seigen
278, 1217, 427, 847

Geburtenüberschuß 出生過剰 shussei kajō
53, 44, 413, 1068

Geburtsdatum 生年月日 seinengappi 44,
45, 17, 5

Geburtsort 郷里 kyōri 855, 142
故郷 kokyō 173, 855

Geburtstag 誕生日 tanjōbi 1116, 44, 5
  60. ~ 還暦 kanreki 866, 1534
  77. ~ 喜寿 kiju 1143, 1550
  (100jähriger) ~ 生誕(百年) seitan (hyakunen) 44, 1116, 14, 45
Geburtstagsfeier 誕生祝い tanjōiwai 1116, 44, 851
(Geburts)Wehen 陣痛 jintsū 1404, 1320
Gedächtnis 記憶 kioku 371, 381
Gedanke 思想 shisō 99, 147
  思考 shikō 99, 541
Gedanken 感想 kansō 262, 147
  (Äußerung von) ~ und Erinnerungen 述懐 jukkai 968, 1408
  allerlei ~ 雑感 zakkan 575, 262
Gedankengang 文脈 bunmyaku 111, 913
Gedärme 腸 CHŌ 1270
Gedeck 定食 teishoku 355, 322
gedeihen 興 oko(ru) 368
  盛 saka(ru) 719
  栄 saka(eru) 723
  振 SHIN, fu(ruu) 954
Gedeihen 興隆 kōryū 368, 946
  隆盛 ryūsei 946, 719
  繁栄 han'ei 1292, 723
gedeihend 盛 SEI, saka(n) 719
  隆々 ryūryū 946
Gedenkfeier 慰霊祭 ireisai 1618, 1168, 617
  追悼会 tsuitōkai 1174, 1680, 158
  追悼式 tsuitōshiki 1174, 1680, 525
Gedenkrede 悼辞 tōji 1680, 688
Gedenkstein 記念碑 kinenhi 371, 579, 1522
Gedenktag 記念日 kinenbi 371, 579, 5
Gedicht 句 KU 337
  歌 KA, uta 392
  詩 SHI 570
  (ein j./chines. ~) rezitieren 朗詠 rōei 1754, 1209
  17silbiges humorist./satir. ~ 川柳 senryū 33, 1871
  31silbiges japan. ~ 短歌 tanka 215, 392
  和歌 waka 124, 392
  chinesisches ~ 漢詩 kanshi 556, 570
  lyrisches ~ 叙情詩 jojōshi 1067, 209, 570
  ein ~ schreiben 吟詠 gin'ei 1250, 1209
Gedichtauswahl 詩抄 shishō 570, 1153
Gedichtentwurf 詠草 eisō 1209, 249

Gedichtsammlung 詩集 shishū 570, 436
Gedränge 群衆 gunshū 794, 792
  混雑 konzatsu 799, 575
  雑踏 zattō 575, 1559
Geduld 根気 konki 314, 134
  我慢 gaman 1302, 1410
  忍耐 nintai 1414, 1415
  辛抱 shinbō 1487, 1285
  堪忍 kannin 1913, 1414
geduldig ertragen 堪え忍ぶ taeshinobu 1913, 1414
geeignet 適当 tekitō 415, 77
  穏当 ontō 869, 77
  妥当 datō 930, 77
  適宜 tekigi 415, 1086
Gefahr 危険 kiken 534, 533
  (Bedrohung) 脅威 kyōi 1263, 1339
  drohende ~ 危急 kikyū 534, 303
gefährlich 危 KI, abu(nai), aya(ui) 534
  (bösartig (Krankheit)) 悪性 akusei 304, 98
  (bedrohlich) 険悪 ken'aku 533, 304
  ~e Arznei 劇薬 gekiyaku 797, 359
Gefährte 伴りょ hanryo 1027
Gefälle 傾斜 keisha 1441, 1069
gefangen werden 捕 to(rawareru), tsuka(maru) 890
Gefangener 囚人 shūjin 1195, 1
  weiblicher ~ 女囚 joshū 102, 1195
gefangennehmen 討ち取る uchitoru 1018, 65
Gefangenschaft 抑留 yokuryū 1057, 761
Gefängnis 刑務所 keimusho 887, 235, 153
  監獄 kangoku 1663, 884
  拘置所 kōchisho 1800, 426, 153
  (Kerker) 獄 GOKU 884
  (aus dem ~) entlassen werden 出獄 shutsugoku 53, 884
  im ~ sterben 獄死 gokushi 884, 85
Gefängnis(gebäude) 獄舎 gokusha 884, 791
Gefängniswärter 看守 kanshu 1316, 490
Gefäß 器 KI, utsuwa 527
  容器 yōki 654, 527
Gefaßtheit 覚悟 kakugo 605, 1438
Gefieder 羽毛 umō 590, 287
Geflügel 鶏肉 keiniku 926, 223
  -Grillspieß 焼(き)鳥 yakitori 920, 285
Geflügelzucht 養鶏 yōkei 402, 926

Gefolge 一行 ikkō 2, 68
供 tomo 197
Gefolgsmann 士 SHI 572
gefrieren 凍 TŌ, kō(ru) 1205
氷結 hyōketsu 1206, 485
Gefrieren 凝結 gyōketsu 1518, 485
凝固 gyōko 1518, 972
Gefrierpunkt 氷点 hyōten 1206, 169
零度 reido 1823, 377
unter dem ~ 氷点下 hyōtenka 1206, 169, 31
Gefühl 感情 kanjō 262, 209
(Befinden) 気持ち kimochi 134, 451
(Ahnung) 気配 kehai 134, 515
(Empfindung) 感覚 kankaku 262, 605
(Stimmung) 情緒 jōcho, jōsho 209, 862
(Tastsinn) 感触 kanshoku 262, 874
Gefühle 胸中 kyōchū 1283, 28
喜怒 kido 1143, 1596
喜怒哀楽 kido-airaku 1143, 1596, 1675, 358
(unschuldige) ~ e-s Mädchens 娘心
musumegokoro 1752, 97
(~) hegen 含 GAN, fuku(mu) 1249
抱 ida(ku) 1285
die innersten ~ 衷情 chūjō 1677, 209
menschliche ~ 人情 ninjō 1, 209
die ~ e-s Kindes 童心 dōshin 410, 97
gefühllos (stumpf) 鈍感 donkan 966, 262
(herzlos) 薄情 hakujō 1449, 209
(grausam) 冷酷 reikoku 832, 1711
Gefühllosigkeit 無情 mujō 93, 209
gefüllt: in Flaschen ~ 瓶詰 binzume 1161, 1142
gegen 対 TAI 365
Gegenangriff 反撃 hangeki 324, 1016
Gegenbeweis 反証 hanshō 324, 484
Gegend (Region) 地方 chihō 118, 70
(Umgebung) 辺 HEN, ata(ri), -be 775
abgelegene ~ 辺地 henchi 775, 118
hügelige ~ 丘陵地帯 kyūryō chitai 1357, 1844, 118, 963
jede ~ 各地 kakuchi 642, 118
verschiedene ~en 各地 kakuchi 642, 118
Gegengift 解毒剤 gedokuzai 474, 522, 550
Gegenmaßnahme 対策 taisaku 365, 880
~n 報復措置 hōfuku sochi 685, 917, 1200, 426
Gegenmittel 解毒剤 gedokuzai 474, 522, 550

Gegensatz 対立 tairitsu 365, 121
反対 hantai 324, 365
対比 taihi 365, 798
対照 taishō 365, 998
gegenseitig 相 ai- 146
互 GO, taga(i) 907
交互 kōgo 114, 907
相互 sōgo 146, 907
sich ~ helfen 助け合う tasukeau 623, 159
sich ~ wählen 互選 gosen 907, 800
~e Begünstigung 互恵 gokei 907, 1219
~e Hilfe 互助 gojo 907, 623
~es Zugeständnis 互譲 gojō 907, 1013
Gegenstand 物 BUTSU, MOTSU, mono 79
(Thema) 題材 daizai 354, 552
(e-r Untersuchung, e-s Gesprächs) 対象 taishō 365, 739
stumpfer (als Waffe benutzter) ~ 鈍器 donki 966, 527
Gegenstimme(n) 反対票 hantaihyō 324, 365, 922
Gegenteil 反対 hantai 324, 365
逆転 gyakuten 444, 433
gegenüberliegendes Ufer 対岸 taigan 365, 586
gegenüberstehen 臨 RIN, nozo(mu) 836
Gegenüberstellung 対立 tairitsu 365, 121
Gegenwart (Moderne) 現代 gendai 298, 256
(gegenwärtige Zeit) 現在 genzai 298, 268
gegenwärtig: ~e Lage 現況 genkyō 298, 850
~er Arbeitsplatz 現職 genshoku 298, 385
~er Zustand 現状 genjō 298, 626
Gegner (beim Spiel) 相手 aite 146, 57
(Feind) 敵 TEKI, kataki 416
starker ~ 強敵 kyōteki 217, 416
Gehalt (Lohn) 給料 kyūryō 346, 319
(Inhalt) 充実 jūjitsu 828, 203
(geistig) 含蓄 ganchiku 1249, 1224
(Lohn) 俸給 hōkyū 1542, 346
Gehaltserhöhung 賃上げ chin'age 751, 32
昇給 shōkyū 1777, 346
Gehaltskürzung 減俸 genpō 715, 1542
Gehaltsstufe 号俸 gōhō 266, 1542
gehässig 憎 niku(i), niku(rashii) 1365
geheim: streng ~ 極秘 gokuhi 336, 807
~er Bericht 内申 naishin 84, 309
~er Pfad 裏道 uramichi 273, 149

geheimhalten 秘 HI, hi(meru) 807
伏 fu(seru) 1356
Geheimlehre: buddh. ~ 衣鉢 ihatsu 677,
1820
Geheimnis 秘密 himitsu 807, 806
  (Wunder) 不思議 fushigi 94, 99, 292
  (Mysterium) 奥義 ōgi, okugi 476, 291
  (privat) 内証 naisho, naishō 84, 484
  (staatlich) 機密 kimitsu 528, 806
  (hinter den Kulissen) 内幕 uchimaku,
  naimaku 84, 1432
  (~) verraten 暴 [BAKU], aba(ku) 1014
  göttliches ~ 神秘 shinpi 310, 807
Geheimsprache 隠語 ingo 868, 67
Geheimzeichen 暗号 angō 348, 266
Gehemmtsein 気詰まり kizumari 134, 1142
gehen 行 KŌ, i(ku), yu(ku) 68
  (zu Fuß) ~ 歩 HO, BU, aru(ku), ayu(mu)
  431
  (bescheiden) 参 SAN, mai(ru) 710
  (nach) 赴 FU, omomu(ku) 1465
  e-e Runde ~ 回 mawa(ru) 90
  ins Geschäft (zur Arbeit) ~ 通勤 tsūkin
  150, 559
  langsam ~ 徐歩 joho 1066, 431
  nach Hause ~ 帰宅 kitaku 317, 178
  zur Arbeit ~ 通勤 tsūkin 150, 559
  zur Schule ~ 通学 tsūgaku 150, 109
Geheul 叫び声 sakebigoe 1252, 746
Gehirn 脳 NŌ 1278
  頭脳 zunō 276, 1278
  (medizin.) 脳髄 nōzui 1278, 1740
Gehirnentzündung 脳炎 nōen 1278, 1336
Gehirnschale 鉢 HACHI 1820
Gehirnwäsche 洗脳 sennō 692, 1278
Gehirnzelle 脳細胞 nōsaibō 1278, 695, 1284
Gehölz 雑木林 zōkibayashi 575, 22, 127
  樹木 jumoku 1144, 22
gehorchen 従 JŪ, shitaga(u) 1482
Gehorsam 服従 fukujū 683, 1482
  blinder ~ 盲従 mōjū 1375, 1482
Gehör(sinn) 聴覚 chōkaku 1039, 605
Geilheit 好色 kōshoku 104, 204
Geisel 人質 hitojichi 1, 176
Geisha 芸者 geisha 435, 164
Geist (Intellekt; Seele) 気 KI 134
  (Gespenst) 化け物 bakemono 254, 79

(Psyche) 精神 seishin 659, 310
(Grundidee) 本旨 honshi 25, 1040
(Seele) 霊 REI, RYŌ, tama 1168
(Gespenst) 幽霊 yūrei 1228, 1168
(Gemüt) 肝 KAN, kimo 1272
(Seele) 魂 KON, tamashii 1525
  霊魂 reikon 1168, 1525
(Wesen) 精髄 seizui 659, 1740
  真髄, 神髄, 心髄 shinzui 422, 1740, 310,
  1740, 97, 1740
e-s Verstorbenen 亡霊 bōrei 672, 1168
der Heilige ~ 聖霊 seirei 674, 1168
der japanische ~ 大和魂 Yamato-
damashii 26, 124, 1525
großer ~ 偉人 ijin 1053, 1
  偉丈夫 ijōfu 1053, 1325, 315
hervorragender ~ 俊秀 shunshū 1845, 1683
unnachgiebiger ~ 負けん気 makenki
510, 134
  負けじ魂 makeji-damashii 510, 1525
Geisterbeschwörung 厄払い yakubarai,
yakuharai 1341, 582
Geistesabwesender 慌て者 awatemono
1378, 164
geistesgegenwärtig 沈着 chinchaku 936, 657
Geistesschwäche 低能 teinō 561, 386
  心神耗弱 shinshin mōjaku 97, 310, 1197, 218
Geistesschwacher 心神耗弱者 shinshin
mōjakusha 97, 310, 1197, 218, 164
geistig: ~e Ermüdung/Erschöpfung 気疲れ
kizukare 134, 1321
  ~e Haltung 心構え kokorogamae 97, 1010
  ~e Nahrung 心の糧 kokoro no kate 97,
  1704
  (~e) Stärke 英気 eiki 353, 134
  (~e) Störung 錯乱 sakuran 1199, 689
  ~e Strömung 潮流 chōryū 468, 247
geistreich: ~er Mensch 才子 saishi 551, 103
besonders ~er Mensch 俊秀 shunshū
1845, 1683
geizen 惜 o(shimu) 765
Geizhals けちん坊 kechinbō 1858
  守銭奴 shusendo 490, 648, 1933
gekocht: ungenügend ~ 生煮え namanie
44, 1795
  ~er Reis 飯 HAN, meshi 325
  ご飯, 御飯 gohan 325, 708, 325

mit roten Bohnen ~er Reis 赤飯 sekihan 207, 325
gekrönte Häupter 王侯 ōkō 294, 1924
gekrümmte Linie 曲線 kyokusen 366, 299
Gelächter: großes ~ 大笑い ōwarai 26, 1235
  schallendes ~ 豪傑笑い gōketsu warai 1671, 1731, 1235
Geländer 欄干 rankan 1202, 584
gelassen (kühl) 冷静 reisei 832, 663
  (entspannt) 落ち着いた ochitsuita 839, 657
  (innerlich ruhig) 沈着 chinchaku 936, 657
  (Reserven haben) 余裕しゃくしゃく yoyū-shakushaku 1063, 1391
  (ruhig) 悠々 yūyū 1597
  (gefaßt) 悠揚 yūyō 1597, 631
Gelassenheit 平静 heisei 202, 663
  余裕 yoyū 1063, 1391
gelb 黄 KŌ, Ō, ki 780
  黄色 kiiro 780, 204
  ~e Blätter 黄葉 kōyō 780, 253
Gelbfieber 黄熱(病) (k)ōnetsu(byō) 780, 645, 380
Geld 金 KIN, KON, kane 23
  銭 SEN, zeni 648
  金銭 kinsen 23, 648
  (Währung) 貨幣 kahei 752, 1781
  unredlich erworbenes ~ 悪銭 akusen 304, 648
  viel ~ 大金 taikin 26, 23
Geld- 金融 kin'yū 23, 1588
Geldanlage 投資 tōshi 1021, 750
Geldanweisung 為替 kawase 1484, 744
Geldbeutel 金入れ kaneire 23, 52
Gelderwerb 金もうけ kanemōke 23
Geldinstitut 金融機関 kin'yū kikan 23, 1588, 528, 398
Geldkasten 金入れ kaneire 23, 52
Geldpreis 賞金 shōkin 500, 23
Geldquelle 財源 zaigen 553, 580
Geldreserve 予備費 yobihi 393, 768, 749
Geldsammlung 集金 shūkin 436, 23
  募金 bokin 1430, 23
Geldschrank 金庫 kinko 23, 825
Geldsendung 送金 sōkin 441, 23
Geldspende 献金 kenkin 1355, 23
Geldstrafe 罰金 bakkin 886, 23
Geldsumme 金額 kingaku 23, 838

große ~ 大金 taikin 26, 23
  大枚 taimai 26, 1156
kleine ~ 小金 kogane 27, 23
Geldsystem 幣制 heisei 1781, 427
Geldumlauf 金融 kin'yū 23, 1588
Geldwechsel 両替 ryōgae 200, 744
Geldwert 貨幣価値 kahei kachi 752, 1781, 421, 425
Gelegenheit 都合 tsugō 188, 159
  節 SETSU 464
  潮 CHŌ, shio 468
  機会 kikai 528, 158
  契機 keiki 565, 528
  際 SAI 618
  折 ori 1394
  (passende) ~ 拍子 hyōshi 1178, 103
  bei der ~ 席上 sekijō 379, 32
  die rechte ~ 時宜 jigi 42, 1086
  gute ~ 潮時 shiodoki 468, 42
Gelehrsamkeit 博学 hakugaku 601, 109
  学識 gakushiki 109, 681
Gelehrtenwelt 学界 gakkai 109, 454
Gelehrter 学者 gakusha 109, 164
  士 SHI 572
  学究 gakkyū 109, 895
  konfuzianischer ~ 儒学者 jugakusha 1417, 109, 164
  儒家 juka 1417, 165
Geleise 軌道 kidō 1787, 149
Geleit 同伴 dōhan 198, 1027
Gelenk 節 fushi 464
geliebt 恋 koi(shii) 258
  ~e Tochter 愛嬢 aijō 259, 1836
  ~es Kind 掌中の玉 shōchū no tama 499, 28, 295
Geliebte 恋人 koibito 258, 1
  der ~ 彼氏 kareshi 977, 566
Geliebter 恋人 koibito 258, 1
Gelingen 成功 seikō 261, 818
gellend 甲高い kandakai 982, 190
geloben 契 KEI, chigi(ru) 565
  誓 SEI, chika(u) 1395
Geltung 有効 yūkō 265, 816
  zur ~ bringen 発揮 hakki 96, 1652
Gelübde 盟約 meiyaku 717, 211
  誓約 seiyaku 1395, 211
  祈誓 kisei 621, 1395

genug 充分 jūbun 828, 38
   haben (von) 懲 ko(riru) 1421
Genüge 充足 jūsoku 828, 58
genügen 足 ta(ru), ta(riru) 58
genügend 十分 jūbun 12, 38
Genuß 鑑賞 kanshō 1664, 500
   享有 kyōyū 1672, 265
   享楽 kyōraku 1672, 358
Genußsucht 放逸 hōitsu 512, 734
   享楽主義 kyōraku shugi 1672, 358, 155, 291
Geografie 地理(学) chiri(gaku) 118, 143, 109
geografische Eigenart 風土 fūdo 29, 24
Geometrie 幾何学 kikagaku 877, 390, 109
geordnet sein 整 totono(u) 503
Gepäck 荷物 nimotsu 91, 79
   荷 KA, ni 391
Gepäckträger (Bahnhof) 赤帽 akabō 207, 1105
gepflanzt werden 植 u(waru) 424
gepflasterte Straße 舗(装)道(路) ho(sō) dō(ro) 1443, 1328, 149, 151
Geplauder 談笑 danshō 593, 1235
gequältes Lächeln 苦笑 kushō 545, 1235
gerade: ~ Linie 直線 chokusen 423, 299
   Zahl 丁 CHŌ 184
   偶数 gūsū 1639, 225
Gerade 直線 chokusen 423, 299
geradebiegen 矯 KYŌ, ta(meru) 1925
geradeheraus 直情径行 chokujō keikō 423, 209, 1475, 68
Gerät 道具 dōgu 149, 420
   器 KI, utsuwa 527
   器具 kigu 527, 420
geraten (in) 遭 SŌ, a(u) 1643
   in (unangenehme Situation) 陥 KAN, ochii(ru) 1218
Geräusch (Nebengeräusch, z.B. im Radio/ Telefon) 雑音 zatsuon 575, 347
   (störendes) ~ 騒音 sōon 875, 347
(ge)recht 当然 tōzen 77, 651
gerecht 正 SEI, SHŌ, tada(shii) 275
   ~er Zorn 義憤 gifun 291, 1661
   公憤 kōfun 126, 1661
Gerede 評判 hyōban 1028, 1026
gereinigt werden 清 kiyo(maru) 660
gerettet werden 助 tasu(karu) 623
Gericht (Speise) 料理 ryōri 319, 143

   (Amts- usw.) 裁判 saiban 1123, 1026
   chines. ~ 中華料理 chūka ryōri 28, 1074, 319, 143
   einfaches ~ 粗食 soshoku 1084, 322
   mit Essig angemachtes ~ 酢の物 su no mono 1867, 79
   vegetarisches ~ 菜食 saishoku 931, 322
   vor ~ erscheinen 出廷 shuttei 53, 1111
(gerichtliche) Vorladung 召喚 shōkan 995, 1587
(Gerichts)Beisitzer 陪席 baiseki 1943, 379
Gericht(shof) 法廷 hōtei 123, 1111
Gerichtskosten 訴訟費用 soshō hiyō 1402, 1403, 749, 107
Gerichtssitzung: Eröffnung e-r ~ 開廷 kaitei 396, 1111
Gerichtsurteil 裁決 saiketsu 1123, 356
Gerichtsverhandlung: (öffentl.) ~ 公判 kōhan 126, 1026
gering 少 suku(nai) 144
   零細 reisai 1823, 695
   ~es Wachstum 低成長 teiseichō 561, 261, 95
gering(fügig) 零細 reisai 1823, 695
geringst 最低 saitei 263, 561
   nicht im ~en 皆無 kaimu 587, 93
   皆目 kaimoku 587, 55
Gerinnen 凝結 gyōketsu 1518, 485
geripptes Gewebe 畝織 uneori 1901, 680
gern: ~ haben 好 KŌ, kono(mu), su(ku) 104
   lesen 愛読 aidoku 259, 244
   sehr ~ haben 大好き daisuki 26, 104
geröstete Süßkartoffeln 焼き芋 yakiimo 920, 1909
Gerste 麦 BAKU, mugi 270
   大麦 ōmugi 26, 270
Gerstentee 麦茶 mugicha 270, 251
Geruch: schlechter ~ 臭気 shūki 1244, 134
   übler ~ 悪臭 akushū 304, 1244
Gerücht 風聞 fūbun 29, 64
   評判 hyōban 1028, 1026
gerührt: (tief) ~ 感激 kangeki 262, 1017
   zu Tränen ~ werden 感泣 kankyū 262, 1236
Gerüst 枠組 wakugumi 1907, 418
gesammelte Werke 全集 zenshū 89, 436
Gesamtbetrag 合計 gōkei 159, 340

総計 sōkei 697, 340
総額 sōgaku 697, 838
累計 ruikei 1060, 340
Gesamtfläche 延べ坪(数) nobetsubo(sū)
1115, 1896, 225
Gesamtheit 全体 zentai 89, 61
全般 zenpan 89, 1096
Gesamtsumme 合計 gōkei 159, 340
総計 sōkei 697, 340
総額 sōgaku 697, 838
累計 ruikei 1060, 340
Gesandter 公使 kōshi 126, 331
(im T'ang-China) 遣唐使 kentōshi 1173,
1697, 331
Gesang 唱歌 shōka 1646, 392
Nō-~ 謡曲 yōkyoku 1647, 366
Geschädigter 被害者 higaisha 976, 518, 164
Geschäft (geschäftl. Angelegenheit) 用事
yōji 107, 80
(Laden) 屋 ya 167
店 TEN, mise 168
(Handel) 商売 shōbai 412, 239
商業 shōgyō 412, 279
(Arbeitsstelle) 勤め先 tsutomesaki 559, 50
(Betrieb) 営業 eigyō 722, 279
(geschäftl. Angelegenheit) 用件 yōken
107, 732
(Gewerbe) 稼業 kagyō 1750, 279
(~) betreiben 営 EI, itona(mu) 722
alteingesessenes ~ 老舗 shinise, rōho 543,
1443
dringendes ~ 急用 kyūyō 303, 107
ins ~ (zur Arbeit) gehen 通勤 tsūkin 150,
559
Geschäfts- und Vergnügungsviertel 下町
shitamachi 31, 182
Geschäftsaufgabe 廃業 haigyō 961, 279
Geschäftsbuch 帳簿 chōbo 1107, 1450
Geschäftslage 景気 keiki 853, 134
Geschäftsmann 実業家 jitsugyōka 203, 279,
165
Geschäftsreise 出張 shutchō 53, 1106
Geschäftsschluß 閉店 heiten 397, 168
Geschäftsstille 閑散 kansan 1532, 767
Geschäftsstraße: belebte ~ 繁華街 hankagai
1292, 1074, 186
Geschäftsverkehr 取り引き torihiki 65, 216

Geschehen ist geschehen. 覆水盆に返らず
fukusui bon ni kaerazu 1634, 21, 1099, 442
gescheit 機敏 kibin 528, 1735
Geschenk (anläßlich e-r Feier) 祝儀 shūgi
851, 727
Geschenk 贈り物 okurimono 1364, 79
zum Jahresende 歳暮 seibo 479, 1428
kaiserliches ~ 恩賜 onshi 555, 1831
Austausch von ~en 贈答 zōtō 1364, 160
Geschichte (Roman) 物語 monogatari 79, 67
(Erzählung) 話 WA, hanashi 238
(Chronik) 史 SHI 332
歴史 rekishi 480, 332
由緒 yuisho 363, 862
(~ e-r Blutrache) 忠臣蔵 Chūshingura
1348, 835, 1286
(e-r Institution) 沿革 enkaku 1607, 1075
des Mittelalters 中世史 chūsei shi 28,
252, 332
alte ~ 昔の事 mukashi no koto 764, 80
昔話 mukashi-banashi 764, 238
erfundene ~ 作り話 tsukuribanashi 360, 238
interessanter Teil/Höhepunkt (e-r ~) 佳境
kakyō 1462, 864
japanische ~ 日本史 Nihon shi 5, 25, 332
lustige/komische ~ 珍談 chindan 1215, 593
traurige ~ 哀話 aiwa 1675, 238
Geschichtenerzählung: (j.) komische ~ 落語
rakugo 839, 67
geschichtliche Begebenheit 故事 koji 173, 80
Geschicklichkeit 熟練 jukuren 687, 743
技能 ginō 871, 386
腕 WAN, ude 1299
巧 KŌ, taku(mi) 1627
巧拙 kōsetsu 1627, 1801
außergewöhnliche ~ 妙技 myōgi 1154, 871
geschickt 上手 jōzu 32, 57
器用 kiyō 527, 107
巧者 kōsha 1627, 164
巧妙 kōmyō 1627, 1154
敏腕 binwan 1735, 1299
Geschirr: (Eß-)~ 食器 shokki 322, 527
Geschlagener 負け犬 makeinu 510, 280
Geschlecht (sexuell) 性 SEI 98
(Stamm) 部族 buzoku 86, 221
(Familie) 氏 uji 566
das männliche ~ 男性 dansei 101, 98

das weibliche **~** 女性 josei 102, 98
Geschlechtskrankheit 性病 seibyō 98, 380
Geschlechtstrieb 性欲 seiyoku 98, 1127
Geschlechtsverkehr 性交 seikō 98, 114
Geschmack (Lebensmittel; ~ finden an) 味
MI, aji 307
(haben) 趣 SHU, omomuki 1002
趣味 shumi 1002, 307
(guter) ~ 風雅 fūga 29, 1456
ausgefallener/delikater ~ 乙な味 otsu na
aji 983, 307
feiner ~ 雅趣 gashu 1456, 1002
優雅 yūga 1033, 1456
herber ~ 渋味 shibumi 1693, 307
künstlerischer ~ 情趣 jōshu 209, 1002
scharfer ~ 辛味 karami 1487, 307
schlechter ~ 俗臭 zokushū 1126, 1244
verfeinerter ~ 渋味 shibumi 1693, 307
Geschmackssache 好き好き sukizuki 104,
104
geschmackvoll 乙 OTSU 983
渋 JŪ, shibu(i) 1693
~e Einfachheit 寂 sabi 1669
Geschöpf: menschliches ~ 人間同士 ningen
dōshi 1, 43, 198, 572
Geschoß 弾 DAN, tama 1539
弾丸 dangan 1539, 644
Geschrei 叫び声 sakebigoe 1252, 746
Geschwader 艦隊 kantai 1665, 795
Geschwätz: akademisches ~ 机上の空論
kijō no kūron 1305, 32, 140, 293
Geschwindigkeit 速力 sokuryoku 502, 100
速度 sokudo 502, 377
Geschwister 兄弟 kyōdai 406, 405
同胞 dōhō 198, 1284
jüngere ~ 弟妹 teimai 405, 408
Geschworener 陪審 baishin 1943, 1383
gesellige Zusammenkunft 懇親会 konshinkai
1135, 175, 158
Gesellschaft 会 KAI 158
社 SHA 308
(Verein) 協会 kyōkai 234, 158
(soziale) 社会 shakai 308, 158
(Firma) 会社 kaisha 158, 308
(Umgang) 交際 kōsai 114, 618
Japanisch-Amerikanische ~ 日米協会
Nichi-Bei Kyōkai 5, 224, 234, 158

wissenschaftl. ~ 学会 gakkai 109, 158
Gesellschafter (Diener) 侍者 jisha 571, 164
Gesellschaftsschicht 階層 kaisō 588, 1367
Gesetz 法 HŌ 123
法則 hōsoku 123, 608
法律 hōritsu 123, 667
ungeschriebenes ~ 不文律 fubunritsu 94,
111, 667
Gesetzbuch 法典 hōten 123, 367
Gesetze und Verordnungen 法規 hōki 123,
607
Gesetzentwurf 法案 hōan 123, 106
Gesetzestext 条文 jōbun 564, 111
Gesetzgebung 立法 rippō 121, 123
法規 hōki 123, 607
Gesicht 顔 GAN, kao 277
顔面 ganmen 277, 274
(z.B. als Spiegel der Gefühle) 面 MEN,
omote, omo, tsura 274
(Ehre) 面目 menmoku, menboku 274, 55
(bei Vergleichen) 面影 omokage 274, 854
lächelndes/fröhliches ~ 笑顔 egao 1235,
277
langes/enttäuschtes ~ 浮かぬ顔 ukanu kao
938, 277
neues ~ 新人 shinjin 174, 1
新顔 shingao 174, 277
saures ~ 膨れっ面 fukurettsura 1145, 274
schiefes ~ 渋面 jūmen, shibutsura 1693, 274
sorgenvolles/betrübtes ~ 憂い顔 ureigao
1032, 277
strenges ~ 険しい顔つき kewashii kaotsuki
533, 277
ungeschminktes ~ 素顔 sugao 271, 277
zweites ~ 千里眼 senrigan 15, 142, 848
Gesichtsausdruck 表情 hyōjō 272, 209
Gesichtsfarbe 顔色 kaoiro 277, 204
Gesichtskreis 視界 shikai 606, 454
Gesims (Gebäude) 蛇腹 jabara 1875, 1271
Gesinnung 意向 ikō 132, 199
志向 shikō 573, 199
心構え kokorogamae 97, 1010
心掛け kokorogake 97, 1464
feindliche ~ 敵意 tekii 416, 132
gleiche ~ 同志 dōshi 198, 573
linke ~ 左傾 sakei 75, 1441
seine ~ **ändern** 翻意 hon'i 596, 132

Gespanntheit 緊張 kinchō 1290, 1106
緊迫 kinpaku 1290, 1175
Gespenst 化け物 bakemono 254, 79
亡霊 bōrei 672, 1168
幽霊 yūrei 1228, 1168
Gespräch (Unterhaltung) 話 WA, hanashi 238
会話 kaiwa 158, 238
(in Sprechstunde usw.) 面会 menkai 274, 158
(Dialog) 対話 taiwa 365, 238
(bei Test) 面接 mensetsu 274, 486
(z.B. bei Gipfeltreffen) 会談 kaidan 158, 593
(Unterhaltung) 談話 danwa 593, 238
(Dialog) 対談 taidan 365, 593
offenes ~ 懇談 kondan 1135, 593
Gesprächsstoff 話題 wadai 238, 354
gesprenkelt: schwarz-weiß ~ 霜降り shimofuri 948, 947
Gestade 海辺 umibe 117, 775
海浜 kaihin 117, 785
沿岸 engan 1607, 586
Gestalt (Form) 形 KEI, GYŌ, katachi, kata 395
形容 keiyō 395, 654
(e-r Person) 面影 omokage 274, 854
(Figur e-r Person) 姿 SHI, sugata 929
(Körperhaltung) 姿態 shitai 929, 387
(Form) 容姿 yōshi 654, 929
von hinten gesehen 後ろ姿 ushiro-sugata 48, 929
gestaltlos 無形 mukei 93, 395
Geständnis 自供 jikyō 62, 197
自白 jihaku 62, 205
白状 hakujō 205, 626
告白 kokuhaku 690, 205
Gestank 臭気 shūki 1244, 134
悪臭 akushū 304, 1244
Gestein 岩石 ganseki 1345, 78
Gestell 台 DAI, TAI 492
gestern 昨日 sakujitsu 361, 5
gestochen werden 刺 sa(saru) 881
gestorben im Alter von 75 Jahren 享年７５歳 kyōnen nanajūgo-sai 1672, 45, 479
Gesuch 出願 shutsugan 53, 581
請願 seigan 661, 581

申請 shinsei 309, 661
嘆願 tangan 1246, 581
依頼 irai 678, 1512
schriftliches ~ 願書 gansho 581, 131
gesuchte Person 尋ね人 tazunebito 1082, 1
gesund 元気 genki 137, 134
健 KEN, suko(yaka) 893
健在 kenzai 893, 268
健勝 kenshō 893, 509
穏健 onken 869, 893
丈夫 jōbu 1325, 315
壮健 sōken 1326, 893
nicht ~ 不健康 fukenkō 94, 893, 894
~er Menschenverstand 常識 jōshiki 497, 681
~er Schlaf 安眠 anmin 105, 849
熟睡 jukusui 687, 1071
Gesundheit 健康 kenkō 893, 894
robuste ~ 強健 kyōken 217, 893
Gesundheitspflege 保健 hoken 489, 893
摂生 sessei 1692, 44
Gesundheit(szustand) 安否 anpi 105, 1248
geteilt sein 分 wa(kareru) 38
Getränk 飲み物 nomimono 323, 79
飲料 inryō 323, 319
alkoholisches ~ 酒 SHU, sake 517
Getreide 五穀 gokoku 7, 1729
穀物 kokumotsu 1729, 79
穀類 kokurui 1729, 226
Getreidearten: die 5 ~ 五穀 gokoku 7, 1729
Getreidefeld 麦畑 mugibatake 270, 36
Getreidespeicher 穀倉 kokusō 1729, 1307
(Getreide)Stoppeln 切り株 kirikabu 39, 741
getrennt 個別的 kobetsuteki 973, 267, 210
leben 別居 bekkyo 267, 171
~e Kasse 割り勘 warikan 519, 1502
~e Post 別便 betsubin 267, 330
~es Gebäude 別棟 betsumune 267, 1406
getrieben: ~ werden 漂流 hyōryū 924, 247
an Land ~ werden 漂着 hyōchaku 924, 657
geübt 老巧 rōkō 543, 1627
gewachsen sein 伯仲 hakuchū 1176, 1347
匹敵 hitteki 1500, 416
Gewächshaus 室 muro 166
温室 onshitsu 634, 166
gewählt werden 当選 tōsen 77, 800
gewähren 供与 kyōyo 197, 539

賜　SHI, tamawa(ru)　1831

Gewährung 支給　shikyū　318, 346

Gewalt (Unbedingtheit) 無理　muri　93, 143

(rohe) ~ 腕力　wanryoku　1299, 100

mit ~ 強引に　gōin ni　217, 216

Gewaltenteilung 三権分立　sanken bunritsu
4, 335, 38, 121

Gewaltherrschaft 専制　sensei　600, 427

gewaltig 偉大　idai　1053, 26

~e Anstrengung 奮闘　funtō　1309, 1511

gewaltsamer Tod 惨死　zanshi　1725, 85

Gewalt(tat) 凶行　kyōkō　1280, 68

Gewalttat 乱暴　ranbō　689, 1014

gewalttätig sein 暴　BŌ, aba(reru)　1014

Gewand 衣　I, koromo　677

gewandt 巧者　kōsha　1627, 164

巧妙　kōmyō　1627, 1154

機敏　kibin　528, 1735

Gewandtheit 巧　KŌ, taku(mi)　1627

巧拙　kōsetsu　1627, 1801

Gewässer: internationale ~ 公海　kōkai　126,
117

Gewebe 織物　orimono　680, 79

geripptes ~ 畝織　uneori　1901, 680

Gewehr 小銃　shōjū　27, 829

鉄砲　teppō　312, 1764

(~) laden 込　ko(meru)　776

Gewerbe 営業　eigyō　722, 279

Gewerkschaft 労働組合　rōdō kumiai　233,
232, 418, 159

Gewicht 目方　mekata　55, 70

重量　jūryō　227, 411

斤量　kinryō　1897, 411

(Körper-)~ 体重　taijū　61, 227

spezifisches ~ 比重　hijū　798, 227

Maße u. ~e 度量衡　doryōkō　377, 411, 1585

(alte) Maße u. ~e 尺貫法　shakkanhō　1895,
914, 123

Gewichteinheit: (~, ca. 3,75 g) 匁　monme
1902

(~, ca. 600 g) 斤　KIN　1897

Gewinn (Ertrag) 利益　rieki　329, 716

収益　shūeki　757, 716

採算　saisan　933, 747

利潤　rijun　329, 1203

aufeinanderfolgender Meisterschaften 連
覇　renpa　440, 1633

Verlust und ~ 損得　sontoku　350, 374

gewinnen 勝　SHŌ, ka(tsu)　509

獲　KAKU, e(ru)　1313

(erlangen) ~ 得　e(ru), u(ru)　374

(mit Mühe u. Not) 辛勝　shinshō　1487, 509

hintereinander ~ 勝ち通す　kachitōsu
509, 150

j-s Herz ~ 懐　natsu(keru)　1408

Gewinner 勝(利)者　shō(ri)sha　509, 329, 164

gewiß 必　HITSU, kanara(zu)　520

ein ~er Herr 何某　nanibō　390, 1494

某氏　bōshi　1494, 566

ein ~er Ort 某所　bōsho　1494, 153

ein ~es Land 某国　bōkoku　1494, 40

Gewissen 良心　ryōshin　321, 97

gewissenhaft 誠実　seijitsu　718, 203

丁寧　teinei　184, 1412

Gewissensbisse 自責　jiseki　62, 655

悔恨　kaikon　1733, 1755

Gewißheit 確実　kakujitsu　603, 203

Gewitter 雷　RAI, kaminari　952

雷雨　raiu　952, 30

Gewitterregen 雷雨　raiu　952, 30

gewöhnen 慣　na(rasu)　915

sich ~ 慣　KAN, na(reru)　915

sich ~ (an e-n Anblick) 見慣れる　minareru
63, 915

Gewohnheit (wiederholtes Tun) 常習　jōshū
497, 591

(Sitte) 習慣　shūkan　591, 915

慣習　kanshū　915, 591

(Tradition) 恒例　kōrei　1275, 612

(Angewohnheit) 癖　HEKI, kuse　1490

(Macht der) ~ 惰性　dasei　1743, 98

schlechte (An-)~ 悪癖　akuheki　304, 1490

gewöhnlich (immer) 常　JŌ, tsune　497

(normal) 通常　tsūjō　150, 497

尋常　jinjō　1082, 497

凡　BON　1102

並　nami　1165

(normal) 普通　futsū　1166, 150

普段　fudan　1166, 362

(alltäglich) 凡庸　bon'yō　1102, 1696

~er Sterblicher 凡人　bonjin　1102, 1

gewrungen werden 絞　shi(maru)　1452

Gewühl 混雑　konzatsu　799, 575

雑踏　zattō　575, 1559

gewunden 蛇行 dakō 1875, 68
Gewürz 薬味 yakumi 359, 307
  香料 kōryō 1682, 319
gewürzt sein 漬 tsu(karu) 1793
Gezeiten 潮 CHŌ, shio 468
  潮時 shiodoki 468, 42
  (潮の)干満 (shio no) kanman 468, 584, 201
gießen 注 soso(gu) 357
  垂 ta(rasu) 1070
  (ver-)~ 流 naga(su) 247
  (Metall) 鋳 CHŪ, i(ru) 1551
Gießen (Metall) 鋳物 imono 1551, 79
  鋳造 chūzō 1551, 691
Gift 毒 DOKU 522
  毒薬 dokuyaku 522, 359
giftig 有毒 yūdoku 265, 522
  ~e Pflanze 毒草 dokusō 522, 249
  ~e Zunge 毒舌 dokuzetsu 522, 1259
Giftmord 毒殺 dokusatsu 522, 576
Gipfel 峰 HŌ, mine 1350
  頂 CHŌ, itadaki 1440
  (auch: Höhepunkt) 頂上 chōjō 1440, 32
  絶頂 zetchō 742, 1440
  (Höhepunkt) 頂点 chōten 1440, 169
  hoher ~ 高峰 kōhō 190, 1350
Gipfelkonferenz 首脳会談 shunō kaidan
  148, 1278, 158, 593
Gitter 格子 kōshi 643, 103
Glanz 栄 EI, ha(e) 723
  栄光 eikō 723, 138
  光彩 kōsai 138, 932
  光沢 kōtaku 138, 994
  華美 kabi 1074, 401
  華麗 karei 1074, 1630
  光輝 kōki 138, 1653
glänzen 映 ha(eru) 352
  栄 ha(eru) 723
  光り輝く hikarikagayaku 138, 1653
glänzend (Leistung) 輝かしい kagayakashii
  1653
Glas: ein ~ (Getränk) 一杯 ippai 2, 1155
  zwei ~ (Getränk) 二杯 nihai 3, 1155
glatt (problemlos) 順調 junchō 769, 342
  (eben; problemlos) 滑 name(raka) 1267
  (problemlos) 円滑 enkatsu 13, 1267
Glaube (Überzeugung) 所信 shoshin 153, 157
  (Religion) 信条 shinjō 157, 564

  宗教 shūkyō 616, 245
  帰依 kie 317, 678
  信仰 shinkō 157, 1056
  (Überzeugung) 信奉 shinpō 157, 1541
  blinder ~ 妄信 mōshin, bōshin 1376, 157
  guter ~ 善意 zen'i 1139, 132
glauben (denken) 思 SHI, omo(u) 99
  考 KŌ, kanga(eru) 541
Glaubensänderung 改宗 kaishū 514, 616
Glaubensbekenntnis 信奉 shinpō 157, 1541
Glaubenssatz 信条 shinjō 157, 564
Gläubiger (Religion) 信者 shinja 157, 164
  教徒 kyōto 245, 430
  (Antonym: Schuldner) 債権者 saikensha
  1118, 335, 164
gleich 同 DŌ, ona(ji) 198
  同様 dōyō 198, 403
  等 hito(shii) 569
  ~e Gesinnung 同志 dōshi 198, 573
  auf die ~e Seite schreiben 併記 heiki
  1162, 371
  in ~e Teile teilen 均分 kinbun 805, 38
  ~er Rang 同等 dōtō 198, 569
Gleichaltriger 同年輩の人 dōnenpai no hito
  198, 45, 1037, 1
gleichartig 均質 kinshitsu 805, 176
Gleichgesinnter 同志 dōshi 198, 573
Gleichgewicht 平衡 heikō 202, 1585
  均衡 kinkō 805, 1585
  (Ausgewogenheit) 釣り合い tsuriai 1862,
  159
Gleichgewichtssinn 平衡感覚 heikō kankaku
  202, 1585, 262, 605
gleichgültig (gelangweilt) 物憂い monoui
  79, 1032
  (kalt) 冷淡 reitan 832, 1337
  dreinschauen 澄 su(masu) 1334
  ~e Miene 澄まし顔 sumashigao 1334,
  277
Gleichgültigkeit けん怠 kentai 1297
Gleichheit 等 TŌ 569
  (Gleichwertigkeit) 同等 dōtō 198, 569
  (Gleichberechtigung) 平等 byōdō 202, 569
  均等 kintō 805, 569
Gleichschaltung 統制 tōsei 830, 427
gleichzeitig 同時に dōji ni 198, 42
  一斉に issei ni 2, 1477

(~) **zwei Ämter bekleiden** 兼任 kennin 1081, 334

~er Ruin 共倒れ tomodaore 196, 905

Gleis Nr. 2 二番線 nibansen 3, 185, 299

gleiten 滑 KATSU, sube(ru) 1267

Gletscher 氷河 hyōga 1206, 389

Glied: ~ in e-r Kette 一環 ikkan 2, 865

hinteres ~ (hintere Reihe) 後列 kōretsu 48, 611

Glieder 手足 teashi 57, 58

Gliederung 区分 kubun 183, 38

Gliedmaßen 四肢 shishi 6, 1146

肢体 shitai 1146, 61

die oberen ~ 上肢 jōshi 32, 1146

die unteren ~ 下肢 kashi 31, 1146

Globus (Erdkugel) 地球 chikyū 118, 726

(Nachbildung der Erdkugel) 地球儀 chikyūgi 118, 726, 727

Glocke 鐘 SHŌ, kane 1821

Glockenklang-Insekt 鈴虫 suzumus 1822, 873

Glockenturm 鐘楼 shōrō 1821, 1841

Glorie 栄光 eikō 723, 138

光輝 kōki 138, 1653

Glück 幸 KŌ, saiwa(i), shiawa(se), sachi 684

福 FUKU 1379

(Fügung, Erfolg) 幸運 kōun 684, 439

(Zustand) 幸福 kōfuku 684, 1379

und Unglück 吉凶 kikkyō 1141, 1280

禍福 kafuku 1809, 1379

glücklich: ~er Tag 吉日 kichinichi 1141, 5

~es Ehepaar 比翼の鳥 hiyoku no tori 798, 1062, 285

Ein ~es Neues Jahr 謹賀新年 kinga shinnen 1247, 756, 174, 45

恭賀新年 kyōga shinnen 1434, 756, 174, 45

Glücksgötter: die sieben ~ 七福神 Shichifukujin 9, 1379, 310

Glücksgöttin: (buddh. ~) 吉祥天 Kichijōten, Kisshōten 1141, 1576, 141

glückverheißende violette Wolke 紫雲 shiun 1389, 636

Glückwunsch 賀 GA 756

賀詞 gashi 756, 843

祝賀 shukuga 851, 756

寿 JU, kotobuki 1550

慶賀 keiga 1632, 756

und Beileid 慶弔 keichō 1632, 1796

Glückwunsch(adresse) 祝辞 shukuji 851, 688

Glückwunschschreiben 賀状 gajō 756, 626

Glückwunschtelegramm 祝電 shukuden 851, 108

Glühbirne 電球 denkyū 108, 726

Glühwürmchen 蛍 KEI, hotaru 1878

Jagd auf ~ 蛍狩り hotarugari 1878, 1581

Gnade 恩 ON 555

恩恵 onkei 555, 1219

Go (Brettspiel) 碁 GO 1834

Go-Brett 碁盤 goban 1834, 1098

Feld(er) (auf dem ~) 碁盤の目 goban no me 1834, 1098, 55

Go-Spiel 囲碁 igo 1194, 1834

Go-Spielkasino 碁会所 gokaisho, gokaijo 1834, 158, 153

Go-Steine 碁石 goishi 1834, 78

Gold 金 KIN, KON 23

黄金 ōgon, kogane 780, 23

Goldbarren 金塊 kinkai 23, 1524

Goldblättchen 金ぱく kinpaku 23

golden 金色 kin'iro, kinshoku, konjiki 23, 204

~e Kette 金鎖 kingusari 23, 1819

~e Krone 金冠 kinkan 23, 1615

~e Mitte 中庸 chūyō 28, 1696

Goldfisch 金魚 kingyo 23, 290

Goldklumpen 金塊 kinkai 23, 1524

Goldmedaille 金メダル kinmedaru 23

Gönner 恩人 onjin 555, 1

Gosse 溝 KŌ, mizo 1012

Gott 神 SHIN, JIN, kami 310

(respektvoll) 神様 kamisama 310, 403

grimmiger ~ 鬼神 kijin, kishin, onigami 1523, 310

Mein ~! 桑原桑原 kuwabara-kuwabara 1873, 136, 1873, 136

Göttersage 神話 shinwa 310, 238

Gottesdienst 礼拝 reihai 620, 1201

Gotteslästerung 冒とく bōtoku 1104

(Gottes)Strafe 罰 BACHI 886

Gottesstrafe 天罰 tenbatsu 141, 886

göttlich: ~e Botschaft 託宣 takusen 1636, 625

~e Offenbarung 天啓 tenkei 141, 1398

~er Wind 神風 kamikaze 310, 29

von ~er Abstammung 天孫 tenson 141, 910

~es Geheimnis 神秘 shinpi 310, 807

gottlos (verdammt) 罰当たり　bachiatari 886, 77

Götze 偶像　gūzō　1639, 740

Gouverneur (e-r Präfektur) 知事　chiji　214, 80

Grab 墓　BO, haka　1429
墳墓　funbo　1662, 1429
(sein eigenes) ~ (schaufeln) 墓穴 (を掘る) boketsu (o horu)　1429, 899, 1802
altes ~ 古墳　kofun　172, 1662
ein ~ besuchen 参拝　sanpai　710, 1201

Grabbeigaben 副葬品　fukusōhin　714, 812, 230

graben 掘　KUTSU, ho(ru)　1803

Graben 溝　KŌ, mizo　1012
堀　hori　1804
堀割　horiwari　1804, 519

Grabhügel 塚　tsuka　1751

Grab(mal) des Kaisers/der Kaiserin 御陵 goryō　708, 1844

Grabmal 石碑　sekihi　78, 1522
墓碑　bohi　1429, 1522

Grabmarkierung 墓標　bohyō　1429, 923

Grabpfosten 墓標　bohyō　1429, 923

Grabrede 弔辞　chōji　1796, 688

Grabschrift 碑文　hibun　1522, 111
碑銘　himei　1522, 1552

Grabstätte 墳墓　funbo　1662, 1429
alte ~ 古墳　kofun　172, 1662
alte ~ für japan. Kaiser 前方後円墳 zenpō-kōen fun　47, 70, 48, 13, 1662

Grabstein 墓石　boseki　1429, 78
碑　HI　1522
石碑　sekihi　78, 1522
墓碑　bohi　1429, 1522

Grabtafel: (schmale hölzerne) ~ 塔婆　tōba 1840, 1931

Grad (Rang) 段　DAN　362
(Temperatur; Winkel) 度　DO　377
(Ausmaß) 程　TEI, hodo　417
程度　teido　417, 377
(Rang) 等　TŌ　569
等級　tōkyū　569, 568
e-s Winkels 角度　kakudo　473, 377
akademischer ~ 学位　gakui　109, 122
ein ~ 一度　ichido　2, 377
erster ~ 一段　ichidan　2, 362

一等　ittō　2, 569

20 ~ C(elsius) 摂氏２０度　sesshi nijūdo 1692, 566, 377

Graf 伯爵　hakushaku　1176, 1923

grafische Darstellung 図表　zuhyō　339, 272

Gram 憂　ure(i), ure(e)　1032
愁　SHŪ, ure(i)　1601

grämen: sich ~ 憂　YŪ, ure(eru)　1032
愁　ure(eru)　1601

Gramm: 8 ~ 八グラム　hachi guramu　10

Grammatik 文法　bunpō　111, 123

grandios 雄大　yūdai　1387, 26

Graphit 黒鉛　kokuen　206, 1606

Gras 草　SŌ, kusa　249

Grasen 放牧　hōboku　512, 731

Grasfläche 草原　sōgen　249, 136

gräßlich 不気味　bukimi　94, 134, 307

Gratifikation 賞与　shōyo　500, 539

gratis 無償　mushō　93, 971

Gratulation 賀　GA　756
賀詞　gashi　756, 843
祝賀　shukuga　851, 756
慶賀　keiga　1632, 756
慶祝　keishuku　1632, 851

Gratulationsschreiben 賀状　gajō　756, 626

gratulieren 祝　SHUKU, iwa(u)　851

grau: (asch-)~ 灰色　haiiro　1343, 204
~es Altertum 大昔　ōmukashi　26, 764
~es Haar 白髪　hakuhatsu, shiraga　205, 1148

Grauen 恐怖　kyōfu　1602, 1814

grausam 残忍　zannin　650, 1414
殺伐　satsubatsu　576, 1509
残虐　zangyaku　650, 1574
暴虐　bōgyaku　1014, 1574
残酷　zankoku　650, 1711
冷酷　reikoku　832, 1711

Gravieren (in Metall) 彫金　chōkin　1149, 23

Gravitation 引力　inryoku　216, 100
重力　jūryoku　227, 100

Grazie 端麗　tanrei　1418, 1630

greifen 握　AKU, nigi(ru)　1714
把持　haji　1724, 451

Grenze (Ende) 果　ha(te)　487
(Grenzwert) 限度　gendo　847, 377
(räumlich, abstrakt) 境　KYŌ, sakai　864
(Landes-)~ 国境　kokkyō　40, 864
(Grundstücks-) 境界　kyōkai　864, 454

grenzenlos 絶大 zetsudai 742, 26
Grenzlinie 境目 sakaime 864, 55
Grenzposten 関所 sekisho 398, 153
Grenzüberschreitung 越境 ekkyō 1001, 864
Grenzverletzung 越境 ekkyō 1001, 864
Grenzwache 関所 sekisho 398, 153
Grillspieß: Geflügel-~ 焼(き)鳥 yakitori 920, 285
Grimasse 渋面 jūmen, shibutsura 1693, 274
grimmig 奮迅 funjin 1309, 1798
~er Gott 鬼神 kijin, kishin, onigami 1523, 310
grob 粗野 soya 1084, 236
粗悪 soaku 1084, 304
荒 KŌ, ara(i) 1377
(Struktur, Material, Arbeit) 粗 SO, ara(i) 1084
Groll 執念 shūnen 686, 579
(alter) ~ 遺恨 ikon 1172, 1755
grollend 恨 ura(meshii) 1755
groß 大 DAI, TAI, ō(kii), ō- 26
(Menge) 多 TA, ō(i) 229
(bedeutend: Persönlichkeit) 偉 I, era(i) 1053
(Plan; Persönlichkeit) 偉大 idai 1053, 26
und klein 大小 daishō 26, 27
sehr ~ 甚大 jindai 1501, 26
~e Anzahl 数多く kazuōku 225, 229
~e Bitte 大願 taigan 26, 581
~e Buddhastatue 大仏 daibutsu 26, 583
~e Eile 大慌て ōawate 26, 1378
(~e) Entfernung 千里 senri 15, 142
~e Entfernung 遠方 enpō 446, 70
長距離 chōkyori 95, 1294, 1281
遠距離 enkyori 446, 1294, 1281
~e Freude 大喜び ōyorokobi 26, 1143
~e Geldsumme 大金 taikin 26, 23
大枚 taimai 26, 1156
~e Hast 大慌て ōawate 26, 1378
~e Hitze 大暑 taisho 26, 638
猛暑 mōsho 1579, 638
~e Menge 多数 tasū 229, 225
大量 tairyō 26, 411
億兆 okuchō 382, 1562
~e Menge (Menschen) 大勢 ōzei 26, 646
~e Schüssel 大皿 ōzara 26, 1097
~e Sorgfalt 丹念 tannen 1093, 579

~e Verdienste 偉勲 ikun 1053, 1773
~e Versammlung 大会 taikai 26, 158
(~e) Wut 激怒 gekido 1017, 1596
zwei ~e Männer (Rivalen) 両雄 ryōyū 200, 1387
sich ~e Mühe geben 努 DO, tsuto(meru) 1595
der ~e Zeiger 長針 chōshin 95, 341
in ~em Maßstab 盛大 seidai 719, 26
(~en) Einfluß haben 幅が利く haba ga kiku 1380, 329
~er Geist 偉丈夫 ijōfu 1053, 1325, 315
~er Geist/Mann 偉人 ijin 1053, 1
~er Haß 大嫌い daikirai 26, 1688
~er Lärm 大騒ぎ ōsawagi 26, 875
~er LKW 大型トラック ōgata torakku 26, 888
(~er) Maler 画伯 gahaku 343, 1176
~er Mann (Geist) 偉丈夫 ijōfu 1053, 1325, 315
~er Mann (großes Talent) 偉才 isai 1053, 551
~er Mann (Held) 英雄 eiyū 353, 1387
~er Mann (Persönlichkeit) 巨星 kyosei 1293, 730
傑物 ketsubutsu 1731, 79
~er Mann (Riese) 大男 ōotoko 26, 101
~er Mann (Recke) 豪傑 gōketsu 1671, 1731
~er Mann/Geist 偉人 ijin 1053, 1
(~er) Meister 巨匠 kyoshō 1293, 1359
~er Shintō-Schrein 神宮 jingū 310, 721
~er Spiegel 姿見 sugatami 929, 63
~er Stern 巨星 kyosei 1293, 730
~er Teller 大皿 ōzara 26, 1097
~er Tumult 大騒ぎ ōsawagi 26, 875
~er Verlust 大損 ōzon 26, 350
~er Weiser 賢哲 kentetsu 1288, 1397
賢哲 kentetsu 1288, 1397
~er Widerwille 大嫌い daikirai 26, 1688
~er Wunsch 大願 taigan 26, 581
大望 taimō 26, 673
in ~er Verlegenheit sein 困り果てる komarihateru 558, 487
困り切る komarikiru 558, 39
~es Bedauern 痛恨 tsūkon 1320, 1755
(~es) Gebäude 館 KAN 327
~es Gelächter 大笑い ōwarai 26, 1235

(~es) **Staatssiegel** 国璽 kokuji 40, 1887

~es **Talent** 偉才 isai 1053, 551

鬼才 kisai 1523, 551

~es **Verdienst** 功名 kōmyō 818, 82

(**Groß**)**Admiral** 元帥 gensui 137, 1935

großartig 盛大 seidai 719, 26

壮大 sōdai 1326, 26

雄大 yūdai 1387, 26

豪壮 gōsō 1671, 1326

~er **Anblick** 偉観 ikan 1053, 604

Große: (Kaiser) Karl der ~ カール大帝 Kāru Taitei 26, 1179

der ~ **Bär** 北斗(七)星 hokuto(shichi)sei 73, 1899, 9, 730

Größe 大きさ ōkisa 26

大小 daishō 26, 27

広大 kōdai 694, 26

寸法 sunpō 1894, 123

(**Körper-**) 背 HAI, se, sei 1265

丈 take 1325

背丈 setake 1265, 1325

Größenwahn 誇大妄想(狂) kodai mōsō(kyō) 1629, 26, 1376, 147, 883

Großhandel 卸 oroshi 707

Großhandelspreis 卸し売り物価 oroshiuri bukka 707, 239, 79, 421

卸値 oroshine 707, 425

Großhändler 卸商 oroshishō 707, 412

großherzig 太っ腹 futoppara 629, 1271

Großmacht 大国 taikoku 26, 40

強国 kyōkoku 217, 40

Großmut 包容力 hōyōryoku 804, 654, 100

寛大 kandai 1050, 26

großmütig 気宇広大 kiu-kōdai 134, 990, 694, 26

寛厚 kankō 1050, 639

太っ腹 futoppara 629, 1271

Großmutter 祖母 sobo 622, 112

Großreinemachen 大掃除 ōsōji 26, 1080, 1065

Großstadt 大都市 daitoshi 26, 188, 181

größt 絶大 zetsudai 742, 26

~e 最大 saidai 263, 26

der ~e 随一 zuiichi 1741, 2

der ~e **Teil** 大部分 daibubun 26, 86, 38

大半 taihan 26, 88

Großvater 祖父 sofu 622, 113

Großziehen 養育 yōiku 402, 246

Grotte 洞くつ dōkutsu 1301

洞穴 dōketsu, horaana 1301, 899

Grube: abgebaute/stillgelegte ~ 廃坑 haikō 961, 1613

Grubenunglück 坑内事故 kōnai jiko 1613, 84, 80, 173

Gruft 墓穴 boketsu 1429, 899

grün (Farbe) 青 SEI, ao(i), ao 208

緑 RYOKU, midori 537

緑色 midoriiro 537, 204

(**unreif**) 未熟 mijuku 306, 687

~e **Farbe** 緑色 midoriiro 537, 204

~e **Schwellung** 青膨れ aobukure 208, 1145

~e **Sojabohne** 枝豆 edamame 870, 958

am ~en **Tisch** 机上 kijō 1305, 32

~er **Pulvertee** 抹茶 matcha 1914, 251

~es **Laub** 青葉 aoba 208, 253

Grün: frisches ~ 新緑 shinryoku 174, 537

Grünanlage 緑地 ryokuchi 537, 118

Grund 根底 kontei 314, 562

(**und Boden**) 土 DO, TO, tsuchi 24

(**Ursprung**) 下 KA, GE, moto 31

元 GAN, moto 137

(**Ursache**) 故 yue 173

(**Anlaß**) 種 tane 228

(**Wurzel**) 根 ne 314

(**Ursache**) 事由 jiyū 80, 363

理由 riyū 143, 363

(**Fundament**) 基本 kihon 450, 25

(**Boden**) 底 TEI, soko 562

(**Ursache**) 訳 wake 594

der **Besorgnis** 不安の種 fuan no tane 94, 105, 228

e-r **Schlucht** 谷底 tanisoko 653, 562

e-s **Flusses** 河底 katei 389, 562

e-s **Tals** 谷底 tanisoko 653, 562

zum **Feiern** 慶事 keiji 1632, 80

Grund- 原 GEN 136

Grundbau 基礎工事 kiso kōji 450, 1515, 139, 80

Grundbesitzer 地主 jinushi 118, 155

gründen (e-e Institution) 設 SETSU, mō(keru) 577

(**e-e Partei**) 樹立 juritsu 1144, 121

sich ~ **auf** 準拠 junkyo 778, 1138

Grundfarbe 原色 genshoku 136, 204

Grundfläche 建坪 tatetsubo 892, 1896
Grundgedanke 基調 kichō 450, 342
Grundgesetz 憲法 kenpō 521, 123
Grundkenntnisse 基礎知識 kiso chishiki 450, 1515, 214, 681
Grund(lage) 根拠 konkyo 314, 1138
Grundlage 基 KI, moto, motoi 450
　基本 kihon 450, 25
　根底 kontei 314, 562
　基盤 kiban 450, 1098
　根幹 konkan 314, 1189
　基礎 kiso 450, 1515
　der Beweisführung 論拠 ronkyo 293, 1138
grundlegend 根本的 konponteki 314, 25, 210
Grundlegung 基礎工事 kiso kōji 450, 1515, 139, 80
gründlich 根本的 konponteki 314, 25, 210
　念入り nen'iri 579, 52
　完膚なきまで kanpu-naki made 613, 1269
　徹底的 tetteiteki 1422, 562, 210
　erforschen 究 KYŪ, kiwa(meru) 895
　erörtern 論究 ronkyū 293, 895
　untersuchen 窮 kiwa(meru) 897
　~e Kenntnis 通暁 tsūgyō 150, 1658
　~e Untersuchung 糾問 kyūmon 1703, 162
Grundregel 原則 gensoku 136, 608
Grundriß 綱領 kōryō 1609, 834
Grundsatz 節 SETSU 464
　原則 gensoku 136, 608
　建て前 tatemae 892, 47
Grundschule 小学校 shōgakkō 27, 109, 115
Grundstein 基石 kiseki 450, 78
　礎 SO, ishizue 1515
　礎石 soseki 1515, 78
Grundsteinlegung 定礎式 teisoshiki 355, 1515, 525
Grundsteuer 地租 chiso 118, 1083
Grundstoff 元素 genso 137, 271
Grundstück 宅地 takuchi 178, 118
　不動産 fudōsan 94, 231, 278
　邸内 teinai 563, 84
Grundton 基調 kichō 450, 342
Gründung (e-r Partei) 結成 kessei 485, 261
　(e-r Institution) 設立 setsuritsu 577, 121
　(e-r Vereinigung) 設置 setchi 577, 426

　(e-r Institution) 創立 sōritsu 1308, 121
　Jahrestag der ~ der VR China 国慶節 Kokkeisetsu 40, 1632, 464
Grünfläche 緑地 ryokuchi 537, 118
Grünspan 緑青 rokushō 537, 208
Grünzeug 青物 aomono 208, 79
Gruppe (Klasse, Sachgruppe) 部門 bumon 86, 161
　(Menschen) 組 SO, kumi 418
　団 DAN 491
　(Menschen (organisiert)) 団体 dantai 491, 61
　(Menschen) 集団 shūdan 436, 491
　(Tiere; Menschen; Sterne usw.) 群 GUN, mu(re) 794
　(Partei, Clique) 党派 tōha 495, 912
　(Reise-)~ 一行 ikkō 2, 68
　(soziale) ~ 群集 gunshū 794, 436
　von Bambussträuchern 竹やぶ takeyabu 129
　von Beamten 吏党 ritō 1007, 495
　von Menschen (in Malerei, Skulptur) 群像 gunzō 794, 740
　in kleinen ~n (zu zweit u. dritt) 三々五々 san-san go-go 4, 7
Gruppenführer 班長 hanchō 1381, 95
Gruppenreise 団体旅行 dantai ryokō 491, 61, 222, 68
Gültigkeit 効力 kōryoku 816, 100
　有効 yūkō 265, 816
Gunst 恩恵 onkei 555, 1219
günstig (vorteilhaft) 有利 yūri 265, 329
　(glatt, problemlos) 好調 kōchō 104, 342
　順調 junchō 769, 342
　~er Kauf 拾い物 hiroimono 1445, 79
Gürtel 帯 TAI, obi 963
Gußeisen 紙型 kamigata, shikei 180, 888
　模型 mokei 1425, 888
　鋳鉄 chūtetsu 1551, 312
　鋳型 igata 1551, 888
Gußware 鋳物 imono 1551, 79
gut 良 RYŌ, yo(i) 321
　善 ZEN, yo(i) 1139
　(etw.) ~ (können) 上手 jōzu 32, 57
　(heil) 無事 buji 93, 80
　(z.B. Ergebnis, Verlauf) 良好 ryōkō 321, 104

(Zustand, Verlauf) 好調 kōchō 104, 342
(problemlos) 順調 junchō 769, 342
(gütig) 善良 zenryō 1139, 321
behandeln (für e-e Arbeit) 優遇 yūgū 1033, 1641
schmieden 鍛え上げる kitaeageru 1817, 32
schneiden 切 ki(reru) 39
trainieren 鍛え上げる kitaeageru 1817, 32
zusammenpassen 似合う niau 1486, 159
~e Absicht 厚意 kōi 639, 132
善意 zen'i 1139, 132
~e Ernte 豊作 hōsaku 959, 360
~e (Ehe)Frau 良妻 ryōsai 321, 671
~e Gelegenheit 潮時 shiodoki 468, 42
~e Idee 名案 meian 82, 106
~e Nachricht 吉報 kippō 1141, 685
朗報 rōhō 1754, 685
~e Qualität 良質 ryōshitsu 321, 176
(~e) Reisernte 稲作 inasaku 1220, 360
~e Stimmung 威勢 isei 1339, 646
~e Tat 仁術 jinjutsu 1619, 187
篤行 tokkō 1883, 68
~er Fischfang 豊漁 hōryō 959, 699
~er Fund 掘り出し物 horidashimono 1803, 53, 79
(~er) Geschmack 風雅 fūga 29, 1456
優雅 yūga 1033, 1456
~er Glaube 善意 zen'i 1139, 132
~er Kauf 掘り出し物 horidashimono 1803, 53, 79
~er Name (Ruf) 芳名 hōmei 1775, 82
(~er) Ruf 評判 hyōban 1028, 1026
~er Ruf 名声 meisei 82, 746
芳名 hōmei 1775, 82
~er Schlaf 安眠 anmin 105, 849
~er Wille 好意 kōi 104, 132
善意 zen'i 1139, 132
~es Benehmen 謹慎 kinshin 1247, 1785
~es Omen 吉祥 kisshō 1141, 1576
~es Stück 佳作 kasaku 1462, 360
~es Vorzeichen 吉兆 kitchō 1141, 1562
~es Werk 佳作 kasaku 1462, 360
Gut und Böse 善悪 zen'aku 1139, 304
清濁 seidaku 660, 1625
und Schlecht 玉石 gyokuseki 295, 78
Gutachten 答申 tōshin 160, 309
鑑定 kantei 1664, 355

Güte (Qualität e-r Ware) 品質 hinshitsu 230, 176
(gute Tat) 恩 ON 555
(Character) 厚意 kōi 639, 132
(Menschenliebe) 仁 JIN 1619
(Character) 仁徳 jintoku 1619, 1038
Güter 物資 busshi 79, 750
貨物 kamotsu 752, 79
ausländische ~ 外貨 gaika 83, 752
versteckte ~ 隠匿物資 intoku busshi 868, 1771, 79, 750
Guthaben 預金 yokin 394, 23
gütlich 穏便 onbin 869, 330
(~er) Vergleich 和解 wakai 124, 474
gutmütiger Mensch 好人物 kōjinbutsu 104, 1, 79
Gymnasium (Abk.f. *kōtō gakkō*) 高校 kōkō 190, 115
高等学校 kōtō gakkō 190, 569, 109, 115
Gymnastik 体育 taiiku 61, 246
体操 taisō 61, 1655
Gynäkologe 産婦人科医 sanfujin kai 278, 316, 1, 320, 220

– H –

Haar (Körper-) 毛 MŌ, ke 287
(Haupt-) 髪 HATSU, kami 1148
graues ~ 白髪 hakuhatsu, shiraga 205, 1148
um ein ~ 間一髪 kan'ippatsu 43, 2, 1148
weißes ~ 白髪 hakuhatsu, shiraga 205, 1148
Haarschneiden 散髪 sanpatsu 767, 1148
Haarwaschen 洗髪 senpatsu 692, 1148
Hab und Gut 財産 zaisan 553, 278
haben 有 YŪ, a(ru) 265
持 JI, mo(tsu) 451
享受 kyōju 1672, 260
(Kinder/Familienangehörige) ~ 抱 kaka(eru) 1285
(~) wollen 欲 ho(shii) 1127
bei sich ~ 携 KEI, tazusa(eru) 1686
携帯 keitai 1686, 963
sehr gern ~ 大好き daisuki 26, 104
Hafen 津 SHIN, tsu 668
港 KŌ, minato 669
im ~ 港内 kōnai 669, 84

Hafen- 港湾　kōwan　669, 670
Hafenarbeiter 港湾労働者　kōwan rōdōsha
669, 670, 233, 232, 164
Hafenstadt 港町　minatomachi　669, 182
Hafer 麦　BAKU, mugi　270
Haft 拘留　kōryū　1800, 761
　in ~ halten 拘置　kōchi　1800, 426
Haftbefehl 逮捕状　taihojō　891, 890, 626
haften (an) 付　FU, tsu(ku)　192
Häftling 囚人　shūjin　1195, 1
　weiblicher ~ 女囚　joshū　102, 1195
Haftlokal 拘置所　kōchisho　1800, 426, 153
Hahn 雄鳥　ondori　1387, 285
Hahnenkamm (Blume) 鶏頭　keitō　926, 276
Hahnenschrei 鶏鳴　keimei　926, 925
Haiku 俳句　haiku　1035, 337
　Jahreszeit andeutendes Wort im ~ 季語
　kigo　465, 67
Haiku-Dichter 俳人　haijin　1035, 1
Häkelarbeit 編み物　amimono　682, 79
häkeln 編　HEN, a(mu)　682
Häkeln 編み物　amimono　682, 79
　mit der Hand 手編み　teami　57, 682
halb 半分　hanbun　88, 38
　vier 三時半　sanjihan　4, 42, 88
　~e Runde 半周　hanshū　88, 91
　~er Betrag/Preis 半額　hangaku　88, 838
　ein ~es Jahr 半年　hantoshi　88, 45
Halb- 準　JUN　778
Halbfinale 準決勝　junkesshō　778, 356, 509
halbgar 半熟　hanjuku　88, 687
　生煮え　namanie　44, 1795
halbieren 折半　seppan　1394, 88
Halbinsel 半島　hantō　88, 286
　Tsugaru-~ 津軽半島　Tsugaru Hantō　668,
　547, 88, 286
Halbkreis 半周　hanshū　88, 91
Halbleiter 半導体　handōtai　88, 703, 61
Halbmast 半旗　hanki　88, 1006
Halbmesser 半径　hankei　88, 1475
halbreif 半熟　hanjuku　88, 687
halbstaatlich 半官半民　hankan-hanmin　88,
326, 88, 177
Halbwelt 花柳界　karyūkai　255, 1871, 454
Hälfte 半　HAN, naka(ba)　88
　半分　hanbun　88, 38
　die erste ~ 前半　zenhan, zenpan　47, 88

etwa die ~ 約半分　yaku hanbun　211, 88, 38
Halle 会館　kaikan　158, 327
　öffentliche ~ 公会堂　kōkaidō　126, 158, 496
Halluzination 幻覚　genkaku　1227, 605
Halm 茎　KEI, kuki　1474
Hals 首　SHU, kubi　148
　襟　KIN, eri　1537
　襟元　erimoto　1537, 137
Hals-Nasen-Ohren-Arzt 耳鼻いんこう専門
　医　jibiinkō senmon'i　56, 813, 600, 161, 220
Halskette 首飾り　kubikazari　148, 979
Halsschmuck 首飾り　kubikazari　148, 979
Halstuch 襟巻き　erimaki　1537, 507
haltbar 丈夫　jōbu　1325, 315
halten (in der Hand) 持　JI, mo(tsu)　451
　(anhalten) 止　SHI, to(maru)　477
　(den Weltrekord) 保　HO, tamo(tsu)　489
　(mit/zwischen) 挟　KYŌ, hasa(mu)　1354
　(im übertr. Sinn) 把持　haji　1724, 451
　(fest-)~ 把持　haji　1724, 451
　(Tiere) 飼　SHI, ka(u)　1762
　für wichtig ~ 重視　jūshi　227, 606
　sich ~ an 遵守　junshu　1938, 490
　sich strikt ~ an 拘泥　kōdei　1800, 1621
Haltestelle (Bus, Straßenbahn) 停留所
　teiryūjo　1185, 761, 153
Haltung (Einstellung) 態度　taido　387, 377
　(Pose) 姿態　shitai　929, 387
　(Körper) ~ 姿勢　shisei　929, 646
　geistige ~ 心構え　kokorogamae　97, 1010
　e-e ~ annehmen 構　KŌ, kama(eru)　1010
Hammelfleisch 羊肉　yōniku　288, 223
Han-Dynastie 漢時代　Kan jidai　556, 42, 256
Hand 手　SHU, te　57
　die linke ~ 左手　hidarite　75, 57
　die rechte ~ 右手　migite　76, 57
　in der ~ 掌中　shōchū　499, 28
　mit der ~ winken 手招き　temaneki　57, 455
Hand- 掌中　shōchū　499, 28
Handarbeit 細工　saiku　695, 139
Handbuch 必携　hikkei　520, 1686
Hände: ~ und Füße 手足　teashi　57, 58
　beide ~ 両手　ryōte　200, 57
　die ~ erheben 差　sa(su)　658
　die ~ (zum Gebet) falten 合掌　gasshō
　159, 499
Händedruck 握手　akushu　1714, 57

Händeklatschen 拍手 hakushu 1178, 57
Handel (Geschäfte) 取り引き torihiki 65, 216
  (Kauf und Verkauf) 売買 baibai 239, 241
  (Geschäfte) 商売 shōbai 412, 239
  (Wirtschaft) 商業 shōgyō 412, 279
  (Tauschhandel) 交易 kōeki 114, 759
  (international) 貿易 bōeki 760, 759
  treiben 商 SHŌ, akina(u) 412
  und Industrie 商工 shōkō 412, 139
  zwischen Japan und den USA 日米貿易
  Nichi-Bei bōeki 5, 224, 760, 759
handeln: (mit etw.) ~ 商 SHŌ, akina(u) 412
  entschlossen ~ 敢行 kankō 1691, 68
  im Einklang/Einverständnis ~ 呼応 koō
  1254, 827
  im Einverständnis (mit j-m) ~ 提携 teikei
  628, 1686
Handeln (Aktivität) 行動 kōdō 68, 231
Handelsbilanz 貿易収支 bōeki shūshi 760,
  759, 757, 318
Handelsgeist 商魂 shōkon 412, 1525
Handelshafen 商港 shōkō 412, 669
Handelshaus 貿易会社 bōeki-gaisha 760,
  759, 158, 308
Handelsmarke 銘柄 meigara 1552, 985
handgearbeitet 手造り tezukuri 57, 691
handgefertigt 手作り tezukuri 57, 360
Handgelenk 手首 tekubi 57, 148
handgemacht 手造り tezukuri 57, 691
Handgemenge 格闘 kakutō 643, 1511
Handgepäck 手荷物 tenimotsu 57, 391, 79
Handgepäckaufbewahrung(sstelle) 手荷物
  一時預かり(所) tenimotsu ichiji azukari(sho/
  jo) 57, 391, 79, 2, 42, 394, 153
Handgestricktes 手編み teami 57, 682
(Hand)Griff 柄 e 985
handhaben 操 SŌ, ayatsu(ru) 1655
  操縦 sōjū 1655, 1483
Handhabung 使い方 tsukaikata 331, 70
Händler 商人 shōnin 412, 1
  ...~ ...屋 ...ya 167
Handlung (Tat) 業 waza 279
  (Roman) 筋 KIN, suji 1090
  (Tat) 行為 kōi 68, 1484
Handlung(sablauf) 筋書き sujigaki 1090, 131
Handschellen 手錠 tejō 57, 1818
Handschrift: eigene ~ 自筆 jihitsu 62, 130

Handschuh 手袋 tebukuro 57, 1329
Handspiegel 手鏡 tekagami 57, 863
Handtrommel 鼓 KO, tsuzumi 1147
Handvoll: eine ~ 一握り hitonigiri 2, 1714
Handwerker: tüchtiger ~ 名匠 meishō 82,
  1359
Hanf 麻 MA, asa 1529
  大麻 taima, ōasa 26, 1529
Hanfgarn 麻糸 asaito 1529, 242
Hang (Tendenz) 偏向 henkō 1159, 199
  傾向 keikō 1441, 199
  (Gewohnheit) 癖 HEKI, kuse 1490
  (Veranlagung) 性癖 seiheki 98, 1490
  steiler ~ 急な坂 kyū na saka 303, 443
  Straße an e-m ~ 坂道 sakamichi 443, 149
Hängebrücke つり橋 tsuribashi 597
hängen 架 ka(karu) 755
  懸 KEN, ka(karu) 911
  掛 ka(karu) 1464
  tief ~ 低迷 teimei 561, 967
Hängen (als Todesstrafe) 縛り首 shibarikubi
  1448, 148
Harakiri 切腹 seppuku 39, 1271
Häresie 邪教 jakyō 1457, 245
Harfe たて琴 tategoto 1251
Harmonie 和 WA 124
  強調 kyōchō 217, 342
harmonisch (Zusammenleben) 円満 enman
  13, 201
  (Ablauf) 円滑 enkatsu 13, 1267
  (Beziehung) 仲良く nakayoku 1347, 321
Harmonium 風琴 fūkin 29, 1251
Harnorgan 泌尿器 hinyōki 1870, 1869, 527
Harnsäure 尿酸 nyōsan 1869, 516
Harnstoff 尿素 nyōso 1869, 271
hart 固 KO, kata(i) 972
  硬 KŌ, kata(i) 1009
  堅 KEN, kata(i) 1289
  (streng) 険 KEN, kewa(shii) 533
  厳 GEN, kibi(shii) 822
  厳重 genjū 822, 227
  厳格 genkaku 822, 643
  (Material) 硬質 kōshitsu 1009, 176
  (streng) 辛 SHIN, kara(i) 1487
  machen 固 kata(meru) 972
  studieren 研磨 kenma 896, 1531
  werden 固 kata(maru) 972

~e Arbeit 荒仕事 arashigoto 1377, 333, 80
~e Kritik 酷評 kokuhyō 1711, 1028
~e Strafe 厳罰 genbatsu 822, 886
~er Arbeiter 働き者 hatarakimono 232, 164
努力家 doryokuka 1595, 100, 165
~er Schlag 痛手 itade 1320, 57
Härte(grad) 硬度 kōdo 1009, 377
härten 固 kata(meru) 972
鍛 TAN, kita(eru) 1817
Hartgeld 硬貨 kōka 1009, 752
hartherzig 薄情 hakujō 1449, 209
hartnäckig (tief verwurzelt) 根強い nezuyoi
314, 217
(unnachgiebig) 強硬 kyōkō 217, 1009
頑強 gankyō 1848, 217
(unnachgiebig; nur langsam heilend
(Krankheit)) 頑固 ganko 1848, 972
Hartnäckigkeit 強情 gōjō 217, 209
Harz 樹脂 jushi 1144, 1042
Haschen 鬼ごっこ onigokko 1523
Hase: ein (~) 一羽 ichiwa 2, 590
Haß 憎 niku(shimi) 1365
憎悪 zō 1365, 304
遺恨 ikon 1172, 1755
großer ~ 大嫌い daikirai 26, 1688
Liebe und ~ 愛憎 aizō 259, 1365
haßerfüllt 恨 ura(meshii) 1755
häßlich 醜 SHŪ, miniku(i) 1527
醜悪 shūaku 1527, 304
~e Frau 醜女 shūjo, shikome 1527, 102
~er Anblick 醜態 shūtai 1527, 387
hassen 憎 ZŌ, niku(mu) 1365
嫌 KEN, kira(u) 1688
忌 KI, i(mu) 1797
Hast 焦燥 shōsō 999, 1656
große ~ 大慌て ōawate 26, 1378
Hauch (Atem) 息 iki 1242
(Anflug) 一抹 ichimatsu 2, 1914
hauen 打 DA, u(tsu) 1020
ぶん殴る bunnaguru 1940
in Stücke ~ 寸断 sundan 1894, 1024
Haufen 塊 KAI, katamari 1524
häufig 頻々と hinpin to 1847
~es Vorkommen 頻発 hinpatsu 1847, 96
Häufigkeit 頻発 hinpatsu 1847, 96
頻度 hindo 1847, 377
頻繁 hinpan 1847, 1292

Haupt (wörtl. u. i.ü.S.) 頭 TŌ, ZU, atama,
kashira 276
(Vorsitzender) 主席 shuseki 155, 379
(Oberhaupt, Premier) 首班 shuhan 148,
1381
e-s Clans 藩主 hanshu 1382, 155
Haupt- 本 HON 25
主 omo 155
第一 dai-ichi 404, 2
主要 shuyō 155, 419
重要 jūyō 227, 419
Hauptabteilungsleiter 部長 buchō 86, 95
hauptamtlich 専任 sennin 600, 334
Hauptausgang 中央口 chūōguchi 28, 351, 54
(Haupt)Bahnhof Tōkyō 東京駅 Tōkyō-eki
71, 189, 284
Hauptbestandteil 要素 yōso 419, 271
Hauptdarsteller (im Nō usw.) 仕手 shite
333, 57
Häupter: gekrönte ~ 王侯 ōkō 294, 1924
Hauptfamilie 宗家 sōke 616, 165
Hauptgebäude 本館 honkan 25, 327
Hauptgeschäft 本店 honten 25, 168
Hauptgeschäftsführer (e-r Partei) 幹事長
kanjichō 1189, 80, 95
Hauptgrund 主因 shuin 155, 554
Hauptinhalt 要旨 yōshi 419, 1040
骨子 kosshi 1266, 103
Hauptleidtragender 喪主 moshu 1678, 155
Hauptmacht 中堅 chūken 28, 1289
Hauptmann 大尉 taii 26, 1617
Hauptperson 主人公 shujinkō 155, 1, 126
Hauptpfeiler (auch i.ü.S.: Stütze) 大黒柱
daikokubashira 26, 206, 598
Hauptpunkt 大体 daitai 26, 61
要点 yōten 419, 169
要旨 yōshi 419, 1040
趣旨 shushi 1002, 1040
要項 yōkō 419, 1439
綱領 kōryō 1609, 834
Hauptquartier 本部 honbu 25, 86
Hauptschrein 神宮 jingū 310, 721
Hauptsitz (e-r Firma) 本社 honsha 25, 308
Hauptstadt 都 TO, TSU, miyako 188
首都 shuto 148, 188
首府 shufu 148, 504
Haupttempel 本堂 hondō 25, 496

Hellsehen 千里眼 senrigan 15, 142, 848
透視 tōshi 1685, 606
Hemd mit offenem Kragen 開襟シャツ
kaikin shatsu 396, 1537
hemmen 障 SHŌ, sawa(ru) 858
Hemmnis 阻害 sogai 1085, 518
herabblicken 卑 HI, iya(shimeru), iya(shimu)
1521
Herabfallen e-r Ladung (vom LKW) 荷崩れ
nikuzure 391, 1122
herabhängen 下 sa(garu) 31
(herab)hängen lassen 垂 SUI, ta(reru),
ta(rasu) 1070
herablassen 下 sa(geru), o(rosu), kuda(su)
31
Herabsetzung (Preis) 切り下げ kirisage 39,
31
herabsteigen 降 KŌ, o(riru) 947
heranwinken 手招き temaneki 57, 455
(heraus)finden 捜し当てる sagashiateru
989, 77
Herausforderer 挑戦者 chōsensha 1564,
301, 164
herausfordern 挑 CHŌ, ido(mu) 1564
herausfordernd 挑発的 chōhatsuteki 1564,
96, 210
Herausforderung 挑戦 chōsen 1564, 301
Herausgabe (e-r Publikation) 編集 henshū
682, 436
herausgeben (verlegen) 発行 hakkō 96, 68
(Publikation) 編 HEN, a(mu) 682
herauskommen 出 de(ru) 53
herausnehmen 出 SHUTSU, da(su) 53
取り出す toridasu 65, 53
摘出 tekishutsu 1447, 53
herausragen 傑出 kesshutsu 1731, 53
herausragende Persönlichkeit 傑物
ketsubutsu 1731, 79
俊傑 shunketsu 1845, 1731
herausrufen 呼び出す yobidasu 1254, 53
herausschleudern 噴 FUN, fu(ku) 1660
herausstellen: sich ~ 判明 hanmei 1026, 18
Herausströmen 噴射 funsha 1660, 900
(heraus)ziehen (Korken, Zahn usw.) 抜
BATSU, nu(ku) 1713
herb (Geschmack) 渋 JŪ, shibu(i) 1693
~er Geschmack 渋味 shibumi 1693, 307

~er Saft (von unreifen Kaki-Früchten) 渋
shibu 1693
Herberge 寮 RYŌ 1323
Herbst 秋 SHŪ, aki 462
-Tagundnachtgleiche 秋分(の日) shūbun
(no hi) 462, 38, 5
Frühling und ~ 春秋 shunjū 460, 462
Frühling, Sommer ~ und Winter 春夏秋冬
shunkashūtō 460, 461, 462, 459
Herbstfärbung 紅葉 kōyō, momiji 820, 253
Herbstfest 秋祭り akimatsuri 462, 617
Herbstlaub 黄葉 kōyō 780, 253
buntes ~ 紅葉 kōyō, momiji 820, 253
Herbstluft 秋気 shūki 462, 134
Herbstwetter: klares ~ 秋晴れ akibare 462,
662
Herbstwind 秋風 akikaze 462, 29
Herd 炉 RO 1790
Herde 群 GUN, mu(re) 794
hereinbrechen 突入 totsunyū 898, 52
hereintragen 搬入 hannyū 1722, 52
Herkunft (historisch) 由来 yurai 363, 69
(genealogisch, historisch) 由緒 yuisho
363, 862
(Genealogie) 門閥 monbatsu 161, 1510
(kulthurhistorisch) 発祥 hasshō 96, 1576
von japanischer ~ 日系 nikkei 5, 908
heroisch 壮烈 sōretsu 1326, 1331
Herr (Besitzer) 主 SHU, nushi 155
(Gentleman) 紳士 shinshi 1109, 572
~ ... ...様 ... sama 403
...氏 ... SHI 566
Sakamoto 坂本氏 Sakamoto-shi 443, 25,
566
(~) Tanaka 田中君 Tanaka-kun 35, 28,
793
und Frau ... ...夫妻 ... fusai 315, 671
Vater 父上 chichiue 113, 32
ein gewisser ~ 何某 nanibō 390, 1494
某氏 bōshi 1494, 566
junger ~ 坊ちゃん botchan 1858
(An die) ~en 御中 onchū 708, 28
beide (~en) 両氏 ryōshi 200, 566
für ~en 紳士用 shinshiyō 1109, 572, 107
Meine Damen und ~en! 諸君 shokun
861, 793
Herren- 男子用 danshiyō 101, 103, 107

kaiserlicher ~ 宮廷 kyūtei 721, 1111
Hofarzt 侍医 jii 571, 220
hoffen 望 BŌ, MŌ, nozo(mu) 673
Hoffnung 希望 kibō 676, 673
  (**Erwartung**) 期待 kitai 449, 452
  (**Aussicht**) 見込み mikomi 63, 776
Hoffnungslosigkeit 絶望 zetsubō 742, 673
höflich 礼儀正しい reigi tadashii 620, 727, 275
  懇切 konsetsu 1135, 39
  丁寧 teinei 184, 1412
  (**~e Anrede in Briefen**) 拝啓 haikei 1201, 1398
  ~er Ausdruck 敬語 keigo 705, 67
Höflichkeit 礼儀 reigi 620, 727
Höflichkeitsbesuch 伺候 shikō 1761, 944
Höflichkeitssprache 敬語 keigo 705, 67
Höfling 廷臣 teishin 1111, 835
Hofmann 廷臣 teishin 1111, 835
Hofmusik: altjapan. ~ 雅楽 gagaku 1456, 358
  altjapan. ~ mit Tanz 舞楽 bugaku 810, 358
hoh: ~e (offene) See 沖 CHŪ, oki 1346
  ~e See 沖合 okiai 1346, 159
  ~er Beamter 高官 kōkan 190, 326
  ~er Berg 高峰 kōhō 190, 1350
  ~er buddh. Priester 僧正 sōjō 1366, 275
  ~er Gast 貴賓 kihin 1171, 1852
  ~er Gipfel 高峰 kōhō 190, 1350
  ~er Priester 高僧 kōsō 190, 1366
  ~er Rang 高級 kōkyū 190, 568
  ~er Wellengang 波浪 harō 666, 1753
  ~es Alter 老齢 rōrei 543, 833
  高齢 kōrei 190, 833
  ~es Amt 高官 kōkan 190, 326
  ~es Fieber 高熱 kōnetsu 190, 645
Höhe 極 kiwa(mi) 336
  縦 JŪ, tate 1483
Hoheit: Ihre Kaiserliche ~ 妃殿下 hidenka 1756, 1130, 31
Höhenangst 高所恐怖症 kōsho kyōfushō 190, 153, 1602, 1814, 1318
Höhepunkt (Glanzzeit) 最盛期 saiseiki 263, 719, 449
  (**Karriere usw.**) 頂点 chōten 1440, 169
  (**Beliebtheit usw.**) 絶頂 zetchō 742, 1440
  (**e-r Geschichte**) 佳境 kakyō 1462, 864
höher 上級 jōkyū 32, 568

hohl 空疎 kūso 140, 1514
Höhle 穴 KETSU, ana 899
  洞 DŌ, hora 1301
  洞くつ dōkutsu 1301
  空洞 kūdō 140, 1301
  洞穴 dōketsu, horaana 1301, 899
  (**gößte ~ in Japan**) 秋芳洞 Akiyoshi-dō 462, 1775, 1301
Höhlenbewohner 穴居人 kekkyojin 899, 171, 1
Hohlmaß: (~, 1,8 l) 升 SHŌ, masu 1898
  (**~, 18 l**) 斗 TO 1899
  (**~, 18 ml**) 勺 SHAKU 1903
Hohlspiegel 凹面鏡 ōmenkyō 1893, 274, 863
Hölle 地獄 jigoku 118, 884
  (**brennende**) ~ 焦熱地獄 shōnetsu jigoku 999, 645, 118, 884
  zwei buddh. ~n あ鼻叫喚 abikyōkan 813, 1252, 1587
holperig 凹凸 ōtotsu 1893, 1892
Holz 木 BOKU, MOKU, ki, [ko] 22
  (**Bauholz**) 材木 zaimoku 552, 22
  aus ~ 木製 mokusei 22, 428
  木造 mokuzō 22, 691
Holz- 木造 mokuzō 22, 691
Holzblock 木片 mokuhen 22, 1045
(Holz)Brett 板 HAN, BAN, ita 1047
hölzern 木製 mokusei 22, 428
Holzfällen 伐採 bassai 1509, 933
Holzhacker 木こり kikori 22
Holzkohle 炭 TAN, sumi 1344
  木炭 mokutan 22, 1344
Holzsandale: (j.) ~ 下駄 geta 31, 1880
Holzschiebetür 雨戸 amado 30, 152
Holzschnitt 版画 hanga 1046, 343
Holzschnitzarbeit 木彫 mokuchō 22, 1149
Holzschnitzerei 木彫り kibori 22, 1149
  木彫 mokuchō 22, 1149
Holzsplitter 木片 mokuhen 22, 1045
home run (beim Baseball) 本塁打 honruida 25, 1694, 1020
homogen 均質 kinshitsu 805, 176
Honorar 謝礼 sharei 901, 620
  報酬 hōshū 685, 1864
  für e. Manuskript 稿料 kōryō 1120, 319
hörbar sein 聞 ki(koeru) 64
hören 聞 BUN, MON, ki(ku) 64

承 SHŌ, uketamawa(ru) 942
(zu-)~ 聴 CHŌ, ki(ku) 1039
Hörensagen 風聞 fūbun 29, 64
又聞き matagiki 1593, 64
Hörer: (Zu-)~ 聞き手 kikite 64, 57
Horizont 地平線 chiheisen 118, 202, 299
天涯 tengai 141, 1461
Horn (Rind) 角 tsuno 473
(Jagd-/Wald-)~ 角笛 tsunobue 473, 1471
Hornhaut (des Auges) 角膜 kakumaku 473, 1426
Horoskop 星占い hoshiuranai 730, 1706
Hotel im j. Stil 旅館 ryokan 222, 327
hübsch 麗 REI, uruwa(shii) 1630
美麗 birei 401, 1630
Hüfte 腰 YŌ, koshi 1298
腰部 yōbu 1298, 86
schmale ~ 柳腰 yanagi-goshi 1871, 1298
Hügel 小山 koyama 27, 34
坂 HAN, saka 443
丘 KYŪ, oka 1357
丘陵 kyūryō 1357, 1844
künstlicher ~ 築山 tsukiyama 1603, 34
steiler ~ 急な坂 kyū na saka 303, 443
hügelige Gegend 丘陵地帯 kyūryō chitai
1357, 1844, 118, 963
Hügelkette 丘陵 kyūryō 1357, 1844
Huhn 鶏 KEI, niwatori 926
(Hühner)Ei 鶏卵 keiran 926, 1058
Hühnerfleisch 鶏肉 keiniku 926, 223
gebratenes ~ 焼(き)鳥 yakitori 920, 285
Hühnerstall 鶏舎 keisha 926, 791
Hülle 殻 KAKU, kara 1728
sterbliche ~ 遺体 itai 1172, 61
Hülse 殻 KAKU, kara 1728
Hülsenfrüchte 豆 TŌ, mame 958
Humanität 人倫 jinrin 1, 1163
und Gerechtigkeit 仁義 jingi 1619, 291
humoristisch: ~er Dialog (auf der Bühne) 漫
才 manzai 1411, 551
17silbiges ~es Gedicht 川柳 senryū 33,
1871
Hund 犬 KEN, inu 280
(sich vertragen) wie ~ und Katze 犬猿の仲
ken'en no naka 280, 1584, 1347
bissiger ~ 猛犬 mōken 1579, 280
herrenloser/wilder ~ 野犬 yaken 236, 280

kleiner ~ 小犬 koinu 27, 280
Hundehütte 犬小屋 inugoya 280, 27, 167
hundert 百 HYAKU 14
Millionen 一億 ichioku 2, 382
Personen 百人 hyakunin 14, 1
Hundertjahrfeier 百年祭 hyakunensai 14,
45, 617
Hündin 雌犬 mesuinu 1388, 280
Hunger 空腹 kūfuku 140, 1271
(Hungersnot) 飢餓 kiga 1304, 1303
und Durst 飢渇 kikatsu 1304, 1622
Hungergestalt 餓鬼 gaki 1303, 1523
hungern 飢 KI, u(eru) 1304
Hungersnot 飢きん kikin 1304
飢餓 kiga 1304, 1303
Hupe: (Auto-)~ 警笛 keiteki 706, 1471
hüpfen 躍 YAKU, odo(ru) 1560
跳 CHŌ, to(bu), ha(neru) 1563
Hurra! 万歳 banzai 16, 479
Hut 帽子 bōshi 1105, 103
Hütte 小屋 koya 27, 167
Hydrant (für Wasserversorung) 給水栓
kyūsuisen 346, 21, 1842
(für Feuerwehr) 消火栓 shōkasen 845,
20, 1842
Hygiene 衛生 eisei 815, 44
保健 hoken 489, 893
摂生 sessei 1692, 44
Hymen 処女膜 shojomaku 1137, 102, 1426
Hypnose 催眠 saimin 1317, 849
Hypothek 抵当 teitō 560, 77
担保 tanpo 1274, 489
Hypothenuse 斜辺 shahen 1069, 775
Hypothese 仮定 katei 1049, 355
仮説 kasetsu 1049, 400

– I –

ich 我 GA, ware, wa 1302
(formell) 私 SHI, watakushi 125
(bescheiden) 不肖 fushō 94, 844
(Männersprache) 僕 BOKU 1888
persönlich 私自身 watakushi jishin 125,
62, 59
Ich: das ~ 自我 jiga 62, 1302
ideal 理想的 risōteki 143, 147, 210
Ideal 理想 risō 143, 147
Idealismus 唯心論 yuishinron 1234, 97, 293

Idee (Gedanke) 思想 shisō 99, 147
  (Erfindung) 考案 kōan 541, 106
  (weltanschaulich) 理念 rinen 143, 579
  (Utopie) 観念 kannen 604, 579
  (Einfall) 趣向 shukō 1002, 199
  ausgezeichnete ~ 妙案 myōan 1154, 106
  gute ~ 名案 meian 82, 106
Identifikation 検証 kenshō 531, 484
identifiziert: nicht ~ 不詳 fushō 94, 1577
  noch nicht ~ 未詳 mishō 306, 1577
identisch 同様 dōyō 198, 403
Idiom 成句 seiku 261, 337
Idiot 白痴 hakuchi 205, 1813
Idiotie 白痴 hakuchi 205, 1813
Idol 本尊 honzon 25, 704
  偶像 gūzō 1639, 740
ignorieren (sich unwissend stellen) 知らん顔
  shirankao 214, 277
  (nicht beachten) 無視 mushi 93, 606
  (totschweigen) 黙殺 mokusatsu 1578, 576
Ihr: ~ sehr ergebener ... 謹言 kingen 1247, 66
  (werter) Name 芳名 hōmei 1775, 82
  ~e Kaiserliche Hoheit 妃殿下 hidenka
  1756, 1130, 31
  ~e Majestät die Kaiserin 皇后陛下 kōgō-
  heika 297, 1119, 589, 31
  ~e Majestät die Königin 女王陛下 joō
  heika 102, 294, 589, 31
  ~e Majestäten 両陛下 ryōheika 200, 589,
  31
  (~e) Tochter お嬢さん ojōsan 1836
  (御)令嬢 (go)reijō 708, 831, 1836
Ikebana 華道 kadō 1074, 149
illegal 非合法 higōhō 498, 159, 123
  違法 ihō 814, 123
Illumination 照明 shōmei 998, 18
Illusion (Sinnestäuschung) 錯覚 sakkaku
  1199, 605
  (Vision) 幻想 gensō 1227, 147
  幻影 gen'ei 1227, 854
Illustration 挿し絵 sashie 1651, 345
im: ~ Ausland 在外 zaigai 268, 83
  Begriff 既 KI, sude (ni) 1458
  Dienst sterben 殉職 junshoku 1799, 385
  Einklang handeln 呼応 koō 1254, 827
  Einverständnis (mit j-m) handeln 呼応
  koō 1254, 827

提携 teikei 628, 1686
einzelnen 逐一 chikuichi 1134, 2
Falle 暁には akatsuki niwa 1658
Freien 戸外で kogai de 152, 83
  露天で roten de 951, 141
ganzen Land 津々浦々 tsutsu-uraura
  668, 1442
Gefängnis sterben 獄死 gokushi 884, 85
Grünen 野原 nohara 236, 136
Hause 室内 shitsunai 166, 84
Herzen 本心 honshin 25, 97
Jahr darauf 翌年 yokunen 592, 45
Rahmen 枠内 wakunai 1907, 84
Rückstand sein 滞 todokō(ru) 964
Stich lassen 見捨てる misuteru 63, 1444
  捨 SHA, su(teru) 1444
  (unten) ~ Tal 渓間 keikan 1884, 43
  voraus 前もって maemotte 47
  Zimmer 室内 shitsunai 166, 84
Imbiß: ~ zum Mitnehmen 弁当 bentō 711, 77
  auf Bahnhöfen erhältlicher ~ zum
  Mitnehmen 駅弁 ekiben 284, 711
Imitation (Fälschung) 模造 mozō 1425, 691
  偽 nise 1485
  偽物 nisemono 1485, 79
  (Nachahmung) 模擬 mogi 1425, 1517
  模倣 mohō 1425, 1776
imitierte Stimme 声色 kowairo 746, 204
immateriell 無形 mukei 93, 395
immer 始終 shijū 494, 458
  nicht ~ 必ずしも…ない kanarazu shimo
  … nai 520
  wie ~ 依然として izen toshite 678, 651
Immobilien 不動産 fudōsan 94, 231, 278
Immunität (medizin.) 免疫 men'eki 733,
  1319
Imperialismus 帝国主義 teikoku shugi
  1179, 40, 155, 291
  帝政 teisei 1179, 483
Imperium 帝国 teikoku 1179, 40
Impfstoff 痘苗 tōbyō 1942, 1468
Impfung 種痘 shutō 228, 1942
Import 輸入 yunyū 546, 52
importiert 舶来 hakurai 1095, 69
  ~er Reis 外米 gaimai 83, 224
Importware 舶来品 hakuraihin 1095, 69, 230
imposant 盛大 seidai 719, 26

informiert: schlecht ~ 寡聞 kabun 1851, 64
Ingenieur 技師 gishi 871, 409
Ingenieurwissenschaft 工学 kōgaku 139, 109
Inhaber 持ち主 mochinushi 451, 155
inhalieren 吸入 kyūnyū 1256, 52
Inhalt (e-r Publikation; e-r Sendung) 内容 naiyō 84, 654
　(e-r Mitteilung) 趣 SHU, omomuki 1002
　旨 SHI, mune 1040
　(e-s Textes/e-r Rede) 趣旨 shushi 1002, 1040
　含蓄 ganchiku 1249, 1224
　kurzer ~ (Inhaltsangabe) 筋書き sujigaki 1090, 131
Inhaltsverzeichnis 目次 mokuji 55, 384
Injektion 注入 chūnyū 357, 52
　注射 chūsha 357, 900
Inland 国内 kokunai 40, 84
innen und außen 内外 naigai 84, 83
Innenpolitik 内政 naisei 84, 483
Innenseite 内 NAI, uchi 84
inner: ~e Blutung 内出血 naishukketsu 84, 53, 789
　(~e) Einkehr 内省 naisei 84, 145
　~e/latente Kraft/Energie 底力 sokojikara 562, 100
　~e Organe 内臓 naizō 84, 1287
　臓器 zōki 1287, 527
　~e Sekretion 内分泌 naibunpi 84, 38, 1870
　~e Unruhe während e-r Reise 旅愁 ryoshū 222, 1601
　~e Unruhen 内乱 nairan 84, 689
　~e Verhältnisse 内幕 uchimaku, naimaku 84, 1432
　~er Burggraben 内堀 uchibori 84, 1804
Innere: das ~ der Herzens 衷心 chūshin 1677, 97
　das ~ des Körpers 体内 tainai 61, 84
　~s (innerer Teil) 中 naka 28
　~s (räumlich) 奥 Ō, oku 476
　~s (Mysterium) 奥義 ōgi, okugi 476, 291
　~s (Herz) 腹 FUKU, hara 1271
in(nerhalb der Stadt) Tōkyō 都内 tonai 188, 84
innerhalb: ~ e-s Gebietes 圏内 kennai 508, 84

e-s Jahres 一年以内に ichinen inai ni 2, 45, 46, 84
innerlich kochen 煮 ni(yasu) 1795
innerst: ~e Seele 心の琴線 kokoro no kinsen 97, 1251, 299
　die ~ en Gefühle 衷情 chūjō 1677, 209
Innerstes 内心 naishin 84, 97
innigster Wunsch 念願 nengan 579, 581
inoffiziell: ~e Zusage 内諾 naidaku 84, 1770
　~er Bericht 内申 naishin 84, 309
　~es Rücktrittsgesuch 進退伺い shintai ukagai 437, 846, 1761
insbesondere 殊 SHU, koto (ni) 1505
Inschrift 碑文 hibun 1522, 111
　碑銘 himei 1522, 1552
Insekt 虫 CHŪ, mushi 873
　昆虫 konchū 1874, 873
　nützliches ~ 益虫 ekichū 716, 873
　schädliches ~ 害虫 gaichū 518, 873
Insektenkunde 昆虫学 konchūgaku 1874, 873, 109
Insektensammlung 昆虫採集 konchū saishū 1874, 873, 933, 436
Insektenvertilgungsmittel 殺虫剤 satchūzai 576, 873, 550
Insel 島 TŌ, shima 286
　(~ bei Kamakura) 江ノ島 Enoshima 821, 286
　(~ südlich von Tōkyō) 八丈島 Hachijō-jima 10, 1325, 286
　einsame ~ 孤島 kotō 1480, 286
　unbewohnte ~ 無人島 mujintō 93, 1, 286
Inselbewohner 島民 tōmin 286, 177
Inselgruppe 群島 guntō 794, 286
　諸島 shotō 861, 286
Inselkette 列島 rettō 611, 286
Inseln 諸島 shotō 861, 286
　(viele) ~ 島々 shimajima 286
Inselreich 島国 shimaguni 286, 40
Inserat 広告 kōkoku 694, 690
insgesamt 全般的 zenpanteki 89, 1096, 210
Inspektion 査察 sasatsu 624, 619
　(Überprüfung) 点検 tenken 169, 531
　(gerichtlich angeordner Lokaltermin) 検証 kenshō 531, 484
　(Besichtigung) 視察 shisatsu 606, 619
　(Prüfung) 検査 kensa 531, 624

(Patrouille) 巡視 junshi 777, 606
(Prüfung vor Freigabe) 検閲 ken'etsu 531, 1369
(Überwachung) 監査 kansa 1663, 624
inspiriert sein 発憤 happun 96, 1661
Installieren (Leitungen/Kabel) 架設 kasetsu 755, 577
Instandhaltungskosten 維持費 ijihi 1231, 451, 749
inständige Bitte 嘆願 tangan 1246, 581
Instinkt 本能 honnō 25, 386
Institut 院 IN 614
Institution 施設 shisetsu 1004, 577
Instruktion 訓令 kunrei 771, 831
指令 shirei 1041, 831
Instrument 器具 kigu 527, 420
機械 kikai 528, 529
Instrumentalmusik 器楽 kigaku 527, 358
Inszenierung 演出 enshutsu 344, 53
integer 潔白 keppaku 1241, 205
清廉潔白 seiren-keppaku 660, 1689, 1241, 205
intelligent 賢明 kenmei 1288, 18
Intelligenz: niedrige ~ 低能 teinō 561, 386
intensiv 強烈 kyōretsu 217, 1331
intensivieren 深 fuka(meru) 536
Intention 志向 shikō 573, 199
interessant: sehr ~ 興味深い kyōmibukai 368, 307, 536
興味津々 kyōmi-shinshin 368, 307, 668
~er Teil (e-r Geschichte) 佳境 kakyō 1462, 864
Interesse 興味 kyōmi 368, 307
関心 kanshin 398, 97
(aufgrund handfester Vorteile) 利害 rigai 329, 518
(Hobby) 趣味 shumi 1002, 307
wecken 喚起 kanki 1587, 373
interessiert 有志 yūshi 265, 573
international 国際 kokusai 40, 618
~e Anleihe 借款 shakkan 766, 1727
~e Gewässer 公海 kōkai 126, 117
Internierung 抑留 yokuryū 1057, 761
Interpretation 解釈 kaishaku 474, 595
Interpunktion 句読点 kutōten 337, 244, 169
Intervall: (Ton-)~ 音程 ontei 347, 417
Interview 会見 kaiken 158, 63

面接 mensetsu 274, 486
intim (vertraut) 親 shita(shii) 175
(eng) 密接 missetsu 806, 486
~e Vertraute 側近者 sokkinsha 609, 445, 164
Intimität (Vertrautheit) 親 SHIN 175
Intonation 抑揚 yokuyō 1057, 631
intonieren 唱 SHŌ, tona(eru) 1646
Intrige 術策 jussaku 187, 880
陰謀 inbō 867, 1495
Intuition 直覚 chokkaku 423, 605
Invalide 廃人 haijin 961, 1
Invalidität 廃疾 haishitsu 961, 1812
Invasion (Einmarsch) 侵入 shinnyū 1077, 52
(Einfall) 侵略 shinryaku 1077, 841
(auch nichtmilitär.) 蚕食 sanshoku 1877, 322
Inventur 棚卸 tanaoroshi 1908, 707
Investition 投資 tōshi 1021, 750
(irdener) Mörser すり鉢 suribachi 1820
irdisch: die ~e Welt 下界 gekai 31, 454
~e Wünsche 煩悩 bonnō 1849, 1279
(~es) Paradies 桃源境 Tōgenkyō 1567, 580, 864
桃源郷 Tōgenkyō 1567, 580, 855
Ironie 皮肉 hiniku 975, 223
irren (e-n Fehler machen) 過 ayama(tsu) 413
(orientierungslos sein) 惑 WAKU, mado(u) 969
sich ~ 違 I, chiga(u) 814
誤 GO, ayama(ru) 906
Irrglaube 異教 ikyō 1061, 245
邪道 jadō 1457, 149
Irrlehre 異端 itan 1061, 1418
邪宗 jashū 1457, 616
Irrsinn 狂気 kyōki 883, 134
Irrtum (Fehler) 間違い machigai 43, 814
(falsches Verständnis) 錯誤 sakugo 1199, 906
(Verwechslung, Mißverständnis) 勘違い kanchigai 1502, 814
Irrweg 横道 yokomichi 781, 149
邪道 jadō 1457, 149
Islam 回教 kaikyō 90, 245
Isolation (elektr.) 絶縁 zetsuen 742, 1131
Isolierung (in Naturwiss. u. Technik) 分離 bunri 38, 1281

(Menschen) 孤立　koritsu　1480, 121
(Quarantäne) 隔離　kakuri　1589, 1281
Izumo-Schrein (in der Präfektur Shimane)
出雲大社　Izumo Taisha　53, 636, 26, 308

– **J** –

Ja oder Nein 諾否　dakuhi　1770, 1248
Jagd 狩　SHU, ka(ri)　1581
狩猟　shuryō　1581, 1580
auf Glühwürmchen 蛍狩り　hotarugari
1878, 1581
Jagdbeute 獲物　emono　1313, 79
Jagdgewehr 猟銃　ryōjū　1580, 829
(Jagd)Horn 角笛　tsunobue　473, 1471
Jagdhund 猟犬　ryōken　1580, 280
Jagdhütte 狩り小屋　karigoya　1581, 27, 167
Jagdmesser 山刀　yamagatana　34, 37
Jagdverbot 禁猟　kinryō　482, 1580
Jagdzeit 狩猟期　shuryōki　1581, 1580, 449
jagen 狩　ka(ru)　1581
Jagen: rücksichtsloses ~ 濫獲　rankaku
1944, 1313
Jäger 猟師　ryōshi　1580, 409
狩人　karyūdo　1581, 1
Jahr 年　NEN, toshi　45
年度　nendo　45, 377
(e-r Ära) 年号　nengō　45, 266
(e-r Zeitrechnung) 紀元　kigen　372, 137
das neue ~ 新年　shinnen　174, 45
dieses ~ 今年　kotoshi　51, 45
Ein glückliches Neues ~ 謹賀新年　kinga
shinnen　1247, 756, 174, 45
恭賀新年　kyōga shinnen　1434, 756, 174, 45
ein halbes ~ 半年　hantoshi　88, 45
fruchtbares ~ 豊年　hōnen　959, 45
jedes ~ 毎年　mainen, maitoshi　116, 45
例年　reinen　612, 45
kommendes ~ 来年　rainen　69, 45
letztes ~ 昨年　sakunen　361, 45
去年　kyonen　414, 45
nächstes ~ 来年　rainen　69, 45
翌年　yokunen　592, 45
noch in diesem ~ 年内に　nennai ni　45, 84
normales ~ 例年　reinen　612, 45
voriges ~ 昨年　sakunen　361, 45
去年　kyonen　414, 45
vorletztes ~ 一昨年　issakunen　2, 361, 45

wie in jedem ~ 平年並み　heinennami
202, 45, 1165
im ~ darauf 翌年　yokunen　592, 45
das erste ~ der Shōwa-Ära (1926) 昭和元
年　Shōwa gannen　997, 124, 137, 45
~e 春秋　shunjū　460, 462
歳月　saigetsu　479, 17
5 ~e (lang) 五年間　gonenkan　7, 45, 43
18 ~e (alt) 十八才　jūhassai　12, 10, 551
20 ~e (alt) 二十歳　hatachi　3, 12, 479
弱冠　jakkan　218, 1615
lange/viele ~e 長年　naganen　95, 45
letzte ~e 晩年　bannen　736, 45
über 20 ~e 二十余年　nijūyonen　3, 12,
1063, 45
viele Millionen ~e 数億年　sūokunen　225,
382, 45
(volle) vier ~e (alt) 満四歳　man'yonsai
201, 6, 479
innerhalb e-s ~es 一年以内に　ichinen inai
ni　2, 45, 46, 84
kälteste Zeit des ~es 寒中　kanchū　457, 28
Jahrbuch 年鑑　nenkan　45, 1664
Jahresabschlußfeier 忘年会　bōnenkai　1374,
45, 158
Jahresende 年末　nenmatsu　45, 305
歳暮　seibo　479, 1428
Jahresgehalt 年俸　nenpō　45, 1542
Jahrestag der Gründung der VR China 国
慶節　Kokkeisetsu　40, 1632, 464
Jahreszeit 節　SETSU　464
時節　jisetsu　42, 464
季節　kisetsu　465, 464
陽気　yōki　630, 134
候　KŌ　944
andeutendes Wort im Haiku 季語　kigo
465, 67
kälteste ~ 寒　KAN　457
die 4 ~en 四季　shiki　6, 465
Jahrhundert 世紀　seiki　252, 372
jährlich 毎年　mainen, maitoshi　116, 45
~e Einkünfte und Ausgaben 歳入歳出
sainyū saishutsu　479, 52, 479, 53
~er Tribut 年貢　nengu　45, 1719
Jähzorn 短気　tanki　215, 134
Jammer 悲惨　hisan　1034, 1725
jammern 嘆　TAN, nage(ku)　1246

悼 TŌ, ita(mu) 1680
Januar 一月 ichigatsu 2, 17
正月 shōgatsu 275, 17
1. ~ 元日 ganjitsu 137, 5
8. ~ 一月八日＝1月8日 ichigatsu yōka 2, 17, 10, 5
Japan 日本 Nihon, Nippon 5, 25
(Abk.) 日 NICHI 5
(das alte) ~ 大和 Yamato 26, 124
und Amerika 日米 Nichi-Bei 5, 224
und Deutschland 日独 Nichi-Doku 5, 219
und USA 日米 Nichi-Bei 5, 224
Besuch in ~ 訪日 hōnichi 1181, 5
(in) ganz ~ 日本中 Nihonjū, Nipponjū 5, 25, 28
Made in ~ 日本製 nihonsei 5, 25, 428
in ~ ansässig 在日 zainichi 268, 5
in ~ ansässig/residierend 駐日 chūnichi 599, 5
nach ~ kommen 来日 rainichi 69, 5
Japaner 日本人 Nihonjin, Nipponjin 5, 25, 1
(in Amerika lebende) ~ (在米)邦人 (zaibei) hōjin 268, 224, 808, 1
die ~ 日本側 Nihongawa, Nippongawa 5, 25, 609
japanfeindlich 排日 hai-Nichi 1036, 5
japanfreundlich 親日 shin-Nichi 175, 5
Japangraben: der ~ 日本海溝 Nihon/ Nippon Kaikō 5, 25, 117, 1012
japanisch (Abk.) 和 WA 124
(alte ~e Münzeinheit) 両 RYŌ 200
(~e Schnellzuglinie) 新幹線 Shinkansen 174, 1189, 299
~e Art 日本風 Nihon-fū 5, 25, 29
~e Bambusflöte 尺八 shakuhachi 1895, 10
~e Geschichte 日本史 Nihon shi 5, 25, 332
~e Harfe 琴 KIN, koto 1251
~e Holzsandale 下駄 geta 31, 1880
(~e) Kaiserin 皇后 kōgō 297, 1119
~e Kleidung 和服 Wafuku 124, 683
~e Küche 和食 Washoku 124, 322, 289
~e Schrift 和文 Wabun 124, 111
~e Socken (zum Kimono) 足袋 tabi 58, 1329
~e Zeder 杉 sugi 1872
~e Zeitung 邦字新聞 hōji shinbun 808, 110, 174, 64

der ~e Geist 大和魂 Yamato-damashii 26, 124, 1525
der ~e Kaiser 天皇 tennō 141, 297
das (~e) Kaiserhaus 皇室 kōshitsu 297, 166
die ~e Seite 日本側 Nihongawa, Nippongawa 5, 25, 609
Bild in ~em Stil 日本画 Nihonga 5, 25, 343
die ~en Präfekturen 都道府県 to-dō-fu-ken 188, 149, 504, 194
Hotel im ~en Stil 旅館 ryokan 222, 327
~er Feudalherr 大名 daimyō 26, 82
~er Reiswein 日本酒 Nihon-shu 5, 25, 517
~er Stil 日本風 Nihon-fū 5, 25, 29
和風 Wafū 124, 29
~er Überwurf 羽織 haori 590, 680
von ~er Herkunft 日系 nikkei 5, 908
klassisch/rein ~er Stil 純日本風 jun Nihon-fū 965, 5, 25, 29
~es Bogenschießen 弓道 kyūdō 212, 149
弓術 kyūjutsu 212, 187
~es Kalligrafie-/Zeichenpapier 色紙 shikishi 204, 180
~es Konfekt 和菓子 wagashi 124, 1535, 103
~es Papier 日本紙 Nihonshi 5, 25, 180
和紙 Washi 124, 180
~es Produkt 日本製 nihonsei 5, 25, 428
~es Puppenspiel 文楽 bunraku 111, 358
(~es) Restaurant 料亭 ryōtei 319, 1184
~es Ringen 相撲 sumō 146, 1889
~es Schach 棋 KI 1835
~es Schachbrett 将棋盤 shōgiban 627, 1835, 1098
~es Schachspiel 将棋 shōgi 627, 1835
~es Schwert 日本刀 Nihon-tō 5, 25, 37
~es Stockfechten 剣道 kendō 879, 149
~es Zeichen-/Kalligrafiepapier 色紙 shikishi 204, 180
~es Zimmer 和室 washitsu 124, 166
31silbiges ~es Gedicht 和歌 waka 124, 392
短歌 tanka 215, 392
Japanisch (Fremdsprache) 日本語 Nihongo 5, 25, 67
(Landessprache) 国語 kokugo 40, 67
die ~e Reichsbank 日銀 Nichigin 5, 313
~es Meer 日本海 Nihonkai 5, 25, 117
japanisch-amerikanisch 日米 Nichi-Bei 5, 224

Japanisch-Amerikanische Gesellschaft 日米協会 Nichi-Bei Kyōkai 5, 224, 234, 158

japanisch-chinesisch 日中 Nit-Chū 5, 28

japanisch-deutsch (Wörterbuch, Übersetzung) 和独 Wa-Doku 124, 219

japanisch-englisch (Wörterbuch, Übersetzung) 和英 Wa-Ei 124, 353

japanisch-französisch 日仏 Nichi-Futsu 5, 583

Japanologe 日本学者 Nihongakusha 5, 25, 109, 164

japanophil 親日 shin-Nichi 175, 5

Japanpapier 日本紙 Nihonshi 5, 25, 180
和紙 Washi 124, 180

jauchzend 意気揚々 ikiyōyō 132, 134, 631

je zwei (Personen) 二人ずつ futarizutsu 3, 1

jede: ~ Art 各種 kakushu 642, 228
Gegend 各地 kakuchi 642, 118
Stunde 毎時 maiji 116, 42
Woche 毎週 maishū 116, 92
wie in ~m Jahr 平年並み heinennami 202, 45, 1165
~n Abend 毎晩 maiban 116, 736
~n Monat 毎月 maigetsu, maitsuki 116, 17
~n Morgen 毎朝 maiasa 116, 469
~n Tag 毎日 mainichi 116, 5
~n zweiten Samstag (im Monat) 毎月第二土曜日 maitsuki dai-ni doyōbi 116, 17, 404, 3, 24, 19, 5
~n zweiten Tag 一日置き ichinichioki 2, 5, 426
~r 毎 MAI 116
各 KAKU, onoono 642
(ein) ~r 各自 kakuji 642, 62
各人 kakujin 642, 1
~r Baum 木々 kigi 22
~r Ort 各地 kakuchi 642, 118
~s 毎 MAI 116
各 KAKU, onoono 642
~s einzeln 一つ一つ hitotsu hitotsu 2, 2
~s Jahr 毎年 mainen, maitoshi 116, 45
例年 reinen 612, 45
~s Land 各国 kakkoku 642, 40

jedermann 各人 kakujin 642, 1
各自 kakuji 642, 62

jedoch 但 tada(shi) 1927

jemanden zum besten haben 翻ろう honrō 596

jener 彼 HI, [kano] 977

jetziger Arbeitsplatz 現職 genshoku 298, 385

jetzt 今 KON, KIN, ima 51

Jiu-Jitsu 柔術 jūjutsu 774, 187

Jōdo-Sekte: (buddh.) ~ 浄土宗 Jōdoshū 664, 24, 616

Journalist 記者 kisha 371, 164

Jubel 歓声 kansei 1052, 746
歓喜 kanki 1052, 1143

Jūdō 柔道 jūdō 774, 149

Jugend (Alter) 青少年 seishōnen 208, 144, 45
(junge Leute) 若者 wakamono 544, 164
die ~ 若人 wakōdo 544, 1

Jugendblüte (e-s Mädchens) 娘盛り musumezakari 1752, 719

Jugendgesetz 少年法 shōnenhō 144, 45, 123

Jugendlicher 若人 wakōdo 544, 1
若者 wakamono 544, 164

jugendliches Alter 弱冠 jakkan 218, 1615

Jugendzeit 青春 seishun 208, 460

jung (jugendlich) 若 JAKU, waka(i) 544
(kindlich) 幼 YŌ, osana(i) 1229
sterben 若死に wakajini 544, 85
~e Dame お嬢さん ojōsan 1836
(御)令嬢 (go)reijō 708, 831, 1836
~e Frau 嫁 yome 1749
~e Leute 青年 seinen 208, 45
~er Baum 苗木 naegi 1468, 22
~er Herr 坊ちゃん botchan 1858
~er Mann 青年 seinen 208, 45
若人 wakōdo 544, 1
若手 wakate 544, 57
若者 wakamono 544, 164
~er Priester 小僧 kozō 27, 1366
~es Mitglied 若手 wakate 544, 57

Junge 男子 danshi 101, 103
男の子 otokonoko 101, 103
少年 shōnen 144, 45
小僧 kozō 27, 1366
frecher/ungezogener ~ 憎まれっ子 nikumarekko 1365, 103

jünger: ~e Generation 後輩 kōhai 48, 1037
~e Geschwister 弟妹 teimai 405, 408
~e Schwester 妹 MAI, imōto 408
~er Bruder 弟 TEI, otōto 405

Jünger 門下生 monkasei 161, 31, 44
弟子 deshi 405, 103
門弟 montei 161, 405
Jungfernhäutchen 処女膜 shojomaku 1137, 102, 1426
Jungfrau 乙女 otome 983, 102
処女 shojo 1137, 102
 Hl. ~ Maria 聖母 Seibo 674, 112
jüngst 最近 saikin 263, 445
 ~es Kind 末っ子 suekko 305, 103
Junior 二世 nisei 3, 252
Jurist(enstand) 法曹 hōsō 123, 1929
juristisch: ~e Kreise 法曹界 hōsōkai 123, 1929, 454
 (~er) Beweis 証拠 shōko 484, 1138
Jury 陪審 baishin 1943, 1383
Justiz 司法 shihō 842, 123
Justizministerium 法務省 Hōmushō 123, 235, 145
Juwel 玉 GYOKU, tama 295
宝石 hōseki 296, 78
宝玉 hōgyoku 296, 295
珠玉 shugyoku 1504, 295
 (i.ü.S.) 掌中の玉 shōchū no tama 499, 28, 295

– K –

Kabine 船室 senshitsu 376, 166
Kabinett 内閣 naikaku 84, 837
Kabinettsbildung 組閣 sokaku 418, 837
Kabinettsmitglied 閣僚 kakuryō 837, 1324
Kabinettssitzung 閣議 kakugi 837, 292
Kabinettsumbildung 更迭 kōtetsu 1008, 1507
Kabuki 歌舞き kabuki 392, 810
Kaffeebohne コーヒー豆 kōhīmame 958
Kahn 小舟 kobune 27, 1094
Kahnfahrt 舟遊び funaasobi 1094, 1003
Kai 波止場 hatoba 666, 477, 154
桟橋 sankyō 1906, 597
Kaiser 皇帝 kōtei 297, 1179
 (~) Karl der Große カール大帝 Kāru Taitei 26, 1179
 der (j.) ~ 天皇 tennō 141, 297
 Wir (der ~) meinen: 朕思うに Chin omou ni 1921, 99
 der ~ und die Kaiserin 両陛下 ryōheika 200, 589, 31

 S. M. der ~ (von Japan) 天皇陛下 tennō heika 141, 297, 589, 31
Kaiserhaus: das (j.) ~ 皇室 kōshitsu 297, 166
Kaiserin 王妃 ōhi 294, 1756
 (j.) ~ 皇后 kōgō 297, 1119
 I.M. die ~ 皇后陛下 kōgō-heika 297, 1119, 589, 31
Kaiserinwitwe 皇太后 kōtaigō, kōtaikō 297, 629, 1119
kaiserlich: ~e Botschaft (Erlaß) 勅語 chokugo 1886, 67
 ~e Nachkommen 皇孫 kōson 297, 910
 ~e Prinzessin 皇女 kōjo 297, 102
 ~e Regierung 帝政 teisei 1179, 483
 ~e Residenz 皇居 kōkyo 297, 171
 ~e Schenkung 下賜 kashi 31, 1831
 ~e Verleihung 下賜 kashi 31, 1831
 der ~e Palast 御所 gosho 708, 153
 der ~e Thron 皇位 kōi 297, 122
 ~er Auftrag 勅命 chokumei 1886, 578
 ~er Befehl 勅命 chokumei 1886, 578
 ~er Enkel 皇孫 kōson 297, 910
 ~er Erlaß 詔 SHŌ, mikotonori 1885
大詔 taishō 26, 1885
詔書 shōsho 1885, 131
勅語 chokugo 1886, 67
詔勅 shōchoku 1885, 1886
 ~er Hof 廷 TEI 1111
宮廷 kyūtei 721, 1111
 ~er Palast 皇居 kōkyo 297, 171
宮城 kyūjō 721, 720
 alter ~er Berater 元老 genrō 137, 543
 ~es Chrysanthemenwappen 菊の御紋 kiku no gomon 475, 708, 1454
 ~es Dekret 勅 CHOKU 1886
 ~es Geschenk 恩賜 onshi 555, 1831
 ~es Grab 陵 RYŌ, misasagi 1844
 ~es Siegel 玉璽 gyokuji 295, 1887
御璽 gyoji 708, 1887
Kaiserlich: Ihre ~e Hoheit 妃殿下 hidenka 1756, 1130, 31
Kaisermutter 皇太后 kōtaigō, kōtaikō 297, 629, 1119
Kaiserreich 帝国 teikoku 1179, 40
Kakerlak 油虫 aburamushi 364, 873
Kalb 小牛, 子牛 koushi 27, 281, 103, 281
Kalender 暦 REKI, koyomi 1534

alter (Mond-)~ 旧暦 kyūreki 1216, 1534
Kaliber 口径 kōkei 54, 1475
Kalifornien: (der Bundesstaat) ~ カリフォ
ルニア州 Kariforunia-shū 195
Kalk 石灰 sekkai 78, 1343
Kalligrafie 書道 shodō 131, 149
能筆 nōhitsu 386, 130
習字 shūji 591, 110
Kalligrafiepapier: j.~ 色紙 shikishi 204, 180
kalligrafisch verkürzte Zeichenform 草書
sōsho 249, 131
kalt (Witterung) 寒 samu(i) 457
  (Gegenstand; Herz) 冷 REI, tsume(tai)
  832
  (unangenehm) ~ 肌寒い hadasamui
  1306, 457
  werden 冷 hi(eru), sa(meru) 832
  ~e Abreibung 冷水摩擦 reisui masatsu
  832, 21, 1530, 1519
  ~e Behandlung 冷遇 reigū 832, 1641
  ~e Quelle 冷泉 reisen 832, 1192
  ~er Krieg 冷戦 reisen 832, 301
  ~er Sake 冷 hi(ya) 832
  ~er Schweiß 冷汗 reikan 832, 1188
  ~er Spätherbstwind 木枯らし kogarashi
  22, 974
  ~er Windstoß 木枯らし kogarashi 22, 974
  ~es Wasser 冷 hi(ya) 832
  冷水 reisui 832, 21
  ~es Wetter 寒空 samuzora 457, 140
Kälte 寒気 kanki 457, 134
  (Minusgrade) 零下 reika 1823, 31
  und Hitze 寒暑 kansho 457, 638
  strenge ~ 極寒 gokkan 336, 457
kältest: ~e Jahreszeit 寒 KAN 457
  ~e Zeit des Jahres 寒中 kanchū 457, 28
kalt(herzig) 冷淡 reitan 832, 1337
kaltherzig 薄情 hakujō 1449, 209
Kamikaze 神風 kamikaze 310, 29
Kamin 暖炉 danro 635, 1790
kämmen 解 to(kasu) 474
Kammerfrau 侍女 jijo 571, 102
Kammermädchen 侍女 jijo 571, 102
Kampagne 遊説 yūzei 1003, 400
Kampf (Schlacht) 合戦 kassen 159, 301
  (milit.) 戦闘 sentō 301, 1511
  (Streit) 闘争 tōsō 1511, 302

heftiger ~ 奮闘 funtō 1309, 1511
heißer ~ 大相撲 ōzumō 26, 146, 1889
kämpfen 戦 SEN, tataka(u) 301
  闘 TŌ, tataka(u) 1511
  tapfer ~ 敢闘 kantō 1691, 1511
Kampfsportexperte 猛者 mosa 1579, 164
Kanal 堀川 horikawa 1804, 33
  堀割 horiwari 1804, 519
  堀江 horie 1804, 821
  (für Schiffahrt) 運河 unga 439, 389
  (für Abwässer) 下水溝 gesuikō 31, 21,
  1012
Kanalisation 下水 gesui 31, 21
  下水溝 gesuikō 31, 21, 1012
Kandidat (bei Wahlen) 候補者 kōhosha
  944, 889, 164
Kanji 漢字 kanji 556, 110
Kanone 大砲 taihō 26, 1764
Kanonier 砲兵 hōhei 1764, 784
Kansai-Dialekt 関西弁 Kansai-ben 398, 72,
  711
Kante 縁 fuchi 1131
  端 ha, hashi 1418
Kanzleidirektor 官房長(官) kanbōchō(kan)
  326, 1237, 95, 326
Kap 崎 saki 1362
  岬 misaki 1363
Kapazität 容量 yōryō 654, 411
  包容力 hōyōryoku 804, 654, 100
Kapelle: (Musik-)~ 楽隊 gakutai 358, 795
kapern 乗っ取る nottoru 523, 65
  だ捕 daho 890
Kapern 捕獲 hokaku 890, 1313
Kapital 元金 gankin 137, 23
  資本 shihon 750, 25
Kapitalanlage 投資 tōshi 1021, 750
Kapitän 船長 senchō 376, 95
  zur See 大佐 taisa 26, 1744
Kapitel 章 SHŌ 857
  3 第三章 dai-sanshō 404, 4, 857
Kapitulation 降伏 kōfuku 947, 1356
  (Fall) 開城 kaijō 396, 720
  陥落 kanraku 1218, 839
Karate 空手 karate 140, 57
Karikatur 漫画 manga 1411, 343
  戯画 giga 1573, 343
kariöser Zahn 虫歯 mushiba 873, 478

Karl: (Kaiser) ~ der Große カール大帝
  Kāru Taitei 26, 1179
Karma 業 GŌ 279
karmesinrot 紅 beni 820
Karriere 閲歴 etsureki 1369, 480
  schnelle ~ 出世 shusse 53, 252
Karte (Fahr-/Eintritts-) 切符 kippu 39, 505
Kartoffel 芋 imo 1909
  じゃが芋 jagaimo 1909
Kartoffeln ausgraben 芋掘り imohori
  1909, 1803
Kaserne 兵舎 heisha 784, 791
Kasse 金庫 kinko 23, 825
  getrennte ~ 割り勘 warikan 519, 1502
Kassieren 集金 shūkin 436, 23
kastanienbraun 茶褐色 chakasshoku 251,
  1623, 204
Kasten 箱 hako 1091
kastriert (i.ü.S.) 骨抜き honenuki 1266, 1713
Katalysator 触媒 shokubai 874, 1496
Katalyse 触媒作用 shokubai sayō 874, 1496,
  360, 107
Katastrophe 破局 hakyoku 665, 170
  災 SAI, wazawa(i) 1335
  災難 sainan 1335, 557
  惨事 sanji 1725, 80
  災禍 saika 1335, 1809
katholischer Priester 神父 shinpu 310, 113
Katze 猫 BYŌ, neko 1470
Kauf: (Ein-/An-) ~ 購入 kōnyū 1011, 52
  購買 kōbai 1011, 241
  und Verkauf 売買 baibai 239, 241
  günstiger ~ 拾い物 hiroimono 1445, 79
  guter ~ 掘り出し物 horidashimono 1803,
  53, 79
kaufen 買 BAI, ka(u) 241
Käufer 買い手 kaite 241, 57
  買い主 kainushi 241, 155
  (Ein-)~ 購入者 kōnyūsha 1011, 52, 164
Kaufhaus 百貨店 hyakkaten 14, 752, 168
Kaufmann (Stand) 町人 chōnin 182, 1
  商人 shōnin 412, 1
kaum kennen 疎 uto(i) 1514
Kausalität 因縁 innen 554, 1131
Kaution: (Miet-)~ 敷金 shikikin 1451, 23
Kavallerie 騎兵 kihei 1881, 784
Kavallerist 騎兵 kihei 1881, 784

Kazuo (männl. Vorname, Anredeform) 和夫
  君 Kazuo-kun 124, 315, 793
kehren 掃 SŌ, ha(ku) 1080
Keim 芽 GA, me 1455
  芽生え mebae 1455, 44
  (Bakterie) 菌 KIN 1222
  neuer ~ 新芽 shinme 174, 1455
keimen 発芽 hatsuga 96, 1455
keimfrei 無菌 mukin 93, 1222
kein 皆無 kaimu 587, 93
  ~en Erfolg haben 敗 HAI, yabu(reru) 511
  ~en Tag fehlen (bei der Arbeit) 皆勤
  kaikin 587, 559
Kein Durchgang! 通行止め tsūkōdome
  150, 68, 477
Keine Durchfahrt! 通行止め tsūkōdome
  150, 68, 477
Keller 室 muro 166
Kendō 剣道 kendō 879, 149
kennen 知 CHI, shi(ru) 214
  心得る kokoroeru 97, 374
Kenntnis 知識 chishiki 214, 681
  gründliche ~ 通暁 tsūgyō 150, 1658
  oberflächliche ~ 浅学 sengaku 649, 109
  umfassende ~se 該博な知識 gaihaku na
  chishiki 1213, 601, 214, 681
kenntnisarm 寡聞 kabun 1851, 64
(Kenn)Zeichen 印 shirushi 1043
Keramik (Kunsthandwerk) 陶芸 tōgei
  1650, 435
  (Gefäß) 陶器 tōki 1650, 527
  (Herstellung) 窯業 yōgyō 1789, 279
  u. Porzellan 陶磁器 tōjiki 1650, 1548, 527
Keramikhandwerk 陶芸 tōgei 1650, 435
Kerker 監獄 kangoku 1663, 884
Kerl 野郎 yarō 236, 980
  gemeiner ~ 卑劣漢 hiretsukan 1521, 1150,
  556
Kern (Wesen) 根幹 konkan 314, 1189
  (e-r Frucht; Atom-) 核 KAKU 1212
  (e-s Problems) 核心 kakushin 1212, 97
  (Führungsgruppe) 中堅 chūken 28, 1289
  (Seele, Geist) 精髄 seizui 659, 1740
  真髄, 神髄, 心髄 shinzui 422, 1740, 310,
  1740, 97, 1740
kerngesund 頑健 ganken 1848, 893
Kern(punkt) 骨子 kosshi 1266, 103

Kernreaktor 核反応炉 kaku hannōro 1212, 324, 827, 1790
Kernwaffen 核兵器 kakuheiki 1212, 784, 527
Kette 鎖 kusari 1819
  (Hals-)~ 首飾り kubikazari 148, 979
  Glied in e-r ~ 一環 ikkan 2, 865
  goldene ~ 金鎖 kingusari 23, 1819
Kettenreaktion 連鎖反応 rensa hannō 440, 1819, 324, 827
Ketzerei 異教 ikyō 1061, 245
  異端 itan 1061, 1418
  邪教 jakyō 1457, 245
  邪宗 jashū 1457, 616
keusch 純潔 junketsu 965, 1241
  貞潔 teiketsu 1681, 1241
Keuschheit 操 misao 1655
  節操 sessō 464, 1655
  weibliche ~ 貞節 teisetsu 1681, 464
  貞淑 teishuku 1681, 1668
Kiefer (Baum) 松 SHŌ, matsu 696
Kiefernhain 松原 matsubara 696, 136
Kiefernnadel 松葉 matsuba 696, 253
Kiefernwald 松林 matsubayashi 696, 127
Kiel 竜骨 ryūkotsu 1758, 1266
Kies 砂利 jari 1151, 329
Kieselstein 小石 koishi 27, 78
Kilogramm: drei ~ 三キロ san kiro 4
Kilometer: drei ~ 三キロ san kiro 4
Kimono 着物 kimono 657, 79
Kimono-Geschäft 呉服屋 gofukuya 1436, 683, 167
Kimono-Stoff 呉服 gofuku 1436, 683
Kind 小人 shōnin 27, 1
  子 SHI, ko 103
  少年 shōnen 144, 45
  子供 kodomo 103, 197
  童 DŌ, warabe 410
  児童 jidō 1217, 410
  稚児 chigo 1230, 1217
  (Frucht der Liebe) 愛の結晶 ai no kesshō 259, 485, 1645
  ausgesetztes ~ 捨て子 sutego 1444, 103
  eheliches ~ 嫡(出)子 chaku(shutsu)shi 1932, 53, 103
  geliebtes ~ 掌中の玉 shōchū no tama 499, 28, 295
  jüngstes ~ 末っ子 suekko 305, 103

  kleines ~ 幼児 yōji 1229, 1217
  幼子 osanago 1229, 103
  legitimes ~ 嫡(出)子 chaku(shutsu)shi 1932, 53, 103
  uneheliches ~ 庶子 shoshi 1766, 103
  verlaufenes/verlorenes ~ 迷子 maigo 967, 103
  ~er 子弟 shitei 103, 405
  ~er im Festzug 稚児 chigo 1230, 1217
  die Gefühle e-s ~es 童心 dōshin 410, 97
Kinderarzt 小児科医 shōni-kai 27, 1217, 320, 220
Kindergarten 幼稚園 yōchien 1229, 1230, 447
Kindergesicht 童顔 dōgan 410, 277
Kinderheim 保育所 hoikusho, hoikujo 489, 246, 153
Kinderhort 託児所 takujisho 1636, 1217, 153
Kinderkrippe 託児所 takujisho 1636, 1217, 153
Kinderlähmung 小児麻ひ shōni mahi 27, 1217, 1529
Kinderlied 童謡 dōyō 410, 1647
Kindermädchen 子守 komori 103, 490
Kinderruhr 疫痢 ekiri 1319, 1811
Kinderseele 幼心 osanagokoro 1229, 97
Kinderwagen 乳母車 ubaguruma 939, 112, 133
Kindesbewegung (im Mutterleib) 胎動 taidō 1296, 231
Kindheit 幼少 yōshō 1229, 144
kindisch 幼 YŌ, osana(i) 1229
  稚拙 chisetsu 1230, 1801
  ~es Gemüt 幼心 osanagokoro 1229, 97
  ~es Wesen 稚気 chiki 1230, 134
Kiosk 売店 baiten 239, 168
Kirche (Institution; Gebäude) 教会 kyōkai 245, 158
  (Gebäude) 聖堂 seidō 674, 496
Kirschbaum 桜 Ō, sakura 928
Kirschblüte 桜花 ōka 928, 255
  achtblättrige ~ 八重桜 yaezakura 10, 227, 928
Kirsche 桜んぼ sakuranbo 928
kirschfarben 桜色 sakurairo 928, 204
Kiste 箱 hako 1091
Klage (Schelte, Murren) 小言 kogoto 27, 66
  (Beschwerde) 文句 monku 111, 337

(Anzeige) 告発 kokuhatsu 690, 96
(Jammern) 悲嘆 hitan 1034, 1246
(Seufzer) 嘆息 tansoku 1246, 1242
(An-)~ 告訴 kokuso 690, 1402
(Prozeß) 訴訟 soshō 1402, 1403
einreichen 提訴 teiso 628, 1402
Klagelied 哀歌 aika 1675, 392
klagen (trauern) 悲 kana(shimu) 1034
(jammern) 嘆 TAN, nage(ku) 1246
Klagen (aus Unzufriedenheit) 不平 fuhei
94, 202
(sinnloses) ~ 愚痴 guchi 1642, 1813
ständiges ~ 繰り言 kurigoto 1654, 66
klammern: sich ~ an 絡み付く karamitsuku
840, 192
拘泥 kōdei 1800, 1621
Klammern: (runde) ~ 括弧 kakko 1260, 1481
Klang 調子 chōshi 342, 103
音響 onkyō 347, 856
klar (rein) 清 SEI, kiyo(i) 660
(deutlich) 鮮 SEN, aza(yaka) 701
鮮明 senmei 701, 18
(rein) 清澄 seichō 660, 1334
(transparent) 透明 tōmei 1685, 18
(hell, heiter) 朗 RŌ, hoga(raka) 1754
(hell) 明朗 meirō 18, 1754
(kristall-)~ sein 澄み渡る sumiwataru
1334, 378
werden (Sachverhalt) 判明 hanmei 1026,
18
werden (Himmel) 澄 CHŌ, su(mu) 1334
ganz ~ werden 澄み切る sumikiru 1334,
39
~er Himmel 晴天 seiten 662, 141
~es Herbstwetter 秋晴れ akibare 462, 662
~es Urteil 明察 meisatsu 18, 619
~es Wasser 清水 seisui, shimizu 660, 21
~es Wetter 快晴 kaisei 1409, 662
klären 澄 su(masu) 1334
Klasse: (Schul-)~ 組 SO, kumi 418
(Rang) 級 KYŪ 568
(Grad) 等 TŌ 569
(Grad, Rang) 等級 tōkyū 569, 568
(soziale) ~ (Stufe) 階級 kaikyū 588, 568
(soziale) ~ (Schicht) 階層 kaisō 588, 1367
A 甲種 kōshu 982, 228
erste ~ 一等 ittō 2, 569

erste ~ (Wahl) 甲種 kōshu 982, 228
Klassenkamerad 同級生 dōkyūsei 198, 568,
44
Klassenzeichen (e-s Kanji) 部首 bushu 86,
148
Klassenzimmer 教室 kyōshitsu 245, 166
Klassifizierung 分類 bunrui 38, 226
Klassiker 古典 koten 172, 367
klassisch: ~e Literatur 古文 kobun 172, 111
古典 koten 172, 367
~er j. Stil 純日本風 jun Nihon-fū 965, 5,
25, 29
~er Stil 古文 kobun 172, 111
Klausel 条項 jōkō 564, 1439
約款 yakkan 211, 1727
klebrig sein 粘 NEN, neba(ru) 1707
Kleid 衣 I, koromo 677
aus Federn 羽衣 hagoromo 590, 677
von der Stange 既製服 kiseifuku 1458,
428, 683
kleiden: sich prächtig ~ 着飾る kikazaru
657, 979
Kleider 衣類 irui 677, 226
für den Winter 冬物 fuyumono 459, 79
(Kleider)Stoff 生地 kiji 44, 118
Kleidung 衣 I, koromo 677
衣類 irui 677, 226
衣服 ifuku 677, 683
被服 hifuku 976, 683
服装 fukusō 683, 1328
(ehrerbietig) お召し物 omeshimono 995,
79
~ , Nahrung und Wohnung 衣食住
ishokujū 677, 322, 156
schwarze ~ 黒衣 kokui 206, 677
Kleidungsstück: das einzige gute ~ 一張羅
itchōra 2, 1106, 1860
klein 小 SHŌ, chii(sai), ko-, o- 27
(fein) 細 SAI, koma(kai), koma(ka) 695
(jung) 幼 YŌ, osana(i) 1229
(eng) 狭 KYŌ, sema(i) 1353
~e Geldsumme 小金 kogane 27, 23
~e Glocke 鈴 REI, RIN, suzu 1822
~e Menge 小量 shōryō 27, 411
~e Pause/Rast 小憩, 少憩 shōkei 27, 1243,
144, 1243
~e rote Bohne 小豆 azuki 27, 958

~e Schüssel 小皿 kozara 27, 1097

der ~e Zeiger 短針 tanshin 215, 341

in ~en Gruppen (zu zweit u. dritt) 三々
五々 san-san go-go 4, 7

~er Hund 小犬 koinu 27, 280

~er Schelm 餓鬼 gaki 1303, 1523

~er Stein 小石 koishi 27, 78

~er Teller 小皿 kozara 27, 1097

~es Dorf 部落 buraku 86, 839

~es Kind 幼子 osanago 1229, 103
幼児 yōji 1229, 1217

(~es) Mädchen 少女 shōjo 144, 102

~es und billiges Taschenbuch 文庫本
bunkobon 111, 825, 25

~es Vermögen 小金 kogane 27, 23

Kleingeld 小銭 kozeni 27, 648
釣り銭 tsurisen 1862, 648

Kleinhandel 小売り kouri 27, 239

Kleinigkeit 厘毛 rinmō 1900, 287

Kleinkind 幼子 osanago 1229, 103
幼児 yōji 1229, 1217

Klemme (Notlage) 苦境 kukyō 545, 864
窮地 kyūchi 897, 118
窮境 kyūkyō 897, 864
苦衷 kuchū 545, 1677

klemmen (in, zwischen) 挟 KYŌ, hasa(mu)
1354

Kleptomanie 盗癖 tōheki 1100, 1490

klettern auf 登 TŌ, TO, nobo(ru) 960

Klima 風土 fūdo 29, 24
気候 kikō 134, 944

Klimax 絶頂 zetchō 742, 1440

Klinge 刃先 hasaki 1413, 50

Klingel 呼び鈴 yobirin 1254, 1822
(elektr.) ~ 電鈴 denrei 108, 1822

klingend: (hell) ~ 朗々 rōrō 1754

klinisch 臨床 rinshō 836, 826

Klippe 岩礁 ganshō 1345, 1768

Kloster 僧院 sōin 1366, 614

Klotz am Bein 厄介者 yakkaimono 1341,
453, 164

Klubhaus 会館 kaikan 158, 327

klug 利口 rikō 329, 54
賢 KEN, kashiko(i) 1288

~er Kopf 才子 saishi 551, 103
知恵者 chiesha 214, 1219, 164

klüger werden 懲 ko(riru) 1421

Klumpen 塊 KAI, katamari 1524

knapp 希少 kishō 676, 144
貧弱 hinjaku 753, 218
乏 BŌ, tobo(shii) 754

~e Niederlage 惜敗 sekihai 765, 511

Knappheit 払底 futtei 582, 562
飢きん kikin 1304

Knast 豚箱 butabako 796, 1091

Kneipe 酒場 sakaba 517, 154

kneten 練 REN, ne(ru) 743

Knöchel 節 fushi 464

Knochen 骨 KOTSU, hone 1266

Knochengerüst 骨格 kokkaku 1266, 643

Knochenmark 骨髄 kotsuzui 1266, 1740

Knolle 球茎 kyūkei 726, 1474

Knollenwurzel 塊根 kaikon 1524, 314

Knorpel 軟骨 nankotsu 1788, 1266

Knospe 芽 GA, me 1455
芽生え mebae 1455, 44
(Baum-)~ 木の芽 ki no me 22, 1455
neue ~ 新芽 shinme 174, 1455

Koalition 連合 rengō 440, 159

kochen (tr.) 炊 SUI, ta(ku) 1791
(sieden) 沸 FUTSU, wa(ku) 1792
(itr.) 煮 SHA, ni(eru) 1795
(tr.) 煮 ni(ru) 1795
innerlich ~ 煮 ni(yasu) 1795
selbst ~ 自炊 jisui 62, 1791
vor Wut ~ 怒髪天を突く dohatsu ten o
tsuku 1596, 1148, 141, 898
業を煮やす gō o niyasu 279, 1795

Kochen (Gericht) 料理 ryōri 319, 143
炊事 suiji 1791, 80
(Sieden) 沸騰 futtō 1792, 1780
煮沸 shafutsu 1795, 1792
(Arbeit in der Küche) 薪水 shinsui 1910,
21

kochendes Wasser 熱湯 nettō 645, 632

Kochgeschirr 飯ごう hangō 325

Kodex 法典 hōten 123, 367

Koedukation 共学 kyōgaku 196, 109

Koexistenz 共存 kyōson 196, 269

Kohlebecken: altjapan. ~ 火鉢 hibachi 20,
1820

Kohlebergwerk 炭坑 tankō 1344, 1613

Kohlenförderung 採炭 saitan 933, 1344

Kohlengrube 炭坑 tankō 1344, 1613

Konfuzianismus (Lehre) 儒学 jugaku 1417, 109
  (Glaube) 儒教 jukyō 1417, 245
Konfuzius 孔子 Kōshi 940, 103
König 王 Ō 294
  国王 kokuō 40, 294
  S. M. der ~ 国王陛下 kokuō heika 40, 294, 589, 31
Königin 女王 joō 102, 294
  王妃 ōhi 294, 1756
  I. M. die ~ 女王陛下 joō heika 102, 294, 589, 31
Königreich 王国 ōkoku 294, 40
Königskrone 王冠 ōkan 294, 1615
Konjunktur 景気 keiki 853, 134
konkave Linse 凹レンズ ōrenzu 1893
konkret 具体的 gutaiteki 420, 61, 210
  具象的 gushōteki 420, 739, 210
  ~e Maßnahme 具体策 gutaisaku 420, 61, 880
Konkurrent 敵 TEKI, kataki 416
  競争 kyōsō 852, 302
konkurrieren 競 KYŌ, KEI, kiso(u) 852
Konkurs 破産 hasan 665, 278
  倒産 tōsan 905, 278
Konsequenz 一貫 ikkan 2, 914
konservativ 保守的 hoshuteki 489, 490, 210
Konserve(nbüchse/dose) 缶詰 kanzume 1649, 1142
konstitutionell 立憲 rikken 121, 521
  ~e Monarchie 立憲君主政(国) rikken kunshusei (koku) 121, 521, 793, 155, 483, 40
  ~e Regierung 憲政 kensei 521, 483
Konsul 領事 ryōji 834, 80
Konsum 消耗 shōmō 845, 1197
Konsument 消費者 shōhisha 845, 749, 164
Kontakt (zu) 連絡 renraku 440, 840
  (physisch; persönlich) 接触 sesshoku 486, 874
  (zu) 連係 renkei 440, 909
Kontext 文脈 bunmyaku 111, 913
Kontinent 大陸 tairiku 26, 647
Kontinentalsockel 大陸棚 tairikudana 26, 647, 1908
Kontinuität 連続 renzoku 440, 243
Konto: (Bank-)~ 口座 kōza 54, 786
Kontobuch 帳面 chōmen 1107, 274

Kontrast 対比 taihi 365, 798
  対照 taishō 365, 998
Kontrolle (technisch) 管制 kansei 328, 427
  (Beherrschung) 制御 seigyo 427, 708
  (Regulierung) 統制 tōsei 830, 427
  (über Menschen/Vorgänge) 監督 kantoku 1663, 1670
  direkte ~ 直轄 chokkatsu 423, 1186
  unter ~ bringen 収拾 shūshū 757, 1445
Kontrolleur (Fahrkarten-) 車掌 shashō 133, 499
kontrollieren (verwalten, regieren) 束ねる tabaneru 501
  (beherrschen) 統 TŌ, su(beru) 830
Kontrollturm 管制塔 kanseitō 328, 427, 1840
Kontur 輪郭 rinkaku 1164, 1673
Konvention 紋切り形, 紋切り型 monkirigata 1454, 39, 395, 1454, 39, 888
  因襲 inshū 554, 1575
Konversation: englische ~ 英会話 Ei-kaiwa 353, 158, 238
Konversion (Religion) 改宗 kaishū 514, 616
  帰依 kie 317, 678
konvex 凸面 totsumen 1892, 274
Konvexlinse 凸レンズ totsurenzu 1892
Konzentration (Geist; Energie; Material) 集中 shūchū 436, 28
  (Dichte) 濃度 nōdo 957, 377
konzentrieren (auf) 凝 ko(rasu) 1518
Konzept 草稿 sōkō 249, 1120
Konzeption 構想 kōsō 1010, 147
Konzern 財閥 zaibatsu 553, 1510
Konzert 演奏会 ensōkai 344, 1544, 158
Konzession (amtlich) 許可 kyoka 737, 388
  免許 menkyo 733, 737
  (Zugeständnis) 譲歩 jōho 1013, 431
Kooperation 協力 kyōryoku 234, 100
Kopf (auch i.ü.S.) 首 SHU, kubi 148
  (auch i.ü.S.; Chef) 頭 TŌ, ZU, atama, kashira 276
  (Hirn, Intellekt) 頭脳 zunō 276, 1278
  kluger ~ 才子 saishi 551, 103
  知恵者 chiesha 214, 1219, 164
  pro ~ 一人当たり hitoriatari 2, 1, 77
  über dem ~ 頭上 zujō 276, 32
  den ~ verlieren 泡を食う awa o kuu 1765, 322

Kopfbedeckung: ohne ~ 無帽 mubō 93, 1105

Kopfrechnen 暗算 anzan 348, 747

Kopfschmerzen 頭痛 zutsū 276, 1320

Kopie (e-s Dokuments) 謄本 tōhon 1779, 25

kopieren 写 SHA, utsu(su) 540

Kopieren 謄写 tōsha 1779, 540

Kopiergerät 謄写器 tōshaki 1779, 540, 527

Koralleninsel: ringförmige ~ 環礁 kanshō 865, 1768

Korallenriff さんご礁 sangoshō 1768

Korea 朝鮮 Chōsen 469, 701

Korkenzieher 栓抜き sennuki 1842, 1713

Korn (Reis) 粒 RYŪ, tsubu 1700

(im Film) 粒子 ryūshi 1700, 103

kornförmig 粒状 ryūjō 1700, 626

körnig 粒状 ryūjō 1700, 626

Kornkammer 穀倉 kokusō 1729, 1307

Korona (Sonne, Mond) 光環 kōkan 138, 865

Körper 身 SHIN, mi 59

体 TAI, TEI, karada 61

身体 shintai 59, 61

肉体 nikutai 223, 61

胴体 dōtai 1300, 61

und Geist 心身 shinshin 97, 59

霊肉 reiniku 1168, 223

und Gliedmaßen 肢体 shitai 1146, 61

der ganze ~ 五体 gotai 7, 61

全身 zenshin 89, 59

der menschliche ~ 人体 jintai 1, 61

fester ~ 固体 kotai 972, 61

Körperbau 骨格 kokkaku 1266, 643

Körpergewicht 体重 taijū 61, 227

Körpergröße 身長 shinchō 59, 95

背 HAI, se, sei 1265

丈 take 1325

背丈 setake 1265, 1325

Körperhaltung 姿勢 shisei 929, 646

Körperkraft 体力 tairyoku 61, 100

腕力 wanryoku 1299, 100

körperlich (konkret) 具象的 gushōteki 420, 739, 210

~e Züchtigung 体罰 taibatsu 61, 886

Körpertemperatur 体温 taion 61, 634

Korpulenz 肥大 hidai 1723, 26

Korrektur (bei Satzherstellung) 校正 kōsei 115, 275

(in e-r Publikation) 訂正 teisei 1019, 275

(schriftl. Arbeiten) 添削 tensaku 1433, 1611

letzte ~ 校了 kōryō 115, 941

Korrekturlesen 校正 kōsei 115, 275

Korrespondent 特派員 tokuhain 282, 912, 163

Korrespondenz (Briefwechsel) 文通 buntsū 111, 150

通信 tsūshin 150, 157

(Briefe) 書簡 shokan 131, 1533

Korridor 廊下 rōka 981, 31

回廊 kairō 90, 981

korrigieren (allg.) 直 nao(su) 423

(Text) 朱筆を加える shuhitsu o kuwaeru 1503, 130, 709

(schlechte Angewohnheiten) 矯正 kyōsei 1925, 275

矯め直す tamenaosu 1925, 423

Korrosion 侵食 shinshoku 1077, 322

浸食 shinshoku 1078, 322

腐食 fushoku 1245, 322

Korruption 汚職 oshoku 693, 385

Korvettenkapitän 少佐 shōsa 144, 1744

Kosename 愛称 aishō 259, 978

Kosmetik 化粧品 keshōhin 254, 1699, 230

Kosmetikbeutel/köfferchen 化粧箱 keshōbako 254, 1699, 1091

Kosmos 宇宙 uchū 990, 991

Kost: vegetarische ~ 菜食 saishoku 931, 322

kostbar 惜 SEKI, o(shii) 765

貴重 kichō 1171, 227

Kostbarkeit 宝物 hōmotsu, takaramono 296, 79

kosten 掛 ka(karu) 1464

(probieren) 味 aji(wau) 307

試食 shishoku 526, 322

Zeit ~ 暇取る himadoru 1064, 65

Kosten 費用 hiyō 749, 107

掛 kakari 1464

(Un-)~ 費用 hiyō 749, 107

経費 keihi 548, 749

Kostenanschlag: (schriftl.) ~ 見積(書) mitsumori(sho) 63, 656, 131

Kostenteilung 割り勘 warikan 519, 1502

Kot 泥 DEI, doro 1621

Koto 琴 KIN, koto 1251

Kraft 力 RYOKU, RIKI, chikara 100

迫力 hakuryoku 1175, 100
(Energie) 勢 SEI, ikio(i) 646
die ganze ~ 全力 zenryoku 89, 100
elektrische ~ 電力 denryoku 108, 100
latente/innere ~/Energie 底力 sokojikara 562, 100
Kräfte: alle ~ 全力 zenryoku 89, 100
kräftig 丈夫 jōbu 1325, 315
強壮 kyōsō 217, 1326
壮健 sōken 1326, 893
kraftlos (machtlos) 無力 muryoku 93, 100
(ohne Energie) 骨抜き honenuki 1266, 1713
kraftvoll sein 奮 FUN, furu(u) 1309
Kragen 襟 KIN, eri 1537
Hemd mit offenem ~ 開襟シャツ kaikin shatsu 396, 1537
Krämerladen 酒屋 sakaya 517, 167
Kran 起重機 kijūki 373, 227, 528
krank: ~ sein 患 KAN, wazura(u) 1315
sein/werden 病 BYŌ, ya(mu) 380
werden (seekrank) 酔 SUI, yo(u) 1709
~er Teil 患部 kanbu 1315, 86
Krankenbesuch (des Arztes) 往診 ōshin 918, 1214
Krankenbett 病床 byōshō 380, 826
Krankengeschichte (e-s Patienten) 既往症 kiōshō 1458, 918, 1318
Krankenhaus 病院 byōin 380, 614
Einlieferung ins ~ 入院 nyūin 52, 614
aus dem ~ entlassen werden 退院 taiin 846, 614
Krankenlager 病床 byōshō 380, 826
Krankenpflege 看病 kanbyō 1316, 380
Krankenschwester 看護婦 kangofu 1316, 1312, 316
Kranker 病人 byōnin 380, 1
Krankheit 病 yamai 380
病気 byōki 380, 134
疾患 shikkan 1812, 1315
bösartige ~ 悪疾 akushitsu 304, 1812
längere/langwierige ~ 長患い nagawazurai 95, 1315
Natur e-r ~ 病症 byōshō 380, 1318
Schmerzen/Qualen e-r ~ 病苦 byōku 380, 545
schwere ~ 重病 jūbyō 227, 380

schwere/unheilbare ~ 難病 nanbyō 557, 380
seltsame ~ 奇病 kibyō 1360, 380
unbekannte ~ 奇病 kibyō 1360, 380
unheilbare/schwere ~ 難病 nanbyō 557, 380
vorgetäuschte ~ 仮病 kebyō 1049, 380
Krankheitserreger 菌 KIN 1222
Krankmeldung 欠勤届け kekkintodoke 383, 559, 992
Kratersee 火口湖 kakōko 20, 54, 467
kräuseln 縮 chiji(rasu) 1110
sich ~ 縮 chiji(reru) 1110
Kraut 草 SŌ, kusa 249
草本 sōhon 249, 25
krebserregend 発がん性 hatsugansei 96, 98
Kredit 債権 saiken 1118, 335
信託 shintaku 157, 1636
Kreide 白墨 hakuboku 205, 1705
Kreis 円 EN 13
輪 RIN, wa 1164
(Bereich, Sphäre) 圏 KEN 508
Kreisbogen 円弧 enko 13, 1481
Kreise: akademische ~ 学界 gakkai 109, 454
juristische ~ 法曹界 hōsōkai 123, 1929, 454
literarische ~ 文壇 bundan 111, 1839
Kreisform 円形 enkei 13, 395
Kreislauf (Rotation) 旋回 senkai 1005, 90
(Blut-) 循環 junkan 1479, 865
Kreisumfang 円周 enshū 13, 91
Kreuz 十字 jūji 12, 110
(Teil des Rückens) 腰部 yōbu 1298, 86
das Rote ~ 赤十字 Sekijūji 207, 12, 110
Kreuzbalken auf dem Dach e-s Shintō-Schreins 千木 chigi 15, 22
kreuzen (überqueren) 横切る yokogiru 781, 39
Kreuzfahrt 巡航 junkō 777, 823
(Kreuz)Feuer (十字)砲火 (jūji) hōka 12, 110, 1764, 20
Kreuzung (Straßen-) 交差点 kōsaten 114, 658, 169
(von Strichen) 交錯 kōsaku 114, 1199
Kreuzverhör 詰問 kitsumon 1142, 162
糾問 kyūmon 1703, 162
Kreuzweg 十字路 jūjiro 12, 110, 151

Kuh (Rind) 牛 GYŪ, ushi 281
  (weibl. Rind) 雌牛 meushi 1388, 281
kühl (gelassen) 冷静 reisei 832, 663
  (Luft) 涼 RYŌ, suzu(shii) 1204
  (unberührt) 冷徹 reitetsu 832, 1422
  behandeln 疎 SO, uto(mu) 1514
  ~e Brise 涼風 ryōfū, suzukaze 1204, 29
  ~er Empfang 冷遇 reigū 832, 1641
Kühlanlage 冷凍器 reitōki 832, 1205, 527
Kühle 涼味 ryōmi 1204, 307
  abendliche ~ 夕涼み yūsuzumi 81, 1204
kühlen 冷 hi(yasu), sa(masu) 832
Kühlschrank 冷凍器 reitōki 832, 1205, 527
  冷蔵庫 reizōko 832, 1286, 825
kühn 太っ腹 futoppara 629, 1271
  大胆 daitan 26, 1273
  度胸 dokyō 377, 1283
  果敢 kakan 487, 1691
  敢然 kanzen 1691, 651
  勇敢 yūkan 1386, 1691
Kühnheit 胆力 tanryoku 1273, 100
Kuhstall 牛小屋 ushigoya 281, 27, 167
Kuli 人夫 ninpu 1, 315
kultivieren (züchten) 培 BAI, tsuchika(u)
  1828
Kultur 文化 bunka 111, 254
  (Zucht) 培養 baiyō 1828, 402
Kulturdenkmal 文化財 bunkazai 111, 254,
  553
Kulturfest (an Universitäten) 文化祭
  bunkasai 111, 254, 617
Kulturgut 文化財 bunkazai 111, 254, 553
Kultusminister 文相 bunshō 111, 146
Kultusministerium 文部省 Monbushō 111,
  86, 145
Kummer 心労 shinrō 97, 233
  憂 ure(i), ure(e) 1032
  悲嘆 hitan 1034, 1246
  憂慮 yūryo 1032, 1384
  愁 SHŪ, ure(i) 1601
  憂愁 yūshū 1032, 1601
  哀愁 aishū 1675, 1601
kümmerliches Leben 耐乏生活 taibō seikatsu
  1415, 754, 44, 237
kümmern: sich ~ (um) 問 to(u) 162
  構 kama(u) 1010
Kunde 客 KYAKU 641

  御用の方 goyō no kata 708, 107, 70
  顧客 kokaku, kokyaku 1554, 641
Kundgebung 声明 seimei 746, 18
Kundschaft 顧客 kokaku, kokyaku 1554, 641
künftig 先 SEN, saki 50
  今後 kongo 51, 48
  ~e (Arbeits)Stelle 赴任地 funinchi 1465,
  334, 118
Kunst 業 waza 279
  芸術 geijutsu 435, 187
  (Finesse) 技巧 gikō 871, 1627
  des Papierfaltens 折り紙 origami 1394,
  180
  und Literatur 文芸 bungei 111, 435
Kunst- (künstlich) 人造 jinzō 1, 691
Kunstfaser 化繊 kasen 254, 1571
  合成繊維 gōsei sen'i 159, 261, 1571, 1231
Kunstfertigkeit 技巧 gikō 871, 1627
Kunstgriff 技 GI, waza 871
  術策 jussaku 187, 880
  策略 sakuryaku 880, 841
  謀略 bōryaku 1495, 841
Künstler 画伯 gahaku 343, 1176
künstlerischer Effekt/Geschmack 情趣 jōshu
  209, 1002
künstlich 人造 jinzō 1, 691
  人為的 jin'iteki 1, 1484, 210
  beschleunigen (Wachstum) 促成 sokusei
  1557, 261
  ~er Hügel 築山 tsukiyama 1603, 34
  ~er Rasen 人工芝 jinkō shiba 1, 139, 250
  ~er Zahn 義歯 gishi 291, 478
Künstlichkeit 人工 jinkō 1, 139
kunstlos 素朴 soboku 271, 1466
  稚拙 chisetsu 1230, 1801
Kunstmaler 絵描き ekaki 345, 1469
Kunstmuseum 美術館 bijutsukan 401, 187,
  327
Kunstseide 人絹 jinken 1, 1261
Kunststück 隠し芸 kakushigei 868, 435
Kupfer 銅 DŌ 1605
Kupferbergwerk 銅山 dōzan 1605, 34
Kupfermine 銅山 dōzan 1605, 34
Kupferstich 銅版画 dōhanga 1605, 1046, 343
Kuriosität 珍品 chinpin 1215, 230
Kurs (Wert) 相場 sōba 146, 154
  (Richtung) 方針 hōshin 70, 341

(Schiffs-)~ 針路 shinro 341, 151
(Fern-)~ (通信)講座 (tsūshin) kōza 150, 157, 783, 786
(Seeweg) 航路 kōro 823, 151
(Weg) 径路 keiro 1475, 151
Kursus 課程 katei 488, 417
Kurve 曲線 kyokusen 366, 299
　屈曲 kukkyoku 1802, 366
kurvenreiche Straße 曲がり道 magarimichi 366, 149
kurz 短 TAN, mijika(i) 215
　簡単 kantan 1533, 300
　簡略 kanryaku 1533, 841
　簡潔 kanketsu 1533, 1241
　nach 直後 chokugo 423, 48
　vor 直前 chokuzen 423, 47
　(~) vorbeischauen 寄 KI, yo(ru) 1361
　立ち寄る tachiyoru 121, 1361
　(~) zusammenfassen 一括 ikkatsu 2, 1260
　~e Entfernung 短距離 tankyori 215, 1294, 1281
　近距離 kinkyori 445, 1294, 1281
　~e Kritik 寸評 sunpyō 1894, 1028
　~e Pause/Rast 小憩, 少憩 shōkei 27, 1243, 144, 1243
　~e Strecke 短距離 tankyori 215, 1294, 1281
　近距離 kinkyori 445, 1294, 1281
　~e Strecke/Entfernung 短距離 tankyori 215, 1294, 1281
　~e (Verschnauf)Pause 一休み hitoyasumi 2, 60
　~e Zusammenfassung 概略 gairyaku 1459, 841
　das ~e Leben 短命 tanmei 215, 578
　(für) ~e Zeit 暫時 zanji 1399, 42
　vor ~em 先般 senpan 50, 1096
　(~er) Augenblick 瞬間 shunkan 1732, 43
　~er Inhalt (Inhaltsgangabe) 筋書き sujigaki 1090, 131
　~er Kommentar 寸評 sunpyō 1894, 1028
　~er Lebenslauf 略歴 ryakureki 841, 480
　von ~er Dauer 短命 tanmei 215, 578
　(~es) Leben 寿命 jumyō 1550, 578
　~es Schwert 小刀 shōtō 27, 37
Kurzatmigkeit 息切れ ikigire 1242, 39
kürzen 減 he(rasu) 715
kürzerer Weg 近道 chikamichi 445, 149

Kurzgeschichte 短編小説 tanpen shōsetsu 215, 682, 27, 400
kürzlich 今度 kondo 51, 377
Kurzschluß 漏電 rōden 1806, 108
Kurzschrift 速記 sokki 502, 371
Kurzschwert 短刀 tantō 215, 37
　短剣 tanken 215, 879
Kurzsichtigkeit 近視 kinshi 445, 606
　近眼 kingan 445, 848
Kürzung 切り下げ kirisage 39, 31
　削減 sakugen 1611, 715
　(Ver-)~ 短縮 tanshuku 215, 1110
Kurzwelle 短波 tanpa 215, 666
Küste 岸 GAN, kishi 586
　海辺 umibe 117, 775
　海浜 kaihin 117, 785
　浦 HO, ura 1442
　沿海 enkai 1607, 117
　沿岸 engan 1607, 586
Küstengewässer 沿海 enkai 1607, 117
Kyōto: (die Stadt) ~ 京都(市) Kyōto(-shi) 189, 188, 181
　Präfektur ~ 京都府 Kyōto-fu 189, 188, 504

– L –

Labiallaut 唇音 shin'on 1737, 347
Labyrinth 迷路 meiro 967, 151
　迷宮 meikyū 967, 721
lächeln 笑 SHŌ, wara(u), e(mu) 1235
Lächeln 微笑 bishō 1419, 1235
　gequältes ~ 苦笑 kushō 545, 1235
lächelndes Gesicht 笑顔 egao 1235, 277
lachen 笑 SHŌ, wara(u) 1235
Lack 漆 SHITSU, urushi 1546
Lack- 漆塗り urushinuri 1546, 1073
Lackarbeit 塗り物 nurimono 1073, 79
lackiert 漆塗り urushinuri 1546, 1073
　~e Buddha-Statue (aus Holz) 乾漆像 kanshitsuzō 1190, 1546, 740
Lackschachteln: aufeinandersetzbare ~ 重箱 jūbako 227, 1091
Lackwaren 塗り物 nurimono 1073, 79
　漆器 shikki 1546, 527
laden 積 tsu(mu) 656
　(Güter) 搭載 tōsai 1915, 1124
　(vor-)~ 呼び出す yobidasu 1254, 53
　voll (be-)~ 満載 mansai 201, 1124

Laden 屋 -ya 167
店 TEN, mise 168
店舗 tenpo 168, 1443
Ladenfront 店先 misesaki 168, 50
Ladenstraße: unterirdische ~ 地下街
chikagai 118, 31, 186
Lage (polit. Situation) 時局 jikyoku 42, 170
(**Verhältnisse**) 様子 yōsu 403, 103
(**Position**) 位置 ichi 122, 426
(**Verhältnisse**) 旗色 hatairo 1006, 204
(**Situation**) 模様 moyō 1425, 403
der **Dinge** 情勢 jōsei 209, 646
allgemeine **~** 大勢 taisei 26, 646
概況 gaikyō 1459, 850
gegenwärtige **~** 現況 genkyō 298, 850
heikle **~** 苦衷 kuchū 545, 1677
politische **~** 政局 seikyoku 483, 170
schwierige **~** 窮地 kyūchi 897, 118
窮境 kyūkyō 897, 864
wirkliche **~** 実況 jikkyō 203, 850
Lager (Speicher) 物置き monooki 79, 426
(**Gebäude**) 蔵 ZŌ, kura 1286
(**militär.**) 陣営 jin'ei 1404, 722
Lagerbestand 在庫品 zaikohin 268, 825, 230
Lagergut 倉荷 kurani 1307, 391
Lagerhaus 倉 SŌ, kura 1307
倉庫 sōko 1307, 825
Lagern 貯蔵 chozō 762, 1286
Lagerstätte: unterirdische ~ 埋蔵 maizō
1826, 1286
Lagerware 倉荷 kurani 1307, 391
Lagune 潟 kata 1626
Lähmung 麻ひ mahi 1529
(**nach Schlaganfall**) 中風 chūbū, chūfū
28, 29
Laichen 産卵 sanran 278, 1058
Laie 素人 shirōto 271, 1
門外漢 mongaikan 161, 83, 556
Laken: (Bett-)~ 敷布 shikifu 1451, 675
lakonisch 簡潔 kanketsu 1533, 1241
Lamm 小羊, 子羊 kohitsuji 27, 288, 103, 288
Lampe 灯 TŌ, hi 1333
電灯 dentō 108, 1333
Lampenlicht 灯火 tōka 1333, 20
Land (Staat) 国 KOKU, kuni 40
(**Grunstück**) 土地 tochi 24, 118
(**Bundesstaat**) 州 SHŪ 195

(**Gegensatz zur Stadt**) 田舎 inaka 35, 791
bebautes (urbar gemachtes) **~** 開墾地
kaikonchi 396, 1136, 118
das eigene **~** 自国 jikoku 62, 40
das ganze **~** 全国 zenkoku 89, 40
ein gewisses **~** 某国 bōkoku 1494, 40
entferntes **~** 天涯 tengai 141, 1461
entwickeltes **~** 先進国 senshinkoku 50,
437, 40
führendes **~** 先進国 senshinkoku 50, 437, 40
jedes **~** 各国 kakkoku 642, 40
unser **~** 我が国 wagakuni 1302, 40
urbar gemachtes **~** 開墾地 kaikonchi
396, 1136, 118
das **~** durchqueren 縦断 jūdan 1483, 1024
Mädchen vom **~e** 田舎娘 inaka-musume
35, 791, 1752
Abschließung des **~es** 鎖国 sakoku 1819,
40
Wohlstand e-s **~es** 国富 kokufu 40, 713
Zustand/Macht e-s **~es** 国勢 kokusei 40,
646
Land- 陸上 rikujō 647, 32
Landebahn 滑走路 kassōro 1267, 429, 151
Landen 上陸 jōriku 32, 647
Länder: alle ~ 万国 bankoku 16, 40
各国 kakkoku 642, 40
alle/verschiedene **~** 諸国 shokoku 861, 40
andere/fremde **~** 他国 takoku 120, 40
die kommunistischen **~** 共産圏 kyōsanken
196, 278, 508
die nordischen (skandinav.) **~** 北欧諸国
hokuō shokoku 73, 1022, 861, 40
sechs **~** 六か国 rokkakoku 8, 40
Landesgesetz 国法 kokuhō 40, 123
Landesgrenze 国境 kokkyō 40, 864
Landessprache (Japanisch) 国語 kokugo
40, 67
Landesverrat 反逆 hangyaku 324, 444
Landesverräter 国賊 kokuzoku 40, 1807
売国奴 baikokudo 239, 40, 1933
Landesverteidigung 国防 kokubō 40, 513
Landgewinnung (aus dem Meer) 埋め立て
umetate 1826, 121
干拓 kantaku 584, 1833
Landkarte 地図 chizu 118, 339
Landkreis 郡 GUN 193

Nitta (in der Präfektur Gunma) 新田郡
Nitta-gun 174, 35, 193
~e und Präfekturen 郡県 gunken 193, 194
ländlich: ~e Stimmung 野趣 yashu 236, 1002
~er Bezirk 郡部 gunbu 193, 86
~er Reiz 野趣 yashu 236, 1002
Landschaft 風景 fūkei 29, 853
景色 keshiki 853, 204
(mit Bergen u. Wasser) 山水 sansui 34, 21
malerische ~ 景勝(地) keishō(chi) 853,
509, 118
schöne ~ 山紫水明 sanshi-suimei 34, 1389,
21, 18
landschaftliche Schönheit 風光絶佳 fūkō-
zekka 29, 138, 742, 1462
Landschaftsbeschreibung 叙景 jokei 1067,
853
Landsleute 同胞 dōhō 198, 1284
Landspitze 岬 misaki 1363
Landstraße 街道 kaidō 186, 149
Landstreicherei 浮浪 furō 938, 1753
Landung: (An-)~ 荷揚げ niage 391, 631
(Schiff usw.) 上陸 jōriku 32, 647
(Flugzeug usw.) 着陸 chakuriku 657, 647
(Fallschirmjäger usw.) 降下 kōka 947, 31
weiche ~ 軟着陸 nanchakuriku 1788, 657,
647
Landungsbrücke 桟橋 sanbashi, sankyō
1906, 597
Landungssteg 桟橋 sanbashi 1906, 597
Landweg 陸路 rikuro 647, 151
Landwirt: (Milchwirtschaft betreibender) ~
酪農家 rakunōka 1865, 369, 165
mustergültiger ~ 篤農家 tokunōka 1883,
369, 165
Landwirtschaft 農 NŌ 369
農業 nōgyō 369, 279
landwirtschaftlich: ~e Nutzfläche 耕地 kōchi
1196, 118
~es Produkt 農産物 nōsanbutsu 369, 278,
79
Landzunge 崎 saki 1362
lang 長 CHŌ, naga(i) 95
~e (Zeit) 長い間 nagai aida 95, 43
永 EI, naga(i) 1207
久 KYŪ, [KU], hisa(shii) 1210
久し振り hisashiburi 1210, 954

~e aufbleiben 更 fu(kasu) 1008
宵っ張り yoippari 1854, 1106
(zu) ~e bleiben 長居 nagai 95, 171
~e Dauer 長久 chōkyū 95, 1210
~e dauern 暇取る himadoru 1064, 65
~e Jahre 長年 naganen 95, 45
~e (Menschen)Schlange 長蛇の列 chōda
no retsu 95, 1875, 611
~e Strecke 長距離 chōkyori 95, 1294,
1281
遠距離 enkyori 446, 1294, 1281
wie ~e 幾ら ikura 877
Der ~e Marsch (China, 1934 – 36) 長征
chōsei 95, 1114
~e Zeit 長時間 chōjikan 95, 42, 43
~es Gesicht 浮かぬ顔 ukanu kao 938, 277
(~es) Leben 寿命 jumyō 1550, 578
~es Leben 寿 JU, kotobuki 1550
長寿 chōju 95, 1550
~es Schwert 大刀 taitō 26, 37
太刀 tachi 629, 37
Länge 長短 chōtan 95, 215
縦 JŪ, tate 1483
und Breite 縦横 jūō, tateyoko 1483, 781
Längen- und Breitengrad 経緯 keii 548, 1054
Längenmaß (ca. 0,3 mm) 厘 RIN 1900
(ca. 3 cm) 寸 SUN 1894
(ca. 30 cm) 尺 SHAKU 1895
(ca. 2,9 m) 里 RI 142
(ca. 3 m) 丈 JŌ 1325
länger: ~ werden 伸 SHIN, no(biru) 1108
~e Krankheit 長患い nagawazurai 95, 1315
langerwarteter Gast 珍客 chinkyaku 1215,
641
Langeweile 惰気 daki 1743, 134
langfristige Anleihe 長期借款 chōki shakkan
95, 449, 766, 1727
langgehegter Wunsch 宿望 shukubō 179, 673
längjährig: ~e Verdienste 年功 nenkō 45, 818
~er Dienst 年功 nenkō 45, 818
Langmut 堪忍 kannin 1913, 1414
längs … stehen 沿 EN, so(u) 1607
langsam 遅 CHI, oso(i) 702
徐々に jojo ni 1066
緩 yuru(i), yuru(yaka) 1089
緩慢 kanman 1089, 1410
悠長 yūchō 1597, 95

fahren 徐行 jokō 1066, 68
gehen 徐歩 joho 1066, 431
Längsschnitt 縦断 jūdan 1483, 1024
Langstreckenschwimmen 遠泳 en'ei 446, 1208
langweilen: (j-n) ~ 飽 a(kasu) 1763
langweilig 退屈 taikutsu 846, 1802
(**Rede**) 冗長 jōchō 1614, 95
冗漫 jōman 1614, 1411
~er Tugendbold 石部金吉 Ishibe Kinkichi 78, 86, 23, 1141
langwierige Krankheit 長患い nagawazurai 95, 1315
Laotse 老子 Rōshi 543, 103
Lärm 騒音 sōon 875, 347
machen 騒 SŌ, sawa(gu) 875
großer ~ 大騒ぎ ōsawagi 26, 875
viel ~ machen 騒ぎ立てる sawagitateru 875, 121
lärmend 騒然 sōzen 875, 651
Larve (Maske) 仮面 kamen 1049, 274
(**Insekt**) 幼虫 yōchū 1229, 873
lassen 置 CHI, o(ku) 426
Last (Fracht) 荷 KA, ni 391
貨物 kamotsu 752, 79
(**auch i.ü.S.**) 負担 futan 510, 1274
(**Person**) 厄介者 yakkaimono 1341, 453, 164
schwere ~ (auch i.ü.S.) 重荷 omoni 227, 391
Laster (Sünde) 不徳 futoku 94, 1038
lästig 煩わしい wazurawashii 1849
Lastkraftwagen: großer/schwerer ~ 大型トラック ōgata torakku 26, 888
lateinische Buchstaben ローマ字 rōmaji 110
latent 陰性 insei 867, 98
潜在 senzai 937, 268
sein 潜伏 senpuku 937, 1356
~e/innere Kraft/Energie 底力 sokojikara 562, 100
Laub 葉 YŌ, ha 253
木の葉 ko no ha 22, 253
grünes ~ 青葉 aoba 208, 253
Laufbahn (Sport) 走路 sōro 429, 151
akademische ~ 学歴 gakureki 109, 480
laufen 走 SŌ, hashi(ru) 429
schnell ~ 疾走 shissō 1812, 429
Laufen 駆け足 kakeashi 1882, 58

Laufjunge 小僧 kozō 27, 1366
Laufplanke 桟道 sandō 1906, 149
Laune 気分 kibun 134, 38
機嫌 kigen 528, 1688
laut: ~ schelten 喝破 kappa 1919, 665
weinen 号泣 gōkyū 266, 1236
Laut 音 ON, IN, oto, ne 347
nachgeahmter ~ 擬音 gion 1517, 347
stimmhafter ~ 濁音 dakuon 1625, 347
läuten 鳴 na(rasu) 925
läutern 清 kiyo(meru) 660
洗練 senren 692, 743
Läuterung 浄化 jōka 664, 254
Lautnachahmung 擬音 gion 1517, 347
Lautschrift 表音文字 hyōon moji 272, 347, 111, 110
Lautsprecher 拡声器/機 kakuseiki 1113, 746, 527, 528
Lautzeichen 表音文字 hyōon moji 272, 347, 111, 110
Lava 溶岩 yōgan 1392, 1345
Lebemann 粋人 suijin 1708, 1
leben (am Leben sein) 生 i(kiru), i(keru) 44
(**wohnen**) 住 JŪ, su(mu), su(mau) 156
(**Leben führen**) 暮 ku(rasu) 1428
alleine ~ 一人暮らし hitorigurashi 2, 1, 1428
getrennt ~ 別居 bekkyo 267, 171
Leben (Lebensführung) 生活 seikatsu 44, 237
(**Existenz**) 生存 seizon 44, 269
(**Gegensatz zum Tod; Existenz**) 命 MEI, MYŌ, inochi 578
生命 seimei 44, 578
(**menschl.**) **~** 生涯 shōgai 44, 1461
(**kurzes/langes**) **~** 寿命 jumyō 1550, 578
das (menschl.) ~ 人生 jinsei 1, 44
das ganze ~ 一生 isshō 2, 44
das ganze ~ (hindurch/lang) 一生涯 isshōgai 2, 44, 1461
das kurze ~ 短命 tanmei 215, 578
das tägliche ~ 日常生活 nichijō seikatsu 5, 497, 44, 237
Erfolg im ~ 出世 shusse 53, 252
friedliches/ruhiges ~ 安住 anjū 105, 156
kümmerliches ~ 耐乏生活 taibō seikatsu 1415, 754, 44, 237
langes ~ 長寿 chōju 95, 1550

ruhiges/friedliches ~ 安住 anjū 105, 156
das ganze ~ **hindurch** 生涯 shōgai 44, 1461
sein ~ **opfern (für)** 玉砕 gyokusai 295, 1710
auf ~ **und Tod** 命懸け inochigake 578, 911
Rest des ~**s** 余命 yomei 1063, 578
lebend fangen (Tier, Mensch) 生け捕り
　ikedori 44, 890
lebendig (frisch) 鮮 SEN, aza(yaka) 701
　(lebhaft) 躍如 yakujo 1560, 1747
　sein (leben) 生 i(kiru), i(keru) 44
　sein (aktiv) 奮 FUN, furu(u) 1309
Lebensabend 晩年 bannen 736, 45
Lebensbeschreibung 伝記 denki 434, 371
Lebensdauer: (natürliche) ~ 寿命 jumyō
　1550, 578
　natürliche ~ 天寿 tenju 141, 1550
lebensgefährlich 命懸け inochigake 578, 911
Lebenshaltungskosten 生活費 seikatsuhi
　44, 237, 749
Lebensjahre: beste ~ 壮年 sōnen 1326, 45
　die letzten ~ 余命 yomei 1063, 578
lebenslang 終身 shūshin 458, 59
Lebenslauf (Vergangenheit) 前歴 zenreki
　47, 480
　(Leben) 経歴 keireki 548, 480
　(Karriere) 閲歴 etsureki 1369, 480
　(schriftlicher) ~ 履歴書 rirekisho 1635,
　480, 131
　kurzer ~ 略歴 ryakureki 841, 480
Lebensmittel 食料品 shokuryōhin 322, 319,
　230
　(nicht verderbliche) ~ 乾物 kanbutsu
　1190, 79
　(Vorrat) 糧食 ryōshoku 1704, 322
Lebensmittelausgabe (an Bedürftige) 炊き出
　し takidashi 1791, 53
(Lebens)Verhältnisse 境遇 kyōgū 864, 1641
Lebensversicherung 生命保険 seimei hoken
　44, 578, 489, 533
Lebensweise 生態 seitai 44, 387
Lebenszeit: auf ~ 終身 shūshin 458, 59
　System der Anstellung auf ~ 終身雇用制
　shūshin koyōsei 458, 59, 1553, 107, 427
Lebensziel 彼岸 higan 977, 586
Leber 肝 KAN, kimo 1272
　肝臓 kanzō 1272, 1287
Lebertran 肝油 kan'yu 1272, 364

Leberzirrhose 肝硬変 kankōhen 1272, 1009,
　257
Lebewesen 生物 seibutsu 44, 79
lebhaft 活発 kappatsu 237, 96
　盛 SEI, saka(n) 719
　躍如 yakujo 1560, 1747
　sein 奮 FUN, furu(u) 1309
　勇 YŪ, isa(mu) 1386
Lebhaftigkeit 鋭気 eiki 1371, 134
Leck im Dach 雨漏り amamori 30, 1806
lecken (durchsickern lassen) 漏 RŌ, mo(ru),
　mo(reru) 1806
Leckerbissen 珍味 chinmi 1215, 307
Leder 皮 HI, kawa 975
　革 kawa 1075
　皮革 hikaku 975, 1075
Lederarbeit 皮細工 kawazaiku 975, 695, 139
Lederschuhe 革靴 kawagutsu 1075, 1076
ledig 独身 dokushin 219, 59
Lee 風下 kazashimo 29, 31
leer 空 kara 140
　(substanzlos) 空疎 kūso 140, 1514
　(meist i.ü.S.) 虚 KYO, [KO] 1572
　~**e Büchse** 空き缶 akikan 140, 1649
　~**e Flasche** 空き瓶 akibin 140, 1161
　~**e Spalte** 空欄 kūran 140, 1202
　mit ~**en Händen** 徒手 toshu 430, 57
　~**er Raum** 空白 kūhaku 140, 205
　~**er Wagen (z.B. Taxi)** 空車 kūsha 140, 133
Leere (Raum) 虚空 kokū 1572, 140
Leerlauf 空転 kūten 140, 433
legen 置 CHI, o(ku) 426
　載 no(seru) 1124
　据 su(eru) 1832
　(Eier) ~ 生 u(mu) 44
Legen: (An-/Ver-) ~ 敷設 fusetsu 1451, 577
Legende 伝説 densetsu 434, 400
　昔話 mukashi-banashi 764, 238
legitim 正規 seiki 275, 607
　~**er Enkel (Kind des ältesten Sohnes)** 嫡孫
　chakuson 1932, 910
　~**er Erbe** 嫡嗣 chakushi 1932, 1917
　~**es Kind** 嫡(出)子 chaku(shutsu)shi 1932,
　53, 103
Lehm 粘土 nendo 1707, 24
Lehmmauer 土塀 dobei 24, 1805
Lehnsmann 家来 kerai 165, 69

Lehranstalt 学園 gakuen 109, 447
Lehrbuch 教科書 kyōkasho 245, 320, 131
Lehre (Unterweisung) 教訓 kyōkun 245, 771
  (Ausbildung, Studium) 修業 shūgyō
  945, 279
  (Ausbildung) 奉公 hōkō 1541, 126
lehren 教 KYŌ, oshi(eru) 245
  授 JU, sazu(keru) 602
Lehrer (im weitesten Sinne) 先生 sensei
  50, 44
  (an e-r Schule) 教員 kyōin 245, 163
  教師 kyōshi 245, 409
  (Meister) 師範 shihan 409, 1092
  師匠 shishō 409, 1359
  宗匠 sōshō 616, 1359
  (an e-r Schule) 教諭 kyōyu 245, 1599
  und Schüler 師弟 shitei 409, 405
(Lehr)Fach 課目 kamoku 488, 55
Lehrgang 課程 katei 488, 417
Lehrkörper 教員 kyōin 245, 163
  職員 shokuin 385, 163
Lehrling 弟子 deshi 405, 103
  小僧 kozō 27, 1366
Lehrmaterial 教材 kyōzai 245, 552
Lehrmeister 師匠 shishō 409, 1359
Lehrmethode 教え方 oshiekata 245, 70
Lehrmittel 教材 kyōzai 245, 552
Leib (aus Fleisch und Blut) 肉体 nikutai
  223, 61
  (Rumpf) 胴 DŌ 1300
  und Seele 心身 shinshin 97, 59
  霊肉 reiniku 1168, 223
Leibarzt 侍医 jii 571, 220
Leibbinde 腹巻き haramaki 1271, 507
Leibeigener 農奴 nōdo 369, 1933
Leibeserziehung 体育 taiiku 61, 246
Leibesübung(en) 体操 taisō 61, 1655
Leibgarde 護衛 goei 1312, 815
Leibgericht 好物 kōbutsu 104, 79
leiblich: der ~e ältere Bruder 実兄 jikkei
  203, 406
  die ~e Mutter 生母 seibo 44, 112
Leibwache 護衛 goei 1312, 815
Leiche 死体 shitai 85, 61
  遺体 itai 1172, 61
  in den Sarg legen 納棺 nōkan 758, 1825
Leichenschau 検死 kenshi 531, 85

Leichenüberführung 改葬 kaisō 514, 812
Leichenzug 葬列 sōretsu 812, 611
leicht (nicht schwer; nicht schwerwiegend;
  heiter) 軽 KEI, karu(i), karo(yaka) 547
  (heiter) 気軽 kigaru 134, 547
  (einfach) 易 I, yasa(shii) 759
  容易 yōi 654, 759
  (heiter) 漂々 hyōhyō 924
  (schwach) 薄 HAKU, usu(i) 1449
  bewölkter Himmel während der Kirschblütenzeit 花曇り hanagumori 255, 637
  ~e Brise そよ風 soyokaze 29
  薫風 kunpū 1774, 29
  ~e Färbung 淡彩 tansai 1337, 932
  ~e Mahlzeit 軽食 keishoku 547, 322
  ~e Musik 軽音楽 keiongaku 547, 347, 358
  ~e Schminke 薄化粧 usugeshō 1449, 254,
  1699
  ~e Verletzung 軽傷 keishō 547, 633
  ~en Herzens 手軽 tegaru 57, 547
  ~er Regen 小雨 kosame 27, 30
  ~er Schnee 淡雪 awayuki 1337, 949
  ~es Fieber 微熱 binetsu 1419, 645
Leichtindustrie 軽工業 keikōgyō 547, 139,
  279
leichtsinnig 軽率 keisotsu 547, 788
Leid 愁 SHŪ, ure(i) 1601
  憂愁 yūshū 1032, 1601
leiden 苦 KU, kuru(shimu) 545
  困 KON, koma(ru) 558
  悩 NŌ, naya(mu) 1279
  (an e-r Krankheit) 患 KAN, wazura(u)
  1315
Leiden 苦労 kurō 545, 233
  苦悩 kunō 545, 1279
Leidenschaft 情熱 jōnetsu 209, 645
  激情 gekijō 1017, 209
  närrische ~ 痴情 chijō 1813, 209
leidenschaftlich 熱烈 netsuretsu 645, 1331
leihen (aus-/ver-)~ 貸し出す kashidasu 748, 53
  (ver-/aus-)~ 貸与 taiyo 748, 539
  (bescheiden) 拝借 haishaku 1201, 766
  und verleihen 貸借 taishaku 748, 766
Leine 綱 KŌ, tsuna 1609
  縄 JŌ, nawa 1760
Lein(pflanze) 亜麻 ama 1616, 1529
leise 静 SEI, shizu, shizu(ka) 663

Leistung (Fähigkeit) 実力 jitsuryoku 203, 100
  (Arbeit) 功業 kōgyō 818, 279
  (Resultat) 成績 seiseki 261, 1117
  (Arbeit) 業績 gyōseki 279, 1117
  (Verdienst) 功績 kōseki 818, 1117
  bedeutende/hervorragende ~ 偉業 igyō 1053, 279
  wirkliche ~en 実績 jisseki 203, 1117
Leistungsfähigkeit 能率 nōritsu 386, 788
Leitartikel 社説 shasetsu 308, 400
leiten 導 DŌ, michibi(ku) 703
Leiter (e-r Gruppe, Abteilung, Firma, Einrichtung) 長 CHŌ 95
  (e-r Einrichtung) 所長 shochō 153, 95
  (Stufen-) 階段 kaidan 588, 362
  (Moderator) 司会者 shikaisha 842, 158, 164
  verantwortlicher ~ 主任 shunin 155, 334
Leitung (Führung) 先導 sendō 50, 703
  主導 shudō 155, 703
  (Verwaltung) 運営 un'ei 439, 722
  経営 keiei 548, 722
  (Verwaltung, Aufsicht) 主宰 shusai 155, 1488
  (Militär; Orchester) 指揮 shiki 1041, 1652
  verantwortliche ~ 担任 tannin 1274, 334
Lektion 課 KA 488
  1 第一課 dai-ikka 404, 2, 488
Lektor 講師 kōshi 783, 409
Lektüre 読み物 yomimono 244, 79
  読書 dokusho 244, 131
  notwendige ~ 必読 hitsudoku 520, 244
Lende 腰 YŌ, koshi 1298
  腰部 yōbu 1298, 86
Lendenschurz 腰布 koshinuno 1298, 675
lenken 操 SŌ, ayatsu(ru) 1655
  操縦 sōjū 1655, 1483
lernbegierig 篤学 tokugaku 1883, 109
lernen 学 mana(bu) 109
  教 oso(waru) 245
  習 SHŪ, nara(u) 591
  (sich merken) 覚 KAKU, obo(eru) 605
  (aus etw.) ~ 懲 ko(riru) 1421
  auswendig ~ 暗記 anki 348, 371
  stur auswendig ~ 棒暗記 bōanki 1543, 348, 371
Lernen 学習 gakushū 109, 591
  勉学 bengaku 735, 109

勉強 benkyō 735, 217
Lesebuch 読本 tokuhon 244, 25
lesen 読 DOKU, TOKU, yo(mu) 244
  (in die Hand nehmen und) ~ 披見 hiken 1712, 63
  falsch ~ 読み損なう yomisokonau 244, 350
  読み誤る yomiayamaru 244, 906
  gern ~ 愛読 aidoku 259, 244
  noch einmal ~ 読み返す yomikaesu 244, 442
Lesen 読書 dokusho 244, 131
Leser 読者 dokusha 244, 164
Leserschicht 読者層 dokushasō 244, 164, 1367
(Leser)Zuschrift 投書 tōsho 1021, 131
Leserzuschriften: (Spalte/Seite mit) ~ 投書欄 tōshoran 1021, 131, 1202
Lesestoff 読み物 yomimono 244, 79
Lesezimmer 閲覧室 etsuranshitsu 1369, 1291, 166
Lesung (Aussprache) 読み方 yomikata 244, 70
lethale Dosis 致死量 chishiryō 903, 85, 411
Lethargie こん睡(状態) konsui (jōtai) 1071, 626, 387
letzt (neuest) 最近 saikin 263, 445
  (Schluß-) 最終 saishū 263, 458
  (aller-) ~ 究極 kyūkyoku 895, 336
  ~e 最後 saigo 263, 48
  ~e Jahre (des Lebens) 晩年 bannen 736, 45
  ~e Korrektur 校了 kōryō 115, 941
  ~e Stunde 臨終 rinjū 836, 458
  ~e Woche 先週 senshū 50, 92
  das ~e Drittel e-s Monats 下旬 gejun 31, 338
  das ~e Mal 前回 zenkai 47, 90
  das ~e Mondviertel 下弦 kagen 31, 1226
  der ~e 後者 kōsha 48, 164
  乙 OTSU 983
  die ~en (verbleibenden) Lebensjahre 余命 yomei 1063, 578
  ~er 最後 saigo 263, 48
  ~er Moment 土壇場 dotanba 24, 1839, 154
  ~er Termin 締め切り shimekiri 1180, 39
  ~er Wille 遺言 yuigon 1172, 66
  ~es 最後 saigo 263, 48
  ~es Jahr 昨年 sakunen 361, 45

去年 kyonen 414, 45
Leucht- 発光 hakkō 96, 138
leuchten (strahlen) 発光 hakkō 96, 138
　(scheinen) 輝 KI, kagaya(ku) 1653
　(glänzen) 光り輝く hikarikagayaku 138,
　1653
Leuchtturm 灯台 tōdai 1333, 492
Leugnung 拒否 kyohi 1295, 1248
Leute (Menschen) 人々, 人びと hitobito 1
　(Öffentlichkeit) 世間 seken 252, 43
　alte ~ 老人 rōjin 543, 1
　andere/fremde ~ 他人 tanin 120, 1
　junge ~ 青年 seinen 208, 45
　viele ~ 大勢 ōzei 26, 646
　vor anderen ~n 人前(で) hitomae (de) 1, 47
Leutnant 少尉 shōi 144, 1617
Lexikon 百科事典 hyakka jiten 14, 320, 80,
　367
Libretto 台本 daihon 492, 25
Licht (künstlich; Mond) 明 MEI, a(kari) 18
　(Strahlen) 光 KŌ, hikari 138
　(künstlich) 灯 TŌ, hi 1333
　(e-r Lampe) 灯火 tōka 1333, 20
　灯火 tōka 1333, 20
　und Schatten 明暗 meian 18, 348
　elektrisches ~ 電光 denkō 108, 138
　電灯 dentō 108, 1333
Lichtjahr 光年 kōnen 138, 45
Lichtstrahl 光線 kōsen 138, 299
lieb (geliebt: Person; Heimat) 恋 koi(shii)
　258
　(ersehnt: Heimat; Person) 懐 natsu(kashii)
　1408
Liebe (sinnlich) 色 SHOKU, iro 204
　(zwischen 2 Personen) 恋 REN, koi 258
　(zu e-m Menschen) 恋心 koigokoro 258, 97
　(im weitesten Sinne) 愛 AI 259
　(zwischen 2 Personen) 愛情 aijō 259, 209
　恋愛 ren'ai 258, 259
　(zu e-m Menschen) 恋慕 renbo 258, 1431
　(z.B. der Mutter zu den Kindern) 慈愛
　jiai 1547, 259
　und Haß 愛憎 aizō 259, 1365
　zu den Eltern (親)孝行 (oya) kōkō 175,
　542, 68
　blinde ~ 痴情 chijō 1813, 209
　erste ~ 初恋 hatsukoi 679, 258

erwachende ~ 恋心 koigokoro 258, 97
Frucht der ~ 愛の結晶 ai no kesshō 259,
　485, 1645
unglückliche ~ 失恋 shitsuren 311, 258
　悲恋 hiren 1034, 258
verbotene ~ 道ならぬ恋 michi naranu koi
　149, 258
lieben 慈 JI, itsuku(shimu) 1547
Liebenswürdigkeit 愛想 aisō 259, 147
Liebesbrief 恋文 koibumi 258, 111
Liebeskummer 恋の悩み koi no nayami
　258, 1279
liebevoll behandeln 慈 JI, itsuku(shimu)
　1547
liebgewinnen 懐 natsu(ku) 1408
Liebhaber 恋人 koibito 258, 1
Lieblingshund 愛犬 aiken 259, 280
Lieblingskatze 愛猫 aibyō 259, 1470
Lieblingsspeise 好物 kōbutsu 104, 79
Lieblingstochter 愛嬢 aijō 259, 1836
Lieblingsworte 口癖 kuchiguse 54, 1490
Lied 歌 KA, uta 392
　歌謡 kayō 392, 1647
　唱歌 shōka 1646, 392
Liederlichkeit 放逸 hōitsu 512, 734
　放縦 hōjū 512, 1483
Liedertext 歌詞 kashi 392, 843
liefern 納 NŌ, osa(meru) 758
Lieferschein 伝票 denpyō 434, 922
Lieferung (z.B. Reis an die Regierung) 供出
　kyōshutsu 197, 53
　(Versorgung) 供給 kyōkyū 197, 346
　支給 shikyū 318, 346
　(Einzelband) 分冊 bunsatsu 38, 1158
liegen 積 SEKI, tsu(moru) 656
　lassen (sich nicht kümmern) 放置 hōchi
　512, 426
　lassen (vergessen) 忘れ物 wasuremono
　1374, 79
　zwischen 介在 kaizai 453, 268
lila 紫 SHI, murasaki 1389
Liliputaner 小人 kobito 27, 1
lindern 緩 yuru(meru) 1089
　緩和 kanwa 1089, 124
Linderung: zeitweilige ~ 小康 shōkō 27, 894
Lineal 定規 jōgi 355, 607
Linguistik 語学 gogaku 67, 109

Linie 線 SEN 299
　筋 KIN, suji 1090
　feine ~ 糸目 itome 242, 55
　gekrümmte ~ 曲線 kyokusen 366, 299
　gerade ~ 直線 chokusen 423, 299
　schräge ~ 斜線 shasen 1069, 299
　斜辺 shahen 1069, 775
　senkrechte ~ 垂線 suisen 1070, 299
　縦線 jūsen 1483, 299
link: ~e Gesinnung 左傾 sakei 75, 1441
　~e Seite 左側 hidarigawa 75, 609
　~e Tendenz 左傾 sakei 75, 1441
　das ~e Auge 左目 hidarime 75, 55
　der ~e Flügel (e-r Partei) 左翼 sayoku
　75, 1062
　der ~e Fuß 左足 hidariashi 75, 58
　die ~e Hand 左手 hidarite 75, 57
　die ~e Seite 左方 sahō 75, 70
Linke(n): die ~ 左派 saha 75, 912
Linken: die ~ 左翼 sayoku 75, 1062
linkerhand 左手 hidarite 75, 57
links 左 SA, hidari 75
　oben 左上 hidariue 75, 32
　und rechts 左右 sayū 75, 76
　von rechts nach ~ 右から左へ migi kara
　hidari e 76, 75
Linkshänder 左利き hidarikiki 75, 329
Linse: konkave ~ 凹レンズ ōrenzu 1893
Lippe 唇 SHIN, kuchibiru 1737
　~n 口唇 kōshin 54, 1737
　rote ~n 紅唇 kōshin 820, 1737
Lippenstift 口紅 kuchibeni 54, 820
List 細工 saiku 695, 139
　計略 keiryaku 340, 841
　術策 jussaku 187, 880
　策略 sakuryaku 880, 841
　謀略 bōryaku 1495, 841
Listenpreis 定価 teika 355, 421
　メーカー希望価格 mēkā kibō kakaku
　676, 673, 421, 643
literarisch: ~e Arbeit 創作 sōsaku 1308, 360
　~e Kreise 文壇 bundan 111, 1839
　(~e) Quelle 出典 shutten 53, 367
　~e Welt 文壇 bundan 111, 1839
　~es Schaffen 創作 sōsaku 1308, 360
　(~es) Werk 作品 sakuhin 360, 230
　著書 chosho 859, 131

Literatur 文学 bungaku 111, 109
　(schöne) ~ 文芸 bungei 111, 435
　(Liste) 文献 bunken 111, 1355
　chinesische (klassische) ~ 漢文 kanbun
　556, 111
　klassiche ~ 古文 kobun 172, 111
　古典 koten 172, 367
　schöne ~ 純文学 junbungaku 965, 111, 109
Literaturgeschichte 文学史 bungaku shi
　111, 109, 332
Literaturkritik 文芸批評 bungei hihyō 111,
　435, 1029, 1028
Literaturpreis 文学賞 bungaku-shō 111,
　109, 500
Literaturwissenschaft: vergleichende ~ 比較
　文学 hikaku bungaku 798, 1453, 111, 109
Litfaßsäule 広告塔 kōkokutō 694, 690, 1840
Lizenz: (amtl.) ~ 免許 menkyo 733, 737
LKW: großer/schwerer ~ 大型トラック
　ōgata torakku 26, 888
Lob 賞賛 shōsan 500, 745
　unverdientes/übertriebenes ~ 過褒 kahō
　413, 803
loben 褒 HŌ, ho(meru) 803
　sehr ~ 褒め上げる homeageru 803, 32
　褒め立てる hometateru 803, 121
lobenswert 殊勝 shushō 1505, 509
Lobgesang: (buddh.) ~ 詠歌 eika 1209, 392
löblich 殊勝 shushō 1505, 509
lobpreisen 褒め上げる homeageru 803, 32
　褒め立てる hometateru 803, 121
Lobpreisung 賛美 sanbi 745, 401
Loch 穴 KETSU, ana 899
Locher 穴あけ器 ana akeki 899, 527
locker 緩 yuru(i) 1089
　werden 緩 KAN, yuru(mu) 1089
lockern 緩 yuru(meru) 1089
Logiergast 泊り客 tomarikyaku 1177, 641
Logik (Folgerichtigkeit) 論理 ronri 293, 143
　(Vernunft) 条理 jōri 564, 143
　筋 KIN, suji 1090
　筋道 sujimichi 1090, 149
Logis 下宿 geshuku 31, 179
(logischer) Zusammenhang 脈略
　myakuraku 913, 841
Lohn 手当て teate 57, 77
　待遇 taigū 452, 1641

報酬 hōshū 685, 1864
Lohn- 賃金 chingin 751, 23
Löhne und Gehälter 賃金 chingin 751, 23
Lohnerhöhung 賃上げ chin'age 751, 32
lokal (heimisch) 地元 jimoto 118, 137
Looping 宙返り chūgaeri 991, 442
Lorbeerkranz 栄冠 eikan 723, 1615
Los (Schicksal) 身上 shinjō 59, 32
  (beim Lotto) 抽せん券 chūsenken 987, 506
Löschen 荷揚げ niage 391, 631
Löschpapier 吸い取り紙 suitorigami 1256,
  65, 180
lose 緩 yuru(i), yuru(yaka) 1089
  werden 緩 KAN, yuru(mu) 1089
lösen 解 KAI, GE, to(ku) 474
  (sich) ~ 外 hazu(reru), hazu(su) 83
  sich ~ 解 to(keru) 474
  sich (auf-)~ 溶解 yōkai 1392, 474
loslassen 放 HŌ, hana(tsu), hana(su) 512
Losung 暗号 angō 348, 266
Lösung (e-s Problems) 解決 kaiketsu 474, 356
  (Durchbruch) 打開 dakai 1020, 396
  (Flüssigkeit) 溶液 yōeki 1392, 472
Lotterie 抽せん chūsen 987
  福引き fukubiki 1379, 216
Loyalität 忠 CHŪ 1348
  忠義 chūgi 1348, 291
  忠誠 chūsei 1348, 718
Luchs 山猫 yamaneko 34, 1470
Lücke (Auslassung) 脱漏 datsurō 1370, 1806
  e-e ~ lassen 透 TŌ, su(ku) 1685
Luft 空気 kūki 140, 134
  虚空 kokū 1572, 140
Luft- 架空 kakū 755, 140
Luftangriff 空襲 kūshū 140, 1575
  Opfer e-s ~s 被爆者 hibakusha 976, 1015,
  164
(Luft)Ballon (軽)気球 (kei)kikyū 547, 134, 726
Luftblase 気泡 kihō 134, 1765
Luftdruck 気圧 kiatsu 134, 1342
Luftfahrt 飛行 hikō 530, 68
luftleerer Raum 真空 shinkū 422, 140
Luftloch 空気孔 kūkikō 140, 134, 940
  通気孔 tsūkikō 150, 134, 940
Luftpost 航空便 kōkūbin 823, 140, 330
Luftröhre 気管 kikan 134, 328
Lufttemperatur 気温 kion 134, 634

Lufttransport 空輸 kūyu 140, 546
Luftverschmutzung 大気汚染 taiki osen
  26, 134, 693, 779
lügen 偽 GI, itsuwa(ru) 1485
Lunge 肺 HAI 1277
  肺臓 haizō 1277, 1287
  und Leber 肺肝 haikan 1277, 1272
Lungenentzündung 肺炎 haien 1277, 1336
Lungenkapazität 肺活量 haikatsuryō 1277,
  237, 411
Lungenkrankheit 肺病 haibyō 1277, 380
Lungenkrebs 肺がん haigan 1277
Lungentuberkulose 肺結核 haikekkaku
  1277, 485, 1212
Lust (Begierde) 欲望 yokubō 1127, 673
Lüsternheit 好色 kōshoku 104, 204
lustige Geschichte 珍談 chindan 1215, 593
Lustspiel 喜劇 kigeki 1143, 797
lutschen 吸 KYŪ, su(u) 1256
Luxus ぜい沢 zeitaku 994
  豪華 gōka 1671, 1074
Lyrik 叙情詩 jojōshi 1067, 209, 570
lyrisches Gedicht 叙情詩 jojōshi 1067, 209,
  570

– M –

mäandrig 蛇行 dakō 1875, 68
machen 致 CHI, ita(su) 903
  (anfertigen) 作 SAKU, SA, tsuku(ru) 360
Machenschaften: dunkle ~ 黒い霧 kuroi kiri
  206, 950
Macht (Kraft, Energie) 勢 SEI, ikio(i) 646
  (Einfluß, Gewicht, Stärke) 勢力 seiryoku
  646, 100
  (Einfluß) 権威 ken'i 335, 1339
  (Einfluß, Energie) 威勢 isei 1339, 646
  e-s Landes 国勢 kokusei 40, 646
  (~ der) Gewohnheit 惰性 dasei 1743, 98
  führende ~ 盟主 meishu 717, 155
  Reichtum und ~ 富強 fukyō 713, 217
Mächte 列国 rekkoku 611, 40
mächtig (einflußreich) 有力 yūryoku 265, 100
  (gigantisch) 偉大 idai 1053, 26
  ~e Familie 豪族 gōzoku 1671, 221
machtlos 無力 muryoku 93, 100
Mädchen 女子 joshi 102, 103
  女の子 onnanoko 102, 103

乙女 otome 983, 102
(kleines) ~ 少女 shōjo 144, 102
(Tochter) 娘 musume 1752
vom Lande 田舎娘 inaka-musume 35, 791, 1752
ausgelassenes ~ お転婆 otenba 433, 1931
Mädchenname 旧姓 kyūsei 1216, 1746
Made in Japan 日本製 Nihonsei 5, 25, 428
Magazin (Lager) 蔵 ZŌ, kura 1286
倉 SŌ, kura 1307
倉庫 sōko 1307, 825
Magen 胃 I 1268
胃袋 ibukuro 1268, 1329
und Darm 胃腸 ichō 1268, 1270
Magenausgang 幽門 yūmon 1228, 161
Magenkrankheit 胃病 ibyō 1268, 380
Magenkrebs 胃がん igan 1268
Magensäure 胃酸 isan 1268, 516
Magenschwäche 胃弱 ijaku 1268, 218
Magensenkung 胃下垂 ikasui 1268, 31, 1070
Magie 魔法 mahō 1528, 123
魔術 majutsu 1528, 187
Magnet 磁石 jishaku 1548, 78
Magnetfeld 磁場 jiba, jijō 1548, 154
Magnetismus 磁気 jiki 1548, 134
mähen 刈 ka(ru) 1282
刈り取る karitoru 1282, 65
Mahlzeit 食事 shokuji 322, 80
飯 HAN, meshi 325
ご飯 gohan 325
御飯 gohan 708, 325
leichte ~ 軽食 keishoku 547, 322
mahnen (drängen) 促 SOKU, unaga(su) 1557
(auffordern) 督促 tokusoku 1670, 1557
Mahnung (Ermahnung) 警告 keikoku 706, 690
(Aufforderung) 催促 saisoku 1317, 1557
Majestät: Seine ~ der Kaiser (von J.) 天皇陛下 tennō heika 141, 297, 589, 31
Seine ~ der König 国王陛下 kokuō heika 40, 294, 589, 31
Ihre ~ die Königin 女王陛下 joō heika 102, 294, 589, 31
Ihre ~en 両陛下 ryōheika 200, 589, 31
Major 少佐 shōsa 144, 1744
Majorität 過半数 kahansū 413, 88, 225
Make-up 化粧 keshō 254, 1699

Makel 欠点 ketten 383, 169
汚点 oten 693, 169
makellos 天衣無縫 ten'i-muhō 141, 677, 93, 1349
Makrokosmos 大宇宙 daiuchū 26, 990, 991
mal 倍 BAI 87
Mal 回 KAI 90
度 DO, tabi 377
das letzte ~ 前回 zenkai 47, 90
vollbesetztes ~ (beim Baseball) 満塁 manrui 201, 1694
malen (anstreichen) 塗 TO, nu(ru) 1073
(zeichnen) 描 BYŌ, ega(ku) 1469
Malen nach der Natur 写生 shasei 540, 44
Maler (Künstler) 画家 gaka 343, 165
(großer) ~ 画伯 gahaku 343, 1176
Malerei 絵画 kaiga 345, 343
Malerin: (hervorragende) ~ けい秀画家 keishū gaka 1683, 343, 165
malerische Landschaft 景勝(地) keishō(chi) 853, 509, 118
Malz 麦芽 bakuga 270, 1455
manchmal 時々 tokidoki 42
Mandarinenpflanzung みかん畑 mikanbatake 36
Mandarinenpflücken みかん狩り mikangari 1581
Mandat 委任 inin 466, 334
Mangel (Fehlen) 不足 fusoku 94, 58
(Entbehrung) 不自由 fujiyū 94, 62, 363
(Schwäche) 欠点 ketten 383, 169
(Knappheit) 払底 futtei 582, 562
(Fehlen) 欠乏 ketsubō 383, 754
(Fehler) 欠陥 kekkan 383, 1218
(Fehlen) 欠如 ketsujo 383, 1747
an Bewegung 運動不足 undō-busoku 439, 231, 94, 58
mangelnd: ~e Tugend 不徳 futoku 94, 1038
~er Schlaf 睡眠不足 suimin-busoku 1071, 849, 94, 58
Manifest 宣言 sengen 625, 66
顕彰 kenshō 1170, 1827
Mann 男 DAN, NAN, otoko 101
男の人 otoko no hito 101, 1
男性 dansei 101, 98
男子 danshi 101, 103
(Ehe-)~ 主人 shujin 155, 1

夫 FU, [FŪ], otto 315
士 SHI 572
und Frau 夫婦 fūfu 315, 316
夫妻 fusai 315, 671
von Welt 粋人 suijin 1708, 1
alter ~ 老人 rōjin 543, 1
老翁 rōō 543, 1930
begabter ~ 秀才 shūsai 1683, 551
ein ~ 匹夫 hippu 1500, 315
einfacher ~ 匹夫 hippu 1500, 315
(körperlich/geistig) großer ~ 偉丈夫 ijōfu
1053, 1325, 315
großer ~ (Held) 英雄 eiyū 353, 1387
豪傑 gōketsu 1671, 1731
großer ~ (Riese) 大男 ōotoko 26, 101
großer (bedeutender) ~ 偉人 ijin 1053, 1
großer (herausragender) ~ 傑物
ketsubutsu 1731, 79
großer (talentierter) ~ 偉才 isai 1053, 551
großer/prominenter ~ 巨星 kyosei 1293,
730
junger ~ 青年 seinen 208, 45
若人 wakōdo 544, 1
若手 wakate 544, 57
若者 wakamono 544, 164
steinreicher ~ 富豪 fugō 713, 1671
tüchtiger ~ 働き者 hatarakimono 232, 164
ungebildeter ~ 匹夫 hippu 1500, 315
Männchen (Tiere) 雄 osu, o 1387
und Weibchen 雌雄 shiyū 1388, 1387
Männer: ~ und Frauen 男女 danjo 101, 102
für ~ 男子用 danshiyō 101, 103, 107
zwei große ~ (Rivalen) 両雄 ryōyū 200,
1387
Mannesalter: bestes ~ 壮年 sōnen 1326, 45
männlich (tapfer) 潔 isagiyo(i) 1241
(stark und mutig) 剛健 gōken 1610, 893
das ~e Geschlecht 男性 dansei 101, 98
~er Vogel 雄鳥 ondori 1387, 285
(~er Vorname) 二郎 Jirō 3, 980
次郎 Jirō 384, 980
太郎 Tarō 629, 980
Mannschaft 組 SO, kumi 418
(Besatzung) 船員 sen'in 376, 163
Mannschaftskapitän 主将 shushō 155, 627
Manöver (Taktik, Operation) 作戦 sakusen
360, 301

Manövrieren hinter den Kulissen 暗躍
an'yaku 348, 1560
Manuskript 原稿 genkō 136, 1120, 107, 180
Manuskriptpapier 原稿用紙 genkō yōshi
136, 1120, 107, 180
Mao Zedong (1893 – 1976) 毛沢東 Mō
Takutō 287, 994, 71
Märchen 童話 dōwa 410, 238
Maria: Hl. Jungfrau ~ 聖母 Seibo 674, 112
Marine: (Kriegs-)~ 海軍 kaigun 117, 438
Marke (Markierung) 符号 fugō 505, 266
Marketing 流通 ryūtsū 247, 150
市販 shihan 181, 1048
Markierung 標 HYŌ 923
Markt 市 ichi 181
市場 ichiba, shijō 181, 154
(z.B. Welt-) 市況 shikyō 181, 850
(Absatz-) 販路 hanro 1048, 151
im Freien 青空市場 aozora ichiba 208,
140, 181, 154
Marktanalyse 市場分析 shijō bunseki 181,
154, 38, 1393
Marktlage 市況 shikyō 181, 850
Marktplatz 市場 ichiba, shijō 181, 154
Marktpreis 相場 sōba 146, 154
Marquis 侯爵 kōshaku 1924, 1923
Mars (Stern) 火星 kasei 20, 730
Marsch: Der lange ~ (China, 1934 – 36) 長征
chōsei 95, 1114
Märtyrer 殉教者 junkyōsha 1799, 245, 164
Märtyrertum 殉難 junnan 1799, 557
Maschine 機関 kikan 528, 398
器械 kikai 527, 529
Maschinengewehr 機関銃 kikanjū 528, 398,
829
Maß (Grad, Grenze) 程 TEI, hodo 417
(Grenze) 限度 gendo 847, 377
(Größe) 寸法 sunpō 1894, 123
Maße und Gewichte 度量衡 doryōkō 377,
411, 1585
(alte) ~ und Gewichte 尺貫法 shakkanhō
1895, 914, 123
(Maßeinheit für Land/Kleiderstoff) 反
[TAN] 324
maßhalten 慎 SHIN, tsutsushi(mu) 1785
mäßig (maßhaltend) 適度 tekido 415, 377
(Klima) 温和 onwa 634, 124

Mäßigung 控え目 hikaeme 1718, 55
Maske 仮面 kamen 1049, 274
  覆面 fukumen 1634, 274
Maskierung 変装 hensō 257, 1328
maßlos 過度 kado 413, 377
Maßnahme (Schritte) 行動 kōdō 68, 231
  (Mittel, Weg) 手段 shudan 57, 362
  (Gegen-) 対策 taisaku 365, 880
  (Schritte) 処分 shobun 1137, 38
  処置 shochi 1137, 426
  措置 sochi 1200, 426
  konkrete ~ 具体策 gutaisaku 420, 61, 880
Maßnahmen 始末 shimatsu 494, 305
  ergreifen 対処 taisho 365, 1137
Masse 衆 SHŪ, 792
  (Menschen; Objekte) 集団 shūdan 436, 491
  (Menschen) 群集 gunshū 794, 436
  群衆 gunshū 794, 792
  (Material; Menschen) 塊 KAI, katamari 1524
Massenproduktion 大量生産 tairyō seisan 26, 411, 44, 278
Masseur あん摩 anma 1530
massiv 塊状 kaijō 1524, 626
Maßstab (Norm) 本位 hon'i 25, 122
  (Umfang) 規模 kibo 607, 1425
  in großem ~ 盛大 seidai 719, 26
  verkleinerter ~ 縮尺 shukushaku 1110, 1895
Mast(baum) 帆柱 hobashira 1103, 598
mästen 肥 ko(yasu) 1723
Material (Rohstoff) 原料 genryō 136, 319
  材料 zairyō 552, 319
  資源 shigen 750, 580
  (Roh-)~ 物資 busshi 79, 750
Materialismus 唯物論 yuibutsuron 1234, 79, 293
Materie 物質 busshitsu 79, 176
Mathematik 数学 sūgaku 225, 109
Matrize: (Papier-)~ 紙型 kamigata, shikei 180, 888
Matrose 水夫 suifu 21, 315
  船員 sen'in 376, 163
matt (kraftlos) 物憂い monoui 79, 1032
  (Farbe usw.) 淡 TAN, awa(i) 1337
Mattglas 曇りガラス kumori garasu 637
Mauer 壁 HEKI, kabe 1489

障壁 shōheki 858, 1489
äußere ~ (e-r Burg) 外郭 gaikaku 83, 1673
Maulbeerbaum 桑 SŌ, kuwa 1873
Maulbeerbaum-Pflanzung 桑田 sōden 1873, 35
  桑畑 kuwabatake 1873, 36
  桑園 sōen 1873, 447
Mausoleum 陵 RYŌ, misasagi 1844
Maximum 最大 saidai 263, 26
  最高 saikō 263, 190
Mechanisierung 機械化 kikaika 528, 529, 254
Mechanismus 機関 kikan 528, 398
  器械 kikai 527, 529
  機構 kikō 528, 1010
Medaille 記章 kishō 371, 857
Medien 報道機関 hōdō kikan 685, 149, 528, 398
Medikament 薬品 yakuhin 359, 230
  薬剤 yakuzai 359, 550
Meditation めい想 meisō 147
  沈思 chinshi 936, 99
  Zen-~ (im Sitzen) 座禅 zazen 786, 1540
Meditieren 思索 shisaku 99, 1059
Medium (Trägersubstanz) 媒介物 baikaibutsu 1496, 453, 79
  (im Spiritismus) 霊媒 reibai 1168, 1496
Medizin (Heilkunde) 医 I 220
  医学 igaku 220, 109
  (Arznei) 薬 YAKU, kusuri 359
  薬品 yakuhin 359, 230
  薬剤 yakuzai 359, 550
medizinisch: ~e Fakultät 医学部 igakubu 220, 109, 86
  ~er Fachausdruck 医学用語 igaku yōgo 220, 109, 107, 67
Meer 海 KAI, umi 117
  大海 taikai 26, 117
  flaches ~ 浅海 senkai 649, 117
  Japanisches ~ 日本海 Nihonkai 5, 25, 117
Meer- 海上 kaijō 117, 32
Meerenge 海峡 kaikyō 117, 1352
Meeres- 海上 kaijō 117, 32
Meeresarm 入り江 irie 52, 821
Meeresgrund 海底 kaitei 117, 562
Meeresküste 海岸 kaigan 117, 586
Meeresprodukte 魚介 gyokai 290, 453
Meeresrauschen 海鳴り uminari 117, 925

(Meeres)Strand 浜辺 hamabe 785, 775
Meeresströmung 海流 kairyū 117, 247
  (warme ~ südöstlich Japans) 黒潮 Kuroshio 206, 468
  (Ebbe und Flut) 潮流 chōryū 468, 247
  warme ~ 暖流 danryū 635, 247
Mehl 粉 FUN, kona, ko 1701
  粉末 funmatsu 1701, 305
  (Weizen-)~ メリケン粉 merikenko 1701
mehr: ~ als 以上 ijō 46, 32
  als dreimal soviel 三倍以上 sanbai ijō 4, 87, 46, 32
  oder weniger 多少 tashō 229, 144
  幾分 ikubun 877, 38
mehrere 若干 jakkan 544, 584
  (Schiffe) 数隻(の船) sūseki (no fune) 225, 1311, 376
Mehrheit 多数 tasū 229, 225
  過半数 kahansū 413, 88, 225
  die überwiegende ~ 大多数 daitasū 26, 229, 225
Mehrwertsteuer 付加価値税 fukakachi-zei 192, 709, 421, 425, 399
Mehrzahl (Mehrheit) 大半 taihan 26, 88
  (Plural) 複数 fukusū 916, 225
meiden 忍 NIN, shino(bu) 1414
  避 HI, sa(keru) 1491
  疎 SO, uto(mu) 1514
  慎 SHIN, tsutsushi(mu) 1785
  忌 KI, i(mu) 1797
Meiji-Restauration 明治維新 Meiji Ishin 18, 493, 1231, 174
Meiji-Zeit (1868 – 1912) 明治時代 Meiji jidai 18, 493, 42, 256
Meilenstein 一里塚 ichirizuka 2, 142, 1751
mein 我 GA, ware, wa 1302
  ~e Frau 家内 kanai 165, 84
  ~e Wenigkeit 不肖 fushō 94, 844
Mein: ~ herzliches Beileid ご愁傷様 goshūshō-sama 1601, 633, 403
  Gott! 桑原桑原 kuwabara-kuwabara 1873, 136, 1873, 136
  ~e Damen und Herren! 諸君 shokun 861, 793
Meineid 偽証 gishō 1485, 484
meinen 考 KŌ, kanga(eru) 541
Meinung (Behauptung) 言い分 iibun 66, 38

(Ansicht) 意見 iken 132, 63
(Theorie) 説 SETSU 400
(Ansicht) 思惑 omowaku 99, 969
(~) ändern 翻 HON, hirugae(su) 596
öffentliche ~ 世論 yoron, seron 252, 293
wahre ~ 内心 naishin 84, 97
seine ~ ändern 翻意 hon'i 596, 132
(seine ~) ausdrücken 披歴 hireki 1712, 480
verschiedene ~en 諸説 shosetsu 861, 400
meisten: am ~ 一番 ichiban 2, 185
  最 SAI, motto(mo) 263
meistens 大抵 taitei 26, 560
Meister (Sport; Musik; allg.) 名人 meijin 82, 1
  (Bauhandwerk; Kunst: Lehrer) 頭 TŌ, ZU, atama, kashira 276
  (Könner; Virtuose; großer Geist) 達人 tatsujin 448, 1
  (Lehrer) 師範 shihan 409, 1092
  (Künstler) 妙手 myōshu 1154, 57
  (Handwerker) 名匠 meishō 82, 1359
  (Lehrer) 宗匠 sōshō 616, 1359
  (großer) ~ 巨匠 kyoshō 1293, 1359
  (Sieger) 覇者 hasha 1633, 164
meisterhaft 秀逸 shūitsu 1683, 734
Meisterschaft 熟練 jukuren 687, 743
  (Sieg) 優勝 yūshō 1033, 509
  (Beherrschung; Sieg) 制覇 seiha 427, 1633
Meisterwerk (Kunst, Literatur) 逸品 ippin 734, 230
  (Literatur) 名著 meicho 82, 859
  傑作 kessaku 1731, 360
  unvergängliches ~ 不朽の名作 fukyū no meisaku 94, 1628, 82, 360
  ~e der abendländischen Malerei 泰西名画 taisei meiga 1545, 72, 82, 343
Melancholie 陰気 inki 867, 134
melden 届 todo(keru) 992
Meldung (Bewerbung) 志願 shigan 573, 581
  (Nachricht) 情報 jōhō 209, 685
  (Mitteilung) 通告 tsūkoku 150, 690
  報告 hōkoku 685, 690
  ohne ~ 無届け mutodoke 93, 992
melken 絞 shibo(ru) 1452
  搾 SAKU, shibo(ru) 1497
  搾乳 sakunyū 1497, 939
Melodie 曲 KYOKU 366

節 fushi 464
旋律 senritsu 1005, 667
Membrane 膜 MAKU 1426
Memoiren 回顧録 kaikoroku 90, 1554, 538
memorieren 暗記 anki 348, 371
Menge: (Menschen-)~ 人出 hitode 1, 53
  (Quantität) 高 taka 190
  量 RYŌ 411
  分量 bunryō 38, 411
  (Menschen) 衆 SHŪ 792
  群衆 gunshū 794, 792
  (Fülle) 豊富 hōfu 959, 713
  große ~ 多数 tasū 229, 225
  大量 tairyō 26, 411
  億兆 okuchō 382, 1562
  e-e große ~(Menschen) 大勢 ōzei 26, 646
  kleine ~ 小量 shōryō 27, 411
Mensch (Person, Leute) 人 JIN, NIN, hito 1
  (im Gegensatz zum Tier) 人間 ningen 1, 43
  (Persönlichkeit) 人物 jinbutsu 1, 79
  (Krone der Schöpfung) 万物の霊長 banbutsu no reichō 16, 79, 1168, 95
  besonders geistreicher ~ 俊秀 shunshū 1845, 1683
  ein anderer ~ 別人 betsujin 267, 1
  fleißiger ~ 勉強家 benkyōka 735, 217, 165
  努力家 doryokuka 1595, 100, 165
  geistreicher ~ 才子 saishi 551, 103
  gemeiner/unbedeutender ~ 小人 shōjin 27, 1
  gutmütiger ~ 好人物 kōjinbutsu 104, 1, 79
  hochbegabter ~ 俊英 shun'ei 1845, 353
  rätselhafter ~ 怪物 kaibutsu 1476, 79
  undankbarer ~ 恩知らず onshirazu 555, 214
  weinerlicher ~ 泣き虫 nakimushi 1236, 873
  weiser ~ 知恵者 chiesha 214, 1219, 164
  wohltätiger ~ 篤志家 tokushika 1883, 573, 165
  alter ~ im Ruhestand 隠居 inkyo 868, 171
  ~en 人々, 人びと hitobito 1
Menschenaffe 類人猿 ruijin'en 226, 1, 1584
Menschengestalt 人影 hitokage, jin'ei 1, 854
Menschenliebe 博愛 hakuai 601, 259
  仁 JIN 1619
  仁愛 jin'ai 1619, 259

(Menschen)Menge 人出 hitode 1, 53
Menschenrechte 人権 jinken 1, 335
(Menschen)Schlange: lange ~ 長蛇の列 chōda no retsu 95, 1875, 611
Menschenverstand: gesunder ~ 常識 jōshiki 497, 681
Menschenwerk 人工 jinkō 1, 139
Menschheit 人類 jinrui 1, 226
menschlich: ~e Gefühle 人情 ninjō 1, 209
  ~e Rasse 人種 jinshu 1, 228
  der ~e Körper 人体 jintai 1, 61
  das (~e) Leben 人生 jinsei 1, 44
  ~es Geschöpf 人間同士 ningen dōshi 1, 43, 198, 572
  (~es) Leben 生涯 shōgai 44, 1461
Menschlichkeit 人情 ninjō 1, 209
Menü 定食 teishoku 355, 322
merken: sich ~ 覚 KAKU, obo(eru) 605
merklich 著 ichijiru(shii) 859
Merkmal: charakteristisches ~ 特色 tokushoku 282, 204
  特徴 tokuchō 282, 1420
merkwürdig 奇妙 kimyō 1360, 1154
messen 計 haka(ru) 340
  量 haka(ru) 411
  測 SOKU, haka(ru) 610
Messer 刀 TŌ, katana 37
  (Taschen-)~ 小刀 kogatana 27, 37
Messerspitze 穂先 hosaki 1221, 50
Messung 測定 sokutei 610, 355
  測量 sokuryō 610, 411
Metall 金 KIN, KON, [kana] 23
  金属 kinzoku 23, 1637
Metapher 形容 keiyō 395, 654
Meteorologie 気象学 kishōgaku 134, 739, 109
meteorologische Station 測候所 sokkōjo 610, 944, 153
Meter: sieben ~ 七メートル nana mētoru, shichi mētoru 9
Methode 方法 hōhō 70, 123
  仕方 shikata 333, 70
  式 SHIKI 525
  方式 hōshiki 70, 525
  順序 junjo 769, 770
Metrum 韻律 inritsu 349, 667
Meuchelmord 暗殺 ansatsu 348, 576

Miene: finstere ~ 険しい顔つき kewashii
　　kaotsuki 533, 277
　gleichgültige ~ 澄まし顔 sumashigao
　　1334, 277
　saure ~ 膨れっ面 fukurettsura 1145, 274
Miete (Wohnung) 家賃 yachin 165, 751
　(Wohnung, Boot, usw.) 賃借 chinshaku
　　751, 766
　　賃借り chingari 751, 766
mieten (Wohnung, Boot, usw.) 借 SHAKU,
　　ka(riru) 766
　　(Arbeitskräfte) 雇 KO, yato(u) 1553
Miethaus 貸し家 kashiya 748, 165
(Miet)Kaution 敷金 shikikin 1451, 23
Mietwohnung 貸し家 kashiya 748, 165
Mikrobe 微生物 biseibutsu 1419, 44, 79
Mikroskop 顕微鏡 kenbikyō 1170, 1419, 863
Milch: (Kuh-)~ 牛乳 gyūnyū 281, 939
Milchglas 曇りガラス kumori garasu 637
Milchpulver 粉ミルク konamiruku 1701
Milchstraße 天の川 amanogawa 141, 33
　　銀河 ginga 313, 389
(Milchwirtschaft betreibender) Landwirt 酪
　　農家 rakunōka 1865, 369, 165
mild (Charakter) 和 nago(yaka) 124
　(Klima; Charakter) 温和 onwa 634, 124
　(Wesen) 物柔らか mono-yawaraka 79, 774
　(Charakter) 柔和 nyūwa 774, 124
　(Stimmung) 穏 ON, oda(yaka) 869
　(Wesen) 緩 yuru(i) 1089
　~er Winter 暖冬 dantō 635, 459
Milde 寛容 kan'yō 1050, 654
　und Strenge 寛厳 kangen 1050, 822
mildern 緩 yuru(meru) 1089
　　緩和 kanwa 1089, 124
Mildtätigkeit 慈恵 jikei 1547, 1219
Milieu 環境 kankyō 865, 864
　　境遇 kyōgū 864, 1641
Militär (Soldat) 軍人 gunjin 438, 1
　(Truppe) 軍隊 guntai 438, 795
Militär- 軍事 gunji 438, 80
Militärangelegenheit 軍事 gunji 438, 80
Militärclique 軍閥 gunbatsu 438, 1510
Militärdienst 服役 fukueki 683, 375
　　兵役 heieki 784, 375
　　徴兵 chōhei 1420, 784
militärisch 尚武 shōbu 1853, 1031

(~e) Einheit 部隊 butai 86, 795
~e Operation 作戦 sakusen 360, 301
(~e) Rüstung/Bereitschaft 軍備 gunbi
　　438, 768
(~e) Stellung 陣地 jinchi 1404, 118
(~er) Stützpunkt 拠点 kyoten 1138, 169
Militarismus 軍国主義 gunkoku shugi 438,
　　40, 155, 291
(Militär)Stützpunkt 基地 kichi 450, 118
Milliardär 億万長者 okuman chōja 382, 16,
　　95, 164
Millimeter: 8 ~ 八ミリ hachi miri 10
Million: 1 ~ 百万 hyakuman 14, 16
　~en 巨万 kyoman 1293, 16
　100 ~en 一億 ichioku 2, 382
　viele ~en Jahre 数億年 sūokunen 225,
　　382, 45
Millionär 億万長者 okuman chōja 382, 16,
　　95, 164
Mimeograph 謄写版 tōshaban 1779, 540,
　　1046
Minamoto und Taira 源平 Gen-Pei 580, 202
minderwertig 劣性 ressei 1150, 98
　sein 劣 RETSU, oto(ru) 1150
Minderwertigkeit 劣等 rettō 1150, 569
Minderwertigkeitskomplex 劣等感 rettōkan
　　1150, 569, 262
Mine: (Land-)~ 地雷 jirai 118, 952
Mineral 鉱石 kōseki 1604, 78
　　鉱物 kōbutsu 1604, 79
Miniatur- (Präfix) 豆 TŌ, mame 958
Miniaturausgabe e-s Buches 豆本 mamehon
　　958, 25
Miniaturbaum 盆栽 bonsai 1099, 1125
Miniaturlandschaft auf e-m Tablett 盆景
　　bonkei 1099, 853
Minimal- 最低 saitei 263, 561
Minister 相 SHŌ 146
　　大臣 daijin 26, 835
　　閣僚 kakuryō 837, 1324
　für soziale Angelegenheiten 厚相 kōshō
　　639, 146
Ministerialdirektor 局長 kyokuchō 170, 95
Ministerium 省 SHŌ 145
　für Soziales 厚生省 Kōseishō 639, 44, 145
Ministerpräsident 首相 shushō 148, 146
　　総理 sōri 697, 143

総理大臣 sōri daijin 697, 143, 26, 835
宰相 saishō 1488, 146
Minute 分 FUN 38
  freie ~ 寸暇 sunka 1894, 1064
  1 ~ und 20 Sekunden １分２０秒 ippun nijūbyō 38, 1152
Minutenzeiger 分針 funshin 38, 341
Mißbildung 不具 fugu 94, 420
Mißbrauch 濫用 ran'yō 1944, 107
mischen 交 maji(eru), ma(zeru) 114
  混 KON, ma(zeru) 799
  混ぜ物 mazemono 799, 79
Mischling 混血の人 konketsu no hito 799, 789, 1
Mischung 混合 kongō 799, 159
  折衷 setchū 1394, 1677
  von j. und westl. Stil 和洋折衷 wa-yō setchū 124, 289, 1394, 1677
  von Medizin 調剤 chōzai 342, 550
Mißerfolg 失敗 shippai 311, 511
Mißernte 凶作 kyōsaku 1280, 360
mißgönnen 惜 o(shimu) 765
mißhandeln 虐 GYAKU, shiita(geru) 1574
  虐待 gyakutai 1574, 452
Mißlingen 失敗 shippai 311, 511
Miso-Suppe みそ汁 misoshiru 1794
Mission (religiös) 伝道 dendō 434, 231
  (Auftrag) 使命 shimei 331, 578
Missionar 宣教師 senkyōshi 625, 245, 409
Mist 肥 HI, koe, ko(yashi) 1723
  (schlechte Arbeit) 駄作 dasaku 1880, 360
Mistbeet 温床 onshō 634, 826
mißtrauen 怪 aya(shimu) 1476
  疑 GI, utaga(u) 1516
Mißtrauen 不信 fushin 94, 157
  邪推 jasui 1457, 1233
Mißverständnis 誤解 gokai 906, 474
  勘違い kanchigai 1502, 814
mit: ~ anderen Worten 又は matawa 1593
  der Hand winken 手招き temaneki 57, 455
  der Zahlung im Rückstand sein 滞納 tainō 964, 758
  e-m Seil absperren 縄張 nawabari 1760, 1106
  Eifer betreiben 励 hage(mu) 1340
  eigenen Händen 自らの手で mizukara no te de 62, 57

Essig angemachtes Gericht 酢の物 su no mono 1867, 79
Fisch belegte Reisbällchen 寿司 sushi 1550, 842
Gewalt 強引に gōin ni 217, 216
j-m gehen 伴 HAN, BAN, tomona(u) 1027
j-m s-n Spaß treiben 冷 hi(yakasu) 832
Mühe (und Not) gewinnen 辛勝 shinshō 1487, 509
sich bringen 伴 HAN, BAN, tomona(u) 1027
sich nehmen 携 KEI, tazusa(eru) 1686
unterschlagenen Geldern verschwinden 拐帯 kaitai 1916, 963
Verpflegung 賄い付き makanaitsuki 1739, 192
Mitarbeiter (an e-m Projekt) 協力者 kyōryokusha 234, 100, 164
  (Kollege) 同僚 dōryō 198, 1324
mitbewerben: sich ~ 競 se(ru) 852
mitbringen 携帯 keitai 1686, 963
Mitgefühl 情 JŌ, nasa(ke) 209
  同情 dōjō 198, 209
  共鳴 kyōmei 196, 925
Mitglied 員 IN 163
  (e-s Vereins) 会員 kaiin 158, 163
  des ständigen Ausschusses 常任委員 jōnin iin 497, 334, 466, 163
  junges ~ 若手 wakate 544, 57
  neues ~ 新人 shinjin 174, 1
  alle ~er 全員 zen'in 89, 163
Mitgliederverzeichnis 会員名簿 kaiin meibo 158, 163, 82, 1450
mithören 傍受 bōju 1183, 260
Mitleid 情 JŌ, nasa(ke) 209
  慈悲 jihi 1547, 1034
  容赦 yōsha 654, 1570
  哀 AI, awa(re) 1675
  haben 哀 awa(remu) 1675
mitleiderregend 気の毒 kinodoku 134, 522
mitleidsvoll 情け深い nasakebukai 209, 536
Mitmensch 人間同士 ningen dōshi 1, 43, 198, 572
mitnehmen (Personen) 連 tsu(reru) 440
  (bei sich tragen) 携帯 keitai 1686, 963
Mitschuld 共犯 kyōhan 196, 882
Mitschüler 同級生 dōkyūsei 198, 568, 44

同窓生 dōsōsei 198, 698, 44
Mitspieler 遊び相手 asobiaite 1003, 146, 57
Mittag 午 GO 49
 昼 CHŪ, hiru 470
Mittagessen 昼食 chūshoku 470, 322
 昼飯 hirumeshi 470, 325
Mittagspause 昼休み hiruyasumi 470, 60
Mittagsschlaf 午睡 gosui 49, 1071
 昼寝 hirune 470, 1079
Mitte (zwischen 2 Enden) 中間 chūkan 28, 43
 (räuml. u. zeitl.) 半 HAN, naka(ba) 88
 (Zentrum) 中央部 chūōbu 28, 351, 86
 des Monats 中旬 chūjun 28, 338
 goldene ~ 中庸 chūyō 28, 1696
mitteilen 告 KOKU, tsu(geru) 690
Mitteilung 通知 tsūchi 150, 214
 報知 hōchi 685, 214
 通告 tsūkoku 150, 690
 連絡 renraku 440, 840
 消息 shōsoku 845, 1242
Mittel (Weg) 工夫 kufū 139, 315
 (Maßnahme) 手段 shudan 57, 362
 (Ressourcen) 資源 shigen 750, 580
 schmerzstillendes ~ 鎮痛剤 chintsūzai
 1786, 1320, 550
Mittelalter 中世 chūsei 28, 252
mittellos 徒手 toshu 430, 57
 vollkommen ~ 裸一貫 hadaka-ikkan
 1536, 2, 914
mittelmäßig 平凡 heibon 202, 1102
 凡庸 bon'yō 1102, 1696
 begabt 凡才 bonsai 1102, 551
Mittelohr 中耳 chūji 28, 56
Mittelohrentzündung 中耳炎 chūjien 28, 56,
 1336
Mittelpunkt 中心 chūshin 28, 97
 枢軸 sūjiku 1023, 988
Mittelschule 中学校 chūgakkō 28, 109, 115
Mittelstreckenlauf 中距離競走 chūkyori
 kyōsō 28, 1294, 1281, 852, 302
mitten im Winter 真冬 mafuyu 422, 459
Mitternacht 深夜 shin'ya 536, 471
mittler: ~ und klein 中小 chūshō 28, 27
 ~e und kleine Unternehmen 中小企業
 chūshō kigyō 28, 27, 481, 279
 ~er Ausgang 中央口 chūōguchi 28, 351, 54
 ~er Weg 中庸 chūyō 28, 1696

Mittwoch 水曜日 suiyōbi 21, 19, 5
Mitwirkender 協力者 kyōryokusha 234,
 100, 164
Möbel 家具 kagu 165, 420
mobilisieren 動員 dōin 231, 163
Mobilisierung (Militär) 召集 shōshū 995, 436
Moby Dick 白鯨 Hakugei 205, 700
Mode 流行 ryūkō 247, 68
Modell (Nachbildung; Form; Vorbild) 型
 KEI, kata 888
 (Vorbild) 範 HAN 1092
 (Nachbildung) 模型 mokei 1425, 888
Moderator 司会者 shikaisha 842, 158, 164
moderig かび臭い kabikusai 1244
modern (nach 1945) 現代 gendai 298, 256
 (nach Beginn der Meiji-Zeit) 近代 kindai
 445, 256
mögen 好 KŌ, kono(mu), su(ku) 104
 nicht ~ 嫌 KEN, kira(u) 1688
Möglichkeit (Machbarkeit) 可能(性)
 kanō(sei) 388, 386, 98
 (Aussicht) 見込み mikomi 63, 776
Mole 防波堤 bōhatei 513, 666, 1592
Molekül 分子 bunshi 38, 103
Molkerei 酪農(場) rakunō(jō) 1865, 369, 154
Molkereiprodukt 酪製品 rakuseihin 1865,
 428, 230
Molotowcocktail 火炎瓶 kaenbin 20, 1336,
 1161
Moment 一刻 ikkoku 2, 1211
 瞬時 shunji 1732, 42
 瞬間 shunkan 1732, 43
 瞬刻 shunkoku 1732, 1211
 ein ~ 一瞬 isshun 2, 1732
 einen ~ 一時 hitotoki, ittoki 2, 42
 entscheidender ~ 危機 kiki 534, 528
 土壇場 dotanba 24, 1839, 154
 kritischer/entscheidender ~ 瀬戸際
 setogiwa 1513, 152, 618
 letzter ~ 土壇場 dotanba 24, 1839, 154
momentan vergessen 度忘れ dowasure
 377, 1374
 胴忘れ dōwasure 1300, 1374
Monarch 君主 kunshu 793, 155
Monarchie: konstitionelle ~ 立憲君主政(国)
 rikken kunshusei (koku) 121, 521, 793, 155,
 483, 40

Monat 月 GETSU, GATSU, tsuki 17
  diesen ~ 今月 kongetsu 51, 17
  ein ~ 一月 hitotsuki 2, 17
  一か月 ikkagetsu 2, 17
  jeden ~ 毎月 maigetsu, maitsuki 116, 17
  nächsten ~ 来月 raigetsu 69, 17
  vorigen ~ 先月 sengetsu 50, 17
  vorletzten ~ 先々月 sensengetsu 50, 17
monatlich: ~e Unterrichtsgebühr 月謝 gessha
  17, 901
  ~es Schulgeld 月謝 gessha 17, 901
Monatsende 月末 getsumatsu 17, 305
Monatsgehalt 月給 gekkyū 17, 346
Monatskarte 定期券 teikiken 355, 449, 506
Monatsrate 月賦 geppu 17, 1808
Mönch: buddh. ~ 桑門 sōmon 1873, 161
Mönchskutte 法衣 hōi 123, 677
Mond 月 GETSU, tsuki 17
Mondalter 月齢 getsurei 17, 833
Mondhof 光環 kōkan 138, 865
(Mond)Kalender: alter ~ 旧暦 kyūreki
  1216, 1534
Mondrakete 月ロケット tsukiroketto 17
Mondschein 月光 gekkō 17, 138
Mondviertel: das erste ~ 上弦 jōgen 32, 1226
  das letzte ~ 下弦 kagen 31, 1226
Monopol 独占 dokusen 219, 1706
  (Alleinverkauf) 専売 senbai 600, 239
Monstrum 怪物 kaibutsu 1476, 79
  怪獣 kaijū 1476, 1582
Monsun 季節風 kisetsufū 465, 464, 29
Montag 月曜日 getsuyōbi 17, 19, 5
  ~, Mittwoch, Freitag 月・水・金 ges-sui-
  kin 17, 21, 23
montieren 据え付ける suetsukeru 1832, 192
Moor 沼沢 shōtaku 996, 994
Moral 教訓 kyōkun 245, 771
  道徳 dōtoku 149, 1038
  倫理 rinri 1163, 143
  öffentliche ~ 公徳 kōtoku 126, 1038
Moralphilosophie 倫理学 rinrigaku 1163,
  143, 109
Morast 沢 TAKU, sawa 994
  沼 SHŌ, numa 996
  沼沢 shōtaku 996, 994
  (auch i.ü.S.) 泥沼 doronuma 1621, 996
Mord 人殺し hitogoroshi 1, 576

殺人 satsujin 576, 1
凶行 kyōkō 1280, 68
versucht(er ~) (殺人)未遂 (satsujin) misui
  576, 1, 306, 1133
morden 殺 SATSU, koro(su) 576
Mordwaffe/werkzeug 凶器 kyōki 1280, 527
morgen 明日 myōnichi, asu 18, 5
  heute ~ 今朝 kesa, konchō 51, 469
Morgen 朝 CHŌ, asa 469
  am nächsten ~ 翌朝 yokuasa, yokuchō
  592, 469
  jeden ~ 毎朝 maiasa 116, 469
Morgendämmerung 未明 mimei 306, 18
  夜明け yoake 471, 18
  鶏鳴 keimei 926, 925
  暁 GYŌ, akatsuki 1658
  暁天 gyōten 1658, 141
Morgennebel 朝霧 asagiri 469, 950
morgens: ~ und abends 朝晩 asaban 469, 736
  von ~ bis abends 終日 shūjitsu 458, 5
Morgensonne 朝日 asahi 469, 5
Morgenstern 明星 myōjō 18, 730
  暁星 gyōsei 1658, 730
Morgentau 朝露 asatsuyu 469, 951
Mörser: (irdener) ~ すり鉢 suribachi 1820
Mörtel 漆くい shikkui 1546
Moskito 蚊 ka 1876
Moskitonetz 蚊帳, 蚊屋 kaya 1876, 1107,
  1876, 167
Motiv 理由 riyū 143, 363
  eigentliches ~ 本音 honne 25, 347
Motto 標語 hyōgo 923, 67
  座右銘 zayūmei 786, 76, 1552
Mücke 蚊 ka 1876
Mückenschwarm 蚊柱 kabashira 1876, 598
müde 眠 nemu(i) 849
  (erschöpft) werden 疲 HI, tsuka(reru) 1321
  machen 疲 tsuka(rasu) 1321
Müdigkeit (Erschöpfung) けん怠 kentai 1297
  疲労 hirō 1321, 233
Mühe 手数 tesū 57, 225
  労力 rōryoku 233, 100
  苦心 kushin 545, 97
  苦労 kurō 545, 233
  厄介 yakkai 1341, 453
  辛苦 shinku 1487, 545
  尽力 jinryoku 1726, 100

scheuen 骨惜しみ honeoshimi 1266, 765
vergebliche ~ 徒労 torō 430, 233
mit ~ (und Not) gewinnen 辛勝 shinshō
   1487, 509
mühevoll 煩わしい wazurawashii 1849
Mühle 製粉所 seifunjo 428, 1701, 153
Mühsal 困難 konnan 558, 557
   憂き目 ukime 1032, 55
   辛酸 shinsan 1487, 516
   辛苦 shinku 1487, 545
Mulde 盆地 bonchi 1099, 118
Müll 汚物 obutsu 693, 79
   廃棄物 haikibutsu 961, 962, 79
Müllwerker 清掃夫 seisōfu 660, 1080, 315
Multimillionär 億万長者 okuman chōja
   382, 16, 95, 164
   富豪 fugō 713, 1671
multiplizieren 掛 ka(keru) 1464
Mund 口 KŌ, KU, kuchi 54
Mündigkeit 丁年 teinen 184, 45
   成年 seinen 261, 45
mündlich 口頭 kōtō 54, 276
   ~e Antwort 口答 kōtō 54, 160
   ~e Erklärung 口述 kōjutsu 54, 968
   ~es Versprechen 口約 kōyaku 54, 211
Mündung: (Fluß-)~ 川口 kawaguchi 33, 54
   河口 kakō, kawaguchi 389, 54
Munition 軍需品 gunjuhin 438, 1416, 230
   弾薬 dan'yaku 1539, 359
munter 元気 genki 137, 134
Münzamt 造幣局 Zōheikyoku 691, 1781, 170
Münze 硬貨 kōka 1009, 752
   貨幣 kahei 752, 1781
   Zehn-Yen-~ 十円玉 jūendama 12, 13, 295
Münzeinheit: (alte j. ~) 両 RYŌ 200
Münzstätte 造幣局 Zōheikyoku 691, 1781,
   170
mürrisch 渋 JŪ, shibu(i) 1693
   werden 膨 BŌ, fuku(reru), fuku(ramu) 1145
Muschel 貝 kai 240
Muschelhaufen 貝塚 kaizuka 240, 1751
Muscheln 貝類 kairui 240, 226
Muschelnsammeln (bei Ebbe) 潮干狩り
   shiohigari 468, 584, 1581
Muschelschale 甲 KŌ 982
   貝殻 kaigara 240, 1728
Museum 博物館 hakubutsukan 601, 79, 327

Musik 音楽 ongaku 347, 358
   leichte ~ 軽音楽 keiongaku 547, 347, 358
Musikinstrument 楽器 gakki 358, 527
Musikkorps 楽隊 gakutai 358, 795
(Musik)Stück 曲 KYOKU 366
Muskel 筋 KIN, suji 1090
   筋肉 kinniku 1090, 223
Muskelkrampf 筋違い sujichigai, sujikai
   1090, 814
muskulös 隆々 ryūryū 946
Muße 暇 KA, hima 1064
   余暇 yoka 1063, 1064
   安閑 ankan 105, 1532
   閑散 kansan 1532, 767
Muster (Vorlage; Vorbild) 手本 tehon 57, 25
   (Probe; Vorbild) 見本 mihon 63, 25
   (Probe) 標本 hyōhon 923, 25
   (auf Stoff usw.) 柄 HEI, gara 985
   (Vorbild) 範 HAN 1092
   (Entwurf) 意匠 ishō 132, 1359
   (auf Stoff usw.) 模様 moyō 1425, 403
   (Beispiel, Vorbild) 模範 mohan 1425, 1092
   (altj.) Strohseil-~ 縄文 jōmon 1760, 111
Musterbeispiel 範例 hanrei 1092, 612
mustergültiger Landwirt 篤農家 tokunōka
   1883, 369, 165
Musterung (z.B. e-s Stoffes) 模様 moyō
   1425, 403
Mut 肝っ玉 kimottama 1272, 295
   胆力 tanryoku 1273, 100
   鋭気 eiki 1371, 134
   勇気 yūki 1386, 134
   (Helden-)~ 武勇 buyū 1031, 1386
mutig 潔 isagiyo(i) 1241
   度胸 dokyō 377, 1283
   気丈 kijō 134, 1325
   敢然 kanzen 1691, 651
   勇敢 yūkan 1386, 1691
Mutlosigkeit 落胆 rakutan 839, 1273
Mutter 母 BO, haha 112
   お母さん okāsan 112
   母親 hahaoya 112, 175
   Gottes 聖母 Seibo 674, 112
   und Kind 母子 boshi 112, 103
   die leibliche ~ 生母 seibo 44, 112
   weise ~ 賢母 kenbo 1288, 112
Mutterkuchen 胎盤 taiban 1296, 1098

Mutterleib 母胎 botai 112, 1296
mütterlicherseits 母方 hahakata 112, 70
Muttermilch 乳 NYŪ, chichi, chi 939
母乳 bonyū 112, 939
Muttersprache 母国語 bokokugo 112, 40, 67
Mütze 帽子 bōshi 1105, 103
Mysterium 不思議 fushigi 94, 99, 292
奥義 ōgi, okugi 476, 291
神秘 shinpi 310, 807
奥妙 ōmyō 476, 1154
Mystik 幽玄 yūgen 1228, 1225
Mythos 神話 shinwa 310, 238

– N –

nach (zeitl.) 後 ato 48
Belieben 存分に zonbun ni 269, 38
随意 zuii 1741, 132
dem Bad 湯上がり yuagari 632, 32
dem Kriege 戦後 sengo 301, 48
dem Tode 死後 shigo 85, 48
… gerichtet sein 向 KŌ, mu(kau) 199
Hause gehen 帰宅 kitaku 317, 178
Hause schicken 帰 kae(su) 317
Herzenslust essen/trinken 満喫 mankitsu 201, 1240
Japan kommen 来日 rainichi 69, 5
langer Zeit 久し振り hisashiburi 1210, 954
oben blicken 仰視 gyōshi 1056, 606
oben sehen 仰 GYŌ, ao(gu) 1056
… riechend 臭 SHŪ, kusa(i) 1244
s-m Lautwert verwendetes Kanji 当て字 ateji 77, 110
sich ziehen 附随 fuzui 1843, 1741
Tōkyō (auf Landkarten) 至東京 itaru Tōkyō 902, 71, 189
Tōkyō fahren 上京 jōkyō 32, 189
und nach 少しずつ sukoshizutsu 144
徐々に jojo ni 1066
漸次 zenji 1400, 384
unserer Zeitrechnung 紀元後 kigengo 372, 137, 48
kommen/rangieren ~ 次 tsu(gu) 384
kurz ~ 直後 chokugo 423, 48
e-r ~ dem anderen umfallen 将棋倒し shōgidaoshi 627, 1835, 905
eins ~ dem anderen 逐次 chikuji 1134, 384

Nach rechts abbiegen verboten! 右折禁止 usetsu kinshi 76, 1394, 482, 477
nachahmen (imitieren) 写 SHA, utsu(su) 540
倣 HŌ, nara(u) 1776
Nachahmung (Imitation: Material, Kunstwerk) 模造 mozō 1425, 691
(Fälschung) 偽 nise 1485
偽物 nisemono 1485, 79
偽造 gizō 1485, 691
(Imitation) 模擬 mogi 1425, 1517
模倣 mohō 1425, 1776
Nachbar 隣人 rinjin 809, 1
Nachbarland 隣国 ringoku 809, 40
Nachbarplatz 隣席 rinseki 809, 379
Nachbarschaft 町内 chōnai 182, 84
近所 kinjo 445, 153
付近 fukin 192, 445
近辺 kinpen 445, 775
隣 RIN, tonari 809
近郷 kingō 445, 855
(Nachbarn) 隣人 rinjin 809, 1
Nachbarsitz 隣席 rinseki 809, 379
Nachbarstaat 隣国 ringoku 809, 40
Nachbeben 揺り返し yurikaeshi 1648, 442
(Nach)Denken 思索 shisaku 99, 1059
Nachdenken 思案 shian 99, 106
反省 hansei 324, 145
tiefes ~ 沈思 chinshi 936, 99
Nachdruck (e-s Buches) 複製 fukusei 916, 428
増刷 zōsatsu 712, 1044
nacheifern 私淑 shishuku 125, 1668
nacheinander 逐次 chikuji 1134, 384
verschiedene Ämter ~ innehaben 歴任 rekinin 480, 334
Nachfolge 後継 kōkei 48, 1025
継承 keishō 1025, 942
(nach)folgen 継 KEI, tsu(gu) 1025
受け継ぐ uketsugu 260, 1025
j-m ~ 襲 SHŪ, oso(u) 1575
Nachfolger (im Amt) 後任 kōnin 48, 334
(Erbe) 跡継ぎ atotsugi 1569, 1025
(nach)forschen 洗い立てる araitateru 692, 121
Nachforschung 調査 chōsa 342, 624
査察 sasatsu 624, 619
探求 tankyū 535, 724

検討 kentō 531, 1018
探索 tansaku 535, 1059
探訪 tanbō 535, 1181
heimliche ~en 内偵 naitei 84, 1928
Nachfrage: ~ und Angebot 需給 jukyū
1416, 346
(und Angebot) 需要(供給) juyō (kyōkyū)
1416, 419, 197, 346
nachgeahmter Laut 擬音 gion 1517, 347
nachgeben (j-m) 譲 JŌ, yuzu(ru) 1013
折 SETSU, o(reru) 1394
nachgehen (Uhr) 遅 oku(reru) 702
nachgiebig 軟弱 nanjaku 1788, 218
Nachhilfeschule: private ~ 学習塾
gakushūjuku 109, 591, 1674
Nachkommen 子孫 shison 103, 910
kaiserliche ~ 皇孫 kōson 297, 910
nachlassen (Schmerz usw.) 和 yawa(rageru),
yawa(ragu), nago(mu) 124
(Schmerz; Kälte; Aufmerksamkeit) 緩
KAN, yuru(mu) 1089
nachlässig sein 怠 okota(ru) 1297
Nachlässigkeit 油断 yudan 364, 1024
怠慢 taiman 1297, 1410
Nachmittag 午後 gogo 49, 48
Nachmittagssonne 西日 nishibi 72, 5
Nachname: Vor- und ~ 姓名 seimei 1746, 82
Nachrede: üble ~ 悪口 akkō, warukuchi
304, 54
Nachricht (Bericht) 通信 tsūshin 150, 157
(Brief usw.) 便 tayo(ri) 330
(Bericht, Information) 情報 jōhō 209, 685
(Mitteilung) 報知 hōchi 685, 214
(Brief usw.) 消息 shōsoku 845, 1242
ausführliche ~ 詳報 shōhō 1577, 685
gute ~ 朗報 rōhō 1754, 685
gute/erfreuliche ~ 吉報 kippō 1141, 685
Sammeln von ~en 取材 shuzai 65, 552
nachschlagen (in e-m Buch) 繰 ku(ru) 1654
Nachschlagewerk 参考書 sankōsho 710,
541, 131
Nachschrift (P.S.) 二伸 nishin 3, 1108
Nachsicht 寛大 kandai 1050, 26
寛容 kan'yō 1050, 654
nachsichtig 緩 yuru(i) 1089
甘 KAN, ama(i) 1492
Nachsinnen: tiefes ~ 沈思 chinshi 936, 99

nächst (Tag usw.) 明 a(kuru) 18
(zeitl. und räuml.) 次 JI, SHI, tsugi 384
~e Woche 来週 raishū 69, 92
翌週 yokushū 592, 92
der ~e/folgende (Tag usw.) 翌 YOKU 592
~en Monat 来月 raigetsu 69, 17
am ~en Morgen 翌朝 yokuasa, yokuchō
592, 469
am ~en Tag 翌日 yokujitsu 592, 5
~er Tag 明くる日 akuru hi 18, 5
~es Jahr 来年 rainen 69, 45
翌年 yokunen 592, 45
Nächstenliebe 慈善 jizen 1547, 1139
Nächster 隣人 rinjin 809, 1
nächstesmal 今度 kondo 51, 377
Nacht 夜 YA, yoru, yo 471
晩 BAN 736
die ganze ~ 一晩 hitoban 2, 736
eine ~ 一晩 hitoban 2, 736
heute ~ 今夜 kon'ya 51, 471
tiefe ~ 深夜 shin'ya 536, 471
die ganze ~ hindurch 徹宵 tesshō 1422,
1854
die ~ verbringen 明 a(kasu) 18
Nachtaufnahme 夜間撮影 yakan satsuei
471, 43, 1520, 854
Nachteule (Nachtmensch) 宵っ張り yoippari
1854, 1106
nächtlicher Angriff 夜襲 yashū 471, 1575
Nachtrag (Zusatz, Ergänzung) 追加 tsuika
1174, 709
(zu e-m Buch) 付録, 附録 furoku 192, 538,
1843, 538
nachträglich 事後 jigo 80, 48
Nachtzug 夜行 yakō 471, 68
Nachwelt 子孫 shison 103, 910
Nachwirkung 余波 yoha 1063, 666
Nachwuchs (jüngere Generation) 後輩 kōhai
48, 1037
Nacken 襟 KIN, eri 1537
nackt (entkleidet; mittellos) 裸 RA, hadaka
1536
(Mensch; Tatsache) 赤裸々 sekirara 207,
1536
~e Frau 裸婦 rafu 1536, 316
Nadel 針 SHIN, hari 341
für Nähseide 絹針 kinubari 1261, 341

nahe 近 KIN, chika(i) 445
Nähe (Umgegend) 近所 kinjo 445, 153
付近 fukin 192, 445
辺 HEN, ata(ri), -be 775
端 hata 1418
附近 fukin 1843, 445
nahen 迫 HAKU, sema(ru) 1175
nähen 縫 HŌ, nu(u) 1349
Nähen 裁縫 saihō 1123, 1349
(e-r Wunde) 縫合 hōgō 1349, 159
Naher Osten (wörtl.: Mittlerer Osten) 中東
Chūtō 28, 71
näher: ~ bringen 寄 yo(seru) 1361
~e Umgebung e-r Stadt 郊外 kōgai 817, 83
近郊 kinkō 445, 817
nähern: sich ~ 寄 KI, yo(ru) 1361
Nährflüssigkeit 培養液 baiyōeki 1828, 402,
472
Nährstoff 滋養分 jiyōbun 1549, 402, 38
Nahrung 糧 RYŌ, kate 1704
geistige ~ 心の糧 kokoro no kate 97, 1704
Nahrungsmittel 食糧 shokuryō 322, 1704
Nahrungsstoff 滋養分 jiyōbun 1549, 402, 38
Naht 縫い目 nuime 1349, 55
(Wund-)~ 縫合 hōgō 1349, 159
Nahverkehrszug 各駅停車 kakueki teisha
642, 284, 1185, 133
naiv 単純 tanjun 300, 965
素朴 soboku 271, 1466
稚拙 chisetsu 1230, 1801
Naivität 稚気 chiki 1230, 134
Name (Vorname; Familienname; Ruf) 名
MEI, MYŌ, na 82
(Vorname; Familienname) 名前 namae
82, 47
(Vor- und Zuname) 氏名 shimei 566, 82
(Bezeichnung) 称 SHŌ 978
(Vorname; Familienname; Titel;
Bezeichnung) 名称 meishō 82, 978
e-r Ära 年号 nengō 45, 266
angenommener/falscher ~ 仮名 kamei
1049, 82
Ihr (werter) ~ 芳名 hōmei 1775, 82
volkstümlicher ~ 俗名 zokumyō 1126, 82
guter ~ (Ruf) 芳名 hōmei 1775, 82
e-n falschen ~n führen 詐称 sashō 1498,
978

Namensänderung 改名 kaimei 514, 82
Namenschild (Türschild) 標札, 表札
hyōsatsu 923, 1157, 272, 1157
Namensliste/register 名簿 meibo 82, 1450
Namensvetter 同姓 dōsei 198, 1746
namhaft 名高い nadakai 82, 190
Nanking 南京 Nankin 74, 189
Narbe 傷跡 kizuato 633, 1569
Narkose 麻酔 masui 1529, 1709
Narkotikum 麻薬 mayaku 1529, 359
närrische Leidenschaft 痴情 chijō 1813, 209
Narzisse 水仙 suisen 21, 1891
Nasallaut 鼻音 bion 813, 347
Nase 鼻 BI, hana 813
Nasenbluten 鼻血 hanaji 813, 789
Nasenloch 鼻孔 bikō 813, 940
Nasenspitze 鼻先 hanasaki 813, 50
naß: ~ machen 湿 shime(su) 1169
潤 JUN, uruo(su) 1203
werden 湿 SHITSU, shime(ru) 1169
潤 uruo(u), uru(mu) 1203
Nässe 湿気 shikke, shikki 1169, 134
湿度 shitsudo 1169, 377
Naßfeldreis 水稲 suitō 21, 1220
Nation (Staat) 国家 kokka 40, 165
(Volk) 民 MIN, tami 177
国民 kokumin 40, 177
National- 国立 kokuritsu 40, 121
nationaler Schatz 国宝 kokuhō 40, 296
Nationalhymne 国歌 kokka 40, 392
Nationalität 国籍 kokuseki 40, 1198
Nationalversammlung 国会 kokkai 40, 158
Natur (Charakter) 本性 honshō, honsei 25, 98
(Veranlagung) 性分 shōbun 98, 38
(Anlage) 天性 tensei 141, 98
(Eigenschaft) 性質 seishitsu 98, 176
(Anlage) 素質 soshitsu 271, 176
(Schöpfung) 自然 shizen 62, 651
e-r Krankheit 病症 byōshō 380, 1318
unbelebte ~ 木石 bokuseki 22, 78
Natur- 天然 tennen 141, 651
naturalisieren: sich ~ lassen 帰化 kika 317,
254
Naturalisierung 帰化 kika 317, 254
Naturell 天賦 tenpu 141, 1808
Naturfruchtsaft 天然果汁 tennen kajū 141,
651, 487, 1794

Naturgabe 天恵 tenkei 141, 1219
Naturkatastrophe 天災 tensai 141, 1335
natürlich (selbstverständlich) 当然 tōzen
77, 651
  (ungekünstelt) 天衣無縫 ten'i-muhō
141, 677, 93, 1349
  ~e Anlage 天性 tensei 141, 98
  ~e Lebensdauer 天寿 tenju 141, 1550
  (~e) Lebensdauer 寿命 jumyō 1550, 578
Naturschilderung 叙景 jokei 1067, 853
Naturschutzgebiet 風致地区 fūchi chiku
29, 903, 118, 183
Naturwissenschaften 理科 rika 143, 320
naturwissenschaftlich: ~e Abteilung 理科
rika 143, 320
  ~e Fakultät 理学部 rigakubu 143, 109, 86
Nebel 霧 MU, kiri 950
  dichter ~ 濃霧 nōmu 957, 950
Nebelhorn 霧笛 muteki 950, 1471
Neben- 付属 fuzoku 192, 1637
Nebenanschluß (Telefon) 内線 naisen 84, 299
Nebenarbeit 兼業 kengyō 1081, 279
Nebenbeschäftigung 副業 fukugyō 714, 279
nebeneinander: ~ bestehen 両立 ryōritsu
200, 121
  dicht ~ stehen 林立 rinritsu 127, 121
Nebenfluß 支流 shiryū 318, 247
Nebengebäude 別館 bekkan 267, 327
別棟 betsumune 267, 1406
Nebengeräusch 雑音 zatsuon 575, 347
Nebengeschäft 副業 fukugyō 714, 279
兼業 kengyō 1081, 279
Nebenprodukt 副産物 fukusanbutsu 714,
278, 79
Nebensache 枝葉 shiyō, edaha 870, 253
Nebentätigkeit 兼業 kengyō 1081, 279
Nebenwirkung 副作用 fukusayō 714, 360, 107
necken 慰 nagusa(mu) 1618
Negation 打ち消し uchikeshi 1020, 845
negativ (Atom; Wertung) 消極的
shōkyokuteki 845, 336, 210
  (Pol; Ergebnis) 陰性 insei 867, 98
Neger 黒人 kokujin 206, 1
nehmen 取 SHU, to(ru) 65
執 SHITSU, SHŪ, to(ru) 686
  (mit Eßstäbchen) (auf-)~ 挟み上げる
hasamiageru 1354, 32

ernst ~ 重視 jūshi 227, 606
etwas zu sich ~ 召し上がる meshiagaru
995, 32
  mit sich ~ 携 KEI, tazusa(eru) 1686
neigen 傾 katamu(keru) 1441
  sich ~ 偏 HEN, katayo(ru) 1159
傾 KEI, katamu(ku) 1441
Neigung (Abhang) 下り坂 kudarizaka 31, 443
  (Hang, Tendenz) 偏向 henkō 1159, 199
  (Veranlagung) 肌 hada 1306
  (Tendenz, Hang) 傾向 keikō 1441, 199
  (Schräge) 傾斜 keisha 1441, 1069
  (Hang zu) 性癖 seiheki 98, 1490
nein 否 HI, ina 1248
Nein 否認 hinin 1248, 738
nennen 挙 a(geru) 801
呼 KO, yo(bu) 1254
Nennwert 額面 gakumen 838, 274
Nerven 神経 shinkei 310, 548
  starke ~ 肝っ玉 kimottama 1272, 295
Nervensystem: vegetatives ~ 自律神経
jiritsu shinkei 62, 667, 310, 548
nervöse Unruhe 焦燥 shōsō 999, 1656
Nest 巣 SŌ, su 1538
  altes ~ 古巣 furusu 172, 1538
  das ~ verlassen 巣立ち sudachi 1538, 121
netter Kerl 好漢 kōkan 104, 556
Netto 正味 shōmi 275, 307
Netz 網 MŌ, ami 1612
  (Einkaufs-)~ 網袋 amibukuro 1612, 1329
  sich im eigenen ~ verstricken 自縄自縛に
陥る jijō-jibaku ni ochiiru 62, 1760, 62, 1448,
1218
neu 新 SHIN, atara(shii), ara(ta), nii- 174
新規 shinki 174, 607
  (e. Buch nach Fehlerkorrektur) ~ drucken
刷り直す surinaosu 1044, 423
  errichtet/gegründet 新設 shinsetsu 174,
577
  streichen 塗り替える nurikaeru 1073, 744
  ~e (Arbeits)Stelle 赴任地 funinchi 1465,
334, 118
  ~e Knospe 新芽 shinme 174, 1455
  ~e Ordnung 新制 shinsei 174, 427
  ~e Veröffentlichung 新刊 shinkan 174, 585
  ~e Wirkungsstätte 赴任先 funinsaki
1465, 334, 50

das ~e Jahr 新年 shinnen 174, 45
e-e ~e Stelle antreten 赴任 funin 1465, 334
~er Arbeitsplatz 赴任先 funinsaki 1465, 334, 50
~er Keim 新芽 shinme 174, 1455
~er Reis 新米 shinmai 174, 224
~er Stil/Typus 新式 shinshiki 174, 525
~es Gesicht 新人 shinjin 174, 1
　新顔 shingao 174, 277
~es Mitglied 新人 shinjin 174, 1
~es System 新式 shinshiki 174, 525
Neubau 新築 shinchiku 174, 1603
Neubearbeitung (e-s Buches) 改訂 kaitei 514, 1019
Neudruck 増刷 zōsatsu 712, 1044
Neuerscheinung 新刊 shinkan 174, 585
neuest 最近 saikin 263, 445
neueste 最新 saishin 263, 174
Neugier(de) 物好き monozuki 79, 104
　好奇心 kōkishin 104, 1360, 97
neugierig blicken 垣間見る kaimamiru 1276, 43, 63
Neujahr 新年 shinnen 174, 45
　正月 shōgatsu 275, 17
(Neujahrsdekoration mit kokonförmigen Keksen) 繭玉 mayudama 1911, 295
Neujahrsgruß 年賀 nenga 45, 756
　賀正 gashō 756, 275
Neujahrskarte 年賀状 nengajō 45, 756, 626
Neujahrskiefern 門松 kadomatsu 161, 696
Neujahrstag 元日 ganjitsu 137, 5
Neujahrswunsch 年賀 nenga 45, 756
　賀正 gashō 756, 275
neulich 先日 senjitsu 50, 5
　先般 senpan 50, 1096
Neuling 新米 shinmai 174, 224
　新顔 shingao 174, 277
neun 九 KYŪ, KU, kokono(tsu), kokono- 11
　DM 九マルク kyū maruku 11
　Dollar 九ドル kyū doru 11
　Personen 九人 kyūnin, kunin 11, 1
　Tage 九日 kokonoka 11, 5
neunter (Tag e-s Monats) 九日 kokonoka 11, 5
Neuschnee 新雪 shinsetsu 174, 949
neutral (politisch) 中立 chūritsu 28, 121

(unparteiisch) 不偏(不党) fuhen (futō) 94, 1159, 94, 495
Neutrum 中性 chūsei 28, 98
Neuwahl 改選 kaisen 514, 800
Neuzeit 近代 kindai 445, 256
nicht: ~ aufgeben 頑張る ganbaru 1848, 1106
　benötigen 済 SAI, su(mu) 549
　da sein 欠 KETSU, ka(ku) 383
　ertragen können 堪えかねる taekaneru 1913
　(er)warten können 待ち兼ねる machikaneru 452, 1081
　fest 緩 yuru(yaka) 1089
　gesund 不健康 fukenkō 94, 893, 894
　gut, aber schnell 拙速 sessoku 1801, 502
　identifiziert 不詳 fushō 94, 1577
　im geringsten 皆目 kaimoku 587, 55
　皆無 kaimu 587, 93
　immer 必ずしも…ない kanarazu shimo -nai 520
　(einmal) im Traum 夢にも yume nimo 811
　können (Suffix) 兼 KEN, -ka(neru) 1081
　mögen 嫌 KEN, kira(u) 1688
　öffentlich 非公開 hikōkai 498, 126, 396
　richtig 不当 futō 94, 77
　(etw.) ~ schaffen 損 -soko(nau) 350
　sein 無 MU, BU, na(i) 93
　unbedingt 必ずしも…ない kanarazu shimo -nai 520
　verstehen 聞き漏らす kikimorasu 64, 1806
　überhaupt ~ 全然 zenzen 89, 651
nicht- 非 HI 498
Nichtangriffspakt 不可侵条約 fukashin jōyaku 94, 388, 1077, 564, 211
nichtbrennbar 不燃性 funensei 94, 652, 98
nichtig 空疎 kūso 140, 1514
Nichtigkeit 無効 mukō 93, 816
nichts 皆無 kaimu 587, 93
　als 一介の ikkai no 2, 453
Nichtstun 無為 mui 93, 1484
Nichttrinker 下戸 geko 31, 152
Nickerchen 居眠り inemuri 171, 849
Niedergang 衰亡 suibō 1676, 672
niederhalten 抑 YOKU, osa(eru) 1057
niederhauen 切り捨てる kirisuteru 39, 1444
Niederlage 敗北 haiboku 511, 73

敗戦　haisen　511, 301

knappe ~ (nach hartem Kampf) 惜敗 sekihai　765, 511

schwere/vernichtende ~ 惨敗　sanpai, zanpai　1725, 511

    Sieg oder ~ 勝負　shōbu　509, 510

勝敗　shōhai　509, 511

雌雄　shiyū　1388, 1387

    vollständige ~ 完敗　kanpai　613, 511

niederlassen: sich ~ 留　to(maru)　761

Niederlassung 支社　shisha　318, 308

    ausländische ~ 租界　sokai　1083, 454

niederlegen (Amt) 辞　ya(meru)　688

niederreißen 崩　kuzu(su)　1122

壊　kowa(su)　1407

niederwerfen: sich ~ 伏　FUKU, fu(su)　1356

niedrig (gemein) 下品　gehin　31, 230

    (nicht hoch) 低　TEI, hiku(i)　561

    (einfach) 卑　iya(shii)　1521

    machen 低　hiku(meru)　561

    werden 低　hiku(maru)　561

    ~e Intelligenz 低能　teinō　561, 386

    ~er Preis 廉価　renka　1689, 421

    ~es Einkommen 低所得　teishotoku　561, 153, 374

niedrigst 最低　saitei　263, 561

    ~er Preis 底値　sokone　562, 425

Nihilismus 虚無主義　kyomu shugi　1572, 93, 155, 291

Nihon: die ~ (Schiffsname) 日本丸　Nihon-maru　5, 25, 644

Nische: (traditionelle j. Zimmer-)~ 床の間 tokonoma　826, 43

Nitrogen 窒素　chisso　1716, 271

Nitta: Landkreis ~ (in der Präfektur Gunma) 新田郡　Nitta-gun　174, 35, 193

Niveau 水準　suijun　21, 778

Nō-Gesang 謡　utai　1647

謡曲　yōkyoku　1647, 366

Nō-Maske 能面　nōmen　386, 274

Nō-Schwank 狂言　kyōgen　883, 66

Nō-Spiel 能　NŌ　386

能楽　nōgaku　386, 358

Nō-Theater 能楽堂　nōgakudō　386, 358, 496

Nobelpreis ノーベル賞　Nōberu-shō　500

noch: ~ einmal 再　SAI, futata(bi)　782

更　KŌ, sara　1008

einmal lesen 読み返す　yomikaesu　244, 442

einmal schreiben 書き直す　kakinaosu 131, 423

einmal so viel 一倍　ichibai　2, 87

einmal tun 返　HEN, kae(su)　442

in diesem Jahr 年内に　nennai ni　45, 84

nicht festgestellt/identifiziert 未詳　mishō 306, 1577

Nonne 尼　NI, ama　1620

尼僧　nisō　1620, 1366

Nonnenkloster 尼寺　amadera　1620, 41

Norden 北　HOKU, kita　73

    (Richtung; Region) 北方　hoppō　73, 70

nordisch: ~e Breite 北緯　hokui　73, 1054

    der ~e Teil 北部　hokubu　73, 86

    die ~en (skandinav.) Länder 北欧諸国 hokuō shokoku　73, 1022, 861, 40

    ~er Polarkreis 北極圏　hokkyokuken　73, 336, 508

Nordnordost 北北東　hokuhokutō　73, 73, 71

Nordosten 北東　hokutō　73, 71

Nordpol 北極　hokkyoku　73, 336

Nordsüd- 南北　nanboku　74, 73

Nordwind 北風　hokufū, kitakaze　73, 29

Nörgelei 小言　kogoto　27, 66

Norm 基本　kihon　450, 25

定規　jōgi　355, 607

基準　kijun　450, 778

規準　kijun　607, 778

規範　kihan　607, 1092

軌範　kihan　1787, 1092

normal 常　JŌ, tsune　497

正常　seijō　275, 497

尋常　jinjō　1082, 497

凡　BON　1102

普通　futsū　1166, 150

    (problemlos) 順調　junchō　769, 342

    der ~e Weg 常軌　jōki　497, 1787

    ~es Jahr 例年　reinen　612, 45

Nostalgie 懐　KAI　1408

郷愁　kyōshū　855, 1601

Not (akute Gefahr, Krise) 危急　kikyū　534, 303

    (Elend) 困苦　konku　558, 545

    (Armut) 貧困　hinkon　753, 558

    (mißliche Lage) 苦境　kukyō　545, 864

    (Armut) 困窮　konkyū　558, 897

窮乏 kyūbō 897, 754

(**Mühsal**) 辛酸 shinsan 1487, 516

(**Elend**) 悲惨 hisan 1034, 1725

akute~ 窮迫 kyūhaku 897, 1175

Notausgang 非常口 hijōguchi 498, 497, 54

Note 音符 onpu 347, 505

~n 楽譜 gakufu 358, 1167

Auswendiglernen von ~n 暗譜 anpu 348, 1167

Noten(heft/blatt) 譜面 fumen 1167, 274

Notenzeichen 音符 onpu 347, 505

Notfall 危急 kikyū 534, 303

緩急 kankyū 1089, 303

notieren 記 KI, shiru(su) 371

控 KŌ, hika(eru) 1718

nötig sein 要 i(ru) 419

nötigen 迫 HAKU, sema(ru) 1175

Nötigung 強制 kyōsei 217, 427

Notiz 注 CHŪ 357

手控え tebikae 57, 1718

Notizbuch 手帳 techō 57, 1107

Notlage 苦境 kukyō 545, 864

Notschrei 悲鳴 himei 1034, 925

Notsignal 遭難信号 sōnan shingō 1643, 557, 157, 266

Notstand 非常事態 hijō jitai 498, 497, 80, 387

notwendig 必要 hitsuyō 520, 419

当然 tōzen 77, 651

必至 hisshi 520, 902

~e Artikel 必需品 hitsujuhin 520, 1416, 230

~e Lektüre 必読 hitsudoku 520, 244

Notwendigkeit 必然 hitsuzen 520, 651

Novelle 短編小説 tanpen shōsetsu 215, 682, 27, 400

Null 零 REI 1823

(**Grad**) 零度 reido 1823, 377

(**Punkte; Grad; Nullzeichen**) 零点 reiten 1823, 169

unter ~ 零下 reika 1823, 31

Nullpunkt 零点 reiten 1823, 169

零度 reido 1823, 377

Nummer 番 BAN 185

号 GŌ 266

番号 bangō 185, 266

1 第一 dai-ichi 404, 2

(**~**) **1** (**in e-r Reihe**) 甲 KŌ 982

2 二番目 nibanme 3, 185, 55

(**~**) **2** (**in e-r Reihe**) 乙 OTSU 983

(**~**) **3** (**in e-r Reihe**) 丙 HEI 984

(**~**) **4** (**in e-r Reihe**) 丁 TEI 184

Gleis ~ 2 二番線 nibansen 3, 185, 299

Zimmer ~ 3 三号室 sangōshitsu 4, 266, 166

nur 一方 ippō 2, 70

一介の ikkai no 2, 453

für 専用 sen'yō 600, 107

Nuß 実 mi 203

Nutzanwendung 活用 katsuyō 237, 107

Nutzen 役 YAKU 375

利益 rieki 329, 716

利潤 rijun 329, 1203

ziehen 潤 uruo(u) 1203

praktischer ~ 実用 jitsuyō 203, 107

nützen 潤 JUN, uruo(su) 1203

Nutzfläche: landwirtschaftliche ~ 耕地 kōchi 1196, 118

nützlich 有益 yūeki 265, 716

~er Vogel 益鳥 ekichō 716, 285

~es Insekt 益虫 ekichū 716, 873

nutzlos 無用 muyō 93, 107

無益 mueki 93, 716

無駄 muda 93, 1880

Nymphe 仙女 sennyo 1891, 102

– O –

Obduktion 検死 kenshi 531, 85

解剖 kaibō 474, 1830

oben 上 JŌ, ue 32

頭上 zujō 276, 32

und unten 上下 jōge 32, 31

obenerwähnt 以上 ijō 46, 32

上述 jōjutsu 32, 968

前掲 zenkei 47, 1624

obengenannt 上述 jōjutsu 32, 968

前掲 zenkei 47, 1624

ober 上級 jōkyū 32, 568

~e Schicht 上層 jōsō 32, 1367

~e Stockwerke 上層 jōsō 32, 1367

der ~e Teil 上 kami, [uwa-] 32

die ~en Gliedmaßen 上肢 jōshi 32, 1146

Oberaufseher 総監 sōkan 697, 1663

Oberaufsicht 統轄 tōkatsu 830, 1186

direkte ~ 直轄 chokkatsu 423, 1186

(**Ober**)**Befehl** 司令 shirei 842, 831

Oberbefehlshaber 総帥 sōsui 697, 1935

Oberfeldwebel 准尉 jun'i 1232, 1617
Oberfläche 表 omote 272
　表面 hyōmen 272, 274
　der Tatami 畳表 tatami-omote 1087, 272
　e-s Sees 湖面 komen 467, 274
oberflächlich 浅薄 senpaku 649, 1449
　甘 KAN, ama(i) 1492
　~e Ansicht 浅見 senken 649, 63
　~e Kenntnis 浅学 sengaku 649, 109
Oberflächlichkeit 皮相 hisō 975, 146
Oberhaus: (j.) ~ 参議院 Sangiin 710, 292, 614
Oberhoheit 主権 shuken 155, 335
oberirdisch 架空 kakū 755, 140
Oberkommando 統帥 tōsui 830, 1935
Oberlauf 川上 kawakami 33, 32
Oberleutnant 中尉 chūi 28, 1617
Oberlippe 上唇 uwa-kuchibiru, jōshin 32,
　1737
Oberschule 高等学校 kōtō gakkō 190, 569,
　109, 115
　(Abk.f. kōtō gakkō) 高校 kōkō 190, 115
Oberschwester 婦長 fuchō 316, 95
oberst: ~e 最上 saijō 263, 32
　最高 saikō 263, 190
　~e Spitze 天井 tenjō 141, 1193
　~er Sitz 主席 shuseki 155, 379
Oberst 大佐 taisa 26, 1744
obig 上述 jōjutsu 32, 968
Objekt 対象 taishō 365, 739
objektiv 客観的 kyakkanteki 641, 604, 210
Obrigkeit 官憲 kanken 326, 521
Observation 観測 kansoku 604, 610
Observatorium 天文台 tenmondai 141, 111,
　492
Obst 果物 kudamono 487, 79
　水菓子 mizugashi 21, 1535, 103
Obstbaum 果樹 kaju 487, 1144
obszönes Bild 春画 shunga 460, 343
öde 不毛 fumō 94, 287
　寂 JAKU, sabi(shii) 1669
Öde (Wildnis) 荒野 kōya, areno 1377, 236
oder 若 mo(shikuwa) 544
　又は matawa 1593
Ofen: (Brenn-) ~ (für Keramik) 窯 YŌ,
　kama 1789
　(Kamin) 暖炉 danro 635, 1790
offen (öffentlich) 公開 kōkai 126, 396

sein 明 a(ku) 18
　~e See 沖合 okiai 1346, 159
　Hemd mit ~em Kragen 開襟シャツ
　kaikin shatsu 396, 1537
　~es Gespräch 懇談 kondan 1135, 593
offenbaren: sich ~ 吐露 toro 1253, 951
Offenbarung 啓示 keiji 1398, 615
　göttliche ~ 天啓 tenkei 141, 1398
offen(herzig) 率直 sotchoku 788, 423
　赤裸々 sekirara 207, 1536
Offensive 攻勢 kōsei 819, 646
　攻撃 kōgeki 819, 1016
öffentlich 公 KŌ, ōyake 126
　公立 kōritsu 126, 121
　公共 kōkyō 126, 196
　公開 kōkai 126, 396
　(~) anklagen 糾弾 kyūdan 1703, 1539
　ausschreiben 公募 kōbo 126, 1430
　nicht ~ 非公開 hikōkai 498, 126, 396
　~e Anerkennung 表彰 hyōshō 272, 1827
　~e Anhörung 公聴会 kōchōkai 126, 1039,
　158
　~e Aufführung 公演 kōen 126, 344
　~e Auszeichnung 表彰 hyōshō 272, 1827
　~e Bekanntmachung 発表 happyō 96, 272
　公布 kōfu 126, 675
　~e Ehrung 表彰 hyōshō 272, 1827
　~e Entrüstung 公憤 kōfun 126, 1661
　~e Erklärung 公言 kōgen 126, 66
　(~e) Gerichtsverhandlung 公判 kōhan
　126, 1026
　~e Halle 公会堂 kōkaidō 126, 158, 496
　~e Meinung 世論 yoron, seron 252, 293
　~e Moral 公徳 kōtoku 126, 1038
　~e Ordnung 風紀 fūki 29, 372
　~e Ruhe 安寧 annei 105, 1412
　~e Sicherheit 公安 kōan 126, 105
　~e Wohlfahrt 社会福祉 shakai fukushi
　308, 158, 1379, 1390
　安寧 annei 105, 1412
　~er Betrieb 公営 kōei 126, 722
　~er Friede 安寧 annei 105, 1412
　(~er) Park 公園 kōen 126, 447
　~er Platz 広場 hiroba 694, 154
　~es Recht 公法 kōhō 126, 123
　~es Telefon 公衆電話 kōshū denwa 126,
　792, 108, 238

~es Versprechen 公約 kōyaku 126, 211
Öffentlichkeit 人目 hitome 1, 55
　世間 seken 252, 43
　世論 yoron, seron 252, 293
　(breite) ~ 江湖 kōko 821, 467
offiziell 公 KŌ, ōyake 126
　公式 kōshiki 126, 525
　正式 seishiki 275, 525
Offizier 将校 shōkō 627, 115
　unter dem Rang des Majors 尉官 ikan
　1617, 326
öffnen 開 a(keru), hira(ku) 396
　(e-n Brief) 開封 kaifū 396, 1463
　sich ~ 開 a(ku) 396
Öffnen: ~ der Tür 開扉 kaihi 396, 1556
　und Schließen 開閉 kaihei 396, 397
oft: sehr ~ 頻々と hinpin to 1847
ohne: ~ Auslassung 遺漏なく irōnaku
　1172, 1806
　Energie 骨抜き honenuki 1266, 1713
　Feiertag 無休 mukyū 93, 60
　finanziellen Spielraum 金縛り
　kanashibari 23, 1448
　Kopfbedeckung 無帽 mubō 93, 1105
　Meldung 無届け mutodoke 93, 992
　Rückgrat 弱腰 yowagoshi 218, 1298
　Rücksicht auf …に飽かして …ni akashite
　1763
　Zweifel 必 HITSU, kanara(zu) 520
Ohnmacht 人事不省 jinji-fusei 1, 80, 94, 145
　失神 shisshin 311, 310
　卒倒 sottō 787, 905
Ohr 耳 JI, mimi 56
Ohrläppchen 耳たぶ mimitabu 56
Okkupation 占領 senryō 1706, 834
Ökonomie 経済 keizai 548, 549
Okzident 泰西 taisei 1545, 72
Öl 油 YU, abura 364
Öle und Fette 油脂 yushi 364, 1042
Ölfeld 油田 yuden 364, 35
Ölgemälde 油絵 aburae 364, 345
Oligopol 寡占 kasen 1851, 1706
Ölquelle 油井 yusei 364, 1193
Olympische Spiele 五輪(大会) gorin (taikai)
　7, 1164, 26, 158
Omen: gutes ~ 吉祥 kisshō 1141, 1576
Onkel 叔父 oji, shukufu 1667, 113

(älterer Bruder der Eltern) 伯父 oji
　1176, 113
Oper 歌劇 kageki 392, 797
Operation (Medizin) 手術 shujutsu 57, 187
　milit. ~ 作戦 sakusen 360, 301
Operationssaal 手術室 shujutsushitsu 57,
　187, 166
Opfer (Gabe) 供物 kumotsu 197, 79
　犠牲 gisei 728, 729
　(Beute) 犠牲者 giseisha 728, 729, 164
　(Geschädigter) 被害者 higaisha 976, 518,
　164
　e-s Luftangriffs 被爆者 hibakusha 976,
　1015, 164
Opfer(gabe) 供物 kumotsu 197, 79
Opfergabe 犠牲 gisei 728, 729
opfern 供 KYŌ, [KU], sona(eru) 197
　奉 HŌ, tatematsu(ru) 1541
　sein Leben ~ (für) 玉砕 gyokusai 295, 1710
Opferung 奉納 hōnō 1541, 758
Opposition (Widerstand) 敵対 tekitai 416,
　365
　(Partei) 野党 yatō 236, 495
　(Widerstand) 抵抗 teikō 560, 824
Oppositionspartei 野党 yatō 236, 495
Optimist 楽天家 rakutenka 358, 141, 165
optimistisch 楽観的 rakkanteki 358, 604, 210
　甘 KAN, ama(i) 1492
Orakel 託宣 takusen 1636, 625
Orchester 管弦楽(団) kangengaku(dan)
　328, 1226, 358, 491
Orden 勲章 kunshō 1773, 857
　1. Klasse 勲一等 kun ittō 1773, 2, 569
ordnen 調 totono(eru) 342
　整 SEI, totono(eru) 503
Ordnung (Übersichtlichkeit) 整理 seiri
　503, 143
　(Ver-) ~ 条例 jōrei 564, 612
　(Reihenfolge, System) 順序 junjo 769, 770
　(Disziplin, System) 秩序 chitsujo 1508, 770
　neue ~ 新制 shinsei 174, 427
　öffentliche ~ 風紀 fūki 29, 372
　in ~ **sein** 調 totono(u) 342
Organ (Einrichtung) 機関 kikan 528, 398
　beratendes ~ 諮問機関 shimon kikan
　1769, 162, 528, 398
　innere ~e 内臓 naizō 84, 1287

臓器 zōki 1287, 527
Organisation (System) 制度 seido 427, 377
  (Struktur) 組織 soshiki 418, 680
  (Auf-/Zusammenstellung) 編成 hensei
  682, 261
  (Mechanismus) 機構 kikō 528, 1010
Orient 東洋 tōyō 71, 289
Orientierung: die ~ verlieren 戸惑い tomadoi
  152, 969
original 原 GEN 136
  原始的 genshiteki 136, 494, 210
Original (echt) 本物 honmono 25, 79
  (Wortlaut) 原文 genbun 136, 111
  (Text) 原書 gensho 136, 131
Originalität 独創 dokusō 219, 1308
Original(text) 原書 gensho 136, 131
originell 独特 dokutoku 219, 282
Orkan 疾風 shippū 1812, 29
Ornament 装飾 sōshoku 1328, 979
Ort 所 SHO, tokoro 153
  場 JŌ, ba 154
  場所 basho 154, 153
  (Textstelle) 箇所 kasho 1473, 153
  (geometrischer) ~ 軌跡 kiseki 1787, 1569
  berühmter ~ 名所 meisho 82, 153
  ein gewisser/bestimmter ~ 某所 bōsho
  1494, 153
  historischer ~ 史跡 shiseki 332, 1569
  jeder ~ 各地 kakuchi 642, 118
Orts- 地元 jimoto 118, 137
Ortsgruppe 支部 shibu 318, 86
Ortskunde 地誌 chishi 118, 574
Ortsname 地名 chimei 118, 82
Ortswechsel 移動 idō 1121, 231
Osmose 浸透 shintō 1078, 1685
Ost und West 東西 tōzai 71, 72
Ostasien 東アジア Higashi-Ajia 71
  東亜 Tōa 71, 1616
Osten 東 TŌ, higashi 71
  (Richtung; Region) 東方 tōhō 71, 70
  der Ferne ~ 東洋 tōyō 71, 289
  極東 kyokutō 336, 71
  der Nahe (wörtl.: Mittlere) ~ 中東 Chūtō
  28, 71
Osteuropa 東ヨーロッパ Higashi-Yōroppa
  71
östliche Richtung 東方 tōhō 71, 70

東方 tōhō 71, 70
Oszillation 振動 shindō 954, 231
Ouvertüre 序曲 jokyoku 770, 366
oval 卵形 tamagogata, rankei 1058, 395
Oxydation 酸化 sanka 516, 254
Ozean 大海 taikai 26, 117
  大洋 taiyō 26, 289
  Atlantischer ~ 大西洋 Taiseiyō 26, 72, 289
  Pazifischer ~ 太平洋 Taiheiyō 629, 202, 289

– P –

paar: ein ~ Worte 一言二言 hitokoto
  futakoto 2, 66, 3, 66
Paar 対 TSUI 365
  von Schlaghölzern 拍子木 hyōshigi
  1178, 103, 22
  ein ~ 双 SŌ, futa 1594
  ein ~ (Schuhe, Strümpfe) 一足 issoku 2, 58
  ein ~ Schuhe 靴一足 kutsu issoku 1076,
  2, 58
Pacht 賃借 chinshaku 751, 766
  賃借り chingari 751, 766
  租借 soshaku 1083, 766
Pachtland 租借地 soshakuchi 1083, 766, 118
packen (fassen) 把持 haji 1724, 451
Packpapier 包み紙 tsutsumigami 804, 180
Pagode: fünfstöckige ~ 五重の塔 gojū no tō
  7, 227, 1840
Paket 小包み kozutsumi 27, 804
  in Papier eingewickeltes ~ 紙包み
  kamizutsumi 180, 804
Palast 宮 KYŪ, GŪ, miya 721
  御殿 goten 708, 1130
  宮殿 kyūden 721, 1130
  楼閣 rōkaku 1841, 837
  der kaiserl. ~ 御所 gosho 708, 153
  kaiserl. ~ 皇居 kōkyo 297, 171
  宮城 kyūjō 721, 720
Panik 恐慌 kyōkō 1602, 1378
Panne 立ち往生 tachiōjō 121, 918, 44
panschen 混ぜ物 mazemono 799, 79
Pantoffelheld 恐妻家 kyōsaika 1602, 671,
  165
Panzerplatte 甲鉄 kōtetsu 982, 312
Panzerschrank 金庫 kinko 23, 825
Papier 紙 SHI, kami 180
  (zum Falten) 折り紙 origami 1394, 180

personifizieren 擬人 gijin 1517, 1
persönlich (vertraulich) 親展 shinten 175, 1129
  ich ~ 私自身 watakushi jishin 125, 62, 59
  ~e Beziehungen 仲 CHŪ, naka 1347
  ~e Tugend 人徳 jintoku, nintoku 1, 1038
Persönlichkeit 人物 jinbutsu 1, 79
  人格 jinkaku 1, 643
  性格 seikaku 98, 643
  人柄 hitogara 1, 985
  herausragende ~ 傑物 ketsubutsu 1731, 79
  俊傑 shunketsu 1845, 1731
Perspektive 遠近法 enkinhō 446, 445, 123
Perversion 倒錯 tōsaku 905, 1199
Pessimismus 悲観 hikan 1034, 604
Pest 悪疫 akueki 304, 1319
Petition 請願 seigan 661, 581
  陳情 chinjō 1405, 209
Pfad 道 DŌ, michi 149
  geheimer ~ 裏道 uramichi 273, 149
Pfahl 支柱 shichū 318, 598
Pfand 質 SHICHI 176
  抵当 teitō 560, 77
  担保 tanpo 1274, 489
Pfandbrief 債券 saiken 1118, 506
Pfarrer 牧師 bokushi 731, 409
Pfeife (Triller-) 笛 TEKI, fue 1471
Pfeifen (mit dem Mund) 口笛 kuchibue 54, 1471
Pfeil (zum Schießen) 矢 SHI, ya 213
  (Richtungs-)~ 矢印 yajirushi 213, 1043
  und Bogen 弓矢 yumiya 212, 213
Pfeiler 柱 CHŪ, hashira 598
Pferd 馬 BA, uma 283
  durchgehendes ~ 奔馬 honba 1659, 283
  ungesatteltes ~ 裸馬 hadakauma 1536, 283
Pferdefleisch 桜肉 sakuraniku 928, 223
Pferderennen 競馬 keiba 852, 283
Pferdestall 馬小屋 umagoya 283, 27, 167
Pferdestärken 馬力 bariki 283, 100
Pferdewagen 馬車 basha 283, 133
Pfiff 口笛 kuchibue 54, 1471
Pfirsich 桃 TŌ, momo 1567
Pflanze 植物 shokubutsu 424, 79
  栽 SAI 1125
  aus Samen gezogene ~ 苗 BYŌ, nae, [nawa] 1468

  blühende ~ 草花 kusabana 249, 255
  giftige ~ 毒草 dokusō 522, 249
  ~en 草木 sōmoku, kusaki 249, 22
  eßbare wildwachsende ~en 山菜 sansai 34, 931
  Tiere und ~en 動植物 dōshokubutsu 231, 424, 79
pflanzen 植 SHOKU, u(eru) 424
Pflanzen des Reises 田植え taue 35, 424
Pflanzenfett 植物性脂肪 shokubutsusei shibō 424, 79, 98, 1042, 1857
Pflanzenkost 菜食 saishoku 931, 322
Pflanzung 培養 baiyō 1828, 402
  栽培 saibai 1125, 1828
pflastern 舗装 hosō 1443, 1328
Pflaume 梅 BAI, ume 1734
  eingesalzene ~n 梅干し umeboshi 1734, 584
Pflaumenbaum 梅 BAI, ume 1734
  mit roten Blüten 紅梅 kōbai 820, 1734
Pflaumenblütenschau 梅見 umemi 1734, 63
Pflaumenbranntwein 梅酒 umeshu 1734, 517
Pflege (Aufziehen e-s Kindes) 養育 yōiku 402, 246
  (e-s Kranken) 介抱 kaihō 453, 1285
Pflegeeltern 育ての親 sodate no oya 246, 175
Pflegekind 里子 satogo 142, 103
Pflicht (moralisch) 義理 giri 291, 143
  (gesetzlich usw.) 義務 gimu 291, 235
  (Verantwortung) 責務 sekimu 655, 235
  (Zuständigkeit) 係 kakari 909
  gegenüber den Eltern (親)孝行 (oya) kōkō 175, 542, 68
  Befreiung von der ~ 免責 menseki 733, 655
  seine ~ erfüllen 務 MU, tsuto(meru) 235
Pflichtgefühl 義理 giri 291, 143
Pflichtlektüre 必読 hitsudoku 520, 244
pflücken 摘 TEKI, tsu(mu) 1447
Pforte 木戸 kido 22, 152
Pförtner 玄関番 genkanban 1225, 398, 185
  (Magenausgang) 幽門 yūmon 1228, 161
Pfropfen 栓 SEN 1842
  (Auf-)~ 枝接ぎ edatsugi 870, 486
Phallus 陰茎 inkei 867, 1474
Phänomen 現象 genshō 298, 739
Phantasie 空想 kūsō 140, 147
Phantom 幻 GEN, maboroshi 1227

幻影 gen'ei 1227, 854

Pharmazie 薬学 yakugaku 359, 109

Phase 相 SŌ 146

Philanthropie 博愛 hakuai 601, 259
慈善 jizen 1547, 1139

Philippinen (Abk.) 比 HI 798

Philosoph 哲学者 tetsugakusha 1397, 109, 164
(Weiser) 哲人 tetsujin 1397, 1
alter ~ 先哲 sentetsu 50, 1397

Philosophie 哲学 tetsugaku 1397, 109

Phobie 恐怖症 kyōfushō 1602, 1814, 1318

Phonetik 音韻学 on'ingaku 347, 349, 109
音声学 onseigaku 347, 746, 109

Phonologie 音韻学 on'ingaku 347, 349, 109

Pilger 巡礼 junrei 777, 620
遍路 henro 1160, 151

Pilgerfahrt 巡礼 junrei 777, 620
遍歴 henreki 1160, 480

Pille 丸薬 gan'yaku 644, 359
錠剤 jōzai 1818, 550

Pinsel 筆 HITSU, fude 130
毛筆 mōhitsu 287, 130

Pionier (Siedler) 開拓者 kaitakusha 396, 1833, 164
(Wegbereiter) 先駆 senku 50, 1882

Pistole 短銃 tanjū 215, 829

PKW 乗用車 jōyōsha 523, 107, 133

plagen 悩 naya(masu) 1279

Plagiat 盗作 tōsaku 1100, 360
ひょう窃 hyōsetsu 1717

Plakat 掲示 keiji 1624, 615

Plan (Entwurf, Konzept) 案 AN 106
(Skizze) 図 ZU 339
(Karte) 地図 chizu 118, 339
(Entwurf, Absicht) 計画 keikaku 340, 343
(Ablauf) 段取り dandori 362, 65
(Programm) 予定 yotei 393, 355
(Absicht) 企図 kito 481, 339
(Projekt) 企画 kikaku 481, 343
(Absicht, Entwurf) 計略 keiryaku 340, 841
(Idee, Absicht) 趣向 shukō 1002, 199
(Konzeption) 構想 kōsō 1010, 147
(Programm) 献立 kondate 1355, 121
(Programm, Wunsch) 寸法 sunpō 1894, 123
der ursprüngliche ~ 原案 gen'an 136, 106

planen 図 TO, haka(ru) 339

企 KI, kuwada(teru) 481

謀 BŌ, haka(ru) 1495

Planet 惑星 wakusei 969, 730

planlos 漫然 manzen 1411, 651

Planlosigkeit 散漫 sanman 767, 1411

Plastik (Statue) 塑像 sozō 1838, 740

plastische Chirurgie 整形外科 seikei geka 503, 395, 83, 320

Plastizität 可塑性 kasosei 388, 1838, 98

Plateau 台 DAI, TAI 492

Platte 盤 BAN 1098

Platz (Ort) 場 JŌ, ba 154
場所 basho 154, 153
(Sitz-~ in Kino, Bahn usw.) 席 SEKI 379
(großer) ~ (im Freien) 広場 hiroba 694, 154
(Sitz-~ auf dem Boden) 座 ZA 786
erhöhter ~ 壇 DAN 1839
erster ~ 首位 shui 148, 122
öffentlicher ~ 広場 hiroba 694, 154
reservierter (Sitz-)~ 指定席 shiteiseki 1041, 355, 379

platzen 破裂 haretsu 665, 1330

Platzregen 土砂降り doshaburi 24, 1151, 947

Plauderei 漫談 mandan 1411, 593

Plazenta 胎盤 taiban 1296, 1098

plötzlich 不意 fui 94, 132
急 KYŪ 303
突然 totsuzen 898, 651
漂然 hyōzen 924, 651
唐突 tōtotsu 1697, 898
突如 totsujo 898, 1747
Erkrankter 急患 kyūkan 303, 1315
~e Änderung 急変 kyūhen 303, 257
~e Erkrankung 急病 kyūbyō 303, 380
~e Steigerung 高騰 kōtō 190, 1780
暴騰 bōtō 1014, 1780
~er Regenschauer にわか雨 niwakaame 30
~er Tod 急逝 kyūsei 303, 1396

plump 拙劣 setsuretsu 1801, 1150

plündern 奪 DATSU, uba(u) 1310

Plünderung 強奪 gōdatsu 217, 1310
略奪 ryakudatsu 841, 1310

Plural 複数 fukusū 916, 225

pluralistisch 多元的 tagenteki 229, 137, 210

Pocken 天然痘 tennentō 141, 651, 1942

Präfekturbehörde 県庁 kenchō 194, 763
Prägen 鋳造 chūzō 1551, 691
prahlen 誇 KO, hoko(ru) 1629
Prahlerei 自慢 jiman 62, 1410
　誇大 kodai 1629, 26
　誇張 kochō 1629, 1106
Praktikum 修業 shūgyō 945, 279
praktisch (zweckmäßig) 便利 benri 330, 329
　(tatsächlich) 実践的 jissenteki 203, 1568, 210
　~er Gebrauch/Nutzen 実用 jitsuyō 203, 107
Prämisse 前提 zentei 47, 628
Präsens 現在 genzai 298, 268
Präsenz 現在 genzai 298, 268
Präsident (Ministerpräsident) 総理 sōri 697, 143
　(e-s Staates) 大統領 daitōryō 26, 830, 834
　(e-r Institution, e-s Vereins) 総裁 sōsai 697, 1123
　(e-s Unternehmens) 主宰者 shusaisha 155, 1488, 164
Praxis (Erfahrung) 実践 jissen 203, 1568
Präzedenzfall 先例 senrei 50, 612
präzis 精密 seimitsu 659, 806
Präzision 正確 seikaku 275, 603
Predigt 説教 sekkyō 400, 245
Preis (Geldwert) 代 shiro 256
　価 KA, atai 421
　値 CHI, ne, atai 425
　値段 nedan 425, 362
　(Belohnung) 賞 SHŌ 500
　賞品 shōhin 500, 230
　(Geldwert) 価格 kakaku 421, 643
　(Lob) 賞賛 shōsan 500, 745
　褒賞 hōshō 803, 500
　(Belohnung) 懸賞 kenshō 911, 500
　fester ~ 定価 teika 355, 421
　halber ~ 半額 hangaku 88, 838
　niedriger ~ 廉価 renka 1689, 421
　niedrigster ~ 底値 sokone 562, 425
　den ~ herunterhandeln 値切る negiru 425, 39
　~e 物価 bukka 79, 421
Preisausschreiben 懸賞 kenshō 911, 500
Preiskontrolle (durch Verkäufer) 寡占 kasen 1851, 1706
Preisnachlaß 勉強 benkyō 735, 217

Preissteigerung 値上げ neage 425, 32
　(物価)騰貴 (bukka) tōki 79, 421, 1780, 1171
Preisträger 受賞者 jushōsha 260, 500, 164
Preisverleihung 授賞 jushō 602, 500
Premier- und (zugl.) Außenminister 首相兼外相 shushō ken gaishō 148, 146, 1081, 83, 146
Premierminister 首相 shushō 148, 146
　総理大臣 sōri daijin 697, 143, 26, 835
　宰相 saishō 1488, 146
Presse (Medien) 報道機関 hōdō kikan 685, 149, 528, 398
pressen (nötigen) 迫 HAKU, sema(ru) 1175
　(drücken) 搾 SAKU, shibo(ru) 1497
Prestige 威信 ishin 1339, 157
Priester: buddh. ~ 法師 hōshi 123, 409
　和尚 oshō 124, 1853
　坊主 bōzu 1858, 155
　桑門 sōmon 1873, 161
　hoher ~ 高僧 kōsō 190, 1366
　hoher buddh. ~ 僧正 sōjō 1366, 275
　junger ~ 小僧 kozō 27, 1366
　katholischer ~ 神父 shinpu 310, 113
　Shintō-~ 神官 shinkan 310, 326
　vorbildlicher ~ 高僧 kōsō 190, 1366
　Zen-~ 禅僧 zensō 1540, 1366
Priestergewand 法衣 hōi 123, 677
　僧服 sōfuku 1366, 683
　und Schüssel 衣鉢 ihatsu 677, 1820
Prinz 王子 ōji 294, 103
　宮 KYŪ, miya 721
Prinzessin 姫 hime 1757
　姫君 himegimi 1757, 793
　kaiserliche ~ 皇女 kōjo 297, 102
Prinzip (Regel) 原則 gensoku 136, 608
　(Position) 建て前 tatemae 892, 47
privat (persönlich; nichtstaatlich) 私 SHI, watakushi 125
　(nichtstaatlich) 民間 minkan 177, 43
　(nicht öffentlich) 非公開 hikōkai 498, 126, 396
　私設 shisetsu 125, 577
　(vertraulich) 親展 shinten 175, 1129
　~e Nachhilfeschule 学習塾 gakushūjuku 109, 591, 1674
Privat (Nutzung) 専用 sen'yō 600, 107
Privat- (Gründung) 私立 shiritsu 125, 121

(Besitz) 私有 shiyū 125, 265
(Einrichtung) 私設 shisetsu 125, 577
Privatangelegenheiten 私事 shiji 125, 80
Privatbahn 私鉄 shitetsu 125, 312
Privatbesitz 私物 shibutsu 125, 79
Privateigentum 私物 shibutsu 125, 79
Privatgebrauch 私用 shiyō 125, 107
Privatpension 宿屋 yadoya 179, 167
Privatperson 個人 kojin 973, 1
Privatschule 塾 JUKU 1674
  (beim Lehrer zu Hause) 私塾 shijuku 125, 1674
Privatwohnung 私宅 shitaku 125, 178
  私邸 shitei 125, 563
Privatzimmer 私室 shishitsu 125, 166
Privileg 特権 tokken 282, 335
  特典 tokuten 282, 367
pro: ~ Kopf/Person 一人当たり hitoriatari 2, 1, 77
  Stunde 毎時 maiji 116, 42
  Tsubo 坪当たり tsuboatari 1896, 77
Probe (Muster) 見本 mihon 63, 25
  (Prüfung, Test) 試練 shiren 526, 743
Probefahrt 試運転 shiunten 526, 439, 433
Probelauf 試運転 shiunten 526, 439, 433
probeweise 仮 KA, kari 1049
  Herstellung/Züchtung 試作 shisaku 526, 360
probieren (versuchen) 試 SHI, kokoro(miru), tame(su) 526
  (kosten) 試食 shishoku 526, 322
Problem (Frage) 問 MON, to(i) 162
  問題 mondai 162, 354
  (Frage, Zweifel) 疑問 gimon 1516, 162
Produkt 産物 sanbutsu 278, 79
  製品 seihin 428, 230
  berühmtes ~ 名物 meibutsu 82, 79
  j. ~ 日本製 nihonsei 5, 25, 428
  landwirtschaftliches ~ 農産物 nōsanbutsu 369, 278, 79
Produktion 生産 seisan 44, 278
  製造 seizō 428, 691
Produktionszuwachs 増産 zōsan 712, 278
produzieren 造 ZŌ, tsuku(ru) 691
professioneller Schachspieler 棋士 kishi 1835, 572
Professor 教授 kyōju 245, 602

emeritierter ~ 名誉教授 meiyo kyōju 82, 802, 245, 602
Profil (Seitenansicht) 側面 sokumen 609, 274
  横顔 yokogao 781, 277
Programm (Ablauf) 段取り dandori 362, 65
  (Plan) 予定 yotei 393, 355
  (TV, Radio) 番組 bangumi 185, 418
  (Plan, Ablauf) 筋書き sujigaki 1090, 131
  (Plan) 献立 kondate 1355, 121
  (Partei-)~ 綱領 kōryō 1609, 834
Projektion 投影 tōei 1021, 854
Projektor 映写機 eishaki 352, 540, 528
projizieren 映 EI, utsu(su), utsu(ru) 352
Proklamation 声明 seimei 746, 18
Prolog 序幕 jomaku 770, 1432
Promenade 遊歩道 yūhodō 1003, 431, 149
prominenter Mann 巨星 kyosei 1293, 730
prompt 迅速 jinsoku 1798, 502
Propaganda 宣伝 senden 625, 434
Prophezeiung 予言 yogen 393, 66
Proportion 割合 wariai 519, 159
  比例 hirei 798, 612
  比率 hiritsu 798, 788
Proportion 釣り合い tsuriai 1862, 159
Prosa 散文 sanbun 767, 111
prosaisch 無味乾燥 mumi-kansō 93, 307, 1190, 1656
Prost! 乾杯 kanpai 1190, 1155
Prostituierte 達磨 daruma 448, 1531
Prostitution 売春 baishun 239, 460
Protagonist 主人公 shujinkō 155, 1, 126
Protest 抗議 kōgi 824, 292
Prothese: (Zahn-)~ 義歯 gishi 291, 478
Protokollchef 儀典長 gitenchō 727, 367, 95
Proton 陽子 yōshi 630, 103
Prototyp 原型 genkei 136, 888
Proviant 糧 RYŌ, kate 1704
  食糧 shokuryō 322, 1704
  糧食 ryōshoku 1704, 322
  兵糧 hyōrō 784, 1704
Provinz (Region) 地方 chihō 118, 70
  (Präfektur) 県 KEN 194
  (Bundesland/staat) 州 SHŪ 195
  (länndliche Gegend) 田舎 inaka 35, 791
Provinzialversammlung 県会 kenkai 194, 158
Provision 手数料 tesūryō 57, 225, 319
  口銭 kōsen 54, 648

provisorisch 仮 KA, kari 1049
  暫定 zantei 1399, 355
provokativ 挑発的 chōhatsuteki 1564, 96, 210
provozieren 挑 CHŌ, ido(mu) 1564
  挑発 chōhatsu 1564, 96
Prozedur 手続き tetsuzuki 57, 243
Prozent 分 BU 38
  10 ~ 十分の一 jūbun no ichi 12, 38, 2
  割 wari 519
Prozente (Provision) 口銭 kōsen 54, 648
Prozentsatz 歩合 buai 431, 159
  割合 wariai 519, 159
Prozeß (Verlauf) 過程 katei 413, 417
  (Gerichts-) 訴訟 soshō 1402, 1403
  e-n ~ gewinnen 勝訴 shōso 509, 1402
  e-n ~ verlieren 敗訴 haiso 511, 1402
Prozession 行列 gyōretsu 68, 611
Prozeßkosten 訴訟費用 soshō hiyō 1402,
  1403, 749, 107
prüfen 調 CHŌ, shira(beru) 342
Prüfstein 試金石 shikinseki 526, 23, 78
Prüfung (Examen) 試験 shiken 526, 532
  (Inspektion) 検察 kensatsu 531, 619
  (Probe, Test) 試練 shiren 526, 743
  (Überprüfung) 吟味 ginmi 1250, 307
  (Untersuchung) 審査 shinsa 1383, 624
  ablegen 受験 juken 260, 532
  (~) bestehen 受 u(karu) 260
  bestehen 合格 gōkaku 159, 643
  durch e-e ~ fallen 落第 rakudai 839, 404
Prüfungsarbeit 答案 tōan 160, 106
prügeln 殴 Ō, nagu(ru) 1940
  殴り付ける naguritsukeru 1940, 192
Prügelstrafe 体罰 taibatsu 61, 886
Prunk 華麗 karei 1074, 1630
  豪華 gōka 1671, 1074
PS 馬力 bariki 283, 100
P.S. 二伸 nishin 3, 1108
Pseudonym 号 GŌ 266
  仮名 kamei 1049, 82
  匿名 tokumei 1771, 82
Psyche 精神 seishin 659, 310
Psychologie 心理学 shinrigaku 97, 143, 109
psychologische Schilderung 心理描写 shinri
  byōsha 97, 143, 1469, 540
Publikum (Hörer) 聴衆 chōshū 1039, 792
publizieren 発行 hakkō 96, 68

Pufferzone 緩衝地帯 kanshō chitai 1089,
  1772, 118, 963
Puls 脈 MYAKU 913
pulsierend 躍動 yakudō 1560, 231
Pulsschlag 脈拍 myakuhaku 913, 1178
Pulver 粉 FUN, kona, ko 1701
  粉末 funmatsu 1701, 305
Pulverdampf 硝煙 shōen 1855, 919
Pulvertee: grüner ~ 抹茶 matcha 1914, 251
Pumpwasser 誘い水 sasoimizu 1684, 21
Punkt 点 TEN 169
  節 fushi 464
  (in e-m Text/Plan) 事項 jikō 80, 1439
  (Textstelle) 箇条 kajō 1473, 564
  für Punkt (schriftlich) aufführen 箇条書
  き kajōgaki 1473, 564, 131
  schwacher ~ 弱点 jakuten 218, 169
  strittiger ~ 争点 sōten 302, 169
  wichtiger ~ 要点 yōten 419, 169
  (erreichte) ~e 得点 tokuten 374, 169
Punkt(e)vorsprung (im Sport) 勝ち越し
  kachikoshi 509, 1001
Punktzahl 得点 tokuten 374, 169
  höchste ~ 満点 manten 201, 169
Puppe 人形 ningyō 1, 395
Puppenfest (3. März) 桃の節句 Momo no
  Sekku 1567, 464, 337
Puppenspiel: j. ~ 文楽 bunraku 111, 358
purpurfarben 紫 SHI, murasaki 1389
putzen 磨 MA, miga(ku) 1531
Pylorus 幽門 yūmon 1228, 161

– Q –

Quadrat 正方形 seihōkei 275, 70, 395
Qual 苦悩 kunō 545, 1279
  ~en e-r Krankheit 病苦 byōku 380, 545
quälen 苦 kuru(shimeru) 545
  悩 naya(masu) 1279
  痛 ita(meru) 1320
Qualifikation 資格 shikaku 750, 643
Qualität 質 SHITSU 176
  品 shina 230
  品質 hinshitsu 230, 176
  (gut oder schlecht) 善悪 zen'aku 1139, 304
  gute ~ 良質 ryōshitsu 321, 176
Quantität 分量 bunryō 38, 411
  多寡 taka 229, 1851

Quarantäne 検疫 ken'eki 531, 1319
　隔離 kakuri 1589, 1281
Quarz 石英 sekiei 78, 353
　水晶 suishō 21, 1645
Quecksilber 水銀 suigin 21, 313
Quecksilbersäule 水銀柱 suiginchū 21, 313, 598
Quelle 源 GEN, minamoto 580
　泉 SEN, izumi 1192
　源泉 gensen 580, 1192
　(e-r Information) 筋 KIN, suji 1090
　(literarische) ~ 出典 shutten 53, 367
　kalte ~ 冷泉 reisen 832, 1192
　warme/heiße ~ 温泉 onsen 634, 1192
Quellenangabe 出典 shutten 53, 367
Quittung 領収書 ryōshūsho 834, 757, 131
　領収証 ryōshūshō 834, 757, 484
Quote 分け前 wakemae 38, 47

– R –

Rabatt 割引 waribiki 519, 216
　geben 負 FU, ma(keru) 510
Rachsucht 執念 shūnen 686, 579
Rad 車 SHA, kuruma 133
　輪 RIN, wa 1164
Radachse 車軸 shajiku 133, 988
Rädelsführer 主謀者 shubōsha 155, 1495, 164
radikal 矯激 kyōgeki 1925, 1017
　der ~e Flügel 過激派 kagekiha 413, 1017, 912
Radikal (e-s Kanji) 部首 bushu 86, 148
Radikalen: die ~ 過激派 kagekiha 413, 1017, 912
Radio- 無線 musen 93, 299
Radioaktivität 放射能 hōshanō 512, 900, 386
(Radio)Programm 番組 bangumi 185, 418
(Radio)Sendung 放送 hōsō 512, 441
(Radio)Übertragung 中継 chūkei 28, 1025
Radius 半径 hankei 88, 1475
Radrennen 競輪 keirin 852, 1164
Raffinerie 精錬所 seirensho 659, 1816, 153
raffinieren 洗練 senren 692, 743
raffiniert 悪賢い warugashikoi 304, 1288
　~er Sake 清酒 seishu 660, 517
Rahmen 枠 waku 1907
　枠組 wakugumi 1907, 418
　im ~ 枠内 wakunai 1907, 84

Rand (Kante; Ufer; auch i.ü.S.) 際 kiwa 618
　(Kante; Ufer; Rahmen) 縁 fuchi 1131
　(Buch-/Zeitungs-)~ 欄外 rangai 1202, 83
　(Ende; Kante; Seite) 端 ha, hashi, hata 1418
Rang (Titel, Grad) 位 I, kurai 122
　(Stellung, Stand) 地位 chii 118, 122
　(Stufe) 級 KYŪ 568
　gleicher ~ 同等 dōtō 198, 569
　hoher ~ 高級 kōkyū 190, 568
　höchster ~ beim Sumo 横綱 yokozuna 781, 1609
Ranghöherer 目上 meue 55, 32
rangieren nach 次 tsu(gu) 384
Rangordnung 順位 jun'i 769, 122
Ränke 計略 keiryaku 340, 841
Raps 菜 SAI, na 931
　菜種 natane 931, 228
Rarität 珍品 chinpin 1215, 230
rasch 迅速 jinsoku 1798, 502
　~e Durchführung 突貫 tokkan 898, 914
　~e Folge 頻繁 hinpan 1847, 1292
　~e Fortschritte 躍進 yakushin 1560, 437
　~es Wachstum 高度成長 kōdo seichō 190, 377, 261, 95
rasen (wüten) 暴 BŌ, aba(reru) 1014
　(toben: Mob; Meer) 荒れ狂う arekuruu 1377, 883
Rasen 芝 shiba 250
　芝生 shibafu 250, 44
　芝草 shibakusa 250, 249
　künstlicher ~ 人工芝 jinkō shiba 1, 139, 250
Rasenmäher 芝刈り機 shibakariki 250, 1282, 528
Raserei (Toben) 狂乱 kyōran 883, 689
Rasse (Volk) 民族 minzoku 177, 221
　(menschliche) ~ 人種 jinshu 1, 228
Rast 憩 KEI, iko(i) 1243
　休憩 kyūkei 60, 1243
　kleine/kurze ~ 小憩, 少憩 shōkei 27, 1243, 144, 1243
rasten 憩 iko(u) 1243
Rastplatz 休憩所 kyūkeijo 60, 1243, 153
Rat (Ratschlag) 助言 jogen 623, 66
　(Empfehlung) 勧告 kankoku 1051, 690
　(Ratschlag) 忠告 chūkoku 1348, 690

e-r Stadt 市会 shikai 181, 158
raten (empfehlen) 勧 KAN, susu(meru) 1051
  (an-)~ 諭 YU, sato(su) 1599
  (empfehlen) 薦 SEN, susu(meru) 1631
Ratenzahlung 分割払い bunkatsubarai 38, 519, 582
Ratgeber (Berater) 顧問 komon 1554, 162
  (Beistand) 補佐 hosa 889, 1744
ratifizieren 批准 hijun 1029, 1232
Rationalisierung 合理化 gōrika 159, 143, 254
Rationalismus 唯理論 yuiriron 1234, 143, 293
ratlos 五里霧中 gori-muchū 7, 142, 950, 28
  sein 困 KON, koma(ru) 558
  戸惑い tomadoi 152, 969
  詰 tsu(maru) 1142
Ratschlag 助言 jogen 623, 66
  勧告 kankoku 1051, 690
  忠告 chūkoku 1348, 690
rätselhafter Mensch 怪物 kaibutsu 1476, 79
Raub 強盗 gōtō 217, 1100
  強奪 gōdatsu 217, 1310
  略奪 ryakudatsu 841, 1310
  泥棒 dorobō 1621, 1543
rauben 奪 DATSU, uba(u) 1310
Räuber 強盗 gōtō 217, 1100
  泥棒 dorobō 1621, 1543
  賊 ZOKU 1807
  山賊 sanzoku 34, 1807
  盗賊 tōzoku 1100, 1807
Raubtier 猛獣 mōjū 1579, 1582
Rauch 煙 EN, kemuri 919
  schwarzer ~ 黒煙 kokuen 206, 919
rauchen 煙 kemu(ru) 919
  喫する kissuru 1240
  吸 KYŪ, su(u) 1256
Rauchen 喫煙 kitsuen 1240, 919
  verboten! 禁煙 kin'en 482, 919
Rauchentwicklung 発煙 hatsuen 96, 919
Räucherkerze/stäbchen 発煙筒 hatsuentō 96, 919, 1472
  線香 senkō 299, 1682
  gegen Moskitos 蚊取り線香 katori senkō 1876, 65, 299, 1682
Rauchtopas 水晶 suishō 21, 1645
Rauferei 格闘 kakutō 643, 1511
rauh (Oberfläche) 粗 SO, ara(i) 1084
  (grob) 粗暴 sobō 1084, 1014

荒 KŌ, ara(i) 1377
(uneben) 凹凸 ōtotsu 1893, 1892
Rauhreif 霜 SŌ, shimo 948
  (zapfenförmig) 霜柱 shimobashira 948, 598
Raum (Zwischen-)~ 間 ma 43
  (Zeit und) ~ (時間と)空間 (jikan to) kūkan 42, 43, 140, 43
  (Spielraum) 余地 yochi 1063, 118
  lassen 透 su(kasu) 1685
  zwischen Furchenrücken 畝間 unema 1901, 43
  leerer ~ 空白 kūhaku 140, 205
  luftleerer ~ 真空 shinkū 422, 140
räumen (militär.) 撤退 tettai 1423, 846
  (militär. und zivil) 撤去 tekkyo 1423, 414
Räumung (Rückzug) 引き揚げ hikiage 216, 631
  (Evakuierung) 疎開 sokai 1514, 396
Raupe: (behaarte) ~ 毛虫 kemushi 287, 873
Rauschgift 麻薬 mayaku 1529, 359
Reaktion (Chemie) 反応 hannō 324, 827
realisieren 実現 jitsugen 203, 298
realistisch (Darstellung) 写実的 shajitsuteki 540, 203, 210
  如実 nyojitsu 1747, 203
Rebellen(heer) 賊軍 zokugun 1807, 438
Rebellion 反乱 hanran 324, 689
Rechenfehler 誤算 gosan 906, 747
Rechenschaft: j-n zur ~ ziehen 責 SEKI, se(meru) 655
rechnen 計 haka(ru) 340
Rechnen mit dem Abakus 珠算 shuzan 1504, 747
Rechnung 会計 kaikei 158, 340
  勘定 kanjō 1502, 355
  (Berechnung) 計算 keisan 340, 747
Rechnungsabschluß 精算 seisan 659, 747
Rechnungsbuch 帳面 chōmen 1107, 274
  帳簿 chōbo 1107, 1450
Rechnungsführung 経理 keiri 548, 143
recht: (ge-)~ 当然 tōzen 77, 651
  der ~e Flügel 右翼 uyoku 76, 1062
  die ~e Hand 右手 migite 76, 57
  die ~e Seite 右方 uhō 76, 70
  der ~e Weg 常軌 jōki 497, 1787
  die ~e Zeit/Gelegenheit 時宜 jigi 42, 1086
  ~er Winkel 直角 chokkaku 423, 473

Recht (Anspruch) 権利 kenri 335, 329
  (basierend auf Gesetzen) 法律 hōritsu
  123, 667
  auf Aussageverweigerung 黙秘権
  mokuhiken 1578, 807, 335
  und Unrecht 黒白 kuroshiro 206, 205
  是非 zehi 1591, 498
  öffentliches ~ 公法 kōhō 126, 123
Rechte(n): die ~ 右派 uha 76, 912
  右翼 uyoku 76, 1062
Rechtfertigung 釈明 shakumei 595, 18
rechts 右 U, YŪ, migi 76
  Nach ~ abbiegen verboten! 右折禁止
  usetsu kinshi 76, 1394, 482, 477
  von ~ nach links 右から左へ migi kara
  hidari e 76, 75
Rechtsanwalt 弁護士 bengoshi 711, 1312, 572
(Rechts)Befugnis 権限 kengen 335, 847
Rechtspflege 司法 shihō 842, 123
rechtzeitig 早目に hayame ni 248, 55
  kommen 間に合う maniau 43, 159
Reck 鉄棒 tetsubō 312, 1543
Redaktion 編集 henshū 682, 436
Rede (Ansprache, Vortrag) 演説 enzetsu
  344, 400
  (Vortrag, Vorlesung) 講演 kōen 783, 344
Reden 弁舌 benzetsu 711, 1259
Redensart 成句 seiku 261, 337
  熟語 jukugo 687, 67
Redeweise 口癖 kuchiguse 54, 1490
Redewendung 言い回し iimawashi 66, 90
redlich 誠意 seii 718, 132
Rednerpult 演壇 endan 344, 1839
Rednertribüne 壇 DAN 1839
Reduktion 還元 kangen 866, 137
Reduzierung: ~ auf die Hälfte 半減 hangen
  88, 715
  stufenweise ~ 逓減 teigen 1937, 715
Reflex 反射 hansha 324, 900
Reflexion (Gedanken) 自省 jisei 62, 145
  反省 hansei 324, 145
  (Licht) 反映 han'ei 324, 352
  反射 hansha 324, 900
Reform 一新 isshin 2, 174
  改新 kaishin 514, 174
  改良 kairyō 514, 321
  刷新 sasshin 1044, 174

革新 kakushin 1075, 174
変革 henkaku 257, 1075
改革 kaikaku 514, 1075
改善 kaizen 514, 1139
reformieren 改 KAI, arata(meru) 514
Regal 棚 tana 1908
Regel (Vorschrift) 規則 kisoku 607, 608
  (Ordnung) 規律 kiritsu 607, 667
  in der ~ 大抵 taitei 26, 560
regelmäßig 通常 tsūjō 150, 497
  (~) verkehren/fahren 通 kayo(u) 150
regeln 収拾 shūshū 757, 1445
Regelung 整理 seiri 503, 143
Regen 雨 U, ame, [ama] 30
  feiner/leichter ~ 小雨 kosame 27, 30
  starker ~ 大雨 ōame 26, 30
  豪雨 gōu 1671, 30
  wohltuender/willkommener ~ 慈雨 jiu
  1547, 30
Regenfälle: schwere ~ 大雨 ōame 26, 30
Regenguß 土砂降り doshaburi 24, 1151, 947
  豪雨 gōu 1671, 30
Regenmenge 雨量 uryō 30, 411
  降雨量 kōuryō 947, 30, 411
Regenschauer: (plötzlicher) ~ にわか雨
  niwakaame 30
Regenschirm こうもり傘 kōmorigasa 790
  雨傘 amagasa 30, 790
Regent 執権 shikken 686, 335
  摂政 sesshō 1692, 483
(Regen)Tropfen 点滴 tenteki 169, 1446
Regentropfen 雨垂れ amadare 30, 1070
  雨滴 uteki 30, 1446
  雨粒 amatsubu 30, 1700
Regentschaft 摂政 sesshō 1692, 483
Regenwasser 雨水 amamizu 30, 21
Regenwolke 雨雲 amagumo 30, 636
Regenzeit 梅雨 baiu, tsuyu 1734, 30
Regie 演出 enshutsu 344, 53
regieren 治 osa(meru) 493
  君臨 kunrin 793, 836
Regierung 政府 seifu 483, 504
  統治 tōchi, tōji 830, 493
  施政 shisei 1004, 483
  (Kabinett) 内閣 naikaku 84, 837
  kaiserliche ~ 帝政 teisei 1179, 483
  konstitutionelle ~ 憲政 kensei 521, 483

e-e ~ stürzen 倒閣 tōkaku 905, 837
Regierungsbildung 組閣 sokaku 418, 837
Regierungserlaß 政令 seirei 483, 831
Regierungspartei 与党 yotō 539, 495
(Regierungsviertel in Tōkyō) 永田町
　Nagatachō 1207, 35, 182
Region 地方 chihō 118, 70
Regisseur: (Film-)~ 監督 kantoku 1663, 1670
Register (Katalog) 目録 mokuroku 55, 538
　(Index) 索引 sakuin 1059, 216
Registrierung 登記 tōki 960, 371
　登録 tōroku 960, 538
regnen 降 fu(ru) 947
regulär 正規 seiki 275, 607
Regulierung 調節 chōsetsu 342, 464
　調整 chōsei 342, 503
reiben 擦 su(ru) 1519
　sich (aneinander) ~ 擦 SATSU, su(reru)
　1519
Reiben 摩擦 masatsu 1530, 1519
Reiberei 摩擦 masatsu 1530, 1519
Reibung 摩擦 masatsu 1530, 1519
reich: ~ sein/werden 富 to(mu) 713
　und vornehm 富貴 fūki 713, 1171
　werden 潤 uruo(u) 1203
　arm und ~ 貧富 hinpu 753, 713
　~e Ernte 豊作 hōsaku 959, 360
reichen (bis) 及 KYŪ, oyo(bu) 1257
Reicher 金持ち kanemochi 23, 451
　富者 fusha, fūsha 713, 164
reichlich 豊 HŌ, yuta(ka) 959
Reichsbank: die Japan. ~ 日銀 Nichigin 5,
　313
Reichsstraße 国道 kokudō 40, 149
Reichtum 富 FU, tomi 713
　富力 furyoku 713, 100
　豊富 hōfu 959, 713
　富裕 fuyū 713, 1391
　裕福 yūfuku 1391, 1379
　und Ehre 富貴 fūki 713, 1171
　und Macht 富強 fukyō 713, 217
reif (Frucht) 甘美 kanbi 1492, 401
Reife (Persönlichkeit, Gedanke) 円熟 enjuku
　13, 687
　(Persönlichkeit) 成熟 seijuku 261, 687
reifen 熟 JUKU, u(reru) 687
Reifkristalle 霜柱 shimobashira 948, 598

Reihe (Reihenfolge) 番 BAN 185
　(Schlange) 列 RETSU 611
　(Reihenfolge) 順番 junban 769, 185
　hintere ~ 後列 kōretsu 48, 611
　in e-r ~ stehen 連 tsura(naru) 440
　並列 heiretsu 1165, 611
Reihenfolge 次第 shidai 384, 404
　順番 junban 769, 185
　輪番 rinban 1164, 185
Reim 韻 IN 349
　押韻 ōin 986, 349
Reimwort 韻語 ingo 349, 67
rein (unverdünnt) 生 ki- 44
　(netto) 正味 shōmi 275, 307
　(echt, vollkommen) 真 ma 422
　(sauber: Wasser; unschuldig: Herz) 清
　SEI, kiyo(i) 660
　(unverfälscht) 純 JUN 965
　(unbefleckt) 潔 isagiyo(i) 1241
　(sauber) 清潔 seiketsu 660, 1241
　(unbefleckt) 純潔 junketsu 965, 1241
　(klar) 清澄 seichō 660, 1334
　(keusch) 貞潔 teiketsu 1681, 1241
　(unverfälscht) 精粋 seisui 659, 1708
　j. Stil 純日本風 jun Nihon-fū 965, 5, 25, 29
　und unrein 清濁 seidaku 660, 1625
　~e Arbeitszeit 実働時間 jitsudō jikan
　203, 232, 42, 43
　~e Wolle 純毛 junmō 965, 287
　~es Wasser 清水 seisui, shimizu 660, 21
Reinemachen 掃除 sōji 1080, 1065
reinfallen (auf etw./j-n) 乗 JŌ, no(ru) 523
Reingewinn 純益 jun'eki 965, 716
Reinheit (sauber) 清浄 seijō 660, 664
　(keusch) 操 misao 1655
　(unvermischt) 純粋 junsui 965, 1708
reinigen (physisch; religiös) 清 kiyo(meru)
　660
Reinigung (religiöse) ~ 精進 shōjin 659, 437
　(physisch; politisch; religiös) 浄化 jōka
　664, 254
　(des Körpers) 斎戒 saikai 1478, 876
　(rituelle) ~ 斎戒もく浴 saikai mokuyoku
　1478, 876, 1128
Reinkultur 純粋培養 junsui baiyō 965, 1708,
　1828, 402
reinlegen (j-n) 担 TAN, katsu(gu) 1274

reinlich 潔癖 keppeki 1241, 1490
Reinlichkeitsfimmel 潔癖 keppeki 1241, 1490
Reinmachefrau 掃除婦 sōjifu 1080, 1065, 316
Reinschrift 清書 seisho 660, 131
Reis 米 BEI, MAI, kome 224
  (~) **waschen** 研 KEN, to(gu) 896
  ausländischer ~ 外米 gaimai 83, 224
  gekochter ~ ご飯, 御飯 gohan 325, 708, 325
  importierter ~ 外米 gaimai 83, 224
  mit roten Bohnen gekochter ~ 赤飯 sekihan 207, 325
  neuer ~ 新米 shinmai 174, 224
  polierter ~ 白米 hakumai 205, 224
  unpolierter ~ 玄米 genmai 1225, 224
Reis-Gemüse-Eintopf 雑炊 zōsui 575, 1791
Reisähre 稲穂 inaho 1220, 1221
Reisbau 稲作 inasaku 1220, 360
Reisbeet 苗代 nawashiro 1468, 256
Reise 旅 RYO, tabi 222
  旅行 ryokō 222, 68
  e-e ~ antreten 旅立つ tabidatsu 222, 121
Reisebericht 紀行(文) kikō(bun) 372, 68, 111
Reisebeschreibung 紀行(文) kikō(bun) 372, 68, 111
Reiseführer (Person) 添乗員 tenjōin 1433, 523, 163
(Reise)Gruppe 一行 ikkō 2, 68
Reisekosten 旅費 ryohi 222, 749
Reisender 旅人 tabibito 222, 1
  旅行者 ryokōsha 222, 68, 164
  旅客 ryokaku 222, 641
Reisepaß 旅券 ryoken 222, 506
Reisernte 稲刈り inekari 1220, 1282
  (gute) ~ 稲作 inasaku 1220, 360
Reiseziel 行き先 ikisaki, yukisaki 68, 50
  旅先 tabisaki 222, 50
Reisfeld 田 DEN, ta 35
  水田 suiden 21, 35
Reiskloß 握り飯 nigirimeshi 1714, 325
Reiskochtopf 炊飯器 suihanki 1791, 325, 527
Reiskorn 米粒 kometsubu 224, 1700
Reismähen 稲刈り inekari 1220, 1282
Reispflanze 稲 TŌ, ine, [ina-] 1220
Reispreis 米価 beika 224, 421

Reisration: den Samurai zugeteilte ~ 扶持 fuchi 1721, 451
Reissack 米俵 komedawara 224, 1890
reißen: an sich ~ 掌握 shōaku 499, 1714
  in Stücke ~ 寸断 sundan 1894, 1024
  sich um etw. ~ 奪い合う ubaiau 1310, 159
reißender Strom 激流 gekiryū 1017, 247
Reissuppe mit Gemüse 雑炊 zōsui 575, 1791
Reiswein 酒 SHU, sake, [saka] 517
  j. ~ 日本酒 Nihon-shu 5, 25, 517
reiten 乗 JŌ, no(ru) 523
Reiter 騎手 kishu 1881, 57
Reitkunst 馬術 bajutsu 283, 187
Reiz 魅力 miryoku 1526, 100
  魅惑 miwaku 1526, 969
  ländlicher ~ 野趣 yashu 236, 1002
Reklame 宣伝 senden 625, 434
(Reklame)Schild 看板 kanban 1316, 1047
Reklamewand auf Dach 広告塔 kōkokutō 694, 690, 1840
Rekord 記録 kiroku 371, 538
relativ 比較的 hikakuteki 798, 1453, 210
relevant sein 該当 gaitō 1213, 77
Relief 浮き彫り ukibori 938, 1149
Relief(druck) 凸版(印刷) toppan (insatsu) 1892, 1046, 1043, 1044
Religion 宗 SHŪ, SŌ 616
  宗教 shūkyō 616, 245
religiös: ~e Ekstase 法悦 hōetsu 123, 1368
  ~e Erweckung 悟り satori 1438
  ~e Überzeugung 信仰 shinkō 157, 1056
  ~es Fest 祭礼 sairei 617, 620
Reminiszenz 回想 kaisō 90, 147
Rennbahn 走路 sōro 429, 151
rennen 駆 KU, ka(keru) 1882
Rennen 駆け足 kakeashi 1882, 58
Rente 年金 nenkin 45, 23
Reorganisation 新制 shinsei 174, 427
Reparation 賠償 baishō 1829, 971
  賠償金 baishōkin 1829, 971, 23
Reparatur 修繕 shūzen 945, 1140
reparieren 直 nao(su) 423
  修理 shūri 945, 143
  繕 ZEN, tsukuro(u) 1140
Repatriierung 帰還 kikan 317, 866
  送還 sōkan 441, 866

repräsentativ 代表的 daihyōteki 256, 272, 210

Reproduktion 複製 fukusei 916, 428

Republik 共和国 kyōwakoku 196, 124, 40

Requiem (instrumental) 鎮魂曲 chinkonkyoku 1786, 1525, 366

  (vokal) 鎮魂歌 chinkonka 1786, 1525, 392

Reserve (Zurückhaltung) 遠慮 enryo 446, 1384

Reservefonds 予備費 yobihi 393, 768, 749

reserviert: ~ für 専用 sen'yō 600, 107

  ~er (Sitz)Platz 指定席 shiteiseki 1041, 355, 379

Reservierung 貸し切り kashikiri 748, 39

Residenz 邸宅 teitaku 563, 178

  官邸 kantei 326, 563

  駐在 chūzai 599, 268

  kaiserliche ~ 皇居 kōkyo 297, 171

residieren: in Japan ~d 駐日 chūnichi 599, 5

Resignation 観念 kannen 604, 579

Resonanz 反響 hankyō 324, 856

  共鳴 kyōmei 196, 925

Respekt 敬意 keii 705, 132

  尊敬 sonkei 704, 705

  恭敬 kyōkei 1434, 705

respektvoll 恭 KYŌ, uyauya(shii) 1434

Rest 残り物 nokorimono 650, 79

  des Lebens 余命 yomei 1063, 578

  ~e (Spuren) 跡 SEKI, ato 1569

Restaurant 食堂 shokudō 322, 496

  (j.) ~ 料亭 ryōtei 319, 1184

Restauration 復活 fukkatsu 917, 237

  復旧 fukkyū 917, 1216

  Meiji-~ 明治維新 Meiji Ishin 18, 493, 1231, 174

Restbetrag 残高 zandaka 650, 190

Resultat 結果 kekka 485, 487

  成績 seiseki 261, 1117

retten 助 JO, tasu(keru) 623

  救 KYŪ, suku(u) 725

  sich ~ 助 tasu(karu) 623

Rettich 大根 daikon 26, 314

Rettung 救済 kyūsai 725, 549

  救助 kyūjo 725, 623

Rettungsboot 救命ボート kyūmei bōto 725, 578

Rettungsmannschaft 救護班 kyūgohan 725, 1312, 1381

Retusche 修正 shūsei 945, 275

Reue 後悔 kōkai 48, 1733

  悔悟 kaigo 1733, 1438

  悔恨 kaikon 1733, 1755

Revanche 雪辱 setsujoku 949, 1738

Revision (Gesetz, Vertrag, Buch) 改正 kaisei 514, 275

  (Steuern) 査定 satei 624, 355

  (bei Neuauflage) 校訂 kōtei 115, 1019

  改訂 kaitei 514, 1019

  (e-s Manuskripts) 校閲 kōetsu 115, 1369

  (Rechnungsprüfung) 監査 kansa 1663, 624

Revolution 変革 henkaku 257, 1075

  革命 kakumei 1075, 578

Revolver 短銃 tanjū 215, 829

Rezension 評論 hyōron 1028, 293

  批評 hihyō 1029, 1028

Rezeption 受(け)付(け) uketsuke 260, 192

  不況 fukyō 94, 850

  不景気 fukeiki 94, 853, 134

rezessiv (Erblichkeit) 劣性 ressei 1150, 98

reziprok 相互 sōgo 146, 907

Rezitation chinesischer Gedichte 詩吟 shigin 570, 1250

rezitieren 吟詠 gin'ei 1250, 1209

  朗読 rōdoku 1754, 244

  (ein j./chines. Gedicht) ~ 朗詠 rōei 1754, 1209

Rhein: der ~ ライン川 Rain-gawa 33

Rhetorik 美辞麗句 biji-reiku 401, 688, 1630, 337

Rhythmus 韻律 inritsu 349, 667

Ri: tausend ~ 千里 senri 15, 142

richten: sich ~ nach 準拠 junkyo 778, 1138

  倣 HŌ, nara(u) 1776

Richter 判事 hanji 1026, 80

Richtfest 建て前 tatemae 892, 47

  上棟式 jōtōshiki 32, 1406, 525

  棟上げ式 muneageshiki 1406, 32, 525

richtig 正 SEI, SHŌ, tada(shii) 275

  妥当 datō 930, 77

  nicht ~ 不当 futō 94, 77

  ~e Antwort 名答 meitō 82, 160

Richtigkeit 正確 seikaku 275, 603

Richtlinie 目安 meyasu 55, 105
Richtmaß 規準 kijun 607, 778
Richtpreis メーカー希望価格 mēkā kibō
　kakaku 676, 673, 421, 643
Richtschnur 軌範 kihan 1787, 1092
Richtung 方 HŌ, kata 70
　方向 hōkō 70, 199
　方面 hōmen 70, 274
　方針 hōshin 70, 341
　andere ~ 他方 tahō 120, 70
　östliche ~ 東方 tōhō 71, 70
　westliche ~ 西方 seihō 72, 70
　alle ~en 四方 shihō 6, 70
　八方 happō 10, 70
(Richtungs)Pfeil 矢印 yajirushi 213, 1043
Riemen 緒 o 862
　an Geta/Sandalen 鼻緒 hanao 813, 862
Riementang 昆布 konbu, kobu 1874, 675
Riese 大男 ōotoko 26, 101
　巨人 kyojin 1293, 1
Riesen- 巨大 kyodai 1293, 26
riesig 巨大 kyodai 1293, 26
　sich ~ freuen 狂喜 kyōki 883, 1143
　~er Kerl/Mann 巨漢 kyokan 1293, 556
Riff: verborgenes ~ 暗礁 anshō 348, 1768
Rikscha 人力車 jinrikisha 1, 100, 133
Rind 牛 GYŪ, ushi 281
Rinde: (Baum-)~ 皮 HI, kawa 975
　樹皮 juhi 1144, 975
Rindfleisch 牛肉 gyūniku 281, 223
Ring 環 KAN 865
　輪 RIN, wa 1164
　(Finger-)~ 指輪 yubiwa 1041, 1164
　(Sumō-)~ 土俵 dohyō 24, 1890
Ringen: j. ~ 相撲 sumō 146, 1889
Ringer 力士 rikishi 100, 572
　Sumō-~ 相撲取り sumōtori 146, 1889, 65
ringförmig 環状 kanjō 865, 626
　~e Koralleninsel 環礁 kanshō 865, 1768
Ringmuster 蛇の目 janome 1875, 55
Rinne 溝 KŌ, mizo 1012
Rippe (bei Geweben) 畝 une 1901
riskieren 冒 BŌ, oka(su) 1104
Riß 破れ目 yabureme 665, 55
　裂け目 sakeme 1330, 55
Ritter 武士 bushi 1031, 572
　騎士 kishi 1881, 572

Ritual 儀式 gishiki 727, 525
(rituelle) Reinigung 斎戒もく浴 saikai
　mokuyoku 1478, 876, 1128
robuste Gesundheit 強健 kyōken 217, 893
Rodung 開墾 kaikon 396, 1136
Roggen 麦 BAKU, mugi 270
roh (naturbelassen) 生 nama 44
　(grob) 粗野 soya 1084, 236
　粗暴 sobō 1084, 1014
　荒 KŌ, ara(i) 1377
　野暮 yabo 236, 1428
　(barbarisch) 殺伐 satsubatsu 576, 1509
　(vulgär) 卑 iya(shii) 1521
　(~e) Gewalt 腕力 wanryoku 1299, 100
Roheisen 銑鉄 sentetsu 1905, 312
Roheit 乱暴 ranbō 689, 1014
(Roh)Material 物資 busshi 79, 750
Rohöl 原油 gen'yu 136, 364
Rohr 管 KAN, kuda 328
　筒 TŌ, tsutsu 1472
Röhre 管 KAN, kuda 328
　筒 TŌ, tsutsu 1472
Rohseide 生糸 kiito 44, 242
Rohstoff 原料 genryō 136, 319
　~e 資源 shigen 750, 580
Rohwolle 原毛 genmō 136, 287
Rollbahn 滑走路 kassōro 1267, 429, 151
Rollbild 掛け軸 kakejiku 1464, 988
Rolle 巻 KAN, maki 507
rollen: (sich) ~ 転 TEN, koro(bu), koro(garu),
　koro(geru) 433
　(tr.) 転 koro(gasu) 433
　巻 ma(ku) 507
Roman 小説 shōsetsu 27, 400
rosa 桃色 momoiro 1567, 204
Rosenkranz 数珠 juzu 225, 1504
rösten 焼 ya(ku) 920
rot 赤 SEKI, aka(i), aka 207
　丹 TAN 1093
　werden 赤 aka(ramu) 207
　~e Lippen 紅唇 kōshin 820, 1737
　~e Ruhr 赤痢 sekiri 207, 1811
　~e Stempelfarbe 朱肉 shuniku 1503, 223
　~e Zahlen 赤字 akaji 207, 110
　~es Siegel 朱印 shuin 1503, 1043
Rot: ~ und Weiß 紅白 kōhaku 820, 205
　das ~e Kreuz 赤十字 Sekijūji 207, 12, 110

Rotation 周 SHŪ, mawa(ri) 91
回転 kaiten 90, 433
旋回 senkai 1005, 90
Rotationsachse 自転軸 jitenjiku 62, 433, 988
rotbraun 赤褐色 sekkasshoku 207, 1623, 204
Rouge 紅 beni 820
Route 径路 keiro 1475, 151
Routinearbeit 常務 jōmu 497, 235
Rowdys: (Bande von) ~ 愚連隊 gurentai 1642, 440, 795
Rückblick 回顧 kaiko 90, 1554
Rücken 背 HAI, se 1265
背中 senaka 1265, 28
Rückenlage 仰向け aomuke 1056, 199
Rückenmark せき髄 sekizui 1740
Rückenwind 追い風 oikaze 1174, 29
Rückeroberung 奪回 dakkai 1310, 90
奪還 dakkan 1310, 866
Rückfall 逆戻り gyakumodori 444, 1238
Rückgabe 返還 henkan 442, 866
Rückgang 衰微 suibi 1676, 1419
Rückgrat: ohne ~ 弱腰 yowagoshi 218, 1298
Rückkehr 帰還 kikan 317, 866
rückläufige Bewegung 逆戻り gyakumodori 444, 1238
Rücklicht 尾灯 bitō 1868, 1333
Rückseite 後 KŌ, ushi(ro) 48
裏 RI, ura 273
(nicht sichtbar) 陰 kage 867
Rücksendung 送還 sōkan 441, 866
Rücksicht 思いやり omoiyari 99
配慮 hairyo 515, 1384
顧慮 koryo 1554, 1384
しん酌 shinshaku 1863
ohne ~ **auf** …に飽かして … ni akashite 1763
rücksichtslos 我勝ち waregachi 1302, 509
~es Abholzen 濫伐, 乱伐 ranbatsu 1944, 1509, 689, 1509
~es Fischen/Jagen 濫獲 rankaku 1944, 1313
Rückstand: mit der Zahlung im ~ **sein** 滞納 tainō 964, 758
Rückstoß 反発 hanpatsu 324, 96
Rücktritt 辞職 jishoku 688, 385
退職 taishoku 846, 385

Rücktrittsgesuch: inoffizielles ~ 進退伺い shintai ukagai 437, 846, 1761
rückwärtiger Zugang 裏道 uramichi 273, 149
Rückweg 帰路 kiro 317, 151
片道 katamichi 1045, 149
Hin- und ~ 往復 ōfuku 918, 917
Rückzahlung 返済 hensai 442, 549
返還 henkan 442, 866
Rückzug (aus dem öffentl. Leben) 引退 intai 216, 846
(militär.) 退陣 taijin 846, 1404
退却 taikyaku 846, 1783
auf das Altenteil 隠居 inkyo 868, 171
Rudern 舟遊び funaasobi 1094, 1003
Ruf (Reputation) 名 MEI, na 82
(guter) ~ 評判 hyōban 1028, 1026
(laute Stimme) 叫び声 sakebigoe 1252, 746
呼び声 yobigoe 1254, 746
guter ~ 名声 meisei 82, 746
芳名 hōmei 1775, 82
rufen 叫 KYŌ, sake(bu) 1252
呼 KO, yo(bu) 1254
Ruhe (Stille) 安静 ansei 105, 663
(innere) ~ 平静 heisei 202, 663
(Stillstand) 静止 seishi 663, 477
(Friede, Ordnung) 平穏 heion 202, 869
(Stille, Stillstand) 沈静 chinsei 936, 663
(Stille) 森閑 shinkan 128, 1532
閑静 kansei 1532, 663
(Friede) 安泰 antai 105, 1545
泰平 taihei 1545, 202
(Stille) 静寂 seijaku 663, 1669
閑寂 kanjaku 1532, 1669
und Frieden 平穏無事 heion-buji 202, 869, 93, 80
und Ordnung 安寧秩序 annei-chitsujo 105, 1412, 1508, 770
綱紀 kōki 1609, 372
ewige ~ 永眠 eimin 1207, 849
in aller ~ 悠然 yūzen 1597, 651
zeitweilige ~ 小康 shōkō 27, 894
ruhen 休 KYŪ, yasu(mu), yasu(maru) 60
lassen 休 yasu(meru) 60
~der Vulkan 休火山 kyūkazan 60, 20, 34
Ruhestand 引退 intai 216, 846
alter Mensch im ~ 隠居 inkyo 868, 171

Ruhetag 休日 kyūjitsu 60, 5
Ruhezeit in der Landwirtschaft 農閑期
 nōkanki 369, 1532, 449
ruhig (sanft) 温和 onwa 634, 124
 (still) 静 SEI, shizu, shizu(ka) 663
 (kühl) 冷静 reisei 832, 663
 (gelassen) 落ち着いた ochitsuita 839, 657
 (still, friedlich) 穏 ON, oda(yaka) 869
 (sehr) ~ 余裕しゃくしゃく yoyū-
 shakushaku 1063, 1391
 (gelassen, langsam) 悠々 yūyū 1597
 (gemächlich) 悠長 yūchō 1597, 95
 (gelassen) 悠然 yūzen 1597, 651
 悠揚 yūyō 1597, 631
 ~es Leben 安住 anjū 105, 156
Ruhm 栄 EI, ha(e) 723
 光栄 kōei 138, 723
 栄光 eikō 723, 138
 名声 meisei 82, 746
 誉 YO, homa(re) 802
 栄誉 eiyo 723, 802
 功名 kōmyō 818, 82
 光輝 kōki 138, 1653
Ruhr: rote ~ 赤痢 sekiri 207, 1811
rührend 涙ぐましい namidagumashii 1239
Rührung 感慨 kangai 262, 1460
Ruin 没落 botsuraku 935, 839
 破滅 hametsu 665, 1338
 gleichzeitiger/gemeinsamer ~ 共倒れ
 tomodaore 196, 905
Ruine (Überreste) 跡 SEKI, ato 1569
 ~n (Relikt) 遺跡 iseki 1172, 1569
Rumpelkammer 物置き monooki 79, 426
Rumpf 胴 DŌ 1300
 胴体 dōtai 1300, 61
rund: (kreis-)~ 円 maru(i) 13
 (ca.) 約 YAKU 211
 (kugel-)~ 丸 GAN, maru(i) 644
 machen 丸 maru(meru) 644
 ~e Form 円形 enkei 13, 395
 (~e) Klammern 括弧 kakko 1260, 1481
 ~e Scheibe 円盤 enban 13, 1098
Runde 巡回 junkai 777, 90
 eine ~ 一周 isshū 2, 91
 halbe ~ 半周 hanshū 88, 91
 eine ~ gehen 回 mawa(ru) 90
Rundgang 巡視 junshi 777, 606

Rundreise 周遊 shūyū 91, 1003
Rundreiseticket 周遊券 shūyūken 91, 1003,
 506
rüstig 強壮 kyōsō 217, 1326
 壮健 sōken 1326, 893
 頑健 ganken 1848, 893
Rüstung: (Kriegs-)~ 武装 busō 1031, 1328
 (militär.) ~ 軍備 gunbi 438, 768
Rutschbahn (für Kinder) 滑り台 suberidai
 1267, 492
rütteln 揺 yu(ru), yu(suru), yu(suburu),
 yu(saburu) 1648

– S –

Saat 種子 shushi 228, 103
 (auch i.ü.S.) 種 tane 228
Sabotage 怠業 taigyō 1297, 279
Sache (Ding) 物 BUTSU, MOTSU, mono 79
 (Angelegenheit) 事 JI, koto 80
 件 KEN 732
 案件 anken 106, 732
 事柄 kotogara 80, 985
 事項 jikō 80, 1439
 verbotene ~ 禁物 kinmotsu 482, 79
 wichtige ~ 大事 daiji 26, 80
 verschiedene ~n 諸事 shoji 861, 80
Sachlage 事情 jijō 80, 209
 事態 jitai 80, 387
 情況 jōkyō 209, 850
 wirkliche ~ 実情 jitsujō 203, 209
sachlich 客観的 kyakkanteki 641, 604, 210
Sachregister 事項索引 jikō sakuin 80, 1439,
 1059, 216
Sachverhalt 事柄 kotogara 80, 985
 wahrer ~ 実情 jitsujō 203, 209
Sachverständiger 玄人 kurōto 1225, 1
Sack (Beutel) 袋 TAI, fukuro 1329
 (Stroh-) 俵 HYŌ, tawara 1890
 für Holzkohle 炭俵 sumidawara 1344,
 1890
 ein ~ 一俵 ippyō 2, 1890
Sackgasse 袋小路 fukurokōji 1329, 27, 151
sadistisch 自虐的 jigyakuteki 62, 1574, 210
Safe 金庫 kinko 23, 825
Saft 汁 JŪ, shiru 1794
 herber ~ (von unreifen Kaki-Früchten) 渋
 shibu 1693

Sage 伝説 densetsu 434, 400
　昔話 mukashi-banashi 764, 238
sagen 言 i(u) 66
　(bescheiden) 申 SHIN, mō(su) 309
　(melden) 告 KOKU, tsu(geru) 690
Saison 時節 jisetsu 42, 464
　季節 kisetsu 465, 464
Saite 弦 GEN, tsuru 1226
Saiteninstrument 弦楽器 gengakki 1226,
　358, 527
Sakamoto: Herr ~ 坂本氏 Sakamoto-shi
　443, 25, 566
Sake: feiner/raffinierter ~ 清酒 seishu 660,
　517
Sake-Faß 斗酒 toshu 1899, 517
Salat: ein Teller mit ~ サラダ一皿 sarada
　hitosara 2, 1097
Saldo 残高 zandaka 650, 190
Salpeter 硝石 shōseki 1855, 78
Salpetersäure 硝酸 shōsan 1855, 516
Salto 宙返り chūgaeri 991, 442
Salz 塩 EN, shio 1101
　in ~ eingelegte Speise 塩漬 shiozuke
　1101, 1793
Salzfäßchen 塩入れ shioire 1101, 52
Salzgehalt 塩分 enbun 1101, 38
Salzsäure 塩酸 ensan 1101, 516
Salzstreuer 塩入れ shioire 1101, 52
Salzwasser 潮 CHŌ, shio 468
Salzwasser/lauge 塩水 shiomizu 1101, 21
Samen 種 tane 228
　種子 shushi 228, 103
　aus ~ gezogene Pflanze 苗 BYŌ, nae,
　[nawa] 1468
Samen(flüssigkeit) 精液 seieki 659, 472
Sämling 苗 BYŌ, nae, [nawa] 1468
Sammelfahrkarte 回数券 kaisūken 90, 225,
　506
sammeln 集 atsu(meru) 436
　寄 yo(seru) 1361
　(Planzen, Insekten) 採 SAI, to(ru) 933
　(zusammenrufen) 糾合 kyūgō 1703, 159
　(Beiträge) für religiöse Zwecke ~ 勧進
　kanjin 1051, 437
　sich ~ 群 mu(reru) 794
Sammeln 採集 saishū 933, 436

　(Pflanzen, Insekten) 採集 saishū 933, 436
　von Material/Nachrichten 取材 shuzai
　65, 552
Samstag 土曜日 doyōbi 24, 19, 5
Samurai 侍 JI, samurai 571
　士 SHI 572
　武士 bushi 1031, 572
　als Spion tätiger ~ 忍者 ninja 1414, 164
　Die sieben ~ 七人の侍 Shichinin no samurai
　9, 1, 571
　herrenloser ~ 浪人 rōnin 1753, 1
Samurai-Drama 剣劇 kengeki 879, 797
Samuraigeist 侍気質 samurai katagi 571,
　134, 176
Sanatorium 保養所 hoyōsho, hoyōjo 489,
　402, 153
　療養所 ryōyōsho, ryōyōjo 1322, 402, 153
Sand 砂 SA, SHA, suna 1151
Sandbank 州 su 195
　浅瀬 asase 649, 1513
　in e-m Fluß 中州 nakasu 28, 195
Sandhügel 砂丘 sakyū 1151, 1357
Sandsack 土のう donō 24
　土俵 dohyō 24, 1890
Sandstrand 砂浜 sunahama 1151, 785
Sanduhr 砂時計 sunadokei 1151, 42, 340
sanft (mild) 温和 onwa 634, 124
　(ruhig) 静 SEI, shizu, shizu(ka) 663
　(weich, mild) 柔 JŪ, NYŪ, yawa(rakai),
　yawa(raka) 774
　(mild) 物柔らか mono-yawaraka 79, 774
　穏当 ontō 869, 77
　(mäßig) 穏和 onwa 869, 124
　(ruhig, friedlich) 穏便 onbin 869, 330
　(mild, rücksichtsvoll) 優 yasa(shii) 1033
　(nachsichtig; langsam) 緩 yuru(yaka)
　1089
　(weich, mild) 軟 NAN, yawa(rakai),
　yawa(raka) 1788
sanft(mütig) 柔和 nyūwa 774, 124
Sänger 歌手 kashu 392, 57
Sängerin: (gute) ~ 歌姫 utahime 392, 1757
Sarg 棺おけ kan'oke 1825
Sarkophag 石棺 sekkan 78, 1825
Satan 悪魔 akuma 304, 1528
Satellit 衛星 eisei 815, 730
Satire 風刺 fūshi 29, 881

satt: sich ~ sehen 見飽きる miakiru 63, 1763

Sättigung (Chemie) 飽和 hōwa 1763, 124
　(nach Mahlzeit) 飽食 hōshoku 1763, 322

Saturation 飽和 hōwa 1763, 124

Satz (Wortfolge) 句 KU 337
　文章 bunshō 111, 857
　(Sprung) 跳躍 chōyaku 1563, 1560
　3. ~ (e-s Musikstücks) 第三楽章 dai-san
　gakushō 404, 4, 358, 857

Satzung 条例 jōrei 564, 612
　定款 teikan 355, 1727

Satzzeichen: mit ~ versehen 区切る kugiru
　183, 39

sauber (rein) 清 SEI, kiyo(i) 660
　清潔 seiketsu 660, 1241
　(anständig) 潔白 keppaku 1241, 205

Sauberkeit 清浄 seijō 660, 664

Säuberung (von Feinden/Kriminellen) 掃討
　sōtō 1080, 1018
　(e-r Partei) 粛党 shukutō 1695, 495
　(politische) ~ 粛清 shukusei 1695, 660

saure Miene/saures Gesicht 膨れっ面
　fukurettsura 1145, 274

Sauerstoff 酸素 sanso 516, 271

saufen 鯨飲 geiin 700, 323
　痛飲 tsūin 1320, 323

Säufer 酒仙 shusen 517, 1891

saugen 吸 KYŪ, su(u) 1256

Säugling 乳児 nyūji 939, 1217
　赤ん坊 akanbō 207, 1858

Säuglingsheim 育児園 ikujien 246, 1217, 447

Säule 円柱 enchū 13, 598
　(Stütze) 支柱 shichū 318, 598

Säure 酸 SAN, su(i) 516
　(chemisch) 酸性 sansei 516, 98
　(saurer Geschmack) 酸味 sanmi 516, 307

Schablone 模型 mokei 1425, 888

Schachbrett: j. ~ 将棋盤 shōgiban 627, 1835,
　1098

Schachspiel: j. ~ 将棋 shōgi 627, 1835

Schachspieler: professioneller ~ 棋士 kishi
　1835, 572

Schachtel 箱 hako 1091

Schädel 頭骨 tōkotsu 276, 1266

schaden 損 soko(nau), soko(neru) 350
　障 SHŌ, sawa(ru) 858

冒 BŌ, oka(su) 1104

Schaden 損 SON 350
　損害 songai 350, 518
　危害 kigai 534, 518
　災害 saigai 1335, 518
　(Nachteil, Übel) 弊害 heigai 1782, 518
　durch Schneefall 雪害 setsugai 949, 518

Schadenersatz 賠償金 baishōkin 1829, 971, 23
　損害賠償 songai baishō 350, 518, 1829, 971

schädliches Insekt 害虫 gaichū 518, 873

Schaf 羊 YŌ, hitsuji 288

Schäfer 牧羊者 bokuyōsha 731, 288, 164
　羊飼い hitsujikai 288, 1762

schaffen: (etw.) nicht ~ 損 -soko(nau) 350

Schaffen: literarisches ~ 創作 sōsaku 1308,
　360

Schaffner 車掌 shashō 133, 499

Schafott 土壇場 dotanba 24, 1839, 154

Schafwolle 羊毛 yōmō 288, 287

Schafzüchter 牧羊者 bokuyōsha 731, 288,
　164

Schal 襟巻き erimaki 1537, 507

Schale (von Früchten) 皮 HI, kawa 975
　(Gefäß) 皿 sara 1097
　(Muschel; Nuß; Ei) 殻 KAKU, kara 1728

Schall 音響 onkyō 347, 856

schallen 響 KYŌ, hibi(ku) 856
　~des Gelächter 豪傑笑い gōketsu warai
　1671, 1731, 1235

Schalter: (Fahrkarten- usw.) ~ 窓口
　madoguchi 698, 54
　(elektr.) 遮断器 shadanki 1767, 1024, 527

Scham 恥 CHI, haji 1690

schämen: sich ~ 照 te(reru) 998
　恥 ha(jiru) 1690

Schamhaar 恥毛 chimō 1690, 287

schamlos 無恥 muchi 93, 1690
　~e Person 恥知らず hajishirazu 1690, 214

Schande 汚名 omei 693, 82
　恥 CHI, haji 1690
　汚辱 ojoku 693, 1738
　恥辱 chijoku 1690, 1738

Schandfleck 汚名 omei 693, 82

schändlich 醜 SHŪ, miniku(i) 1527
　~es Verhalten 醜態 shūtai 1527, 387

Schändung 冒とく bōtoku 1104

scharen 糾合 kyūgō 1703, 159

scharf (streng: Bewachung usw.) 厳重
  genjū 822, 227
  (heftig: Worte) 激 GEKI, hage(shii) 1017
  (Schmerz; Kritik) 痛烈 tsūretsu 1320,
  1331
  (Schwert; Auge; Kritik) 鋭 EI, surudo(i)
  1371
  (Messer; Kritik) 鋭利 eiri 1371, 329
  (Aroma) 辛 SHIN, kara(i) 1487
  (scharfsinnig) 鋭敏 eibin 1371, 1735
  ~e Kritik 酷評 kokuhyō 1711, 1028
  ~er Geschmack 辛味 karami 1487, 307
  ~es Auge 一隻眼 issekigan 2, 1311, 848
Scharfblick 眼識 ganshiki 848, 681
schärfen 研 KEN, to(gu) 896
Scharfsinn 明察 meisatsu 18, 619
  俊敏 shunbin 1845, 1735
scharfsinnig 鋭敏 eibin 1371, 1735
scharlachrot 真紅 shinku 422, 820
  朱色 shuiro 1503, 204
Scharlachrot 朱 SHU 1503
Scharlatan 山師 yamashi 34, 409
Schatten (auch i.ü.S.) 影 EI, kage 854
  陰 kage 867
  (vor Sonne geschützt) 日陰 hikage 5, 867
  e-r Person 影法師 kagebōshi 854, 123,
  409
  e-s Menschen 人影 hitokage, jin'ei 1, 854
Schatten(bild) 影像 eizō 854, 740
Schattenbild 影絵 kagee 854, 345
Schattierung 明暗 meian 18, 348
  濃淡 nōtan 957, 1337
Schatz 宝 HŌ, takara 296
  宝物 hōmotsu, takaramono 296, 79
  (i.ü.S.) 掌中の玉 shōchū no tama 499, 28,
  295
  nationaler ~ 国宝 kokuhō 40, 296
schätzen 惜 o(shimu) 765
  (hoch-)~ 珍重 chinchō 1215, 227
  zu ~ wissen 珍重 chinchō 1215, 227
Schätzung 目測 mokusoku 55, 610
  査定 satei 624, 355
  評価 hyōka 1028, 421
Schau 興行 kōgyō 368, 68
  zur ~ stellen 誇示 koji 1629, 615
schaukeln (itr.) 揺 YŌ, yu(reru), yu(ragu)
  yu(rugu) 1648

(tr.) 揺 yu(ru), yu(suru), yu(suburu),
  yu(saburu) 1648
Schaum 泡 HŌ, awa 1765
Schaumblase 気泡 kihō 134, 1765
schäumen 発泡 happō 96, 1765
  泡立つ awadatsu 1765, 121
Schauplatz 実況 jikkyō 203, 850
Schauspiel 芝居 shibai 250, 171
  (Drama) 戯曲 gikyoku 1573, 366
Schauspieler 役者 yakusha 375, 164
  俳 HAI 1035
  俳優 haiyū 1035, 1033
Schauspielerin 女優 joyū 102, 1033
Schauspielhaus 芝居小屋 shibai-goya 250,
  171, 27, 167
  劇場 gekijō 797, 154
Schauspielkunst 演劇 engeki 344, 797
Scheck 小切手 kogitte 27, 39, 57
  手形 tegata 57, 395
Scheibe: eine ~ (Brot usw.) 一切れ hitokire
  2, 39
  runde ~ 円盤 enban 13, 1098
Scheidewand 城郭 jōkaku 720, 1673
Scheideweg 岐路 kiro 872, 151
Scheidung 離婚 rikon 1281, 567
Scheidungsprozeß 離婚訴訟 rikon soshō
  1281, 567, 1402, 1403
Schein (Lichtstrahl) 光輝 kōki 138, 1653
  1.000-Yen-~ 千円札 sen'ensatsu 15, 13,
  1157
Schein- 模擬 mogi 1425, 1517
scheinen (Lampe) 光 hika(ru) 138
  (Sonne) 映 ha(eru) 352
  (auf) 照 te(rasu) 998
  (Sonne) 照 SHŌ, te(ru) 998
  (Sonne, Mond; Lampe) 輝 KI, kagaya(ku)
  1653
Scheinprüfung 模擬試験 mogi shiken 1425,
  1517, 526, 532
Schelm: kleiner ~ 餓鬼 gaki 1303, 1523
Schelte 小言 kogoto 27, 66
schelten: laut ~ 喝破 kappa 1919, 665
schenken 贈 ZŌ, oku(ru) 1364
  (darbingen, widmen) 進呈 shintei 437,
  1590
  贈呈 zōtei 1364, 1590
Schenkung 贈与 zōyo 1364, 539

寄贈 kizō, kisō 1361, 1364
kaiserliche ~ 下賜 kashi 31, 1831
Schenkungsurkunde 贈与証書 zōyo shōsho 1364, 539, 484, 131
Scherz 冗談 jōdan 1614, 593
scherzen 戯 GI, tawamu(reru) 1573
Scheune 納屋 naya 758, 167
Schicht 層 SŌ 1367
obere ~ 上層 jōsō 32, 1367
Schichtwolke 層雲 sōun 1367, 636
schicken 送 SŌ, oku(ru) 441
届 todo(keru) 992
遣 KEN, tsuka(wasu) 1173
Schicksal 身上 shinjō 59, 32
運 UN 439
運命 unmei 439, 578
因縁 innen 554, 1131
吉凶 kikkyō 1141, 1280
盛衰 seisui 719, 1676
schieben 押 Ō, o(su) 986
後押し atooshi 48, 986
Schiedsrichter (beim Baseball) 塁審 ruishin 1694, 1383
schiefes Gesicht 渋面 jūmen, shibutsura 1693, 274
Schielen 斜視 shashi 1069, 606
Schiene 軌道 kidō 1787, 149
schießen 射 SHA, i(ru) 900
撃 GEKI, u(tsu) 1016
Schiff 船 SEN, fune, [funa] 376
船舶 senpaku 376, 1095
mehrere ~e 数隻(の船) sūseki (no fune) 225, 1311, 376
Schiffahrt 航海 kōkai 823, 117
Schiffbau 造船 zōsen 691, 376
Schiffbruch 海難 kainan 117, 557
(Schiffs)Deck 甲板 kanpan 982, 1047
(Schiffs)Kurs 針路 shinro 341, 151
Schiffslaterne 船灯 sentō 376, 1333
Schiffsreise 船旅 funatabi 376, 222
Schild: (der) ~ 盾 JUN, tate 772
(Plakat; Tür-)~ 札 fuda 1157
(Reklame-/Firmen-)~ 看板 kanban 1316, 1047
Schilddrüse 甲状せん kōjōsen 982, 626
schildern 写 SHA, utsu(su) 540
描 BYŌ, ega(ku) 1469

Schilderung 記述 kijutsu 371, 968
叙述 jojutsu 1067, 968
描写 byōsha 1469, 540
psychologische ~ 心理描写 shinri byōsha 97, 143, 1469, 540
Schildkrötenpanzer 甲 KŌ 982
schimmelig かび臭い kabikusai 1244
werden 蒸 mu(reru) 943
schinden 酷使 kokushi 1711, 331
Schirm 傘 SAN, kasa 790
Schirmherrschaft 主催 shusai 155, 1317
Schirmständer 傘立て kasatate 790, 121
Schlacht 戦 ikusa 301
合戦 kassen 159, 301
戦闘 sentō 301, 1511
Schlachtordnung 陣容 jin'yō 1404, 654
Schlachtschiff 戦艦 senkan 301, 1665
Schlaf 睡眠 suimin 1071, 849
fester/tiefer/gesunder ~ 熟睡 jukusui 687, 1071
guter/gesunder ~ 安眠 anmin 105, 849
mangelnder/zu wenig ~ 睡眠不足 suimin-busoku 1071, 849, 94, 58
Schläfchen (im Sitzen) 居眠り inemuri 171, 849
schlafen 眠 MIN, nemu(ru) 849
寝 SHIN, ne(ru) 1079
schlecht ~ 寝苦しい negurushii 1079, 545
schlafhindernd 寝苦しい negurushii 1079, 545
Schlaflosigkeit 不眠 fumin 94, 849
(chronisch) 不眠症 fuminshō 94, 849, 1318
Schlafmittel 眠り薬 nemurigusuri 849, 359
schläfrig 眠 nemu(i) 849
Schlafsucht こん睡(状態) konsui (jōtai) 1071, 626, 387
Schlaftabletten 眠り薬 nemurigusuri 849, 359
Schlafzimmer 寝室 shinshitsu 1079, 166
Schlag: harter ~ 痛手 itade 1320, 57
heftiger/schwerer~ 猛打 mōda 1579, 1020
Schlagader 動脈 dōmyaku 231, 913
Schlaganfall 卒中 sotchū 787, 28
脳卒中 nōsotchū 1278, 787, 28
schlagen 突 TOTSU, tsu(ku) 898
打 DA, u(tsu) 1020
殴 Ō, nagu(ru) 1940

殴り付ける naguritsukeru 1940, 192
殴打 ōda 1940, 1020
Schlager 流行歌 ryūkōka 247, 68, 392
   歌謡曲 kayōkyoku 392, 1647, 366
Schlagfertigkeit 俊敏 shunbin 1845, 1735
Schlaghölzer: Paar von ~n 拍子木 hyōshigi
   1178, 103, 22
Schlaginstrument 打楽器 dagakki 1020,
   358, 527
Schlagwunde 打撲傷 dabokushō 1020, 1889,
   633
Schlagzeile 見出し midashi 63, 53
Schlamm 泥 DEI, doro 1621
schlammig: ~er Fluß 濁流 dakuryū 1625, 247
   ~es Feld 沼田 numata 996, 35
Schlange 蛇 JA, DA, hebi 1875
   (Menschen-)~ 行列 gyōretsu 68, 611
   lange ~ (Menschen) 長蛇の列 chōda no
   retsu 95, 1875, 611
schlank 細長い hosonagai 695, 95
schlau 利口 rikō 329, 54
   悪賢い warugashikoi 304, 1288
schlecht (ungeschickt: Sprache, Handschrift
   usw.) 下手 heta 31, 57
   (böse; schädlich; schlimm) 悪 AKU, waru(i)
   304
   (Gesundheit, Wetter, Ernte, Leistung,
   Charakter) 不良 furyō 94, 321
   (Qualität) 粗末 somatsu 1084, 305
   (Sprache) 怪 KAI, aya(shii) 1476
   behandeln 虐待 gyakutai 1574, 452
   informiert 寡聞 kabun 1851, 64
   schlafen 寝苦しい negurushii 1079, 545
   werden 腐 FU, kusa(ru), kusa(reru) 1245
   ~e Arbeit 駄作 dasaku 1880, 360
   ~e Ernte 凶作 kyōsaku 1280, 360
   ~e (An)Gewohnheit 悪癖 akuheki 304,
   1490
   ~e Politik 拙作 sessaku 1801, 360
   ~e Schrift 乱筆 ranpitsu 689, 130
   ~er Einfluß 弊害 heigai 1782, 518
   ~er Geruch 臭気 shūki 1244, 134
   ~er Geschmack 俗臭 zokushū 1126, 1244
   ~er sein 劣 RETSU, oto(ru) 1150
   ~er Traum 悪夢 akumu 304, 811
   ~er Zahn 虫歯 mushiba 873, 478
   ~es Vorzeichen 不吉 fukitsu 94, 1141

   am ~esten 最悪 saiaku 263, 304
Schleier 覆面 fukumen 1634, 274
schleifen 研磨 kenma 896, 1531
Schleim 粘液 nen'eki 1707, 472
Schleimhaut 粘膜 nenmaku 1707, 1426
schlendern: (umher-)~ 徐歩 joho 1066, 431
schlicht (einfach: Leben, Kleidung) 質素
   shisso 176, 271
   (einfach, bescheiden) 地味 jimi 118, 307
   (einfältig) 単純 tanjun 300, 965
   (einfach, grob) 粗末 somatsu 1084, 305
   (naiv, bieder) 朴とつ bokutotsu 1466
   (ländlich, einfältig) 質朴 shitsuboku 176,
   1466
   (einfältig, redlich) 朴直 bokuchoku 1466,
   423
   (einfach) 簡素 kanso 1533, 271
   (aber fein) 渋 JŪ, shibu(i) 1693
Schlichtung 解決 kaiketsu 474, 356
   調停 chōtei 342, 1185
schließen (Schule, Amt) 引 hi(keru) 216
   (Fenster, Tür) 閉 HEI, shi(meru), to(jiru),
   to(zasu) 397
   (folgern) 推 SUI, o(su) 1233
   sich ~ 閉 shi(maru) 397
   締 shi(maru) 1180
Schließung 閉鎖 heisa 397, 1819
   Schluß/~ e-r Versammlung/Sitzung 閉会
   heikai 397, 158
schlimm 悪 AKU, waru(i) 304
   am ~sten 最悪 saiaku 263, 304
Schlinge 陥せい kansei 1218
Schloß (Landhaus) 邸宅 teitaku 563, 178
   (Burg) 城 JŌ, shiro 720
   (Palast) 御殿 goten 708, 1130
   宮殿 kyūden 721, 1130
   (Vorhänge-)~ 錠前 jōmae 1818, 47
   (mehrstöckig; (Luft)~) 楼閣 rōkaku
   1841, 837
   altes ~ 古城 kojō 172, 720
Schloßherr 城主 jōshu 720, 155
Schloßtor 城門 jōmon 720, 161
Schlucht 峡谷 kyōkoku 1352, 653
   渓 KEI 1884
   渓間 keikan 1884, 43
   渓谷 keikoku 1884, 653
   verschneite ~ 雪渓 sekkei 949, 1884

schlüpfrig (glatt) 滑 name(raka) 1267
  (zweideutig) 挑発的 chōhatsuteki 1564, 96, 210
Schluß (Schluß-, End-) 最終 saishū 263, 458
  (Beendigung) 終止 shūshi 458, 477
  (Folgerung) 結論 ketsuron 485, 293
  (Ende) 終結 shūketsu 458, 485
  (Ende) 決着 ketchaku 356, 657
  (Ab-)~ 仕舞 shimai 333, 810
  終了 shūryō 458, 941
  (letzter Termin) 締め切り shimekiri 1180, 39
  (Folgerung) 推理 suiri 1233, 143
  推論 suiron 1233, 293
  e-r Versammlung/Sitzung 閉会 heikai 397, 158
Schlußfolgerung 推定 suitei 1233, 355
(Schluß)Folgerung 推論 suiron 1233, 293
Schlußlicht 尾灯 bitō 1868, 1333
Schmach 汚名 omei 693, 82
  恥辱 chijoku 1690, 1738
schmachten 焦 ko(gareru) 999
schmal 細 hoso(i) 695
  狭 KYŌ, sema(i) 1353
  ~e Hüfte 柳腰 yanagi-goshi 1871, 1298
Schmalspurbahn 狭軌鉄道 kyōki tetsudō 1353, 1787, 312, 149
Schmalz 脂肪 shibō 1042, 1857
Schmarotzer 油虫 aburamushi 364, 873
  居候 isōrō 171, 944
Schmarotzertum 寄生 kisei 1361, 44
Schmeichelei (お)世辞 (o)seji 252, 688
  迎合 geigō 1055, 159
  甘言 kangen 1492, 66
schmeicheln 甘 ama(eru) 1492
schmeißen 投 TŌ, na(geru) 1021
schmelzen (itr.) 溶 YŌ, to(keru) 1392
  (tr.) 溶 to(kasu), to(ku) 1392
Schmelz-/Hochofen 炉 RO 1790
Schmelzofen 溶鉱炉 yōkōro 1392, 1604, 1790
Schmerz (seelisch u. körperlich) 苦痛 kutsū 545, 1320
  (seelisch) 悲哀 hiai 1034, 1675
  herzzerreißender ~ 断腸の思い danchō no omoi 1024, 1270, 99
schmerzen (körperlich) 傷 ita(mu) 633
  染 shi(miru) 779

  (seelisch) 苦悩 kunō 545, 1279
Schmerzen: ~ e-r Krankheit 病苦 byōku 380, 545
  haben 痛 TSŪ, ita(mu) 1320
Schmerzensgeld 慰謝料 isharyō 1618, 901, 319
schmerzhaft 苦 kuru(shii) 545
  痛 ita(i) 1320
schmerzstillendes Mittel 鎮痛剤 chintsūzai 1786, 1320, 550
Schmied 鍛工 tankō 1817, 139
schmieden 鍛 TAN, kita(eru) 1817
  鍛錬 tanren 1817, 1816
  gut ~ 鍛え上げる kitaeageru 1817, 32
Schmiergeld 鼻薬 hanagusuri 813, 359
Schmieröl 潤滑油 junkatsuyu 1203, 1267, 364
Schminke 化粧 keshō 254, 1699
  leichte ~ 薄化粧 usugeshō 1449, 254, 1699
Schminken 化粧 keshō 254, 1699
  粉飾 funshoku 1701, 979
schmücken 飾 SHOKU, kaza(ru) 979
  sich ~ 着飾 kikazaru 657, 979
  装 SŌ, SHŌ, yosō(u) 1328
Schmuckgegenstand 置き物 okimono 426, 79
schmuggeln 密輸 mitsuyu 806, 546
Schmutz 汚物 obutsu 693, 79
  (auch i.ü.S.) 不浄 fujō 94, 664
  泥 DEI, doro 1621
schmutzig 不潔 fuketsu 94, 1241
  (auch i.ü.S.) 汚 O, kitana(i), kega(rawashii) 693
  machen 汚 yogo(su), kega(su) 693
  werden 汚 yogo(reru), kega(reru) 693
Schnalzen mit der Zunge (bei Mißerfolg) 舌打ち shitauchi 1259, 1020
Schnäppchen 掘り出し物 horidashimono 1803, 53, 79
Schnee 雪 SETSU, yuki 949
  der erste ~ (der Saison) 初雪 hatsuyuki 679, 949
  leichter/feiner ~ 淡雪 awayuki 1337, 949
Schneeballschlacht 雪合戦 yukigassen 949, 159, 301
Schneefall: starker ~ 大雪 ōyuki 26, 949
Schneesturm 吹雪 fubuki 1255, 949
Schneid 胆力 tanryoku 1273, 100

肝っ玉　kimottama　1272, 295
Schneide 刃　JIN, ha　1413
　刃先　hasaki　1413, 50
schneiden 切　SETSU, [SAI], ki(ru)　39
　(schnitzen) 彫　CHŌ, ho(ru)　1149
　(fein/klein)~ 刻　KOKU, kiza(mu)　1211
　(ab-)~ 刈　ka(ru)　1282
　(be-)~ 刈り込む　karikomu　1282, 776
　~d (Kritik) 痛烈　tsūretsu　1320, 1331
Schneider 仕立て屋　shitateya　333, 121, 167
Schneiderei (im westlichen Stil) 洋裁　yōsai　289, 1123
Schneidewaren/werkzeug 刃物　hamono　1413, 79
Schneidezahn 門歯　monshi　161, 478
schneien 降　fu(ru)　947
schnell 早　SŌ, haya(i)　248
　速　SOKU, haya(i), sumi(yaka)　502
　迅速　jinsoku　1798, 502
　laufen 疾走　shissō　1812, 429
　~e Karriere 出世　shusse　53, 252
　~e und langsame Bewegung 緩急　kankyū　1089, 303
　~er Brüter 増殖炉　zōshokuro　712, 1506, 1790
Schnelligkeit 敏速　binsoku　1735, 502
Schnellstraße 高速道路　kōsoku dōro　190, 502, 149, 151
Schnellverfahren 突貫　tokkan　898, 914
Schnellzug 特急　tokkyū　282, 303
　快速電車　kaisoku densha　1409, 502, 108, 133
Schnellzuglinie: japanische ~ 新幹線　Shinkansen　174, 1189, 299
schnitzen 彫　CHŌ, ho(ru)　1149
　刻　KOKU, kiza(mu)　1211
Schnitzerei 彫刻　chōkoku　1149, 1211
Schock 衝撃　shōgeki　1772, 1016
schon 既　KI, sude (ni)　1458
　verabredet (sein) 先約(がある)　sen'yaku (ga aru)　50, 211
　wieder 又々　matamata　1593
schön 美　BI, utsuku(shii)　401
　麗　REI, uruwa(shii)　1630
　美麗　birei　401, 1630
　秀麗　shūrei　1683, 1630
　芳　kanba(shii)　1775
　oder häßlich 美醜　bishū　401, 1527

~e Augenbrauen 柳び　ryūbi　1871
~e Frau 美人　bijin　401, 1
　佳人　kajin　1462, 1
　麗人　reijin　1630, 1
~e Landschaft 山紫水明　sanshi-suimei　34, 1389, 21, 18
(~e) Literatur 文芸　bungei　111, 435
~e Literatur 純文学　junbungaku　965, 111, 109
~e Worte 美辞麗句　biji-reiku　401, 688, 1630, 477
~es Wetter 晴天　seiten　662, 141
　快晴　kaisei　1409, 662
schonen: sich ~ 骨惜しみ　honeoshimi　1266, 765
Schönheit 色香　iroka　204, 1682
　landschaftliche ~ 風光絶佳　fūkō-zekka　29, 138, 742, 1462
Schönheitssalon 美容院　biyōin　401, 654, 614
Schönschreiben 能筆　nōhitsu　386, 130
　習字　shūji　591, 110
Schöpfrad 揚水車　yōsuisha　631, 21, 133
Schöpfung 創作　sōsaku　1308, 360
　創造　sōzō　1308, 691
Schornstein 煙突　entotsu　919, 898
Schotter 砂利　jari　1151, 329
　砕石　saiseki　1710, 78
schräg: ~ abfallend 斜　SHA, nana(me)　1069
　~e Linie 斜辺　shahen　1069, 775
　斜線　shasen　1069, 299
Schrägstrich 斜線　shasen　1069, 299
Schramme 擦り傷　surikizu　1519, 633
　擦過傷　sakkashō　1519, 413, 633
Schrank 戸棚　todana　152, 1908
Schranke 障壁　shōheki　858, 1489
Schrecken 恐怖　kyōfu　1602, 1814
　des Krieges 戦禍　senka　301, 1809
Schreckensherrschaft 恐怖政治　kyōfu seiji　1602, 1814, 483, 493
schrecklich (brutal) 凶悪　kyōaku　1280, 304
　(entsetzlich; gewaltig) 恐　oso(roshii)　1602
　(furchterregend) 怖　FU, kowa(i)　1814
　~e Hitze 猛暑　mōsho　1579, 638
　~er Anblick 惨状　sanjō　1725, 626
Schrei 呼び声　yobigoe　1254, 746
　叫喚　kyōkan　1252, 1587
　(Auf-/Ge-)~ 叫び声　sakebigoe　1252, 746

Schuldner 債務者 saimusha 1118, 235, 164
Schuldschein 債券 saiken 1118, 506
Schule 学校 gakkō 109, 115
  (**Lehrmethode**) 流 RYŪ 247
  (**Richtung, Sekte**) 派 HA 912
  für Kinder e-s Samurai-Clans (Edo-Zeit)
  藩学 hangaku 1382, 109
  in e-e höhere ~ aufgenommen werden 進学
  shingaku 437, 109
  zur ~ gehen/fahren 通学 tsūgaku 150, 109
  j-s alte ~ 母校 bokō 112, 115
Schüler (e-r Schule) 学生 gakusei 109, 44
  (**e-s Meisters**) 門下生 monkasei 161, 31, 44
  (**Zögling; Lehrling**) 弟子 deshi 405, 103
  (**e-s Meisters**) 門弟 montei 161, 405
  (**e-r Schule**) 生徒 seito 44, 430
  e-r Nachhilfeschule 塾生 jukusei 1674, 44
  im 3. Schuljahr 三年生 sannensei 4, 45, 44
  begabter ~ 秀才 shūsai 1683, 551
Schulfahne 校旗 kōki 115, 1006
Schulfreund 学友 gakuyū 109, 264
Schulgebäude 校舎 kōsha 115, 791
Schulgeld: monatliches ~ 月謝 gessha 17, 901
Schulhof 校庭 kōtei 115, 1112
Schuljahr: Schüler im 3. ~ 三年生 sannensei
  4, 45, 44
Schulkind 学童 gakudō 109, 410
Schulklasse 学級 gakkyū 109, 568
Schulleiter 校長 kōchō 115, 95
schulpflichtiges Alter 学齢 gakurei 109, 833
(**Schul)Tafel** 黒板 kokuban 206, 1047
Schulter 肩 KEN, kata 1264
  ~n 双肩 sōken 1594, 1264
  j-n auf den ~n tragen 胴揚げ、胴上げ
  dōage 1300, 631, 1300, 32
Schulterklappe 肩章 kenshō 1264, 857
Schulung 養成 yōsei 402, 261
  訓育 kun'iku 771, 246
  訓練 kunren 771, 743
  薫陶 kuntō 1774, 1650
Schuppen 物置き monooki 79, 426
  納屋 naya 758, 167
Schurke 悪漢 akkan 304, 556
  卑劣漢 hiretsukan 1521, 1150, 556
Schüssel 皿 sara 1097
  鉢 HACHI 1820
  große ~ 大皿 ōzara 26, 1097

kleine ~ 小皿 kozara 27, 1097
schütteln 振 fu(ru) 954
  揺 yu(ru), yu(suru), yu(suburu), yu(saburu)
  1648
Schutz 防衛 bōei 513, 815
  保護 hogo 489, 1312
  援護 engo 1088, 1312
schützen 守 SHU, mamo(ru) 490
  擁護 yōgo 1715, 1312
Schutzgott (e-r Familie/Sippe) 氏神 ujigami
  566, 310
  (**e-s Ortes**) 鎮守 chinju 1786, 490
Schutzmann 巡査 junsa 777, 624
Schutzwall 防壁 bōheki 513, 1489
Schutzwand 防壁 bōheki 513, 1489
schwach (Körer; Charakter; Leistung;
  Widerstandskraft) 弱 JAKU, yowa(i) 218
  (**Regierung**) 弱体 jakutai 218, 61
  (**matt/hell: Farbe; Hoffnung**) 淡 TAN,
  awa(i) 1337
  (**hell: Farbe; Tee usw.**) 薄 HAKU, usu(i)
  1449
  (**Gesundheit**) 虚弱 kyojaku 1572, 218
  (**nachgiebig: Mensch; flau: Markt**) 軟弱
  nanjaku 1788, 218
  werden 弱 yowa(ru), yowa(maru) 218
  werden (wanken) 鈍 nibu(ru) 966
  ~er Herzton 濁音 dakuon 1625, 347
  ~er Punkt 弱点 jakuten 218, 169
Schwäche (schwache Seite e-s Menschen) 短
  所 tansho 215, 153
  (**Mutlosigkeit; Baisse**) 弱気 yowaki 218,
  134
  (**schwacher Punkt e-s Menschen/des**
  Feindes) 弱点 jakuten 218, 169
  (**Makel**) 欠点 ketten 383, 169
  (**Charakter**) 薄弱 hakujaku 1449, 218
  Stärke und ~ 強弱 kyōjaku 217, 218
schwächen: (ab-)~ 弱 yowa(meru) 218
schwächer werden 弱 yowa(ru), yowa(maru)
  218
  衰 SUI, otoro(eru) 1676
Schwachheit 柔弱 nyūjaku 774, 218
  薄弱 hakujaku 1449, 218
Schwachkopf 甚六 jinroku 1501, 8
schwächlich 虚弱 kyojaku 1572, 218
Schwager 義弟 gitei 291, 405

義兄 gikei 291, 406
Schwägerin 義姉 gishi 291, 407
義妹 gimai 291, 408
Schwamm 海綿 kaimen 117, 1191
Schwan 白鳥 hakuchō 205, 285
schwangere Frau 妊婦 ninpu 955, 316
Schwangerschaft 妊娠 ninshin 955, 956
Schwangerschaftsabbruch 妊娠中絶
ninshin chūzetsu 955, 956, 28, 742
Schwank: Nō-~ 狂言 kyōgen 883, 66
schwanken (zaudern) 迷 MEI, mayo(u) 967
　(im Wasser/Wind; bei Erdbeben) 揺 YŌ,
　yu(reru), yu(ragu) yu(rugu) 1648
Schwanken 動揺 dōyō 231, 1648
　(Fluktuation; Auf und Ab) 上下 jōge 32,
　31
　(Auf und Ab) 上り下り nobori-kudari
　32, 31
　(Zu- u. Abnahme) 増減 zōgen 712, 715
schwankend werden (bei e-m Entschluß) 鈍
nibu(ru) 966
Schwanz 尾 BI, o 1868
Schwarm von Fischen 魚群 gyogun 290, 794
schwärmen (für) 心酔 shinsui 97, 1709
Schwärmerei 凝り性 korishō 1518, 98
schwarz 黒 KOKU, kuro(i), kuro 206
　gekleideter Bühnenassistent beim Kabuki
　黒子 kuroko 206, 103
　sich ~ ärgern 業を煮やす gō o niyasu
　279, 1795
　~e Kleidung 黒衣 kokui 206, 677
　~e Tinte 墨 BOKU, sumi 1705
　~e Zahlen 黒字 kuroji 206, 110
　~er Rauch 黒煙 kokuen 206, 919
　(~er) Tee 紅茶 kōcha 820, 251
　~es Brett 掲示板 keijiban 1624, 615, 1047
Schwarz und Weiß 黒白 kuroshiro 206, 205
schwarz-weiß gesprenkelt 霜降り shimofuri
948, 947
schwarzbraun 黒褐色 kokkasshoku 206,
1623, 204
Schwarzer 黒人 kokujin 206, 1
Schwarzseherei 悲観 hikan 1034, 604
schweben 漂 HYŌ, tadayo(u) 924
schwebend 漂々 hyōhyō 924
　(noch nicht entschieden) 未定 mitei 306,
　355

未決 miketsu 306, 356
~e Frage 懸案 ken'an 911, 106
Schwefelsäure 硫酸 ryūsan 1856, 516
Schwefelwasserstoff 硫化水素 ryūka suiso
1856, 254, 21, 271
Schweigegeld 口止め料 kuchidomeryō 54,
477, 319
schweigen 黙 MOKU, dama(ru) 1578
Schweigen 無言 mugon 93, 66
沈黙 chinmoku 936, 1578
schweigsam 無口 mukuchi 93, 54
Schweigsamkeit 寡黙 kamoku 1851, 1578
Schwein 豚 TON, buta 796
　Du ~! 畜生 chikushō 1223, 44
Schweinefleisch 豚肉 butaniku 796, 223
Schweinestall 豚小屋 butagoya 796, 27, 167
Schweinezucht 養豚 yōton 402, 796
Schweinskotelett 豚カツ tonkatsu 796
Schweiß 汗 KAN, ase 1188
　kalter ~ 冷汗 reikan 832, 1188
Schwellung 膨大 bōdai 1145, 26
　blaue/grüne ~ 青膨れ aobukure 208, 1145
schwer (Last; Verbrechen, Krankheit usw.)
重 JŪ, CHŌ, omo(i) 227
　(ernst, wichtig) 重大 jūdai 227, 26
　(zu (er)tragen) 重苦しい omokurushii
　227, 545
　(fett: Speise) 脂っ濃い aburakkoi 1042, 957
　zu unterscheiden sein 紛 FUN, magi(reru)
　1702
　~e Arbeit 荒仕事 arashigoto 1377, 333, 80
　~e Krankheit 重病 jūbyō 227, 380
　難病 nanbyō 557, 380
　~e Last 重荷 omoni 227, 391
　~e Niederlage 惨敗 sanpai, zanpai 1725,
　511
　~e Regenfälle 大雨 ōame 26, 30
　~e Verantwortung 重責 jūseki 227, 655
　~e Verletzung 重傷 jūshō 227, 633
　~e Wunde 痛手 itade 1320, 57
　~e Zeiten 不景気 fukeiki 94, 853, 134
　~er LKW 大型トラック ōgata torakku
　26, 888
　~er Schlag 猛打 mōda 1579, 1020
schwerfällig 鈍 DON, nibu(i) 966
鈍重 donjū 966, 227
Schwerkraft 重力 jūryoku 227, 100

Schwert 刀 TŌ, katana 37
剣 KEN, tsurugi 879
blankes ~ 白刃 hakujin 205, 1413
j. ~ 日本刀 Nihon-tō 5, 25, 37
kurzes ~ 小刀 shōtō 27, 37
langes ~ 大刀 taitō 26, 37
太刀 tachi 629, 37
zweischneidiges ~ もろ刃の剣 moroha no tsurugi 1413, 879
~er 刀剣 tōken 37, 879
Schwester 兄弟 kyōdai 406, 405
ältere ~ 姉 SHI, ane 407
姉さん nēsan 407
jüngere ~ 妹 MAI, imōto 408
~n 姉妹 shimai 407, 408
Schwesterstädte 姉妹都市 shimai toshi 407, 408, 188, 181
Schwiegersohn 婿 SEI, muko 1745
娘婿 musumemuko 1752, 1745
in die Familie aufgenommener ~ 婿養子 mukoyōshi 1745, 402, 103
Schwiegertochter 嫁 yome 1749
Schwiegervater 岳父 gakufu 1358, 113
schwierig 難 NAN, muzuka(shii), kata(i) 557
~e Frage/Aufgabe 難題 nandai 557, 354
~e Lage 窮地 kyūchi 897, 118
窮境 kyūkyō 897, 864
Schwierigkeit 困難 konnan 558, 557
難易 nan'i 557, 759
支障 shishō 318, 858
~en 困苦 konku 558, 545
Schwierigkeitsgrad 難易度 nan'ido 557, 759, 377
schwimmen (an der Oberfläche) 浮 FU, u(kabu) 938
浮 u(ku) 938
(im Wasser) 泳 EI, oyo(gu) 1208
lassen 浮 u(kaberu) 938
Schwimmen 水泳 suiei 21, 1208
Schwimmstil 泳法 eihō 1208, 123
Schwimmwettkampf 競泳 kyōei 852, 1208
Schwindel 詐欺 sagi 1498, 1499
Schwindsucht 肺病 haibyō 1277, 380
schwingen (itr.) 振 SHIN, fu(ruu) 954
(tr.) 振 fu(ru) 954
Schwingung (Erschütterung, Beben) 震動 shindō 953, 231

(Schwungbewegung, Vibration) 振動 shindō 954, 231
schwitzen 発汗 hakkan 96, 1188
schwören 契 KEI, chigi(ru) 565
誓 SEI, chika(u) 1395
schwül 蒸し暑い mushiatsui 943, 638
sein 蒸 JŌ, mu(su) 943
Schwung (Sprung) 飛躍 hiyaku 530, 1560
Schwur 誓約 seiyaku 1395, 211
宣誓 sensei 625, 1395
Schwurgericht 陪審 baishin 1943, 1383
sechs 六 ROKU, mut(tsu), mu(tsu), mu-, [mui-] 8
Personen 六人 rokunin 8, 1
Tage 六日 muika 8, 5
sechster (Tag e-s Monats) 六日 muika 8, 5
Sedativum 鎮静剤 chinseizai 1786, 663, 550
See (Meer) 海 KAI, umi 117
(Binnen) ~ 湖 KO, mizuumi 467
湖水 kosui 467, 21
(~ am Fuji) 山中湖 Yamanaka-ko 34, 28, 467
(~ in Tōhoku) 十和田湖 Towada-ko 12, 124, 35, 467
Brüllen der ~ 海鳴り uminari 117, 925
hohe/offene ~ 沖合 okiai 1346, 159
~n und Teiche 湖沼 koshō 467, 996
See- 海上 kaijō 117, 32
Seeaal 穴子 anago 899, 103
Seefahrt (Seereise) 船旅 funatabi 376, 222
(Seeverkehr) 航海 kōkai 823, 117
Seegras 海藻 kaisō 117, 1657
Seekrankheit 船酔い funayoi 376, 1709
Seele (Geist) 気 KI 134
(Geist, Psyche) 精神 seishin 659, 310
(Geist; Gefühl, Leben) 霊 REI, RYŌ, tama 1168
魂 KON, tamashii 1525
(Gegensatz zum Körper) 霊魂 reikon 1168, 1525
(Geist; Gefühl, Leben) 魂胆 kontan 1525, 1273
(unschuldige) ~ e-s Mädchens 娘心 musumegokoro 1752, 97
e-s Verstorbenen 亡霊 bōrei 672, 1168
鬼 KI, oni 1523
鬼神 kijin, kishin, onigami 1523, 310

innerste ~ 心の琴線 kokoro no kinsen 97, 1251, 299
Leib und ~ 心身 shinshin 97, 59
霊肉 reiniku 1168, 223
Seemann 海員 kaiin 117, 163
水夫 suifu 21, 315
船員 sen'in 376, 163
Seemannslied 舟歌 funauta 1094, 392
Seemeile 海里 kairi 117, 142
Seeräuber 海賊 kaizoku 117, 1807
Seetang 藻 SŌ, mo 1657
Seeufer 湖畔 kohan 467, 1945
Seeverbindung/weg 航路 kōro 823, 151
Seeweg 海路 kairo 117, 151
Segel 帆 HAN, ho 1103
Segelboot 帆船 hansen, hobune 1103, 376
segeln 帆走 hansō 1103, 429
Segelschiff 帆船 hansen, hobune 1103, 376
Segen (Glück) 幸福 kōfuku 684, 1379
(der Kirche; guter Wunsch) 祝福 shukufuku 851, 1379
segnen (begünstigen) 恵 KEI, E, megu(mu) 1219
sehen 見 KEN, mi(ru) 63
(erkennen, entdecken) 認 NIN, mito(meru) 738
(bescheiden) 拝見 haiken 1201, 63
(an-)~ 眺 CHŌ, naga(meru) 1565
sich satt ~ 見飽きる miakiru 63, 1763
Sehenswürdigkeit 名所 meisho 82, 153
Sehkraft 視力 shiryoku 606, 100
Sehne 筋 KIN, suji 1090
sehnen: sich 恋 koi(shii) 258
焦 ko(gareru), ko(gasu) 999
懐 natsu(kashimu), natsu(kashii) 1408
慕 BO, shita(u) 1431
Sehnsucht 焦 SHŌ 999
思慕 shibo 99, 1431
慕情 bojō 1431, 209
sehnsüchtig gedenken 追慕 tsuibo 1174, 1431
sehr 大 ō(i ni) 26
極 GOKU 336
(~) beschäftigt 多忙 tabō 229, 1373
繁忙 hanbō 1292, 1373
beschäftigt 煩忙 hanbō 1849, 1373
beschäftigt sein 忙殺される bōsatsu sareru 1373, 576

erfreut sein 幸甚 kōjin 684, 1501
gern haben 大好き daisuki 26, 104
groß 甚大 jindai 1501, 26
interessant 興味深い kyōmibukai 368, 307, 536
興味津々 kyōmi-shinshin 368, 307, 668
loben 褒め上げる homeageru 803, 32
褒め立てる hometateru 803, 121
oft 頻々と hinpin to 1847
(~) ruhig 余裕しゃくしゃく yoyū-shakushaku 1063, 1391
verbunden sein 幸甚 kōjin 684, 1501
vergnügt 満悦 man'etsu 201, 1368
Sehvermögen 視力 shiryoku 606, 100
seicht 浅 SEN, asa(i) 649
浅薄 senpaku 649, 1449
Seichtheit 皮相 hisō 975, 146
Seide 絹 KEN, kinu 1261
Seidenfaden 絹糸 kenshi, kinuito 1261, 242
蚕糸 sanshi 1877, 242
繭糸 kenshi 1911, 242
Seidenraupe 蚕 SAN, kaiko 1877
Seidenraupenzucht 養蚕 yōsan 402, 1877
Seidenstoff 絹布 kenpu 1261, 675
絹織物 kinuorimono 1261, 680, 79
Seife 石けん sekken 78
Seil 綱 KŌ, tsuna 1609
縄 JŌ, nawa 1760
Seilspringen 縄跳び nawatobi 1760, 1563
Seiltanz 綱渡り tsunawatari 1609, 378
sein 有 YŪ, a(ru) 265
在 a(ru) 268
Beileid bezeigen 弔 CHŌ, tomura(u) 1796
Leben opfern (für) 玉砕 gyokusai 295, 1710
Spiel mit j-m treiben 慰 nagusa(mu) 1618
Spiel treiben (mit) 翻ろう honrō 596
(~e Meinung) ausdrücken 披歴 hireki 1712, 480
~e Meinung/Gesinnung ändern 翻意 hon'i 596, 132
~e Pflicht erfüllen 務 MU, tsuto(meru) 235
~e Stellung verlieren 失脚 shikkyaku 311, 1784
~em Herrn in den Tod folgen 殉死 junshi 1799, 85

(~en Willen) durchsetzen 貫き通す
tsuranukitōsu 914, 150
Seine: ~ Exzellenz 閣下 kakka 837, 31
  Hoheit 殿下 denka 1130, 31
  Majestät der Kaiser (von J.) 天皇陛下
tennō heika 141, 297, 589, 31
  Majestät der König 国王陛下 kokuō
heika 40, 294, 589, 31
seit 以来 irai 46, 69
  以降 ikō 46, 947
  langer Zeit 久し振り hisashiburi 1210, 954
seitdem 以後 igo 46, 48
  以来 irai 46, 69
Seite (Richtung) 方 HŌ 70
  方面 hōmen 70, 274
  (eine von 2 Seiten) 側 SOKU, kawa 609
  (Flanke) 側面 sokumen 609, 274
  (Rand) 際 kiwa 618
  (Flanke) 横 Ō, yoko 781
  (Rand) 傍 BŌ, katawa(ra) 1183
  端 hata 1418
  1 一ページ ichi pēji 2
  e-r Zeitschrift 誌面 shimen 574, 274
  (~ mit) Leserzuschriften 投書欄 tōshoran
1021, 131, 1202
  andere ~ 他方 tahō 120, 70
  反面 hanmen 324, 274
  die entgegengesetzte ~ 反対側 hantaigawa
324, 365, 609
  die j. ~ 日本側 Nihongawa, Nippongawa
5, 25, 609
  die linke ~ 左方 sahō 75, 70
  die rechte ~ 右方 uhō 76, 70
  eine ~ 一ページ ichi pēji 2
  一方 ippō 2, 70
  linke ~ 左側 hidarigawa 75, 609
  starke ~ 特長 tokuchō 282, 95
  得意 tokui 374, 132
  auf die gleiche ~ schreiben 併記 heiki
1162, 371
  alle ~n 八方 happō 10, 70
  beide ~n (Parteien) 双方 sōhō 1594, 70
Seitenblick 横目 yokome 781, 55
Seitenlinie (Genealogie) 傍系 bōkei 1183,
908
Seitenstraße 横道 yokomichi 781, 149
Sekret 分泌物 bunpibutsu 38, 1870, 79

Sekretärin 秘書 hisho 807, 131
Sekretion 分泌 bunpitsu, bunpi 38, 1870
  innere ~ 内分泌 naibunpi 84, 38, 1870
Sekte 宗 SHŪ, SŌ 616
  宗門 shūmon 616, 161
  派 HA 912
  (religiöse) ~ 宗派 shūha 616, 912
Sekundär- 二次 niji 3, 384
Sekunde 秒 BYŌ 1152
  1 Minute und 20 ~n 1分20秒 ippun
nijūbyō 38, 1152
  einige ~n 数秒 sūbyō 225, 1152
Sekundenzeiger 秒針 byōshin 1152, 341
selben: am ~ Tag 即日 sokujitsu 463, 5
selbst 身 SHIN, mi 59
  自 JI, SHI, mizuka(ra) 62
  自分 jibun 62, 38
  自身 jishin 62, 59
  自体 jitai 62, 61
  己 KO, KI, onore 370
  我 GA, ware, wa 1302
  kochen 自炊 jisui 62, 1791
  und andere 自他 jita 62, 120
  er ~ 本人 honnin 25, 1
  sich ~ vorstellen 自己紹介 jiko shōkai
62, 370, 456, 453
Selbst: das ~ 自我 jiga 62, 1302
Selbst- 自己 jiko 62, 370
Selbstachtung 自尊(心) jison(shin) 62, 704, 97
selbständig 自立 jiritsu 62, 121
  werden 巣立ち sudachi 1538, 121
Selbständigkeit 自主 jishu 62, 155
  独立 dokuritsu 219, 121
Selbstanklage 自責 jiseki 62, 655
Selbstaufgabe 自棄 jiki 62, 962
Selbstbeherrschung 克己 kokki 1372, 370
  我慢 gaman 1302, 1410
Selbstbeschränkung 自粛 jishuku 62, 1695
Selbstbesinnung 自省 jisei 62, 145
Selbstbewußtsein: (übertriebenes) ~ 自負
jifu 62, 510
Selbstbildnis 自画像 jigazō 62, 343, 740
Selbstempfehlung 自薦 jisen 62, 1631
selbstlos 無欲 muyoku 93, 1127
  精粋 seisui 659, 1708
Selbstlosigkeit 無我 muga 93, 1302
Selbstmord 自殺 jisatsu 62, 576

(~)**Versuch** （自殺)未遂 (jisatsu) misui 62, 576, 306, 1133

selbstquälerisch 自虐的 jigyakuteki 62, 1574, 210

Selbststudium 独学 dokugaku 219, 109
独習 dokushū 219, 591

Selbstsucht 利己 riko 329, 370
我利 gari 1302, 329

Selbstverleugnung 無我 muga 93, 1302

Selbstverteidigungsstreitkräfte (in J.) 自衛隊 Jieitai 62, 815, 795

Selbstvertrauen 自信 jishin 62, 157

Selbstverwaltung 自治 jichi 62, 493

Selbstzucht 自粛 jishuku 62, 1695

selten 希少 kishō 676, 144
珍 CHIN, mezura(shii) 1215
~**er Gast** 珍客 chinkyaku 1215, 641

Seltenheit 珍品 chinpin 1215, 230

Seltenheitswert 希少価値 kishō kachi 676, 144, 421, 425

seltsam 奇妙 kimyō 1360, 1154
怪 KAI, aya(shii) 1476
奇怪 kikai 1360, 1476
~**e Krankheit** 奇病 kibyō 1360, 380

Semester 学期 gakki 109, 449

Semi- 準 JUN 778

Semifinale 準決勝 junkesshō 778, 356, 509

senden (schicken) 送 SŌ, oku(ru) 441
届 todo(keru) 992
(Brief) 寄 yo(seru) 1361

Sendung: (Radio-/Fernseh-)~ 放送 hōsō 512, 441
(Auftrag) 使命 shimei 331, 578
(Beförderung) 逓送 teisō 1937, 441

Senior 長老 chōrō 95, 543
(Schule, Arbeitsplatz) 先輩 senpai 50, 1037

senken (den Blick) 伏 fu(seru) 1356

senkrecht 垂直 suichoku 1070, 423
縦 JŪ, tate 1483
~**e Linie** 垂線 suisen 1070, 299
縦線 jūsen 1483, 299

Senkung (Boden) 沈下 chinka 936, 31

sensibel 敏感 binkan 1735, 262

Sensibilität 感受性 kanjusei 262, 260, 98

Sentiment 感情 kanjō 262, 209

Seppuku 切腹 seppuku 39, 1271

Service (Geschirr, Besteck) 食器 shokki 322, 527

Seto-Inlandsee 瀬戸内海 Seto Naikai 1513, 152, 84, 117

setzen 置 CHI, o(ku) 426
載 no(seru) 1124
据 su(eru) 1832
sich ~ 据 su(waru) 1832

Setzling 苗 BYŌ, nae 1468
苗木 naegi 1468, 22
挿し木 sashiki 1651, 22

Seuche 悪疫 akueki 304, 1319
疫病 ekibyō 1319, 380

Seufzer 嘆息 tansoku 1246, 1242
吐息 toiki 1253, 1242

Sexualtrieb 性欲 seiyoku 98, 1127

Shintō 神道 shintō 310, 149

Shintō-Priester 神官 shinkan 310, 326

Shintō-Schrein 社 SHA, yashiro 308
神社 jinja 310, 308

Shōgun (bis 1867) 将軍 shōgun 627, 438

Shōgunatsregierung 幕府 Bakufu 1432, 504

Shōwa-Ära 昭和年間 Shōwa nenkan 997, 124, 45, 43

sich: ~ abheben (von) 際立つ kiwadatsu 618, 121

ablenken 紛 magi(rasu), magi(rawasu) 1702

abnutzen 擦 SATSU, su(reru) 1519

amüsieren 浮 u(kareru) 938

ändern 変 HEN, ka(waru) 257
移 I, utsu(ru) 1121

anfühlen (weich, rauh, angenehm) 肌触り hadazawari 1306, 874

anhäufen 積 SEKI, tsu(moru) 656

ankleiden 装 SŌ, SHŌ, yosō(u) 1328

anregen lassen 奮起 funki 1309, 373

ansehen 見合わせる miawaseru 63, 159

anstecken 移 I, utsu(ru) 1121

anstrengen 励 hage(mu) 1340
努 DO, tsuto(meru) 1595
尽 JIN, tsu(kusu) 1726

aufblähen 膨 BŌ, fuku(reru), fuku(ramu) 1145

aufhalten 居 KYO, i(ru) 171

aufhellen 澄 CHŌ, su(mu) 1334

aufklären 晴 SEI, ha(reru) 662

澄 CHŌ, su(mu) 1334

auflösen (in Flüssigkeit) 溶 YŌ, to(keru) 1392

溶解 yōkai 1392, 474

aufraffen 発憤 happun 96, 1661

aufrichten 起き上がる okiagaru 373, 32

aufs äußerste anstrengen 粉骨砕身 funkotsu-saishin 1701, 1266, 1710, 59

ausbreiten 膨 BŌ, fuku(reru), fuku(ramu) 1145

普及 fukyū 1166, 1257

ausdenken 案出 anshutsu 106, 53

(~) ausdrücken 表 arawa(reru), arawa(su) 272

ausruhen 憩 iko(u) 1243

ausstrecken 伸 SHIN, no(biru) 1108

beeilen 焦 ase(ru) 999

befinden 有 YŪ, a(ru) 265

befreien 放 hana(reru) 512

begeben 赴 FU, omomu(ku) 1465

begeistern 凝 GYŌ, ko(ru) 1518

behelfen (mit) 済 su(masu) 549

beherrschen 修 osa(maru) 945

bei j-m einschmeicheln 歓心を買う kanshin o kau 1052, 97, 241

beklagen 訴 SO, utta(eru) 1402

bemühen 奔走 honsō 1659, 429

尽 JIN, tsu(kusu) 1726

beraten 諮 SHI, haka(ru) 1769

(~) beruhigen 和 yawa(rageru), yawa(ragu), nago(mu) 124

beruhigen 安心 anshin 105, 97

鎮 shizu(maru) 1786

beruhigt fühlen 休 yasu(maru) 60

berühren (Grundstüce) 隣り合う tonariau 809, 159

beschäftigen (mit) 携 tazusa(waru) 1686

bewegen 動 DŌ, ugo(ku) 231

bewölken 曇 DON, kumo(ru) 637

biegen 反 so(ru), so(rasu) 324

曲 ma(garu) 366

drängen 込 ko(mu) 776

殺到 sattō 576, 904

draußen (an der frischen Luft) erfrischen 涼 suzu(mu) 1204

drehen (um) 回 mawa(ru) 90

einmischen 口出し kuchidashi 54, 53

干渉 kanshō 584, 432

einschmuggeln 潜入 sennyū 937, 52

entfremden 隔 heda(taru) 1589

entrüsten 憤 FUN, ikidō(ru) 1661

(fest) entschließen 腹を据える hara o sueru 1271, 1832

entschuldigen 謝 ayama(ru) 901

entwickeln 開 hira(keru) 396

erfreuen 浮 u(kareru) 938

erholen 養 YŌ, yashina(u) 402

erinnern 思い出す omoidasu 99, 53

思い浮ぶ omoiukabu 99, 938

erkundigen 問い合わせる toiawaseru 162, 159

尋 JIN, tazu(neru) 1082

erkundigen (nach j-s Befinden) 伺 SHI, ukaga(u) 1761

errinnern 覚 KAKU, obo(eru) 605

erwärmen 温 atata(maru) 634

暖 atata(maru) 635

falten lassen 折 SETSU, o(reru) 1394

färben 染 SEN, so(maru) 779

fest einprägen 銘記 meiki 1552, 371

freuen 楽 tano(shimu) 358

喜 KI, yoroko(bu) 1143

freuen (über) 悦に入る etsu ni iru 1368, 52

frisieren 結 yu(u) 485

füllen 埋 MAI, u(maru) 1826

fürchten 恐 KYŌ, oso(reru) 1602

gegenseitig helfen 助け合う tasukeau 623, 159

gegenseitig wählen 互選 gosen 907, 800

gewöhnen 慣 KAN, na(reru) 915

(an e-n Anblick) gewöhnen 見慣れる minareru 63, 915

grämen 愁 ure(eru) 1601

große Mühe geben 努 DO, tsuto(meru) 1595

gründen auf 準拠 junkyo 778, 1138

halten an 遵守 junshu 1938, 490

hingezogen fühlen 慕 BO, shita(u) 1431

im eigenen Netz verstricken 自縄自縛に陥る jijō-jibaku ni ochiiru 62, 1760, 62, 1448, 1218

irren 違 I, chiga(u) 814

誤 GO, ayama(ru) 906

klammern an 絡み付く karamitsuku
840, 192
拘泥 kōdei 1800, 1621
kräuseln 縮 chiji(reru) 1110
krümmen 反 so(ru), so(rasu) 324
kümmern (um) 問 to(u) 162
構 kama(u) 1010
lösen (Knoten) 解 to(keru) 474
merken 覚 KAKU, obo(eru) 605
mitbewerben 競 se(ru) 852
nähern 寄 KI, yo(ru) 1361
naturalisieren lassen 帰化 kika 317, 254
neigen 偏 HEN, katayo(ru) 1159
傾 KEI, katamu(ku) 1441
nichts anmerken lassen 知らん顔
shirankao 214, 277
offenbaren 吐露 toro 1253, 951
öffnen 開 a(ku) 396
prächtig kleiden 着飾る kikazaru 657, 979
(aneinander) reiben 擦 SATSU, su(reru)
1519
retten 助 tasu(karu) 623
richten nach 準拠 junkyo 778, 1138
倣 HŌ, nara(u) 1776
riesig freuen 狂喜 kyōki 883, 1143
(~) rollen 転 TEN, koro(bu), koro(garu),
koro(geru) 433
satt sehen 見飽きる miakiru 63, 1763
schämen 照 te(reru) 998
恥 ha(jiru) 1690
schließen 閉 shi(maru) 397
schmücken 着飾る kikazaru 657, 979
装 SŌ, SHŌ, yosō(u) 1328
schonen 骨惜しみ honeoshimi 1266, 765
schwarz ärgern 業を煮やす gō o niyasu
279, 1795
sehnen 恋 koi(shii) 258
焦 ko(gareru), ko(gasu) 999
懐 natsu(kashimu), natsu(kashii) 1408
慕 BO, shita(u) 1431
selbst vorstellen 自己紹介 jiko shōkai
62, 370, 456, 453
setzen 座 suwa(ru) 786
据 su(waru) 1832
sorgen 愁 ure(eru) 1601
Sorgen machen 悩 NŌ, naya(mu) 1279
spalten 割 wa(reru) 519

裂 RETSU, sa(keru) 1330
(~) spiegeln 映 EI, utsu(su) 352
stolz fühlen 肩身が広い katami ga hiroi
1264, 59, 694
sträuben 逆立つ sakadatsu 444, 121
streiten 争 SŌ, araso(u) 302
言い争う iiarasou 66, 302
strikt halten an 拘泥 kōdei 1800, 1621
tief einprägen 銘記 meiki 1552, 371
treffen 寄 KI, yo(ru) 1361
trennen 別 waka(reru) 267
離 RI, hana(reru) 1281
trüben 曇 DON, kumo(ru) 637
濁 DAKU, nigo(ru) 1625
(mit j-m) unterhalten 語 kata(rau) 67
übereilen 早 haya(maru) 248
焦 ase(ru) 999
慌 KŌ, awa(teru) 1378
übergeben 戻 modo(su) 1238
吐 TO, ha(ku) 1253
吐き出す hakidasu 1253, 53
überstürzen 慌 KŌ, awa(teru) 1378
um etwas bemühen 腐心 fushin 1245, 97
um etwas reißen 奪い合う ubaiau 1310,
159
umdrehen 振り返る furikaeru 954, 442
umsehen 振り返る furikaeru 954, 442
umziehen 着替える kigaeru, kikaeru 657,
744
unterhalten (vergnügen) 遊 YŪ, aso(bu)
1003
unterwerfen 従 JŪ, [JU], shitaga(u) 1482
(ver)ändern 変 HEN, ka(waru) 257
verändern 変遷 hensen 257, 921
verbergen 潜 SEN, hiso(mu) 937
潜伏 senpuku 937, 1356
verbeugen 伏 FUKU, fu(su) 1356
verbreiten 普及 fukyū 1166, 1257
verflüchtigen 揮発 kihatsu 1652, 96
vergewissern 確 tashi(kameru) 603
verirren 迷 MEI, mayo(u) 967
verkaufen 売 u(reru) 239
verlassen (auf) 頼 tayo(ru) 1512
vermehren 殖 SHOKU, fu(eru) 1506
verplaudern 口走る kuchibashiru 54, 429
versammeln 集 SHŪ, atsu(maru), tsudo(u)
436

verschlingen 絡み合う karamiau 840, 159
versehen 見損なう misokonau 63, 350
versenken (in) 没入 botsunyū 935, 52
verstecken 隠 IN, kaku(reru) 868
伏 FUKU, fu(su) 1356
忍 NIN, shino(bu) 1414
verstellen 偽 GI, itsuwa(ru) 1485
verstopfen 詰 tsu(maru) 1142
vertragen 両立 ryōritsu 200, 121
verwandeln 化 KA, KE, ba(keru) 254
verwickeln 絡み合う karamiau 840, 159
verzögern 滞 todokō(ru) 964
延 no(biru) 1115
viel versprechen (von) 嘱望 shokubō
1638, 673
wenden 向 KŌ, mu(kau) 199
翻 hirugae(ru) 596
wenden (an) 向 mu(ku) 199
訴 SO, utta(eru) 1402
widersetzen 逆 saka(rau) 444
widmen 浸 SHIN, hita(ru) 1078
傾倒 keitō 1441, 905
winden um 絡み付く karamitsuku 840, 192
wundern 驚 KYŌ, odoro(ku) 1778
zanken 言い争う iiarasou 66, 302
zeigen 浮 FU, u(kabu) 938
zerstreuen 散 chi(rakaru) 767
zurückhalten 控 KŌ, hika(eru) 1718
慎 SHIN, tsutsushi(mu) 1785
zurücksehnen 追慕 tsuibo 1174, 1431
zurückziehen 退 TAI, shirizo(ku) 846
隠 IN, kaku(reru) 868
zurückziehen (räumen) 撤退 tettai 1423,
846
zusammenreißen 奮起 funki 1309, 373
sicher (heil) 無事 buji 93, 80
(gewiß) 正 masa (ni) 275
定 sada(ka) 355
必 HITSU, kanara(zu) 520
確 KAKU, tashi(ka) 603
(fest; gewiß) 強固 kyōko 217, 972
absolut ~ 万全 banzen 16, 89
der ~e Sieg 必勝 hisshō 520, 509
der ~e Tod 必死 hisshi 520, 85
Sicherheit (Schutz) 安全 anzen 105, 89
(Absicherung; Garantie) 裏付け urazuke
273, 192

(Bürgschaft) 保証 hoshō 489, 484
(Pfand) 抵当 teitō 560, 77
(Gewißheit) 確実 kakujitsu 603, 203
(Garantie) 保障 hoshō 489, 858
(Hypothek; Garantie) 担保 tanpo 1274,
489
(Friede) 安泰 antai 105, 1545
öffentliche ~ 公安 kōan 126, 105
Sichgehenlassen 放縦 hōjū 512, 1483
Sicht 視界 shikai 606, 454
sichtbar sein 見 mi(eru) 63
sie (Fem. Sing.) あの人 ano hito 1
(Mask. Pl.) 彼ら karera 977
(Fem. Sing.) 彼女 kanojo 977, 102
何某 nanibō 390, 1494
某氏 bōshi 1494, 566
selbst 本人 honnin 25, 1
本尊 honzon 25, 704
sieben 七 SHICHI, nana(tsu), nana-, [nano-] 9
Meter 七メートル nana mētoru, shichi
mētoru 9
Personen 七人 shichinin 9, 1
Tage 七日 nanoka 9, 5
die ~ Glücksgötter 七福神 Shichifukujin
9, 1379, 310
Die ~ Samurai 七人の侍 Shichinin no
samurai 9, 1, 571
siebter (Tag e-s Monats) 七日 nanoka 9, 5
sieden 沸 FUTSU, wa(ku) 1792
沸き立つ wakitatsu 1792, 121
Sieden 沸騰 futtō 1792, 1780
煮沸 shafutsu 1795, 1792
Siedepunkt 沸(騰)点 fut(tō)ten 1792, 1780, 169
Siedler 開拓者 kaitakusha 396, 1833, 164
Siedlung 部落 buraku 86, 839
Sieg 勝利 shōri 509, 329
優勝 yūshō 1033, 509
(Meisterschaft) 制覇 seiha 427, 1633
des Guten 勧善懲悪 kanzen-chōaku
1051, 1139, 1421, 304
oder Niederlage 勝負 shōbu 509, 510
勝敗 shōhai 509, 511
雌雄 shiyū 1388, 1387
der sichere ~ 必勝 hisshō 520, 509
Siegel 判 HAN 1026
印 IN 1043
印鑑 inkan 1043, 1664

Skorbut 壊血病 kaiketsubyō 1407, 789, 380
Skulptur 彫刻 chōkoku 1149, 1211
Slang 卑語 higo 1521, 67
so lassen wie es ist 据え置く sueoku 1832, 426
sobald 次第 shidai 384, 404
Sockel 台 DAI, TAI 492
Socken 靴下 kutsushita 1076, 31
  abgetragene ~ 履き古し hakifurushi 1635, 172
  j. ~ (zum Kimono) 足袋 tabi 58, 1329
sofort 間もなく mamonaku 43
  早々 sōsō 248
  即時 sokuji 463, 42
Sog 渦中 kachū 1810, 28
sogleich 右から左へ migi kara hidari e 76, 75
  直 tada(chi ni) 423
  即時 sokuji 463, 42
Sohn 息子 musuko 1242, 103
  ältester ~ 長男 chōnan 95, 101
  嫡男 chakunan 1932, 101
  der zweitälteste ~ 次男 jinan 384, 101
  (Ihr, sein, ihr) ~ 坊ちゃん botchan 1858
Söhne 子弟 shitei 103, 405
Sojabohne 大豆 daizu 26, 958
  grüne ~ 枝豆 edamame 870, 958
Sold 扶持 fuchi 1721, 451
Soldat 軍人 gunjin 438, 1
  兵士 heishi 784, 572
  einfacher ~ 兵卒 heisotsu 784, 787
Solidarität 団結 danketsu 491, 485
solide (fest, haltbar; zuverlässig; tugendhaft; sicher) 堅 KEN, kata(i) 1289
  (zuverlässig) 手堅い tegatai 57, 1289
  (sicher; zuverlässig) 堅実 kenjitsu 1289, 203
  (fest, sicher) 堅固 kengo 1289, 972
Soll und Haben 貸借 taishaku 748, 766
sollte etwa 万一 man'ichi 16, 2
Solo (Vortrag) 独演 dokuen 219, 344
  (instrumental) 独奏 dokusō 219, 1544
Sologesang 独吟 dokugin 219, 1250
Solo(Gesang) 独唱 dokushō 219, 1646
Solovortrag 独演 dokuen 219, 344
  独吟 dokugin 219, 1250
Sommer 夏 KA, natsu 461
  夏期 kaki 461, 449

  Beginn des ~s 立夏 rikka 121, 461
Sommerbrise 薫風 kunpū 1774, 29
Sommerferien 夏休み natsuyasumi 461, 60
Sommerkimono: Yukata (~ aus Baumwolle) 浴衣 yukata 1128, 677
Sommerkleider 夏物 natsumono 461, 79
Sommersonnenwende 夏至 geshi 461, 902
Sommerzeit 夏期 kaki 461, 449
Sonder- (Extra-, zusätzlich) 特別 tokubetsu 282, 267
  (Extra-, temporär) 臨時 rinji 836, 42
  (Spezial-, speziell) 特殊 tokushu 282, 1505
Sonderausgabe 特集 tokushū 282, 436
Sonderband 別冊 bessatsu 267, 1158
sonderbar 乙 OTSU 983
  奇妙 kimyō 1360, 1154
  怪 KAI, aya(shii) 1476
  奇矯 kikyō 1360, 1925
Sonderbedarf (besonders in Kriegszeiten) 特需 tokuju 282, 1416
Sonderbehandlung 特待 tokutai 282, 452
Sonderbriefmarke 記念切手 kinen kitte 371, 579, 39, 57
Sonderfall 特例 tokurei 282, 612
Sonderling 変人 henjin 257, 1
Sondermarke 記念切手 kinen kitte 371, 579, 39, 57
Sondernummer 号外 gōgai 266, 83
Sonderrecht 特権 tokken 282, 335
Sondieren 打診 dashin 1020, 1214
Sonne 日 NICHI, hi 5
  太陽 taiyō 629, 630
  die (j.) Flagge der aufgehenden ~ 日の丸 Hi no Maru 5, 644
  die untergehende ~ 入り日 irihi 52, 5
  untergehende ~ 斜陽 shayō 1069, 630
Sonnenaufgang 日の出 hi no de 5, 53
Sonnenbad(en) 日光浴 nikkōyoku 5, 138, 1128
Sonnenbräune/brand 日焼け hiyake 5, 920
Sonnenhof 光環 kōkan 138, 865
Sonnenkalender 太陽暦 taiyōreki 629, 630, 1534
Sonnenlicht 日光 nikkō 5, 138
Sonnenschein 日光 nikkō 5, 138
  陽光 yōkō 630, 138
Sonnenschirm 日傘 higasa 5, 790

倉　SŌ, kura　1307
(Lager) 倉庫　sōko　1307, 825
speichern 蓄　CHIKU, takuwa(eru)　1224
speien 噴　FUN, fu(ku)　1660
Speise 料理　ryōri　319, 143
　食べ物　tabemono　322, 79
　糧　RYŌ, kate　1704
Speisekarte 献立　kondate　1355, 121
Speisezimmer 食堂　shokudō　322, 496
Spekulant 山師　yamashi　34, 409
Spekulation (Aktien/Boden) 投機　tōki
　1021, 528
Spende 寄贈　kizō, kisō　1361, 1364
　喜捨　kisha　1143, 1444
　寄付, 寄附　kifu　1361, 192, 1361, 1843
spenden 施　SHI, SE, hodoko(su)　1004
Sperma 精液　seieki　659, 472
Sperre: (Bahnhofs-)~ 改札口　kaisatsuguchi
　514, 1157, 54
Sperrholzplatte 合板　gōban, gōhan　159, 1047
Sperrung 閉鎖　heisa　397, 1819
Spesen 経費　keihi　548, 749
Spezialgebiet (e-s Wissenschaftlers) 専攻
　senkō　600, 819
Spezialist 専門家　senmonka　600, 161, 165
Spezialität (e-r Gegend) 名物　meibutsu　82,
　79
Spezialstahl 特殊鋼　tokushukō　282, 1505,
　1608
spezifisch 特殊　tokushu　282, 1505
　~es Gewicht 比重　hijū　798, 227
Sphäre 圏　KEN　508
Spiegel 鏡　KYŌ, kagami　863
　dreiteiliger ~ 三面鏡　sanmenkyō　4, 274,
　863
　großer ~ 姿見　sugatami　929, 63
spiegeln: (sich) ~ 映　EI, utsu(su)　352
Spiel (Aufführung) 上演　jōen　32, 344
　(Wettspiel/kampf, Glücksspiel) 勝負
　shōbu　509, 510
　(Wettkampf, Turnier) 試合　shiai　526, 159
　(auf der Bühne) 演技　engi　344, 871
　(Wettkampf) 競技　kyōgi　852, 871
　(Sport, Vergnügen) 遊戯　yūgi　1003, 1573
　das erste ~ 緒戦　shosen, chosen　862, 301
　Go-~ 囲碁　igo　1194, 1834
　sein ~ mit j-m treiben 慰　nagusa(mu)

1618
　sein ~ treiben (mit) 翻ろう　honrō　596
　Olympische ~e 五輪(大会)　gorin (taikai)
　7, 1164, 26, 158
Spielart 変種　henshu　257, 228
(Spiel)Brett 盤　BAN　1098
spielen 遊　YŪ, aso(bu)　1003
　(ein Saiteninstrument) 弾　hi(ku)　1539
　(ein Musikinstrument) 奏　SŌ, kana(deru)
　1544
　(scherzen) 戯　GI, tawamu(reru)　1573
Spieler (e-r Mannschaft) 選手　senshu　800,
　57
Spielführer 主将　shushō　155, 627
Spielkamerad 遊び相手　asobiaite　1003,
　146, 57
Spielraum 余地　yochi　1063, 118
　余裕　yoyū　1063, 1391
　ohne finanziellen ~ 金縛り　kanashibari
　23, 1448
Spieß 矛　MU, hoko　773
Spindel 錘　SUI, tsumu　1904
　紡錘　bōsui　1859, 1904
spindelförmig 錘状　suijō　1904, 626
spinnen (Fäden) 繰　ku(ru)　1654
　紡　BŌ, tsumu(gu)　1859
Spinnen 紡績　bōseki　1859, 1117
　und Weben 紡織　bōshoku　1859, 680
　gemischtes ~ 混紡　konbō　799, 1859
Spinnerei (Fabrik) 紡績工場　bōseki kōjō
　1859, 1117, 139, 154
Spinnrad 糸車　itoguruma　242, 133
Spion: als ~ tätiger Samurai 忍者　ninja
　1414, 164
Spirale 渦巻き　uzumaki　1810, 507
Spiritualismus 唯心論　yuishinron　1234, 97,
　293
Spirituosenhändler 酒屋　sakaya　517, 167
spitzer Winkel 鋭角　eikaku　1371, 473
Spitze (e-r Gruppe; Bleistift, Finger usw.) 先
　SEN, saki　50
　(e-r Liste, Spitzenplatz) 首位　shui　148, 122
　(e-r Gruppe) 先頭　sentō　50, 276
　(e-r Liste, 1. Platz/Stelle) 首班　shuhan
　148, 1381
　(Gipfel) 頂　CHŌ, itadaki　1440
　頂上　chōjō　1440, 32

(Scheitel; Höhepunkt) 頂点 chōten 1440, 169

der Ähre 穂先 hosaki 1221, 50

des Pinsels 筆先 fudesaki 130, 50

oberste ~ 天井 tenjō 141, 1193

spleenig 粋狂 suikyō 1708, 883

Splitter 破片 hahen 665, 1045

splitternackt 一糸まとわぬ isshi matowanu 2, 242

spontan 自発的 jihatsuteki 62, 96, 210

Spore 胞子 hōshi 1284, 103

Sporen (beim Reiten) 拍車 hakusha 1178, 133

Sporn 拍車 hakusha 1178, 133

Sport 体育 taiiku 61, 246

Sportfest 大会 taikai 26, 158

Sprache 語 GO 67

言語 gengo 66, 67

(Fach-)~ 用語 yōgo 107, 67

(Beredsamkeit; Dialekt) 弁 BEN 711

englische ~ 英語 Eigo 353, 67

tote ~ 死語 shigo 85, 67

sprachlos sein 閉口 heikō 397, 54

Sprachwissenschaft 語学 gogaku 67, 109

Spray 噴霧器 funmuki 1660, 950, 527

sprechen (reden, erzählen) 語 kata(ru) 67

(reden, sagen) 話 hana(su) 238

Sprechen 弁舌 benzetsu 711, 1259

Sprecher 語り手 katarite 67, 57

話し手 hanashite 238, 57

Sprengstoff 爆薬 bakuyaku 1015, 359

Spreu und Weizen 玉石 gyokuseki 295, 78

Sprichwort: altes ~ 古語 kogo 172, 67

sprießen 兆 kiza(su) 1562

Springbrunnen 噴水 funsui 1660, 21

springen 躍 YAKU, odo(ru) 1560

跳 CHŌ, to(bu), ha(neru) 1563

Spritze 注射 chūsha 357, 900

Sproß 芽 GA, me 1455

芽生え mebae 1455, 44

sprossen 発芽 hatsuga 96, 1455

sprühender Funke 飛び火 tobihi 530, 20

Sprühregen: (feiner) ~ 霧雨 kirisame 950, 30

Sprung 飛躍 hiyaku 530, 1560

跳躍 chōyaku 1563, 1560

(Riß) 裂け目 sakeme 1330, 55

sprunghafte Entwicklung 躍進 yakushin 1560, 437

Spuk 幽霊 yūrei 1228, 1168

Spur (bleibender Eindruck; Zeichen) 影 EI, kage 854

(Reste, auch i.ü.S.) 面影 omokage 274, 854

(Abdruck, Zeichen; Beweis, Fährte; Überreste) 跡 SEKI, ato 1569

Staat 国家 kokka 40, 165

Staaten 列国 rekkoku 611, 40

staatlich 国立 kokuritsu 40, 121

国有 kokuyū 40, 265

~er Provinz-Haupttempel 国分寺 Kokubunji 40, 38, 41

~er/staatliche Betrieb/Verwaltung 公営 kōei 126, 722

Staats- 国立 kokuritsu 40, 121

国有 kokuyū 40, 265

Staatsangehörigkeit 国籍 kokuseki 40, 1198

Staatsanleihe 国債 kokusai 40, 1118

Staatsanwalt 検事 kenji 531, 80

Staatsdienst 国務 kokumu 40, 235

奉公 hōkō 1541, 126

Staatsgeheimnis 枢密 sūmitsu 1023, 806

Staatsgeschäfte 国務 kokumu 40, 235

Staatskasse 国庫 kokko 40, 825

Staatsmann 為政者 iseisha 1484, 483, 164

alter beratender ~ 元老 genrō 137, 543

Staatsoberhaupt 元首 genshu 137, 148

Staatsrecht 国法 kokuhō 40, 123

Staatsschulden 国債 kokusai 40, 1118

Staatssekretär 国務長官 kokumu chōkan 40, 235, 95, 326

Staatssiegel: (großes) ~ 国璽 kokuji 40, 1887

Stab: (General-)~ 参謀 sanbō 710, 1495

Stabilisierung 安定 antei 105, 355

Stabreim 頭韻 tōin 276, 349

Stabsoffizier 佐官 sakan 1744, 326

Stadium 段階 dankai 362, 588

Stadt 市 SHI 181

町 CHŌ, machi 182

町内 chōnai 182, 84

市街 shigai 181, 186

都市 toshi 188, 181

(Gegensatz zum Land) 都会 tokai 188, 158

(~ an der Südküste Kyūshūs) 宮崎 Miyazaki 721, 1362

(~ **auf der Izu-Halbinsel**) 下田 Shimoda 31, 35

(~ **in Tōhoku**) 仙台 Sendai 1891, 492

(~ **mit berühmtem Schloß, westl. von Ōsaka**) 姫路 Himeji 1757, 151

(~ **und Provinz auf Shikoku**) 土佐 Tosa 24, 1744

(**die** ~) **Kyōto** 京都(市) Kyōto(-shi) 189, 188, 181

    mit Burg 城下町 jōkamachi 720, 31, 182

Stadt- 市立 shiritsu 181, 121

Stadtbewohner 町民 chōmin 182, 177

Städte und Dörfer 市町村 shichōson 181, 182, 191

Städter 町民 chōmin 182, 177

Stadthalle 公会堂 kōkaidō 126, 158, 496

städtisch 市立 shiritsu 181, 121

    ~**er Verwaltungsbezirk** 区 KU 183

Stadtpräfektur: (die ~) **Tōkyō** 東京(都) Tōkyō(-to) 71, 189, 188

Stadtverordnetenversammlung 市会 shikai 181, 158

Stadtverwaltung 市政 shisei 181, 483

Stagnation 不振 fushin 94, 954

    沈滞 chintai 936, 964

stagnieren: weiterhin ~ 伸び悩む nobinayamu 1108, 1279

Stahl 鋼 KŌ, hagane 1608

    鋼鉄 kōtetsu 1608, 312

Stahlbau 鉄骨 tekkotsu 312, 1266

Stahlhelm 鉄かぶと tetsukabuto 312

Stahlindustrie 製鋼業 seikōgyō 428, 1608, 279

Stahlplatte 鋼板 kōhan, kōban 1608, 1047

Stahlwerk 製鋼所 seikōjo 428, 1608, 153

Stamm (Familie) 族 ZOKU 221

    (**Geschlecht**) 部族 buzoku 86, 221

    (**Volk**) 民俗 minzoku 177, 1126

Stammbaum 系図 keizu 908, 339

    系譜 keifu 908, 1167

stammen: aus ... ~d 出身 ...shusshin 53, 59

Stammfamilie 宗家 sōke 616, 165

Stammhalter 嫡男 chakunan 1932, 101

Stammtafel 系図 keizu 908, 339

(**Stamm**)**Vater** 元祖 ganso 137, 622

Stand (sozial) 身分 mibun 59, 38

    (**Verkaufs-**)~ 露店 roten 951, 168

wirklicher ~ **der Dinge** 実態 jittai 203, 387

Standard 水準 suijun 21, 778

Standardsprache 標準語 hyōjungo 923, 778, 67

Standbild 彫像 chōzō 1149, 740

Ständer 台 DAI, TAI 492

Standesregister 戸籍 koseki 152, 1198

standhaft 気丈 kijō 134, 1325

    剛健 gōken 1610, 893

Standhaftigkeit 恒心 kōshin 1275, 97

ständig 始終 shijū 494, 458

    (~) **widersprechen** 右と言えば左 migi to ieba hidari 76, 66, 75

    ~**e Fortbildung** 生涯教育 shōgai kyōiku 44, 1461, 245, 246

    ~**er Wohnsitz** 永住 eijū 1207, 156

    ~**es Klagen** 繰り言 kurigoto 1654, 66

Standort 所在地 shozaichi 153, 268, 118

    駐在 chūzai 599, 268

Standpunkt 立ち場 tachiba 121, 154

Stange 棒 BŌ 1543

    Kleid/Anzug von der ~ 既製服 kiseifuku 1458, 428, 683

stark (kräftig) 強 KYŌ, GŌ, tsuyo(i) 217

    (**fest**) 強固 kyōko 217, 972

    (**heftig**) 激 GEKI, hage(shii) 1017

    (**fest**) 堅固 kengo 1289, 972

    (**kräftig, robust**) 強壮 kyōsō 217, 1326

    (**heftig**) 強烈 kyōretsu 217, 1331

    (**gewürzt**) 辛 SHIN, kara(i) 1487

    (**heftig**) 激甚 gekijin 1017, 1501

    猛烈 mōretsu 1579, 1331

    (**männlich**) 剛健 gōken 1610, 893

    (**kräftig, robust**) 頑健 ganken 1848, 893

    alkoholisiert/betrunken 泥酔 deisui 1621, 1709

    werden 強 tsuyo(maru) 217

    ~**e Abneigung** 大嫌い daikirai 26, 1688

    ~**e Arznei** 劇薬 gekiyaku 797, 359

    ~**e Nerven** 肝っ玉 kimottama 1272, 295

    ~**e Seite** 特長 tokuchō 282, 95

    得意 tokui 374, 132

    ~**er Feind/Gegner** 強敵 kyōteki 217, 416

    ~**er Regen** 大雨 ōame 26, 30

    豪雨 gōu 1671, 30

    ~**er Schneefall** 大雪 ōyuki 26, 949

~er Wind 疾風 shippū 1812, 29
Stärke (starke Seite) 身上 shinjō 59, 32
 長所 chōsho 95, 153
 特長 tokuchō 282, 95
 (Macht) 強力 kyōryoku 217, 100
 強弱 kyōjaku 217, 218
 (geistige) ~ 英気 eiki 353, 134
 (Vorzug) 美点 biten 401, 169
 (Dicke) 濃厚 nōkō 957, 639
 und Schwäche 強弱 kyōjaku 217, 218
stärken (ver-)~ 強 tsuyo(meru) 217
 (vertiefen) 深 fuka(meru) 536
stärker werden 強 tsuyo(maru) 217
Stärkung 強化 kyōka 217, 254
starr 硬質 kōshitsu 1009, 176
 anblicken 凝視 gyōshi 1518, 606
Starrsinn 強情 gōjō 217, 209
starrsinnig 一刻 ikkoku 2, 1211
 頑強 gankyō 1848, 217
 頑迷 ganmei 1848, 967
 頑固 ganko 1848, 972
Start (Ausgangspunkt) 出発点 shuppatsuten 53, 96, 169
Starten 離陸 ririku 1281, 647
Station (e-s Krankenhauses) 病棟 byōtō 380, 1406
 meteorologische ~ 測候所 sokkōjo 610, 944, 153
Stationierung 駐屯 chūton 599, 1936
Statistik 統計 tōkei 830, 340
Statue 像 ZŌ 740
 彫像 chōzō 1149, 740
Statur 背 sei 1265
 丈 take 1325
Status: Anheben des ~ (Institution/Person) 昇格 shōkaku 1777, 643
Statut 定款 teikan 355, 1727
Staub 粉末 funmatsu 1701, 305
 sich aus dem ~ machen 逐電 chikuden 1134, 108
staunen 怪 aya(shimu) 1476
stechen 刺 SHI, sa(su) 881
 突 TOTSU, tsu(ku) 898
stecken (zwischen) 挟 KYŌ, hasa(mu) 1354
 bleiben 刺 sa(saru) 881
Stegreif: aus dem ~ 即興 sokkyō 463, 368
Stehaufmännchen 達磨 daruma 448, 1531

stehen 立 RITSU, [RYŪ], ta(tsu) 121
 (Brücke) 架 ka(karu) 755
 (geschrieben) ~ 載 SAI, no(ru) 1124
 (j-m) ~ 似合う niau 1486, 159
 auf 踏 fu(maeru) 1559
 zwischen 介在 kaizai 453, 268
 dicht nebeneinander ~ 林立 rinritsu 127, 121
 in e-r Reihe ~ 連 tsura(naru) 440
 in voller Blüte ~ 咲き乱れる sakimidareru 927, 689
stehlen 盗 TŌ, nusu(mu) 1100
 窃取 sesshu 1717, 65
steif 硬質 kōshitsu 1009, 176
 werden 凝 GYŌ, ko(ru) 1518
steigen 上 a(garu), nobo(ru) 32
 高 taka(maru) 190
 昇 SHŌ, nobo(ru) 1777
 (ein-)~ 乗 JŌ, no(ru) 523
 ~de Tendenz 上昇 jōshō 32, 1777
Steigen und Fallen 上り下り nobori-kudari 32, 31
steigern 誘発 yūhatsu 1684, 96
Steigerung 騰貴 tōki 1780, 1171
 plötzliche/heftige ~ 高騰 kōtō 190, 1780
 暴騰 bōtō 1014, 1780
 (Preis-) ~ (物価)騰貴 (bukka) tōki 79, 421, 1780, 1171
Steigung 坂 HAN, saka 443
 上り坂 noborizaka 32, 443
steil 険 KEN, kewa(shii) 533
 険阻 kenso 533, 1085
 ~er Hang/Hügel 急な坂 kyū na saka 303, 443
 ~er Weg 険路 kenro 533, 151
Stein 石 SEKI, ishi 78
 kleiner ~ 小石 koishi 27, 78
 Go-~e 碁石 goishi 1834, 78
Steinbild Buddhas 石仏 sekibutsu 78, 583
Steinbruch 石切り ishikiri 78, 39
Steinbrücke 石橋 ishibashi 78, 597
Steingut 瀬戸物 setomono 1513, 152, 79
Steinkohle 石炭 sekitan 78, 1344
Steinmauer 石垣 ishigaki 78, 1276
 石塀 ishibei 78, 1805
steinreicher Mann 富豪 fugō 713, 1671
Steinsalz 岩塩 gan'en 1345, 1101

Steinsarg 石棺 sekkan 78, 1825
Steintreppe 石段 ishidan 78, 362
Steinwall 石垣 ishigaki 78, 1276
Stelle (vor/hinter dem Komma) 位取り
kuraidori 122, 65
  (Platz, Ort) 所 SHO, tokoro 153
  場 JŌ, ba 154
  場所 basho 154, 153
  (Arbeit) 働き口 hatarakiguchi 232, 54
  (Position) 位置 ichi 122, 426
  (Arbeits-) 勤め先 tsutomesaki 559, 50
  (im Text; Platz) 箇所 kasho 1473, 153
  auf der ~ 即時 sokuji 463, 42
  freie/unbesetzte ~ 欠員 ketsuin 383, 163
  neue/künftige (Arbeits-)~ 赴任地
funinchi 1465, 334, 118
  unbesetzte/freie ~ 欠員 ketsuin 383, 163
  e-e neue ~ antreten 赴任 funin 1465, 334
  auf der ~ treten 足踏み ashibumi 58, 1559
stellen 載 no(seru) 1124
  据 su(eru) 1832
Stellenangebot 求人 kyūjin 724, 1
Stellung (sozial) 身 SHIN, mi 59
  (Rang, Titel) 位 I, kurai 122
  (Rang, Stand) 地位 chii 118, 122
  (Position) 位置 ichi 122, 426
  (Arbeit) 就職 shūshoku 934, 385
  (militärische) ~ 陣地 jinchi 1404, 118
  feindliche ~ 敵塁 tekirui 416, 1694
  soziale ~ 身分 mibun 59, 38
  e-e ~ annehmen 構 KŌ, kama(eru) 1010
  seine ~ verlieren 失脚 shikkyaku 311, 1784
stellungslos 無職 mushoku 93, 385
Stellungsloser 浪人 rōnin 1753, 1
Stellungssuche 求職 kyūshoku 724, 385
stellvertretender Direktor (e-r Firma) 副社
長 fukushachō 714, 308, 95
Stelzen 竹馬 takeuma, chikuba 129, 283
Stempel 判 HAN 1026
  印 IN 1043
Stempelfarbe: rote ~ 朱肉 shuniku 1503, 223
Stempelmarke 印紙 inshi 1043, 180
Stengel 茎 KEI, kuki 1474
Stenografie 速記 sokki 502, 371
Sterbehilfe 安楽死 anrakushi 105, 358, 85
sterben 死 shi(nu) 85
  逝 SEI, yu(ku) 1396

für das Vaterland ~ 殉国 junkoku 1799, 40
  im Dienst ~ 殉職 junshoku 1799, 385
  im Gefängnis ~ 獄死 gokushi 884, 85
  jung ~ 若死に wakajini 544, 85
sterbliche Hülle 遺体 itai 1172, 61
Sterblicher: gewöhnlicher ~ 凡人 bonjin
1102, 1
stereotyp 紋切り形, 紋切り型 monkirigata
1454, 39, 395, 1454, 39, 888
Stereotype 鉛版 enban 1606, 1046
steril (unfruchtbar) 不毛 fumō 94, 287
  不妊 funin 94, 955
Sterilisation (Desinfektion) 殺菌 sakkin
576, 1222
sterilisiert (desinfiziert) 無菌 mukin 93, 1222
Stern 星 SEI, hoshi 730
  großer ~ 巨星 kyosei 1293, 730
Sternenbanner 星条旗 seijōki 730, 564, 1006
Sternenfest (7. Juli/August) 七夕 tanabata
9, 81
Sternenhimmel 星空 hoshizora 730, 140
Sternschnuppe 流れ星 nagareboshi 247, 730
Sternwarte 天文台 tenmondai 141, 111, 492
Stetigkeit 恒常 kōjō 1275, 497
Steuer (Abgabe) 税 ZEI 399
  税金 zeikin 399, 23
  租税 sozei 1083, 399
Steuerbefreiung 免税 menzei 733, 399
Steuerbehörde 税務署 zeimusho 399, 235,
860
Steuerberater 税理士 zeirishi 399, 143, 572
Steuereinnahme 徴税 chōzei 1420, 399
Steuererhebung 徴税 chōzei 1420, 399
Steuererhöhung 増税 zōzei 712, 399
Steuererlaß 免税 menzei 733, 399
steuerfrei 無税 muzei 93, 399
Steuerhinterziehung 脱税 datsuzei 1370, 399
Steuern 税金 zeikin 399, 23
  租税 sozei 1083, 399
  掛 kakari 1464
Steuerung 操作 sōsa 1655, 360
Steuerwesen 税制 zeisei 399, 427
Steuerzahlung 納税 nōzei 758, 399
Stich: im ~ lassen 見捨てる misuteru 63, 1444
Stichwunde 刺し傷 sashikizu 881, 633
Stickstoff 窒素 chisso 1716, 271
Stiel (Griff) 柄 e 985

(e-r Pflanze) 茎 KEI, kuki 1474

unterirdischer ~ 地下茎 chikakei 118, 31, 1474

Stiftung (Fonds; Institution) 基金 kikin 450, 23

(Gründung) 設立 setsuritsu 577, 121 創立 sōritsu 1308, 121

(Schenkung) 寄贈 kizō, kisō 1361, 1364

(Spende) 寄附 kifu 1361, 1843

Stil (e-r Schule) 流 RYŪ 247

(nach Art) 式 SHIKI 525

(Kunst; Leben) 様式 yōshiki 403, 525

Bild in altjapan. ~ 大和絵 Yamato-e 26, 124, 345

Bild in j. ~ 日本画 Nihonga 5, 25, 343

Bild in westl. ~ 洋画 yōga 289, 343

chines. ~ 唐様 karayō 1697, 403

Hotel im j. ~ 旅館 ryokan 222, 327

j. ~ 日本風 Nihon-fū 5, 25, 29 和風 Wafū 124, 29

klass./rein j. ~ 純日本風 jun Nihon-fū 965, 5, 25, 29

klassischer ~ 古文 kobun 172, 111

Mischung von j. und westl. ~ 和洋折衷 wa-yō setchū 124, 289, 1394, 1677

neuer ~ 新式 shinshiki 174, 525

still (ruhig) 静 SEI, shizu, shizu(ka) 663

(regungslos, friedlich) 穏 ON, oda(yaka) 869

und einsam 寂然 sekizen, jakunen 1669, 651

werden 静 shizu(maru) 663

Stille (Ruhe) 安静 ansei 105, 663

(Stillstand) 静止 seishi 663, 477

(Ruhe, Friede) 平穏 heion 202, 869 沈静 chinsei 936, 663

(Ruhe) 森閑 shinkan 128, 1532

(Ort, Gegend) 閑静 kansei 1532, 663

(Ort; Nacht) 静寂 seijaku 663, 1669

(Ort, Gegend) 閑寂 kanjaku 1532, 1669

(Schweigen) 静粛 seishuku 663, 1695

Stilleben 静物 seibutsu 663, 79

stillgelegte Grube 廃坑 haikō 961, 1613

Stillschweigen 静粛 seishuku 663, 1695

stillschweigende Anerkennung/Erlaubnis 黙認 mokunin 1578, 738

Stillstand (Ruhe) 静止 seishi 663, 477

(Stau, Unbeweglichkeit) 立ち往生 tachiōjō 121, 918, 44

(Stagnation) 不振 fushin 94, 954

(völliger) ~ 停止 teishi 1185, 477

Stimmbruch 声変わり koegawari 746, 257

Stimme 声 SEI, koe 746

(bei Wahl) 票 HYŌ 922

einschmeichelnde ~ 猫なで声 nekonadegoe 1470, 746

tränenerstickte/weinerliche ~ 泣き声 nakigoe 1236, 746 涙声 namidagoe 1239, 746

verstellte ~ 声色 kowairo 746, 204

Stimmenthaltung 棄権 kiken 962, 335

Stimmenzahl: (erhaltene) ~ 得票 tokuhyō 374, 922

Stimmenzählung 開票 kaihyō 396, 922

stimmhafter Laut 濁音 dakuon 1625, 347

Stimmung (Laune) 気分 kibun 134, 38 調子 chōshi 342, 103

(Gefühl, Laune) 気持ち kimochi 134, 451

(in e-m Bild) 情趣 jōshu 209, 1002

(Befinden) 機嫌 kigen 528, 1688

(Atmosphäre) 雰囲気 fun'iki 1824, 1194, 134

gute ~ 威勢 isei 1339, 646

ländliche ~ 野趣 yashu 236, 1002

Stimmzettel 票 HYŌ 922

Stipendiat 奨学生 shōgakusei 1332, 109, 44

Stipendium 奨学金 shōgakukin 1332, 109, 23

Stirn 額 hitai 838

Stirnband 鉢巻き hachimaki 1820, 507

Stock (Stab) 棒 BŌ 1543

2. ~ (Etage) 三階 sangai, sankai 4, 588

stocken 滞 todokō(ru) 964

Stockfechten: j. ~ 剣道 kendō 879, 149

stockfinster 真っ暗 makkura 422, 348

Stockung 停滞 teitai 1185, 964 渋滞 jūtai 1693, 964

Stockwerk 階 KAI 588

obere ~e 上層 jōsō 32, 1367

Stoff: (Kleider-)~ 生地 kiji 44, 118

(Materie) 物質 busshitsu 79, 176

(Material) 料 RYŌ 319 材料 zairyō 552, 319

(Gegenstand, Thema) 題材 daizai 354, 552

Kimono-~ 呉服 gofuku 1436, 683
wollener ~ 毛織(物) keori(mono) 287, 680, 79
Stoffwechsel 代謝 taisha 256, 901
   新陳代謝 shinchin taisha 174, 1405, 256, 901
Stollen (im Bergwerk) 坑道 kōdō 1613, 149
stolz: sich ~ fühlen 肩身が広い katami ga hiroi 1264, 59, 694
   sein 誇 KO, hoko(ru) 1629
Stolz (Triumph) 得意 tokui 374, 132
   (Selbstgefälligkeit) 自負 jifu 62, 510
   (Hochmut) 尊大 sondai 704, 26
stopfen (Socken usw.) 繕 ZEN, tsukuro(u) 1140
Stoppeln: (Getreide-)~ 切り株 kirikabu 39, 741
Stöpsel 栓 SEN 1842
stören 障 SHŌ, sawa(ru) 858
   妨 BŌ, samata(geru) 1182
   (~des) Geräusch 騒音 sōon 875, 347
Störung (Panne) 故障 koshō 173, 858
   (Hindernis) 障害 shōgai 858, 518
   (Belästigung) 迷惑 meiwaku 967, 969
   (Obstruktion) 妨害 bōgai 1182, 518
   (geistige) ~ 錯乱 sakuran 1199, 689
   (Unterbrechung, Belästigung) 邪魔 jama 1457, 1528
Stoß 衝撃 shōgcki 1772, 1016
stoßen 突 TOTSU, tsu(ku) 898
   押 Ō, o(su) 986
   (auf) 突き当たる tsukiataru 898, 77
   auf 遭 SŌ, a(u) 1643
Strafe 罰 BATSU 886
   処分 shobun 1137, 38
   (im Strafrecht) 刑罰 keibatsu 887, 886
   (Disziplinar-)~ 懲罰 chōbatsu 1421, 886
   strenge/harte ~ 厳罰 genbatsu 822, 886
strafen 懲 CHŌ, ko(rasu), ko(rashimeru) 1421
Straferlaß 赦免 shamen 1570, 733
Strafgeld 罰金 bakkin 886, 23
Strafgesetz 刑法 keihō 887, 123
Sträfling 囚人 shūjin 1195, 1
   entlassener ~ 免囚 menshū 733, 1195
Strafprozeß 刑事訴訟 keiji soshō 887, 80, 1402, 1403
Strafsache 刑事 keiji 887, 80

Strafversetzung 左遷 sasen 75, 921
strahlen 輝 KI, kagaya(ku) 1653
   光り輝く hikarikagayaku 138, 1653
Strahlen: ultraviolette ~ 紫外線 shigaisen 1389, 83, 299
Strand 水際 mizugiwa 21, 618
   海辺 umibe 117, 775
   浜 HIN, hama 785
   海浜 kaihin 117, 785
   潟 kata 1626
   (Meeres-)~ 浜辺 hamabe 785, 775
   bei Ebbe 干潟 higata 584, 1626
   flacher ~ 遠浅 tōasa 446, 649
   trockener ~ 干潟 higata 584, 1626
stranden 漂着 hyōchaku 924, 657
Straße 道 DŌ, [TŌ], michi 149
   路 RO, -ji 151
   道路 dōro 149, 151
   街 GAI, [KAI], machi 186
   街路 gairo 186, 151
   往来 ōrai 918, 69
   an e-m Hang 坂道 sakamichi 443, 149
   mit bekannten Geschäften 名店街 meitengai 82, 168, 186
   mit Kurven 曲がり道 magarimichi 366, 149
   abschüssige ~ 険しい道 kewashii michi 533, 149
   gepflasterte ~ 舗(装)道(路) ho(sō) dō(ro) 1443, 1328, 149, 151
   kurvenreiche ~ 曲がり道 magarimichi 366, 149
   Präfektur-~ 県道 kendō 194, 149
   ~n (e-r Stadt) 市街 shigai 181, 186
(Straßen-)Bahn 電車 densha 108, 133
Straßenbahnhaltestelle 停留所 teiryūjo 1185, 761, 153
Straßenbäume 並木 namiki 1165, 22
Straßenbeleuchtung 街灯 gaitō 186, 1333
Straßenecke 街角 machikado 186, 473
Straßengabelung: T-förmige ~ 丁字路 teijiro 184, 110, 151
Straßenkehrer 清掃夫 seisōfu 660, 1080, 315
Straßenlaterne 街灯 gaitō 186, 1333
Straßenpflaster 舗(装)道(路) ho(sō) dō(ro) 1443, 1328, 149, 151
Straßenrand 道端 michibata 149, 1418

Strategie 戦略 senryaku 301, 841
Stratuswolke 層雲 sōun 1367, 636
sträuben: sich ~ 逆立つ sakadatsu 444, 121
Strauß: (Blumen-)~ 花束 hanataba 255, 501
Streben 追求 tsuikyū 1174, 724
抱負 hōfu 1285, 510
Strecke 区間 kukan 183, 43
lange ~ 遠距離 enkyori 446, 1294, 1281
Streich 悪戯 akugi, itazura 304, 1573
streichen (löschen) 抹消 masshō 1914, 845
neu ~ 塗り替える nurikaeru 1073, 744
Streichung 帳消し chōkeshi 1107, 845
削除 sakujo 1611, 1065
Streik 闘争 tōsō 1511, 302
罷業 higyō 1861, 279
wilder ~ 山猫争議 yamaneko sōgi 34, 1470, 302, 292
Streit 争議 sōgi 302, 292
抗争 kōsō 824, 302
係争 keisō 909, 302
streiten: sich ~ 争 SŌ, araso(u) 302
言い争う iiarasou 66, 302
Streitigkeit 紛争 funsō 1702, 302
Streitpunkt 争点 sōten 302, 169
streng 険 KEN, kewa(shii) 533
厳 GEN, kibi(shii) 822
厳重 genjū 822, 227
厳格 genkaku 822, 643
geheim 極秘 gokuhi 336, 807
~e Durchführung/Einhaltung 励行 reikō 1340, 68
~e Kälte 極寒 gokkan 336, 457
~e Strafe 厳罰 genbatsu 822, 886
~e Warnung 厳戒 genkai 822, 876
~es Gesicht 険しい顔つき kewashii kaotsuki 533, 277
~es Verbot 厳禁 genkin 822, 482
Strenge 厳粛 genshuku 822, 1695
Strich (e-s Schriftzeichens) 画 KAKU 343
Strick 綱 KŌ, tsuna 1609
縄 JŌ, nawa 1760
Strickarbeit 編み物 amimono 682, 79
stricken 編 HEN, a(mu) 682
Stricken 編み物 amimono 682, 79
mit der Hand 手編み teami 57, 682
strikt: sich ~ halten an 拘泥 kōdei 1800, 1621
~es Verbot 厳禁 genkin 822, 482

strittiger Punkt 争点 sōten 302, 169
Stroh: (Weizen-)~ 麦わら mugiwara 270
Strohsack 俵 HYŌ, tawara 1890
Strohsandalen 草履 zōri 249, 1635
Strohseil-Muster: (altjapan.) ~ 縄文 jōmon 1760, 111
Strom (Fluß) 大河 taiga, ōkawa 26, 389
reißender ~ 激流 gekiryū 1017, 247
strömen 流 naga(reru) 247
Stromerzeugung 発電 hatsuden 96, 108
Stromgebiet 流域 ryūiki 247, 970
Stromschnelle 瀬 se 1513
早瀬 hayase 248, 1513
Strömung (auch i.ü.S.) 風潮 fūchō 29, 468
geistige ~ 潮流 chōryū 468, 247
trübe ~ 濁流 dakuryū 1625, 247
Stromunterbrecher 遮断器 shadanki 1767, 1024, 527
Stromverlust 漏電 rōden 1806, 108
Strophe 節 SETSU 464
Strudel 渦 KA, uzu 1810
渦中 kachū 1810, 28
渦流 karyū 1810, 247
渦巻き uzumaki 1810, 507
Struktur 組織 soshiki 418, 680
構成 kōsei 1010, 261
機構 kikō 528, 1010
Strümpfe 靴下 kutsushita 1076, 31
ein Paar (Schuhe, ~) 一足 issoku 2, 58
Stubenarrest 謹慎 kinshin 1247, 1785
Stück: (Theater-)~ 演劇 engeki 344, 797
berühmtes/bekanntes ~ (Musik) 名曲 meikyoku 82, 366
ein ~ (Scheibe) 一切れ hitokire 2, 39
gutes ~ 佳作 kasaku 1462, 360
in ~e hauen/reißen 寸断 sundan 1894, 1024
Stückpreis 単価 tanka 300, 421
Student 学生 gakusei 109, 44
im 3. Studienjahr 三年生 sannensei 4, 45, 44
begabter ~ 秀才 shūsai 1683, 551
Studentenwohnheim 学生寮 gakuseiryō 109, 44, 1323
Studiengang 学歴 gakureki 109, 480
Studienjahr: Student im 3. ~ 三年生 sannensei 4, 45, 44
studieren 研学 kengaku 896, 109

修 SHŪ, osa(meru) 945
hart ~ 研磨 kenma 896, 1531
Studierzimmer 書斎 shosai 131, 1478
Studium 学習 gakushū 109, 591
  勉学 bengaku 735, 109
  勉強 benkyō 735, 217
  講 KŌ 783
  研究 kenkyū 896, 895
  修業 shūgyō 945, 279
  im Ausland 留学 ryūgaku 761, 109
Stufe (e-r Treppe/Leiter; Rang, Grad) 段
  DAN 362
  (Grad) 程度 teido 417, 377
  (Rang, Grad) 等級 tōkyū 569, 568
  (e-r Treppe; Rang, Grad) 段階 dankai
  362, 588
  (e-r Treppe) 階段 kaidan 588, 362
  eine ~ 一段 ichidan 2, 362
stufenweise: ~ Beförderung 累進 ruishin
  1060, 437
  Reduzierung 逓減 teigen 1937, 715
Stuhl 腰掛け koshikake 1298, 1464
stumpf (~sinnig) 鈍 DON, nibu(i) 966
  鈍感 donkan 966, 262
  werden 鈍 nibu(ru) 966
  ~er (als Waffe benutzter) Gegenstand 鈍
  器 donki 966, 527
  ~er Winkel 鈍角 donkaku 966, 473
Stumpf: (Baum-)~ 切り株 kirikabu 39, 741
Stumpfsinn 愚鈍 gudon 1642, 966
stumpfsinnig 鈍 DON, nibu(i) 966
  鈍感 donkan 966, 262
Stunde 時 JI, toki 42
  時間 jikan 42, 43
  時刻 jikoku 42, 1211
  jede ~ 毎時 maiji 116, 42
  letzte ~ 臨終 rinjū 836, 458
  pro ~ 毎時 maiji 116, 42
  über 3 ~n 三時間以上 san jikan ijō 4, 42,
  43, 46, 32
  viele ~n 長時間 chōjikan 95, 42, 43
  wieviele ~n 何時間 nanjikan 390, 42, 43
Stundenplan 時間表 jikanhyō 42, 43, 272
Stundenzeiger 短針 tanshin 215, 341
stündlich 毎時 maiji 116, 42
Stundung 猶予 yūyo 1583, 393
Stupa 塔婆 tōba 1840, 1931

stur auswendig lernen 棒暗記 bōanki 1543,
  348, 371
Sturm 暴風 bōfū 1014, 29
Sturmangriff 突貫 tokkan 898, 914
stürmen 殺到 sattō 576, 904
  (in) 突入 totsunyū 898, 52
Stürmer 前衛 zen'ei 47, 815
stürmisch (rauh) 険悪 ken'aku 533, 304
  werden/sein 荒 a(reru) 1377
Sturz 転落 tenraku 433, 839
  tödlicher (Ab-)~ 墜死 tsuishi 1132, 85
stürzen (itr.) 覆 kutsugae(ru) 1634
  (tr.) 覆 kutsugae(su) 1634
  e-e Regierung ~ 倒閣 tōkaku 905, 837
Stütze (auch i.ü.S.) 大黒柱 daikokubashira
  26, 206, 598
  支柱 shichū 318, 598
  (Rückgrat) 中堅 chūken 28, 1289
stutzen (beschneiden) 刈り込む karikomu
  1282, 776
Stutzen (Bäume/Sträucher) 枝切り edakiri
  870, 39
stützen: (unter-)~ 支 sasa(eru) 318
Stützpunkt: (Militär-)~ 基地 kichi 450, 118
  (militärischer) ~ 拠点 kyoten 1138, 169
Subjekt (gramm.) 主語 shugo 155, 67
subjektiv 主観的 shukanteki 155, 604, 210
Subkontrakt 下請け shitauke 31, 661
Subskription 予約 yoyaku 393, 211
  購読 kōdoku 1011, 244
Substantiv 名詞 meishi 82, 843
Substanz (Wesen) 本質 honshitsu 25, 176
  (Stoff) 物質 busshitsu 79, 176
Subtraktion 減法 genpō 715, 123
Subtropen 亜熱帯 anettai 1616, 645, 963
subtropische Zone 亜熱帯 anettai 1616,
  645, 963
Suche 捜索 sōsaku 989, 1059
  nach e-m Ehemann für die Tochter 婿選び
  mukoerabi 1745, 800
suchen 探 TAN, saga(su), sagu(ru) 535
  捜 SŌ, saga(su) 989
  (Rat; Arbeit, Arbeitskräfte) 求 KYŪ,
  moto(meru) 724
  (j-n, etw.; Wohnung; Arbeit) 尋 JIN,
  tazu(neru) 1082
  überall ~ 探し回る sagashimawaru 535, 90

Tafel (Übersichts-)~ 表 HYŌ 272
  (Diagramm) 図表 zuhyō 339, 272
  (Schreib-/Schul-)~ 黒板 kokuban 206,
  1047
  (Brett) 盤 BAN 1098
  (Tabelle) 一覧表 ichiranhyō 2, 1291, 272
Tafelsalz 食塩 shokuen 322, 1101
Tag 日 NICHI, JITSU, hi, -ka 5
  (festgesetzter) ~ 日取り hidori 5, 65
  (Gegensatz: Nacht) 昼 CHŪ, hiru 470
  昼間 hiruma 470, 43
  und Nacht 昼夜 chūya 470, 471
  und Stunde 日時 nichiji 5, 42
  am 3. ~ 三日目 mikkame 4, 5, 55
  am nächsten/folgenden ~ 翌日 yokujitsu
  592, 5
  am selben ~ 即日 sokujitsu 463, 5
  an e-m ~ 某日 bōjitsu 1494, 5
  den ganzen ~ 一日中 ichinichijū 2, 5, 28
  終日 shūjitsu 458, 5
  der folgende/nächste ~ 明くる日 akuru hi
  18, 5
  ein ~ 一日 ichinichi, ichijitsu 2, 5
  glücklicher ~ 吉日 kichinichi 1141, 5
  jeden ~ 毎日 mainichi 116, 5
  jeden zweiten ~ 一日置き ichinichioki 2,
  5, 426
  zwei ~e später 翌々日 yokuyokujitsu
  592, 5
  am ~e 日中 nitchū 5, 28
  am hellichten ~e 白昼に hakuchū ni 205,
  470
  vierzehn ~e 十四日 jūyokka 12, 6, 5
  wieviele ~e 何日 nannichi 390, 5
  幾日 ikunichi 877, 5
  zehn ~e 十日 tōka 12, 5
  zwanzig ~e 二十日 hatsuka 3, 12, 5
  in diesen/in den letzten ~en 昨今 sakkon
  361, 51
Tagebuch 日記 nikki 5, 371
  日誌 nisshi 5, 574
Tagesanbruch 夜明け yoake 471, 18
  暁 GYŌ, akatsuki 1658
Tagesausflug 日帰り higaeri 5, 317
Tagesordnung 議題 gidai 292, 354
  日程 nittei 5, 417
Tageszeitung 日刊紙 nikkanshi 5, 585, 180

täglich 毎日 mainichi 116, 5
  ~e Arbeit 常務 jōmu 497, 235
  das ~e Brot 日々の糧 hibi no kate 5, 1704
  das ~e Leben 日常生活 nichijō seikatsu
  5, 497, 44, 237
(Tag)Träumerei 空想 kūsō 140, 147
Tagundnachtgleiche 彼岸 higan 977, 586
  Frühlings-~ 春分(の日) shunbun (no hi)
  460, 38, 5
  Herbst-~ 秋分(の日) shūbun (no hi) 462,
  38, 5
Taifun 台風 taifū 492, 29
Taille 腰 YŌ, koshi 1298
  胴 DŌ 1300
  胴回り dōmawari 1300, 90
Taillenweite 胴回り dōmawari 1300, 90
Taiwan 台湾 Taiwan 492, 670
Takt (in der Musik) 拍子 hyōshi 1178, 103
Taktik 作戦 sakusen 360, 301
  策略 sakuryaku 880, 841
Tal 谷 KOKU, tani 653
  谷間 tanima 653, 43
  渓 KEI 1884
  enges ~ 幽谷 yūkoku 1228, 653
  渓谷 keikoku 1884, 653
  (unten) im ~ 渓間 keikan 1884, 43
  verschneites ~ 雪渓 sekkei 949, 1884
Talent 能力 nōryoku 386, 100
  才能 sainō 551, 386
  腕 WAN, ude 1299
  俊英 shun'ei 1845, 353
  großes ~ 偉才 isai 1053, 551
  鬼才 kisai 1523, 551
  hervorragendes ~ 俊才 shunsai 1845, 551
  verstecktes ~ 隠し芸 kakushigei 868, 435
Talg 脂肪 shibō 1042, 1857
Talisman お守り omamori 490
  護符 gofu 1312, 505
Tanaka: Herr(n) Akira ~ 田中明様 Tanaka
  Akira sama 35, 28, 18, 403
Tang: (Riemen-)~ 昆布 konbu, kobu 1874,
  675
T'ang-Dynastie (in China, 618 – 907) 唐 TŌ
  1697
Tang-Tee 昆布茶 kobucha 1874, 675, 251
Tankstelle 給油所 kyūyusho, kyūyujo 346,
  364, 153

Tante 叔母 oba, shukubo 1667, 112
(ältere Schwester der Eltern) 伯母 oba 1176, 112
Tantieme 印税 inzei 1043, 399
Tanz 舞 mai 810
踊 odo(ri) 1558
舞踊 buyō 810, 1558
tanzen 舞 BU, ma(u) 810
踊 YŌ, odo(ru) 1558
in Ekstase ~ 踊り狂う odorikuruu 1558, 883
Tanzen 舞踊 buyō 810, 1558
Tänzerin 踊り子 odoriko 1558, 103
舞姫 maihime 810, 1757
Tanzfächer 舞扇 maiōgi 810, 1555
Tanzlokal/saal 踊り場 odoriba 1558, 154
Tanzveranstaltung 舞踏会 butōkai 810, 1559, 158
Tao 道 DŌ, [TŌ], michi 149
Tapete 壁紙 kabegami 1489, 180
tapfer 潔 isagiyo(i) 1241
大胆 daitan 26, 1273
勇敢 yūkan 1386, 1691
kämpfen 敢闘 kantō 1691, 1511
~er Krieger 勇士 yūshi 1386, 572
Tapferkeit 武勇 buyū 1031, 1386
Tarnung 迷彩 meisai 967, 932
Taro-Kartoffel 里芋 satoimo 142, 1909
Taschen- 掌中 shōchū 499, 28
Taschenbuch: kleines und billiges ~ 文庫本 bunkobon 111, 825, 25
Taschengeld 小遣い(銭) kozukai(sen) 27, 1173, 648
Taschenlampe 懐中電灯 kaichū dentō 1408, 28, 108, 1333
Taschenmesser 小刀 kogatana 27, 37
Taschenrechner 電卓 dentaku 108, 1679
Taschenspielerei 奇術 kijutsu 1360, 187
tasten 探 TAN, sagu(ru) 535
Tastsinn 触覚 shokkaku 874, 605
Tat 業 waza 279
行為 kōi 68, 1484
auf frischer ~ 現行犯で genkōhan de 298, 68, 882
bedeutende/hervorragende ~ 偉業 igyō 1053, 279
böse ~ 悪事 akuji 304, 80

gute ~ 仁術 jinjutsu 1619, 187
篤行 tokkō 1883, 68
in die ~ umsetzen 実行 jikkō 203, 68
Tatami 畳 JŌ, tatami 1087
Tatami-Geschäft 畳屋 tatamiya 1087, 167
Tatami-Zimmer 座敷 zashiki 786, 1451
Tatbestand 事実 jijitsu 80, 203
事態 jitai 80, 387
Täter 犯人 hannin 882, 1
Tätigkeit 活動 katsudō 237, 231
活躍 katsuyaku 237, 1560
tätlich werden 殴打 ōda 1940, 1020
Tätowierung 入れ墨 irezumi 52, 1705
Tatsache 事実 jijitsu 80, 203
真実 shinjitsu 422, 203
実際 jissai 203, 618
historische ~ 史実 shijitsu 332, 203
vollendete ~ 既成(の)事実 kisei (no) jijitsu 1458, 261, 80, 203
Tau (Niederschlag) 露 tsuyu 951
(Seil) 綱 KŌ, tsuna 1609
縄 JŌ, nawa 1760
tauchen 潜 mogu(ru) 937
潜水 sensui 937, 21
Taucher 潜水夫 sensuifu 937, 21, 315
Tauen: (Auf-)~ 霜解け shimodoke 948, 474
tauglich sein 勤 tsuto(maru) 559
耐 TAI, ta(eru) 1415
Tausch 取り替え torikae 65, 744
tauschen 換 KAN, ka(eru) 1586
täuschen 欺 GI, azamu(ku) 1499
Täuschung 迷妄 meimō 967, 1376
tausend 千 SEN, chi 15
Ri 千里 senri 15, 142
Tausend-Yen-Schein 千円札 sen'ensatsu 15, 13, 1157
Technik (Ingenieurwesen) 工学 kōgaku 139, 109
(z.B. beim Judo) 技 GI, waza 871
(Kunstfertigkeit; Ingenieurwesen) 技術 gijutsu 871, 187
(Kunstfertigkeit) 技巧 gikō 871, 1627
technische Zivilisation 機械文明 kikai bunmei 528, 529, 111, 18
Tee 茶 CHA, SA 251
(schwarzer) ~ 紅茶 kōcha 820, 251
und Kuchen 茶菓 chaka, saka 251, 1535

Teehaus 喫茶店 kissaten 1240, 251, 168
Teepflanzung 茶畑 chabatake 251, 36
Teepflücken 茶摘み chatsumi 251, 1447
Teezeremonie 茶道 chadō, sadō 251, 149
    茶の湯 cha no yu 251, 632
Teezimmer (für Teezeremonie) 茶室
    chashitsu 251, 166
Teich 池 CHI, ike 119
Teil 分 BUN, BU 38
    部 BU 86
    部分 bubun 86, 38
    (e-s Textes) 箇所 kasho 1473, 153
    betroffener (kranker) ~ 患部 kanbu
    1315, 86
    der größte ~ 大部分 daibubun 26, 86, 38
    大半 taihan 26, 88
    der nördliche ~ 北部 hokubu 73, 86
    ein ~ 幾分 ikubun 877, 38
    ein ~ (von) 一部 ichibu 2, 86
    interessanter ~ (e-r Geschichte) 佳境
    kakyō 1462, 864
    (Ersatz-/Zubehör-)~e 部品 buhin 86, 230
    in gleiche ~e teilen 均分 kinbun 805, 38
Teilchen 粒子 ryūshi 1700, 103
teilen 分 wa(keru), wa(katsu) 38
    割 KATSU, wa(ru) 519
Teilhaber 社員 shain 308, 163
Teilnahme (Mitgefühl) 思いやり omoiyari
99
    (Beteiligung) 出場 shutsujō 53, 154
    (Mitgefühl) 同情 dōjō 198, 209
    (Beteiligung) 関与 kan'yo 398, 539
    (Anwesenheit) 参列 sanretsu 710, 611
    (Beteiligung) 参加 sanka 710, 709
    関係 kankei 398, 909
    an e-m Essen mit Hochgestellten 陪食
    baishoku 1943, 322
teilnehmen (beiwohnen) 臨 RIN, nozo(mu)
836
    (an) 携 tazusa(waru) 1686
Teilung 分割 bunkatsu 38, 519
    分離 bunri 38, 1281
    (Ein-)~ 区分 kubun 183, 38
Teilzahlung 分割払い bunkatsubarai 38,
    519, 582
Teilzeitarbeit 嘱託 shokutaku 1638, 1636
Telefon 電話 denwa 108, 238

Telefonbuch 電話帳 denwachō 108, 238, 1107
Telegrafenmast 電柱 denchū 108, 598
Telegramm 電報 denpō 108, 685
    aus dem Ausland 外電 gaiden 83, 108
Telegrammformular 頼信紙 raishinshi
    1512, 157, 180
Teleskop 望遠鏡 bōenkyō 673, 446, 863
Teller 皿 sara 1097
    großer ~ 大皿 ōzara 26, 1097
    kleiner ~ 小皿 kozara 27, 1097
Tellerwaschen 皿洗い saraarai 1097, 692
Tempel 寺 JI, tera 41
    僧院 sōin 1366, 614
    (berühmter ~ in Kyōto) 清水寺
    Kiyomizudera 660, 21, 41
    金閣寺 Kinkakuji 23, 837, 41
    (berühmter ~ in Nara) 法隆寺 Hōryūji
    123, 946, 41
    im Gebirge 山寺 yamadera 34, 41
    konfuzianischer ~ 聖堂 seidō 674, 496
    staatlicher Provinz-Haupt-~ 国分寺
    Kokubunji 40, 38, 41
    e-n ~/Schrein besuchen 参 mai(ru) 710
Tempelbezirk 境内 keidai 864, 84
Tempeltänzerin 舞姫 maihime 810, 1757
Temperament 肌 hada 1306
    heftiges ~ 短気 tanki 215, 134
Temperatur 温度 ondo 634, 377
Tempo (in der Musik) 拍子 hyōshi 1178, 103
Tendenz (Zeitgeist) 風潮 fūchō 29, 468
    (Neigung) 偏向 henkō 1159, 199
    (Neigung; Richtung) 傾向 keikō 1441, 199
    allgemeine ~ 大勢 taisei 26, 646
    linke ~ 左傾 sakei 75, 1441
    steigende ~ 上昇 jōshō 32, 1777
Tennis 庭球 teikyū 1112, 726
Termin (Frist) 期間 kikan 449, 43
    期限 kigen 449, 847
    letzter ~ 締め切り shimekiri 1180, 39
terrassenförmige Felder 段々畑
    dandanbatake 362, 36
Territorium 領土 ryōdo 834, 24
    領地 ryōchi 834, 118
    領域 ryōiki 834, 970
Terrorregime 恐怖政治 kyōfu seiji 1602,
    1814, 483, 493
Testament 遺言 yuigon 1172, 66

das Alte ~ 旧約(聖書) Kyūyaku (Seisho) 1216, 211, 674, 131
teuer (Ware) 高 KŌ, taka(i) 190
　(kostbar) 尊 tatto(i), tōto(i) 704
　(lieb) 懐 natsu(kashii) 1408
　wie ~ 幾ら ikura 877
Teufel 鬼 KI, oni 1523
　悪魔 akuma 304, 1528
Teufelskreis 悪循環 akujunkan 304, 1479, 865
Text (Wortlaut) 本文 honbun 25, 111
　原文 genbun 136, 111
　(Gesetzes-) 条文 jōbun 564, 111
　(zu e-m Lied) 歌詞 kashi 392, 843
　Auszug (aus e-m ~) 抄本 shōhon 1153, 25
　chinesischer ~ 漢文 kanbun 556, 111
Textbuch (zu Drama; Libretto) 台本 daihon 492, 25
　(zu Drama; Libretto; Drehbuch) 脚本 kyakuhon 1784, 25
Textilfaser 繊維 sen'i 1571, 1231
Textilien 織物 orimono 680, 79
Textilindustrie 繊維工業 sen'i kōgyō 1571, 1231, 139, 279
T-Form 丁 TEI 184
T-förmige Straßengabelung 丁字路 teijiro 184, 110, 151
Theater (Stück) 芝居 shibai 250, 171
　(Gebäude) 芝居小屋 shibai-goya 250, 171, 27, 167
　(Gebäude) 座 ZA 786
　劇場 gekijō 797, 154
(Theater)Stück 演劇 engeki 344, 797
Thema 題材 daizai 354, 552
　(~) berühren 言い及ぶ iioyobu 66, 1257
　e-r Unterhaltung 話題 wadai 238, 354
theoretisch 机上 kijō 1305, 32
Theorie 理論 riron 143, 293
　説 SETSU 400
　verschiedene ~n 諸説 shosetsu 861, 400
Therapie 治療 chiryō 493, 1322
Thermometer 寒暖計 kandankei 457, 635, 340
Thermosflasche 魔法瓶 mahōbin 1528, 123, 1161
Thron: der kaiserl. ~ 皇位 kōi 297, 122
Thronrede 勅語 chokugo 1886, 67
tief 深 SHIN, fuka(i) 536
　(~) gerührt 感激 kangeki 262, 1017

hängen 低迷 teimei 561, 967
in den Bergen 山奥 yamaoku 34, 476
verwurzelt 根強い nezuyoi 314, 217
sich ~ einprägen 銘記 meiki 1552, 371
~e Bergschlucht 幽谷 yūkoku 1228, 653
~e Gemütsbewegung 感慨 kangai 262, 1460
　感慨無量 kangai-muryō 262, 1460, 93, 411
~e Nacht 深夜 shin'ya 536, 471
der ~e Winter 真冬 mafuyu 422, 459
~er Eindruck 感銘 kanmei 262, 1552
~er Schlaf 熟睡 jukusui 687, 1071
~er werden 深 fuka(maru) 536
~es Nachdenken/Nachsinnen 沈思 chinshi 936, 99
Tiefe (horizontal: zu Höhe u. Breite; Gründlichkeit) 奥行き okuyuki 476, 68
　(vertikal) 深度 shindo 536, 377
　(Tiefsinn) 奥妙 ōmyō 476, 1154
　unergründliche ~ 幽玄 yūgen 1228, 1225
tiefrot 紅 KŌ, kurenai 820
Tiefseegraben 海溝 kaikō 117, 1012
Tiefsinn 奥妙 ōmyō 476, 1154
Tiefstand: e-n ~ erreichen 低迷 teimei 561, 967
Tier 動物 dōbutsu 231, 79
　(Unmensch) 畜生 chikushō 1223, 44
　(Tier mit Fell; Bestie) 獣 JŪ, kemono 1582
　wildes ~ 猛獣 mōjū 1579, 1582
　wildes/wildlebendes ~ 野獣 yajū 236, 1582
　~e und Pflanzen 動植物 dōshokubutsu 231, 424, 79
Tierarzt 獣医 jūi 1582, 220
Tierhalter 飼い主 kainushi 1762, 155
(tierisches) Fett 脂 SHI, abura 1042
Tierlaute (Zirpen usw.) 鳴き声 nakigoe 925, 746
Tierpark 動物園 dōbutsuen 231, 79, 447
Tierschutzgebiet 鳥獣保護区域 chōjū hogo kuiki 285, 1582, 489, 1312, 183, 970
tilgen 抹殺 massatsu 1914, 576
　抹消 masshō 1914, 845
Tinte: schwarze ~ 墨 BOKU, sumi 1705
Tisch: am grünen ~ 机上 kijō 1305, 32
　auf dem ~ 卓上 takujō 1679, 32
Tisch- 卓上 takujō 1679, 32

Tischtennis 卓球 takkyū 1679, 726
Titel (e-s Werkes) 表題 hyōdai 272, 354
   (Adels-; akadem.~) 称号 shōgō 978, 266
   (akadem. u.s.w.) ~ 肩書き katagaki 1264, 131
Titelbild 口絵 kuchie 54, 345
Titelblatt 扉 HI, tobira 1556
toben (gewalttätg sein) 暴 BŌ, aba(reru) 1014
   (See; Mob) 荒れ狂う arekuruu 1377, 883
Tobsucht 狂乱 kyōran 883, 689
Tochter 娘 musume 1752
   (Ihre) ~ お嬢さん ojōsan 1836
   (御)令嬢 (go)reijō 708, 831, 1836
   älteste ~ 長女 chōjo 95, 102
   geliebte ~ 愛嬢 aijō 259, 1836
Tod 死 SHI 85
   死去 shikyo 85, 414
   逝去 seikyo 1396, 414
   des Kaisers 崩御 hōgyo 1122, 708
   durch den Strang 縛り首 shibarikubi 1448, 148
   絞首刑 kōshukei 1452, 148, 887
   der sichere ~ 必死 hisshi 520, 85
   ehrenvoller ~ 玉砕 gyokusai 295, 1710
   plötzlicher ~ 急逝 kyūsei 303, 1396
   tragischer/gewaltsamer ~ 惨死 zanshi 1725, 85
   seinem Herrn in den ~ folgen 殉死 junshi 1799, 85
   nach dem ~e 死後 shigo 85, 48
   zum ~e Verurteilter 死刑囚 shikeishū 85, 887, 1195
Todesstrafe 死刑 shikei 85, 887
Todesstunde 臨終 rinjū 836, 458
Todesursache 死因 shiin 85, 554
todkrank 危篤 kitoku 534, 1883
tödlich: ~e Wunde/Verletzung 致命傷 chimeishō 903, 578, 633
   ~er (Ab)Sturz 墜死 tsuishi 1132, 85
Tofu 豆腐 tōfu 958, 1245
Toilette 便所 benjo 330, 153
   (お)手洗い (o)tearai 57, 692
   洗面所 senmenjo 692, 274, 153
Toilettengegenstände 化粧品 keshōhin 254, 1699, 230
Toilettenspiegel 鏡台 kyōdai 863, 492

Toilettenzimmer 化粧室 keshōshitsu 254, 1699, 166
Tōkyō: (die Stadtpräfektur) ~ 東京(都) Tōkyō(-to) 71, 189, 188
   (Haupt)Bahnhof ~ 東京駅 Tōkyō-eki 71, 189, 284
   nach ~ fahren 上京 jōkyō 32, 189
Tōkyō-Yokohama 京浜 Kei-Hin 189, 785
Toleranz 許容 kyoyō 737, 654
   包容力 hōyōryoku 804, 654, 100
   寛大 kandai 1050, 26
   寛容 kan'yō 1050, 654
   我慢 gaman 1302, 1410
Tollkühnheit 蛮勇 ban'yū 1879, 1386
Tombola 福引き fukubiki 1379, 216
Ton (Laut) 調子 chōshi 342, 103
   音 ON, IN, oto, ne 347
   音響 onkyō 347, 856
   (Erde) 粘土 nendo 1707, 24
Tonaufnahme 録音 rokuon 538, 347
Tonfigur 塑像 sozō 1838, 740
   彫塑 chōso 1149, 1838
(Ton)Intervall 音程 ontei 347, 417
Tonleiter 音階 onkai 347, 588
Tonstufe 音程 ontei 347, 417
Topf 鉢 HACHI 1820
Töpfer 陶工 tōkō 1650, 139
Töpferware 瀬戸物 setomono 1513, 152, 79
Töpferwerkstatt 窯元 kamamoto 1789, 137
Topfpflanze 植木 ueki 424, 22
Topografie 地誌 chishi 118, 574
Tor (Tür) 木戸 kido 22, 152
   門 MON, kado 161
   門口 kadoguchi 161, 54
   関門 kanmon 398, 161
Torf 泥炭 deitan 1621, 1344
Torflügel 門扉 monpi 161, 1556
Torgebäude: zweistöckiges ~ 楼門 rōmon 1841, 161
Torheit 愚劣 guretsu 1642, 1150
Torpedo 魚雷 gyorai 290, 952
tot 亡 na(i) 672
   ~e Sprache 死語 shigo 85, 67
   ~er Baum 枯れ木 kareki 974, 22
Tote und Verletzte 死傷者 shishōsha 85, 633, 164
töten 殺 SATSU, koro(su) 576

討ち取る uchitoru 1018, 65
Totenbett 臨終 rinjū 836, 458
Toter 死人 shinin 85, 1
(Verkehrstote usw.) 死亡者 shibōsha 85, 672, 164
totschlagen 殴り殺す nagurikorosu 1940, 576
die Zeit ~ 暇つぶし himatsubushi 1064
totschweigen 黙殺 mokusatsu 1578, 576
Tour 巡回 junkai 777, 90
Tourismus 観光 kankō 604, 138
Tournee 巡業 jungyō 777, 279
Trachten 抱負 hōfu 1285, 510
Tradition 伝統 dentō 434, 830
träge 鈍 DON, nibu(i) 966
鈍重 donjū 966, 227
緩慢 kanman 1089, 1410
怠惰 taida 1297, 1743
tragen (befördern) 運 hako(bu) 439
(Früchte) ~ 結 KETSU, musu(bu) 485
(auf dem Rücken; Verantwortung) 負 o(u) 510
(Kleidung) 着 ki(ru), tsu(keru) 657
(Kleider) 召 SHŌ, me(su) 995
(Kleidung) 装 SŌ, SHŌ, yosō(u) 1328
(in der Hand) 携 KEI, tazusa(eru) 1686
Früchte ~ 実 mino(ru) 203
j-n auf den Schultern ~ 胴揚げ, 胴上げ dōage 1300, 631, 1300, 32
Träger von Krankheitserregern 保菌者 hokinsha 489, 1222, 164
Trägheit 不精, 無精 bushō 94, 659, 93, 659
惰性 dasei 1743, 98
惰気 daki 1743, 134
惰眠 damin 1743, 849
tragisch 悲壮 hisō 1034, 1326
~er Tod 惨死 zanshi 1725, 85
Tragödie 悲劇 higeki 1034, 797
Trainer 監督 kantoku 1663, 1670
trainieren 錬成 rensei 1816, 261
修錬 shūren 945, 1816
鍛 TAN, kita(eru) 1817
鍛錬 tanren 1817, 1816
gut ~ 鍛え上げる kitaeageru 1817, 32
Training 指導 shidō 1041, 703
Träne 涙 RUI, namida 1239
~n der Rührung 感涙 kanrui 262, 1239

bittere ~n 血涙 ketsurui 789, 1239
durch ~n erweichen 泣き落とす nakiotosu 1236, 839
zu ~n gerührt werden 感泣 kankyū 262, 1236
unter ~n überreden 泣き落とす nakiotosu 1236, 839
tränenerstickte Stimme 泣き声 nakigoe 1236, 746
涙声 namidagoe 1239, 746
Tränengas 催涙ガス sairuigasu 1317, 1239
tränken 浸 hita(su) 1078
Transfer 肩代わり katagawari 1264, 256
transitives Verb (他)動詞 tadōshi 120, 231, 843
Transplantation 移植 ishoku 1121, 424
Transport 運送 unsō 439, 441
運輸 un'yu 439, 546
輸送 yusō 546, 441
運搬 unpan 439, 1722
transportieren 搬送 hansō 1722, 441
Transportkosten 運賃 unchin 439, 751
Transzendenz 超越 chōetsu 1000, 1001
Trauer 悲嘆 hitan 1034, 1246
悲哀 hiai 1034, 1675
哀愁 aishū 1675, 1601
喪 SŌ, mo 1678
追悼 tsuitō 1174, 1680
哀悼 aitō 1675, 1680
忌中 kichū 1797, 28
Trauerflor 喪章 moshō 1678, 857
Trauerkleidung 喪服 mofuku 1678, 683
trauern 嘆 TAN, nage(ku) 1246
弔 CHŌ, tomura(u) 1796
Trauerspiel 悲劇 higeki 1034, 797
Trauerweide 枝垂れ柳 shidare yanagi 870, 1070, 1871
Trauerzeit 喪中 mochū 1678, 28
忌中 kichū 1797, 28
Trauerzug 葬列 sōretsu 812, 611
Traum 夢 MU, yume 811
nicht (einmal) im ~ 夢にも yume nimo 811
schlechter ~ 悪夢 akumu 304, 811
Traum(bild) 幻想 gensō 1227, 147
Träume 夢幻 mugen 811, 1227
träumen 夢を見る yume o miru 811, 63
Träumerei 夢想 musō 811, 147

(Tag-)~ 空想 kūsō 140, 147
traurig 憂 u(i) 1032
悲 HI, kana(shii) 1034
~e Geschichte 哀話 aiwa 1675, 238
treffen (Ziel) 当 TŌ, a(teru), a(taru) 77
(begegnen) 会 E, a(u) 158
(zufällig) begegnen/~ 出会う deau 53, 158
sich ~ 寄 KI, yo(ru) 1361
Treffen 対面 taimen 365, 274
遇 GŪ 1641
遭遇 sōgū 1643, 1641
formelles ~ zweier Heiratskandidaten （お）
見合い (o)miai 63, 159
treffend 適切 tekisetsu 415, 39
Treibeis 流氷 ryūhyō 247, 1206
treiben: (dahin-/umher-)~ 漂 HYŌ, tadayo(u)
924
(auf dem Meer) 漂流 hyōryū 924, 247
(an-)~ 駆 ka(ru) 1882
an Land ~ 漂着 hyōchaku 924, 657
Treibhaus 温室 onshitsu 634, 166
Trend 潮流 chōryū 468, 247
勢 SEI, ikio(i) 646
trennen 割 KATSU, wa(ru) 519
離 hana(su) 1281
(ab-)~ 割 sa(ku) 519
sich ~ 離 RI, hana(reru) 1281
Trennung (getrennt leben) 別居 bekkyo
267, 171
(Wort-; Rassen-; usw.) 分離 bunri 38, 1281
Treppe 段 DAN 362
階段 kaidan 588, 362
Treppenabsatz 踊り場 odoriba 1558, 154
Tresor 金庫 kinko 23, 825
treten 踏 TŌ, fu(mu) 1559
treu (redlich) 誠意 seii 718, 132
(loyal) 忠実 chūjitsu 1348, 203
克明 kokumei 1372, 18
Treue (Loyalität) 忠 CHŪ 1348
忠誠 chūsei 1348, 718
(Untertanen) ~ 忠義 chūgi 1348, 291
(eheliche; Prinzipien~) 操 misao 1655
(Keuschheit; Prinzipien~) 節操 sessō
464, 1655
weibliche ~ 貞節 teisetsu 1681, 464
貞淑 teishuku 1681, 1668
Treuhandwesen 信託 shintaku 157, 1636

Tribüne 演壇 endan 344, 1839
Tribut 貢ぎ(物) mitsugi(mono) 1719, 79
zahlen 貢 KŌ, mitsu(gu) 1719
jährlicher ~ 年貢 nengu 45, 1719
Trick 細工 saiku 695, 139
謀略 bōryaku 1495, 841
Trieb (Instinkt) 本能 honnō 25, 386
Trieb(Handlung) 衝動(行為) shōdō (kōi)
1772, 231, 68, 1484
Triebkraft 動力 dōryoku 231, 100
Trimester 学期 gakki 109, 449
trinken 飲 IN, no(mu) 323
喫する kissuru 1240
allein ~ 独酌 dokushaku 219, 1863
nach Herzenslust ~ 満喫 mankitsu 201,
1240
Trinker: tüchtiger ~ 酒仙 shusen 517, 1891
Trinkgelage 酒宴 shuen 517, 640
Trinkgeld 駄賃 dachin 1880, 751
Trinkschale (für Reiswein) 杯 HAI, sakazuki
1155
Trinkspruch 乾杯 kanpai 1190, 1155
Trinkwasser 飲み水 nomimizu 323, 21
飲料水 inryōsui 323, 319, 21
Tritt (Schritt) 歩調 hochō 431, 342
Trittstein 飛び石 tobiishi 530, 78
triumphieren 勝ち誇る kachihokoru 509,
1629
über j-n ~ 見返す mikaesu 63, 442
~d 意気揚々 ikiyōyō 132, 134, 631
trocken (fade, geistlos) 無味乾燥 mumi-
kansō 93, 307, 1190, 1656
werden 干 KAN, hi(ru) 584
乾 kawa(ku) 1190
乾燥 kansō 1190, 1656
~er Strand 干潟 higata 584, 1626
Trockenapparat 乾燥器 kansōki 1190,
1656, 527
Trockenbatterie 乾電池 kandenchi 1190,
108, 119
Trockengestell 物干し monohoshi 79, 584
Trockenperiode 乾季 kanki 1190, 465
trocknen (tr.) 干 ho(su) 584
(lassen) 枯 ka(rasu) 974
(itr.) 乾 kawa(ku) 1190
(tr.) 乾 KAN, kawa(kasu) 1190
(tr./itr.) 乾燥 kansō 1190, 1656

Trommel 太鼓 taiko 629, 1147
Trommelfell 鼓膜 komaku 1147, 1426
Trommler 鼓手 koshu 1147, 57
Trompetenmuschel ほら貝 horagai 240
Tropen 熱帯 nettai 645, 963
tropfen 垂 SUI, ta(reru) 1070
　滴 shitata(ru) 1446
　(herunter-)~ 滴下 tekika 1446, 31
Tropfen 滴 TEKI, shizuku 1446
　点滴 tenteki 169, 1446
Tropfinjektion 点滴 tenteki 169, 1446
Tropfsteinhöhle 鐘乳洞 shōnyūdō 1821, 939,
　1301
Trost 慰安 ian 1618, 105
　慰問 imon 1618, 162
trösten 慰 I, nagusa(meru) 1618
trübe 鈍 DON, nibu(i) 966
　Strömung 濁流 dakuryū 1625, 247
　werden 潤 uru(mu) 1203
trüben 濁 nigo(su) 1625
　sich ~ 曇 DON, kumo(ru) 637
　濁 DAKU, nigo(ru) 1625
Trübsinn 陰気 inki 867, 134
Trübung 混濁 kondaku 799, 1625
Trugbild 幻 GEN, maboroshi 1227
Truppe 部隊 butai 86, 795
　~n 軍隊 guntai 438, 795
　兵隊 heitai 784, 795
　~n zurückziehen 撤兵 teppei 1423, 784
　feindliche ~n 敵軍 tekigun 416, 438
Truppführer 班長 hanchō 1381, 95
Tsubo: 20.000 ¥ pro ~ 坪二万円 tsubo
　niman en 1896, 3, 16, 13
　pro ~ 坪当たり tsuboatari 1896, 77
Tsunami 津波 tsunami 668, 666
Tuberkulose (肺)結核 (hai)kekkaku 1277,
　485, 1212
Tuch 布 FU, nuno 675
　織物 orimono 680, 79
tüchtig 敏腕 binwan 1735, 1299
　~er Beamter 能吏 nōri 386, 1007
　~er Handwerker 名匠 meishō 82, 1359
　~er Mann 働き者 hatarakimono 232, 164
　~er Trinker 酒仙 shusen 517, 1891
Tüchtigkeit 腕前 udemae 1299, 47
　手腕 shuwan 57, 1299
Tugend (Vorzug) 美点 biten 401, 169

(Charakter) 徳 TOKU 1038
(Güte) 仁徳 jintoku 1619, 1038
(Ehre, Teue) 操 misao 1655
der Bescheidenheit 謙譲の美徳 kenjō no
　bitoku 1687, 1013, 401, 1038
　mangelnde ~ 不徳 futoku 94, 1038
　persönliche ~ 人徳 jintoku, nintoku 1, 1038
　weibliche ~en 淑徳 shukutoku 1668, 1038
Tugendbold: langweiliger ~ 石部金吉
　Ishibe Kinkichi 78, 86, 23, 1141
tugendhaft 善良 zenryō 1139, 321
Tumult 騒動 sōdō 875, 231
　großer ~ 大騒ぎ ōsawagi 26, 875
tumultartig 騒然 sōzen 875, 651
tun 成 na(su) 261
　(bescheiden) 致 CHI, ita(su) 903
Tupfer 班点 hanten 1381, 169
Tür 戸 KO, to 152
　扉 HI, tobira 1556
Türeingang 戸口 toguchi 152, 54
Turm 塔 TŌ 1840
　楼閣 rōkaku 1841, 837
　体操 taisō 61, 1655
Türschild 表札, 標札 hyōsatsu 272, 1157,
　923, 1157
Türwächter 玄関番 genkanban 1225, 398, 185
Tusche 墨 BOKU, sumi 1705
　墨汁 bokujū 1705, 1794
Tuschstein 墨 BOKU, sumi 1705
Tuschzeichnung 水墨画 suibokuga 21, 1705,
　343
　墨絵 sumie 1705, 345
Tüte 袋 TAI, fukuro 1329
Type (Zeichenform) 字体 jitai 110, 61
　(Druck-)~ 活字 katsuji 237, 110
typisch 類型的 ruikeiteki 226, 888, 210
Typus 標本 hyōhon 923, 25
　柄 HEI, gara 985
　neuer ~ 新式 shinshiki 174, 525
Tyrannei 専横 sen'ō 600, 781
tyrannisch 暴虐 bōgyaku 1014, 1574

– U –

U-Bahn 地下鉄 chikatetsu 118, 31, 312
übel: üble Nachrede 悪口 akkō, warukuchi
　304, 54
Übel 弊害 heigai 1782, 518

altes ~ 旧弊 kyūhei 1216, 1782
Wurzel des ~s 禍根 kakon 1809, 314
Übelkeit 吐き気 hakike 1253, 134
übelnehmen 恨 KON, ura(mu) 1755
übelriechend 臭 SHŪ, kusa(i) 1244
üben 修錬 shūren 945, 1816
  鍛 TAN, kita(eru) 1817
  鍛錬 tanren 1817, 1816
über (mehr als) 以上 ijō 46, 32
  20 Jahre 二十余年 nijūyonen 3, 12, 1063,
  45
  3 Stunden 三時間以上 san jikan ijō 4, 42,
  43, 46, 32
  dem Kopf 頭上 zujō 276, 32
  j-n triumphieren 見返す mikaesu 63, 442
  sich selbst nachdenken 省 SEI, kaeri(miru)
  145
Über- 超 CHŌ 1000
überall 至る所 itaru tokoro 902, 153
  軒並 nokinami 1187, 1165
  suchen 探し回る sagashimawaru 535, 90
Überblick 概略 gairyaku 1459, 841
überblicken 見渡す miwatasu 63, 378
  望 BŌ, MŌ, nozo(mu) 673
  (Zeit) ~ 時間稼ぎ jikan kasegi 42, 43,
  1750
(überdachter) Gang 廊下 rōka 981, 31
überdrüssig werden (e-r Sache) 飽 HŌ,
  a(kiru) 1763
Übereifer 勇み足 isamiashi 1386, 58
übereilen: sich ~ 早 haya(maru) 248
  焦 ase(ru) 999
  慌 KŌ, awa(teru) 1378
Übereiliger 慌て者 awatemono 1378, 164
übereilt 慌 awa(tadashii) 1378
übereinanderliegen 重 kasa(naru) 227
Übereinkunft 申し合わせ mōshiawase 309,
  159
Übereinstimmung (von Meinungen) 合意
  gōi 159, 132
  (durch Anpassung) 適合 tekigō 415, 159
  (von Meinungen/Fakten) 符合 fugō 505,
  159
  (von Meinungen/Wort u. Tat) 一致 itchi
  2, 903
  合致 gatchi 159, 903
Überfall (militär.) 来襲 raishū 69, 1575

(militär.; durch e-e Bande) 殴り込み
  nagurikomi 1940, 776
überfallen 襲 SHŪ, oso(u) 1575
Überfischen 乱獲 rankaku 689, 1313
Überfluß 充満 jūman 828, 201
  余裕 yoyū 1063, 1391
überflüssig 余計 yokei 1063, 340
  蛇足 dasoku 1875, 58
  ~e Worte 冗語 jōgo 1614, 67
  ~er Beamter 冗員 jōin 1614, 163
Überflutung 水浸し mizubitashi 21, 1078
überfordern 酷使 kokushi 1711, 331
überfüllt 超満員 chōman'in 1000, 201, 163
Übergabe (Kapitulation) 開城 kaijō 396, 720
  降伏 kōfuku 947, 1356
Übergangszeit 過渡期 katoki 413, 378, 449
übergeben 渡 wata(su) 378
  手渡す tewatasu 57, 378
  sich ~ 戻 modo(su) 1238
  吐 TO, ha(ku) 1253
  吐き出す hakidasu 1253, 53
übergießen 浴 a(biseru) 1128
überhaupt nicht 全然 zenzen 89, 651
überholen 追い越す oikosu 1174, 1001
  抜 BATSU, nu(ku) 1713
überhören 聞き漏らす kikimorasu 64, 1806
überlassen 任 maka(seru), maka(su) 334
  譲 JŌ, yuzu(ru) 1013
  dem Zufall ~ 放置 hōchi 512, 426
überleben 生き残る ikinokoru 44, 650
überlegen sein 卓越 takuetsu 1679, 1001
Überlegenheit 優勢 yūsei 1033, 646
Überlegung 思案 shian 99, 106
  考察 kōsatsu 541, 619
  考慮 kōryo 541, 1384
überliefern 伝 DEN, tsuta(eru) 434
überliefert werden 伝 tsuta(waru) 434
Überlieferung 伝説 densetsu 434, 400
  伝承 denshō 434, 942
Übermacht 優勢 yūsei 1033, 646
übermäßig 過度 kado 413, 377
  殊の外 koto no hoka 1505, 83
  ~es Fischen 乱獲 rankaku 689, 1313
übermitteln 伝 DEN, tsuta(eru) 434
übermittelt werden 伝 tsuta(waru) 434
Übermittlung 逓送 teisō 1937, 441
übermorgen 明後日 myōgonichi 18, 48, 5

翌々日 yokuyokujitsu 592, 5
übernächste Woche 再来週 saraishū 782, 69, 92
übernachten 宿 yado(ru) 179
泊 HAKU, to(maru) 1177
Übernachtung 宿泊 shukuhaku 179, 1177
eine ~ 一泊 ippaku 2, 1177
Übernachtungsgebühr 泊り賃 tomarichin 1177, 751
Übernahme 肩代わり katagawari 1264, 256
Überproduktion 濫作 ransaku 1944, 360
überqueren 横切る yokogiru 781, 39
越 ko(eru) 1001
e-n Paß ~ 峠を越す tōge o kosu 1351, 1001
Überquerung 横断 ōdan 781, 1024
überraschen 驚 odoro(kasu) 1778
überraschend 不意 fui 94, 132
überrascht sein 驚 KYŌ, odoro(ku) 1778
Überraschung 仰天 gyōten 1056, 141
überreden 説 ZEI, to(ku) 400
唆 SA, sosonoka(su) 1846
unter Tränen ~ 泣き落とす nakiotosu 1236, 839
überreichen 手渡す tewatasu 57, 378
überreicht: Ergebenst ~ vom Verfasser 謹呈 kintei 1247, 1590
Überreichung 授与 juyo 602, 539
(feierliche) ~ 献上 kenjō 1355, 32
Überrest 残り物 nokorimono 650, 79
余剰 yojō 1063, 1068
Überreste (Archäologie) 遺跡 iseki 1172, 1569
historische ~ 史跡 shiseki 332, 1569
übersättigen 飽 a(kasu) 1763
Überschallgeschwindigkeit 超音速 chōonsoku 1000, 347, 502
Überschlag (Salto) 宙返り chūgaeri 991, 442
(ungefährer) ~ 概算 gaisan 1459, 747
Überschneidung 重複 chōfuku, jūfuku 227, 916
überschreiten 渡 TO, wata(ru) 378
超 ko(eru), ko(su) 1000
越 ETSU, ko(su), ko(eru) 1001
余 YO, ama(ru) 1063
Überschreitung 超過 chōka 1000, 413
Überschrift 見出し midashi 63, 53
表題 hyōdai 272, 354

Überschuß 超過 chōka 1000, 413
過剰 kajō 413, 1068
余剰 yojō 1063, 1068
剰余(金) jōyo(kin) 1068, 1063, 23
überschütten 浴 a(biseru) 1128
Überschwemmung 大水 ōmizu 26, 21
水害 suigai 21, 518
水浸し mizubitashi 21, 1078
浸水 shinsui 1078, 21
洪水 kōzui 1435, 21
Übersee 海外 kaigai 117, 83
übersehen 見渡す miwatasu 63, 378
勘弁 kanben 1502, 711
(versehentlich/bewußt) ~ 見逃す minogasu 63, 1566
übersetzen 翻訳 hon'yaku 596, 594
Übersetzer 訳者 yakusha 594, 164
Übersetzung 訳 YAKU 594
翻訳 hon'yaku 596, 594
auszugsweise ~ 抄訳 shōyaku 1153, 594
englische ~ 英訳 eiyaku 353, 594
vollständige ~ 全訳 zen'yaku 89, 594
wörtliche ~ 逐語訳 chikugoyaku 1134, 67, 594
Übersicht 概括 gaikatsu 1459, 1260
tabellarische ~ 一覧表 ichiranhyō 2, 1291, 272
überspannt 矯激 kyōgeki 1925, 1017
Überspielung 録音 rokuon 538, 347
überspringender Funke 飛び火 tobihi 530, 20
übersteigen 越 ETSU, ko(su) 1001
Überstunden 残業 zangyō 650, 279
überstürzen: sich ~ 慌 KŌ, awa(teru) 1378
überstürzt 慌 awa(tadashii) 1378
übertragen 譲り渡す yuzuriwatasu 1013, 378
Übertragung (Radio/Fernsehen) 中継 chūkei 28, 1025
übertreffen (Erwartungen) 上回る uwamawaru 32, 90
越 ETSU, ko(su) 1001
優 YŪ, sugu(reru) 1033
秀 SHŪ, hii(deru) 1683
(j-n) 勝 masa(ru) 509
übertreiben 過 KA, su(giru) 413
Übertreibung 誇大 kodai 1629, 26
誇張 kochō 1629, 1106

übertreten (Gesetz) 犯 HAN, oka(su) 882
Übertretung (Gesetz) 違反 ihan 814, 324
übertrieben 過度 kado 413, 377
  ~es Lob 過褒 kahō 413, 803
  (~es) Selbstbewußtsein 自負 jifu 62, 510
überwältigend 圧倒的 attōteki 1342, 905, 210
Überweisung 送金 sōkin 441, 23
  振り替え furikae 954, 744
überwiegend: die ~e Mehrheit 大多数 daitasū 26, 229, 225
überwinden 突破 toppa 898, 665
  越 ko(eru) 1001
Überwindung 克服 kokufuku 1372, 683
Überwurf: j. ~ 羽織 haori 590, 680
überzähliges Personal 剰員 jōin 1068, 163
Überzeugung 所信 shoshin 153, 157
  確信 kakushin 603, 157
  (Prinzip, auch religiös) 信条 shinjō 157, 564
  (Prinzip) 信念 shinnen 157, 579
  religiöse ~ 信仰 shinkō 157, 1056
üblich 従来 jūrai 1482, 69
  ~e Form(el) 紋切り形, 紋切り型 monkirigata 1454, 39, 395, 1454, 39, 888
U-Boot 潜水艦 sensuikan 937, 21, 1665
übrig sein 余 YO, ama(ru) 1063
übrigbleiben 残 ZAN, noko(ru) 650
übriglassen 残 noko(su) 650
  余 ama(su) 1063
Übung 練習 renshū 743, 591
  (asketische) ~ 修行 shūgyō 945, 68
Ufer 岸 GAN, kishi 586
  水際 mizugiwa 21, 618
  anderes/gegenüberliegendes ~ 対岸 taigan 365, 586
Uhr 時計 tokei 42, 340
  ein ~ 一時 ichiji 2, 42
  wieviel ~ 何時 nanji 390, 42
  vier ~ nachmittags 午後四時 gogo yoji 49, 48, 6, 42
Ultra- 極端 kyokutan 336, 1418
ultraviolette Strahlen 紫外線 shigaisen 1389, 83, 299
um: ~ diese Zeit 今ごろ imagoro 51
  ein Haar 間一髪 kan'ippatsu 43, 2, 1148
  etw. kämpfen 争 SŌ, araso(u) 302

Umarbeitung (e-s Buches) 改訂 kaitei 514, 1019
umarmen 抱 HŌ, da(ku), ida(ku) 1285
  抱擁 hōyō 1285, 1715
  sich/einander ~ 抱き合う dakiau 1285, 159
Umbau 改築 kaichiku 514, 1603
Umbettung 改葬 kaisō 514, 812
Umbildung: (Kabinetts-)~ 更迭 kōtetsu 1008, 1507
umdrehen: sich ~ 振り返る furikaeru 954, 442
Umdrehung 旋回 senkai 1005, 90
(um)fallen 倒 TŌ, tao(reru) 905
umfallen 覆 kutsugae(ru) 1634
  e-r nach dem anderen ~ 将棋倒し shōgidaoshi 627, 1835, 905
Umfang (Länge) 周 SHŪ, mawa(ri) 91
  (Ausmaß) 程度 teido 417, 377
  (Länge) 周囲 shūi 91, 1194
  (Ausmaß) 規模 kibo 607, 1425
umfangreich 広範 kōhan 694, 1092
umfassen 含 GAN, fuku(mu) 1249
  包含 hōgan 804, 1249
  網羅 mōra 1612, 1860
umfassend 包括的 hōkatsuteki 804, 1260, 210
  ~e Bildung 博学 hakugaku 601, 109
  ~e Kenntnisse 該博な知識 gaihaku na chishiki 1213, 601, 214, 681
Umgang 交際 kōsai 114, 618
Umgangssprache 俗語 zokugo 1126, 67
umgeben 取り巻く torimaku 65, 507
  囲 I, kako(mu), kako(u) 1194
  取り囲む torikakomu 65, 1194
Umgebung (räumlich) 周 SHŪ, mawa(ri) 91
  近所 kinjo 445, 153
  (enge Vertraute) 側近者 sokkinsha 609, 445, 164
  (räumlich) 辺 HEN, ata(ri), -be 775
  近辺 kinpen 445, 775
  (Milieu, Umwelt) 環境 kankyō 865, 864
  (Milieu; räumlich) 周囲 shūi 91, 1194
  (Milieu) 境遇 kyōgū 864, 1641
  (räumlich) 付近, 附近 fukin 192, 445, 1843, 445
  nähere ~ e-r Stadt 郊外 kōgai 817, 83
  近郊 kinkō 445, 817
Umgegend 近郷 kingō 445, 855

umgehen (mit) 取り扱う toriatsukau 65, 1258
Umgehen 回避 kaihi 90, 1491
umgekehrt 逆 GYAKU, saka 444
umgetauscht werden 換 ka(waru) 1586
umgraben 掘り返す horikaesu 1803, 442
Umgruppierung 再編成 saihensei 782, 682, 261
Umguß 改鋳 kaichū 514, 1551
umherlaufen 走り回る hashirimawaru 429, 90
　駆け回る kakemawaru 1882, 90
(umher)schlendern 徐歩 joho 1066, 431
umhersuchen 捜し回る sagashimawaru 989, 90
umhertreiben 漂 HYŌ, tadayo(u) 924
Umherziehen 流浪 rurō 247, 1753
Umkehrung 逆転 gyakuten 444, 433
　倒錯 tōsaku 905, 1199
umkippen 覆 kutsugae(ru) 1634
Umkleideraum 更衣室 kōishitsu 1008, 677, 166
　脱衣所 datsuisho, datsuijo 1370, 677, 153
Umkreis (Milieu; Umgebung) 周辺 shūhen 91, 775
Umkreis (Umgebung) 周囲 shūi 91, 1194
Umlauf (Geld, Waren) 流通 ryūtsū 247, 150
　(Information) 回覧 kairan 90, 1291
　ein ~ (Kreisbahn) 一周 isshū 2, 91
Umprägung 改鋳 kaichū 514, 1551
umranken 絡 RAKU, kara(mu), kara(maru) 840
Umrechnung 換算 kansan 1586, 747, 788
Umrechnungskurs 換算率 kansanritsu 1586, 747, 788
Umriß 外郭 gaikaku 83, 1673
　輪郭 rinkaku 1164, 1673
Umschlag (warmer/kalter) 湿布 shippu 1169, 675
　(Brief-)~ 封筒 fūtō 1463, 1472
　(bei Kleidungsstück) 襟 KIN, eri 1537
umschlagen (Seite) 繰 ku(ru) 1654
Umschließung 包囲 hōi 804, 1194
umschreiben 書き直す kakinaosu 131, 423
umsehen: sich 振り返る furikaeru 954, 442
umsetzen: in die Tat ~ 実行 jikkō 203, 68
umsichtig 慎重 shinchō 1785, 227
　慎み深い tsutsushimibukai 1785, 536

sein 慎 SHIN, tsutsushi(mu) 1785
umsonst (unentgeltlich) 無償 mushō 93, 971
　無報酬 muhōshū 93, 685, 1864
Umstände 事情 jijō 80, 209
　始末 shimatsu 494, 305
　訳 wake 594
　経緯 keii 548, 1054
　(persönliche Verhältnisse) 都合 tsugō 188, 159
Umstandskleid 妊婦服 ninpufuku 955, 316, 683
umsteigen 乗り換える norikaeru 523, 1586
Umstellung 切り替え kirikae 39, 744
　転換 tenkan 433, 1586
Umsturz 転覆 tenpuku 433, 1634
(um)stürzen 倒 tao(su) 905
Umtausch 取り替え torikae 65, 744
　交換 kōkan 114, 1586
umtauschen 替 TAI, ka(eru) 744
　換 KAN, ka(eru) 1586
Umwälzung 変革 henkaku 257, 1075
Umwandlung 変換 henkan 257, 1586
Umweg 回り道 mawarimichi 90, 149
Umwelt 環境 kankyō 865, 864
　周囲 shūi 91, 1194
Umweltverschmutzung 公害 kōgai 126, 518
umwerfen 転 koro(gasu) 433
　倒 tao(su) 905
umziehen 引っ越す hikkosu 216, 1001
　移 I, utsu(ru) 1121
　sich ~ 着替える kigaeru, kikaeru 657, 744
Umzug 移転 iten 1121, 433
un- 無 MU, BU, na(i) 93
　不 FU, BU 94
　非 HI 498
unabhängig 自立 jiritsu 62, 121
　没交渉 bokkōshō 935, 114, 432
Unabhängigkeit 自主 jishu 62, 155
　独立 dokuritsu 219, 121
Unabhängigkeitserklärung 独立宣言 dokuritsu sengen 219, 121, 625, 66
unähnlich (s-m Vater) 不肖 fushō 94, 844
unangenehm 不愉快 fuyukai 94, 1598, 1409
　(~) kalt 肌寒い hadasamui 1306, 457
Unannehmlichkeit 不自由 fujiyū 94, 62, 363
unanständig 卑俗 hizoku 1521, 1126
unbarmherzige Hitze 酷暑 kokusho 1711, 638

unbeachtet lassen 無視 mushi 93, 606
unbedeutend (geringfügig) 零細 reisai
1823, 695
　厘毛 rinmō 1900, 287
　~er Mensch 小人 shōjin 27, 1
unbedingt 絶対 zettai 742, 365
　是非 zehi 1591, 498
　nicht ~ 必ずしも…ない kanarazu shimo
　… nai 520
unbedruckte Spalte 空欄 kūran 140, 1202
unbegrenzt (Raum, Zeit, Menge, Gefühle)
　無限 mugen 93, 847
　(Menge) 無尽蔵 mujinzō 93, 1726, 1286
unbegründeter Argwohn 邪推 jasui 1457,
1233
unbeholfen 拙劣 setsuretsu 1801, 1150
unbekannt (anonym; obskur) 無名 mumei
93, 82
　(fremd) 未知 michi 306, 214
　(unklar, nicht identifiziert) 不詳 fushō
94, 1577
　(anonym; (noch) nicht bekannt) 未詳
mishō 306, 1577
　~e Krankheit 奇病 kibyō 1360, 380
unbelebte Natur 木石 bokuseki 22, 78
unbequem (unpraktisch, ungünstig) 不便
fuben 94, 330
unberechnetes Exemplar 献呈本 kenteibon
1355, 1590, 25
unberührt (kühl) 冷徹 reitetsu 832, 1422
unbeschriebenes Papier 白紙 hakushi 205,
180
unbesetzte Stelle 欠員 ketsuin 383, 163
Unbesonnenheit 勇み足 isamiashi 1386, 58
Unbeständigkeit 曲折 kyokusetsu 366, 1394
Unbestechlichkeit 清廉 seiren 660, 1689
unbestimmt (unentschieden) 未定 mitei
306, 355
　(vage) 漠然 bakuzen 1427, 651
　(zweideutig, unklar) 紛 magi(rawashii)
1702
unbeteiligt 没交渉 bokkōshō 935, 114, 432
unbeugsam 不屈 fukutsu 94, 1802
　頑強 gankyō 1848, 217
unbewohnte Insel 無人島 mujintō 93, 1, 286
unbrauchbar 無用 muyō 93, 107
und 並 nara(bi ni) 1165

及 oyo(bi) 1257
且 ka(tsu) 1926
auch 又 mata 1593
so weiter その他 sonota 120
undankbarer Mensch 恩知らず onshirazu
555, 214
Undank(barkeit) 忘恩 bōon 1374, 555
Undankbarkeit 恩知らず onshirazu 555, 214
uneben 凹凸 ōtotsu 1893, 1892
uneheliches Kind 庶子 shoshi 1766, 103
unendlich 無限 mugen 93, 847
　weit 広漠 kōbaku 694, 1427
unentbehrlich 必携 hikkei 520, 1686
unentgeltlich 無償 mushō 93, 971
　無報酬 muhōshū 93, 685, 1864
　~e ärztliche Behandlung 施療 seryō
1004, 1322
unentschieden (offen) 未定 mitei 306, 355
　~e Frage 懸案 ken'an 911, 106
unentschlossen 優柔不断 yūjū-fudan 1033,
774, 94, 1024
unentschuldigt 無届け mutodoke 93, 992
unergründliche Tiefe 幽玄 yūgen 1228, 1225
unerhört (beispiellos) 前代未聞 zendai
mimon 47, 256, 306, 64
unerläßlich 不可欠 fukaketsu 94, 388, 383
unerschöpflich 無尽蔵 mujinzō 93, 1726, 1286
unerschrocken 果敢 kakan 487, 1691
unerschütterlich 不屈 fukutsu 94, 1802
Unerschütterlichkeit 泰然自若 taizen jijaku
1545, 651, 62, 544
unerträglich heiß 暑苦しい atsukurushii
638, 545
unerwartet (wider Erwarten) 意外 igai
132, 83
　(plötzlich) 突然 totsuzen 898, 651
　(überraschend) 漂然 hyōzen 924, 651
　(plötzlich) 突如 totsujo 898, 1747
　~es Zusammentreffen 奇遇 kigū 1360, 1641
Unfall 事故 jiko 80, 173
　間違い machigai 43, 814
　災害 saigai 1335, 518
　災難 sainan 1335, 557
　遭難 sōnan 1643, 557
Unfallopfer 遭難者 sōnansha 1643, 557, 164
unfrei 気詰まり kizumari 134, 1142
unfruchtbar 不毛 fumō 94, 287

不妊 funin 94, 955
Unfug 乱暴 ranbō 689, 1014
悪戯 akugi, itazura 304, 1573
ungebildeter Mann 匹夫 hippu 1500, 315
Ungeduld 焦慮 shōryo 999, 1384
焦燥 shōsō 999, 1656
ungeduldig: ~ sein 煮 ni(yasu) 1795
werden 焦 ase(ru) 999
ungefähr 前後 zengo 47, 48
約 YAKU 211
3km/kg 約三キロ yaku sankiro 211, 4
(~er) Überschlag 概算 gaisan 1459, 747
ungehemmt 奔放 honpō 1659, 512
Ungeheuer 怪物 kaibutsu 1476, 79
怪獣 kaijū 1476, 1582
Ungehorsam gegenüber den Eltern (親)不孝
(oya) fukō 175, 94, 542
ungemein 甚 JIN, hanaha(da), hanaha(dashii)
1501
ungenügend 不十分 fujūbun 94, 12, 38
gekocht 生煮え namanie 44, 1795
gesalzen 甘 KAN, ama(i) 1492
ungenutzt 遊休 yūkyū 1003, 60
ungerade Zahl 奇数 kisū 1360, 225
ungerecht 不当 futō 94, 77
Ungerechtigkeit 不正 fusei 94, 275
ungern tun 惜 o(shimu) 765
渋 shibu(ru) 1693
ungesatteltes Pferd 裸馬 hadakauma 1536,
283
ungeschickt 下手 heta 31, 57
不器用, 無器用 bukiyō 94, 527, 107, 93,
527, 107
拙劣 setsuretsu 1801, 1150
~es Vorgehen 拙作 sessaku 1801, 360
ungeschliffen 粗野 soya 1084, 236
野暮 yabo 236, 1428
ungeschminktes Gesicht 素顔 sugao 271, 277
ungeschriebenes Gesetz 不文律 fubunritsu
94, 111, 667
ungesellig 朴とつ bokutotsu 1466
ungesetzlich 非合法 higōhō 498, 159, 123
違法 ihō 814, 123
ungestüm 激 GEKI, hage(shii) 1017
ungesund 不健康 fukenkō 94, 893, 894
ungewöhnlich 異常 ijō 1061, 497
珍 CHIN, mezura(shii) 1215

甚 JIN, hanaha(da), hanaha(dashii) 1501
殊の外 koto no hoka 1505, 83
ungezogener Junge 憎まれっ子 nikumarekko
1365, 103
ungezwungene Unterhaltung 談笑 danshō
593, 1235
Unglaube 不信 fushin 94, 157
Unglück (Pech; Not) 不運 fuun 94, 439
(Leid; Mißgeschick) 不幸 fukō 94, 684
(Übel, Unheil) 災 SAI, wazawa(i) 1335
(Unheil) 災害 saigai 1335, 518
(Pech, Mißgeschick) 災難 sainan 1335, 557
(Mißgeschick) 遭難 sōnan 1643, 557
unglückbringend: für Frauen ~es
Geburtsjahr 丙午 hinoeuma 984, 49
unglücklich 憂 u(i) 1032
~e Liebe 失恋 shitsuren 311, 258
悲恋 hiren 1034, 258
Unglücksfall 惨事 sanji 1725, 80
Unglücksjahr 厄年 yakudoshi 1341, 45
Unglückstag 厄日 yakubi 1341, 5
Ungültigkeit 無効 mukō 93, 816
unheilbare Krankheit 難病 nanbyō 557, 380
unheimlich 不気味 bukimi 94, 134, 307
奇怪 kikai 1360, 1476
空恐ろしい soraosoroshii 140, 1602
怖 FU, kowa(i) 1814
Unhöflichkeit 無礼 burei 93, 620
失礼 shitsurei 311, 620
非礼 hirei 498, 620
Universität 大学 daigaku 26, 109
Tōkyō 東京大学 Tōkyō Daigaku 71, 26
Universitätsabschluß 卒業 sotsugyō 787, 279
Universitätsabsolvent 学士 gakushi 109, 572
Universum 宇宙 uchū 990, 991
大宇宙 daiuchū 26, 990, 991
Unkeuschheit 不貞 futei 94, 1681
unklar 灰色 haiiro 1343, 204
Unkosten 費用 hiyō 749, 107
経費 keihi 548, 749
Unkraut 雑草 zassō 575, 249
unlogisch 筋違い sujichigai, sujikai 1090, 814
Unmenge 巨万 kyoman 1293, 16
unmenschlich 非人間的 hiningenteki 498,
1, 43, 210
残虐 zangyaku 650, 1574
unmittelbar vor 寸前 sunzen 1894, 47

unmöglich 不可能 fukanō 94, 388, 386
Unmöglichkeit 無理 muri 93, 143
unmoralisch 不倫 furin 94, 1163
unmusikalisch 音痴 onchi 347, 1813
unnachgiebig 強硬 kyōkō 217, 1009
  ~er Geist 負けん気 makenki 510, 134
  負けじ魂 makeji-damashii 510, 1525
unnormal 異常 ijō 1061, 497
unnötig 無用 muyō 93, 107
  蛇足 dasoku 1875, 58
UNO (Abk.f. _Kokusai Rengō_) 国連 Kokuren
  40, 440
Unordnung 乱 RAN 689
  混乱 konran 799, 689
  無秩序 muchitsujo 93, 1508, 770
unparteiisch 不偏(不党) fuhen (futō) 94, 1159,
  94, 495
Unparteilichkeit 是々非々 zeze-hihi 1591,
  498
unpolierter Reis 玄米 genmai 1225, 224
unpraktisch 不便 fuben 94, 330
Unrecht 不正 fusei 94, 275
unredlich erworbenes Geld 悪銭 akusen
  304, 648
Unregelmäßigkeit (Abweichung) 変則
  hensoku 257, 608
unreif (auch i.ü.S.) 青 SEI, ao(i), ao 208
  (auch i.ü.S.) 未熟 mijuku 306, 687
unrein 不潔 fuketsu 94, 1241
Unreinlichkeit 不浄 fujō 94, 664
Unruhe 不安 fuan 94, 105
  懸念 kenen 911, 579
  動揺 dōyō 231, 1648
  nervöse ~ 焦燥 shōsō 999, 1656
  innere ~ während e-r Reise 旅愁 ryoshū
  222, 1601
Unruhen 乱 RAN 689
  innere ~ 内乱 nairan 84, 689
unsauber 不潔 fuketsu 94, 1241
Unschuld 操 misao 1655
unschuldig 潔白 keppaku 1241, 205
  (~e) Gefühle/Seele e-s Mädchens 娘心
  musumegokoro 1752, 97
unser 我 GA, ware, wa 1302
  (bescheidenes Präfix) 弊 HEI 1782
  Land 我が国 wagakuni 1302, 40
  ~e Firma 本社 honsha 25, 308

弊社 heisha 1782, 308
Unsinn 愚劣 guretsu 1642, 1150
unsittlich 不倫 furin 94, 1163
unsterblich 不朽 fukyū 94, 1628
untätig bleiben 雌伏 shifuku 1388, 1356
Untätigkeit 無為 mui 93, 1484
  安閑 ankan 105, 1532
unteilbar 不可分 fukabun 94, 388, 38
unten 下 KA, GE, shita, moto 31
  (~) im Tal 渓間 keikan 1884, 43
unter (weniger als) 以下 ika 46, 31
  未満 miman 306, 201
  dem Gefrierpunkt 氷点下 hyōtenka
  1206, 169, 31
  freiem Himmel 露天で roten de 951, 141
  Kontrolle bringen 収拾 shūshū 757, 1445
  Null 零下 reika 1823, 31
  Tränen überreden 泣き落とす nakiotosu
  1236, 839
  der ~e Teil 下 shimo 31
  die ~en Gliedmaßen 下肢 kashi 31, 1146
  Fett ~ der Haut 皮下脂肪 hika shibō
  975, 31, 1042, 1857
Unterabteilung 支部 shibu 318, 86
unterbrechen 止 to(meru) 477
  絶 ta(tsu) 742
  遮 SHA, saegi(ru) 1767
Unterbrechung 休止 kyūshi 60, 477
  遮断 shadan 1767, 1024
Unterbringung 収容 shūyō 757, 654
unterdrücken 治 osa(meru) 493
  抑 YOKU, osa(eru) 1057
  抑制 yokusei 1057, 427
unterdrückt werden 治 osa(maru) 493
Unterdrückung 迫害 hakugai 1175, 518
  抑圧 yokuatsu 1057, 1342
  圧迫 appaku 1342, 1175
  討伐 tōbatsu 1018, 1509
  鎮圧 chin'atsu 1786, 1342
Untergang (Ruin, Vernichtung) 没落
  botsuraku 935, 839
  (Schiff; Insel) 沈没 chinbotsu 936, 935
  (Ruin, Vernichtung) 破滅 hametsu 665,
  1338
  (Ruin, Zusammenbruch) 滅亡 metsubō
  1338, 672
  (Zusammenbruch) 衰亡 suibō 1676, 672

(Qualität) 優劣 yūretsu 1033, 1150
himmelweiter ~ 雲泥の差 undei no sa
636, 1621, 658
unterschlagen: mit ~en Geldern verschwinden
拐帯 kaitai 1916, 963
Unterschlagung 着服 chakufuku 657, 683
横領 ōryō 781, 834
Unterschrift 署名 shomei 860, 82
und Siegel 落款 rakkan 839, 1727
(unter)stützen 支 sasa(eru) 318
unterstützen 後押し atooshi 48, 986
擁立 yōritsu 1715, 121
j-n (finanziell) ~ 貢 KŌ, mitsu(gu) 1719
Unterstützung 裏付け urazuke 273, 192
支持 shiji 318, 451
救済 kyūsai 725, 549
賛助 sanjo 745, 623
後ろ盾 ushirodate 48, 772
補助 hojo 889, 623
後援 kōen 48, 1088
援助 enjo 1088, 623
応援 ōen 827, 1088
援護 engo 1088, 1312
奨励 shōrei 1332, 1340
厄介 yakkai 1341, 453
扶助 fujo 1721, 623
(e-r Familie) 扶養 fuyō 1721, 402
untersuchen 調 CHŌ, shira(beru) 342
査 SA 624
究 KYŪ, kiwa(meru) 895
(ärztlich) 診 SHIN, mi(ru) 1214
Untersuchung (Erforschung, Prüfung) 取り
調べ torishirabe 65, 342
(Prüfung, Nachforschung) 検察 kensatsu
531, 619
(Nachforschung; Erforschung) 調査 chōsa
342, 624
(Prüfung, Durchsuchung) 検査 kensa
531, 624
(wissenschaftlich) 研究 kenkyū 896, 895
(Nachforschung; Durchsuchung) 捜査
sōsa 989, 624
(Erforschung) 検討 kentō 531, 1018
(Nachforschung) 探索 tansaku 535, 1059
(genaue Prüfung/Erforschung) 吟味 ginmi
1250, 307
(Prüfung) 審査 shinsa 1383, 624

(vor Ort: historisch; Feldstudie) 踏査
tōsa 1559, 624
ärztliche ~ 検診 kenshin 531, 1214
診察 shinsatsu 1214, 619
genaue ~ 糾明 kyūmei 1703, 18
gründliche ~ 糾問 kyūmon 1703, 162
Untersuchungs- 未決 miketsu 306, 356
Untersuchungsgefangener 未決囚
miketsushū 306, 356, 1195
Untertan 臣下 shinka 835, 31
臣民 shinmin 835, 177
(Untertanen)Treue 忠義 chūgi 1348, 291
Untertanentreue 恭順 kyōjun 1434, 769
Untertasse 受け皿 ukezara 260, 1097
fliegende ~ 空飛ぶ円盤 soratobu enban
140, 530, 13, 1098
untertauchen 没入 botsunyū 935, 52
Untertitel 副題 fukudai 714, 354
Unterwäsche 下着 shitagi 31, 657
肌着 hadagi 1306, 657
unterwegs 途中 tochū 1072, 28
Unterweisung 教訓 kyōkun 245, 771
unterwerfen 従 shitaga(eru) 1482
sich ~ 従 JŪ, shitaga(u) 1482
Unterwerfung 征服 seifuku 1114, 683
討伐 tōbatsu 1018, 1509
征伐 seibatsu 1114, 1509
鎮圧 chin'atsu 1786, 1342
Unterwürfigkeit 服従 fukujū 683, 1482
Unterzeichnung 署名 shomei 860, 82
調印 chōin 342, 1043
Untiefe 瀬 se 1513
浅瀬 asase 649, 1513
Untreue 不信 fushin 94, 157
背信 haishin 1265, 157
不貞 futei 94, 1681
Unveränderlichkeit 不変 fuhen 94, 257
不易 fueki 94, 759
unverblümt 赤裸々 sekirara 207, 1536
unverdientes Lob 過褒 kahō 413, 803
unverfälscht 精粋 seisui 659, 1708
unvergänglich 不朽 fukyū 94, 1628
~es Meisterwerk 不朽の名作 fukyū no
meisaku 94, 1628, 82, 360
Unvergänglichkeit 永続 eizoku 1207, 243
unvergleichlich 絶倫 zetsurin 742, 1163
unverheiratet 独身 dokushin 219, 59

未婚 mikon 306, 567
unverletzlich 不死身 fujimi 94, 85, 59
unvermeidlich 必至 hisshi 520, 902
不可避 fukahi 94, 388, 1491
Unvermeidlichkeit 必然 hitsuzen 520, 651
Unvernunft 無理 muri 93, 143
unveröffentlicht 未刊行 mikankō 306, 585, 68
unverschämt 奇怪 kikai 1360, 1476
無恥 muchi 93, 1690
破廉恥 harenchi 665, 1689, 1690
Unverschämtheit 厚顔 kōgan 639, 277
unverständlicher Dialog 禅問答 zen mondō 1540, 162, 160
unverwundbar 不死身 fujimi 94, 85, 59
unverzüglich 猶予なく yūyonaku 1583, 393
unvollendet 未完成 mikansei 306, 613, 261
unvorbereitet (improvisiert) 即席 sokuseki 463, 379
unvorhergesehen 意外 igai 132, 83
unwahr 虚偽 kyogi 1572, 1485
Unwandelbarkeit 不易 fueki 94, 759
unwesentlich 厘毛 rinmō 1900, 287
Unwissender 盲 MŌ, mekura 1375
Unwohlsein 疾患 shikkan 1812, 1315
unwürdig (s-s Vaters) 不肖 fushō 94, 844
unzivilisiert (wild) 未開 mikai 306, 396
Unzufriedenheit 不満 fuman 94, 201
不平 fuhei 94, 202
unzulänglich 不十分 fujūbun 94, 12, 38
貧弱 hinjaku 753, 218
unzureichend 乏 BŌ, tobo(shii) 754
üppig 豊満 hōman 959, 201
滋 JI 1549
wachsen 茂 MO, shige(ru) 1467
生い茂る oishigeru 44, 1467
~es Wachstum 繁茂 hanmo 1292, 1467
(ur)alte Zeit 太古 taiko 629, 172
Uraufführung 初演 shoen 679, 344
urbar gemachtes Land 開墾地 kaikonchi 396, 1136, 118
Urbarmachung 開墾 kaikon 396, 1136
開拓 kaitaku 396, 1833
Urbild 原型 genkei 136, 888
Ureinwohner 土人 dojin 24, 1
原住民 genjūmin 136, 156, 177
Urenkel ひ孫 himago 910
そう孫 sōson 910

Urheber (Schöpfer) 元祖 ganso 137, 622
Urheberrecht 版権 hanken 1046, 335
Urinieren 排尿 hainyō 1036, 1869
Urlaub 暇 KA, hima 1064
休暇 kyūka 60, 1064
賜暇 shika 1831, 1064
urologische Abteilung 泌尿器科 hinyōkika 1870, 1869, 527, 320
Ursache 元 GAN, moto 137
故 yue 173
由 YU, YŪ, yoshi 363
事由 jiyū 80, 363
理由 riyū 143, 363
原因 gen'in 136, 554
誘因 yūin 1684, 554
und Wirkung 因果 inga 554, 487
Ursprung 本 HON, moto 25
由来 yurai 363, 69
起原 kigen 373, 136
基 KI, moto, motoi 450
源 GEN, minamoto 580
根源 kongen 314, 580
起源 kigen 373, 580
(Wurzel) 根 ne 314
e-r heißen Quelle 湯元 yumoto 632, 137
ursprünglich 本来 honrai 25, 69
原 GEN 136
der ~e Plan/Entwurf 原案 gen'an 136, 106
Ursprünglichkeit 独創 dokusō 219, 1308
Urstoff 元素 genso 137, 271
Urteil 判断 handan 1026, 1024
(Jura, Sport) 審判 shinpan 1383, 1026
(Gerichts-)~ 判決 hanketsu 1026, 356
裁決 saiketsu 1123, 356
(früheres ~) aufheben 破棄 haki 665, 962
fällen 裁 SAI, saba(ku) 1123
klares ~ 明察 meisatsu 18, 619
Urteilskraft 判断力 handanryoku 1026, 1024, 100
Urteilsspruch 判決 hanketsu 1026, 356
Urwald 原生林 genseirin 136, 44, 127
Urzeit 大昔 ōmukashi 26, 764
USA アメリカ合衆国 Amerika Gasshūkoku 159, 792, 40
(Abk.) 米 BEI 224
usw. 等 TŌ 569
Uterus 子宮 shikyū 103, 721

– V –

Vademekum 必携 hikkei 520, 1686
Vagabundieren 浮浪 furō 938, 1753
vage 漠然 bakuzen 1427, 651
Vakanz 欠員 ketsuin 383, 163
Vakuum 空白 kūhaku 140, 205
　真空 shinkū 422, 140
Vandalismus 破壊 hakai 665, 1407
Variation 変種 henshu 257, 228
Vasall 家来 kerai 165, 69
　~en 郎等, 郎党 rōtō, rōdō 980, 569, 980, 495
Vase 花瓶 kabin 255, 1161
Vater 父 FU, chichi 113
　お父さん otōsan 113
　(Stamm-)~ 元祖 ganso 137, 622
　und Kind 父子 fushi 113, 103
　und Mutter 父母 fubo, chichihaha 113, 112
　und Sohn 父子 fushi 113, 103
　der verstorbene ~ 亡父 bōfu 672, 113
Vaterland 祖国 sokoku 622, 40
　für das ~ sterben 殉国 junkoku 1799, 40
Vaterlandsliebe 愛国心 aikokushin 259, 40, 97
väterlicherseits 父方 chichikata 113, 70
Vaterunser 主の祈り shu no inori 155, 621
vegetarisch: ~e Kost 菜食 saishoku 931, 322
　~es Gericht 菜食 saishoku 931, 322
Vegetation 草木 sōmoku, kusaki 249, 22
vegetatives Nervensystem 自律神経 jiritsu shinkei 62, 667, 310, 548
Vene 脈 MYAKU 913
　静脈 jōmyaku 663, 913
Ventilator 扇風機 senpūki 1555, 29, 528
Venus (Stern) 明星 myōjō 18, 730
verabredet: schon ~ (sein) 先約(がある) sen'yaku (ga aru) 50, 211
Verabredung 申し合わせ mōshiawase 309, 159
　約束 yakusoku 211, 501
verabscheuen 嫌 KEN, kira(u) 1688
　忌 KI, i(mu) 1797
verachten 卑 HI, iya(shimeru), iya(shimu) 1521
　侮 BU, anado(ru) 1736
Verachtung 侮べつ bubetsu 1736

軽侮 keibu 547, 1736
Verallgemeinerung 一般化 ippanka 2, 1096, 254
veralten 廃 HAI, suta(reru), suta(ru) 961
veraltet 昔の事 mukashi no koto 764, 80
　旧式 kyūshiki 1216, 525
　~es Wort 古語 kogo 172, 67
Veranda 縁 EN 1131
　縁側 engawa 1131, 609
verändern 変 ka(eru) 257
　sich ~ 変 HEN, ka(waru) 257
　変遷 hensen 257, 921
verändert werden 改 arata(maru) 514
Veränderung 変化 henka 257, 254
　変更 henkō 257, 1008
Veranlagung (Anlage, Natur) 性分 shōbun 98, 38
　(Hang) 性癖 seiheki 98, 1490
veranlassen 誘 YŪ, saso(u) 1684
Veranschlagung 評価 hyōka 1028, 421
veranstalten 催 SAI, moyō(su) 1317
　開催 kaisai 396, 1317
Veranstaltung 催し物 moyōshimono 1317, 79
verantwortlich: ~e Leitung 担任 tannin 1274, 334
　~e Person 係 kakari 909
　係員 kakariin 909, 163
　~er Leiter 主任 shunin 155, 334
Verantwortung (Haftung) 責任 sekinin 655, 334
　(Zuständigkeit) 担当 tantō 1274, 77
　Befreiung von der ~ 免責 menseki 733, 655
　schwere ~ 重責 jūseki 227, 655
　die ~ übernehmen 引責 inseki 216, 655
Verarbeitung (e-s Produkts) 加工 kakō 709, 139
Verarmung 疲弊 hihei 1321, 1782
Verb 動詞 dōshi 120, 231, 843
　transitives ~ 他動詞 tadōshi 120, 231, 843
Verband (Binde) 包帯 hōtai 804, 963
　angegliederter ~ 外郭団体 gaikaku dantai 83, 1673, 491, 61
Verbannung 放逐 hōchiku 512, 1134
　追放 tsuihō 1174, 512
verbergen 覆 FUKU, ō(u) 1634
　紛 magi(rasu), magi(rawasu) 1702

隠匿 intoku 868, 1771
sich ~ 潜伏 senpuku 937, 1356
verbessern (Text) 正 tada(su) 275
朱筆を加える shuhitsu o kuwaeru 1503, 130, 709
verbessert: vermehrt und ~ (Auflage) 増訂 zōtei 712, 1019
~e Auflage 改訂版 kaiteiban 514, 1019, 1046
Verbesserung (Reform; Korrektur) 改正 kaisei 514, 275
  (Reform) 改良 kairyō 514, 321
  (Aufschwung) 増進 zōshin 712, 437
  (Revision) 補正 hosei 889, 275
  (Nachbesserung) 修正 shūsei 945, 275
  (Korrektur) 訂正 teisei 1019, 275
  (Reform) 改善 kaizen 514, 1139
verbeugen: sich ~ 伏 FUKU, fu(su) 1356
verbieten 断 kotowa(ru) 1024
verbinden (miteinander) 連 tsura(neru) 440
Verbindung (Vereinigung) 連合 rengō 440, 159
  (Vereinigung, Fusion) 結合 ketsugō 485, 159
  (Vereinigung; Gemeinsamkeit) 結束 kessoku 485, 501
  (Verknüpfung; Verkehr: Anschluß) 接続 setsuzoku 486, 243
  (Synthese) 総合 sōgō 697, 159
  (Telefon; Verkehr) 連絡 renraku 440, 840
  (Zusammenhang, Verhältnis) 連係 renkei 440, 909
verborgen (latent) 陰性 insei 867, 98
潜在 senzai 937, 268
  bleiben 雌伏 shifuku 1388, 1356
  liegen 潜 hiso(mu) 937
  sein 潜伏 senpuku 937, 1356
  ~e Absicht 魂胆 kontan 1525, 1273
  ~es Riff 暗礁 anshō 348, 1768
Verbot 禁制 kinsei 482, 427
禁止 kinshi 482, 477
  strenges/striktes ~ 厳禁 genkin 822, 482
  Aufhebung e-s ~s 解禁 kaikin 474, 482
verboten: Nach rechts abbiegen ~! 右折禁止 usetsu kinshi 76, 1394, 482, 477
  Rauchen ~! 禁煙 kin'en 482, 919
  ~e Liebe 道ならぬ恋 michi naranu koi

149, 258
  ~e Sache 禁物 kinmotsu 482, 79
Verbrauch 消耗 shōmō 845, 1197
Verbraucher 消費者 shōhisha 845, 749, 164
Verbrechen (Straftat) 犯行 hankō 882, 68
  (Vergehen) 罪 ZAI, tsumi 885
  (Delikt) 犯罪 hanzai 882, 885
  (Gewalttat) 凶行 kyōkō 1280, 68
  Verhütung/Bekämpfung von ~ 防犯 bōhan 513, 882
Verbrecher 罪人 zainin 885, 1
  (juristisch) 犯人 hannin 882, 1
verbreiten 広 hiro(meru) 694
拡 KAKU 1113
  sich ~ (Religion; Gerücht) 広 hiro(maru) 694
  sich ~ (Bildung, Ideen) 普及 fukyū 1166, 1257
Verbreitung (Tiere, Pflanzen) 分布 bunpu 38, 675
  (nationales Prestige) 伸張 shinchō 1108, 1106
  weite ~ 配布 haifu 515, 675
(ver)brennen (tr.) 焼 ya(ku) 920
verbrennen (itr./tr.) 燃 mo(yasu), mo(su) 652
  (tr.) 炊 SUI, ta(ku) 1791
Verbrennungsmotor 内燃機関 nainen kikan 84, 652, 528, 398
verbringen 過 su(gosu) 413
  (die Nacht) ~ 明 a(kasu) 18
verbunden: (sehr) ~ sein 幸甚 kōjin 684, 1501
  j-m ~ sein 恐縮 kyōshuku 1602, 1110
Verdacht 不審 fushin 94, 1383
疑惑 giwaku 1516, 969
嫌疑 kengi 1688, 1516
  hegen 疑 GI, utaga(u) 1516
verdächtig 怪 KAI, aya(shii) 1476
  ~e Person 容疑者 yōgisha 654, 1516, 164
verdächtigen 怪 aya(shimu) 1476
verdammt 罰当たり bachiatari 886, 77
忌 i(mawashii) 1797
verdampfen 蒸発 jōhatsu 943, 96
Verdauung 消化 shōka 845, 254
verderben (Lebensmittel) 腐 FU, kusa(ru), kusa(reru) 1245
  (Waren) 痛 TSŪ, ita(mu) 1320

Verderbnis (sittlich) 腐敗 fuhai 1245, 511
verdienen: (seinen Unterhalt) ~ 稼 KA,
kase(gu) 1750
Verdienst 功労 kōrō 818, 233
功業 kōgyō 818, 279
功績 kōseki 818, 1117
勲功 kunkō 1773, 818
großes ~ 功名 kōmyō 818, 82
große/hervorragende ~e 偉勲 ikun 1053,
1773
hervorragende ~e 殊勲 shukun 1505, 1773
langjährige ~e 年功 nenkō 45, 818
verdoppeln 倍にする bai ni suru 87
Verdoppelung (Menge) 倍加 baika 87, 709
(einzelnes Objekt) 重複 chōfuku, jūfuku
227, 916
verdorben werden (Charakter) 擦 su(reru)
1519
verdrehen (Arm; Sinn) 曲 ma(geru) 366
verdrießlich 忌 i(mawashii) 1797
verdünnen 薄 usu(meru) 1449
verdunsten 蒸発 jōhatsu 943, 96
Veredelung 枝接ぎ edatsugi 870, 486
verehren 祭 SAI, matsu(ru) 617
尊 SON, tatto(bu), tōto(bu) 704
仰 GYŌ, ao(gu) 1056
拝 HAI, oga(mu) 1201
奉 HŌ, tatematsu(ru) 1541
Verehrte Anwesende! 皆さん minasan 587
Verehrung 敬意 keii 705, 132
尊敬 sonkei 704, 705
崇敬 sūkei 1424, 705
崇拝 sūhai 1424, 1201
敬慕 keibo 705, 1431
Verein 協会 kyōkai 234, 158
Vereinbarung 協定 kyōtei 234, 355
妥結 daketsu 930, 485
Vereinheitlichung 統一 tōitsu 830, 2
vereinigen (Personen) 糾合 kyūgō 1703, 159
Vereinigte Staaten von Amerika アメリカ合
衆国 Amerika Gasshūkoku 159, 792, 40
Vereinigung (Fusion: Firmen, Parteien) 合同
gōdō 159, 198
(Verband) 連合 rengō 440, 159
(Fusion: Parteien; Zusammenschluß: Orte,
Stadtteile) 結合 ketsugō 485, 159
(Bund) 団結 danketsu 491, 485

結束 kessoku 485, 501
(Bund, Union) 連盟 renmei 440, 717
(z.B. Deutschlands 1990) 統一 tōitsu
830, 2
(Fusion: Parteien; Zusammenschluß: Orte,
Stadtteile) 併合 heigō 1162, 159
Vereinsmitglied 会員 kaiin 158, 163
Vereinssatzungen 会則 kaisoku 158, 608
Vererbung (materiell) 相続 sōzoku 146, 243
(biologisch) 遺伝 iden 1172, 434
verfahren 計 haka(rau) 340
Verfahren 手続き tetsuzuki 57, 243
Verfall 下り坂 kudarizaka 31, 443
没落 botsuraku 935, 839
退廃 taihai 846, 961
滅亡 metsubō 1338, 672
衰亡 suibō 1676, 672
衰微 suibi 1676, 1419
(Lebensmittel) 腐食 fushoku 1245, 322
verfallen 廃 HAI, suta(reru), suta(ru) 961
朽 KYŪ, ku(chiru) 1628
寂 sabi(reru) 1669
衰 SUI, otoro(eru) 1676
verfälschen 偽 GI, itsuwa(ru) 1485
verfassen 著 CHO, arawa(su) 859
(Gedicht) 詠 EI, yo(mu) 1209
Verfassen e-s Gedichts 詠歌 eika 1209, 392
Verfasser 筆者 hissha 130, 164
著者 chosha 859, 164
Verfassung 憲法 kenpō 521, 123
Verfassungsänderung 改憲 kaiken 514, 521
Verfassungsbruch 違憲 iken 814, 521
verfassungsmäßig 立憲 rikken 121, 521
Verfassungsurkunde 憲章 kenshō 521, 857
verfassungswidrig 違憲 iken 814, 521
verfaulen 腐 FU, kusa(ru), kusa(reru) 1245
朽 KYŪ, ku(chiru) 1628
腐朽 fukyū 1245, 1628
/verderben lassen 腐 kusa(rasu) 1245
verfechten 唱 SHŌ, tona(eru) 1646
verfehlen 外 hazu(reru), hazu(su) 83
verfeinern 洗練 senren 692, 743
verfeinert 高尚 kōshō 190, 1853
~er Geschmack 渋味 shibumi 1693, 307
Verflechtung 交錯 kōsaku 114, 1199
verflucht 罰当たり bachiatari 886, 77
忌 i(mawashii) 1797

verflüchtigen: sich ~ (z.B. Alkohol) 揮発
kihatsu 1652, 96
Verflüssigung 液化 ekika 472, 254
(ver)folgen 逐 CHIKU 1134
verfolgen 追 TSUI, o(u) 1174
(mit den Augen) 見守る mimamoru 63,
490
Verfolgung 迫害 hakugai 1175, 518
(e-s Verbrechers/Ziels) 追求 tsuikyū
1174, 724
Verfolgungswahn 被害妄想 higai mōsō
976, 518, 1376, 147
verfrachten 搭載 tōsai 1915, 1124
verfrüht 尚早 shōsō 1853, 248
時機尚早 jiki-shōsō 42, 528, 1853, 248
verführen 誘 YŪ, saso(u) 1684
唆 SA, sosonoka(su) 1846
釣 CHŌ, tsu(ru) 1862
Verführung 誘惑 yūwaku 1684, 969
Vergangenheit (individuell) 前身 zenshin
47, 59
(historisch; individuell; grammatisch) 過去
kako 413, 414
(individuell) 経歴 keireki 548, 480
und Gegenwart 今昔 konjaku 51, 764
vergeben (verzeihen) 勘弁 kanben 1502, 711
vergeblich 無益 mueki 93, 716
無駄 muda 93, 1880
~e Mühe/Anstrengung 徒労 torō 430,
233
~es Warten 待ちぼうけ machibōke 452
Vergebung 御免 gomen 708, 733
容赦 yōsha 654, 1570
堪弁 kanben 1913, 711
vergehen 過 KA, su(giru) 413
去 KYO, KO, sa(ru) 414
経 he(ru) 548
Vergehen (Missetat) 悪事 akuji 304, 80
(juristisch) 犯行 hankō 882, 68
früheres ~ 旧悪 kyūaku 1216, 304
Vergeltungsmaßnahmen 報復措置 hōfuku
sochi 685, 917, 1200, 426
vergessen 忘 BŌ, wasu(reru) 1374
忘れ物 wasuremono 1374, 79
忘却 bōkyaku 1374, 1783
momentan ~ 度/胴忘れ do/dōwasure
377, 1374, 1300, 1374

Vergessenheit: in ~ geraten 埋没 maibotsu
1826, 935
Vergeßlichkeit 健忘(症) kenbō(shō) 893,
1374, 1318
Vergeudung 浪費 rōhi 1753, 749
濫費 ranpi 1944, 749
vergewissern: sich ~ 確 tashi(kameru) 603
vergießen 流 naga(su) 247
Vergiftung (Erkrankung) 中毒 chūdoku
28, 522
(Giftmord) 毒殺 dokusatsu 522, 576
Vergleich 対比 taihi 365, 798
対照 taishō 365, 998
比較 hikaku 798, 1453
(gütlicher) ~ 和解 wakai 124, 474
außergerichtlicher ~ 示談 jidan 615, 593
vergleichen 例 tato(eru) 612
比 kura(beru) 798
見比べる mikuraberu 63, 798
~de Literaturwissenschaft 比較文学
hikaku bungaku 798, 1453, 111, 109
vergleichsweise 比較的 hikakuteki 798, 1453,
210
Vergnügen 悦楽 etsuraku 1368, 358
愉快 yukai 1598, 1409
vergnügliche Unterhaltung 歓談 kandan
1052, 593
vergnügt: sehr ~ 満悦 man'etsu 201, 1368
Vergnügung 娯楽 goraku 1437, 358
Vergnügungsschiff 遊覧船 yūransen 1003,
1291, 376
Vergnügungsviertel 歓楽街 kanrakugai 1052,
358, 186
vergraben 埋 u(meru) 1826
vergriffen 売り切れ urikire 239, 39
vergrößern (Foto) 引き延ばす hikinobasu
216, 1115
Vergrößerung (optisch) 倍率 bairitsu 87, 788
(Foto; Pupille, Herzkammer; optisch) 拡大
kakudai 1113, 26
(Geschäft; Herz) 拡張 kakuchō 1113, 1106
Vergünstigung: besondere ~ 特典 tokuten
282, 367
Vergütung 報償 hōshō 685, 971
verhaften 逮捕 taiho 891, 890
Verhaftung 捕縛 hobaku 890, 1448
拘留 kōryū 1800, 761

heftiges ~ 渇望 katsubō 1622, 673
verlängern (räuml. und zeitl.) 延 EN, no(basu), no(beru) 1115
verlängert werden (räuml. und zeitl.) 延 no(biru) 1115
Verlängerung (räuml. u. zeitl.) 延長 enchō 1115, 95
(zeitl.) 延期 enki 1115, 449
verlassen (fortgehen) 去 KYO, KO, sa(ru) 414
(aufbrechen) 立ち去る tachisaru 121, 414
(im Stich lassen) 見捨てる misuteru 63, 1444
(einsam) 寂 JAKU, sabi(shii) 1669
(einsam, öde) 寂然 sekizen, jakunen 1669, 651
das Nest ~ 巣立ち sudachi 1538, 121
sich ~ (auf) 頼 tayo(ru) 1512
Verlassenheit 寂りょう sekiryō 1669
Verlauf (Entwicklung) 成り行き nariyuki 261, 68
(Prozeß) 過程 katei 413, 417
(Weg, Prozeß) 径路 keiro 1475, 151
der Arbeit 工程 kōtei 139, 417
der Zeit 歴 REKI 480
verlaufenes Kind 迷子 maigo 967, 103
verlegen (Wohnsitz) 移 utsu(su) 1121
Verlegen (von Leitungen/Kabeln) 架設 kasetsu 755, 577
(Fußboden) 敷設 fusetsu 1451, 577
verlegen sein 困 KON, koma(ru) 558
迷 MEI, mayo(u) 967
惑 WAKU, mado(u) 969
戸惑い tomadoi 152, 969
werden 慌 KŌ, awa(teru) 1378
Verlegenheit 当惑 tōwaku 77, 969
in großer ~ sein 困り切る komarikiru 558, 39
困り果てる komarihateru 558, 487
Verlegung der Hauptstadt/Residenz 遷都 sento 921, 188
(ver)leihen 貸 TAI, ka(su) 748
貸し出す kashidasu 748, 53
貸与 taiyo 748, 539
Verleihung 授与 juyo 602, 539
kaiserliche ~ 下賜 kashi 31, 1831
verleiten 陥 otoshii(reru) 1218
唆 SA, sosonoka(su) 1846

釣 CHŌ, tsu(ru) 1862
Verleitung 教唆 kyōsa 245, 1846
verletzen (verwunden) 傷 ita(meru) 633
(Grenze; Recht) 侵 SHIN, oka(su) 1077
(verwunden) 痛 ita(meru) 1320
Verletzung (Wunde) 傷 SHŌ, kizu 633
負傷 fushō 510, 633
傷害 shōgai 633, 518
(Recht) 侵害 shingai 1077, 518
leichte ~ 軽傷 keishō 547, 633
schwere ~ 重傷 jūshō 227, 633
tödliche ~ 致命傷 chimeishō 903, 578, 633
Verleugnung 否定 hitei 1248, 355
否認 hinin 1248, 738
Verleumdung 悪口 akkō, warukuchi 304, 54
verliebt: ~er Blick 横目 yokome 781, 55
sein 恋 ko(u) 258
Verliebte 恋人 koibito 258, 1
verlieren (Angehörige; Vermögen; Ruf; Bewußtsein usw.) 失 SHITSU, ushina(u) 311
(unterliegen) 負 FU, ma(keru) 510
(Ausweis usw.; Leben usw.) 落 o(tosu) 839
aus den Augen ~ 見失う miushinau 63, 311
den Kopf ~ 泡を食う awa o kuu 1765, 322
die Orientierung ~ 戸惑い tomadoi 152, 969
e-n Prozeß ~ 敗訴 haiso 511, 1402
seine Stellung ~ 失脚 shikkyaku 311, 1784
Verlierer 負け犬 makeinu 510, 280
敗者 haisha 511, 164
Verlobung 婚約 kon'yaku 567, 211
verloren: ~er Krieg 敗戦 haisen 511, 301
~es Kind 迷子 maigo 967, 103
Verlust (rote Zahlen) 赤字 akaji 207, 110
(materieller Schaden) 損 SON 350
(Mensch; Geld) 損失 sonshitsu 350, 311
(Defizit) 欠損 kesson 383, 350
(materieller Schaden; Tote bei Kampfhandlungen) 損害 songai 350, 518
(Einbuße: Ruf, Macht) 失墜 shittsui 311, 1132
(materieller Schaden; Tote bei Kampfhandlungen) 損耗 sonmō 350, 1197
(Rechtsanspruch; Gedächtnis) 喪失 sōshitsu 1678, 311
(abhanden kommen) 紛失 funshitsu 1702, 311

versinken (Sonne) 暮 BO, ku(reru) 1428
versöhnlich werden 軟化 nanka 1788, 254
Versöhnung 和解 wakai 124, 474
　仲裁 chūsai 1347, 1123
versorgen (j-n) 供与 kyōyo 197, 539
　(mit Essen/Waren) 賄 WAI, makana(u)
　1739
Versorgung (mit Lebensmitteln; Lieferung)
　供給 kyōkyū 197, 346
　(Gehaltszahlung usw.; mit Lebensmitteln)
　支給 shikyū 318, 346
　(Gehaltszahlung usw.) 給与 kyūyo 346,
　539
　(der Truppe) 補給 hokyū 889, 346
verspäten: sich ~ 遅 oku(reru) 702
verspätet 遅 CHI, oso(i) 702
Verspätung (e-r Lieferung) 遅配 chihai
　702, 515
　(Ankunft; Zahlung) 遅延 chien 702, 1115
Verspottung 冷笑 reishō 832, 1235
Versprechen 約束 yakusoku 211, 501
　契 KEI, chigi(ru) 565
　mündliches ~ 口約 kōyaku 54, 211
　öffentliches ~ 公約 kōyaku 126, 211
　sich viel ~ (von) 嘱望 shokubō 1638, 673
Verstand 頭脳 zunō 276, 1278
verständig 利口 rikō 329, 54
Verständigung (Einverständnis) (意志の)疎
　通 (ishi no) sotsū 132, 573, 1514, 150
Verständnis (Einsicht) 合点 gaten, gatten
　159, 169
　(Verstehen) 理解 rikai 143, 474
　(Zustimmung) 納得 nattoku 758, 374
　了解 ryōkai 941, 474
(ver)stärken 強 tsuyo(meru) 217
Verstärkung (militär.; sportl.) 強化 kyōka
　217, 254
　(Hilfstruppen) 援軍 engun 1088, 438
verstecken 隠 kaku(su) 868
　(Waffe) 忍 shino(baseru) 1414
　(Hehlerware; j-n) 隠匿 intoku 868, 1771
　sich ~ 隠 IN, kaku(reru) 868
　伏 FUKU, fu(su) 1356
　忍 NIN, shino(bu) 1414
versteckt: ~e Güter 隠匿物資 intoku busshi
　868, 1771, 79, 750
　~es Talent 隠し芸 kakushigei 868, 435

verstehen (Erklärung; Fremdsprache) 分
　wa(karu) 38
　(akustisch) 聞き取る kikitoru 64, 65
　(begreifen) 心得る kokoroeru 97, 374
　悟 GO, sato(ru) 1438
　nicht ~ (mitbekommen) 聞き漏らす
　kikimorasu 64, 1806
Verstehen (Begreifen) 理解 rikai 143, 474
　悟り satori 1438
　(Genießen: Kunst) 鑑賞 kanshō 1664, 500
Versteigerung 競売 kyōbai 852, 239
verstellen: sich ~ 偽 GI, itsuwa(ru) 1485
verstellte Stimme 声色 kowairo 746, 204
verstohlene Schritte 忍び足 shinobiashi
　1414, 58
verstopfen: sich ~ 詰 tsu(maru) 1142
Verstopfung: (Stuhl-)~ 便秘 benpi 330, 807
verstorben 故 KO 173
　亡 BŌ, na(i) 672
　der ~e Ehemann 亡夫 bōfu 672, 315
　der ~e Vater 亡父 bōfu 672, 113
Verstorbene: der ~ 故人 kojin 173, 1
　~r 死亡者 shibōsha 85, 672, 164
Verstoß 違反 ihan 814, 324
verstoßen 勘当 kandō 1502, 77
verstreuen 散 chi(rasu) 767
verstricken: sich im eigenen Netz ~ 自縄自縛
　に陥る jijō-jibaku ni ochiiru 62, 1760, 62,
　1448, 1218
verstummen 黙 MOKU, dama(ru) 1578
Versuch: (Selbstmord-)~ (自殺)未遂 (jisatsu)
　misui 62, 576, 306, 1133
　(wissenschaftl.) ~ 実験 jikken 203, 532
versuchen 企 KI, kuwada(teru) 481
　試 SHI, kokoro(miru), tame(su) 526
versucht(er Mord) (殺人)未遂 (satsujin) misui
　576, 1, 306, 1133
verteidigen (Land, Festung) 守 SHU,
　mamo(ru) 490
　(Land) 防 BŌ, fuse(gu) 513
　(Freiheit) 擁護 yōgo 1715, 1312
Verteidigung (Land; Titel) 防衛 bōei 513,
　815
verteilen (Spielkarten, Süßigkeien usw.) 分
　wa(keru), wa(katsu) 38
　(Spielkarten, Prospekte usw.) 配 HAI,
　kuba(ru) 515

(unter das Volk bringen: Broschüren usw.)
頒布 hanpu 1850, 675

Verteilung (Gewinn, Reichtum, Lebensmittel; Aufstellung, Anordnung) 配置 haichi
515, 426

vertiefen (gegenseitiges Verständnis) 深
fuka(meru) 536

vertikal 垂直 suichoku 1070, 423

vertilgen (Ungeziefer) 駆除 kujo 1882, 1065

Vertrag (zwischenstaatlich) 条約 jōyaku
564, 211

(privatrechtl.) 契約 keiyaku 565, 211

(~) abschließen 結 KETSU, musu(bu) 485

(~) brechen 破棄 haki 665, 962

vertragen: sich ~ 両立 ryōritsu 200, 121

Vertragsabschluß 条約の締結 jōyaku no
teiketsu 564, 211, 1180, 485

Vertragsbruch 破約 hayaku 665, 211

vertrauen (auf) 頼 tayo(ru) 1512

Vertrauen 信用 shin'yō 157, 107

信任 shinnin 157, 334

信頼 shinrai 157, 1512

信託 shintaku 157, 1636

Vertrauensbruch 背信 haishin 1265, 157

vertrauenswürdig 頼 tano(moshii) 1512

~e Unterhaltung 懇談 kondan 1135, 593

Vertraulichkeit 懇 KON, nengo(ro) 1135
懇意 kon'i 1135, 132

vertraut 親 shita(shii) 175
仲良く nakayoku 1347, 321

Vertraute: enge/intime ~ 側近者 sokkinsha
609, 445, 164

Vertrautheit 通暁 tsūgyō 150, 1658

vertreiben (zum Rückzug zwingen: Feind; Amtsinhaber) 退 shirizo(keru) 846

(Menschen, Tiere) 追 TSUI, o(u) 1174

(den Feind; Tiere) 駆逐 kuchiku 1882,
1134

Vertreibungskampagne 排斥運動 haiseki
undō 1036, 1401, 439, 231

vertreten 代 TAI, ka(waru) 256

Vertretung 代理 dairi 256, 143

vertrocknen 枯渇 kokatsu 974, 1622

verüben (Straftat) 犯 HAN, oka(su) 882

verunglücken 災難に遭う sainan ni au 1335,
557, 1643

Verunglückter 遭難者 sōnansha 1643, 557,
164

Veruntreuung 着服 chakufuku 657, 683

verursachen 起 o(kosu) 373

招 SHŌ, mane(ku) 455

誘発 yūhatsu 1684, 96

醸 JŌ, kamo(su) 1837

醸成 jōsei 1837, 261

Verurteilter: zum Tode ~ 死刑囚 shikeishū
85, 887, 1195

Vervielfältigungsapparat 謄写版 tōshaban
1779, 540, 1046

Verwaltung (Amt, Betrieb, Schule, Privatbesitz) 管理 kanri 328, 143

(staatl.) 政 SEI, matsurigoto 483

行政 gyōsei 68, 483

(Amt, Betrieb) 支配 shihai 318, 515

(Amt, Schule) 運営 un'ei 439, 722

(Betrieb) 経営 keiei 548, 722

(staatl.) 施政 shisei 1004, 483

(Amt, Betrieb) 取り締まり torishimari
65, 1180

統轄 tōkatsu 830, 1186

staatl./öffentl. ~ 公営 kōei 126, 722

Verwaltungsamt 庁 CHŌ 763

(Verwaltungs)Bezirk 管内 kannai 328, 84

Verwaltungsbezirk 郡 GUN 193

(~ in Tōkyō) 杉並区 Suginami-ku 1872,
1165, 183

verwandeln: sich ~ 化 KA, KE, ba(keru) 254

Verwandlung 変態 hentai 257, 387

Verwandte(r) 親類 shinrui 175, 226

Verwandte: angeheiratete ~ 姻族 inzoku
1748, 221

Verwandtschaft 親族 shinzoku 175, 221
親類 shinrui 175, 226

die ganze ~ 一族 ichizoku 2, 221

verwechselt werden 紛 FUN, magi(reru)
1702

verwegen 不敵 futeki 94, 416

Verweichlichung 柔弱 nyūjaku 774, 218

verweigern (Wehrdienst) 忌避 kihi 1797,
1491

Verweigerung 拒絶 kyozetsu 1295, 742

Verweis (Ermahnung) 説諭 setsuyu 400,
1599

Verweisung (auf) 参照 sanshō 710, 998

(Ausweisung) 放逐 hōchiku 512, 1134
von der Schule 退学 taigaku 846, 109
(ver)welken 枯 KO, ka(reru) 974
verwelktes Blatt 朽ち葉 kuchiba 1628, 253
verwenden 充 a(teru) 828
掛 ka(keru) 1464
Verwendung 適用 tekiyō 415, 107
widerrechtliche ~ 濫用 ran'yō 1944, 107
verwerfen 排撃 haigeki 1036, 1016
Verwerfung (Ablehnung) 否決 hiketsu
1248, 356
Annahme oder ~ 取捨 shusha 65, 1444
verwesen 腐 FU, kusa(ru), kusa(reru) 1245
腐朽 fukyū 1245, 1628
Verwesung 腐敗 fuhai 1245, 511
verwickeln 巻き込む makikomu 507, 776
sich ~ 絡 RAKU, kara(mu), kara(maru) 840
絡み合う karamiau 840, 159
verwickelt 煩わしい wazurawashii 1849
Verwicklung 交錯 kōsaku 114, 1199
紛糾 funkyū 1702, 1703
煩雑 hanzatsu 1849, 575
verwirklichen 実行 jikkō 203, 68
実現 jitsugen 203, 298
遂行 suikō 1133, 68
verwirrt 慌 awa(tadashii) 1378
sein 泡を食う awa o kuu 1765, 322
werden 慌 KŌ, awa(teru) 1378
Verwirrung 混乱 konran 799, 689
当惑 tōwaku 77, 969
錯乱 sakuran 1199, 689
無秩序 muchitsujo 93, 1508, 770
紛糾 funkyū 1702, 1703
verwöhnen 甘 ama(yakasu) 1492
verwurzelt: tief ~ 根強い nezuyoi 314, 217
verwüsten 荒 a(rasu) 1377
verwüstet werden/sein 荒 a(reru) 1377
Verwüstung 荒廃 kōhai 1377, 961
verzeichnen 採録 sairoku 933, 538
Verzeichnis 目録 mokuroku 55, 538
verzeihen 勘弁 kanben 1502, 711
Verzeihen 堪忍 kannin 1913, 1414
Verzeihung 容赦 yōsha 654, 1570
堪弁 kanben 1913, 711
Verzicht 放棄 hōki 512, 962
断念 dannen 1024, 579
(auf ein Recht) 棄権 kiken 962, 335

verzichten 捨 SHA, su(teru) 1444
verziehen 甘 ama(yakasu) 1492
verzieren 飾 SHOKU, kaza(ru) 979
Verzierung 装飾 sōshoku 1328, 979
verzögern: sich ~ 滞 todokō(ru) 964
延 no(biru) 1115
Verzögerung 遅配 chihai 702, 515
遅滞 chitai 702, 964
延期 enki 1115, 449
遅延 chien 702, 1115
猶予 yūyo 1583, 393
渋滞 jūtai 1693, 964
Verzweiflung 必死 hisshi 520, 85
絶望 zetsubō 742, 673
Veto 否認 hinin 1248, 738
拒否 kyohi 1295, 1248
Vetorecht 拒否権 kyohiken 1295, 1248, 335
Vibration (Erschütterung) 震動 shindō
953, 231
(Schwingung) 振動 shindō 954, 231
Video: auf ~ aufnehmen 録画 rokuga 538,
343
Videoband 録画 rokuga 538, 343
Vieh 家畜 kachiku 165, 1223
(abfällig) 畜生 chikushō 1223, 44
Viehstall 畜舎 chikusha 1223, 791
Viehzucht 畜産 chikusan 1223, 278
牧畜業 bokuchikugyō 731, 1223, 279
viel 大 ō(i ni) 26
多 TA, ō(i) 229
数多く kazuōku 225, 229
豊 HŌ, yuta(ka) 959
(zu) ~ 余計 yokei 1063, 340
erwarten (von) 嘱望 shokubō 1638, 673
Geld 大金 taikin 26, 23
Lärm/Aufhebens machen 騒ぎ立てる
sawagitateru 875, 121
oder wenig 多少 tashō 229, 144
zu ~ essen 食べ過ぎる tabesugiru 322, 413
~e 多 TA, ō(i) 229
~e 数多く kazuōku 225, 229
~e Bäume 木々 kigi 22
(~e) Inseln 島々 shimajima 286
~e Jahre 長年 naganen 95, 45
~e Leute 大勢 ōzei 26, 646
~e Millionen Jahre 数億年 sūokunen
225, 382, 45

完了 kanryō 613, 941
完遂 kansui 613, 1133
(Reife) 円熟 enjuku 13, 687
voll(gestopft) sein 詰 tsu(maru) 1142
völlig: ~ **abbrennen** 全焼 zenshō 89, 920
  ~e Genesung 全快 zenkai 89, 1409
  (**~er) Stillstand** 停止 teishi 1185, 477
Volljährigkeit 成年 seinen 261, 45
vollkommen (ganz, völlig) 皆目 kaimoku
587, 55
  (**vollstädig; perfekt**) 完全 kanzen 613, 89
  (**ganz, völlig**) 全然 zenzen 89, 651
  (**vollständig, durch und durch**) 徹頭徹尾
tettō-tetsubi 1422, 276, 1422, 1868
  erschöpft sein 疲れ果てる tsukarehateru
1321, 487
  mittellos 裸一貫 hadaka-ikkan 1536, 2, 914
  ~es Durcheinander あ鼻叫喚 abikyōkan
813, 1252, 1587
vollständig (ganz, völlig) 全 ZEN, matta(ku)
89
  (**ganz**) 全体 zentai 89, 61
  (**völlig, ganz**) 完全 kanzen 613, 89
  (**völlig, vollständig**) 完膚なきまで kanpu-
naki made 613, 1269
  (**lückenlos**) 遺漏なく irōnaku 1172, 1806
  ~e Bezahlung 皆済 kaisai 587, 549
  ~e Niederlage 完敗 kanpai 613, 511
  ~e Übersetzung 全訳 zen'yaku 89, 594
Vollständigkeit 充実 jūjitsu 828, 203
Vollstreckung 執行 shikkō 686, 68
Vollversammlung 総会 sōkai 697, 158
Vollziehung 執行 shikkō 686, 68
(**Volumenmaßeinheit, rund180 l**) 石 [KOKU]
78
vom: ~ **Abend vorher (übrig)** 宵越し yoigoshi
1854, 1001
  rechten Wege abkommen 惑 WAKU,
mado(u) 969
von: ~ **... an** 以降 ikō 46, 947
  den Eltern ererbt 親譲り oyayuzuri 175,
1013
  ganzem Herzen 一心 isshin 2, 97
  göttlicher Abstammung 天孫 tenson
141, 910
  Herzen 謹んで tsutsushinde 1247
  japanischer Herkunft 日系 nikkei 5, 908

jetzt an 今後 kongo 51, 48
kurzer Dauer 短命 tanmei 215, 578
morgens bis abends 終日 shūjitsu 458, 5
neuem 更 KŌ, sara 1008
nun an 以後 igo 46, 48
rechts nach links 右から左へ migi kara
hidari e 76, 75
sich fernhalten 疎 SO, uto(mu) 1514
sich geben 吐 TO, ha(ku) 1253
j-n (höflich) ~ sich fernhalten 敬遠 keien
705, 446
vor 前 ZEN, mae 47
  以前 izen 46, 47
  anderen Leuten 人前(で) hitomae (de) 1,
47
  dem Bahnhof 駅前 ekimae 284, 47
  Gericht erscheinen 出廷 shuttei 53, 1111
  kurzem 先日 senjitsu 50, 5
  先般 senpan 50, 1096
  unserer Zeitrechnung 紀元前 kigenzen
372, 137, 47
  Wut kochen 怒髪天を突く dohatsu ten o
tsuku 1596, 1148, 141, 898
  業を煮やす gō o niyasu 279, 1795
  kurz ~ 直前 chokuzen 423, 47
Vorabend des ersten Todestages 逮夜 taiya
891, 471
Voranschlag 予算 yosan 393, 747
voraus 先 SEN, saki 50
Vorausberechnung 予測 yosoku 393, 610
voraussagen 予知 yochi 393, 214
Voraussetzung 前提 zentei 47, 628
  仮定 katei 1049, 355
Voraussicht 先見 senken 50, 63
  予想 yosō 393, 147
Vorauszahlung 前払い maebarai 47, 582
Vorbedingung 要件 yōken 419, 732
Vorbehalt: (schriftlicher) ~ 但し書き
tadashigaki 1927, 131
vorbeigehen: aneinander ~ 擦れ違う
surechigau 1519, 814
vorbeischauen: (kurz) ~ 立ち寄る tachiyoru
121, 1361
Vorbemerkung 前置き maeoki 47, 426
  凡例 hanrei 1102, 612
vorbereiten 調 totono(eru) 342
  整 SEI, totono(eru) 503

設 SETSU, mō(keru) 577
vorbereitet sein 調 totono(u) 342
整 totono(u) 503
Vorbereitung (Vorsorge) 用意 yōi 107, 132
(Plan) 段取り dandori 362, 65
(für Empfang/Abreise) 支度, 仕度 shitaku 318, 377, 333, 377
(vorheriges Lernen) 予習 yoshū 393, 591
(Vorkehrung) 準備 junbi 778, 768
(innerlich) 心構え kokorogamae 97, 1010
Vorbesprechung 下相談 shitasōdan 31, 146, 593
Vorbeugung 予防 yobō 393, 513
防止 bōshi 513, 477
gegen Epidemien 防疫 bōeki 513, 1319
Vorbild 範 HAN 1092
模範 mohan 1425, 1092
zum ~ nehmen 私淑 shishuku 125, 1668
vorbildlicher Priester 高僧 kōsō 190, 1366
Vorderfront (e-s Hauses) 軒先 nokisaki 1187, 50
Vorderseite 表 omote 272
正面 shōmen 275, 274
Vordringen (auf fremde Territorien/Märkte) 蚕食 sanshoku 1877, 322
voreilig 軽率 keisotsu 547, 788
sein 早 haya(maru) 248
Vorfahren 祖先 sosen 622, 50
Vorfall 事故 jiko 80, 173
事件 jiken 80, 732
Vorgarten 前庭 zentei 47, 1112
Vorgebirge 崎 saki 1362
岬 misaki 1363
vorgehen (verfahren) 計 haka(rau) 340
Vorgehen 処置 shochi 1137, 426
ungeschicktes ~ 拙作 sessaku 1801, 360
vorgeschrieben 正規 seiki 275, 607
~e Form 正式 seishiki 275, 525
vorgesetzte Behörde 上司 jōshi 32, 842
Vorgesetzter 目上 meue 55, 32
上司 jōshi 32, 842
vorgestern 一昨日 issakujitsu 2, 361, 5
vorgetäuschte Krankheit 仮病 kebyō 1049, 380
Vorhaben 意図 ito 132, 339
Vorhang 幕 MAKU 1432
Vorhängeschloß 錠前 jōmae 1818, 47

vorher 前もって maemotte 47
先 SEN, saki 50
事前 jizen 80, 47
vorherige Beratung 打ち合わせ uchiawase 1020, 159
(Vor)Herrschaft 覇権 haken 1633, 335
Vorhersage 予測 yosoku 393, 610
Vorhut 前衛 zen'ei 47, 815
vorig: ~en Monat 先月 sengetsu 50, 17
~es Jahr 昨年 sakunen 361, 45
去年 kyonen 414, 45
Vorkommen: häufiges ~ 頻発 hinpatsu 1847, 96
vorladen 呼び出す yobidasu 1254, 53
Vorladung (vor Gericht) 喚問 kanmon 1587, 162
(Zeugen-)~ (証人)喚問 (shōnin) kanmon 484, 1, 1587, 162
(gerichtliche) ~ 召喚 shōkan 995, 1587
(vor Gericht) ~ 召喚 shōkan 995, 1587
Vorlage 手本 tehon 57, 25
提出 teishutsu 628, 53
提案 teian 628, 106
vorläufig 当分 tōbun 77, 38
仮 KA, kari 1049
暫定 zantei 1399, 355
腰掛け koshikake 1298, 1464
Vorleben 前身 zenshin 47, 59
前歴 zenreki 47, 480
vorlegen 上 nobo(seru), nobo(su) 32
(Daten) ~ 羅列 raretsu 1860, 611
vorlesen 朗読 rōdoku 1754, 244
Vorlesung 講義 kōgi 783, 291
提唱 teishō 628, 1646
Besuch e-r ~ 聴講 chōkō 1039, 783
vorletzt: ~en Monat 先々月 sensengetsu 50, 17
~es Jahr 一昨年 issakunen 2, 361, 45
Vormarsch 前進 zenshin 47, 437
Vormittag 午前 gozen 49, 47
den ganzen ~ 午前中 gozenchū 49, 47, 28
vormittags und nachmittags 午前も午後も gozen mo gogo mo 49, 47, 49, 48
vorn und hinten 前後 zengo 47, 48
Vorname: ~ und Nachname 姓名 seimei 1746, 82
und Zuname 氏名 shimei 566, 82
vornehm 上品 jōhin 32, 230

Vorwand 口実 kōjitsu 54, 203
vorwärtsgehen 進 SHIN, susu(mu) 437
Vorwärtstreiben 推進 suishin 1233, 437
vorwerfen 恨 KON, ura(mu) 1755
vorwiegend bewölkt 曇りがち kumorigachi 637
Vorwort 前書き maegaki 47, 131
　前置き maeoki 47, 426
　序文 jobun 770, 111
Vorwurf 非難 hinan 498, 557
vorwurfsvoll 恨 ura(meshii) 1755
Vorzeichen 徴候 chōkō 1420, 944
　兆 kiza(shi) 1562
　前兆 zenchō 47, 1562
　兆候 chōkō 1562, 944
　gutes ~ 吉兆 kitchō 1141, 1562
　schlechtes ~ 不吉 fukitsu 94, 1141
Vorzeit 太古 taiko 629, 172
　昔 SEKI, mukashi 764
vorzeitig 時機尚早 jiki-shōsō 42, 528, 1853, 248
Vorzimmer 控え室 hikaeshitsu 1718, 166
Vorzug 身上 shinjō 59, 32
　長所 chōsho 95, 153
　美点 biten 401, 169
　優先 yūsen 1033, 50
Vorzüge und Nachteile 優劣 yūretsu 1033, 1150
vorzüglich 秀逸 shūitsu 1683, 734
vulgär 下品 gehin 31, 230
　俗臭 zokushū 1126, 1244
　卑 iya(shii) 1521
　卑俗 hizoku 1521, 1126
　~er Ausdruck 卑語 higo 1521, 67
Vulkan 火山 kazan 20, 34
　ruhender ~ 休火山 kyūkazan 60, 20, 34
(Vulkan)Ausbruch 噴出 funshutsu 1660, 53
Vulkanausbruch 噴火 funka 1660, 20
Vulkangestein 火成岩 kaseigan 20, 261, 1345
vulkanische Asche 火山灰 kazanbai 20, 34, 1343

– W –

Wache 番 BAN 185
　監視 kanshi 1663, 606
wachen: (be-)~ 見張る miharu 63, 1106
Wachhund 番犬 banken 185, 280

wachrütteln 揺(す)り起こす yu(su)riokosu 1648, 373
wachsen (lassen) 生 ha(yasu), ha(eru), o(u) 44
　(auf-)~ 育 IKU, soda(tsu) 246
　(Lebewesen; Vermögen) 伸 SHIN, no(biru) 1108
　üppig ~ 生い茂る oishigeru 44, 1467
Wachstum 生育 seiiku 44, 246
　発育 hatsuiku 96, 246
　成長 seichō 261, 95
　(~) künstlich beschleunigen 促成 sokusei 1557, 261
　geringes ~ 低成長 teiseichō 561, 261, 95
　rasches ~ 高度成長 kōdo seichō 190, 377, 261, 95
　üppiges ~ 繁茂 hanmo 1292, 1467
Wachstumsrate 成長率 seichōritsu 261, 95, 788
Wächter 守 mori 490
Wachturm 監視塔 kanshitō 1663, 606, 1840
Waffe (Militär) 兵器 heiki 784, 527
　(auch außerhalb des Militärs) 武器 buki 1031, 527
　blanke ~ 白刃 hakujin 205, 1413
Waffengewalt 武力 buryoku 1031, 100
Waffenstillstand 休戦 kyūsen 60, 301
wagen 冒 BŌ, oka(su) 1104
　敢行 kankō 1691, 68
Wagen 車 SHA, kuruma 133
　車両 sharyō 133, 200
　自動車 jidōsha 62, 231, 133
　(Personenkraft-)~ 乗用車 jōyōsha 523, 107, 133
　freier/leerer ~ (z.B. Taxi) 空車 kūsha 140, 133
Wagenachse 車軸 shajiku 133, 988
Wagenfenster 車窓 shasō 133, 698
Wagenrad 車輪 sharin 133, 1164
Wahl (für ein Amt) 選挙 senkyo 800, 801
　(Aus-)~ 選択 sentaku 800, 993
　(Annahme oder Verwerfung) 取捨 shusha 65, 1444
　erste ~ 甲種 kōshu 982, 228
　allgemeine ~en 普(通)選(挙) fu(tsū) sen(kyo) 1166, 150, 800, 801
wählen 選 SEN, era(bu) 800
　(j-n) ~ 担 TAN, katsu(gu) 1274

sich gegenseitig ~ 互選 gosen 907, 800
Wahlfach 選択科目 sentaku kamoku 800,
993, 320, 55
Wahlrecht: passives ~ 被選挙資格 hisenkyo
shikaku 976, 800, 801, 750, 643
Wahlreise 遊説 yūzei 1003, 400
Wahlspruch 標語 hyōgo 923, 67
座右銘 zayūmei 786, 76, 1552
Wahn 迷妄 meimō 967, 1376
Wahn(idee) 妄想 mōsō 1376, 147
Wahnsinn 発狂 hakkyō 96, 883
狂気 kyōki 883, 134
Wahnvorstellung 妄想 mōsō 1376, 147
wahr 真 ma 422
oder falsch 真偽 shingi 422, 1485
~e Absicht 本心 honshin 25, 97
本音 honne 25, 347
~e Meinung 内心 naishin 84, 97
der ~e Charakter 本性 honshō, honsei
25, 98
~er Sachverhalt 実情 jitsujō 203, 209
Wahrheit 本当 hontō 25, 77
実 JITSU 203
真理 shinri 422, 143
真実 shinjitsu 422, 203
実際 jissai 203, 618
誠 SEI, makoto 718
真偽 shingi 422, 1485
wahrheitsgetreu 如実 nyojitsu 1747, 203
wahrsagen 占 urana(u) 1706
Wahrsager 易者 ekisha 759, 164
Wahrscheinlichkeit 公算 kōsan 126, 747
Währung 本位 hon'i 25, 122
通貨 tsūka 150, 752
ausländische ~ 外貨 gaika 83, 752
Währungssystem 幣制 heisei 1781, 427
Waise 孤児 koji 1480, 1217
Waisenhaus 孤児院 kojiin 1480, 1217, 614
Wal 鯨 GEI, kujira 700
der weiße ~ (Melville) 白鯨 Hakugei 205,
700
Wald 林 RIN, hayashi 127
山林 sanrin 34, 127
森 SHIN, mori 128
森林 shinrin 128, 127
(Wald)Horn 角笛 tsunobue 473, 1471
Walfang 捕鯨 hogei 890, 700

Walfangboot 捕鯨船 hogeisen 890, 700, 376
Walfleisch 鯨肉 geiniku 700, 223
Wall 障壁 shōheki 858, 1489
Wallfahrt 巡礼 junrei 777, 620
遍歴 henreki 1160, 480
Walöl 鯨油 geiyu 700, 364
Waltran 鯨油 geiyu 700, 364
wälzen 転 koro(gasu) 433
Wand 壁 HEKI, kabe 1489
Wandbild 壁画 hekiga 1489, 343
Wandbrett 棚 tana 1908
Wander- 巡回 junkai 777, 90
Wanderer 旅人 tabito 222, 1
einsamer ~ 孤客 kokaku 1480, 641
wandern 漂泊 hyōhaku 924, 1177
Wanderung (Ortswechsel) 移動 idō 1121,
231
Wandlung 変化 henka 257, 254
Wandmalerei 壁画 hekiga 1489, 343
Wandschrank 押し入れ oshiire 986, 52
Wappen: (Familien-)~ 紋 MON 1454
紋章 monshō 1454, 857
Ware 品 shina 230
商品 shōhin 412, 230
billige ~ 安物 yasumono 105, 79
~(n) 品物 shinamono 230, 79
~n 物資 busshi 79, 750
貨物 kamotsu 752, 79
Warenbestand 在荷 zaika 268, 391
Wareneingang 入荷 nyūka 52, 391
Warenvorrat 在庫品 zaikohin 268, 825, 230
Warenzeichen 商標 shōhyō 412, 923
銘柄 meigara 1552, 985
warm 温 ON, atata(kai), atata(ka) 634
暖 DAN, atata(kai), atata(ka) 635
温暖 ondan 634, 635
werden 温 atata(maru) 634
暖 atata(maru) 635
(~e Meeresströmung südöstl. Japans) 黒潮
Kuroshio 206, 468
~e Meeresströmung 暖流 danryū 635, 247
~e Quelle 温泉 onsen 634, 1192
~er Winter 暖冬 dantō 635, 459
wärmen 温 atata(meru) 634
暖 atata(meru) 635
warnen 戒 KAI, imashi(meru) 876
諭 YU, sato(su) 1599

威嚇 ikaku 1339, 1918
Warnung 注意 chūi 357, 132
警報 keihō 706, 685
警告 keikoku 706, 690
警戒 keikai 706, 876
訓戒 kunkai 771, 876
strenge ~ 厳戒 genkai 822, 876
warten 待 TAI, ma(tsu) 452
控 KŌ, hika(eru) 1718
(auf) 待ち合わせる machiawaseru 452, 159
nicht (er-)~ können 待ち兼ねる machikaneru 452, 1081
Warten: vergebliches ~ 待ちぼうけ machibōke 452
Warteraum 待ち合い室 machiaishitsu 452, 159, 166
控え室 hikaeshitsu 1718, 166
Wartesaal 待ち合い室 machiaishitsu 452, 159, 166
Wartung 介抱 kaihō 453, 1285
was 何 KA, nani 390
何事 nanigoto 390, 80
auch immer 何事 nanigoto 390, 80
Waschbecken 洗面器 senmenki 692, 274, 527
Wäsche 洗濯 sentaku 692, 1561
waschechter Tōkyōer 江戸っ子 Edokko 821, 152, 103
waschen 洗 SEN, ara(u) 692
(Reis) 研 KEN, to(gu) 896
Waschen 洗濯 sentaku 692, 1561
Wäsche(stücke) 洗濯物 sentakumono 692, 1561, 79
Waschmaschine 洗濯機 sentakuki 692, 1561, 528
Waschmittel 洗剤 senzai 692, 550
Waschraum (お)手洗い (o)tearai 57, 692
洗面所 senmenjo 692, 274, 153
Waschung 斎戒もく浴 saikai mokuyoku 1478, 876, 1128
Wasser 水 SUI, mizu 21
auf dem ~ 水上 suijō 21, 32
Brennholz und ~ 薪水 shinsui 1910, 21
heißes ~ 湯 TŌ, yu 632
kaltes ~ 冷水 reisui 832, 21
kochendes ~ 熱湯 nettō 645, 632
reines/klares ~ 清水 seisui, shimizu 660, 21
Wasser- 水上 suijō 21, 32

Wasserbecken 貯水池 chosuichi 762, 21, 119
水盤 suiban 21, 1098
Wasserbehälter 貯水池 chosuichi 762, 21, 119
水槽 suisō 21, 1644
Wasserblase 水泡 suihō 21, 1765
Wasserbüffel 水牛 suigyū 21, 281
Wasserdampf 水蒸気 suijōki 21, 943, 134
wasserdicht 防水 bōsui 513, 21
Wasserfahrzeug 舟艇 shūtei 1094, 1666
Wasserfall 滝 taki 1759
(~ in der Nähe von Nikkō) 華厳の滝 Kegon no Taki 1074, 822, 1759
Bassin unter e-m ~ 滝つぼ takitsubo 1759
e-n ~ hinaufschwimmen (Lachse) 滝登り takinobori 1759, 960
Beginn/oberes Ende e-s ~s 滝口 takiguchi 1759, 54
wasserfest 防水 bōsui 513, 21
Wassergehalt 水分 suibun 21, 38
Wasserhahn 水道栓 suidōsen 21, 149, 1842
給水栓 kyūsuisen 346, 21, 1842
Wasserhose 竜巻 tatsumaki 1758, 507
Wasserkessel 湯沸かし(器) yuwakashi(ki) 632, 1792, 527
eiserner ~ 鉄瓶 tetsubin 312, 1161
Wasserkraft 水力 suiryoku 21, 100
Wasserkrug 水がめ mizugame 21
Wasserleitung 水道 suidō 21, 149
Wasserleitungsrohr 水道管 suidōkan 21, 149, 328
wasserlöslich 水溶性 suiyōsei 21, 1392, 98
Wassermangel 渇水 kassui 1622, 21
Wasserpflanzen (im Aquarium) 藻草 mogusa 1657, 249
Wasserrad 水車 suisha 21, 133
Wasserreservoir 用水池 yōsuichi 107, 21, 119
Wasserring 波紋 hamon 666, 1454
Wasserrohr 水道管 suidōkan 21, 149, 328
Wasserschaden 水害 suigai 21, 518
Wasserspeicher 水槽 suisō 21, 1644
Wasserstand 水かさ mizukasa 21
水準 suijun 21, 778
Wasserstoff 水素 suiso 21, 271
Wasserstraße 水路 suiro 21, 151
Wassertank 水槽 suisō 21, 1644
Wassertemperatur 水温 suion 21, 634

Weide: (Kuh-)~ 牧 BOKU, maki 731
牧場 bokujō, makiba 731, 154
(Baum) 柳 RYŪ, yanagi 1871
Weiden 放牧 hōboku 512, 731
Weihrauch 薫香 kunkō 1774, 1682
抹香 makkō 1914, 1682
Weihrauchstäbchen 線香 senkō 299, 1682
Weihung 奉納 hōnō 1541, 758
Weile: eine~ 一時 ichiji, hitotoki, ittoki 2, 42
Weiler 字 aza 110
Wein (aus Trauben) ぶどう酒 budōshu 517
weinen 泣 KYŪ, na(ku) 1236
laut ~ 号泣 gōkyū 266, 1236
weinerlich: ~e Stimme 泣き声 nakigoe
1236, 746
涙声 namidagoe 1239, 746
~er Mensch 泣き虫 nakimushi 1236, 873
weise 賢 KEN, kashiko(i) 1288
Mutter 賢母 kenbo 1288, 112
~r Mensch 知恵者 chiesha 214, 1219, 164
Weise (Art) 仕方 shikata 333, 70
alte ~ (aus früherer Zeit) 先賢 senken
50, 1288
Art und ~ 方法 hōhō 70, 123
様 YŌ 403
Weiser 聖人 seijin 674, 1
賢人 kenjin 1288, 1
哲人 tetsujin 1397, 1
賢哲 kentetsu 1288, 1397
alter ~ 先哲 sentetsu 50, 1397
Weisheit 知恵 chie 214, 1219
weiß 白 HAKU, BYAKU, shiro(i), shiro,
[shira] 205
~e Chrysantheme 白菊 shiragiku 205, 475
~e Feder 白羽 shiraha 205, 590
der ~e Wal (Melville) 白鯨 Hakugei 205,
700
~es Haar 白髪 hakuhatsu, shiraga 205, 1148
~es Papier 白紙 hakushi 205, 180
Weiß: Rot und ~ 紅白 kōhaku 820, 205
Schwarz und ~ 黒白 kuroshiro 206, 205
Weissagung 予言 yogen 393, 66
易 EKI 759
Weißbuch 白書 hakusho 205, 131
Weißer 白人 hakujin 205, 1
Weisung (von höherer Stelle) 諭旨 yushi
1599, 1040

weit (Entfernung) 遠 EN, tō(i) 446
(Fläche) 広 KŌ, hiro(i) 694
und breit 広漠 kōbaku 694, 1427
unendlich ~ 広漠 kōbaku 694, 1427
die Augen ~ aufreißen 見張る miharu 63,
1106
~e Verbreitung 配布 haifu 515, 675
Weite (Ausdehnung) 広大 kōdai 694, 26
(Breite) 幅 FUKU, haba 1380
(weitere) Bestätigung 傍証 bōshō 1183, 484
Weitergabe 回 KAI, [E] 90
weiterhin stagnieren 伸び悩む nobinayamu
1108, 1279
weitermachen 頑張る ganbaru 1848, 1106
weitersenden 回 mawa(su) 90
weitervermieten 又貸し matagashi 1593, 748
weitreichend 広範 kōhan 694, 1092
weitschweifig 冗長 jōchō 1614, 95
冗漫 jōman 1614, 1411
Weitsicht 遠慮 enryo 446, 1384
Weizen 麦 BAKU, mugi 270
小麦 komugi 27, 270
Spreu und ~ 玉石 gyokuseki 295, 78
Weizenfeld 麦畑 mugibatake 270, 36
(Weizen)Mehl メリケン粉 merikenko 1701
(Weizen)Stroh 麦わら mugiwara 270
welcher 何 KA, nani, [nan] 390
Wochentag 何曜日 nan'yōbi 390, 19, 5
welke Blätter 枯れ葉 kareha 974, 253
Welle (Woge) 波 HA, nami 666
(Achse) 車軸 shajiku 133, 988
心棒 shinbō 97, 1543
elektrische ~ 電波 denpa 108, 666
~n 波浪 harō 666, 1753
~n (auch i.ü.S.: Wirbel) 波紋 hamon 666,
1454
(sich überschlagende) ~n am Strand 浦波
uranami 1442, 666
~n im Kornfeld 穂波 honami 1221, 666
Wellenbrecher 防波堤 bōhatei 513, 666, 1592
Wellengang: hoher ~ 波浪 harō 666, 1753
Wellenlänge 波長 hachō 666, 95
Wellenreiten 波乗り naminori 666, 523
Welt (alle Länder) 万国 bankoku 16, 40
(Öffentlichkeit) 世 SEI, SE, yo 252
世間 seken 252, 43
(Erde) 世界 sekai 252, 454

(Öffentlichkeit) 江湖 kōko 821, 467
die ganze ~ 宇内 udai 990, 84
die irdische ~ 下界 gekai 31, 454
literarische ~ 文壇 bundan 111, 1839
Mann von ~ 粋人 suijin 1708, 1
Welt- 国際 kokusai 40, 618
Weltall 宇宙 uchū 990, 991
Weltausstellung (Abk.f. *bankoku hakurankai*)
  万博 banpaku 16, 601
Weltgeschichte 世界史 sekai shi 252, 454,
  332
Weltmeer 大洋 taiyō 26, 289
Weltraum 宇宙 uchū 990, 991
Weltraumflug 宇宙旅行 uchū ryokō 990,
  991, 222, 68
wenden 向 mu(keru) 199
  sich ~ (an) 向 mu(ku) 199
  訴 SO, utta(eru) 1402
  sich ~ (so daß plötzlich die entgegegesetzte
  Seite zu sehen ist) 翻 hirugae(ru) 596
  sich ~ (zu j-m) 向 KŌ, mu(kau) 199
Wendung (ins Gegenteil) 逆転 gyakuten
  444, 433
  (Durchbruch) 打開 dakai 1020, 396
wenig 少 suku(nai) 144
  一分一厘 ichibu ichirin 2, 38, 2, 1900
  ein ~ 少々 shōshō 144
  ~er als 以下 ika 46, 31
  未満 miman 306, 201
  drei oder ~er 三つ以下 mittsu ika 4, 46, 31
Wenigkeit: meine ~ 不肖 fushō 94, 844
Werbung 宣伝 senden 625, 434
  勧誘 kan'yū 1051, 1684
werden 成 SEI, na(ru) 261
  赴 FU, omomu(ku) 1465
werfen 投 TŌ, na(geru) 1021
Werk (Arbeit, Tat) 業 waza 279
  (literar.) ~ 作品 sakuhin 360, 230
  (Handarbeit) 細工 saiku 695, 139
  (literar.) ~ 著書 chosho 859, 131
  berühmtes ~ 名著 meicho 82, 859
  gutes (literar.) ~ 佳作 kasaku 1462, 360
  gesammelte ~e 全集 zenshū 89, 436
Werkzeug 道具 dōgu 149, 420
  器具 kigu 527, 420
Wert 価 KA, atai 421
  値 CHI, ne, atai 425

値うち neuchi 425
価値 kachi 421, 425
価格 kakaku 421, 643
wertlose Arbeit 駄作 dasaku 1880, 360
Wertmarke 印紙 inshi 1043, 180
Wertpapier (有価)証券 (yūka) shōken 265,
  421, 484, 506
Wertsachen 貴重品 kichōhin 1171, 227, 230
Wertschätzung 値うち neuchi 425
wertvoll (auch i.ü.S.) 尊 tatto(i), tōto(i) 704
  貴 KI, tatto(i), tōto(i) 1171
  (Zeit, Dinge) 貴重 kichō 1171, 227
Wesen (Natur) 本質 honshitsu 25, 176
  (Organisation) 制度 seido 427, 377
  (Kern, Geist) 真髄, 神髄, 心髄 shinzui
  422, 1740, 310, 1740, 97, 1740
  精髄 seizui 659, 1740
  kindliches ~ 稚気 chiki 1230, 134
wesentlich 主要 shuyō 155, 419
  肝心 kanjin 1272, 97
  肝要 kan'yō 1272, 419
  (~er) Faktor 要因 yōin 419, 554
Wesentliche: (das) ~ 要項 yōkō 419, 1439
  das ~ 大体 daitai 26, 61
  要旨 yōshi 419, 1040
Westen (Richtung) 西 SEI, SAI, nishi 72
  西方 seihō 72, 70
  (Abendland) 西洋 seiyō 72, 289
  泰西 taisei 1545, 72
Westeuropa (gesprochene Sprache) 西ヨー
  ロッパ Nishi-Yōroppa 72
  (Schriftsprache) 西欧 Seiō 72, 1022
Westküste 西岸 seigan 72, 586
westlich: ~e Kleidung 洋服 yōfuku 289, 683
  ~e Richtung 西方 seihō 72, 70
  Bild in ~em Stil 洋画 yōga 289, 343
  Schneiderei (im ~en Stil) 洋裁 yōsai 289,
  1123
  ~es Buch 洋書 yōsho 289, 131
Westufer 西岸 seigan 72, 586
Westwind 西風 seifū, nishikaze 72, 29
Wettbewerb 争奪(戦) sōdatsu(sen) 302,
  1310, 301
wetteifern 競 KYŌ, KEI, kiso(u) 852
Wetter 天気 tenki 141, 134
  陽気 yōki 630, 134
  天候 tenkō 141, 944

Wiedereröffnung 再開 saikai 782, 396
Wiedergeburt 更生 kōsei 1008, 44
Wiedergutmachung 弁償 benshō 711, 971
Wiederheirat 転嫁 tenka 433, 1749
wiederhergestellt werden 直 nao(ru) 423
Wiederherstellung (Gesundheit; Ruf; Frieden)
    回復 kaifuku 90, 917
    (Restauration; Ausbesserung) 復旧
    fukkyū 917, 1216
wiederholen 蒸し返す mushikaesu 943, 442
    繰り返す kurikaesu 1654, 442
wiederholt 常 JŌ, tsune 497
Wiederholung (nochmaliges Tun) 反復
    hanpuku 324, 917
    (von Gelerntem) 復習 fukushū 917, 591
Wiederkehr 回 KAI, [E] 90
    100jährige ~ 百周年 hyakushūnen 14, 91,
    45
Wiedersehen 再会 saikai 782, 158
Wiederverheiratung 再婚 saikon 782, 567
Wiege (i.ü.S.) 発祥地 hasshōchi 96, 1576, 118
wiegen (Gewicht messen) 量 haka(ru) 411
    (schaukeln) 揺 yu(ru), yu(suru),
    yu(suburu), yu(saburu) 1648
Wiese 草原 sōgen 249, 136
    (Weide) 牧場 bokujō, makiba 731, 154
    牧草地 bokusōchi 731, 249, 118
Wiesenblume 草花 kusabana 249, 255
wieviel 幾ら ikura 877
    幾 KI, iku 877
    幾つ ikutsu 877
    Uhr 何時 nanji 390, 42
wieviele 何 KA, nani, [nan] 390
    (Blatt, Teller, Kleider) 何枚 nanmai 390,
    1156
    Stunden 何時間 nanjikan 390, 42, 43
    Tage 何日 nannichi 390, 5
    幾日 ikunichi 877, 5
wievielte: der ~ 何日 nannichi 390, 5
    幾日 ikunichi 877, 5
wild (wachsend, lebend) 野生 yasei 236, 44
    (unzivilisiert) 未開 mikai 306, 396
    (gewalttätig) 粗暴 sobō 1084, 1014
    (rau, heftig) 荒 KŌ, ara(i) 1377
    (ungezügelt) 奔放 honpō 1659, 512
    werden/sein 荒 a(reru) 1377
    ~er Hund 野犬 yaken 236, 280

    ~er Streik 山猫争議 yamaneko sōgi 34,
    1470, 302, 292
    ~er Vogel 野鳥 yachō 236, 285
    ~es Tier 野獣 yajū 236, 1582
    猛獣 mōjū 1579, 1582
Wilddieb 密猟者 mitsuryōsha 806, 1580, 164
Wildfang お転婆 otenba 433, 1931
Wildkatze 山猫 yamaneko 34, 1470
wildlebend: ~er Affe 野猿 yaen 236, 1584
    ~es Tier 野獣 yajū 236, 1582
Wildnis 原 hara 136
    荒野 kōya, areno 1377, 236
wildwachsend 野生 yasei 236, 44
    eßbare ~e Pflanzen 山菜 sansai 34, 931
Wille 志 SHI, kokorozashi 573
    意志 ishi 132, 573
    guter ~ 好意 kōi 104, 132
    善意 zen'i 1139, 132
    letzter ~ 遺言 yuigon 1172, 66
willkommen: ~er Gast 珍客 chinkyaku 1215, 641
    ~er Regen 慈雨 jiu 1547, 30
Willkommen 歓迎 kangei 1052, 1055
Willkür 専横 sen'ō 600, 781
willkürlich 妄 MŌ, BŌ 1376
Wind 風 FŪ, [FU], kaze, [kaza] 29
    und Regen 風雨 fūu 29, 30
    und Wolken 風雲 fūun 29, 636
    göttlicher ~ 神風 kamikaze 310, 29
    heftiger ~ 暴風 bōfū 1014, 29
    starker ~ 疾風 shippū 1812, 29
winden: sich ~ um 絡み付く karamitsuku
    840, 192
Windglocke 風鈴 fūrin 29, 1822
Windhose 竜巻 tatsumaki 1758, 507
Windpocken 水痘 suitō 21, 1942
Windstärke 風力 fūryoku 29, 100
Windstoß: kalter ~ 木枯らし kogarashi 22,
    974
Windung 曲折 kyokusetsu 366, 1394
Wink 合図 aizu 159, 339
Winkel 角度 kakudo 473, 377
    (außen) 角 KAKU, kado 473
    (innen) 隅 GŪ, sumi 1640
    alle Ecken und ~ 隅々 sumizumi 1640
    der eine ~ 片隅 katasumi 1045, 1640
    rechter ~ 直角 chokkaku 423, 473

spitzer ~ 鋭角 eikaku 1371, 473
stumpfer ~ 鈍角 donkaku 966, 473
Grad e-s ~s 角度 kakudo 473, 377
winken 招 SHŌ, mane(ku) 455
　mit der Hand ~ 手招き temaneki 57, 455
Winter 冬 TŌ, fuyu 459
　der tiefe ~ 真冬 mafuyu 422, 459
　Frühling, Sommer, Herbst und ~ 春夏秋冬
　shunkashūtō 460, 461, 462, 459
　für den ~ (geeignet/bestimmt) 冬向き
　fuyumuki 459, 199
　Kleider für den ~ 冬物 fuyumono 459, 79
　warmer/milder ~ 暖冬 dantō 635, 459
　Beginn des ~s 立冬 rittō 121, 459
Winterhimmel 冬空 fuyuzora 459, 140
Winterschlaf 冬眠 tōmin 459, 849
wir (unsere Firma) 弊社 heisha 1782, 308
　(Männersprache) 僕ら bokura 1888
Wir (der Kaiser) 朕 CHIN 1921
　~, der Kaiser, meinen: 朕思うに Chin
　omou ni 1921, 99
Wirbel (Luft) 旋風 senpū 1005, 29
　(Wasser, Luft; i.ü.S.) 渦 KA, uzu 1810
　(Wasser; i.ü.S.) 渦中 kachū 1810, 28
　(Wasser, Luft; i.ü.S.) 渦巻き uzumaki
　1810, 507
Wirbelwind 旋風 senpū 1005, 29
wirken (Werbung, Propaganda, usw.) 利
　ki(ku) 329
　(Medizin) 効 KŌ, ki(ku) 816
wirklich 本当 hontō 25, 77
　誠に makoto ni 718
　本腰 hongoshi 25, 1298
　~e Erfolge/Leistungen 実績 jisseki 203,
　1117
　~e Fähigkeit(en) 実力 jitsuryoku 203, 100
　~e Lage 実況 jikkyō 203, 850
　~e Sachlage 実情 jitsujō 203, 209
　~er Stand der Dinge 実態 jittai 203, 387
Wirklichkeit 真実 shinjitsu 422, 203
　実際 jissai 203, 618
　誠 SEI, makoto 718
wirksam: ~ sein (Werbung, Propaganda usw.)
　利 ki(ku) 329
　sein (Medizin) 効 KŌ, ki(ku) 816
Wirksamkeit 効力 kōryoku 816, 100
Wirkung 働き hataraki 232

有効 yūkō 265, 816
効果 kōka 816, 487
迫力 hakuryoku 1175, 100
　Ursache und ~ 因果 inga 554, 487
Wirkungskreis 範囲 han'i 1092, 1194
Wirkungslosigkeit 無効 mukō 93, 816
Wirkungsstätte: neue ~ 赴任先 funinsaki
　1465, 334, 50
Wirrwarr 大騒ぎ ōsawagi 26, 875
Wirtschaft 経済 keizai 548, 549
wirtschaftliche Flaute 不況 fukyō 94, 850
　不景気 fukeiki 94, 853, 134
Wirtschaftlichkeit 節約 setsuyaku 464, 211
　倹約 ken'yaku 878, 211
　節倹 sekken 464, 878
Wirtschaftskreise 財界 zaikai 553, 454
wissen 知 CHI, shi(ru) 214
　心得る kokoroeru 97, 374
Wissen 見聞 kenbun 63, 64
　知識 chishiki 214, 681
Wissenschaft 学問 gakumon 109, 162
　学術 gakujutsu 109, 187
　科学 kagaku 320, 109
wissenschaftlich: ~e Gesellschaft 学会 gakkai
　109, 158
　~er Versuch 実験 jikken 203, 532
Wissenschaftler 学者 gakusha 109, 164
　学究 gakkyū 109, 895
Witwe 未亡人 mibōjin 306, 672, 1
　寡婦 kafu 1851, 316
Woche: diese ~ 今週 konshū 51, 92
　in der folgenden ~ 翌週 yokushū 592, 92
　jede ~ 毎週 maishū 116, 92
　letzte ~ 先週 senshū 50, 92
　nächste ~ 来週 raishū 69, 92
　翌週 yokushū 592, 92
　übernächste ~ 再来週 saraishū 782, 69, 92
　zwei ~n 二週間 nishūkan 3, 92, 43
Wochenende 週末 shūmatsu 92, 305
Wochenendhaus 別荘 bessō 267, 1327
Wochenschrift 週刊(誌) shūkan(shi) 92,
　585, 574
Wochentag 曜日 YŌ, yōbi 19, 5
　週日 shūjitsu 92, 5
　welcher ~ 何曜日 nan'yōbi 390, 19, 5
wöchentlich 毎週 maishū 116, 92
Wogen 波浪 harō 666, 1753

wohlbehalten 無事 buji 93, 80
wohlbekannt 著名 chomei 859, 82
Wohlergehen 繁栄 han'ei 1292, 723
福祉 fukushi 1379, 1390
Wohlfahrt 福祉 fukushi 1379, 1390
  soziale/öffentliche ~ 社会福祉 shakai
  fukushi 308, 158, 1379, 1390
Wohlfahrtsstaat 福祉国家 fukushi kokka
1379, 1390, 40, 165
wohlgenährt 肉付きのよい nikuzuki no yoi
223, 192
Wohlgeruch 香気 kōki 1682, 134
芳香 hōkō 1775, 1682
Wohlhabender 金持ち kanemochi 23, 451
富者 fusha, fūsha 713, 164
Wohlstand 繁盛 hanjō 1292, 719
富裕 fuyū 713, 1391
裕福 yūfuku 1391, 1379
  e-s Landes 国富 kokufu 40, 713
Wohltat 恩恵 onkei 555, 1219
wohltätiger Mensch 篤志家 tokushika 1883,
573, 165
Wohltätigkeit 仁 JIN, [NI] 1619
仁愛 jin'ai 1619, 259
wohltönend 朗々 rōrō 1754
wohltuender Regen 慈雨 jiu 1547, 30
Wohlwollen 好意 kōi 104, 132
wohnen 住 JŪ, su(mu), su(mau) 156
居 KYO, i(ru) 171
Wohnhaus 住宅 jūtaku 156, 178
Wohnheim 寮 RYŌ 1323
寄宿舎 kishukusha 1361, 179, 791
  für Firmenangehörige 社員寮 shainryō
  308, 163, 1323
  für Junggesellen/junge Mädchen 独身寮
  dokushinryō 219, 59, 1323
Wohnlichkeit 住み心地 sumigokochi 156,
97, 118
Wohnort 住所 jūsho 156, 153
居住地 kyojūchi 171, 156, 118
Wohnsiedlung 団地 danchi 491, 118
Wohnsitz 居住地 kyojūchi 171, 156, 118
  fester/ständiger ~ 永住 eijū 1207, 156
Wohnung 住居 jūkyo 156, 171
宅 TAKU 178
住宅 jūtaku 156, 178
  (Adresse) 住まい sumai 156

Kleidung, Nahrung und ~ 衣食住 ishokujū
677, 322, 156
Wohnzimmer 居間 ima 171, 43
茶の間 cha no ma 251, 43
Wolke 雲 UN, kumo 636
  glückverheißende violette ~ 紫雲 shiun
  1389, 636
  aufgetürmte ~n (im Sommer) 入道雲
  nyūdōgumo 52, 149, 636
  dunkle ~n 暗雲 an'un 348, 636
  Wind und ~n 風雲 fūun 29, 636
Wolkenkratzer 摩天楼 matenrō 1530, 141,
1841
wolkig bis heiter 晴曇 seidon 662, 637
Wolldecke 毛布 mōfu 287, 675
Wolle 毛 MŌ, ke 287
  reine ~ 純毛 junmō 965, 287
wollen 志 kokoroza(su) 573
欲 hos(suru) 1127
  (haben) ~ 欲 ho(shii) 1127
  ~er Stoff 毛織(物) keori(mono) 287, 680, 79
  ~es Kleidungsstück 褐 KATSU 1623
Wollgarn 毛糸 keito 287, 242
Wollust 好色 kōshoku 104, 204
Wonne 歓喜 kanki 1052, 1143
Wonnemonat Mai 風薫る五月 kaze kaoru
gogatsu 29, 1774, 7, 17
Wort 言 GEN, GON, -koto 66
語 GO 67
言葉 kotoba 66, 253
単語 tango 300, 67
語句 goku 67, 337
  ein ~ 一言 ichigon, hitokoto 2, 66
  sinnverwandtes ~ 類語 ruigo 226, 67
  類義語 ruigigo 226, 291, 67
  Tabu-~ 忌み言葉 imikotoba 1797, 66, 253
  veraltetes ~ 古語 kogo 172, 67
  zusammengesetztes ~ 熟語 jukugo 687, 67
Wortart 品詞 hinshi 230, 843
Wortbruch 破約 hayaku 665, 211
Worte 文句 monku 111, 337
  (e-s Liedes) 歌詞 kashi 392, 843
  ein paar ~ 一言二言 hitokoto futakoto 2,
  66, 3, 66
  schöne ~ 美辞麗句 biji-reiku 401, 688,
  1630, 337
  überflüssige ~ 冗語 jōgo 1614, 67

mit anderen ~n 又は matawa 1593
Wörterbuch 辞書 jisho 688, 131
辞典 jiten 688, 367
Wortfolge 語順 gojun 67, 769
wortkarg 無口 mukuchi 93, 54
朴とつ bokutotsu 1466
Wortlaut 本文 honbun 25, 111
(e-s Gesetzes) 条文 jōbun 564, 111
wörtliche Übersetzung 逐語訳 chikugoyaku
1134, 67, 594
wortlos 無言 mugon 93, 66
Wortschatz 用語 yōgo 107, 67
Wortstamm 語幹 gokan 67, 1189
Wortstreit 舌戦 zessen 1259, 301
Wortwechsel 舌戦 zessen 1259, 301
wringen 絞 KŌ, shi(meru) 1452
wuchern 茂 MO, shige(ru) 1467
wühlen 掘り返す horikaesu 1803, 442
Wunde 傷 SHŌ, kizu 633
負傷 fushō 510, 633
schwere ~ 痛手 itade 1320, 57
tödliche ~ 致命傷 chimeishō 903, 578, 633
Wunder 不思議 fushigi 94, 99, 292
驚異 kyōi 1778, 1061
Wunderkind 神童 shindō 310, 410
wundern: sich ~ 驚 KYŌ, odoro(ku) 1778
Wundnaht 縫合 hōgō 1349, 159
Wunsch 志願 shigan 573, 581
志望 shibō 573, 673
希望 kibō 676, 673
/Befehl (e-s anderen) 仰 ō(se) 1056
großer ~ 大願 taigan 26, 581
大望 taimō 26, 673
innigster ~ 念願 nengan 579, 581
langgehegter ~ 宿望 shukubō 179, 673
Wünsche: irdische ~ 煩悩 bonnō 1849, 1279
wünschen 願 GAN, nega(u) 581
望 BŌ, MŌ, nozo(mu) 673
欲 ho(shii), hos(suru) 1127
Würde 面目 menmoku, menboku 274, 55
尊厳 songen 704, 822
威厳 igen 1339, 822
würdevoll 厳 ogoso(ka) 822
荘重 sōchō 1327, 227
würdigen (schätzen, genießen) 味 aji(wau)
307
Würdigung 評価 hyōka 1028, 421

鑑賞 kanshō 1664, 500
Würze 薬味 yakumi 359, 307
辛味 karami 1487, 307
Wurzel 根 KON, ne 314
des Übels 禍根 kakon 1809, 314
Wurzelstück 地下茎 chikakei 118, 31, 1474
wüst 不毛 fumō 94, 287
Wüste 荒野 kōya, areno 1377, 236
砂漠 sabaku 1151, 1427
Wut: (große) ~ 激怒 gekido 1017, 1596
vor ~ kochen 怒髪天を突く dohatsu ten o
tsuku 1596, 1148, 141, 898
業を煮やす gō o niyasu 279, 1795
wüten 暴 BŌ, aba(reru) 1014
荒れ狂う arekuruu 1377, 883
wütendes Gebrüll 怒号 dogō 1596, 266

– X –

Xylophon 木琴 mokkin 22, 1251

– Y –

Yen 円 EN 13
(Betrag von) 10.000 ~ 金壱万円 kin
ichiman en 23, 1730, 16, 13
ein ~ 一円 ichi en 2, 13
ein hundertstel ~ 銭 SEN 648
tausend ~ 千円 sen en 15, 13
zehn Millionen ~ 一千万円 issenman en
2, 15, 16, 13
zehntausend ~ 一万円 ichiman en 2, 16, 13
Yen-Stück: Zehn-~/Münze 十円玉 jūendama
12, 13, 295
Yin und Yang 陰陽 in'yō 867, 630
Yokohama 横浜 Yokohama 781, 785
Yüan (China) 元 GEN 137
Yukata 浴衣 yukata 1128, 677

– Z –

zäh 根強い nezuyoi 314, 217
粘り強い nebarizuyoi 1707, 217
sein 粘 NEN, neba(ru) 1707
Zahl (Anzahl) 数 SŪ, kazu 225
(Ziffer) 数字 sūji 225, 110
(An-)~ 多寡 taka 229, 1851
der Blätter 枚数 maisū 1156, 225
der Häuser 軒数 kensū 1187, 225
ganze ~ 整数 seisū 503, 225

gerade ~ 偶数　gūsū　1639, 225
ungerade ~ 奇数　kisū　1360, 225
zahlen 納　NŌ, osa(meru)　758
Zahlen: rote ~ 赤字　akaji　207, 110
　schwarze ~ 黒字　kuroji　206, 110
zählen 数　kazo(eru)　225
　挙　a(geru)　801
　繰　ku(ru)　1654
zahlenmäßige Unterlegenheit 劣勢　ressei
　1150, 646
Zahlenschloß 組み合わせ錠　kumiawasejō
　418, 159, 1818
Zähler 分子　bunshi　38, 103
zahllos 無数　musū　93, 225
Zahlung 支払い　shiharai　318, 582
　mit der ~ im Rückstand sein 滞納　tainō
　964, 758
Zählwort: (~ für zylinderförmige Gegenstände)
　本　HON　25
　(~ für verschiedene Gegenstände) 個　KO
　973
　(~ für dünne, flache Gegenstände) 枚　MAI
　1156
　(~ für Bücher) 冊　SATSU　1158
　(~ für Gebäude) 軒　KEN　1187
　(~ für Schiffe) 隻　SEKI　1311
　(~ für unbelebte Gegenstände und
　Abstrakta) 箇　KA　1473
　(~ für Tiere und Stoffrollen) 匹　hiki　1500
　(~ für Reiter) 騎　KI　1881
zähmen 慣　na(rasu)　915
　懐　natsu(keru)　1408
Zahn 歯　SHI, ha　478
　künstlicher ~ 義歯　gishi　291, 478
　schlechter/kariöser ~ 虫歯　mushiba　873,
　478
Zahnarzt 歯医者　haisha　478, 220, 164
　歯科医　shikai　478, 320, 220
Zahnfleisch 歯茎　haguki　478, 1474
Zahnpasta 歯磨き　hamigaki　478, 1531
(Zahn)Prothese 義歯　gishi　291, 478
Zahnrad 歯車　haguruma　478, 133
Zangenangriff 挟み撃ち　hasamiuchi　1354,
　1016
　挟撃　kyōgeki　1354, 1016
Zangenbewegung 挟み撃ち　hasamiuchi
　1354, 1016

　挟撃　kyōgeki　1354, 1016
zanken: sich ~ 言い争う　iiarasou　66, 302
zart 微妙　bimyō　1419, 1154
　繊細　sensai　1571, 695
Zauber 魅力　miryoku　1526, 100
　魅惑　miwaku　1526, 969
　色香　iroka　204, 1682
Zauberei 奇術　kijutsu　1360, 187
　魔法　mahō　1528, 123
　魔術　majutsu　1528, 187
zauberhaft 魅力的　miryokuteki　1526, 100,
　210
zauderhaft 優柔不断　yūjū-fudan　1033, 774,
　94, 1024
Zaun 垣　kaki　1276
　垣根　kakine　1276, 314
zechen 鯨飲　geiin　700, 323
　痛飲　tsūin　1320, 323
Zedernallee 杉並木　suginamiki　1872, 1165, 22
zehn 十　JŪ, JI', tō, to　12
　(in Dokumenten) 拾　JŪ　1445
　Millionen Yen 一千万円　issenman en　2,
　15, 16, 13
　Personen 十人　jūnin　12, 1
　Prozent 十分の一　jūbun no ichi　12, 38, 2
　割　wari　519
　Tage 十日　tōka　12, 5
　Yen 十円　jū en, tō en　12, 13
Zehn: die ~ Gebote 十戒　jikkai　12, 876
Zehn-Yen-Stück/Münze 十円玉　jūendama
　12, 13, 295
zehnmal 十回　jikkai　12, 90
zehntausend 万　MAN　16
　Yen 一万円　ichiman en　2, 16, 13
Zehntel: ein ~ 十分の一　jūbun no ichi　12,
　38, 2
zehnter (Tag e-s Monats) 十日　tōka　12, 5
Zeichen (Signal, Wink) 合図　aizu　159, 339
　(Symbol) 記号　kigō　371, 266
　符号　fugō　505, 266
　(Markierung) 標　HYŌ　923
　(Kenn-/An-) 印　shirushi　1043
　(An-/Vor-)~ 徴候　chōkō　1420, 944
　(Vor-/An-)~ 兆　kiza(shi)　1562
　(An-/Vor-)~ 兆候　chōkō　1562, 944
Zeichenform: kalligrafisch verkürzte ~ 草書
　sōsho　249, 131

Zeichenpapier 画用紙 gayōshi 343, 107, 180
 japanisches ~ 色紙 shikishi 204, 180
Zeichnen nach der Natur 写生 shasei 540, 44
Zeichnung 図 ZU 339
 素描 sobyō 271, 1469
 verkleinerte ~ 縮図 shukuzu 1110, 339
Zeigefinger 人さし指 hitosashiyubi 1, 1041
zeigen 見 mi(seru) 63
 現 arawa(su) 298
 示 JI, SHI, shime(su) 615
 浮 u(kaberu) 938
 発揮 hakki 96, 1652
 (auf) 指 sa(su) 1041
 sich ~ 浮 FU, u(kabu) 938
Zeiger: der große ~ 長針 chōshin 95, 341
 der kleine ~ 短針 tanshin 215, 341
Zeile 行 GYŌ 68
 eine ~ 一行 ichigyō 2, 68
Zeilenabstand 行間 gyōkan 68, 43
Zeit 時 JI, toki 42
 時間 jikan 42, 43
 歳月 saigetsu 479, 17
 (Tag und Uhrzeit) 日時 nichiji 5, 42
 (Zeitalter, Ära) 時代 jidai 42, 256
 (Saison) 時節 jisetsu 42, 464
 季節 kisetsu 465, 464
 (freie) ~ 暇 KA, hima 1064
 (etw. zu tun) 時刻 jikoku 42, 1211
 kosten 暇取る himadoru 1064, 65
 (~) überbrücken 時間稼ぎ jikan kasegi 42, 43, 1750
 und Raum 時間と空間 jikan to kūkan 42, 43, 140, 43
 die ganze ~ 始終 shijū 494, 458
 die rechte ~ 時宜 jigi 42, 1086
 freie ~ 余暇 yoka 1063, 1064
 (für) kurze ~ 暫時 zanji 1399, 42
 lange (~) 長い間 nagai aida 95, 43
 久し振り hisashiburi 1210, 954
 lange ~ 長時間 chōjikan 95, 42, 43
 seit/nach langer ~ 久し振り hisashiburi 1210, 954
 um diese ~ 今ごろ imagoro 51
 (ur)alte ~ 太古 taiko 629, 172
 Verlauf der ~ 歴 REKI 480
 zur ~ 当時 tōji 77, 42

die ~ totschlagen 暇つぶし himatsubushi 1064
Zeitalter 世 SEI, SE, yo 252
 時代 jidai 42, 256
 紀元 kigen 372, 137
 kommende ~ 末代 matsudai 305, 256
Zeit(dauer): bestimmte/festgesetzte ~ 定期 teiki 355, 449
Zeitdauer 期間 kikan 449, 43
Zeiten: in alten ~ 昔々 mukashi-mukashi 764
 往年 ōnen 918, 45
 schwere ~ 不景気 fukeiki 94, 853, 134
 alle ~ und Länder 古今東西 kokon-tōzai 172, 51, 71, 72
Zeitkarte 定期券 teikiken 355, 449, 506
Zeitplan 時間表 jikanhyō 42, 43, 272
Zeit(raum) 間 KAN, KEN, aida 43
Zeitraum 間 ma 43
 von 10 Tagen 旬 JUN 338
Zeitrechnung: christliche ~ 西暦 seireki 72, 1534
 vor/nach unserer ~ 紀元前/後 kigenzen/go 372, 137, 47, 372, 137, 48
Zeitschrift 誌 SHI 574
 雑誌 zasshi 575, 574
 in e-r ~ 誌上 shijō 574, 32
 Seite e-r ~ 誌面 shimen 574, 274
Zeitung 新聞 shinbun 174, 64
 新聞紙 shinbunshi 174, 64, 180
 japanische ~ 邦字新聞 hōji shinbun 808, 110, 174, 64
 alte ~ 古新聞 furushinbun 172, 174, 64
Zeitungsente 誤報 gohō 906, 685
(Zeitungs)Kolumne 欄 RAN 1202
Zeitungspapier 新聞紙 shinbunshi 174, 64, 180
(Zeitungs)Rand 欄外 rangai 1202, 83
Zeitunterschied 時差 jisa 42, 658
Zeitvertreib 暇つぶし himatsubushi 1064
zeitweilige Ruhe/Linderung 小康 shōkō 27, 894
Zelle (biolog.) 細胞 saibō, saihō 695, 1284
 e-e (einzelne) ~ 単細胞 tansaibō 300, 695, 1284
Zen-Buddhismus 禅 ZEN 1540
Zen-Dialog 禅問答 zen mondō 1540, 162, 160

Zen-Meditation (im Sitzen) 座禅 zazen 786, 1540

Zen-Priester 禅僧 zensō 1540, 1366

Zen-Sekte 禅宗 Zenshū 1540, 616

Zen-Tempel 禅寺 zendera 1540, 41

Zensur (Film, Literatur) 検閲 ken'etsu 531, 1369

   beste ~ 満点 manten 201, 169

Zensurenliste 成績表 seisekihyō 261, 1117, 272

Zentrale 本部 honbu 25, 86

Zentralisierung 集中 shūchū 436, 28

Zentrifugalkraft 遠心力 enshinryoku 446, 97, 100

Zentrum 中心 chūshin 28, 97

   中央 chūō 28, 351

   中央部 chūōbu 28, 351, 86

   中枢 chūsū 28, 1023

   枢軸 sūjiku 1023, 988

(zer)brechen (tr.) 切り崩す kirikuzusu 39, 1122

zerbrechen (itr.) 割 wa(reru) 519

   破 yabu(reru) 665

   壊 KAI, kowa(reru) 1407

   (tr.) 壊 kowa(su) 1407

   (intr.) 砕 SAI, kuda(keru) 1710

   (tr.) 砕 kuda(ku) 1710

Zerbrechlich! 取(り)扱(い)注意 toriatsukai chūi 65, 1258, 357, 132

Zeremonie 式 SHIKI 525

   儀式 gishiki 727, 525

Zeremoniell 礼式 reishiki 620, 525

zerfallen 崩 HŌ, kuzu(reru) 1122

zerreißen 破 HA, yabu(ru) 665

   (itr.) 破 yabu(reru) 665

   裂 RETSU, sa(keru) 1330

   (tr.) 裂 sa(ku) 1330

zerschmettern 砕 kuda(ku) 1710

   粉砕 funsai 1701, 1710

zerschmettert werden 砕 SAI, kuda(keru) 1710

Zerstäuber 噴霧器 funmuki 1660, 950, 527

zerstören 崩 kuzu(su) 1122

   滅 horo(bosu) 1338

   壊 kowa(su) 1407

zerstört werden 滅 METSU, horo(biru) 1338

Zerstörung 破壊 hakai 665, 1407

   壊滅 kaimetsu 1407, 1338

zerstreuen 散 SAN, chi(rasu), chi(rakasu) 767

Zerstreutheit 散漫 sanman 767, 1411

Zerstreuung 気晴らし kibarashi 134, 662

zertrümmern 粉砕 funsai 1701, 1710

Zettel 札 fuda 1157

   (bei Wahl) 票 HYŌ 922

   (Zahlungs-/Lieferungsbeleg) 伝票 denpyō 434, 922

Zeuge 証人 shōnin 484, 1

Zeugenaussage 証言 shōgen 484, 66

Zeugenvorladung 証人喚問 shōnin kanmon 484, 1, 1587, 162

Zeugnis 証明 shōmei 484, 18

   証言 shōgen 484, 66

   成績表 seisekihyō 261, 1117, 272

Zeugung 生殖 seishoku 44, 1506

ziehen 引っ張る hipparu 216, 1106

   (an-)~ 引 IN, hi(ku) 216

   (Zahn usw.) 抜 BATSU, nu(ku) 1713

   (Gemüse usw.) 培 BAI, tsuchika(u) 1828

   nach sich ~ 附随 fuzui 1843, 1741

Ziehharmonika 手風琴 tefūkin 57, 29, 1251

Ziel 目安 meyasu 55, 105

   目的 mokuteki 55, 210

   目標 mokuhyō 55, 923

   本旨 honshi 25, 1040

   (beim Schießen; auch i.ü.S.) 的 mato 210

   (Lebens-)~ 彼岸 higan 977, 586

   e-s Angriffs 矛先 hokosaki 773, 50

ziellos 漂然 hyōzen 924, 651

   漫然 manzen 1411, 651

Zielscheibe (auch i.ü.S.) 的 mato 210

Zierde 華 KA, hana 1074

Ziffer 数字 sūji 225, 110

Zigarettenqualm 紫煙 shien 1389, 919

Zigarre 葉巻 hamaki 253, 507

Zimmer 間 ma 43

   部屋 heya 86, 167

   座敷 zashiki 786, 1451

   Nr. 3 三号室 sangōshitsu 4, 266, 166

   im ~ 室内 shitsunai 166, 84

   japanisches ~ 和室 washitsu 124, 166

   Tatami-~ 座敷 zashiki 786, 1451

Zimmerältester 室長 shitsuchō 166, 95

(Zimmer)Decke 天井 tenjō 141, 1193

Zimmermädchen 女中 jochū 102, 28
Zimmermann 大工 daiku 26, 139
(Zimmer)Nische: (traditionelle japanische ~)
床の間 tokonoma 826, 43
Zink 亜鉛 aen 1616, 1606
Zinnober 朱 SHU 1503
Zinnober(rot) 朱 SHU 1503
zinnoberrot 朱色 shuiro 1503, 204
Zins 利子 rishi 329, 103
利息 risoku 329, 1242
Zirkulation (Waren) 流通 ryūtsū 247, 150
(Rundschreiben) 回覧 kairan 90, 1291
(Kreislauf) 循環 junkan 1479, 865
Zirpen (u. a. Tierlaute) 鳴き声 nakigoe
925, 746
Ziselieren 彫金 chōkin 1149, 23
Zitat 引用 in'yō 216, 107
引用句 in'yōku 216, 107, 337
zitieren: (herbei-)~ 呼び出す yobidasu
1254, 53
zittern 震 SHIN, furu(eru), furu(u) 953
揺 YŌ, yu(reru), yu(ragu) yu(rugu) 1648
Zittern (vor Kälte/Angst) 身震い miburui
59, 953
zivil 民間 minkan 177, 43
Zivilisation 文明 bunmei 111, 18
technische ~ 機械文明 kikai bunmei 528,
529, 111, 18
Zivilprozeß 民事訴訟 minji soshō 177, 80,
1402, 1403
zögern 迷 MEI, mayo(u) 967
渋 shibu(ru) 1693
Zoll 関税 kanzei 398, 399
Zollamt 税関 zeikan 399, 398
zollfrei 無税 muzei 93, 399
Zone 地帯 chitai 118, 963
地域 chiiki 118, 970
区域 kuiki 183, 970
heiße ~ 熱帯 nettai 645, 963
subtropische ~ 亜熱帯 anettai 1616, 645,
963
Zoo 動物園 dōbutsuen 231, 79, 447
Zorn 怒気 doki 1596, 134
憤慨 fungai 1661, 1460
Freude und ~ 喜怒 kido 1143, 1596
gerechter ~ 公憤 kōfun 126, 1661
義憤 gifun 291, 1661

heftiger ~ 激怒 gekido 1017, 1596
zornig 憤然と funzen to 1661, 651
werden 怒 DO, oko(ru), ika(ru) 1596
zu: ~ blühen beginnen 咲き出す sakidasu
927, 53
e-m Ball formen 丸 maru(meru) 644
Ende gehen (Vorräte) 切 ki(reru) 39
Ende gehen (Jahr, Tag usw.) 暮 BO,
ku(reru) 1428
Fall bringen 覆 kutsugae(su) 1634
früh 尚早 shōsō 1853, 248
(~ Fuß) gehen 歩 HO, BU, aru(ku), ayu(mu)
431
Füßen 足下に ashimoto ni 58, 31
gut 惜 SEKI, o(shii) 765
hören bekommen 承 SHŌ, uketamawa(ru)
942
nachsichtig 甘 KAN, ama(i) 1492
(j-n) ~ Rate ziehen 諮 SHI, haka(ru) 1769
(~ sich) rufen (respektvoll, 2. Person) 召
SHŌ, me(su) 995
schätzen wissen 珍重 chinchō 1215, 227
sich rufen 呼 KO, yo(bu) 1254
spät kommen 乗り遅れる noriokureru
523, 702
Tränen gerührt werden 感泣 kankyū
262, 1236
viel 余計 yokei 1063, 340
viel essen 食べ過ぎる tabesugiru 322, 413
wenig Schlaf 睡眠不足 suimin-busoku
1071, 849, 94, 58
Zu spät! 後の祭り ato no matsuri 48, 617
Zu- oder Absage 諾否 dakuhi 1770, 1248
Zubehör 付き物 tsukimono 192, 79
Zubehörteile 部品 buhin 86, 230
zubinden 締 TEI, shi(meru) 1180
Zucht (Disziplin) 訓育 kun'iku 771, 246
(Austern, Perlen) 養殖 yōshoku 402,
1506
(Tiere) 飼育 shiiku 1762, 246
(Kultur) 培養 baiyō 1828, 402
(Pflanzen) 栽培 saibai 1125, 1828
züchten (Tiere) 飼 SHI, ka(u) 1762
Zuchthausstrafe 服役 fukueki 683, 375
懲役 chōeki 1421, 375
züchtigen 懲 CHŌ, ko(rasu), ko(rashimeru)
1421

oder/bis drei 二つ三つ futatsu mittsu 3, 4
oder/bis drei Personen 二, 三人 ni-sannin 3, 4, 1
oder/bis drei Tage 二, 三日 ni-sannichi 3, 4, 5
Personen 二人 futari, ninin 3, 1
Tage 二日 futsuka 3, 5
Tage später 翌々日 yokuyokujitsu 592, 5
Wochen 二週間 nishūkan 3, 92, 43
zweideutig 紛 magi(rawashii) 1702
zweifach 倍 BAI 87
二倍 nibai 3, 87
二重 nijū, futae 3, 227
Zweifel 不審 fushin 94, 1383
疑問 gimon 1516, 162
疑惑 giwaku 1516, 969
ohne ~ 必 HITSU, kanara(zu) 520
zweifelhaft 怪 KAI, aya(shii) 1476
zweifeln 怪 aya(shimu) 1476
疑 GI, utaga(u) 1516
Zweig (Industrie- usw.) 部門 bumon 86, 161
(e-s Baumes) 枝 SHI, eda 870
小枝 koeda 27, 870
Zweigamt 出張所 shutchōjo 53, 1106, 153
Zweigbüro 分室 bunshitsu 38, 166
Zweige und Blätter 枝葉 shiyō, edaha 870, 253
Zweiggeschäft 出店 demise 53, 168
支店 shiten 318, 168
出張所 shutchōjo 53, 1106, 153
Zweigstelle 分室 bunshitsu 38, 166
派出所 hashutsujo 912, 53, 153
Zweigstellennetz 支店網 shitenmō 318, 168, 1612
zweijährig: ~e Hochschule 短期大学 tanki daigaku 215, 449, 26, 109
~e Hochschule (Abk.f. *tanki daigaku*) 短大 tandai 215, 26
zweimal 再 SAI, futata(bi) 782

zweischneidiges Schwert もろ刃の剣 moroha no tsurugi 1413, 879
zweistellig 二けた futaketa 3
zweistöckig 二階建て nikaidate 3, 588, 892
~es Torgebäude 楼門 rōmon 1841, 161
zweitältester Sohn 次男 jinan 384, 101
zweite: ~ Ehe 再婚 saikon 782, 567
Frau 後妻 gosai 48, 671
Generation 二世 nisei 3, 252
der ~ 二番目 nibanme 3, 185, 55
二次 niji 3, 384
jeden ~n Samstag (im Monat) 毎月第二土曜日 maitsuki dai-ni doyōbi 116, 17, 404, 3, 24, 19, 5
jeden ~n Tag 一日置き ichinichioki 2, 5, 426
~r (Tag e-s Monats) 二日 futsuka 3, 5
~s Gesicht 千里眼 senrigan 15, 142, 848
Zwerchfell 横隔膜 ōkakumaku 781, 1589, 1426
Zwerg 小人 kobito 27, 1
Zwiebel (e-r Pflanze) 球茎 kyūkei 726, 1474
Zwielicht 薄明 hakumei 1449, 18
Zwietracht 不和 fuwa 94, 124
Zwillinge 双子 futago 1594, 103
双生児 sōseiji 1594, 44, 1217
zwingen 強 shi(iru) 217
zwischen 中 naka 28
kommen/liegen/stehen ~ 介在 kaizai 453, 268
Zwischen- 中間 chūkan 28, 43
Zwischenmahlzeit am Nachmittag お八つ oyatsu 10
Zwischenraum 間 KAN, KEN, aida 43
間隔 kankaku 43, 1589
Zwist 争議 sōgi 302, 292
zwölf Uhr (Mitternacht/Mittag) 零時 reiji 1823, 42
Zylinder(form) 円筒(形) entō(kei) 13, 1472, 395

Langenscheidts
Lernwörterbuch Japanisch

Von The Japan Foundation, Japanese Language Institute

960 Seiten, Format 13 × 18,5 cm, gebunden

Ein Standard-Nachschlagewerk mit rund 2900
Stichwörtern und mit einer Einführung in die
Grammatik im Anhang. Zu jedem Stichwort finden
sich Beispielsätze zur Veranschaulichung seiner
Verwendung. Gegebenenfalls wird auf Bedeutungs-
varianten, Antonyme und Synonyme hingewiesen.
Alle Stichwörter, Beispielsätze und idiomatischen
Ausdrücke sind in japanischer Schrift und in
deutscher Übersetzung aufgeführt. Den Kanji sind
Aussprachehilfen (Furigana) beigefügt. Auf diese
Weise erschließt sich der Kern-Wortschatz des
Japanischen sowohl Fortgeschrittenen als auch
Anfängern in seiner Vielfalt und dient dem Lernen-
den auch beim Selbststudium.

Langenscheidt ... weil Sprachen verbinden